Toni Diederich · Rheinische Städtesiegel

Rheinischer Verein für Denkmalpflege und Landschaftsschutz

Jahrbuch 1984/85

Rheinische Städtesiegel

Verlag Neusser Druckerei und Verlag GmbH · Neuss

Toni Diederich

Rheinische Städtesiegel

Verlag Neusser Druckerei und Verlag GmbH · Neuss
1984

Herausgeber: Rheinischer Verein für Denkmalpflege und Landschaftsschutz e.V., Köln
Druck und Verlag: Neusser Druckerei und Verlag GmbH, Neuss 1984
ISSN: 0342 – 0116
ISBN: 3 – 88094 – 481 – 4
Lithos: Peukert GmbH & Co. KG, Köln
Einband- und Umschlaggestaltung: Norbert Radtke

Zum Geleit

Vor genau 50 Jahren – 1934 – erschien als Veröffentlichung des Rheinischen Vereins für Denkmalpflege und Heimatschutz das Werk „Rheinische Heraldik“ von Wilhelm Ewald. Dieses seit langem vergriffene Buch hat seine Bedeutung für die Heraldik und die rheinische Geschichtsforschung bis heute nicht verloren.
Die eigentliche Forschungsdomäne Wilhelm Ewalds bildete indessen das Siegelwesen. Mit seiner „Siegelkunde“ von 1914, in welcher die rheinischen Verhältnisse stark berücksichtigt sind, vor allem aber mit seinem sechsbändigen Corpus der „Rheinischen Siegel“, verschaffte Ewald dem Rheinland eine führende Stellung in der deutschen Siegelforschung. Der Unterzeichnende volontierte 1940–1942 im Haus der Rheinischen Heimat bei Ewald und lernte dabei, daß sich beim Siegel Rechtsdokument und Kunstwerk zur Einheit verbinden, deren Monumentalität bis in die Münzbilder der Antike zurückreicht.
Unser nun vorgelegtes Werk knüpft an die Forschungen Wilhelm Ewalds an; die Mitglieder unseres Vereins können sich an Diederichs acht Siegelartikel in der „Rheinischen Heimatpflege“ von 1975 und 1976 erinnern.
Toni Diederich geht aber im Spezifischen weiter. Er beschäftigt sich seit 1967 kontinuierlich mit dem mittelalterlichen und frühneuzeitlichen Siegelwesen. Ihn leiten Erfahrungen nach den Erkenntnissen des Bonner Gelehrten Günter Bandmann vom mittelalterlichen Siegel als Bedeutungsträger, der in jedem Einzelfalle eine sorgsame Interpretation verdient. Diederichs darauf abgestellte Methode, einerseits neue Ergebnisse für die allgemeine Siegelforschung und die verschiedensten Zweige der Geschichtsforschung zu erarbeiten, andererseits aber auch jedem einzelnen Siegel gerecht zu werden, erweist sich gerade bei der Gruppe der rheinischen Städtesiegel als besonders fruchtbar. Denn es finden sich unter diesen die größten, anspruchsvollsten und wohl auch schönsten Städtesiegel der frühen Epoche überhaupt. Untrennbar vom Aussagewert des Textes der Urkunde bekräftigt das Siegel Inhalt und Gehalt des Geschriebenen unübertreffbar.
Daß von den alten Städtesiegeln des Rheinlandes noch 20 Originalstempel erhalten sind, ist ein Glücksfall dazu. Das Rheinland zeichnet sich auch hierin gegenüber vielen anderen Landschaften aus. Wie T. Diederich in Vorträgen und Veröffentlichungen immer wieder deutlich machte, sind die aus Wachs bestehenden Siegelabdrücke an Urkunden durch deren Benutzung in den Archiven stark gefährdet. Der Rheinische Verein für Denkmalpflege und Landschaftsschutz unterstützt daher nachhaltig die von T. Diederich erhobene For-

derung, die Originalabdrücke der Siegel mit allen nur möglichen Mitteln zu schützen und für künftige Generationen zu erhalten. Bei vielen Siegeln handelt es sich nicht nur um Kulturdenkmäler, sondern regelrecht um Kunstwerke. Der breiten Öffentlichkeit wurde dies erst durch die Stuttgarter Staufer-Ausstellung von 1977 und die Kölner Parler-Ausstellung von 1978 bewußt.

Unser nun dargebotenes Werk über „Rheinische Städtesiegel" hebt die künstlerische Seite der betrachteten Stücke hervor. Es verweist zu Recht auf den hohen Rang der rheinischen Siegelkunst. So bringt das Buch nicht nur die Stadtgeschichtsforschung wie die Siegelforschung weiter, sondern es entspricht besonders den Zielen, die sich der Rheinische Verein bei seiner Gründung im Jahre 1906 an erster Stelle vorgenommen hat: Erstens „auf den Schutz, die Sicherung und Erhaltung der in der Rheinprovinz vorhandenen Denkmäler der Geschichte und der Kunst hinzuweisen", und zweitens „zur Erforschung der Geschichte dieser Denkmäler beizutragen und sie durch Veröffentlichungen aller Art weiteren Kreisen bekanntzugeben". Entsprechend unserem erweiterten Aufgabengebiet dehnen wir auch die Beispiele aus. Dabei wissen wir natürlich, daß wir uns beschränken müssen – der Stoff ist von großartiger Fülle. Er wird weitere Forschungen und Ergebnisse nach sich ziehen und auch darin einen Teil des Dankes abtragen, den wir dem wissenschaftlichen Bemühen des Autors schulden.

Köln, im September 1984

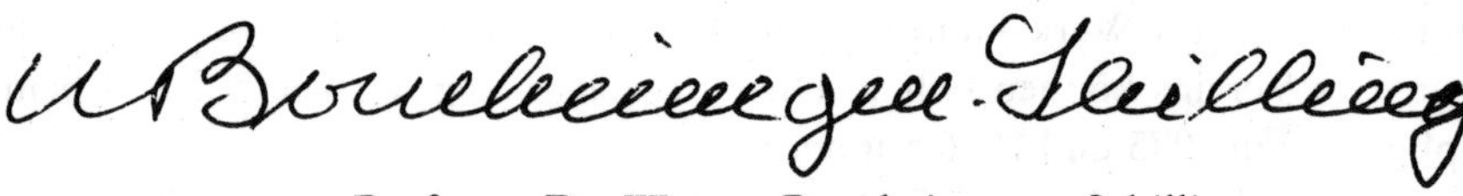

Professor Dr. Werner Bornheim gen. Schilling
Vorsitzender des Rheinischen Vereins für Denkmalpflege und Landschaftsschutz

A · M · D · G · O

Inhalt

Vorwort 13

Dank für Anregung, Beratung, Hilfe und Förderung 17

Hinweise für den Benutzer des Buches 21

I. Kleine Siegelkunde mit besonderer Berücksichtigung der rheinischen Städtesiegel 25

1. Forschungsstand 25
2. Wesen und Funktion des Siegels 28
3. Historische Entwicklung 30
   a. Das Siegelwesen vom frühen Mittelalter bis zum Beginn des 12. Jahrhunderts 30
   b. Die Entstehung der ersten Städtesiegel 37
   c. Die weitere Ausbreitung von Städtesiegeln 45
   d. Die Differenzierung des städtischen Siegelwesens im Spätmittelalter 58
   e. Der Niedergang des Siegelwesens in der Neuzeit 62
4. Der Gebrauch des Siegels. Zum Fragenkomplex um siegelführendes Gremium, Aufbewahrung, Beibehaltung, Wechsel und Unbrauchbarmachung des Siegelstempels 66
5. Das Äußere des Siegels 69
   a. Der Siegelstempel 71
   b. Der Siegelabdruck 77
   c. Die Befestigung des Siegels an Urkunden und Briefen 81
   d. Der Siegelinhalt: Siegelumschrift und Siegelbild 84
6. Typologie der rheinischen Städtesiegel 92
   a. Der Archetyp des ältesten Kölner Stadtsiegels (Stadtabbreviatur- und Heiligensiegeltyp) 95
   b. Der Heiligensiegeltyp 98
   c. Der Stadtabbreviatursiegeltyp 100
   d. Der Stadtporträtsiegeltyp 104
   e. Der Symbolsiegeltyp 107
   f. Der Erzählsiegeltyp 111
   g. Der Handlungssiegeltyp 113
   h. Der Stadtgründer- bzw. Stadtherrensiegeltyp 114
   i. Der Wappensiegeltyp 116
   j. Mischtypen 118
7. Das Stadtsiegel als Geschichtsquelle 120
8. Das Stadtsiegel als Kunstdenkmal und Kleinkunstwerk 126

9. Die Überlieferung der rheinischen Städtesiegel 130
a. Siegel an Urkunden 133
b. Siegelsammlungen 134
c. Siegelstempelsammlungen 137
10. Methoden zur Reproduktion von Siegeln nebst einigen Bemerkungen zu den Siegelabbildungen in diesem Werk 139
11. Siegelfälschungen 142
12. Schlußbemerkungen 149

II. Siegel rheinischer Städte

Karte des Rheinlandes mit Einzeichnung der in diesem Werk berücksichtigten Städte 152
Aachen, Großes Stadtsiegel (Karlssiegel) 153
Aachen, Geschäftssiegel (Jüngeres Karlssiegel) 156
Aachen, Kleines Siegel (Sekretsiegel) 159
Ahrweiler, Ältestes Stadtsiegel 161
Alpen, Großes Geschäftssiegel 164
Andernach, Ältestes Stadtsiegel 168
Andernach, Zweites Stadtsiegel 171
Bacharach, Diebach, Steeg und Manubach, Großes Siegel der Viertälergemeinde 174
Bergneustadt, Zweites Stadtsiegel 177
Bernkastel, Stadtsiegel 179
Bingen, Zweites großes Stadtsiegel 180
Bitburg, Drittes Propstsiegel 184
Blankenberg, Großes Stadtsiegel 186
Bonn, Großes Stadtsiegel 190
Bonn, Geschäftssekretsiegel 196
Boppard, Zweites großes Stadtsiegel 198
Büderich, Großes Stadtsiegel 203
Cochem, Stadtsiegel 207
Deutz, Großes Stadtsiegel 208
Dinslaken, Großes Stadtsiegel 211
Düren, Ältestes großes Stadtsiegel 212
Düren, Zweites Geschäftssiegel 214
Düsseldorf, Großes Stadtsiegel 215
Duisburg, Erstes großes Stadtsiegel 217
Duisburg, Zweites großes Stadtsiegel 219
Duisburg, Drittes großes Stadtsiegel 221
Duisburg, Viertes großes Stadtsiegel 222
Eltville, Erstes Stadtsiegel 224

Emmerich, Großes Stadtsiegel	226
Enkirch, Gemeindesiegel	227
Essen, Großes Stadtsiegel	229
Euskirchen, Ältestes Stadtsiegel	233
Geldern, Großes Stadtsiegel	235
Gerresheim, Stadtsiegel	240
Goch, Zweites großes Stadtsiegel	242
Grieth, Großes Stadtsiegel	245
Jülich, Großes Stadtsiegel	246
Kaiserswerth, Großes Stadtsiegel	249
Kalkar, Großes Stadtsiegel	251
Kempen, Großes Stadtsiegel	253
Kleve, Großes Stadtsiegel	256
Koblenz, Drittes großes Stadtsiegel	258
Köln, Ältestes Stadtsiegel	261
Köln, Zweites (Gotisches) Stadtsiegel	265
Köln, Gegensiegel zum zweiten (gotischen) Stadtsiegel	269
Kranenburg, Großes Stadtsiegel	270
Kreuznach, Großes Stadtsiegel	272
Kyllburg, Stadtsiegel	276
Lechenich, Großes Stadtsiegel	278
Lennep, Großes Stadtsiegel	280
Linn, Großes Stadtsiegel von 1591	282
Linz, Großes Stadtsiegel	285
Mainz, Ältestes Stadtsiegel	287
Mainz, Zweites großes Stadtsiegel	292
Mayen, Großes Stadtsiegel	294
Montabaur, Großes Stadtsiegel	296
Münstermaifeld, Großes Stadtsiegel	298
Neuss, Ältestes Stadtsiegel	300
Oberwesel, Zweites großes Stadtsiegel	304
Oppenheim, Ältestes Stadtsiegel	306
Orsoy, Großes Stadtsiegel	308
Radevormwald, Großes Stadtsiegel	311
Ratingen, Großes Stadtsiegel	313
Rees, Zweites großes Stadtsiegel	315
Remagen, Großes Stadtsiegel	317
Rheinberg, Ältestes Stadtsiegel	321
Saarburg, Großes Stadtsiegel	323
Siegburg, Ältestes Stadtsiegel	325
Sinzig, Großes Stadtsiegel	328
Traben-Trarbach, Zweites Gemeindesiegel	331
Trier, Ältestes Stadtsiegel	333
Uedem, Großes Stadtsiegel	338

Uerdingen, Großes Stadtsiegel 340
Wassenberg, Großes Stadtsiegel 342
Welschbillig, Stadtsiegel 344
Wesel, Drittes großes Stadtsiegel 345
Wipperfürth, Großes Stadtsiegel 347
Wittlich, Großes Stadtsiegel 351
Worms, Ältestes großes Stadtsiegel 353
Xanten, Ältestes Stadtsiegel 357
Zons, Schöffensiegel 359
Zülpich, Zweites großes Stadtsiegel 361

Verzeichnis der Abkürzungen 365

Quellen und Literatur 368

Siegelkundliches Glossar 373

Orts-, Personen- und Sachweiser 377

Bildnachweis 390

III. Abbildungsteil 391

Farbtafeln nach S. 160

Vorwort

Wenn ich mich nach jahrelanger Beschäftigung mit Fragen des mittelalterlichen Siegelwesens dazu entschlossen habe, den rheinischen Städtesiegeln ein eigenes Buch zu widmen, so leiteten mich vornehmlich drei Motive: erstens die Liebe zu meiner rheinischen Heimat, zweitens die Überzeugung, daß das Siegel als Erscheinung der abendländischen Kulturgeschichte, wie sich nicht zuletzt am Beispiel des Stadtsiegels zeigen läßt, eine größere Beachtung verdient, als ihm bisher zuteil geworden ist, und drittens die Erkenntnis, daß dieses Buch wegen der ständig fortschreitenden Verluste und Beschädigungen von Originalsiegeln eigentlich schon viel früher hätte geschrieben werden müssen. Nicht einmal allen Archivaren, die tagtäglich mit Urkunden und den daran befestigten Wachssiegeln umgehen, geschweige denn einer breiteren Öffentlichkeit ist bewußt, in welch erschreckendem Maße der noch vorhandene geringe Bestand an einigermaßen gut erhaltenen Siegeln fortwährend geschmälert wird. Bei meinen Siegelforschungen machte ich allzu oft die traurige Erfahrung, daß Siegel, die vor dem letzten Kriege Wilhelm Ewald noch unversehrt vorlagen, inzwischen beschädigt, zerbrochen oder ganz von den Urkunden abgefallen sind; ja in manchen Fällen stellte sich heraus, daß Siegel, die ich vor einigen Jahren selbst noch in gutem Zustand gesehen hatte, jetzt ebenfalls Schäden aufweisen. Von etlichen anspruchsvollen Städtesiegeln, in denen sich einst eine selbstbewußte Bürgerschaft repräsentiert sah, gibt es heute keinen wohlbehaltenen Abdruck mehr; viele Städtesiegel sind nur noch in einem einzigen unverletzten oder leicht beschädigten Exemplar erhalten. So galt es, wenigstens das in guten fotografischen Aufnahmen festzuhalten, was heute noch vorhanden ist. Eine spätere Beschäftigung mit der interessanten Gruppe der Städtesiegel hätte notwendigerweise von noch schlechteren Überlieferungsverhältnissen ausgehen müssen.

Unter diesen Umständen ist es ein großes Glück für das Rheinland und die rheinische Geschichtsforschung, daß Wilhelm Ewald im Rahmen seines mehrbändigen Siegel-Corpus bereits 1931 die Siegel der rheinischen Städte und Gerichte publizierte. Gewiß ist es schade, daß er damals anstelle von Originalen nur Abgüsse abbildete. Aber vieles, was heute unwiederbringlich verloren ist, wurde auf diese Weise festgehalten. So fühle ich mich Wilhelm Ewald in besonderem Maße verpflichtet und verbunden; in einigen Fällen mußte auf seine Reproduktionen zurückgegriffen werden.

Von der Zielsetzung Ewalds, alle erreichbaren Siegel der Städte und Gerichte mit knappen Angaben zu veröffentlichen, unterscheidet sich dieses Buch erheblich. Dies gilt gleichermaßen für die räumliche, zeitliche und sachliche Abgrenzung. Während Ewald sich im wesentlichen auf den Bereich der alten Rheinprovinz beschränkte, war es aus allgemeinen siegelkundlichen Gründen unbedingt notwendig, in mein Buch auch Mainz einzubeziehen. Dem Wunsche des Rheinischen Vereins für Denkmalpflege und Landschaftsschutz, sein ganzes Gebiet bis Worms im Süden zu berücksichtigen, bin ich um so lieber nachgekommen, als damit auch das qualitätvolle alte Siegel der Stadt Oppenheim behandelt werden konnte. Ähnlich wie die von Franz Petri und Georg Droege herausgegebene „Rheinische Geschichte" erfaßt das vorliegende Buch den gesamten mittel- und niederrheinischen Raum von Worms bis zur niederländischen Grenze. Entsprechend der Ausdehnung der ehemaligen Rheinprovinz reicht dieses Gebiet im Westen bis nach Kranenburg, Wassenberg, Aachen, Trier und Saarburg, während im Rechtsrheinischen zwar die alte Grafschaft Berg ganz erfaßt ist, ansonsten die eigentliche Rheinschiene aber nur zweimal – im Falle Montabaurs und Essens – verlassen wird. Gewiß haftet dieser räumlichen Abgrenzung etwas Willkürliches an. Dies gilt besonders für den Süden, wo ein künstlicher Schnitt vollzogen werden mußte, so sehr es auch gereizt hätte, das hervorragende zweite Siegel der Stadt Speyer und andere Städtesiegel des Mainzer und Wormser Einflußbereichs zu untersuchen. Ansonsten werden am Rande des hier betrachteten Gebietes aber auch siegelmäßige Grenzpositionen sichtbar, welche zu einem Blick in andere Regionen, etwa von Emmerich nach Arnheim, von Aachen nach Huy oder von Bitburg nach Luxemburg, nötigen.

Für die zeitliche und sachliche Abgrenzung waren in noch stärkerem Maße siegelkundliche Gesichtspunkte maßgebend. Das Siegelwesen hatte seine Blütezeit im Hoch- und Spätmittelalter. Dasselbe gilt für die Siegelkunst. Da es unmöglich war, alle Städtesiegel des Mittel- und Niederrheingebietes zu berücksichtigen, mußte eine Auswahl getroffen werden, die sich an diesen Tatsachen orientierte. Generell sind alle Städte, sofern sie förmliche Stadtsiegel im Mittelalter besessen haben, mit wenigstens einem Siegel vertreten. Allerdings war Voraussetzung, daß sich ein einigermaßen gut erhaltener Abdruck des Siegels ermitteln ließ. Auch einige Städte, die erst spät Stadtrechte erhielten und – Zeichen des Niedergangs im Siegelwesen – nur ein anspruchsloses Wappensiegel führten, mußten zurücktreten gegenüber bedeutenderen Städten, die nach- oder nebeneinander mehrere aussagekräftige Siegel besaßen. Unter diesem Gesichtspunkt war es auch sinnvoll, einige Siegel von wichtigeren Gemeinden mit einzubeziehen, die niemals bzw. erst spät Stadtrechte erhielten. Die jüngeren Städte, welche sich mit einem Schöffensiegel begnügten, wurden bis auf eine Ausnahme, Zons, nicht in dieses Werk aufgenommen, da die Zonser Verhältnisse in gewisser Weise für die genannte Städtegruppe typisch sind. Bei den Städten, die nacheinander mehrere Siegel führten, richtete sich die Auswahl einerseits nach dem Erhaltungszustand; andererseits aber hatten die älteren Siegel, etwa die aus staufischer Zeit, Vorrang vor jüngeren Nachschnitten und weniger bedeutenden Nebensiegeln. Beachtenswert erschienen auch zwei neuzeitliche Städtesiegel. Das jüngste ist das der Stadt Linn aus dem Jahre 1591.

Die ausgewählten Siegel galt es individuell zu untersuchen und als Quellen für die verschiedensten, meist ortsbezogenen historischen Fragen zum Sprechen zu bringen, eine Möglichkeit und eine Aufgabe, die von fast allen Stadtgeschichtsdarstellungen bis

in jüngste Zeit hinein versäumt worden sind. Allerdings wurden manche neuen Ergebnisse erst durch den Vergleich mit anderen Siegeln möglich, wodurch allein schon der Forschungsansatz, die Städtesiegel einer größeren Region zu betrachten, seine Berechtigung gefunden hat. Welche Bedeutung das Stadtsiegel als Geschichtsquelle, Kunstdenkmal und Kleinkunstwerk besitzt, geht nicht nur aus den Artikeln über einzelne Siegel, sondern auch aus den einleitenden Kapiteln hervor, in denen die Summe der gewonnenen Erkenntnisse gezogen ist. Obwohl hierbei künstlerische und kunstgeschichtliche Fragen häufiger erörtert wurden, mußten speziellere Probleme einer Behandlung durch gelernte Kunsthistoriker vorbehalten bleiben. Als sehr schwierig erwiesen sich manchmal die richtige Deutung von einzelnen Gegenständen eines Siegelbildes und die Datierung gewisser Siegel. Ich hielt es für richtig, in diesen Fällen wenigstens die jeweils vorhandenen Möglichkeiten zu prüfen und eine denkbare Lösung anzubieten, mochte damit auch der sichere historische Boden verlassen werden. Die ortsgeschichtliche Forschung mag sich im einen oder anderen Falle zu weiteren Überlegungen aufgerufen fühlen. Sie wird aus dem hier ausgebreiteten Stoff gewiß auch manchen Anhaltspunkt für die Interpretation derjenigen Städtesiegel gewinnen, die in diesem Buch nicht mit einem eigenen Artikel gewürdigt sind.
Das vorliegende Werk versucht, allen wissenschaftlichen Ansprüchen zu genügen. Deshalb konnte auch nicht auf die Verwendung von Fachausdrücken und auf Anmerkungen verzichtet werden. Andererseits bemüht sich das Buch um eine einfache Sprache, die einem größeren, mit Siegelforschung bisher nicht vertrauten, aber an der Sache interessierten Leserkreis entgegenkommen soll. Den Standort dieses Werkes innerhalb der allgemeinen und der rheinischen Siegelforschung habe ich in dem Abschnitt über den Forschungsstand genauer dargelegt. Es ist mein Wunsch und meine Hoffnung, daß ähnliche vergleichende Untersuchungen auch für andere Landschaften angestellt, dem Siegel eine angemessene Beachtung in den verschiedensten historischen Disziplinen verschafft, wirksamere Maßnahmen zur Erhaltung des überlieferten Siegelbestandes ergriffen und in breiteren Kreisen der geschichtsinteressierten Öffentlichkeit Verständnis und Liebe zum Siegel geweckt werden mögen.

Dank für Anregung, Beratung, Hilfe und Förderung

Forschung und Wissenschaft stehen heute im Zeichen einer fortschreitenden Spezialisierung. Dies gilt auch für die Geschichte mit ihren Zweig- und Hilfswissenschaften. Die hier behandelte Thematik der „Rheinischen Städtesiegel" mag auf den ersten Blick als Ausdruck einer solchen Spezialisierung erscheinen. Bei näherem Zusehen zeigt sich jedoch, daß in einzelnen Abschnitten dieses Buches Themen berührt werden, die in keinem originären Zusammenhang mit der Siegelkunde stehen und Exkurse in die verschiedensten Wissenschaftsbereiche erforderlich machten. Rechts- und Verfassungsgeschichte, Epigraphik, Architekturgeschichte, Heraldik und mittelalterliche Geistesgeschichte sind nur einige (wenn auch wesentliche) der vielen Forschungsrichtungen, die hier genannt werden müssen. Hinzu kommen die vielfältigen Details der jeweiligen Lokalgeschichte, mit denen meist nur wenige Kenner am Orte genauer vertraut sind. Natürlich ist es für den Außenstehenden schwer, sich derart mit den Problemen und Erkenntnissen der verschiedensten Wissenschaftsgebiete zu befassen, daß seine bezüglich einzelner Städtesiegel abgeleiteten Schlußfolgerungen verläßlich sind.

Dem Verfasser ist es daher ein aufrichtiges Anliegen, allen denjenigen Dank zu sagen, die ihm in großen und kleinen Fragen geholfen und seine Arbeit in der mannigfachsten Weise gefördert haben. Es ist nicht möglich, die in diesem Werk verwerteten Anregungen, Auskünfte und Hinweise alle aufzuzählen. Mit großem Dank habe ich Rat und Hilfe von Archivarskollegen und Ortshistorikern entgegengenommen, die einzelne Artikel vor der Drucklegung durchgesehen haben; etliche Klärungen und Verbesserungen gehen auf sie zurück. Mein Dank gilt in erster Linie dem früheren Geschäftsführer des Rheinischen Vereins für Denkmalpflege und Landschaftsschutz, Herrn Dr. Josef Ruland, der die Arbeit an dem vorliegenden Werk jahrelang verfolgt und wesentlich dazu beigetragen hat, daß die „Rheinischen Städtesiegel" als Jahrbuch des Vereins erscheinen konnten. Dem Vorsitzenden des Vereins, Herrn Prof. Dr. Werner Bornheim gen. Schilling, sei gedankt für sein großes persönliches Interesse an den rheinischen Siegeln und seine wohltuende Unterstützung bei der Drucklegung des Buches. Der Druck selbst wurde vorbereitet und begleitet von Frau Marianne Strutz-Ködel, die auch das mühevolle Mitlesen der Korrektur auf sich nahm. Ihre reiche Redaktionserfahrung war dem Verfasser in jeder Hinsicht eine große Hilfe. Deshalb sei ihr an dieser Stelle besonders gedankt. Aber auch den übrigen an der Gestaltung und Herstellung des Buches Beteiligten, Herrn Norbert Radtke sowie der Lithoanstalt Peukert in Köln und der Neusser Druckerei und Verlag GmbH, sagt der Verfasser aufrichtigen Dank.

Wenn weiterhin Herrn Rolf Zimmermann, früher Stadtbildstelle, jetzt Rheinisches Bildarchiv Köln, an dieser Stelle besonderer Dank ausgesprochen wird, so geschieht dies deshalb, weil seine sorgfältigen fotografischen Arbeiten die Bildausstattung dieses Buches wesentlich bestimmen: Er hat über ein Jahrzehnt hinweg nicht nur eine große Zahl von Siegelaufnahmen nach den Wünschen des Verfassers angefertigt, sondern dabei mit viel Gespür für das Kleinkunstwerk Siegel auch Lichtbilder von hoher Qualität geschaffen. Dies kann nur ermessen, wer um die Unansehnlichkeit etlicher kleiner, verschmutzter oder beschädigter Siegelabdrücke – in einigen Fällen waren es gar nur Abgüsse – weiß.

Aber auch folgenden Damen und Herren, deren Verdienste nicht im einzelnen erläutert werden können, sei hiermit aufrichtiger Dank gesagt:

Dr. Günther Albrecht (†), Köln
Dr. Friedrich Battenberg, Darmstadt
Dr. Lore Börner, Berlin-Ost
Dr. Hans J. Domsta, Düren
Prof. Dr. Edith Ennen, Bonn
Prof. Dr. Anton von Euw, Köln
Dr. Ludwig Falck, Mainz
Erich Feidner, Köln
Dr. Klaus Flink, Kleve
Heinz Frankenstein, Brauweiler
Peter Fuchs, Köln
Philipp Goepen (†), Köln
Günter Grosch, Köln
Johannes Heeg, Bonn
Roswitha Heindrichs, Bonn
Prof. Dr. Franz-Josef Heyen, Koblenz
François-J. Himly, Straßburg
Gregor Hövelmann, Geldern
Jürgen Huck, Neuss
Prof. Dr. Paul Egon Hübinger, Bonn
Dr. Manfred Huiskes, Köln
Prof. Dr. Hermann Jakobs, Heidelberg
Prof. Dr. Wilhelm Janssen, Düsseldorf
Dr. Rainer Kahsnitz, Nürnberg
Dr. Dieter Kastner, Brauweiler
Herbert Kleipaß, Emmerich
Werner Kock, Kalkar
Anneliese Küppers, Köln
Joseph Lange, Neuss

Prof. Dr. Richard Laufner, Trier
René Laurent, Brüssel
Wilhelm Lensing, Köln
Dr. Herbert Lepper, Aachen
Dr. Ursula Lewald (†), Bonn
Dr. Walter Lorenz, Remscheid
Hermann-Josef Lüke, Köln
Prof. Dr. Erich Meuthen, Köln
Yves Metman, Paris
Dr. Edith Meyer-Wurmbach (†), Bensberg
Dr. Joseph Milz, Duisburg
P. Mauritius Mittler O.S.B., Siegburg
Dr. Johannes Mötsch, Koblenz
Dr. Fried Mühlberg, Bollschweil bei Freiburg
Dr. Rolf Nagel, Düsseldorf
Dr. Paul von Naredi-Rainer, Köln
Werner Neite, Köln
Dr. Peter Neu, Bitburg
Michel Pastoureau, Paris
Dr. Manfred Petry (†), Düsseldorf
Dr. Joachim M. Plotzek, Köln
Dr. Elisabeth Reiff, Köln
Fritz Reuter, Worms
Peter Riehm, Mayen
Dr. Hermann-Josef Roggendorf, Siegburg
Dr. Guido Rotthoff, Krefeld
Jakob Sahler, Köln
Paul-Günter Schulte, Kempen
Andrée Scufflaire, Brüssel
Dr. Hugo Stehkämper, Köln
Dr. Karl Stommel, Erftstadt-Lechenich
Dr. Max Tauch, Neuss
Irmgard Tietz-Lassotta, Köln
Otto Treptow, Wahlscheid
Prof. Dr. Albert Verbeek, Bonn
Dr. Gisela Vollmer, Düsseldorf
Dr. Peter Wehlt, Detmold
Prof. Dr. Hugo Weidenhaupt, Düsseldorf
Dr. Margret Wensky, Bonn
Irmgard Willemssen, Köln
Dr. Erich Wisplinghoff, Düsseldorf
Dr. Theresia Zimmer, Koblenz

Hinweise für den Benutzer des Buches

Den reichen Stoff, den das Siegelwesen der rheinischen Städte bietet, findet der Leser dieses Buches in zwei ganz unterschiedlichen Teilen aufbereitet: Während der erste Teil die wichtigsten historischen und siegelkundlichen Aspekte in größerem Zusammenhang darzustellen versucht, ist der zweite Teil als alphabetischer Katalog angelegt, der eine schnelle Information über ein bestimmtes Siegel ermöglichen soll. Beide Teile besitzen also eine besondere Funktion, und so ließ es sich nicht vermeiden, gewisse Überlegungen, Erkenntnisse und Tatsachen mehrfach anzuführen. Allerdings wurde dann versucht, diese nur an einem, und zwar am wichtigsten Ort ausführlich darzustellen, ansonsten aber mit Verweisen zu arbeiten. Auch wenn der besseren Lesbarkeit halber ein ausdrücklicher Verweis unterblieben ist, wird der näher Interessierte sich über den Index alle Informationen zu einzelnen Siegeln und Fragen verschaffen können. Was hier für eventuelle Doppelungen in den beiden Hauptteilen dieses Buches gilt, ist auch für den Katalogteil gesondert zu beachten: Es war ein selbstverständliches Gebot, gewisse Überlegungen, die für mehrere Städtesiegel gleiche Bedeutung haben, nicht in jedem Siegelartikel ausführlich auszubreiten. So wurde der „Meister der ältesten bergischen Städtesiegel", dem sich insgesamt sieben Typare rheinischer Städte zuschreiben lassen, nur in dem Artikel über das große Siegel der Stadt Wipperfürth näher behandelt.

Der Vorspann der einzelnen Siegelartikel im Katalogteil folgt einem festen System. Nach der Ortsangabe und der Siegelbezeichnung beginnen die Angaben zu einem jeden Siegel mit einer Beschreibung des Siegelbildes. Diese Beschreibung ist knapp gehalten, weil Einzelheiten auf der Abbildung zu sehen sind. Allerdings wurde auf eine heraldische Ausdrucksverkürzung, die nur bei Wappensiegeln angemessen erscheint, verzichtet. Die Angaben „rechts" und „links" sind hier wie auch sonst in diesem Buche stets in heraldischem Sinne zu verstehen, d.h. die Seitenangabe erfolgt nicht vom Betrachter aus, sondern hält sich an die in der Heraldik entwickelte Konvention, nach welcher die Seiten aus dem Blickwinkel des (imaginär hinter dem Schild stehenden) Wappenführers bezeichnet werden. Obwohl sich kürzlich der Internationale Siegelausschuß gegen eine Seitenangabe nach heraldischer Regel ausgesprochen hat[1], gibt es gewichtige Gründe, an dieser Übung festzuhalten: erstens die bisherige Praxis, deren Preisgabe bald zu einer heillosen Verwirrung führen würde (schon Hermann Grotefend hat sich 1875 ausdrücklich zum „heraldischen Prinzip“ bekannt[2]), zweitens die Tatsache, daß der Wappensiegeltyp zahlenmäßig am stärksten vertreten ist und man bei der Beschreibung eines Wappens nicht von der bisherigen Regel abweichen kann, drittens die Tatsache, daß auch Personen, etwa Thronfiguren, meist en face (frontal) abgebildet werden; hier wäre es absurd, die Seite zur Rechten der dargestellten Person als „links“ zu bezeichnen; es bedarf keiner Frage, daß die Figur im Siegel Vorrang besitzt und deren Beschreibung sozusagen „natürlichen“ Gesetzen folgt; demgemäß wird man zwangsläufig von dem hl. Petrus im ältesten Kölner Stadtsiegel sagen, daß er „in seiner Rechten zwei Schlüssel, in seiner Linken über dem Knie ein Buch hält“. Erfordern also einige wichtige Siegeltypen ein Festhalten an der eingespielten Praxis, so muß man aus Gründen der Einheitlichkeit auch bei anderen Siegeltypen danach verfahren.

Bei der Wiedergabe der Umschrift erscheinen aufgelöste Abkürzungen in runden Klammern, während für Ergänzungen, die sich nicht auf andere Siegelabdrücke gründen, sondern erschlossen sind, eckige Klammern verwandt werden. Die Buchstaben sind einheitlich in Versalien (Großbuchstaben) gesetzt, auch wenn die Umschrift des Siegels in einer anderen Schrift, z.B. in einer gotischen Minuskel (Kleinbuchstabenschrift), gehalten ist. Die Interpunktion (Punkte mitten auf der Zeile, Doppelpunkte, drei Punkte übereinander) folgt exakt der Vorlage. Des weiteren steht der Punkt mitten auf der Zeile auch für alle anderen Zeichen wie Sternchen, Rosetten, drei Punkte in dreiecksförmiger Anordnung und andere Gegenstände, welche der Abtrennung einzelner Wörter dienen. Ist die Umschrift an einer Stelle durch einen aus dem Siegelfeld herausragenden Gegenstand unterbrochen, so wird an dieser Stelle ein Strich (–) gesetzt.

Die Größe eines Siegels ist weniger eindeutig, als man annehmen sollte. Deshalb finden sich in der Literatur auch immer wieder unterschiedliche Angaben. Sie sind oft darin begründet, daß der Siegelrand infolge von Verletzungen nicht mehr genau sichtbar ist. Hat ein Siegelabdruck einmal gleichzeitig Hitze und Druck abbekommen, so kann er um einige Millimeter größer erscheinen als normal; ist von einem Siegel nur ein Abguß überliefert, so muß man damit rechnen, daß dieser aufgrund des Abgußverfahrens bis zu mehreren Millimetern kleiner als ein Originalabdruck ausfällt. Schließlich kommt es vor, daß ein Siegel nicht kreisrund ist; infolgedessen treten je nach Art der Messung kleine Differenzen auf. Wichtig ist bei alledem, daß man jeweils von der äußersten Begrenzung (Perlreihe oder Linie) der einen Seite bis zur äußersten Begrenzung an der anderen Seite mißt; in keinem Falle aber dürfen Wülste oder überstehende Wachsteile über die Begrenzungslinie hinaus mitgemessen werden.

Bei den Angaben zu den Abbildungen wurde die jeweilige Vorlage so genau wie möglich bezeichnet. Da die Originalgröße zu jedem Siegel mitgeteilt ist, bestand keine Notwendigkeit, die Siegel 1:1 abzubilden (zumal sich bei Wilhelm Ewald Abbildungen in Originalgröße finden). Weitere Bemerkungen zu den Abbildungen dieses Buches enthält das Kapitel über die Methoden zur Reproduktion von Siegeln.

Bei den Angaben zur Literatur wurde versucht, alle einschlägigen Artikel, die sich ausschließlich oder zumindest in nennenswertem Umfange mit dem betreffenden Siegel befassen, in der zeitlichen Reihenfolge ihres Erscheines anzuführen. Daß in dem einen

oder anderen Falle einmal ein Artikel übersehen wurde, ist trotz der vielseitigen Hilfe von Ortsgeschichtskennern und Archivarskollegen bei dem riesigen Bearbeitungsfeld von Worms bis Emmerich nicht auszuschließen. Weggelassen wurde bei dieser Aufzählung in der Regel ein Hinweis auf den 3. Band des Corpus der „Rheinischen Siegel" von Wilhelm Ewald, da sich dort i.a. nur Kurzangaben finden. Der Zitierweise selbst liegt ein einfaches Prinzip zugrunde: Mehrfach herangezogene Aufsätze oder Bücher bzw. solche von grundsätzlicher Bedeutung erscheinen mit kompletten Angaben im Literaturverzeichnis am Ende des Buches. Deshalb sind sie in den einzelnen Siegelartikeln und auch sonst nur in Kurzform angeführt.
Die Abkürzungsweise, die manchem Leser etwas eigenwillig erscheinen mag, folgt dem System des neuen „Dahlmann-Waitz", da dieses unbestreitbare Vorteile besitzt. Sicherheitshalber sind am Ende des Buches aber noch einmal alle Abkürzungen mit ihren Auflösungen zusammengestellt.

Anmerkungen

1 Vgl. den Bericht von E. Gönner, in: Der Archivar 35 (1982) Sp. 51f.
2 H. Grotefend, S. 30.

I.
Kleine Siegelkunde mit besonderer Berücksichtigung der rheinischen Städtesiegel

1. Forschungsstand

Die Siegelkunde oder Sphragistik, ursprünglich Bestandteil der Urkundenlehre, gehört seit ihrer Verselbständigung im letzten Jahrhundert zu den klassischen Hilfswissenschaften der Geschichte. Waren die ersten größeren Veröffentlichungen zur Siegelkunde noch stark von antiquarischen Interessen bestimmt, so folgten am Ende des 19. und zu Beginn des 20. Jahrhunderts die ersten systematischen Handbücher, unter denen die Sphragistik von Theodor Ilgen und vor allem die Siegelkunde von Wilhelm Ewald hervorzuheben sind.[1] Das städtische Siegelwesen wurde dort aber nicht in befriedigender Weise abgehandelt, weil es an zuverlässigen Vorarbeiten fehlte. Zwar hatten schon frühzeitig Ortshistoriker kleinere Untersuchungen zu einzelnen Stadt-, Gemeinde-, Schöffen-, Zunft- und Kirchensiegeln vorgelegt, doch besaßen die Autoren oft nicht den notwendigen Überblick über das Siegelwesen. Die gute Kenntnis der Ortsgeschichte konnte diesen Mangel nicht ausgleichen, so daß solche Forschungen in ihrem Wert manchmal recht fragwürdig waren. Lange Zeit blieb bei diesen Untersuchungen, die sich nicht selten in lokaler Isolation vollzogen, wie einst das antiquarische Interesse vorherrschend.

An den ortsbezogenen Siegeluntersuchungen offenbarte sich auch ein allgemeiner Zug der Sphragistik, der bis heute zu ihren Eigenarten gehört: die Neigung zur Vereinzelung und kaum noch überschaubaren Zersplitterung. Lediglich die erwähnten Handbücher sowie die in ihrer Bedeutung nicht hoch genug einzuschätzenden Siegelpublikationen (Tafelwerke) für bestimmte Landschaften und Gruppen von Siegelführern wirkten solchen Tendenzen entgegen. Systematische Untersuchungen zu Teilbereichen der Siegelkunde blieben selten. Zu erwähnen sind in diesem Zusammenhang allerdings einige Veröffentlichungen von Erich Kittel, der im Jahre 1970 auch eine neue Zusammenfassung des siegelkundlichen Wissensstoffs versuchte. Sieht man davon ab, daß das Werk Kittels auf Anmerkungen verzichtet und damit notwendigerweise in seinem wissenschaftlichen Wert gemindert wird, so zeigt gerade dieses Buch, daß es heute für einen Autor unmöglich ist, das gesamte Siegelwesen von den alten Hochkulturen bis zu den Amts- und Behördensiegeln unserer Zeit angemessen darzustellen.[2] Die Höhen und Tiefen des gesamten Buches offenbaren sich auch in dem Abschnitt über die Siegel der Städte. Der erste Teil, der sich auf die bisherige Literatur zu einzelnen Städtesiegeln – nicht zuletzt des Rheinlandes – stützt, vermag als allgemeine Zusammenfassung nicht recht zu befriedigen, während Kittel als guter Kenner der Heraldik im zweiten Teil Grundlegendes zum Verhältnis von Stadtsiegel und Stadtwappen sowie über die Einwirkung des Stadtherrn auf das städtische Siegelwesen zu sagen weiß.

Der Stand der Siegelforschung, wie er sich in dem Buch und den verschiedenen Sammelberichten[3] Kittels niedergeschlagen hat, kann nicht als gut bezeichnet werden. Gewiß gibt es inzwischen eine Reihe qualitätvoller Einzeluntersuchungen, doch ist der alte Zustand der Zersplitterung der Siegelforschung nicht überwunden. Ausdruck dessen ist auch die Tatsache, daß diese Disziplin keine eigene Zeitschrift besitzt, und weder im universitären noch im außeruniversitären Bereich ein Institut für Siegelforschung existiert. Auch eine Vereinigung von Sphragistikern besteht in Deutschland nicht, während es entsprechende Zusammenschlüsse für Genealogen, Heraldiker und Numismatiker seit langem und in größerer Zahl gibt. Der überwiegende Teil der sphragistischen Veröffentlichungen stammt auch heute noch von Autoren, die sich nur einmal – meist aus besonderem Anlaß – mit Siegeln beschäftigen. Die systematische Siegelforschung in Deutschland ruht hingegen auf wenigen Schultern, so daß nennenswerte Fortschritte auf diesem Gebiet so schnell nicht zu erwarten sind. Für die Zukunft darf man die größten Hoffnungen vielleicht in die Kunstgeschichte setzen, mehren sich doch die Anzeichen dafür, daß diese zunehmend Siegel in ihren Gesichtskreis einbezieht.

Was hier allgemein zur Lage der Siegelforschung gesagt wurde, gilt auch für das Rheinland. Allerdings schneidet dieses, wenn man den erreichten Forschungsstand betrachtet, etwas günstiger ab als die meisten anderen Landschaften. Schon 1882 veröffentlichte der Düsseldorfer Staatsarchivar Bernhard Endrulat ein Werk über „Niederrheinische Städtesiegel des 12. bis 16. Jahrhunderts". Es ist deshalb bemerkenswert, weil der Verfasser auf der Grundlage des damaligen Wissensstandes eine kurze Einführung in die Geschichte der einzelnen Städte gab und alle Städtesiegel, die ihm begegnet waren, publizierte. Wenn ihm dabei auch eine Reihe von Siegeln entging, so war es doch ein Vorteil, daß neben den großen Hauptsiegeln etliche Nebensiegel erfaßt wurden. Bedauerlicherweise bildete Endrulat von allen Siegeln aber nur Zeichnungen ab. Außerdem verlor sein Buch im Laufe der Zeit immer mehr an Wert, weil seine Angaben durch spätere landes- und ortsgeschichtliche Forschungen in zunehmendem Maße korrigiert wurden. Auch krasse Fehlurteile finden sich bei Endrulat, etwa wenn er bei dem Aachener Karlssiegel von „künstlerisch mangelhafter Ausführung" spricht und es deswegen in „eine frühe Zeit, mindestens die erste Hälfte des 13. Jahrhunderts", datiert.[4]

Hat Endrulats Buch trotz seiner an sich sinnvollen Konzeption, die niederrheinischen Städtesiegel im Zusammenhang vorzustellen und zu deuten, heutzutage auch ausgedient, so wird es für Wilhelm Ewald, der sich seit Beginn des 20. Jahrhunderts mit dem rheinischen Siegelwesen beschäftigte, doch mancherlei Hinweise und Hilfen geboten haben. Prof. Dr. Wilhelm Ewald (1878–1955), Direktor des Rheinischen Museums und des Historischen Museums in Köln, hat mit bewundernswerter Energie drei auch heute noch grundlegende Werke geschaffen: die schon erwähnte „Siegelkunde", eine „Rheinische Heraldik“ und das sechsbändige Corpus der „Rheinischen Siegel“. Es war Ewald nicht mehr vergönnt, die Texterläuterungen zu den Bänden IV und VI seines Siegelwerkes selbst zu erstellen. Dies besorgte schließlich seine Schülerin Edith Meyer-Wurmbach, so daß das Rheinland nunmehr über ein umfangreiches Siegelinventar verfügt, wie es für keine andere deutsche Landschaft vorliegt. Die Bedeutung des im Jahre 1931 herausgegebenen Bandes III, welcher den Siegeln der rheinischen Städte und Gerichte gewidmet war, ist schon im Vorwort erwähnt worden. Von der „Rheinischen Siegelkunde“, die Ewald in Band V vorzulegen gedachte, ist nur die erste Lieferung erschienen. Sie behandelte die Typen der Städtesiegel unter besonderer Berücksichtigung des Siegels in seiner Beziehung zum Ortswappen. Wenn dieser Band unvollendet blieb, so mindert das nicht den Wert der übrigen Bände für die allgemeine und die rheinische Siegelforschung.

Der kunsthistorische Ansatz, der dem Werk Ewalds zugrunde lag, erwies sich auch in jüngster Zeit als fruchtbar. Mit der Bearbeitung der „Typare und Wachssiegel im Rheinischen Landesmuseum Bonn“ hat Rainer Kahsnitz eine der wichtigen Siegelsammlungen des Rheinlandes erschlossen. Indem Kahsnitz dem Siegel als Kleinkunstwerk die gebührende Beachtung schenkte und die in Bonn vorhandenen Stücke mit allen, nicht zuletzt kunsthistorischen Methoden datierte, setzte er neue Maßstäbe für die Herausgabe von Siegelinventaren.[5] Daß derselbe Autor auch im Katalog zu der Stuttgarter Ausstellung „Die Zeit der Staufer“ von 1977 eine große Anzahl von Siegeln und Goldbullen vorbildlich abhandelte, sei hier erwähnt, weil sich darunter auch einige Städtesiegel des Rheinlandes befanden.

Zu mehreren rheinischen Städtesiegeln liegen inzwischen gehaltvolle Spezialuntersuchungen aus den letzten Jahrzehnten vor. Dies gilt für Siegel von Aachen, Büderich, Duisburg, Essen, Köln, Mainz, Oppenheim, Radevormwald, Ratingen, Siegburg und Trier. Eine weitaus größere Zahl rheinischer Städtesiegel ist dagegen noch nie gewürdigt worden. Diese Forschungslücke versucht das vorliegende Buch zu schließen. Die Behandlung des hier gestellten Themas konnte sich nicht in den Einzeluntersuchungen der ausgewählten Siegel erschöpfen. Flossen in manche Siegelartikel schon zwangsläufig Erkenntnisse ein, die bei der Erörterung anderer Stadtsiegel gewonnen worden waren, so drohten doch viele neue Ergebnisse an entlegener Stelle zu verschwinden. Unter diesen Umständen war es nur konsequent, eine weitere Forschungsaufgabe, die Darstellung des städtischen Siegelwesens im Rahmen einer größeren Landschaft, in Angriff zu nehmen. Insofern hofft das vorliegende Buch, der weiteren Forschung in zweierlei Hinsicht dienen zu können: Einmal ist es dazu gedacht, der rheinischen Geschichtsforschung ein alphabetisch angelegtes Nachschlagewerk für einzelne Städtesiegel an die Hand zu geben; zum anderen soll es die allgemeine Siegelforschung auf einem wesentlichen Teilgebiet bereichern. Vielleicht werden manche in diesem Buch enthaltenen Wertungen durch ähnliche Untersuchungen für andere Regionen einmal revidiert werden, aber diese Aussicht, die notwendigerweise zum Fortgang aller Wissenschaft gehört, konnte nicht davon abhalten, mit dem Werk über „Rheinische Städtesiegel“ zum jetzigen Zeitpunkt einen Anfang zu machen.

Anmerkungen

1 Die wichtigsten siegelkundlichen Werke enthält die Übersicht über Quellen und Literatur.

2 Vgl. meine ausführliche Besprechung in: AnnHistVNdRh 173 (1971) S. 251–256, sowie die sehr kritische Besprechung von G. Rauch in: HZ 216 (1973) S. 629–631.

3 Der letzte größere Sammelbericht „Wappen und Siegel 1967–1970" von E. Kittel ist erschienen in: BllDtLdG 107 (1971) S. 275–337.

4 B. Endrulat, S. 1.

5 Vgl. meine Besprechung in: AnnHistVNdRh 173 (1971) S. 257f.

2. Wesen und Funktion des Siegels

Siegel nennen wir jeden Abdruck, der mittels eines individuell gestalteten Stempels hergestellt wird und als rechtserhebliches Zeichen des Siegelführers für die Echtheit, Unversehrtheit oder Gültigkeit eines Sachverhaltes oder einer Willensbekundung eintreten soll.

Mit dieser gewiß etwas spröden Definition wird versucht, den vielfältigen Erscheinungsformen des Siegels in mehr als fünf Jahrtausenden gerecht zu werden. Sie gilt für das Dienstsiegel, das heute zur Bekräftigung eines Hoheitsaktes einem Schriftstück aufgedrückt wird, ebenso wie für das mesopotamische Rollsiegel, das man mittels eines zylindrischen, an der Oberfläche mit negativen Zeichen versehenen Stempels in weichem Ton abrollte, um nach dessen Erhärtung Eigentum zu kennzeichnen und zu sichern. Wenngleich im folgenden nur das mittelalterliche und frühneuzeitliche Siegelwesen näher untersucht wird, erscheint es doch angebracht, auf die Anfänge des Siegels in den alten Hochkulturen und insbesondere auf die wenig bekannte Tatsache hinzuweisen, daß es Siegel bereits vor der Erfindung der Schrift gab.

Begreiflicherweise erfüllte das Siegel von Anfang an sowohl die Funktion eines Erkennungszeichens als auch die eines Verschlußmittels. Wenn man im 4. Jahrtausend v. Chr. Behälter und Räume versiegelte, wie es in besonderen Fällen noch heute geschieht, so ist dies Ausdruck einer schon damals erreichten höheren Kulturstufe. Erich Kittel hat in diesem Zusammenhang treffend bemerkt, daß das Siegel als Verschlußmittel den Sieg des Rechts über die Gewalt bedeutete; seinem Gebrauch lag die Anschauung zugrunde, daß „das leicht verletzliche Siegel den gleichen, wenn nicht gar noch besseren Schutz verlieh als schwere Riegel oder listige Verstecke".[1] Auch Griechen und Römer benutzten Siegel zu dem genannten Zweck. Bei Wein- und Vorratskrügen etwa ermöglichte einerseits das Siegel durch seine individuelle Gestalt eine Identifizierung des Eigentümers; der unversehrte Siegelabdruck garantierte andererseits für die Echtheit und Unversehrtheit des Inhaltes. Damit war ein Schutz gegen Verfälschung gegeben, wie er besser nicht erreicht werden konnte.

Die vorzüglichen Eigenschaften des Siegels dürften die Griechen bewogen haben, auch Briefe, Urkunden, Verträge und andere schriftliche Dokumente mit Wachs- und Tonsiegeln zu verschließen. Damit erhielt ihr Inhalt eine außerordentliche Authentizität. Aber sie wurde eigentlich nur für den Empfänger des versiegelten Schriftstücks sichtbar. Hatte er das Siegel erbrochen, so war für einen später beteiligten Dritten der Beweis für Echtheit und Richtigkeit nicht mehr gegeben. Ein solches Siegel erfüllte seine Funktion also streng genommen nur ein einziges Mal. Es war daher nur konsequent, daß man – spätestens in hellenistischer Zeit – von der Versiegelung zur Untersiegelung, d.h. zur Beglaubigung eines Schriftstücks mittels eines Siegels gelangte. Auf die Griechen geht demnach die uns vertraute enge Beziehung zwischen Recht und Schriftlichkeit zurück.

Wie die Griechen benutzten die Römer Siegel zum Verschließen von Gebäuden, Räumen, Gräbern sowie Vorrats- und Warenbehältern aller Art; zugleich aber erlangte das Siegel, wenn man Plinius d. Ä. (23–79) glauben darf, in der Verbindung mit Schriftstücken eine vorher nicht gekannte Bedeutung. Obwohl das Siegel auch in römischer Zeit zur Beglaubigung von Urkunden verwandt wurde, steht das spätantike Urkundenwesen, das neben der älteren Beweisurkunde die sog. dispositive Urkunde entwickelte, nicht im Zeichen des Siegels. Entscheidend war bei der Beweisurkunde, welche das durch eine frühere Handlung geschaffene Recht beweisen sollte, die Handschrift des Ausstellers oder des zur Niederschrift herangezogenen öffentlichen Schreibers. Ähnliches gilt für die in der späten Kaiserzeit entstandene, vom Aussteller, den Zeugen oder dem Schreiber unterschriebene dispositive Urkunde, die selbst neues Recht schaffte. Eine solche Entwicklung setzte eine stärkere Verbreitung der Schriftlichkeit voraus. Diese ging im frühen Mittelalter weitgehend verloren und nahm erst am Ende des Hochmittelalters einen neuen Aufschwung.

Welche Rolle das Siegel während des Mittelalters spielte, wird der historische Abriß des folgenden Kapitels zeigen. Hier sei vorweg die allgemeine Feststellung getroffen, daß das Siegel im Mittelalter und auch in der Neuzeit (wenngleich nicht in unvermindertem Umfange) den Zwecken diente, die es schon bis zur Spätantike besessen hatte: Das Siegel war Erkennungszeichen[2], Verschlußmittel[3] und Beglaubigungsmittel. Seine überragende Funktion als Mittel zur Beglaubigung von Urkunden erhielt das Siegel erst im Mittelalter. Fehlte das im Text angekündigte Siegel, so war dies ein hinreichender Grund, die Echtheit einer Urkunde und ihres Inhaltes anzuzweifeln. Demgemäß brauchte man, wenn man die Gültigkeit einer Urkunde, z. B. einer Rentenverschreibung, aufheben wollte (was regelmäßig bei der Ablösung einer Rente vorkam), diese nicht zu vernichten oder durch eine andere Urkunde förmlich außer Kraft zu setzen; vielmehr genügte es, das Pergament mit einigen Einschnitten zu verletzen und das (oder die) Siegel abzuschneiden. In diesem Falle war der Inhalt der Urkunde null und nichtig. Wenn man sich mit dem mittelalterlichen Siegelwesen beschäftigt, sollte man stets vor Augen haben, daß es sich hierbei in erster Linie um eine Erscheinung des Rechtslebens handelt.

Darüber hinaus aber – und dies ist für verschiedene Zweige der Geschichtsforschung von erheblich größerer Bedeutung – entwickelte sich das Siegel, dessen Stempel in den Hochkulturen und im Altertum auch schon als Schmuck und als Amulett gedient hatte, im Mittelalter zu einem Zeichen mit vorzüglicher Symbolkraft.[4] Da der Siegelführer sich im Siegel repräsentiert sah, nutzte er es bald als Mittel der Selbstdarstellung. So kommen in dem Siegel als einem „Ort offizieller Symbolik" (Günter Bandmann)[5] oft genug der Stolz und Anspruch des Siegelführers zum Vorschein. Gerade die verhältnismäßig geringen Möglichkeiten, welche das kleine Siegelbild und die notwendigerweise knappe Umschrift boten, waren für den Auftraggeber des Siegels Anlaß das auszudrücken, woran ihm am meisten lag. Ein Vergleich mit den spätantiken Münzen, deren Rückseiten propagandistischen Zwecken dienten[6], ist insofern berechtigt. Da mit der Herstellung der Siegelstempel oft hervorragende Goldschmiede betraut wurden, entstanden Kleinkunstwerke von hohem Rang. Die vielfältigen Qualitäten, die über die vordergründigen Funktionen des Siegels hinausgehen, werden später in mehreren eigenen Kapiteln zu behandeln sein.

Anmerkungen

1 E. Kittel, Siegel, S. 1.

2 Schon im Altertum diente das Siegel, etwa bei authentischen Boten, als Erkennungszeichen. Zwar ist der selbständige Gebrauch sogenannter Ladesiegel (sigillum ad citationes) im Mittelalter umstritten, doch waren diese in jedem Falle Zeichen, welche den vorladenden Richter erkennen ließen. Dieselbe Funktion hatten gewiß auch die als Geleits-, Herkunfts-, Qualitäts- und Zollfreiheitszeichen verwendeten Siegelabdrücke; vgl. W. Ewald, Siegelkunde, S. 24 und E. Kittel, Siegel, S. 126f. Ein schöner Beleg für den Gebrauch des Siegels als Erkennungszeichen des heidnischen Sultans findet sich in der Reisebeschreibung des Johann von Mandeville (deutsche Übersetzung HistArchKöln, Hs. W f° 36* fol. 45rv), wo es u.a. heißt: „Er versaget nieman geleide zu geben, aber er gyfft nit yederman brieff dan alleyn er gyfft in cleyn ingesiegel an alle schrifft und das dreit an eyme stabe, und so wan die heiden das ingesiegel siehint, so neigent sy eine und knyewent nieder ..."

3 Schöne Beispiele für das Siegel als Verschlußmittel sind einige mit den Siegeln der Stadt und des Domkapitels von Köln verschlossene Ledersäckchen, in denen aufgrund vertraglicher Abmachungen Probemünzen der jeweils neuen Prägung hinterlegt wurden, um eine Möglichkeit zur Echtheitsprüfung anderer Münzen zu erhalten; vgl. den sog. „Kleinen Schied" des Albertus Magnus von 1252 (HistArchKöln, HUA 182 und 183, HauptstaatsarchDüsseldorf, Kurköln, U. 46, Druck bei L. Ennen – G. Eckertz 2 Nr. 304 und 306) sowie G. Albrecht, Kölner Münzproben des 13. Jh., HambBeitrrNusmismat 21 (1967) S. 215–218 und G. Albrecht, Moneta civitatis Coloniensis, Köln. Vierteljahrsschrift für die Freunde der Stadt 1970, Heft 1 (März 1970) S. 42. Eine farbige Abbildung eines Kölner Münzbeutels findet sich bei T. Diederich, Die alten Siegel der Stadt Köln, S. 10.

4 Vgl. E. Hauviller, S. 6f.: „Die Sphragistik führt uns in eine wahre Schatzkammer glyptischer Kleinodien, sie macht uns vertraut mit den sinnreichen Zeichen und Symbolen, welche in früheren Jahrhunderten die Individuen brauchten, um das Gebiet ihres eigenen Ichs scharf von dem des Nachbarn zu trennen ..."

5 G. Bandmann, S. 130.

6 Vgl. R. Ziegler, Die Münze als Propagandaträger in augusteischer Zeit, NeussJb 1976 S. 30–38; W. Trillmich, Familienpropaganda der Kaiser Caligula und Claudius – Agrippina Maior und Antonia Augusta auf Münzen (Antike Münzen und geschnittene Steine, Bd. 8), Berlin 1978.

3. Historische Entwicklung

a. Das Siegelwesen vom frühen Mittelalter bis zum Beginn des 12. Jahrhunderts

In dem vorangehenden Kapitel, das zum Ziel hatte, die wichtigsten Funktionen des Siegels vorzustellen, ist notwendigerweise auch die Entwicklung des älteren Siegelwesens in groben Zügen umrissen worden. Der in der Spätantike erreichte Stand ist Ausgangspunkt für das einzigartige Phänomen des abendländischen Siegelwesens im Mittelalter, das eine genauere Betrachtung verdient. Die Frage, inwieweit antike Siegelgewohnheiten im frühen Mittelalter fortlebten bzw. von den germanischen Völkern aufgegriffen und weiterentwickelt wurden, gehört in den größeren Rahmen jener Thematik, welche wie kaum eine andere die allgemeine Geschichtsforschung beschäftigt hat. Es handelt sich um das Problem der Kontinuität zwischen Antike und Mittelalter, eine Frage, die auch die historischen Zweigwissenschaften bis hin zur Landes- und Ortsgeschichte – nicht zuletzt des Rheinlandes – stark bewegt und zudem eng mit der Problematik der historischen Periodenbildung verknüpft ist. Das Kontinuitätsproblem wird am besten durch die extremen Positionen der Forschung deutlich gemacht. Diese schwanken zwischen der Annahme von Kontinuität in weiten Lebensbereichen einerseits und der Annahme einer Katastrophe andererseits, wobei man das gewaltsame Ende der spätantiken Mittelmeerkultur teils dem Sturm der Germanen in der Völkerwanderungszeit, teils aber auch der einige Jahrhunderte später einsetzenden islamischen Flut anlastete.[1]

Für das Siegelwesen lassen sich in diesem Zusammenhang zwei Feststellungen treffen: Erstens ist die mittelalterliche Entwicklung ohne den bis zur Spätantike herausgebildeten Siegelbrauch nicht denkbar, zweitens haben die germanischen Rechtsvorstellungen zu der Sonderform und der großen Bedeutung des Siegelwesens im Abendland wesentlich beigetragen. Daß die germanischen Völker das Siegel erst bei den Römern kennengelernt und von ihnen übernommen haben, ergibt sich nicht nur aus dem Fehlen von Siegelfunden aus der Zeit vor der Völkerwanderung, sondern auch aus der Übernahme des römischen Wortes sigillum in die germanischen Sprachen. Wilhelm Ewald hat deren Lehnwörter zusammengestellt: insigli (altnordisch), insegel, insegle (angelsächsisch), insigil (altfränkisch), sigljo (gotisch), zegel (holländisch), seal (englisch), segl (dänisch) und sigill (schwedisch).[2]

Da die Spätantike mit ihrer hochentwickelten Schriftlichkeit das Siegel als Beglaubigungsmittel zurückgedrängt hatte – Beweisurkunde und dispositive Urkunde waren, wie im vorangehenden Kapitel gezeigt, nicht besiegelt –, lernten die Germanen auf römischem Boden das Siegel zunächst einmal als Sicherungsmittel für Verschlüsse kennen. Tatsächlich sind aus spätrömischer und frühmittelalterlicher Zeit Siegelringe, deren Abdrücke in erster Linie zum Verschluß von Briefen benutzt wurden, überliefert.[3] Auch schriftliche Quellen bezeugen die Fortexistenz dieser spätantiken Siegeltradition.[4] Natürlich beschränkte sich die Siegelführung bei den germanischen Völkern auf einen engen Personenkreis, zu dem neben den Königen die Herzöge, Grafen und Bischöfe gehörten. Nach der Lex Alamannorum und der Lex Visigothorum besaßen auch die Richter ein Siegel, um damit vor ihr Gericht zu laden.[5]

Für die Entwicklung des mittelalterlichen Siegelwesens war allerdings entscheidend, daß sowohl die Päpste als auch die oströmischen bzw. byzantinischen Kaiser, die stärker in der antiken Tradition wurzelten, ihre Urkunden nachweislich seit der ersten Hälfte des 6. Jahrhunderts, vermutlich aber schon wesentlich früher, untersiegelten, d.h. mit ihrem Siegel beglaubigten. Von ihnen werden die germanischen Könige – insbesondere auch die Franken, die uns hier am meisten interessieren – die Ausstellung von besiegelten Urkunden (Diplomen) übernommen haben. Unter den erhaltenen 38 Originalurkunden merowingischer Könige aus der Zeit von 625 bis 717 tragen sieben Pergamenturkunden noch ein Siegel. Das älteste besiegelte Exemplar stammt von König Theuderich III. (673–696).

Die merowingische Königsurkunde stellt das Bindeglied zwischen dem antiken und dem voll ausgebildeten mittelalterlichen Urkunden- und Siegelwesen dar. Zu den Besonderheiten der Merowingerdiplome gehört, daß diese zum Beweis der Echtheit die Unterschriften des Königs und seines Referendars trugen. Das Siegel, das der Referendar im Auftrag des Königs der Urkunde aufdrückte, wird in deren Corroboratio nicht erwähnt. Die Forschung ist sich daher einig, daß das Siegel in der Merowingerzeit noch kein ausschließliches Beglaubigungsmittel gewesen sein kann, sondern in erster Linie ein Erkennungszeichen war, das den König bildhaft (durch das im Siegelbild enthaltene Brustbild oder Haupt) repräsentierte und damit das im Urkundentext enthaltene Königsgebot verstärkte.[6] Man darf allerdings vermuten, daß das Siegel im Zweifels- oder Streitfalle auch zum Echtheitsbeweis einer Urkunde herangezogen wurde.[7]

In der Karolingerzeit setzten dann gewisse Wandlungen ein, die hier in etwas größerem Zusammenhang dargelegt werden sollen, weil sie die weitere Entwicklung des mittelalterlichen Urkunden- und Siegelwesens bestimmt haben. Auszugehen ist von der Tatsache, daß in der Karolingerzeit die Schriftlichkeit stark zurückging und die Schriftkenntnis verfiel, was in erster Linie auf die Rechtsvorstellungen der Germanen zurückzuführen ist, die im wesentlichen ohne „Schrift" auskamen. Diesem Kulturverfall sind paradoxerweise zwei neue Phänomene zu verdanken: die Entstehung der karolingischen Minuskel und der Aufstieg des Siegels zum ausschließlichen Beglaubigungsmittel für Urkunden.

Das Aufkommen der karolingischen Minuskel, auf der die gesamte Schriftentwicklung der nachfolgenden Zeit im Abendland basiert, ist zu verstehen als Reaktion auf die merowingische Minuskel, die mit ihren Ligaturen und den typisch kursiven Elementen einer Geschäftsschrift – besonders in den Diplomen – als schwer lesbar empfunden wurde. Deshalb entstand im Frankenreich der Karolinger – eine einzige Quelle oder ein bestimmter Ort ist nicht nachzuweisen – jene neue Schriftform, die sich gleichmäßig aus einzelnen, gut lesbaren Buchstaben zusammensetzte. Man hatte es mit dieser „schönen" Schrift leichter, und das dürfte der Grund für die große Ausstrahlung der karolingischen Minuskel gewesen sein.

Wie ich an anderer Stelle schon früher gezeigt habe[8], führte der verbreitete Analphabetismus[9] – selbst Karl der Große war bekanntlich des Schreibens unkundig – dazu, daß die Könige ihre Urkunden nicht mehr wie einst in der Merowingerzeit unterschrieben. Infolgedessen erhielt das königliche Siegel ein viel stärkeres Gewicht. Hierbei spielte auch der Umstand eine Rolle, daß die karolingischen Herrscher in ihren Siegeln gerne antike Gemmen verwandten, die eine Profilbüste zeigten. Dieses Bild kam dem germanischen Bedürfnis nach Anschaulichkeit sehr entgegen, konnte man in ihm doch – nicht anders als im Siegel der Merowingerzeit – den König repräsentiert sehen. Der entscheidende Wandel lag aber darin, daß das Siegel nun nicht mehr Erkennungszeichen, sondern Beglaubigungsmittel war, das in der Corroboratio angekündigt zu werden pflegte und der Urkunde Rechtskraft verlieh. Die karolingische Königsurkunde stand daher in hohem Ansehen; sie war praktisch unanfechtbar und konnte nicht außer Kraft gesetzt werden. Es war also nur konsequent, wenn das besiegelte Diplom als vorzügliches Mittel zur Bekundung königlichen Willens von allen Karolingerherrschern beibehalten und von den nachfolgenden Königen aus dem Hause der Ottonen übernommen wurde. In diesem Zusammenhang ist auch darauf hinzuweisen, daß seit dem Ende des 9. Jahrhunderts das amtliche Gerichtsschreiberwesen verfiel, wodurch der Rang der Königsurkunde noch gesteigert wurde.

In die Zeit vom 9. bis 11. Jahrhundert, deren Kultur im wesentlichen schriftlos war, fällt nun die Übernahme der Siegelurkunde durch einen kleinen privilegierten Personenkreis in der Umgebung des Königs. Für diesen Vorgang ist neben der „Königsnähe" maßgebend gewesen, daß man selbst die Schrift beherrschte und die Ausstellung eigener Urkunden als wünschenswert ansah. Alle drei Merkmale treffen in erster Linie für die geistlichen Fürsten, Erzbischöfe und Bischöfe, zu. Wie seinerzeit die germanischen Könige der Völkerwanderungszeit benutzten diese das Siegel zunächst offenbar als Briefverschlußsiegel, der Kölner Erzbischof Gunthar beispielsweise schon im Jahre 863.[10] Es folgen Belege für Siegel an Urkunden Erzbischof Liutberts von Mainz (888) und Bischof Ludelmus' von Toul (898). Auch für das 10. Jahrhundert ist unter den noch verhältnismäßig spärlichen Nachweisen der Westen des Reiches am frühesten mit Siegelerwähnungen bzw. erhaltenen Siegelurkunden vertreten: Toul (936), Trier (959) und Köln (962). Es schließen sich noch im 10. Jahrhundert (erz)bischöfliche Siegel von Salzburg, Halberstadt[11], Mainz, Lüttich und Utrecht an.[12] Berücksichtigt man die Lückenhaftigkeit der Urkundenüberlieferung, so darf man annehmen, daß Siegelführung und Urkundenausstellung im ausgehenden 10., spätestens aber im 11. Jahrhundert bei den geistlichen Fürsten schon weit verbreitet waren. Vorbild ist ihnen ohne Zweifel das königliche Urkundenwesen gewesen; daß es zuerst und am stärksten auf die Erzbischöfe und Bischöfe ausgestrahlt hat, leuchtet ein, wenn man sich ihre Funktion im ottonischen Reichskirchensystem klarmacht. Am deutlichsten wird das an der Person des Kölner Erzbischofs Brun (953–965), des Bruders Ottos des Großen. Brun war zunächst Kanzler, dann Erzkapellan am Hofe König Ottos gewesen. 953 erhielt er nicht nur den Kölner Erzstuhl, sondern mit der Würde eines Herzogs von Lothringen auch ein wichtiges weltliches Amt. Bruns Erzbischofssiegel, das sich an einer Urkunde von 962 erhalten hat, konnte von Hans Goetting nicht zuletzt deshalb als echt nachgewiesen werden[13], weil es sich in auffälliger Weise an Größe und Gestalt des Siegels Ottos des Großen anlehnt.

Mit den Urkunden der Erzbischöfe und Bischöfe trat also ein neuer Urkundentyp auf, der von der Königsurkunde stark beeinflußt war und für seine Aussteller ganz ähnliche Funktionen zu erfüllen hatte wie das Diplom für den König. Die beiden ältesten besiegelten Originalurkunden der Erzbischöfe von Trier und Köln beweisen dies, haben die beiden Urkunden Erzbischof Heinrichs von Trier aus dem Jahre 959 doch eine Bestätigung einer früheren Schenkung an das Koblenzer Stift St. Florin[14] und die Urkunde Erzbischof Bruns von Köln aus dem Jahre 962 eine Schenkung an das Kölner Stift St. Caecilien[15] zum Inhalt. Neben den Schenkungsurkunden häufen sich allmählich die Bestätigungsurkunden, weil die Stifte und Klöster in zunehmendem Maße das Fehlen von schriftlichen Beweismitteln (d.h. Urkunden)[16] für ihren Altbesitz erkannten und deshalb die Bischöfe um nachträgliche Bestätigungen in Urkundenform angingen. Aber diese von zahlreichen Urkundenfälschungen begleitete Entwicklung gehört in eine etwas spätere Zeit, die schon vom allgemeinen Aufschwung des Urkunden- und Siegelwesens gekennzeichnet ist. Hier bliebe lediglich noch anzumerken, daß die von den geistlichen Fürsten stammenden Urkunden zu den sog. Privaturkunden gerechnet

werden. Die Forschung faßt unter diesem Begriff alle Urkunden zusammen, die nicht vom König oder vom Papst ausgestellt sind.
Nachdem die geistlichen Fürsten zur Siegelführung und Urkundenausstellung übergegangen waren, folgten ihrem Beispiel allmählich auch die weltlichen Fürsten, die geistlichen Institutionen wie Domkapitel, Stifte und Klöster sowie deren oberste Repräsentanten (Pröpste, Äbte). Der älteste Siegelbeleg für einen weltlichen Fürsten stammt bereits aus dem Jahre 927, doch liegt hier ein Sonderfall vor, weil der Siegelführer, Herzog Arnulf von Bayern, zum Gegenkönig gegen Heinrich I. gewählt worden war. Für Arnulf mußte die Siegelführung als ein politisches Gebot erscheinen. Die weiteren noch dem 10. Jahrhundert angehörenden Siegelbelege für weltliche Fürsten sind fast alle umstritten. Für das 11. Jahrhundert darf aber mit einer schon bemerkenswerten Verbreitung der Siegelführung unter den weltlichen Fürsten gerechnet werden. Das älteste erhaltene Originalsiegel dieses Personenkreises in Deutschland ist ein Siegel Herzog Heinrichs VII. von Bayern aus dem Jahre 1045. Es folgen weitere Belege für die zweite Hälfte des 11. Jahrhunderts in Frankreich (Anjou, Normandie), Luxemburg und Deutschland. Selbst ein – künstlerisch anspruchsvolles – Damensiegel, das der Pfalzgräfin Adelheid aus dem Hause Orlamünde vom Jahre 1097, ist darunter. Daß sich im 12. und 13. Jahrhundert die Siegelführung bei den Herzögen, Grafen und Herren dann allgemein durchsetzte, sei hier kurz festgestellt, braucht aber nicht näher ausgeführt zu werden.
Trotz der großen Überlieferungsverluste, mit denen wir rechnen müssen, sind die noch dem 11. Jahrhundert angehörenden Belege für Siegel geistlicher Institutionen und ihrer Vorsteher recht beachtlich. In den folgenden Jahrhunderten verfügen dann alle Domkapitel, Kollegiatstifte und Klöster sowie fast alle Pröpste, Dechanten und Klostervorsteher über eigene Siegel.
Mit den kurzen Hinweisen auf die starke Ausbreitung des Siegels bei weltlichen Herren, geistlichen Institutionen und geistlichen Würdenträgern unterhalb der Bischöfe haben wir über den diesem Kapitel vorbehaltenen zeitlichen Rahmen hinausgegriffen. Wichtig ist im Hinblick auf die nachfolgend zu untersuchende Entstehung der ersten Städtesiegel eine Bestandsaufnahme des Siegelwesens um das Jahr 1100. Danach verfügen über ein eigenes Siegel:

Der Papst

Er führt eine Bleibulle mit den Brustbildern der Heiligen Paulus und Petrus auf der Vorderseite und dem Papstnamen auf der Rückseite. Diese Form der päpstlichen Bleibulle wird in den folgenden Jahrhunderten i. w. unverändert beibehalten.[17]

Der Kaiser (bzw. der deutsche König)

Er besiegelt seine Urkunden mit einem großen Wachssiegel oder – seltener, d.h. in besonderen Fällen – mit einer Goldbulle. Das große Siegel zeigt den thronenden Herrscher (sog. Majestätssiegel), die kleinere Goldbulle stellt auf der Vorderseite seit Heinrich III. ein Bildnis (Kopf oder Brustbild) des Herrschers dar, während die Rückseite seit Konrad II. ein symbolisches Bild der Stadt Rom aufweist.[18]

Die Könige von Frankreich, England, Schottland, Dänemark und Sizilien

Ihre Siegel sind ebenfalls Majestätssiegel (Thronsiegel) mit verschiedenen Varianten.[19]

Erzbischöfe und Bischöfe

Der Typ des Bildnissiegels, der sich bisher auf die Darstellung des Kopfes oder des Brustbildes beschränkte, wird in einigen Fällen (s. unten) kurz vor 1100, in der Masse aber erst nach 1100, um das Bild des thronenden (Erz-)Bischofs erweitert, offensichtlich unter dem Einfluß der Kaiser- und Königssiegel.

Verschiedene weltliche Fürsten

Bis um 1100 kommen bei weltlichen Herren nur zwei Siegeltypen vor: Bildnissiegel in der Form des Standbildes (1045)[20] und des Brustbildes (Graf Adelbert von Anhalt, 1073)[21] sowie Reitersiegel.[22] Allen Siegeln ist gemeinsam, daß der Dargestellte jeweils gerüstet mit Schild und Schwert bzw. Fahnenlanze erscheint.

Einige adelige Frauen

Während die Existenz älterer Siegel von Königinnen (Bildnissiegel in der Form des Brustbildes?)[23] nur vermutet wird, läßt sich die Echtheit des eindrucksvollen Bildnissiegels der Pfalzgräfin Adelheid von 1097 nicht bezweifeln.[24]

Domkapitel, Stifte und Klöster

Dargestellt ist in aller Regel der Heilige als der nach damaliger Auffassung eigentliche Repräsentant der geistlichen Institution; bei diesem Heiligensiegeltyp begegnen nur Kopf und Brustbild.[25]

Pröpste und Äbte

Die aus dem 11. Jahrhundert bekannten Siegel von Stifts- und Klostervorstehern, die oft nicht für sich persönlich, sondern für ihre Institution Urkunden beglaubigten, zeigen entweder den Siegler selbst (Bildnissiegel) oder aber wie die Korporationssiegel den jeweiligen Stifts- oder Klosterheiligen.[26] Auch hier handelt es sich, von Sonderfällen abgesehen (z. B. dem geflügelten Erzengel bei St. Michael in Hildesheim), um Kopfstücke oder Brustbilder.[27]

Das Siegelbild ist um 1100 also noch auf wenige Typen beschränkt. Läßt man den Sonderfall der Rückseitengestaltung bei den päpstlichen und königlichen Bullen beiseite, so handelt es sich in der großen Masse um Bildnissiegel und Heiligensiegel, welche einen Kopf oder ein Brustbild zeigen. Lediglich die Könige besitzen ein Majestätssiegel; von den (Erz)Bischöfen[28] verwenden nur einige ein Bildnissiegel mit der thronenden bzw. sitzenden Ganzfigur, während bei weltlichen Herren auch noch Standbild und Reiterbild, letzteres allerdings erst seit den letzten Jahren vor 1100, vertreten sind. Der ikonographische Befund macht deutlich, wie stark die Papst- und Königssiegel die Siegelentwicklung beeinflußt haben. Er ermöglicht zugleich, die weitere motivische

Auffächerung mit der Herausbildung neuer Siegeltypen im 12. Jahrhundert gebührend zu würdigen. Hierbei spielen die ältesten rheinischen Städtesiegel eine kaum zu überschätzende Rolle.

Anmerkungen

1 Zur Gesamtproblematik vgl. den meisterhaften Essay von P. E. Hübinger, Spätantike und frühes Mittelalter. Ein Problem historischer Periodenbildung, DtVjschr 26 (1952) S. 1–48, später auch selbständig erschienen als Band 40 der Reihe „Libelli", hrsg. von der Wiss. Buchgesellschaft Darmstadt, 1959, sowie Band 201 in der Reihe „Wege der Forschung" der Wiss. Buchgesellschaft: Kulturbruch und Kulturkontinuität im Übergang von der Antike zum Mittelalter, hrsg. von P. E. Hübinger, Darmstadt 1968.

2 W. Ewald, Siegelkunde, S. 21.

3 E. Kittel, Siegel, S. 101f.; R. Pirling, Römisch-fränkische Gräberfelder im Stadtgebiet von Krefeld, in: Führer zu vor- und frühgeschichtlichen Denkmälern, hrsg. vom Römisch-Germanischen Zentralmuseum Mainz, Band 14: Linker Niederrhein, Krefeld, Xanten, Kleve, Mainz 1969 (Nachdruck 1976) S. 119. Im übrigen finden sich die bekanntgewordenen Siegelringe der spätrömischen und der Völkerwanderungszeit behandelt in den Werken, die E. Kittel, Siegel, S. 473 in seiner Bibliographie aufgeführt hat. Hervorzuheben sind vor allem die Untersuchungen von F. Henkel und P. E. Schramm.

4 MGH LL 1,1 S. 65 und 1, 5, 1 S. 83 und 86.

5 Ebenda.

6 P. Classen, Kaiserreskript und Königsurkunde. Diplomatische Studien zum römisch-germanischen Kontinuitätsproblem, ArchDipl 2 (1956) S. 67, formuliert demgemäß: „Wenn nun die Könige auf ihren Urkunden regelmäßig das Siegel mit ihrem so auffallenden Frontalbild setzen ließen, dann kann das nur den Sinn gehabt haben, das besiegelte Schriftstück durch das Bild als Königswort erscheinen zu lassen."

7 W. Ewald, Siegelkunde, S. 33; E. Kittel, Siegel, S. 107–109; T. Diederich, Die alten Siegel der Stadt Köln, S. 9–11.

8 T. Diederich, Die alten Siegel der Stadt Köln, S. 11.

9 P. E. Hübinger hat in seiner Vorlesung über Urkundenlehre im Wintersemester 1961/62 an der Universität Bonn in diesem Zusammenhang von der „weltgeschichtlichen Hebelkraft des Analphabetismus" gesprochen.

10 F. W. Oediger, Regesten 1 S. 30* und Nr. 185; zur frühen Siegelführung der Bischöfe vgl. H. Breßlau 1 S. 685f. Aufschlußreich ist auch eine um 900 in der Regula solitariorum Grimleichs vorgesehene Bestimmung, wonach der Bischof die Tür der Inklusen mit seinem Siegel verschließen sollte (LThK 5, 1933, Sp. 403).

11 H. Goetting, Die beiden ältesten Halberstädter Bischofsurkunden von 965 und ihre Siegel, in: Grundwissenschaften und Geschichte. Festschrift für Peter Acht, München 1976 S. 58–72.

12 E. Kittel, Siegel, S. 119f. Zum Gesamtkomplex vgl. F. Zaisberger, Die Frühzeit der geistlichen Siegelurkunde in Deutschland, MIÖG 74 (1966) S. 257–291.

13 H. Goetting (wie Anm. 11), S. 68 Anm. 30.

14 A. Diederich, Das Stift St. Florin zu Koblenz, S. 25 und passim.

15 F. W. Oediger, Regesten 1 Nr. 449.

16 Dies gilt für das Rheinland in besonderem Maße. In Bayern z. B. waren die Verhältnisse anders, weil dort Traditionsnotiz und Traditionsbuch mit ihrer rechtssichernden Funktion stärker und länger verbreitet waren. Noch im 12. Jahrhundert gab es in Bayern ein vielschichtiges Nebeneinander von Traditionsnotiz, Traditionsbuch und Siegelurkunde, die im Südosten später als anderswo ihren Siegeszug antrat; vgl. P. Johanek, Zur rechtlichen Funktion von Traditionsnotiz, Traditionsbuch und früher Siegelurkunde, in: Recht und Schrift im Mittelalter, hrsg. von P. Classen (Vorträge und Forschungen XXIII), Sigmaringen 1977 S. 131–162, insbes. S. 154f.

17 W. Ewald, Siegelkunde, Tafel 35 und 36.

18 O. Posse, Band 1, Tafel 12–18.

19 W. Ewald, Siegelkunde, S. 189.

20 Wappen in Bayern (Ausstellungskatalog), München 1974 Nr. 144, Abb. Tafel XIV.

21 E. Kittel, Siegel, S. 246 und 248, Abb. 153.

22 W. Ewald, Siegelkunde, S. 202.

23 Ebenda S. 201 Anm. 6.

24 E. Kittel, Siegel, S. 277–279, Abb. 181.

25 Ebenda S. 413–418; in der Literaturliste ebenda S. 488f. ist die wichtige phil. Diss. von M. Th. Füng-

ling, Die ältesten Korporationssiegel Westfalens. Ein Beitrag zur kunstgeschichtlichen Auswertung mittelalterlicher Siegelplastiken, Köln 1948, zu ergänzen.

26 P. Johanek (wie Anm. 16), S. 161; F. Zaisberger (wie Anm. 12), S. 284, bemerkt, daß sich für das 11. Jahrhundert kein Abtssiegel mit dem Porträt des Abtes ermitteln ließ, sondern stets das Bild des Klosterpatrons anzutreffen ist.

27 E. Kittel, Siegel, S. 398–401.

28 M. Groten, Das Aufkommen der bischöflichen Thronsiegel im deutschen Reich, HJb 100 (1980) S. 163–197, hat den Fragenkomplex minutiös untersucht und die Übernahme des Thronsiegeltyps durch die Bischöfe in den geistig-politischen Kontext gestellt. Die ersten Thronsiegel führten demnach in Deutschland folgende (Erz)Bischöfe: Herrand von Halberstadt (1096), Ruthard von Mainz (1098), Walram von Naumburg (1103), Heinrich von Paderborn (1114, Entstehung des Siegels jedoch schon ab 1103/1104 möglich) und Friedrich I. von Köln (1106).

b. Die Entstehung der ersten Städtesiegel

Wie aus dem vorangehenden Kapitel hervorgeht, breitete sich die Siegelführung seit dem 9. Jahrhundert in stetig wachsendem Maße aus. Diese Entwicklung, die sich im 12. und 13. Jahrhundert noch beschleunigte, gilt besonders für die Länder nördlich der Alpen. In den romanischen Ländern, d. h. Italien, Südfrankreich und Spanien, konnten Siegelurkunde und Siegel nicht die gleiche Bedeutung wie im Norden erlangen. Der Grund liegt darin, daß der spätantike Brauch, Urkunden durch einen öffentlich bestellten Notar, den Tabellio, ausstellen zu lassen, im italienischen Notariat fortlebte. Wenngleich hier die Formen der Urkundenausstellung wechselten, ist den Notariatsinstrumenten doch gemeinsam, daß sie ohne Siegel auskamen. Ihre Beweiskraft lag vielmehr in der Handschrift des Notars, seiner Unterschrift und schließlich auch in dem eigenhändig auf die Urkunde aufgemalten Zeichen (Signet). Es kann daher nicht verwundern, wenn das abendländische Siegelwesen seine größte Bedeutung und Verbreitung in den stärker vom Germanentum geprägten Gebieten des Nordens und Nordwestens (Deutsches Reich, Flandern, Normandie, England) erhielt. In Erinnerung gerufen sei dabei auch die Tatsache, daß die fränkische Königsurkunde Ausgangspunkt für das blühende Siegelwesen im Spätmittelalter gewesen ist.

Die Dominanz des Nordens im Siegelwesen macht es nun weiterhin erklärlich, daß auch die ersten Städtesiegel in einer zentralen Landschaft nördlich der Alpen auftauchten. Voraussetzung dafür war allerdings neben der bis zum Beginn des 12. Jahrhunderts erreichten Verbreitung des Siegels als Beglaubigungsmittel ein zweites Phänomen: die Entstehung der Stadt im mittelalterlichen Rechtssinne. Hierbei handelt es sich um eine äußerst komplexe und in der Wissenschaft breit erörterte Materie. An dieser Stelle können nur einige Grundzüge dargelegt werden. Im folgenden halte ich mich an die gleichermaßen materialreiche wie die wesentlichen Entwicklungen herausschälende Darstellung, die wir der im Rheinland wirkenden und mit den rheinischen Verhältnissen besonders vertrauten Altmeisterin der Stadtgeschichtsforschung, Edith Ennen, verdanken.

In ihrem Buch „Die europäische Stadt des Mittelalters"[1] hat Ennen nach Erörterung grundlegender Fragen (u. a. Stadtbegriff, Stadt im römischen Weltreich, Rückbildung der Urbanisierung in der ausgehenden Antike) zunächst das Erbe Roms und die neuen Ansätze in den verschiedenen Teilen Europas untersucht. Der nächste große Abschnitt

widmet sich sodann auf breiter geographischer wie sachlicher Grundlage der Bildung der mittelalterlichen Stadt. Der volle Durchbruch der städtischen Lebensform wird danach einer Vielzahl von Ursprungskräften verdankt, wobei Bevölkerungswachstum, Landesausbau und eine verbesserte Agrarwirtschaft an erster Stelle stehen. Der stärkere Austausch zwischen ländlichen und stadtartigen Siedlungen führt zu einer Vermehrung der Marktplätze. In diesem Zusammenhang – also hinsichtlich der Marktentwicklung – kommt Ennen zu dem Ergebnis, daß, nachdem Maas und Mosel Leitlinien für die Karolingerzeit gesetzt hatten, in der folgenden Zeit die Rheinlinie beherrschend hervortrat. In Flandern wurden die Grafenburgen Zentren der Gerichts-, Verwaltungs- und Domanialbezirke, die sich hier entwickelnden Städte damit zu zentralen Orten der modernen Verwaltung. Im 10. Jahrhundert – seit Erzbischof Brun I. (953–965) – nahm das Kölner Wirtschaftsleben seinen Aufschwung; hierbei hatte der Fernhandel eine von der Bischofsresidenz unabhängige Grundlage. Für die frühen Städte zwischen Loire und Rhein gilt nach Ennen insgesamt, daß man sie als „gewachsene Städte“ bezeichnen kann, „die sich abheben sowohl von den durch einmaligen Gründungsakt erst geschaffenen wie von den in der Gesamtanlage mit ihren Mauern erhalten gebliebenen Städten südlich der Loire und jenseits der Alpen“.[2] Seit dem 10. Jahrhundert kommt der Mauerbau als Charakteristikum der mittelalterlichen Stadt hinzu. Im 11. Jahrhundert wird die Stadt eine gemeineuropäische Erscheinung, wobei zu den gewachsenen Städten nun allenthalben die Gründungsstädte treten.
Der folgende Abschnitt, in dem Ennen sich mit Stadtherrschaft und Stadtgemeinde beschäftigt, ist der für unsere Fragestellung wichtigste. In ihm wird der Übergang von der stadtherrschaftlichen oder praekommunalen Periode des mittelalterlichen Städtewesens zur Ausbildung der Stadtgemeinde mit ausgeprägter Selbständigkeit oder völliger Autonomie abgehandelt. Diese autonome (oder weitgehend autonome) mittelalterliche Stadtgemeinde ist nach Ennen eine eigenständige Schöpfung des Mittelalters, etwas völlig Neues. Während die Bedeutung der Kaufleutegilden, welche dem gemeinen Landrecht des Frühmittelalters ein neues Kaufmannsrecht entgegensetzten und damit die veränderte Sozialstruktur deutlich machten, bei diesem Prozeß in der Vergangenheit überschätzt wurde, läßt Ennen die Wirkung der in den Gilden verkörperten Genossenschaftsidee gelten; indessen stellt in den Städten an Rhein, Maas und Mosel das Schöffenkolleg, also ein Organ der Gerichtsverfassung, die älteste Verwaltungsbehörde dar. Die fränkische Gerichtsgemeinde ist hier eine, aber nicht die einzige Ursprungskraft der Stadtgemeinde. Mit Gerhard Dilcher möchte Ennen der eidgenossenschaftlichen Komponente den größten Stellenwert zuerkennen. Ein nicht weiter ableitbares Urphänomen jeglicher ländlicher wie städtischer Gemeindebildung ist sodann die Nachbarschaft, d. h. der Zusammenschluß der Nachbarn, der Geburen, der vicini. Als weitere Komponenten der Stadtgemeindeentwicklung führt Ennen die seit dem ausgehenden 10. Jahrhundert in Erscheinung tretende Friedensbewegung, die bürgerlichen Unruhen und die damit verbundenen städtischen Eidgenossenschaften an. Die Stadtgemeindebildung will Ennen aber nicht als einen rein rechtsgeschichtlichen Prozeß, sondern als einen in das politische Geschehen und die geistigen Strömungen der Zeit eng verwobenen verfassungsgeschichtlichen Vorgang gewertet wissen.
Geht man von diesem Befund aus und macht sozusagen die Gegenprobe – nicht zu-

letzt anhand der von Ennen dargelegten Fakten –, so zeigt sich, daß die hier zusammengestellten Komponenten für Köln in erstaunlich breitem Maße nachzuweisen sind. Mag auch die zum Jahre 1112 überlieferte, wahrscheinlich auf den niederrheinischen Aufstand von 1114 gemünzte „Verschwörung für die Freiheit in Köln"[3] nicht als kommunale Bewegung zu werten sein, so bleiben doch folgende hier besonders interessierende Tatsachen: die frühe Existenz einer Gilde, deren neuaufgenommenen Mitglieder um 1135 in einer der ältesten Schreinskarten aufgelistet wurden[4], der für 1103 gesicherte Nachweis des unzweifelhaft sehr viel älteren Schöffenkollegs[5], die ebenso wie die Gilde überaus früh, nämlich in den ersten Schreinskarten bezeugten Sondergemeinden[6], die auf den noch älteren Nachbarschaften[7] basieren, der 1083 durch eine Kölner Synode unter Erzbischof Sigewin erlassene Gottesfrieden[8], die in dem Aufstand gegen Erzbischof Anno II. kulminierenden bürgerlichen Unruhen mit sozial-politischer Zielsetzung[9] und schließlich die für 1106 und 1114 in Erscheinung tretende selbständige Rolle der Kölner Bürgerschaft in der Reichspolitik.[10] Daß bei der Auseinandersetzung zwischen Kaiser Heinrich IV. (der von den Kölner Bürgern unterstützt wurde) und seinem Sohn Heinrich V. auch die bestehende Stadtbefestigung verstärkt und erweitert wurde[11], sei mit gleichem Nachdruck vermerkt.

Rufen wir uns die um 1100 im Nordwesten erreichte Verbreitung des Siegelwesens, das bei den rheinischen Erzbischöfen und Bischöfen schon eine ansehnliche Tradition entwickelt hatte, in Erinnerung, so kann es nicht verwundern, daß Köln als erste Stadt in Europa ein eigenes Siegel führte. Wie an anderer Stelle näher ausgeführt ist[12], dürfte das Kölner Stadtsiegel zwischen 1114 und 1119 entstanden sein. Ohne Zweifel waren hierbei die damaligen geistigen und politischen Strömungen, die wir unter dem Begriff des Investiturstreites zusammenfassen, von großer Bedeutung. Die Entwicklung der rheinischen Bischofsstädte von Basel bis Mainz in dieser Zeit hat Heinrich Büttner untersucht.[13] Die von ihm herausgearbeiteten allgemeinen Entwicklungstendenzen gelten nicht weniger für die nördliche Rheinmetropole Köln. Charakteristisch ist, daß die bischöfliche Stadtherrschaft in dieser Zeit von der Bürgerschaft nicht in Frage gestellt wurde. Dementsprechend muß auch das Kölner Stadtsiegel mit Wissen und Willen des erzbischöflichen Stadtherrn in Auftrag gegeben worden sein; keineswegs ist daran zu denken, daß die städtische Siegelführung gegen den Erzbischof ertrotzt oder in einem Akt der Usurpation durchgesetzt wurde. Ob allerdings für die Entstehung des ältesten Stadtsiegels in Köln ein besonderer Bedarf, d. h. der Wunsch, eigene Urkunden auszustellen und mit eigenem Siegel zu beglaubigen, maßgebend war, muß angesichts der dürftigen Überlieferung aus der ältesten Zeit offen bleiben. Der Wunsch, mit dem Siegel ein Repräsentationssymbol von besonderem Rang zu besitzen, wird aber sicherlich vorhanden gewesen sein; er würde als Motiv zur Anschaffung eines eigenen Siegelstempels ausreichen.

Kehren wir zu den allgemeinen Voraussetzungen für eine städtische Siegelführung zurück, die sich, wie eben gezeigt, im Köln des Investiturstreits verdichten, so ist es gut zu fragen, warum das erste Stadtsiegel nicht in einer anderen führenden Städtelandschaft entstanden ist. An den Anfang dieses Unternehmens sei ein Kernsatz gestellt, mit dem Edith Ennen das den europäischen Stadtlandschaften gewidmete 6. Kapitel ihres genannten Werkes einleitet: „Die Stadtkultur des europäischen Mittelalters hat ihre hervorragendste Ausprägung in einem südlichen und in einem nördlichen Gebiet gefunden, in Oberitalien und im Raum zwischen Seine und Rhein."[14] Da nach Ennen der Durchbruch der Autonomie in Flandern erst nach 1127 erfolgte, war eine der wesentlichen Voraussetzungen für eine Stadtsiegelführung in dieser Landschaft vor 1127 noch nicht erfüllt. In Frankreich – beispielsweise in Le Mans – setzte die kommunale Bewegung zwar erheblich früher – 1070 – ein, doch wäre es ein Anachronismus, dort schon für das 11. Jahrhundert ein Stadtsiegel zu erwarten, weil das Siegelwesen in Frankreich allgemein beträchtlich dem hierin führenden Rheinland hinterherhinkte.[15] Da der französische König im 12. Jahrhundert die kommunale Bewegung in den Griff bekam, konnte sich die „freie" Gemeinde nur in den vom König tolerierten Grenzen entwickeln. Sie werden faßbar in den Bestätigungsurkunden für Soissons (1189) und Amiens (1190). Daß aufgrund der bis dahin eingetretenen Gemeindebildung einerseits und der beträchtlich fortgeschrittenen Ausbreitung des Siegelwesens andererseits für diese Zeit auch im heutigen Nordostfrankreich die beiden entscheidenden Voraussetzungen für eine Stadtsiegelführung gegeben sind, beweisen die ältesten Erwähnungen bzw. Abdrücke der Stadtsiegel von Valenciennes (1174[16] sowie 1197[17]), Arras[18] und Cambrai (1185).[19] Es sei aber daran erinnert, daß Valenciennes und Cambrai damals zum Deutschen Reich gehörten. Auch Lüttich hat nach einer Urkunde, die von den Meistern und Geschworenen der Stadt ausgestellt wurde, im Jahre 1185 ein Stadtsiegel besessen. In der Corroboratio dieser Urkunde heißt es: „Ut autem hec traditio stabilis et inconvulsa maneat, sigilli sui ymaginem civitatis Leodiensis imprimere curavit."[20] Wie rapide nach dem Aufkommen der Städtesiegel im nordfranzösisch-flandrischen Raum sich die Ausbreitung der Stadtsiegelführung vollzog, zeigt eine Urkunde von 1199 (Frieden von Péronne), die von acht Städten, nämlich Aire, Bergues, Lille, Saint-Omer, Brügge, Courtrai, Gent und Ypern, mitbesiegelt wurde.[21] Die angeführten Belege ergeben eine erstaunliche Dichte der Stadtsiegelführung vor dem Jahre 1200. Die Erklärung liegt in dem entwickelten Städtewesen des genannten Raumes, womit auch aus unserem Blickwinkel das oben zitierte Urteil von Edith Ennen bestätigt wird.

Anders liegen die Verhältnisse in Oberitalien. Auf das Städtewesen dieser Region braucht nicht im einzelnen eingegangen zu werden, weil es genügt, auf die „exzeptionelle Stellung Venedigs" (Ennen), das überaus frühe Stadtprivileg Genuas von 958 und die Existenz weiterer freier Stadtgemeinden bis zum Jahre 1109 in Pisa, Lucca, Mailand, Asti, Genua, Arezzo, Pavia und Como hinzuweisen. Hier wäre also ohne Zweifel am ehesten das Aufkommen von Städtesiegeln zu erwarten gewesen. Wie oben dargelegt wurde, stand dem aber entgegen, daß in Italien Beurkundungsformen ohne Siegel verbreitet waren, ein „Siegelzwang" und eine Siegeltradition wie in den Ländern nördlich der Alpen also nicht bestanden. Der Doge Pietro Polani von Venedig (1130–1148) führte schon eine Bleibulle, doch ist die Verfassung Venedigs von den Verfassungen anderer Städte zu verschieden, als daß diese Siegel hier berücksichtigt werden könnten. Nach Bascapé ist für 1148 erstmals ein Siegel der Stadt Rom bezeugt; der Beleg eines Stadtsiegels von Mailand zum Jahre 1155 ist unsicher, doch ergibt sich für Oberitalien folgende weitere Stadtsiegelliste: Pisa (1160), Siena (1170), Verona (1175), Padua (1180) und Lucca (1181).[22] Somit bestätigt auch hier der Siegelbefund das Urteil, das Ennen zum Städtewesen gegeben hat.

Der Versuch, die Entstehung der ersten Städtesiegel in einem umfassenden europäischen Rahmen darzustellen, konnte sich auf die führenden Städtelandschaften beschränken. Tatsächlich sind aus anderen Regionen keine Städtesiegel der frühesten Phase bekannt. Warum gerade in Köln das erste Stadtsiegel in Auftrag gegeben wurde[23], dürfte nunmehr hinreichend klargeworden sein. Der im Verhältnis zu anderen Landschaften erreichte hohe Stand sowohl des Siegelwesens als auch der Gemeindebildung im Rheinland müssen als die wichtigsten Voraussetzungen für die Entstehung des ersten Stadtsiegels in Europa gelten. Hinzu kam sicherlich auch die besondere politische Konstellation, welche den rheinischen Städten im Investiturstreit einen ungewöhnlichen Aufstieg ermöglichte. Das gesteigerte Selbstbewußtsein Kölns war gewiß ein weiterer wichtiger Faktor. Aber die Führung eines Stadtsiegels wäre auch in Köln damals vielleicht nicht möglich gewesen, wenn nicht der Erzbischof als Stadtherr seine Zustimmung gegeben hätte. Es mußten also mehrere Komponenten zusammenkommen, welche die Anschaffung eines eigenen Siegelstempels und den Beginn einer eigenen Urkundstätigkeit in Köln schon im zweiten Jahrzehnt des 12. Jahrhunderts ermöglichten. Daß hiervon eine „Sogwirkung" gerade auf die rheinischen Bischofsstädte, wo die Verhältnisse ähnlich waren, ausging, leuchtet ein und wird an mehreren Beispielen deutlich werden.

In dem hier untersuchten Zusammenhang spielen die allgemeinen Grundlagen und Voraussetzungen für eine städtische Siegelführung, wie sie soeben in gebührender Breite dargelegt worden sind, eine große Rolle. Darüber hinaus ist, wenn wir die ältesten Städtesiegel als Kleinkunstwerke begreifen, auch nach den motivischen und stilistischen Einflüssen zu fragen, die auf den neuen Siegeltyp einwirkten und von ihm ausgingen. Wir können uns hier mit einer knappen Zusammenfassung begnügen, weil die Einzelheiten zu dieser Fragestellung in den jeweiligen Siegelartikeln abgehandelt sind. Außerdem kann bezüglich des ältesten Kölner Stadtsiegels auf einschlägige frühere Veröffentlichungen verwiesen werden.[24]

Das älteste Siegel der Stadt Köln, dem als erstem Stadtsiegel in Europa eine zentrale Bedeutung zukommt, enthält, was auf den ersten Blick überraschen könnte, ein neues Siegelmotiv. Hier finden sich nämlich zum ersten Male figürliche und architektonische Elemente in einem Siegelfeld verbunden. Nun hat Josef Deér festgestellt, daß die Herrschersiegel des Mittelalters im allgemeinen „keine revolutionären Neuschöpfungen" sind, sondern – vor allem freilich in bezug auf ihre Ikonographie – „weitgehend in der Tradition der Vorgänger" wurzeln.[25]

Gleiches läßt sich von der Siegelkunst allgemein – für das 12. Jahrhundert gewiß ohne jede Einschränkung – behaupten. Bei näherem Zusehen zeigt sich nämlich, daß das neue Siegelbild, das mit dem ältesten Kölner Stadtsiegel geschaffen wurde, ebenfalls keine revolutionäre Neuschöpfung ist, sondern in allen seinen Einzelteilen und auch hinsichtlich der Kombination von Figur und Architektur ältere Vorläufer, ja Vorbilder besitzt.

Das älteste Kölner Stadtsiegel steht – wie das nur wenig jüngere Aachener Stadtsiegel, das zunächst Gerichtssiegel war und erst später zum Stadtsiegel umfunktioniert wurde – motivisch in der Tradition des Thronsiegels. Dieses war bei den deutschen Herrschern schon im 11. Jahrhundert verbreitet. Wie oben erwähnt, übernahmen um 1100 auch die ersten Bischöfe das neue Siegelbild. Für Köln läßt sich der Wechsel unter

Erzbischof Friedrich I. genau ausmachen, der zunächst wie sein Vorgänger ein Brustbildsiegel führte, sich spätestens ab 1106 aber thronend darstellen ließ. Ikonographisch, nicht stilistisch, war das Thronsiegel Friedrichs I. ohne Zweifel Vorbild für das älteste Siegel des Kölner Domstiftes. Es zeigt den thronenden hl. Petrus, also einen der Patrone des Kölner Domes. Mit diesem Bildmotiv entspricht das Siegel des Domstiftes eindeutig der Konvention der geistlichen Institutionen, die bisher in ihren Siegeln regelmäßig den Stifts- oder Klosterheiligen abgebildet hatten.

Die Wurzeln für die sehr charakteristische Umschrift + S(AN)C(TV)S · PETRVS · AP(OSTO)L(V)S · PATRONVS · S(AN)C(T)Æ · COLONIÆ lassen sich in älteren Münzen und in der Kaiserbulle Heinrichs II. ab 1014 greifen. Schon auf der Vorderseite eines Denars Papst Benedikts VII. (974–983) findet sich die Umschrift S(AN)C(TV)S · PETRVS AP(OSTOLVS) ·[26], eine Formel, die auf der Kaiserbulle Heinrichs II. ab 1014 ganz ähnlich wiederkehrt.[27] Aus dem in Köln seit langem und in großer Zahl ausgeprägten SANCTA-COLONIA-Pfennig ist der alte Ehrentitel Kölns in die Umschrift des domstiftischen Siegels gelangt.

Wird der Einfluß der Kölner Münzen hier nur in der Formulierung der Umschrift greifbar, so zeigt sich das älteste Kölner Stadtsiegel von dieser wichtigen Quelle auch ikonographisch beeinflußt. Das Stadtsiegel wiederholt nämlich nicht nur die Formel SANCTA COLONIA, sondern zeigt auch wie die Kölner Münzen seit Erzbischof Hermann II. (1036–1056) ein symbolisches Bild der Stadt.

Es besteht aus Mauer, Tor und Türmen. Daß man in dem stark verkürzten Bild dieser kleinen Pfennigmünzen ein Abbild des heiligen Köln sah, beweist ein Pfennig aus der Zeit Erzbischof Annos II. von Köln (1056–1075), lautet die Umschrift doch IMAGO S(ANCTE) COLONIE (Bild des heiligen Köln). In der Mitte des Münzbildes findet sich zudem die Aufschrift PETR(VS), also der Name des Patrons von Erzbistum, Domkirche und Stadt Köln.[28] Die kleine Pfennigmünze nimmt damit motivisch schon vorweg, was Jahrzehnte später in dem großen Siegel der Stadt Köln in reicherer Darstellung ausgeführt wurde.

Für die Ausgestaltung der Architektur des Kölner Stadtsiegels waren mit Sicherheit Einflüsse der Handschriftenmalerei maßgebend. Hier gab es in der Tat eine ältere gewachsene Tradition für die Darstellung der heiligen Stadt schlechthin, des himmlischen Jerusalems, wie es Johannes in der Apokalypse 21,2 ff. beschrieben hat. Für die Architektur sind die grundlegenden Zusammenhänge mit Hinweis auf Münzen, Siegel, Bullen, Buchmalereien und Elfenbeinschnitzereien von Günter Bandmann meisterhaft untersucht worden.[29] Eine genaue Untersuchung im Hinblick auf die direkten Vorbilder des Kölner Stadtsiegels steht noch aus, doch habe ich früher bereits einige wichtige Handschriften des Rhein-Maas-Raumes angeführt, welche in diesem Zusammenhang eine Rolle spielen.[30]

Demnach lassen sich das Bildprogramm des Kölner Stadtsiegels und einzelne Teile desselben – Thronfigur, Architektur und Umschrift – in ihren Voraussetzungen erklären. Das überaus anspruchsvolle Siegel der Stadt Köln – es übertrifft mit 10,4 cm Durchmesser alle bisherigen Siegel an Größe – ist also keine „revolutionäre Neuschöpfung“. Andererseits ist sein hoher Rang auch im Mittelalter schon empfunden worden, wie sich aus der reichen Nachfolge des Siegels ergibt.

In Mainz, der einstmals Köln überlegenen Metropole, waren nach der zwischen 1118 und Herbst 1119 anzusetzenden Erteilung eines Stadtprivilegs durch Erzbischof Adalbert I. die verfassungsmäßigen Voraussetzungen zu einer Stadtsiegelführung gegeben. Schon bald danach wird das erste Mainzer Stadtsiegel entstanden sein. Es lehnt sich in Größe und Siegelbild aufs engste an das Kölner Vorbild an. Es wäre jedoch zu modern gedacht, wenn man hierin einen Mangel an „Originalität" sehen wollte. Außerdem zeigt das Siegel einige Besonderheiten, die für die Mainzer entscheidend waren: den hl. Martin als Stadtpatron anstelle des hl. Petrus und die noch anspruchsvollere Umschrift + AVREA · MAGONTIA · ROMANE · ECCL(ESI)E · SPECIALIS · FILIA · (Goldenes Mainz, der römischen Kirche besondere Tochter). Die auffälligste Übereinstimmung zeigt sich in dem Architekturrahmen des Siegelbildes; allerdings ist im Mainzer Siegel einiges vereinfacht, auf das Wesentliche reduziert. Dieses Verfahren entspricht der Feststellung Bandmanns, wonach „die Kopie im Mittelalter die zu rezipierende Form nie total erfaßt, sondern nur die wichtigsten auf den Inhalt hinweisenden Züge".[31] Für die Baukunst führt Bandmann weiter aus: „Die Formen werden bei der Kopie nur insoweit vom Vorbild übertragen, als sie Träger von Assoziationen zur Bedeutung des Vorbildes sein können. Oft sind wir durch Quellen unterrichtet, daß man bewußt ein Vorbild nachzuahmen versuchte, ohne daß große partielle, geschweige totale Kopie erreicht worden wäre." Im Falle eines Siegels ließ sich naturgemäß eine perfekte Nachahmung viel leichter erreichen. Es sei darauf hingewiesen, daß beim Anfertigen eines Siegelstempels schon aufgrund des zur Verfügung stehenden Abgußverfahrens sich ein geradezu unübertreffliches Modell herstellen ließ, dem dann der Siegelstecher durch eine weitere Behandlung individuelle neue Züge verleihen konnte. Da aufgrund der epigraphischen Abweichungen eine Entstehung sowohl des Kölner als auch des Mainzer Siegels in einer Werkstatt (was wegen der Konkurrenz und der Entfernung beider Städte schon unwahrscheinlich ist) ausgeschlossen werden kann, wird man sich die Herstellung des Mainzer Siegelstempels in der oben angedeuteten Weise vorzustellen haben. Daß das Mainzer Siegel trotz engster Anlehnung an den Kölner Archetyp eine eigene hohe Aussagekraft besitzt und auf etliche nachfolgende Städtesiegel eingewirkt hat, ist in dem Artikel über dieses Stück näher beschrieben.

In die zeitliche Nähe dieser beiden ältesten Städtesiegel gehört auch das Aachener Karlssiegel. Auch wenn es zunächst als Gerichtssiegel geschaffen wurde und erst beträchtlich später als Stadtsiegel Verwendung fand, ist es hier von Interesse. Die enge Anbindung des Karlssiegels an das oben erwähnte Siegel des Kölner Domstiftes hat Kloos in einer epigraphischen Untersuchung überzeugend nachgewiesen, nachdem zuvor schon von Meuthen ein Beleg für die Existenz des Aachener Siegels im Jahre 1134 mitgeteilt worden war.[32] Daraus ergibt sich: Wenn vor 1134 der Boden für die Entstehung eines repräsentativen Gerichtssiegels bereitet war, kann das Aufkommen der ersten Städtesiegel im Rheinland einige Jahre zuvor nicht verwundern. Aufgrund der stilistischen Gegebenheiten muß das Aachener Karlssiegel – trotz des epigraphischen Befundes – als das jüngste der hier angeführten Siegel gelten. Eine Entstehung des Aachener Stückes in den zwanziger Jahren des 12. Jahrhunderts erscheint mir wahrscheinlich.

Wie das älteste Siegel der Stadt Köln eine Herausforderung für die Mainzer Bürgerschaft dargestellt hatte, so setzte sich die „Sogwirkung“ auf die Trierer Bürgerschaft fort. Trier, die hervorragende alte Römerstadt, befand sich in einem naturgegebenen Rangstreit mit den beiden anderen rheinischen Bischofsstädten Mainz und Köln. Dieser Rangstreit war Ausfluß des Konkurrenzdenkens der drei rheinischen Erzbischöfe. Es ist daher sehr wahrscheinlich, daß, nachdem ab 1132 die verfassungsmäßigen Voraussetzungen erfüllt waren, auch die Trierer Bürgerschaft ein eigenes Stadtsiegel in Auftrag gab. In Größe, Umschrift und Siegelbild stellt das Trierer Stadtsiegel noch einmal eine Steigerung gegenüber allem bisher Dagewesenen dar. Diesmal erscheint Christus selbst hinter der die Stadt Trier symbolisierenden Mauer. Neben ihm stehen die Stadtpatrone Petrus und Eucharius. Letzterer, von dem hl. Petrus in Rom zum Bischof geweiht, ist der Überlieferung nach Glaubensbote in Gallien und Germanien gewesen. Die Stadt Trier wird in dem Siegel nicht nur durch die dreiteilige Mauer verkörpert, sondern auch durch vier Einwohner, die wie die beiden Patrone nach dem von Christus gehaltenen Schlüssel greifen. Der in der Umschrift formulierte Segenswunsch TREVERICAM PLEBEM DOMINVS BENEDICAT ET VRBEM (Der Herr segne das Volk und die Stadt von Trier) wird im Siegelbild erfüllt, denn Christus hat seine Rechte segnend erhoben. Das in Bild und Umschrift eigenständige Trierer Stadtsiegel ist gerade wegen seiner höchst anspruchsvollen, historisch argumentierenden Aussage nur aus dem historischen Kontext, d. h. als Reaktion auf die Stadtsiegel von Köln und Mainz, zu verstehen. Das Konkurrenzdenken dieser drei rheinischen Bischofsstädte ist gewiß mit dafür verantwortlich, daß im Rheinland das älteste Stadtsiegel nicht vereinzelt auftauchte, sondern in kurzem Abstand danach weitere Städtesiegel entstanden, die zeitlich vor den ersten Städtesiegeln der anderen führenden Städtelandschaften liegen. Demnach darf das Rheinland als die Wiege der europäischen Städtesiegel gelten, eine Tatsache, die allein schon ein Buch über „Rheinische Städtesiegel“ rechtfertigt.

Anmerkungen

1 3. überarb. u. erw. Aufl., Göttingen 1979.
2 Ebenda S. 100.
3 Vgl. T. Diederich, Coniuratio Coloniae facta est pro libertate. Eine quellenkritische Interpretation, AnnHistVNdRh 176 (1974) S. 7–19.
4 F. Lau, Entwicklung der kommunalen Verfassung und Verwaltung der Stadt Köln bis zum Jahre 1396, Bonn 1898 S. 224–226.
5 Ebenda S. 23.
6 R. Hoeniger, Kölner Schreinsurkunden des 12. Jahrhunderts. Quellen zur Rechts- und Wirtschaftsgeschichte der Stadt Köln (PubllGesRheinGKde 1), 2 Bände, Bonn 1884–1894.
7 Vgl. zu diesem Komplex H. Jakobs, Verfassungstopographische Studien zur Kölner Stadtgeschichte des 10. bis 12. Jahrhunderts, in: Köln, das Reich und Europa, MittStadtarchKöln 60, Köln 1971 S. 49ff.
8 E. Ennen, Europäische Züge der mittelalterlichen Kölner Stadtgeschichte, in: Köln, das Reich und Europa, MittStadtarchKöln 60, Köln 1971 S. 16–26.
9 T. Diederich, Revolutionen in Köln 1074–1918 (Ausstellungskatalog), Köln 1973 S. 11f.
10 Ebenda S. 16–18; T. Diederich (wie Anm. 3), S. 7–19, insbes. S. 17f.; E. Ennen (wie Anm. 1), S. 120–122.
11 H. Jakobs (wie Anm. 7), S. 65 und passim.
12 Zuletzt T. Diederich, Die alten Siegel der Stadt Köln, S. 16–26; vgl. unten den Artikel über das älteste Stadtsiegel von Köln.
13 H. Büttner, Die Bischofsstädte von Basel bis Mainz in der Zeit des Investiturstreites, in: Investiturstreit und Reichsverfassung, hrsg. von J. Fleckenstein (Vorträge und Forschungen 17), Sigmaringen 1973 S. 351–361.

14 E. Ennen (wie Anm. 1), S. 155.

15 Die großen Entwicklungslinien wurden deutlich herausgearbeitet in einem Vortrag, den Prof. Robert-Henri Bautier am 25. September 1979 in Paris vor dem Internationalen Siegelausschuß zum Thema „Le cheminement du sceau et de la bulle, comme instrument de ratification, jusqu'au XIIIe siècle" hielt.

16 E. Poncelet, Sceaux et Armoiries des Villes, Communes et Juridictions du Hainaut Ancien et Moderne, Sceaux communaux conservés aux Archives de l'État, à Mons, Mons 1909 S. 538 f.

17 Ebenda S. 539; G. Demay, Inventaire des Sceaux de la Flandre, Tom. I, Paris 1873, S. 451 Nr. 4107. Das 5,1 cm große Rundsiegel zeigt ein Schloß und trägt folgende Umschrift: SIGILLVM VALENCENE(NSIS) · CASTRI; vgl. B. Bedos, S. 512.

18 B. Bedos, S. 14. Die Liste der dort angegebenen ersten Belege für Städtesiegel in Frankreich (Arras 1175, Arles 1180, Avignon 1189, Pontoise 1190, Meulan 1195, Valenciennes 1197, Bergues 1199, Saint-Omer 1199, Aire 1200, Doullens und Rouen Ende des 12. Jh.) scheint der Überprüfung zu bedürfen; so auch der Beleg für Arras, da das bei Bedos, S. 66f., angeführte und abgebildete erste große Siegel, wie Bedos selbst feststellt, dem Typus nach ins 13. Jh. gehört. Im übrigen zeigt die Liste aber auch die Dominanz der Städte Nordostfrankreichs. Aus dem Süden sind nur Arles und Avignon mit frühen Stadtsiegeln vertreten, in denen sich italienische Einflüsse (z. B. in der Führung einer Bleibulle durch Arles) bemerkbar machen.

19 G. Demay (wie Anm. 17), S. 427 Nr. 3897. Das 6,9 cm große Rundsiegel zeigt eine von einer Mauer umgebene und von Türmen flankierte Stadt. Die Umschrift lautet: + SIGILLVM CAMERA[CE CI]VITATIS.

20 E. Poncelet, Sceaux des Villes, Communes, Échevinages et Juridictions Civiles de la Province de Liège, Lüttich 1923 S. 12.

21 L. Douët d'Arcq, Bd. 1, 2, S. 341 Nr. 5503, S. 342 Nr. 5511, S. 346 Nr. 5533 und S. 348 Nr. 5546 sowie Bd. 3, Paris 1868 S. 358 Nr. 10675, S. 360 Nr. 10685, S. 363 Nr. 10704 und S. 371 Nr. 10752.

22 G. C. Bascapé, Sigillografia. Il sigillo nella diplomatica, nel diritto, nella storia, nell'arte, Vol. 1, Mailand 1969 S. 185 f. Hinzuweisen ist auch auf die Tatsache, daß in den Verträgen des Lombardenbundes von 1167 Städtesiegel genannt werden, die als „sigillum publicum" gelten; vgl. C. Manaresi, Gli atti del Commune di Milano, Mailand 1919 Nr. 53 c. 2 und 3.

23 Anläßlich der Tagung des Internationalen Siegelausschusses in Paris habe ich am 26. September 1979 in meinem Referat über „Mittelalterliche Städtesiegel des Rheinlandes" meine Forschungsergebnisse vorgetragen und zur Diskussion gestellt. Seitens der übrigen europäischen Vertreter, insbesondere der Siegelspezialisten Belgiens und Frankreichs, wurde bestätigt, daß in den Ländern außerhalb des Rheinlandes Städtesiegel erst deutlich nach den ältesten rheinischen Städtesiegeln nachzuweisen sind.

24 T. Diederich, Das älteste Kölner Stadtsiegel S. 51–80; T. Diederich, Die alten Siegel der Stadt Köln, S. 14–46.

25 J. Deér, S. 55.

26 Vgl. W. Erben, Rombilder auf kaiserlichen und päpstlichen Siegeln des Mittelalters (VeröffHistSemUnivGraz VII), Graz–Wien–Leipzig 1931 S. 29.

27 Ebenda S. 31.

28 Vgl. T. Diederich, Die alten Siegel der Stadt Köln S. 28 mit Abb. 10.

29 G. Bandmann, insbes. Kapitel B „Die symbolische Bedeutung des Bauwerks nach den literarischen und bildlichen Quellen" S. 45–112.

30 T. Diederich, Die alten Siegel der Stadt Köln S. 27–32.

31 G. Bandmann, S. 48.

32 Vgl. den Artikel über das große Stadtsiegel (Karlssiegel) von Aachen.

c. Die weitere Ausbreitung von Städtesiegeln

Wie früher schon verallgemeinernd dargelegt wurde, breitete sich die Siegelführung während des 12. und 13. Jahrhunderts in immer stärkerem Maße aus. Dabei konnten wir feststellen, daß nach den Anfängen eines städtischen Siegelwesens im Rheinland weitere Städtesiegel zuerst in den anderen führenden Städtelandschaften Europas, d. h. in Oberitalien (seit der Mitte des 12. Jahrhunderts) und im Gebiet des heutigen Nordostfrankreich/Belgien (seit 1174), auftauchten. Bis in die Zeit um 1200 sind Städtesiegel dieser Regionen schon in bemerkenswerter Zahl bezeugt. Die weitere Ausbreitung von Städtesiegeln in den genannten Landschaften kann nunmehr unberücksichtigt bleiben; statt dessen wollen wir uns nun auf das Rheinland konzentrieren und nur, soweit angebracht, die ihm benachbarten bzw. von ihm abhängigen Räume mit berücksichtigen.

Daß nach den ältesten rheinischen Städtesiegeln in Deutschland zuerst ein an einer undatierten Urkunde der Zeit zwischen 1162 und 1170 hängendes Stadtsiegel von Soest begegnet, ist nicht verwunderlich. Das Siegel zeigt den in einem Mauerrund thronenden hl. Petrus, der in seiner Rechten zwei Schlüssel und in der Linken ein Kirchenmodell hält.[1] Die Abhängigkeit dieses Siegels von dem Kölner Archetyp ist offenkundig. Sie erklärt sich aus den historischen Beziehungen beider Orte, nicht zuletzt der engen kirchlichen Verbindung.[2] Der beiden Städtesiegeln gemeinsame Patron, der hl. Petrus, erscheint auch in dem ab 1236 belegten zweiten Soester Stadtsiegel, das ebenfalls seine Abhängigkeit von dem ältesten Kölner Stadtsiegel nicht verleugnen kann, seinerseits aber auf einige andere Städtesiegel Westfalens Einfluß ausgeübt hat.[3] Demnach hat das Kölner Siegel direkt oder indirekt weit in den westfälischen Raum hineingewirkt. Die überaus frühe Rezeption der Siegelführung durch die Stadt Soest dürfte in deren frühzeitiger Stadtentwicklung begründet sein. Auch ist darauf hinzuweisen, daß das Siegelwesen im sächsischen Raum eine bedeutende Tradition besaß, die besonders in frühen Paderborner Bischofs- und Stiftssiegeln, aber auch in anderen Siegeln des heutigen Westfalen zum Ausdruck kommt. Schließlich sollte man sich auch die Rolle des alten Herzogtums Sachsen, zu dem Westfalen damals gehörte, als Königslandschaft des deutschen Reiches im Hochmittelalter vor Augen führen. Soest, die alte, gewachsene Stadt mit engen Beziehungen nach Köln, war geradezu prädestiniert, sich schon so früh ein eigenes Siegel zuzulegen.

Wenn wir uns im folgenden den weiteren, noch dem 12. Jahrhundert zuzurechnenden Städtesiegeln zuwenden und uns zunächst an die chronologische Reihenfolge der gesicherten Siegelvorkommen halten, sollte bedacht werden, daß das Datum des Erstbeleges noch nichts Genaueres über den Zeitpunkt der Entstehung aussagt. Zu gering war im 12. Jahrhundert noch die Urkundstätigkeit der Stadtgemeinden, zu groß sind die Verluste an Originalurkunden, als daß der früheste Siegelbeleg mehr als ein terminus ante quem für den Beginn der jeweiligen städtischen Siegelführung sein könnte. Einige Archivarskollegen haben diese Tatsache, die allzu oft vernachlässigt wird, in jüngerer Zeit noch einmal in Erinnerung gerufen.[4] Ein leuchtendes Beispiel dafür ist das in diesem Buche behandelte Siegel der Stadt Trier, das, vermutlich in den 30er oder 40er Jahren des 12. Jahrhunderts entstanden, erstmals für das Jahr 1172 erwähnt wird; ein Originalabdruck ist aber erst für 1221 erhalten. Selbst für das Spätmittelalter gibt es krasse Beispiele, unter denen die gewiß nicht unbedeutende Stadt Duisburg hervorgehoben sei: Zwischen 1317, dem einzigen Beleg für das dritte große Stadtsiegel, und dem Jahre 1360, dem ersten Beleg für das vierte große Stadtsiegel, ist kein einziger Originalabdruck eines großen Duisburger Stadtsiegels bekanntgeworden. Etliche andere Beispiele finden sich in einzelnen Siegelartikeln dieses Buches. Das kann in dem hier erörterten Zusammenhang nur heißen, daß wir die unten behandelten älteren rheinischen Städtesiegel, für die jeweils eine genauere Datierung versucht worden ist, nach dem erschlossenen Entstehungszeitpunkt in die nun folgende Liste einreihen.

Von dem zuletzt betrachteten Siegel der Stadt Soest ist es, geographisch gesehen, ein weiter Sprung zu dem für das Jahr 1180/81 erstmals bezeugten Siegel von Metz.[5] Stellt man die räumliche und kirchliche Nähe dieser Stadt zu Trier in Rechnung und bedenkt man ferner, daß hier schon früh eine Handelsniederlassung in Anlehnung an einen alten Römerort entstanden war und die daraus hervorgegangene mittelalterliche Stadt mit 25 000 Einwohnern um 1325 die nächste Großstadt südwestlich Kölns und zugleich die einzige Großstadt des Moselraumes war[6], so wird die frühe Siegelführung der Stadt Metz leicht verständlich. Diese dürfte durch das Beispiel der rheinischen Bischofsstädte, in erster Linie das des benachbarten Trier, vielleicht aber auch das Kölns, mit ausgelöst worden sein, sind Handelsbeziehungen zwischen Städten an Rhein, Mosel und Maas doch schon für die vorangehende Zeit durch besiegelte Urkunden geregelt worden.[7] Wie die ältesten rheinischen Städtesiegel zeigt auch das Metzer Stück im Siegelfeld den örtlichen Patron, d. h. den hl. Stephanus, inmitten seiner Steiniger. In der Umschrift + SIGILLVM S(AN)C(T)I STEPHANI DE COMMVNITATE METENSI weist es gewisse Übereinstimmungen mit dem Soester Stadtsiegel auf: + SIGILLVM S(ANCTI) PETRI IN SVSATIO ANGROR(VM) OPPIDO. Abweichend von den ältesten rheinischen Städtesiegeln beginnen nämlich beide mit dem Wort SIGILLVM, eine Neuheit für die städtischen Siegel in Deutschland, die sich später beherrschend durchsetzen sollte. In beiden Fällen folgt die Nennung des Ortsheiligen im Ablativ (was von den späteren Städtesiegeln i. a. nicht mehr übernommen wurde). Während der hl. Petrus noch in der Stadt Soest thront und in der Legende entsprechend bezeichnet wird, löst sich das Metzer Siegel von dieser Vorstellung zugunsten einer stärkeren Abstraktion, welche in der Präposition DE zum Ausdruck kommt: St. Stephanus ist der Patron von Metz; die Darstellung einer Stadtabbreviatur hätte allzu leicht eine Verbindung zu den Steinigern des ersten Märtyrers hergestellt, was nicht in der Absicht der Metzer Bürgerschaft als Auftraggeber und des Siegelstechers als ausführender Künstler liegen konnte.

Das für 1185 durch eine Siegelankündigung in einer Urkunde bezeugte Siegel der Stadt Lüttich sei hier noch einmal angeführt, weil es nach dem Beispiel des Metzer Siegels den Stadtpatron, in diesem Falle den hl. Lambertus, ohne umrahmende Stadtarchitektur zeigt und in seiner Umschrift von dem Kölner Archetyp abhängig ist. Die Umschrift des Lütticher Siegels lautet: + SANCTA · LEGIA · DEI · GRATIA · ROMANE · ECCLESIE · FILIA.[8] Die Anlehnung an das Kölner Vorbild ist offenkundig.

Das älteste Siegel der Stadt Neuss ist zwar erst an einer Urkunde von 1245 überliefert, doch glaube ich, es auf die letzten Jahrzehnte des 12. Jahrhunderts datieren zu können. Es rückt damit zeitlich ganz in die Nähe des Lütticher Stadtsiegels, ist aber in noch viel höherem Maße als dieses von dem Kölner Vorbild abhängig. Der Stadtpatron, St. Quirin, steht innerhalb einer turm- und zinnenreichen Architektur, die weitgehend mit der des Kölner Siegels übereinstimmt. Eine deutliche Sprache spricht auch die Umschrift des Neusser Siegels: + NVSSIA · SANCTE · COLONIENSIS · ECCLESIE · FIDELIS · FILIA. Ohne Zweifel haben die Nachbarschaft und die in der Siegellegende formulierten besonderen Beziehungen zwischen Köln und Neuss dazu geführt, das Neusser Stadtsiegel soweit als möglich dem Kölner Archetyp anzugleichen.

Den ältesten Typus greift auch das große Siegel der Stadt Worms auf, das nach unseren Überlegungen in den 80er, spätestens 90er Jahren des 12. Jahrhunderts entstanden und für 1198 nachgewiesen ist. Das Siegel zeigt den thronenden hl. Petrus unter einem Kleeblattbogen, der von vier Türmen beseitet und von einer weiteren Dreiturmgruppe bekrönt wird. Wie ich unten in dem Artikel über das älteste große Stadtsiegel von Worms gezeigt habe, war der Siegelstecher offensichtlich bestrebt, in dem Siegel ein Bild des Wormser Domes einzufangen. In dem Kapitel über den Stadtporträtsiegeltyp wird weiter auszuführen sein, daß wir in dem Wormser Siegel die Anfänge des Stadtporträts namhaft gemacht haben. Die Umschrift des Siegels ist nach dem Trierer Vorbild als Segenswunsch für die Stadt Worms formuliert, der in der Aufschrift auf dem Kleeblattbogen eine Antwort findet. Ganz ähnlich gestaltet wurde das für 1201 belegte Straßburger Stadtsiegel, das wegen einiger Besonderheiten als das jüngere Siegel zu gelten hat. Während das Straßburger Siegel auf dem Dreipaßbogen einen Segenswunsch enthält, ist seine Umschrift nüchtern-modern formuliert: + SIGILLVM BVRGENSIVM ARGENTINENSIS CIVITATIS. Mit dieser Umschrift erweist sich das wohl noch den 90er Jahren des 12. Jahrhunderts zuzurechnende älteste Siegel der Stadt Straßburg als ein wichtiges Bindeglied zu den nachfolgenden rheinischen Städtesiegeln.

Ziehen wir eine erste Zwischenbilanz, so fallen vor allem zwei Dinge auf: Erstens handelt es sich bei allen bisher angeführten Orten mit früher Stadtsiegelführung um gewachsene Städte, deren Geschichte mit Ausnahme von Soest und Lüttich bis in die römische Zeit zurückreicht. Weiterhin ist allen Siegeln gemeinsam, daß sie nach dem Typ des ältesten Kölner Stadtsiegels den Stadtpatron und ein verkürztes Bild der Stadt selbst zeigen; lediglich die Siegel von Metz und Lüttich verzichten auf eine Stadtabbreviatur.

Kommt in den beiden zuletzt genannten Ausnahmen schon eine gewisse Lösung von dem ältesten Stadtsiegeltyp zum Ausdruck, so verstärkt sich diese Tendenz in der folgenden Zeit. Unter den gegebenen Umständen bot sich noch eine weitere Möglichkeit eigenständiger Siegelbildgestaltung an. (Eine solche mußte mit zunehmender Verbreitung von Städtesiegeln immer begehrter sein, um dem eigenen Siegel Individualität zu verleihen und es auf einen Blick von anderen unterscheidbar zu machen.) Sie bestand darin, nunmehr den Stadtpatron aus dem Siegelbild wegzulassen und dieses nur noch als Stadtabbreviatur zu gestalten.

Das für 1195 belegte Siegel der Stadt Würzburg bezeichnet gleichsam den Übergang zu dieser zweiten Lösung, doch ist zu bedenken, daß es zuvor schon – in Valenciennes und Cambrai – reine Stadtabbreviatursiegel gab. In dem Würzburger Siegel dominiert eine Stadtarchitektur, bestehend aus einer hohen Stadtmauer im Vordergrund, hinter der sich eine Dreiturmanlage mit einem großen Portal in der Mitte und kleinen Toren an den beiden Seiten erhebt. In dem Mittelportal befindet sich ein Kopf – das einzige, was von den Ganzfiguren der älteren Städtesiegel übriggeblieben ist. Bezeichnenderweise wird auch kein Stadtpatron mehr in der Umschrift genannt, lautet diese doch kurz: + WIRCIBVRG.[9]

Die beiden nächsten unzweifelhaft noch dem 12. Jahrhundert angehörenden Städtesiegel, das für 1196 belegte Stadtsiegel von Utrecht und das für 1198 gesicherte, heute nicht mehr erhaltene älteste Siegel von Koblenz, beschränken sich als erste rheinische Beispiele ganz auf eine Stadtarchitektur. Sie besteht in beiden Fällen aus einer gezinnten Stadtmauer, aus der mehrere Türme hervorragen. Die völlig abweichende Gestaltung der Siegelbilder zeigt, daß man an zwei Orten unbeeinflußt voneinander zu demselben Siegelmotiv kam. Beachtung verdient auch die von Straßburg schon bekannte neue Form der Siegellegende. Sie lautet für Utrecht: + SIGNV(M) BVRGENSIV(M) CIVITATIS TRAIECTI, für Koblenz: + SIGILLVM CONFLVENTINORVM. Von einem Stadtpatron ist also auch hier keine Rede. Es wäre sicherlich zu weit gegangen, wollte man hierin eine Säkularisierung des Denkens erblicken. Spätere Beispiele zeigen zur Genüge, daß der Stadtpatron im Siegel weiterhin eine Rolle spielte. Aber die Formulierung der Umschrift ist doch sehr aufschlußreich, weil sich hierin ein gestiegenes Selbstbewußtsein der siegelführenden Bürgerschaft manifestiert, das sich durchaus mit dem hohen Anspruch der ersten siegelführenden Städte vergleichen läßt.

Der starke Einfluß der ersten rheinischen Städtesiegel auf die weitere Entwicklung der Stadtsiegelführung läßt sich noch an einem weiteren Beispiel sehr deutlich nachweisen, und zwar an dem ältesten Siegel der Stadt Erfurt, das allgemein noch in das 12. Jahrhundert datiert wird.[10] Das Siegel wiederholt im wesentlichen das Bild des Mainzer Vorbildes, was aufgrund der engen Beziehung von Erfurt zu dem Mainzer Erzbischof nahelag. Bei genauem Vergleich erweist sich die Architektur, die nur noch neun Türme und gar keine Zinnen mehr besitzt, als eine Reduktion der Mainzer Vorlage. Bei dieser Gelegenheit sei in Erinnerung gerufen, daß wir das Mainzer Stadtsiegel schon als eine Reduktion der Kölner Vorlage beschrieben haben. Die Zuammenschau der aufs engste verwandten Städtesiegel von Köln, Mainz, Soest, Neuss und Erfurt gehört zu den reizvollsten Kapiteln des rheinischen Siegelwesens.

Höchstwahrscheinlich fällt die Entstehung des ältesten Stadtsiegels von Andernach ebenfalls noch in das ausgehende 12. Jahrhundert. Dasselbe gilt für das Remagener Stadtsiegel, das allerdings auch in den ersten Jahren nach 1200 gestochen worden sein kann. Beide Siegel stammen möglicherweise von demselben Goldschmied, dem sich in diesem Falle eine gewisse Eigenständigkeit bescheinigen ließe. Während das Andernacher Siegel die Muttergottes als Stadtpatronin abbildet und in der Umschrift anspricht, hierin also dem Beispiel der Städte Metz und Lüttich folgt, kombiniert das Remagener Siegel das bekannte Motiv der Stadtabbreviatur nicht mit einem Bild des Stadtpatrons, sondern mit einem – zunächst rätselhaft erscheinenden – springenden Wolf. Da dieser eine Krone trägt, muß er eine symbolische Bedeutung haben. Er dürfte als das Symboltier des hl. Remaclus zu deuten sein, weil dieser der Patron der in Remagen schon früh begüterten Abtei Stablo-Malmedy war. Eine volksetymologische Interpretation des Ortsnamens Remagen (→ Remaclus) wird dabei im Spiele gewesen sein. Die Krone verweist in heraldischer Verkürzung auf die Tatsache, daß Remagen Teil eines alten Fiskalbezirks war. Der Siegelstecher hat sich also in erstaunlicher Weise von den früheren Stadtsiegeltypen gelöst, wobei die allgemeine, etwa bei den Kirchensiegeln zu beobachtende Fortentwicklung des Siegelwesens der Stauferzeit und der Einfluß der Heraldik eine Rolle gespielt haben dürften. Auch in der Formulierung der Umschrift stellt das – 1221 erstmals belegte – Stadtsiegel von Remagen eine neue Entwicklungsstufe dar; die Siegellegende + SIGILLVM · LIBERE · CIVITATIS ⁝ RIEMAGE nennt nämlich nicht mehr die Bürger oder Städter von Remagen als Siegelführer, sondern die Stadt. Hierin liegt ein gewandeltes Verständnis von Stadt, Stadtherrschaft und Stadtverfassung zugrunde, das anderenorts erst später in Erscheinung tritt.[11]

Die bisher behandelte Reihe von Städtesiegeln, die dem 12. Jahrhundert zuzurechnen sind, konzentrierte sich auf den rheinischen Raum bzw. die im Osten und Westen angrenzenden Landschaften, deren Städtesiegel motivisch und teilweise auch stilistisch von den ältesten Stücken des Rheinlandes abhängig sind. Aus dem übrigen Deutschland gehören nach dem derzeitigen Forschungsstand vielleicht noch zwei Städtesiegel dem 12. Jahrhundert an. Es handelt sich um das Stadtsiegel von Regensburg (entstanden um 1190)[12] und das der Altstadt Brandenburg (entstanden vor 1196 ?)[13]. Sie werden hier erwähnt, um die Dominanz des Rheinlandes im städtischen Siegelwesen bis zum Jahre 1200 deutlich zu machen. Motivisch bieten die Siegel von Regensburg und der Altstadt Brandenburg nichts Neues: Das eine zeigt mit dem thronenden hl. Petrus den örtlichen Patron; das andere beschränkt sich auf eine Stadtabbreviatur.

Auch in der Folge bleiben Stadtpatron und Stadtarchitektur die vorherrschenden Bildmotive der deutschen Städtesiegel. Allerdings setzt hier bald eine reiche Vielfalt ein. Sie hat ihre Hauptursache in dem Bestreben, dem Siegelbild ein individuelles, d. h. die Besonderheit der jeweiligen Stadt herausstellendes Gepräge zu verleihen. Allerdings liegt diese Entwicklung auch im allgemeinen Zug der Zeit. Ein Blick auf die Siegelkunst und andere Kunstgattungen der Stauferzeit macht deutlich, daß sich der Künstler immer stärker von überkommenen Vorbildern löst. Für die Siegelkunst, in die ja auch die auf älterer Tradition beruhenden Siegel von Kaisern, Königen, geistlichen und weltlichen Fürsten sowie Stiften und Klöstern mit einzubeziehen sind, hat dies die Stuttgarter Staufer-Ausstellung von 1977 mit ihrer reichen Zahl an Exponaten bewiesen. Gleiches gilt für die Münzkunst, die in der Stauferzeit eine ähnliche Vielfalt und zugleich ihre größte künstlerische Blüte erreichte. In diesem Zusammenhang ist auch auf den in staufischer Zeit entstandenen Typus des Schiffssiegels hinzuweisen, auf den wir später nicht mehr eingehen, weil er im Rheinland – zumindest während der Blütezeit der Siegelstecherkunst – nicht vorkommt. In den Küstenstädten der Ostsee, Nordsee und des Atlantik war das Schiff ein sehr beliebtes Siegelmotiv, das schon 1199 in dem rautenförmigen (!) Siegel der englischen Stadt Dunwich und den um 1200 entstandenen Rundsiegeln von La Rochelle und Lübeck begegnet. Die große Gruppe weiterer Schiffssiegel ist so interessant, daß diesem Siegeltyp in jüngerer Zeit zwei Werke gewidmet wurden.[14]

Kehren wir zu den Städtesiegeln des Rheinlandes zurück, so haben wir uns zunächst mit einer Gruppe von fünf Städten, nämlich Speyer, Boppard, Bingen, Oberwesel und Duisburg, zu beschäftigen. In allen Fällen handelt es sich um Orte mit einer älteren Geschichte, die, wenn man von Duisburg absieht, jeweils bis mindestens in die Römerzeit zurückreicht. Gemeinsam ist diesen Städten, die auch alle zu den „gewachsenen" Städten zu zählen sind, die Lage am Rheinstrom. Zu den Faktoren, welche die Stadtentwicklung dieser Orte begünstigt haben, muß die enge Anbindung an das Reich gerechnet werden. Bingen hebt sich hier insofern ab, als Kaiser Otto II. seine „civitas" Bingen schon 983 an den Mainzer Erzbischof schenkte, womit eine für die folgenden Jahrhunderte entscheidende Weichenstellung vorgenommen wurde.

Ein Stadtsiegel von Speyer ist für 1207/1208 bezeugt, ein kleines Fragment desselben an einer Urkunde von 1212 überliefert. Rainer Kahsnitz, der eine Entstehung dieses Siegels vor 1200 für denkbar hält, hat folgende Beschreibung gegeben: „Über der nur angedeuteten Stadtmauer mit einem mittleren Stadttor, in dem wahrscheinlich ursprünglich die Patronin des Domes Maria zu erkennen war, ist der Dom von Norden mit zwei Türmen und Kuppel und einer Turmgruppe im Westen dargestellt."[15] Demnach wären in dem ersten Speyerer Stadtsiegel gemäß dem ältesten Stadtsiegeltyp figürliche und architektonische Elemente kombiniert. Besondere Beachtung verdient aber die Tatsache, daß nur kurze Zeit nach dem ältesten Stadtporträtsiegel von Worms hier ein zweites Siegel dieses Typs auftaucht. Wer möchte dies für einen reinen Zufall halten? Nach der vorausgehenden Abhandlung über die ältesten Städtesiegel und ihre Ausstrahlung kann es keinem Zweifel unterliegen, daß das Bildprogramm des Wormser Stadtsiegels auf die Gestaltung des Siegels der benachbarten Bischofsstadt eingewirkt hat.

Das zwischen 1216 und 1228 belegte älteste Siegel der Stadt Boppard[16], das möglicherweise noch deutlich vor dem ersten Nachweis von dem Meister des ältesten Koblenzer Stadtsiegels geschaffen wurde, zeigt wie das älteste, vielleicht dem zweiten Jahrzehnt des 13. Jahrhunderts angehörende Siegel der Stadt Oberwesel eine Stadtarchitektur. Dagegen finden sich im ältesten Siegel der Stadt Bingen, das im ersten Viertel desselben Jahrhunderts entstanden sein dürfte, Stadtabbreviatur und Stadtpatron nach dem Köln–Mainzer Vorbild kombiniert. In einer anderen Tradition, die wir in den Siegeln der Städte Metz, Lüttich und Andernach kennengelernt haben, steht das erste, zwischen 1209 und 1224 geschaffene Siegel der Stadt Duisburg. Wie die älteren Siegel der geistlichen Institutionen zeigt es im Siegelbild lediglich den Stadtpatron. Der Verzicht auf eine Stadtarchitektur verlieh der thronenden Christusfigur des Duisburger Siegels eine größere Präsenz, als sie bei einer Kombination mit einer Architektur möglich gewesen wäre. Diese Tatsache war vermutlich bestimmend für die gelegentliche Wiederverwendung dieses Siegeltyps bei späteren Städtesiegeln.

Für die zuletzt im Zusammenhang behandelten Städte Speyer, Boppard, Bingen, Oberwesel und Duisburg ist noch eine weitere Gemeinsamkeit anzuführen: die Tatsache, daß sie wie die rheinischen Städte Köln, Mainz und Koblenz bereits im 13. Jahrhundert den ersten Stadtsiegelstempel durch einen Nachschnitt – meist in modernerer Formensprache – ersetzten. Wir werden dieses Phänomen, bei dem gewiß auch schon so etwas wie „Mode" im Spiele war, als Beweis für den allgemeinen Aufschwung und die Blüte des Siegelwesens im 13. Jahrhundert zu werten haben. Wie in anderen Landschaften ist dieses Jahrhundert auch im Rheinland die hohe Zeit des Städtesiegelwesens. Sie liegt in der „mächtigen Welle" von Städtebildungen begründet: Als Mittel der Territorialpolitik entstanden im 13. Jahrhundert zunächst „Städteketten", danach „Städtenetze" – eine Entwicklung, die ihren großen Wendepunkt um 1300 erfuhr.[17]

Allerdings gingen die ältesten Städtebildungen des Rheinlandes vom König aus: Von den in diesem Buch behandelten alten Reichsstädten ist Kaiserswerth bereits im 12. Jahrhundert – möglicherweise um 1181 – mit Stadtrecht versehen worden. Das schöne Kaiserswerther Stadtsiegel stammt vermutlich aber erst aus dem zweiten Viertel des 13. Jahrhunderts. Dagegen ist das Siegel der Stadt Düren, die 1226 Zollfreiheit erhielt, mit Sicherheit bald danach entstanden. Eindeutig sind die Verhältnisse in Oppenheim, das 1225 zur Stadt erhoben wurde und 1226 nachweislich eine Urkunde mit dem Stadtsiegel beglaubigte.

Den Reigen der vielen Städtegründungen am Niederrhein eröffnete der Graf von Geldern. Nach Zutphen muß der Hauptort seines Territoriums, Geldern, schon um 1225 bis 1228 im Besitz der Stadtrechte gewesen sein, da sich das Stadtsiegel in diese Zeit datieren läßt. Auch Goch, um 1230 zur Stadt erhoben, hat alsbald ein Stadtsiegel geführt. Dasselbe gilt für die geldrische Gründung Doetinchem aus dem Jahre 1231, die bereits im selben Jahre ein Stadtsiegel führte; das Siegel hat eine spitzovale Form, die bei den in diesem Buch behandelten rheinischen Städten nicht vorkommt. Schließlich muß nach siegelkundlichem Befund auch das Siegel der 1233 gegründeten geldrischen Stadt Emmerich bald nach der Stadterhebung geschnitten worden sein.

Für die von den Erzbischöfen von Köln gegründeten Städte – die ersten waren Rees und Xanten (1228) – bietet sich ein ähnliches Bild: Hier sind in der Regel die Städtesiegel jeweils bald nach der Stadterhebung (Deutz um 1230, Bonn 1244, Uerdingen um 1255, Lechenich 1279 und Kempen vor 1294) entstanden. Lediglich das 1233 zur Stadt erhobene Rheinberg begnügte sich zunächst mit einem Schöffensiegel, was insofern nicht verwundern kann, als hier die Schöffen wie in Köln, Trier und anderenorts im Rheinland das älteste siegelführende Gremium waren. Erst zu einem späteren Zeitpunkt ging die Siegelkompetenz an Bürgermeister und Rat über.

Auch die durch die Grafen von Kleve gegründeten Städte führten bald nach der Stadterhebung ein förmliches Stadtsiegel, und zwar ohne Ausnahme, wie die Liste der klevischen Städte Wesel (1241), Kleve (1242), Kalkar (wohl 1242), Grieth (1250), Büderich (1260er Jahre), Orsoy (wohl 1273), Dinslaken (1273) und Kranenburg (um 1290) zeigt. Jülich, die einzige frühe, wegen der Auseinandersetzungen mit den Erzbischöfen von Köln aber fehlgeschlagene Stadtgründung der Grafen von Jülich, ist u. a. durch die Existenz des um 1230 geschnittenen Stadtsiegelstempels historisch gesichert.

Eine planmäßige Städtepolitik betrieben auch die Grafen von Berg. Die älteste bergische Stadt, Wipperfürth, erhielt allerdings ihr Stadtsiegel mit einigem Verzug. Es stammt von demselben Siegelstecher, der auch die Siegel der nächsten bergischen Stadtgründungen Lennep (1260er Jahre) und Ratingen (1276) unmittelbar nach der Stadterhebung geschaffen hat. Von einer anderen Hand stammt das Düsseldorfer Stadtsiegel, das ebenfalls bald nach der Stadterhebung (1288) entstanden sein muß.

Schließlich ist von den niederrheinischen Städten noch die limburgische Gründung Wassenberg zu nennen, dessen Siegel auf die Zeit zwischen 1269 und 1273 datiert werden kann und damit den wichtigsten Anhaltspunkt für die urkundlich nicht überlieferte Stadterhebung gibt.

Die für die niederrheinischen Gründungsstädte des 13. Jahrhunderts ablesbare starke Kopplung von Stadterhebung und Stadtsiegelführung läßt sich, wenngleich nicht ganz so deutlich, auch bei den südlicheren Städten unseres Untersuchungsgebietes verfolgen. Das höchst anspruchsvolle Siegel der 1245 von dem Grafen Heinrich III. von Sayn gegründeten Stadt Blankenberg muß noch in diesem oder im folgenden Jahre 1246 geschnitten worden sein. Ebenso hat die älteste Stadt des Hunsrück-Nahe-Gebietes, das sponheimische Kreuznach, alsbald nach der Stadterhebung ein Stadtsiegel anfertigen lassen.

Die sechs kurtrierischen Orte Bernkastel, Mayen, Montabaur, Saarburg, Welschbillig und Wittlich, für die der Trierer Erzbischof Boemund von Warsberg 1291 Stadtrechte erwirkte, haben eine unterschiedliche Entwicklung genommen, die sich in der alsbaldigen Führung bzw. Nicht-Führung eines Stadtsiegels widerspiegelt. Lediglich Bernkastel und Montabaur werden sofort nach 1291 einen Stadtsiegelstempel in Auftrag gegeben haben. Das für 1308 belegte Siegel der Stadt Mayen kann aber erst nach 1297 entstanden sein. Ein Siegel der Stadt Wittlich ist für 1304 erstmals belegt. Bei den anderen zwei Orten scheinen erst erneute bzw. ergänzende Privilegien vom Jahre 1310 den Anstoß zu einer echten Stadtentwicklung gegeben zu haben. Sie würden erklären, warum die Städtesiegel von Saarburg und Welschbillig erst in der Zeit Erzbischof Balduins von Luxemburg (1307–1354) geschaffen worden sind.

Mit den letzten Beispielen haben wir das 13. Jahrhundert bereits verlassen. Es erscheint angebracht, an dieser Stelle eine weitere Zwischenbilanz zu ziehen. Danach ist für das Rheinland charakteristisch, daß seit den 20er Jahren des 13. Jahrhunderts, dem Beginn der ersten Stadtgründungswelle, die neuen Städte in der Regel bestrebt waren, alsbald ein eigenes Stadtsiegel zu führen. Diese in meinen früheren Veröffentlichungen schon mehrfach herausgestellte enge Verquickung von freiheitlicher Stadtverfassung und Stadtsiegelführung als Ausdruck städtischer Selbstverwaltung läßt sich für den ganzen hier behandelten Abschnitt bis zum Ende des 13. Jahrhunderts verfolgen. Man hat mitunter sogar den Eindruck, als hätten die Bürger nach Erlangung ihrer Stadterhebungsurkunde nichts Eiligeres zu tun gehabt, als einen Stadtsiegelstempel in Auftrag zu geben. Allerdings ließ sich ein solches Repräsentationssymbol, mit dem die Stadt ihren neuen Status dokumentieren konnte, auch verhältnismäßig schnell und billig erwerben; eine Stadtmauer, die nach mittelalterlicher Auffassung ebenfalls ein Charakteristikum der Stadt war, konnte man dagegen nur mit erheblichem Zeit- und Kostenaufwand bauen, der oft genug die Kapazität einer jungen Stadt überstieg.

Bei der Anschaffung eines Stadtsiegelstempels ließen sich die jungen Städte gewiß auch von den Vorbildern älterer Städte, die bereits ein Stadtsiegel besaßen, leiten. Das Bestreben, es den anderen Städten gleichzutun, war bei der Siegelführung der neuen Städte also mit im Spiele. Das Repräsentationsbedürfnis scheint mir jedenfalls maßgeblicher gewesen zu sein als der aktuelle Anlaß, städtische Urkunden besiegeln zu müssen. Allerdings hatte eine jede Stadt mit einer eigenen Urkundstätigkeit in der Zukunft zu rechnen. Insofern gab es, wenn man nicht andere Stellen – etwa den Landesherrn, seinen Amtmann oder geistliche Institutionen im Umkreis – um Siegelung in fremder Sache bitten wollte, gewiß allen Grund, sich einen eigenen Siegelstempel zu beschaffen.

Auch die allgemeine Stadtgeschichtsforschung ist, obwohl sie sich nur auf einzelne Beobachtungen, nicht aber systematische Untersuchungen stützen konnte, zu einer Einschätzung der Stadtsiegelführung in dem oben dargelegten Sinne gelangt. So sind für Fritz Rörig Städtesiegel „das untrügliche Zeichen, daß die Stadt als Korporation eigenen Rechtes zu handeln und deshalb auch sich durch Brief und Siegel rechtlich zu verpflichten vermochte“[18]; Hans Planitz urteilte ähnlich: „Durch die Führung eines

Stadtsiegels ... brachte die Stadtgemeinde zum Ausdruck, daß sie als eine rechts- und handlungsfähige Person anzusehen sei."[19]
Die breite Stadtsiegelführung, die wir für das 13. Jahrhundert zu konstatieren haben, verbietet es, die Siegeltypen an dieser Stelle weiterzuverfolgen. Ihnen wird unten ein eigenes großes Kapitel gewidmet. Die seit der Stauferzeit zunehmende Vielfalt im Siegelwesen besitzt auch interessante kunstgeschichtliche Aspekte, denen ebenfalls später nachzugehen ist. Welche Ausdruckskraft die Städtesiegel schon und gerade im 13. Jahrhundert erreichen, wird an vielen Beispielen deutlich werden. Auffällig ist dabei, daß etliche Städte mit anspruchsvollen großen Siegeln in Erscheinung treten, die zuweilen ganz im Gegensatz zu der weiteren, nämlich bescheidenen Entwicklung dieser Städte stehen. Selbst Gemeinden wie Enkirch und Traben-Trarbach, die in diesem Buch aus besonderen Gründen mitberücksichtigt sind, legten sich seit dem 13. Jahrhundert ungewöhnlich große Siegel zu; sie können in dem hier erörterten Zusammenhang als Beweis für die Blüte des Siegelwesens im Spätmittelalter dienen.
In die Siegel der beiden erwähnten Moselgemeinden ist der sponheimische Wappenschild eingearbeitet. Derlei Beobachtungen lassen sich auch bei Städtesiegeln anderer Territorien machen. Ähnliches gilt für die Siegel von Reichsstädten, die allerdings meist auf einen förmlichen Wappenschild verzichten und sich mit einem Reichssymbol – Adler oder Königsdarstellung – begnügen. In allen Fällen sollten unzweifelhaft die Herrschaftsverhältnisse zum Ausdruck gebracht werden. Diesem Phänomen sind in dem Abschnitt über den Wappensiegeltyp nähere Ausführungen gewidmet. Hier interessiert uns die von der früheren Forschung aufgeworfene Frage, inwieweit der Stadtherr auf die Gestaltung „seiner" Städtesiegel eingewirkt hat. Kittel, der diesem Fragenkomplex nachgegangen ist, hat m. E. mit vollem Recht festgestellt: „Die von modernen kommunalrechtlichen Ordnungen ausgehende Vorstellung, es sei zu allen Zeiten so etwas wie ein staatliches Wappen- und Siegelverleihungsrecht an Städte praktiziert worden, gleichgültig, ob dabei landesherrliche Symbole mit im Spiele waren oder nicht, beruht auf Irrtum."[20] Andererseits zwingt aber gerade der Befund bei den rheinischen Städtesiegeln zu der Annahme, daß diese Siegel mit Wissen und Willen des jeweiligen Stadtherrn in Auftrag gegeben wurden.[21] So wie dieser aus ureigenstem Interesse heraus die Stadt gegründet hatte, so mußte ihm auch an der weiteren Entwicklung seiner Stadt gelegen sein. Als Beglaubigungsmittel für Urkunden, die z. T. an auswärtige Vertragspartner gingen, konnte ihm das Stadtsiegel wegen seines vorzüglichen Repräsentationscharakters nicht gleichgültig sein. Der Anstoß für den Siegelstecher, den Wappenschild des Landesherrn in das städtische Siegel einzuarbeiten, wird daher im Einzelfalle eher vom Stadtgründer als von der Gründungsstadt ausgegangen sein. In mehreren Fällen wurden mit der Anfertigung von städtischen Siegelstempeln nachweislich Künstler beauftragt, die schon für den Landesherrn Siegel gestochen hatten. Einige Siegel scheinen die Einflußnahme des Stadtherrn auf die Gestaltung des Stadtsiegels in ihrer Umschrift eingefangen zu haben. Neben den von Kittel angeführten Beispielen wie Schweinfurt mit der Umschrift S(IGILLVM) · BVRGENSIVM DE SWEINVORT QVOD HABENT DE GRATIA REGIS und Kaiserswerth mit der Umschrift + SIGILLV(M) · CIVIV(M) · I(N) WERDE · IMP(ER)ATOR(IS) FRIDERICI[22] ist noch eine weitere Reichsstadt, nämlich Düren, zu nennen (Umschrift des

Siegels: HOC : EST : REGALE : SIGILLVM : OPIDI · DVRENSIS :). Das klarste Beispiel für eine Einflußnahme des Landesherrn ist uns für das Jahr 1347 überliefert. Damals übersandte Erzbischof Balduin von Trier der Gemeinde Kobern einen Siegelstempel; des weiteren regelte er dessen Aufbewahrung und bestimmte er die Verteilung der Siegelgebühren.[23] Dieses Siegel lehnt sich in Typus, Darstellung und Größe eng an die Siegel der Städte Saarburg und Welschbillig an, stammt aber von anderer Hand als deren Typare, die ebenso wie der Siegelstempel der Stadt Kyllburg deutlich früher von einem Siegelstecher in der Umgebung Balduins geschaffen wurden. Ich glaube, dem hier in Rede stehenden, namentlich nicht bekannten Meister auch das Sekretsiegel Balduins[24] zuschreiben zu können. In jedem Falle wird man mit einer Einwirkung Erzbischof Balduins auf die hier angeführten Siegelstempel zu rechnen haben.

In vielerlei Hinsicht war das Spätmittelalter die Blütezeit des Siegelwesens. Für das rheinische Städtesiegelwesen läßt sich diese allgemeine Feststellung erhärten durch einen Hinweis auf die Tatsache, daß etliche Städte mehrere Siegelstempel nacheinander oder nebeneinander benutzt haben. Das auffälligste Beispiel für die erste Gruppe ist die Stadt Duisburg, die in eineinhalb Jahrhunderten vier große Siegel nacheinander führte. Mit der Verbreitung von Spezialsiegeln in den Städten wird sich das nächste Kapitel beschäftigen.

An dieser Stelle, wo es darum geht, die Ausbreitung von Städtesiegeln bis zu ihren Glanzzeiten zu verfolgen, muß abschließend noch auf eine Tatsache eingegangen werden, die sich in die bisher skizzierte Entwicklung nicht einzufügen scheint: das Fehlen eines mittelalterlichen Stadtsiegels in überraschend vielen Städten des Rheinlandes. Zwei durch jüngere Forschungen besser erschlossene Räume unseres Untersuchungsgebietes zeigen dies recht deutlich: der Hunsrück-Nahe-Raum und das in dem Unternehmen „Rheinischer Städteatlas“ erfaßte nördliche Rheinland. Von den 22 mit Stadtrechten ausgestatteten bzw. mit Stadtcharakter versehenen Orten des Mittelalters im Hunsrück-Nahe-Raum führten die schon erwähnten bedeutenderen Moselorte Enkirch und Traben-Trarbach seit dem 13. Jahrhundert ein anspruchsvolles Gemeindesiegel. Die älteren Städte besaßen durchweg ein mittelalterliches Stadtsiegel; Offenbach begnügte sich mit einem Gerichtssiegel. Von neun Städten aber, nämlich Birkenfeld, Dill, Frauenberg, Grumbach, Herrstein, Horn, Koppenstein und Laubach, ist überhaupt kein mittelalterliches Siegel nachzuweisen.[25] Hierfür werden wohl nur in dem einen oder in dem anderen Falle schlechte Überlieferungsverhältnisse als Erklärung dienen. Für das nördliche Rheinland kann man mindestens 34 Städte ohne förmliches Stadtsiegel anführen, darunter auch sieben, die sich noch im 13. Jahrhundert zu Städten entwickelt haben: Herzogenrath, Gangelt, Heinsberg, Brühl, Rheinbach, Münstereifel und Krickenbeck. Die weitaus größte Zahl bilden aber Orte, die erst im 14. Jahrhundert Stadtrechte oder Stadtcharakter erlangt haben: Moers, Grevenbroich, Nideggen, Erpel, Kaster, Bergheim, Mülheim am Rhein, Bedburg, Königsfeld, Mönchengladbach, Hülchrath, Erkelenz, Monschau, Rheindahlen, Dülken, Linnich, Krefeld, Zons und Reifferscheid. Schließlich gehören zu der Gruppe ohne Stadtsiegel noch acht Städte des 15. Jahrhunderts: Heimbach, Brüggen, Straelen, Isselburg, Odenkirchen, Ruhrort, Unkel und Blankenheim.

Die vielen angeführten Beispiele machen zunächst eines deutlich: Im Spätmittelalter bestand für die neuen Städte keineswegs ein Zwang, sich ein förmliches Stadtsiegel zuzulegen. In fast allen Fällen – für die Ausnahme Mülheim ist in einer Urkunde vom 6. September 1363 ausdrücklich Siegelkarenz bezeugt[26] – hat man sich mit einem Schöffensiegel begnügt. Ein Grund dürfte darin liegen, daß in manchen Orten ältere Schöffensiegel existierten[27], die auch nach der Stadterhebung ihre Funktion als Beglaubigungsmittel öffentlicher Urkunden erfüllten. Zu Beginn des 14. Jahrhunderts, als es schon eine große Zahl von Städten gab, verlor das Siegel offenbar auch seine vorzügliche Eigenschaft als Repräsentationssymbol. Es dürfte jedenfalls schwer, ja geradezu absurd für eine neugegründete Stadt gewesen sein, im Siegel einen besonderen Anspruch auszudrücken, wie dies am Anfang der Stadtsiegelführung möglich war. Ein anderer Grund wird darin liegen, daß es sich in aller Regel um kleine und meistenteils unbedeutende Städte handelte, die ein Kümmerdasein führten. Und wenn in diesem Falle schon einige ältere Städte in der Nachbarschaft auf die Führung eines förmlichen Stadtsiegels verzichteten, bestand für eine neugegründete Stadt kein Anlaß, ein anspruchsvolleres Typar für ein Stadtsiegel schneiden zu lassen. Wie einst die schönen großen Städtesiegel auf die Umgebung ausgestrahlt haben, so hat sich – vor allem in den westlichen Teilen, d. h. im Herzogtum Jülich und in den benachbarten kleineren Herrschaften – die „Mode“, nur ein bescheidenes Schöffensiegel zu verwenden, durchgesetzt. Insofern läßt sich in der Entwicklung des städtischen Siegelwesens eine zunehmend deutlichere Scheidung treffen: Auf der einen Seite stehen die alten, bedeutenden Städte, die im 14. Jahrhundert neue Stadtsiegelstempel in moderneren künstlerischen Formen schneiden lassen und ihre Siegelführung differenzieren, ja perfektionieren; auf der anderen Seite steht die große Zahl der Kümmer- bzw. Minderstädte[28], die sich jahrhundertelang mit einem kleinen Schöffensiegel begnügen und meistens erst in der Neuzeit Siegelstempel anfertigen lassen, die durch ihre Umschrift als „echte“ Stadtsiegel ausgewiesen sind. Mit dieser Bemerkung haben wir aber schon in eine Thematik eingegriffen, die im übernächsten Kapitel eingehender behandelt werden soll.

Anmerkungen

1 S. Fuchs, Die Soester Stadtsiegel. Eine historische Betrachtung unter Berücksichtigung der künstlerischen Formgebung, SoestZ 88 (1976) S. 47–49.

2 Vgl. Köln–Westfalen 1180–1980 Band I (Beiträge), Münster 1980, insbesondere den Abschnitt „Zur kölnischen Städtepolitik in Westfalen“, S. 226–249. In dem Beitrag „Ziele kölnischer Städtepolitik bis zum Tod Erzbischof Engelberts von Berg“ von W. Ehbrecht heißt es S. 227 bezüglich Soest: „Die Ausbildung der Stadtverfassung bezeugten bereits 1168 ein eigenes Führungsorgan und das Stadtsiegel.“ In dem anschließenden Beitrag „Köln, Soest, Lippstadt. Zur Verbreitung und Bedeutung westfälischer Stadtrechte“ von H. Walberg sind auf S. 238 die beiden ältesten Stadtsiegel von Köln und Soest nebeneinander abgebildet. Bei dem Kölner Siegel ist als Vorlage leider ein Abdruck von dem gefälschten neuzeitlichen Typar verwandt worden; bei dem ältesten Soester Stadtsiegel wird als Datierung „um 1170“ angegeben. Dagegen hat P. Berghaus in Band II (Katalog) desselben Werkes S. 164 zu diesem Siegel Fuchs folgend angegeben: „Nachweisbar seit 1159“. Zugrunde liegt ein und derselbe Abdruck an einer undatierten Urkunde (StaatsarchMünster, Patrocli-Soest, U. 4), die wegen des Ausstellers und der Zeugen grob in die Zeit zwischen 1162 und 1170 eingeordnet werden kann (frdl. Hinweis von Herrn Dr. Helmut Müller, Staatsarchiv Münster).

3 S. Fuchs (wie Anm. 1), S. 48 f.; T. Diederich, Die alten Siegel der Stadt Köln, S. 41–43 mit Abbildung eines besser erhaltenen Abdrucks.

4 J. Schultze, S. 181; E. Kittel, Siegel, S. 294; J. Milz, Die mittelalterlichen Duisburger Stadtsiegel,

Duisburger Journal 6, 1977 S. 20; H. Kownatzki, S. 8; M. Groten, Besprechung von „Archiv und Geschichte", Festschrift R. Brandts, Köln 1978, in RhVjbll 44 (1980) S. 43.

5 E. Kittel, Siegel, S. 294 f. mit Abb. 192.

6 E. Ennen, S. 57 und S. 227.

7 E. Ennen, Kölner Wirtschaft im Früh- und Hochmittelalter, in: Zwei Jahrtausende Kölner Wirtschaft, Bd. 1, Köln 1975 S. 140 f.

8 Vgl. L. Halkin, S. 1–18. Allerdings datiert Halkin das Siegel auf den Anfang des 13. Jahrhunderts, offenbar weil ihm der im vorigen Kapitel angeführte Beleg von 1185 nicht bekannt war.

9 E. Kittel, Siegel, S. 300 Abb. 196 und S. 451.

10 Ebenda S. 299; T. Diederich, Die alten Siegel der Stadt Köln, S. 38–41 mit Abb. 16.

11 Vgl. die kleine Studie von H. Kownatzki, der auf S. 15 resümierend feststellt: „Wenn der Übergang von der Siegellegende, ‚sigillum burgensium' zu der ‚sigillum civitatis' nicht auf einer Änderung der Stadtverfassung beruht, wie die angestellten Betrachtungen ergeben haben, muß eine andere, schwerwiegende Ursache vorgelegen haben. – Der Flächenstaat hat sich aus dem Personenverbandsstaat seit dem 12. Jahrhundert allmählich entwickelt und Mitte des 14. Jahrhunderts im wesentlichen seinen Abschluß gefunden. Das kann nicht ohne Einfluß auf die Staatsauffassung geblieben sein. Die Burgenses, wo es sie gab, haben zunächst als Personenverband der Machthaber in der Stadt gesiegelt; in dem Maße nun, in dem die Stadt, in der sie die Herren waren, als Fläche die maßgebliche Vorstellung wurde, konnten sie sich auch mit dieser Fläche gleichsetzen."

12 E. Kittel, Siegel, S. 296, 300 f. und Abb. 82 S. 133.

13 Ebenda S. 294, 296 und 300. Eine hinreichende Begründung für diesen zeitlichen Ansatz gibt es aber nicht; vgl. J. Schultze, S. 182.

14 H. Wiechell, Das Schiff auf Siegeln des Mittelalters und der beginnenden Neuzeit (Kultusverwaltung der Hansestadt Lübeck, Veröff. IV), Lübeck 1971, insbes. Tafel 1 S. 33 (Dunwich und La Rochelle) und Tafel 2 S. 34 (Lübeck); H. Ewe, Schiffe auf Siegeln, Bielefeld – Berlin 1972, insbes. S. 120 (Dunwich) und S. 146 f. (La Rochelle und Lübeck).

15 R. Kahsnitz, Siegel und Goldbullen, S. 93.

16 W. Ewald, Rheinische Siegel III, S. 98 und Tafel 41 Nr. 1 und 2.

17 H. Stoob, Minderstädte. Formen der Stadtentstehung im Spätmittelalter, VjschrSozialWirtschG 46 (1959) S. 18–20. Im folgenden werden von den älteren gewachsenen Städten diejenigen Städte abgehoben, die ihre Entstehung einem herrschaftlichen Willensakt verdanken. Dabei lassen wir unberücksichtigt, ob dieser sich in einer förmlichen Stadtgründungsurkunde, einer Stadterhebungsurkunde, einem Stadtprivileg oder einer andersartigen Urkunde manifestierte; vgl. hierzu die Ausführungen bei M. Petry, S. 48 Anm. 10.

18 F. Rörig, Die europäische Stadt im Mittelalter, 3. erw. Aufl. Göttingen 1955 (Kleine Vandenhoeck-Reihe 12/13) S. 14.

19 H. Planitz, S. 115.

20 E. Kittel, Siegel, S. 304 f.

21 Darauf deutet auch eine in der Literatur häufiger angeführte Bestimmung des Schwabenspiegels (um 1275) hin, wonach die Städte eigene Siegel nur mit Willen ihrer Herren führen durften: „Die stete suln och insigel han, doch mit ihr herren willen. Und hant si siu wider ir herren willen, so hant si deheine craft"; vgl. E. Kittel, Siegel, S. 316.

22 Ebenda S. 316 f.

23 K. Lamprecht, Deutsches Wirtschaftsleben im Mittelalter III, Leipzig 1885 Nr. 175.

24 W. Ewald, Rheinische Siegel II, Tafel 9 Nr. 3.

25 Vgl. R. Feld, Tabellen nach S. 112 und 160.

26 HauptstaatsarchDüsseldorf, Berg, U. 354; Druck: Archiv für die Geschichte des Niederrheins, hrsg. von Th. J. Lacomblet 4 (1863), Beilage 4 S. 147–158.

27 Besonders hervorgehoben seien in diesem Zusammenhang die Städte Rheinberg, Ahrweiler und Zons, die in diesem Buch eingehend behandelt sind.

28 Vgl. H. Stoob (wie Anm. 17), S. 22–28. Zu bedenken ist auch, daß den neuen Stadtgründungen, nachdem sich die Territorien in der zweiten Hälfte des 14. Jahrhunderts zu gefestigten, landständisch abgesicherten institutionellen Flächenstaaten mit moderner Verwaltungsorganisation entwickelt hatten, nicht mehr eine so bedeutende Stellung und zentrale Funktion wie den alten gewachsenen und den frühen Gründungsstädten zukam; zu den Grundzügen dieses Territorialisierungs- und Verstaatlichungsprozesses vgl. W. Janssen, Die niederrheinischen Territorien in der zweiten Hälfte des 14. Jahrhunderts, RheinVjbll 44 (1980) S. 47–67.

d. Die Differenzierung des städtischen Siegelwesens im Spätmittelalter

Bevor wir uns im folgenden mit dem Aufkommen, der Verbreitung, den Arten und den besonderen Funktionen städtischer Nebensiegel befassen, ist es nützlich, deren Vorläufer zu betrachten. Wir müssen hierzu einen Blick auf jene siegelführenden Personen und Institutionen werfen, die in einer älteren Siegeltradition standen und den im Siegelwesen allgemein nachhinkenden Städten als Vorbilder dienten.

Die gleichzeitige Verwendung mehrerer Siegelstempel nebeneinander war bei den deutschen Herrschern schon lange üblich. Allerdings wird man die zweiseitig beprägten Blei- und Goldbullen trotz ihrer deutlich geringeren Größe nicht als Nebensiegel zu dem großen Majestätssiegel der Kaiser und Könige bezeichnen wollen. In ihrer Rechtskraft waren beide Siegel gleich, und ohne Zweifel hat eine auf kunstvolle Weise angefertigte und mit kompliziertem Mechanismus an eine Urkunde angehängte Goldbulle – nicht zuletzt wegen ihres außerordentlichen materiellen Wertes – höheres Ansehen als das einseitig in Wachs abgedrückte große Majestätssiegel genossen.

Ob die uns bekannten königlichen Siegel einen Einfluß auf die Entstehung der ersten Nebensiegel ausgeübt haben, ist zweifelhaft. Als ältester Typ des Nebensiegels hat das Sekretsiegel zu gelten, das bei den deutschen Herrschern erst zum Jahre 1277 begegnet.[1] Erich Kittel hat sich mit diesem Spezialsiegel genauer beschäftigt und eine Reihe wichtiger Erkenntnisse gewonnen.[2] Danach ist das Sekretsiegel ursprünglich ein Briefverschlußsiegel gewesen, welches dazu bestimmt war, das Geheimnis (lat. „secretum“) des zusammengefalteten und mit dem Siegelabdruck verschlossenen Briefes zu hüten. Gerade diese Verschlußfunktion war daran schuld, daß so wenig alte Sekretsiegel bekanntgeworden sind, lag es doch in der Natur der Sache, daß der Adressat nach Empfang des Briefes dessen Siegel zerbrach, um die für ihn bestimmte Mitteilung lesen zu können. Einige Umschriften von solchen Sekretsiegeln aus dem Zeitraum von ca. 1180 bis 1260 machen dies deutlich: + SIGILLVM · PREPOSITI · HEINRICI · DE GLINDE / ACCIPE – FRANGE – LEGE – CLAVDE / REP – ONE – TE – GE („Siegel des Propstes Heinrich von Glinde. Empfange, zerbrich, lies, verschließe, lege ab und verbirg!“), SECRETVM DOMINI TEGIT AVIS ISTA SVI („Dieser Vogel schützt das Geheimnis seines Herrn“), + HIC LATET SECRETVM LITTERE („Hier ruht das Geheimnis des Briefes“).[3]

Seit wann solche speziellen Briefverschlußsiegel im Gebrauch waren, läßt sich nur vermuten. Überliefert sind sie erst aus der Zeit, als sie in einer völlig anderen Funktion, nämlich als Rück- oder Gegensiegel zum großen Siegel eines Siegelführers, benutzt wurden. Sie gewährten in diesem Falle einen zusätzlichen Schutz gegen Fälschungen, war es doch ohne Beschädigung des Rücksiegels nicht mehr möglich, ein großes Siegel von einer Urkunde zu lösen und an eine andere – möglicherweise gefälschte – Urkunde anzuhängen. Die Gewohnheit, Rücksiegel zu verwenden, scheint von England ausgegangen zu sein, kommen dort die ersten Gegensiegel doch schon in der ersten Hälfte des 12. Jahrhunderts vor. Über Frankreich, wo uns die ältesten Gegensiegel in der zweiten Hälfte des 12. Jahrhunderts begegnen, gelangte dieser Brauch auch nach Deutschland. Die hier auftauchenden ersten Rücksiegel gehören nach Kittel allerdings schon dem 13. Jahrhundert an.[4] Die ältesten rheinischen Beispiele sind nach meinen

Ermittlungen zwei als Gegensiegel verwendete Sekretsiegel des Grafen Wilhelm III. von Jülich und des Herrn Dietrich I. von Heinsberg; beide Gegensiegel sind zum Jahre 1217 erstmals belegt.[5]
Können wir über das Alter des Sekretsiegels und seine Benutzung als Briefverschlußmittel nichts Genaueres aussagen, so lassen sich die Ausbreitung und anderweitige Verwendung dieses Siegeltyps gut verfolgen. Er wurde nämlich im Laufe des 13. Jahrhunderts immer beliebter. Den weltlichen Grafen und Herren folgten noch vor der Mitte des 13. Jahrhunderts die Kölner Erzbischöfe und die geistlichen Institutionen, in Köln das Stift St. Aposteln. Deren Sekretsiegel erscheinen alle als Rücksiegel zum Hauptsiegel. Der beschriebene Funktionswandel des Sekretsiegels läßt sich für das Bistum Passau exakt auf das Jahr 1259 datieren. Es heißt hier in einer Urkunde, sie sei die erste, deren Siegel auf der Rückseite einen Abdruck des Sekretes aufweise; alle künftigen Urkunden mit einem Hängesiegel ohne das rückwärts eingedrückte Sekretsiegel seien als falsch zu erachten.[6] Es kann nicht verwundern, daß in der Folge Sekretsiegel nach älterem Vorbild hergestellt wurden, die von vornherein zur Verwendung als Rücksiegel bestimmt waren.
Diese Entwicklung gehört ebenso wie die später noch kurz zu behandelnde Verselbständigung des Sekretsiegels, d. h. seine selbständige Verwendung zur Beglaubigung von Urkunden, in das 13. Jahrhundert. In etlichen Fällen paßte man sich dem Brauch der Rücksiegelung aber auch dadurch an, daß man die hierzu eigens geschaffenen neuen Siegelstempel in der Umschrift entsprechend kennzeichnete. Als ein Beispiel hierfür sei das einzige in diesem Werk berücksichtigte Siegel dieses Typs, das Gegensiegel zum gotischen Siegel der Stadt Köln von 1268/69, angeführt. Das Siegel wird in der Umschrift ausdrücklich CONTRASIGILL(VM) genannt. Weitere Beispiele sind die ältesten, noch dem 13. Jahrhundert angehörenden Gegensiegel der Städte Lechenich und Zülpich, die diesen Siegeltyp ebenfalls als „Contrasigillum" bezeichnen.[7] Bei den ältesten bekannten Gegensiegeln rheinischer Städte, dem um 1245 entstandenen kleinen Siegel von Blankenberg und dem 1255 belegten Gegensiegel von Neuss[8], findet sich dagegen noch eine im siegelkundlichen Sinne unverfänglich-unbestimmte Umschrift, so im Neusser Siegel in Form eines Gebetes: + ORA · PRO NOBIS · S(ANCTE) QVIRINE · ; hier ist eine Festlegung des Siegels als Gegensiegel zum großen Siegel noch nicht erfolgt. Dasselbe gilt für das älteste Gegensiegel von Wesel mit der Aufschrift PAX WESELA.[9]
Ziemlich genau um das Jahr 1250 taucht in unserem Untersuchungsgebiet – zuerst in Köln – mit dem sog. Geschäftssiegel (Sigillum ad causas) ein neuer Siegeltyp auf. Verbreitung, Funktion und Bedeutung dieses Siegeltyps im Rheinland habe ich an anderer Stelle[10] eingehend untersucht, so daß hier eine knappe Zusammenfassung genügt.
Das Sigillum ad causas war ein von Institutionen und Personen geführtes kleineres Nebensiegel neben dem – meist schon früher vorhandenen – Hauptsiegel. Die Differenzierung erfolgte nun dergestalt, daß in der Regel das große Siegel wichtigeren Beurkundungsfällen vorbehalten wurde, während man die Masse der alltäglichen Rechtsgeschäfte mit dem Sigillum ad causas zu besiegeln pflegte. Ein Grund für die Verwendung des neuen Spezialsiegels, das in seiner Rechtskraft dem großen Siegel nicht nachstand, dürfte in der starken Zunahme der Beurkundungen während des

13. Jahrhunderts liegen. Hierbei schlug das teure Wachs immer stärker zu Buche. Man konnte also mit einem deutlich kleineren Spezialsiegel für die weniger wichtigen Urkunden viel Wachs sparen. Zugleich gewann das große Siegel den Charakter des Besonderen zurück, den es ursprünglich überall einmal besessen hatte. Am Anfang waren es nur einzelne geistliche Institutionen und Personen im niederrheinisch-niederländischen Raum, die sich ein besonderes Geschäftssiegel neben dem Hauptsiegel zulegten. Der neue Siegeltyp erfreute sich am Ende des 13. Jahrhunderts bei den bedeutenderen geistlichen Institutionen – Stiften und alten Benediktinerklöstern – großer Beliebtheit, die auch in den folgenden Jahrhunderten nicht abriß.

Bei den Städten taucht das Geschäftssiegel allerdings erst verhältnismäßig spät auf. Der älteste Beleg eines städtischen Sigillum ad causas – es ist zugleich das einzige des 13. Jahrhunderts im Rheinland – stammt aus dem Jahre 1295. Es handelt sich um das älteste Geschäftssiegel der Stadt Köln, die bis zum Ende des Mittelalters nacheinander noch zwei neue Geschäftssiegelstempel anfertigen ließ. Nach Köln hat Aachen als erste rheinische Stadt ein solches Nebensiegel besessen, das 1328 belegt ist und in diesem Buch selbstverständlich berücksichtigt wird, weil es zu den schönsten und bedeutendsten Vertretern dieses Siegeltyps überhaupt gehört. Weiterhin ließen sich Geschäftssiegel für folgende Städte nachweisen: Alpen (vgl. unten den Artikel über dieses Siegel), Andernach (dem Wortlaut der Umschrift nach als „Geschäftssekretsiegel" anzusprechen), Bonn (ebenfalls „Geschäftssekretsiegel"; vgl. unten den Artikel über dieses Siegel), Düren (vgl. unten den Artikel über das jüngere Geschäftssiegel von Düren), Emmerich, Essen, Jülich, Kempen, Mayen, Neuss, Orsoy, Rheinberg, Siegburg, Trier und Wipperfürth. Die Aufzählung zeigt, daß das Geschäftssiegel nur in Städten von herausragender oder zumindest mittlerer Bedeutung, nicht aber in Kleinst- bzw. Kümmerstädten vorkommt. Wie nicht anders zu erwarten, zeigt sich hier, daß eine Differenzierung im Siegelwesen meist nur bei solchen Städten eintrat, die eine größere Zahl von Urkunden zu besiegeln hatten.

Das bei Städten verhältnismäßig spärliche Vorkommen des Geschäftssiegels erklärt sich zum anderen aus der Tatsache, daß seit der zweiten Hälfte des 13. Jahrhunderts auch das Sekretsiegel die Funktion des Nebensiegels im Sinne des Geschäftssiegels übernahm. Wenn eine Stadt also bereits ein kleineres Sekretsiegel besaß, das man einst zur Gegensiegelung benutzt hatte, konnte man dieses nunmehr auch selbständig gebrauchen, indem man es allein an weniger wichtige Urkunden anhängte. Bei den Städten ist diese Übung besonders im 14. Jahrhundert zu beobachten.

Das vom großen Stadtsiegel abgesetzte kleinere Nebensiegel wird gelegentlich auch – in Urkunden häufiger, in den Siegelumschriften selbst aber seltener – als Sigillum minus (kleineres Siegel) bezeichnet. Bemerkenswerte Unterschiede zwischen Sekretsiegel, Geschäftssiegel und kleinerem Siegel werden im Spätmittelalter nicht deutlich, erfüllten sie doch ebenso wie die Sonderformen des Sigillum secretum ad causas und des Sigillum minus ad causas[11] dieselbe Funktion als städtisches Nebensiegel.

Der Ausbau der städtischen Verwaltung äußert sich seit dem ausgehenden Mittelalter – zumindest in den großen Städten – in einem stärker entwickelten Kanzleiwesen und in neuen Verwaltungsinstitutionen mit begrenzter Zuständigkeit, zu denen oft auch besondere städtische Gerichte zu zählen sind. Die gewandelten Verhältnisse spiegeln sich in den Spezialsiegeln wider, die nun zu den älteren städtischen Nebensiegeln hinzutreten. In einmaliger Weise läßt sich diese Entwicklung an dem Siegelwesen der Stadt Köln ablesen, das ich an anderer Stelle eingehend behandelt habe.[12] Die geschilderte Differenzierung ging in Köln so weit, daß man selbst für die spätmittelalterlichen Geschäftssiegel kleine Gegensiegel anfertigen ließ. Die oben erwähnten Vorteile der Gegensiegelung waren wohl Anlaß dafür, daß man an ihr auch in der Neuzeit noch vielfach festhielt. Privatpersonen benutzten für ihr Gegensiegel nicht selten Gemmen, d. h. vertieft geschnittene Steine, die wegen ihrer geringen Größe besonders für eine Rücksiegelung geeignet waren und vermutlich als Ringsiegel dienten.[13] Solche an einem Finger getragenen Gemmen wird man wie eh und je auch als Schmuckstücke angesehen haben. Leider ist dieser Komplex noch unerforscht, was nicht zuletzt auf die fehlende systematische Erfassung von Siegeln in Urkundenbeständen und Siegelsammlungen zurückzuführen ist.

Seit dem ausgehenden Mittelalter mehrten sich in den städtischen Kanzleien auch die Fälle, in denen man das Siegel nicht zur Beglaubigung von Urkunden, sondern als Verschlußmittel von Briefen gebrauchte. Die in seltener Vollständigkeit erhaltenen Briefeingänge und Briefbücher (Bücher mit Abschriften von den an andere Korrespondenzpartner verschickten Briefen) der Stadt Köln zeigen die rapide Zunahme der städtischen Korrespondenzen in exemplarischer Weise. Dabei verlor das Pergament als Beschreibstoff sehr schnell seine alte Bedeutung und wurde schließlich in der Neuzeit ganz durch das billigere Papier verdrängt. Die Briefe hat man mehrmals so gefaltet, daß man sie durch Aufdrücken oder Einhängen, seltener Anhängen eines Siegels vor unbefugter Einsichtnahme schützen konnte. Damit hatte das alte zum Briefverschluß bestimmte Sekretsiegel endlich auch in den städtischen Verwaltungen seinen Einzug gehalten. Im allgemeinen benutzten die städtischen Kanzleien hierzu die seit langem vorhandenen Nebensiegel, was besonders sinnvoll war, wenn es sich um ein älteres „Sekretsiegel" handelte. Einige Städte haben aber auch neue Siegelstempel für die Versiegelung ihrer Briefe anfertigen lassen. Nicht selten machte man sie durch den Zusatz „ad missivas", eine Kurzform für „ad missivas litteras" („zum Verschicken der Briefe"), in der Umschrift kenntlich. Die Städte Bonn und Essen ließen solche Missivensiegel noch in der zweiten Hälfte des 15. Jahrhunderts schneiden. Im übrigen war dieser Siegeltyp im Rheinland bei den geistlichen Institutionen – hier in der Umschrift gelegentlich auch durch den Zusatz „ad litteras" bezeichnet – stärker verbreitet als bei den Städten.

Anmerkungen

1 O. Posse 1, Tafel 41 Nr. 5: Königssekret Rudolfs I. von 1277 Nov. 24.
2 E. Kittel, Siegelstudien. I Briefverschlußsiegel, Rücksiegel, Sekrete, ArchDipl 5/6 (1959/60) S. 430–440; E. Kittel, Siegel, S. 145–156.
3 Alle angeführten Beispiele bei E. Kittel, Siegel, S. 148–150; weitere Beispiele ebenda.
4 Ebenda S. 145.
5 T. Diederich, Geschäftssiegel, S. 469 f.
6 W. Ewald, Siegelkunde, S. 92.
7 W. Ewald, Rheinische Siegel III, Tafel 14 Nr. 4 sowie Tafel 19 Nr. 4 und 5; K. Flink, Zülpich (Rheinischer Städteatlas I 5), Bonn 1972, Abschnitt III, 5.
8 W. Ewald, Rheinische Siegel III, Tafel 68 Nr. 2 bzw. Tafel 26 Nr. 2.

9 Ebenda Tafel 85 Nr. 2. Das Siegel ist 1269 erstmals belegt; zu seiner Bedeutung vgl. H. Horstmann, Das Neusser Stadtwappen, NeussJb 1959 S. 26. Das 1282 Febr. (HistArchKöln, HUA 462, 6. Siegel ganz rechts) gebrauchte Rücksiegel des Gottfried von Lechenich, Kanonikers zu St. Aposteln in Köln, kann seine Herkunft vom Sekretsiegel nicht verleugnen, lautet die Umschrift doch VERITAS.

10 T. Diederich, Geschäftssiegel, S. 459–498.

11 Ebenda S. 489 f.

12 T. Diederich, Die alten Siegel der Stadt Köln, S. 63–97.

13 Beispiele für Gemmen als Rücksiegel finden sich etwa in der Allgemeinen Siegelsammlung des Historischen Archivs der Stadt Köln; vgl. ebenda Nr. 860, 1110, 1125 und 1478.

e. Der Niedergang des Siegelwesens in der Neuzeit

Wie der bisherige historische Abriß gezeigt hat, entwickelte sich das städtische Siegelwesen im Spätmittelalter zu einer hohen Blüte. Danach, und zwar ziemlich genau seit Beginn der Neuzeit, kam es zu einem fortschreitenden Niedergang des Siegelwesens, der keineswegs auf die Städte beschränkt war. Für diesen Niedergang gibt es verschiedene Gründe, von denen einige sehr gewichtig sind.

Wie einst das Siegelwesen mit der Ausbreitung des Urkundenwesens seinen Aufschwung genommen hatte, so wurde es jetzt von dem Rückgang desselben in Mitleidenschaft gezogen. Die Urkunde verlor nämlich zunehmend an Bedeutung, weil man immer mehr dazu überging, Rechtsgeschäfte „aktenmäßig" zu erledigen. Tatsächlich sind die Veränderungen so auffällig, daß Historiker unter dem Gesichtswinkel der Quellenlage die Zeit ab etwa 1500 als Aktenzeitalter bezeichnen. Charakteristisch für die Bekräftigung von Aktenschriftstücken war die eigenhändige Unterschrift, welche das Siegel schnell verdrängte. Als starke Konkurrenz für das Urkundenwesen erwies sich zudem die Amtsbuchführung mit „ius archivi". Danach wurden Rechtsgeschäfte, die man einst per Siegelurkunde abgeschlossen hatte, in ein amtliches Buch (etwa der Schöffen) rechts- und beweiskräftig eingetragen. Der zahlenmäßige Rückgang der Urkunden in der Neuzeit läßt sich an der Überlieferung der Stadt Köln besonders gut ablesen, weil der städtische Sammelbestand des „Haupturkundenarchivs" (HUA) mit mehr als 20 000 Urkunden von verhältnismäßig wenigen Verlusten betroffen ist und die hohen Zahlen für die einzelnen Zeitabschnitte etwaige Zufälligkeiten stärker zurücktreten lassen, als dies bei der Überlieferung eines kleineren Stadtarchivs möglich wäre. Nach den Urkundenverzeichnissen ergeben sich für Köln folgende Zahlen[1]:

(922)–1200 :	42	Urkunden
1201–1250 :	131	Urkunden
1251–1300 :	495	Urkunden
1301–1350 :	1321	Urkunden
1351–1400 :	4680	Urkunden
1401–1450 :	5638	Urkunden
1451–1500 :	2681	Urkunden
1501–1550 :	2188	Urkunden
1551–1600 :	1452	Urkunden
1601–1650 :	602	Urkunden

1651–1700 :	317	Urkunden
1701–1750 :	92	Urkunden
1751–1800 :	82	Urkunden

Bei der Entwicklung des neuzeitlichen Urkundenwesens ist weiterhin zu berücksichtigen, daß das im letzten Viertel des 13. Jahrhunderts im Rheinland erstmals auftretende Notariatsinstrument, d. h. jene unbesiegelte Urkunde, die ihre Rechtskraft aus eigenhändig vollzogener Unterschrift und aufgemaltem Signet des Notars bezog, sich immer stärker ausbreitete. Auch wenn dadurch die führende Stellung der Siegelurkunde nicht beseitigt wurde, verschob sich das Gesamtverhältnis doch erheblich zu ihren Ungunsten. Es ist also auch unter diesem Gesichtspunkt festzustellen: Die Zahl der Siegelurkunden und Siegelabdrücke nahm in der Neuzeit immer stärker ab.

Waren die äußeren Umstände dem Siegelwesen schon nicht hold, so beschleunigte sich sein Niedergang, der zudem mehr ein künstlerischer denn ein rechtlicher Niedergang gewesen ist, noch aus anderen Gründen. Da ist zunächst die Tatsache, daß die allermeisten geistlichen und weltlichen Institutionen – Stifte, Klöster, Städte, Schöffenkollegien, Gerichte, Hospitäler, Universitäten, Zünfte usw. – überkommene Siegelstempel besaßen, die weiterverwandt wurden. Nur in besonderen Fällen, etwa bei Abnutzung oder Verlust des alten Typars, war ein Anlaß gegeben, ein neues anfertigen zu lassen. In der Regel kam es dann zu einem Nachschnitt nach dem alten Siegel, der, wie das folgende Kapitel zeigt, in der Zeit der Gotik meist ein „freier" Nachschnitt war. Oft genug mußte sich der Siegelstecher aber nicht nur an das Motiv, sondern auch an die Formensprache der alten Vorlage halten. Infolgedessen kommen die Elemente der zeitgenössischen Kunst in den Siegelnachschnitten nicht immer zur Entfaltung, und es ist für die Neuzeit schon ein Glücksfall, wenn sich der Meister des in diesem Buch behandelten zweiten Geschäftssiegels der Stadt Düren von 1546 größere Freiheiten zugunsten einer „moderneren" Gestaltung seiner Arbeit nimmt. Im allgemeinen sind die moderneren Elemente der neuzeitlichen Siegelstempel ureigener Beitrag des ausführenden Meisters, beruhen also nicht auf dem ausdrücklichen Willen des Auftraggebers. Als 1621 in Köln festgestellt wurde, daß das städtische Sekretsiegel so stark verschlissen war, daß man die drei Kronen im Siegelbild und die Buchstaben der Umschrift kaum noch erkennen konnte, regte man die Anschaffung eines neuen Stempels an. Aber erst zu Beginn des Jahres 1628 war die Sache so weit gediehen, daß der Rat der Stadt Köln unter drei Entwürfen auswählen konnte. Er entschied sich damals dafür, demjenigen Entwurf den Vorzug zu geben, „so im schein antiquitaten repraesentirt".[2]

Das Siegel degenerierte in der Neuzeit immer mehr zu einem Gebrauchsgegenstand für rechtliche Zwecke, d. h. es wurde nach wie vor zur Besiegelung von Urkunden benötigt, während seine frühere Funktion als Bedeutungsträger stärker zurücktrat. Deshalb sind Siegelneuschöpfungen, die diesen Namen verdienen, ausgesprochen selten. Die geistige Stagnation, die uns im Siegelwesen entgegentritt und wahrlich nicht für die Epochen der Renaissance, des Barock und des Rokoko insgesamt typisch ist, offenbart sich in der Phantasielosigkeit der in dieser Zeit neu geschaffenen Siegelstempel, wie wir sie von den jüngeren städtischen Nebensiegeln und den Spezialsiegeln einzelner städtischer Verwaltungsinstitutionen her kennen. Schon die bescheidene Größe aller dieser Siegel läßt jeden

Anspruch und besonderen Kunstwillen vermissen. Wir sollten uns davor hüten, hierin eine Unfähigkeit der ausführenden Goldschmiede zu erblicken. In erster Linie verantwortlich für das geschilderte Phänomen sind doch wohl die Auftraggeber, für deren Haltung tiefer liegende Gründe, ein gewandeltes Verständnis vom Siegel vor allem, maßgebend waren. Der geistige Umbruch der Renaissance zeigt sich in dem neuen Bild und Selbstverständnis des Menschen, der sich von den mittelalterlichen Auffassungen löst und, gefangengenommen von der Idee seiner Autonomie, dem früheren geschichtlichen und symbolischen Bedeutungsgehalt des Kunstwerks nichts mehr abgewinnen kann. Der gleichzeitig zu größerer Freiheit drängende Künstler wird aber gerade in der Siegelkunst in seiner Entfaltung gehindert, weil der Auftraggeber ihn aus rechtlich-traditionellen Gründen oberflächlich auf überkommene Siegelmotive festlegt. Dies gilt naturgemäß weniger für persönliche als für korporative Siegelführer. Am auffälligsten ist die Stagnation bei jenen Institutionen und Korporationen, die seit Jahrhunderten in wesentlich gleichgebliebenen Strukturen und Traditionen verharrten.
Der Beweis läßt sich aus dem Befund neuerer Städte- und Zunftsiegel sehr leicht führen.[3] Soweit Städte in der Neuzeit überhaupt neue Stempel für Nebensiegel, Gerichte oder spezielle Verwaltungsinstitutionen aufzuweisen haben, handelt es sich – auch Düren ist hier keine vollgültige Ausnahme – um anspruchslose Klein- und Kleinstsiegel, die sich motivisch an mittelalterlichen Vorbildern orientieren. Man beachte unter diesem Aspekt die Siegel von Aachen, Köln[4], Bonn[5], Neuss, Linn, Rheinberg, Zülpich, Emmerich, Kalkar[6], Büderich, Kranenburg, Sonsbeck, Geldern, Trier, Mayen und Traben-Trarbach.[7]
Aufschlußreich sind die Verhältnisse in Aachen.[8] Nach dem hervorragenden großen Karlssiegel hatte man im Mittelalter noch ein Geschäftssiegel und ein Sekretsiegel mit jeweils neuem Bild und neuer Aussage stechen lassen. Wegen ihrer besonderen Bedeutung werden alle drei Siegel in diesem Buch durch eigene Artikel gewürdigt. Da das Sekretsiegel im Laufe der Zeit offenbar immer stärker abgenutzt wurde, hat man sich schließlich zu einer Überarbeitung des Typars entschlossen. Hierbei erkannte man aber nicht mehr die krönende Handbewegung des einen Bischofs neben dem König, so daß die ursprüngliche Aussage des Siegels – Aachen als Krönungsort der deutschen Könige – verwässert wurde. Eben dies ist auch der Fall in dem Nachschnitt des Sekretsiegels aus dem 17. Jahrhundert. Obwohl es zu den qualitätvollsten Stücken seiner Zeit gehört und dem Künstler eine schöne Darstellung in zeitgenössischer Formensprache gelungen ist, hat dieser das Siegelmotiv und den Wortlaut der Umschrift aus der älteren Vorlage übernommen, wohl übernehmen müssen. Ganz anspruchslos sind die beiden Aachener Kanzleisiegel aus dem 17. und 18. Jahrhundert, die sich mit einer einfachen Wappendarstellung begnügen.
Das neuzeitliche Siegelwesen der Stadt Aachen ist insoweit exemplarisch, als wir hier die beiden allgemein verbreiteten Phänomene des neuzeitlichen Siegelwesens, den Nachschnitt und den Typ des Wappensiegels, antreffen. Zahlenmäßig besitzen die Wappensiegel überall ein deutliches Übergewicht. Hierin kommt der beispiellose Siegeszug der Heraldik zum Ausdruck. Er hatte für die Siegelkunst sehr ungünstige Auswirkungen. Schon bei der Entstehung des Porträts im modernen Sinne, die sich zwischen 1240 und 1340 vollzog, waren die kunstfeindlichen Züge der Heraldik zutage

getreten.[9] Die stetig steigende Beliebtheit des Wappens als Erkennungs-, Sicht- und Eigentumszeichen führte dazu, daß das Wappen seit dem Spätmittelalter auch im Siegel immer häufiger auftauchte. Selbst Fürsten und Potentaten, die einstmals Thron-, Standbild-, Porträt- oder Reitersiegel geführt hatten, begnügten sich in der Neuzeit mit reinen Wappensiegeln. Die strengen Regeln der Heraldik schränkten die Gestaltungsmöglichkeiten der Siegelstecher in bedrückender Weise ein. Da schon bis zum Ende des Mittelalters fast alle wappenkünstlerischen Darstellungsmöglichkeiten ausgeschöpft worden waren, bedurfte es so großer Künstler wie Albrecht Dürer, Hans Holbein d. J., Lukas Cranach d. Ä. und Jost Amman, um die Wappenkunst noch einmal zu einer Blüte zu führen. Danach aber setzte der Verfall der Wappen*kunst* ein, der nur scheinbar im Widerspruch zu der großen Beliebtheit und weiten Verbreitung des Wappens im Zeitalter des Barock und Rokoko steht.[10] Wie in den meisten anderen Lebensbereichen bedeutete die Französische Revolution in der Entwicklung der Heraldik und des Siegelwesens eine Zäsur. Während sich die Heraldik im Zuge der Romantik mit ihrer Hinwendung zum Mittelalter erholte und heute wieder ein gewisses Ansehen genießt, verlor das Siegelwesen und mit ihr die Siegelkunst weiter an Bedeutung. Man braucht nur einen großen Staatsvertrag des 20. Jahrhunderts zu betrachten, um den Niedergang der Siegelkunst bis zu einem schlechthin nicht mehr zu unterbietenden Tiefpunkt zu erkennen. So wurde der deutsch-französische Vertrag vom 22. Januar 1963 mit unscheinbaren kleinen Rundsiegeln in rotem Lack besiegelt, die nur noch die Initialen – KA für Konrad Adenauer, CG für Charles de Gaulle usw. – aufweisen.[11]
Die letzten Ausführungen werden deutlich gemacht haben, warum in das vorliegende Buch fast nur Städtesiegel des Mittelalters aufgenommen wurden. Die einzigen Ausnahmen sind das oben schon herausgestellte zweite Geschäftssiegel von Düren und das jüngere Siegel der Stadt Linn von 1591, das als Nachschnitt und unter historischem Aspekt unser Interesse verdient. Von beiden Siegeln sind zudem die Originalstempel erhalten. Gäbe es im Rheinland ein einziges jüngeres Stadtsiegel, das künstlerisch herausragte oder ein wahrhaft eigenständiges Werk darstellte, so würde der zeitliche Rahmen dieses Buches nur zu gerne ausgeweitet worden sein. So aber bleibt die hier noch einmal zu betonende Wahrheit: Es gibt im Rheinland keine neuzeitlichen Städtesiegel, die in ihrer historischen, symbolischen oder künstlerischen Bedeutung den großen Siegelschöpfungen des Mittelalters an die Seite gestellt werden könnten.

Anmerkungen

1 Der Einfachheit halber sind nur „blanke“ Urkundennummern, nicht aber a- und b-Nummern erfaßt, da diese Zählweise das Gesamtergebnis nur in dem Sinne verfälscht, daß wegen der zahlreicheren Nachträge von mittelalterlichen Urkunden im Verzeichnis des Haupturkundenarchivs die Statistik eigentlich noch deutlicher zu Ungunsten der Neuzeit ausfällt.

2 HistArchKöln, Ratsprot. 1628, Sitzung vom 19. Januar. Zu erwähnen ist auch die konservative Haltung des Rates im Verlauf des Kölner Aufruhrs von 1525. In Artikel 151 forderte die Bürgerschaft damals aus unbekannten Gründen, in Wappen und Siegel der Stadt die Drei Heiligen Könige abzubilden. Der Rat jedoch lehnte eine Änderung des Siegels ab, indem er auf das Alter und den Bekanntheitsgrad desselben im Reich hinwies; vgl. C. v. Looz-Corswarem, Die Kölner Artikelserie von 1525, in: Kirche und gesellschaftlicher Wandel in deutschen und niederländischen Städten der werdenden Neuzeit, hrsg. v. F. Petri (Städteforschung. Veröff. d. Inst. f. vergleichende Städtegesch. in Münster, Reihe A, Band 10), Köln–Wien 1980 S. 89 f. Entscheidend für den Rat war also nicht die herausragende künstlerische Qualität des gotischen Kölner Stadtsiegels.

3 Auf eine Erörterung der neuzeitlichen Zunftsiegel wird hier verzichtet. Hingewiesen sei aber – gleichsam zum Zweck der Gegenprobe – auf neuzeitliche Universitätssiegel, die unbelastet von älteren Haustraditionen entstanden. So nehmen motivisch und gestalterisch das Siegel des Studium generale des Dominikanerordens in Köln sowie die Siegel der Duisburger Universität einen besonderen Rang ein; vgl. W. Ewald, Rheinische Siegel IV, Tafel 56; G. v. Roden, Die Duisburger Universität, DuisburgForsch 12 (1968) S. 355–363; J. Milz, Die Siegel der Universität, in: Die Universität Duisburg 1655–1818 (Ausstellungskatalog), Duisburg 1980 S. 26–29.

4 Vgl. T. Diederich, Die alten Siegel der Stadt Köln, S. 80–96.

5 Vgl. die Zusammenstellung der Siegel der Stadt und der Schöffen in: T. Diederich, Wappen der Stadt Bonn, S. 8–17.

6 Vgl. W. Kock, S. 33–46.

7 Zu den angeführten Städten vgl. allgemein W. Ewald, Rheinische Siegel III.

8 Vgl. ebenda Tafel 1.

9 Vgl. H. Keller, S. 248 f. und 267.

10 Vgl. T. Diederich, Siegelkunst, S. 151 f.

11 Farbige Abbildung bei E. Kleinertz–H. Stehkämper, Konrad Adenauer. Seine Zeit – sein Werk (Ausstellungskatalog), Köln 1976 Abb. 28.

4. Der Gebrauch des Siegels

Zum Fragenkomplex um siegelführendes Gremium, Aufbewahrung, Beibehaltung, Wechsel und Unbrauchbarmachung des Siegelstempels

In dem vorangehenden Kapitel über den Niedergang des Siegelwesens wurden notwendigerweise auch Dinge angesprochen, die mit dem Gebrauch des Siegels, also einerseits mit der Beibehaltung eines alten Typars über längere Zeit hinweg, andererseits mit dem Phänomen des Siegelwechsels, Nachschnittes usw. zusammenhängen. Es erscheint angebracht, einen eigenen Abschnitt über Fragen des Siegelgebrauchs einzuschieben, bevor der Siegelstempel mit seinen vielfältigen Aspekten eingehender behandelt wird.

Ein besonderes Interesse verdient die Frage nach dem siegelführenden Gremium. Auffälligerweise ist sie bisher stärker von der rechtshistorischen als von der lokalhistorischen Forschung untersucht worden[1], obwohl es für die Erhellung der Verfassungs- und Machtverhältnisse einer jeden Stadt wichtig ist zu wissen, welches städtische Gremium oder welcher Beamter die Siegelkompetenz besaß.

In etlichen rheinischen Städten, insbesondere in alten, d. h. gewachsenen Städten, wurde das Stadtsiegel von den ältesten Gerichtsorganen geführt, die auch kommunale Aufgaben wahrnahmen. Erst im Zuge der weiteren Verfassungsentwicklung ging die Siegelkompetenz – allerdings nicht in allen Städten – von Richter und Schöffen auf Rat und Bürgermeister über. Hierbei scheint es mitunter zu internen Machtkämpfen gekommen zu sein, die sich bei einzelnen Städten auch in Siegelumarbeitungen und Siegelwechseln niedergeschlagen haben mögen. Naturgemäß sind einschlägige Quellen hierüber kaum vorhanden, und für etliche Städte lassen sich über das siegelführende Gremium keine näheren Angaben machen. Insofern sind die Verhältnisse in Aachen, Andernach, Duisburg, Essen, Koblenz, Köln, Linz, Mainz, Rees, Remagen, Rheinberg und Trier trotz lokaler Besonderheiten recht aufschlußreich. Sie berechtigen in den Fällen, in denen wir keine ausdrücklichen Nachrichten zum siegelführenden Gremium besitzen, zu der Annahme, daß die Siegelkompetenz zuerst beim Schöffenkollegium lag. Erst im späten Mittelalter kommen Rat und Bürgermeister, soweit sie überhaupt vorhanden waren, für die Siegelführung in Betracht. Im Einzelfalle kann jedoch die Siegelkompetenz auch schon früher an den Rat übergegangen sein. Ein Beispiel ist das in diesem Buch nicht näher behandelte oberrheinische Straßburg, wo der Rat bereits im Jahre 1201 für die Stadt siegelte.[2] Andererseits wurde im Verlauf des sog. Schöffenkrieges im Jahre 1375 den Kölner Schöffen zugesichert, daß das große Siegel im Haus „Zur Stessen“ bei den städtischen Privilegien liegen solle, „van wilchen segel ind privilegien dy scheffene vurscreven die slussele haven sullen ind nyman anders“.[3]

Überhaupt bestanden hinsichtlich der Aufbewahrung und des Gebrauchs des Siegelstempels vielerorten strenge Vorschriften.[4] Michel Pastoureau hat aus seiner Kenntnis der französischen Verhältnisse die Verwahrung des bzw. der Siegelstempel eine „Art Liturgie“ genannt.[5] Den immensen Sicherheitsvorkehrungen ist es mit zu verdanken, daß in etlichen Städten der mittelalterliche Hauptsiegelstempel bis zum Ende des alten Reiches im Gebrauch blieb. Die auffälligsten Beispiele hierfür sind die aus dem 12. bzw. 13. Jahrhundert stammenden Typare zu den großen Stadtsiegeln von Aachen, Essen und Köln. Auch das zweite Lübecker Stadtsiegel ist von 1256 bis 1810, das große Siegel der Stadt London gar von 1219 bis 1957 seinem Zweck entsprechend benutzt worden.[6]

Zahlreicher sind indessen die Beispiele für einen Siegelwechsel. Hierunter ist die Verwendung eines neuen Siegelstempels an Stelle eines bisher gebrauchten zu verstehen. Die Gründe für einen förmlichen Siegelwechsel sind sehr vielfältig. Daß Abnutzung und Beschädigung eines Typars Anlaß zur Anfertigung eines neuen gaben, liegt auf der Hand. Beispiele aus Aachen, Köln und Trier sind im vorangehenden bzw. folgenden Kapitel in anderem Zuammenhang erwähnt. Keine andere Wahl blieb dem Siegelführer, wenn er den bisher benutzten Siegelstempel eingebüßt hatte. Dies konnte durch Diebstahl[7], Entfremdung[8] oder anderweitigen Verlust geschehen. Als der Speyerer Bürgermeister Engel von Rinkenberg zu Allerheiligen des Jahres 1439 das Sekretsiegel der Stadt Speyer verlor, ließ man alsbald ein neues Typar anfertigen. Hierüber erging unterm 1. Dezember 1439 Mitteilung an die Stadt Köln, die durch Beidrücken des neuen Siegels über das Aussehen desselben informiert und zugleich gebeten wurde, in Köln bei Münzern, Goldschmieden, Wechslern und Unterkäufern nach dem Verbleib des alten Siegelstempels nachforschen zu lassen.[9] Verhältnismäßig häufig sind auch die kriegsbedingten Verluste von Siegelstempeln. Beispiele hierfür bieten im Rheinland die Städte Bonn, Düren, Neuss und Rheinberg. Aber auch Änderungen in der Stadtverfassung, die meist, wie oben erwähnt, mit inneren Machtkämpfen verbunden waren, konnten zu einem Siegelwechsel führen. Gelegentlich hat man sich allerdings nicht zu einem förmlichen Siegelwechsel entschließen können. Als andere Möglichkeit stand nämlich die Umgravierung des bisherigen Stempels bzw. die Einfügung von besonderen Beizeichen zur Verfügung. Aus ihnen konnte der Kenner leicht ersehen, welche Urkunden ab einem bestimmten Zeitpunkt von dem (eventuell neuen) siegelführenden Gremium beglaubigt worden waren. Ein solches Motiv ist bei der Veränderung des Remagener Stadtsiegelstempels zu vermuten. Theodor Ilgen hat darauf hingewiesen, daß im Siegelstempel kleine Zeichen auch aus Furcht vor Fälschungen nachgraviert worden sein können; als Beispiel führt er die Stadt Würzburg an, die 1410 in das bisherige Typar einen Stern einfügen ließ.[10]

Kam es aber zu einem förmlichen Siegelwechsel, so stellte sich für den Auftraggeber und den Künstler die Frage, wie der neue Siegelstempel aussehen sollte. In mehreren Fällen – angeführt seien die Städte Koblenz, Kyllburg, Neuss, Rheinberg und Trier – hatte der Künstler wohl den Auftrag, den alten Stempel möglichst genau nachzuahmen. Die Erleichterung, welche das Abgußverfahren bot, mag den Siegelstecher zu einem preisgünstigeren Angebot veranlaßt haben; umgekehrt kann man natürlich auch schließen, daß die Kostenersparnis den einen oder anderen Auftraggeber bewogen hat, eine getreue Kopie des Typars herstellen zu lassen, doch sollte man diesen materiellen Gesichtspunkt vielleicht bei einer als so wichtig angesehenen Angelegenheit, wie es die Herstellung eines Siegelstempels nun einmal war, nicht überbewerten. Ein zwingenderes Motiv war doch wohl der Wille, an dem überkommenen Siegelbild, das von jedermann sofort erkannt wurde, festzuhalten.

Recht groß ist die Zahl der „freien" Nachschnitte, bei denen der Siegelstecher zwar das Motiv des bisherigen Siegelbildes übernahm, dieses ansonsten aber frei gestaltete. Da der Künstler sich hierbei meist in der Formensprache seiner Zeit bewegte, ergaben sich zu dem alten Siegel zwangsläufig stilistische Unterschiede. Daß dann auch Qualitätsunterschiede auftraten, versteht sich von selbst. Allerdings ist bei einer künstlerischen Bewertung des Nachschnitts genau zu differenzieren. Unter den hier anzuführenden Städtesiegeln von Andernach, Bingen, Bonn (Geschäftssekretsiegel), Düren, Duisburg, Köln, Mainz, Rees, Wesel und Xanten finden sich einige ausnehmend qualitätvolle Stücke in gotischen Formen, womit aber kein Urteil über die meist romanischen Vorbilder abgegeben sein soll.

Schließlich konnte es bei einem Siegelwechsel auch zu einer völligen Neuschöpfung kommen. Es steht zu vermuten, daß für die Verwendung eines neuen Motivs besondere Gründe maßgebend waren und der Auftraggeber an dem Motivwechsel entscheidend mitwirkte. Besonders eindrucksvoll ist das Beispiel der Stadt Aachen, die in ihrem Geschäftssiegel und in ihrem Sekretsiegel zwei von dem großen Karlssiegel abweichende Motive darstellen ließ. Auch das wunderschöne zweite Siegel der Stadt Boppard darf gegenüber dem älteren Bopparder Stadtsiegel als freie Neuschöpfung gelten. Das zweite Siegel der Stadt Oppenheim kann man nur noch bedingt für einen Motivwechsel anführen, weil jeweils der königliche Stadtherr – im ersten Stadtsiegel seine Büste, im zweiten seine Thronfigur – dargestellt wurde.

Die wenigen Neuschöpfungen unter den großen Stadtsiegeln zeigen, wie stark gewachsene Traditionen in der Siegelkunst waren. Neue Motive gab es allenfalls bei den (späteren) städtischen Nebensiegeln, doch handelt es sich dabei oft genug um anspruchslose Stücke, bei denen Wappendarstellungen vorherrschen.

Abschließend sei, bevor im nächsten Kapitel die Siegelstempel näher untersucht werden, noch kurz etwas über ihre Unbrauchbarmachung gesagt. Die Notwendigkeit zu einer solch schwerwiegenden Maßnahme war bei den Städten und anderen korporativen Siegelführern – im Unterschied zu den persönlichen Siegelführern – nur selten gegeben. Hatte eine Stadt ihren Siegelstempel nicht durch widrige Umstände eingebüßt, sondern lag irgendein anderer Grund für einen Siegelwechsel vor, so wird man

dafür gesorgt haben, daß das alte Typar in Gegenwart von Zeugen förmlich zerschlagen wurde. Allerdings sind bisher keine Quellen aufgetaucht, die dies für eine rheinische Stadt belegen, während die Handbücher zur Siegelkunde für die feierliche Zerschlagung von Typaren persönlicher Siegelführer etliche Nachweise bringen.[11] Alle diese Angaben machen deutlich, daß man nicht nur die Herstellung und den Gebrauch eines Siegelstempels, sondern auch seine Unbrauchbarmachung als eine hochwichtige Angelegenheit betrachtete.
Besondere Motive führten während der Wiedertäuferzeit 1534 in Münster zur Zerschlagung der städtischen Siegelstempel. Damals wurde in Münster nämlich nicht nur das Geld abgeschafft, sondern man vernichtete auch die alten Rentbriefe, Schuldverschreibungen und die hierzu benutzten Siegelstempel, galten diese den Wiedertäufern doch „als hervorragende Wahrzeichen der früheren ‚sündhaften‘ und zu beseitigenden Umstände".[12] Nach Beseitigung der Wiedertäuferherrschaft sah sich der Stadtrat gezwungen, neue Typare für das große Stadtsiegel und das städtische Sekretsiegel anfertigen zu lassen. Bezeichnenderweise handelte es sich in beiden Fällen um Nachschnitte nach den alten Vorbildern; allerdings wurde als Hinweis auf die bischöfliche Stadtherrschaft jeweils das Wappen des Bistums Münster in die neuen Siegelstempel eingearbeitet.[13]

Anmerkungen

1 Vgl. H. Planitz, S. 107.
2 A. Schulte, Urkundenbuch der Stadt Straßburg, Band 3, Straßburg 1884 S. XIV.
3 L. Ennen, Quellen zur Geschichte der Stadt Köln, Band 5, Köln 1875 Nr. 97 S. 111. Es ist in diesem Zusammenhang allerdings daran zu erinnern, daß im 13. Jahrhundert in Köln die Verwahrung des Stadtsiegelstempels und damit doch wohl auch die Siegelungsbefugnis bei dem Bürgermeister Ludwig von der Mühlengasse gelegen hatte; vgl. den Artikel über das zweite (gotische) Kölner Stadtsiegel.
4 Vgl. Th. Ilgen, Sphragistik, S. 34–36; W. Ewald, Siegelkunde, S. 235–239.
5 M. Pastoureau, S. 39: „Dans les grandes chancelleries, la conservation du ou des sceaux s'entoure ainsi d'une sorte de liturgie. . ."
6 A. v. Brandt, S. 140.
7 Vgl. das im folgenden Kapitel erwähnte Beispiel des Trierer Kapitelssiegels.
8 Vgl. das Verschwinden des ältesten Kölner Stadtsiegelstempels in der Kölner Geschlechterfehde von 1267/1268.
9 HistArchKöln, Briefeing. 1830.
10 Th. Ilgen, Sphragistik, S. 36 Anm. 316.
11 Vgl. insbesondere H. Grotefend, S. 38 f. und W. Ewald, Siegelkunde, S. 107–111.
12 G. Dethlefs, Zerstörung der Stadtsiegel, in: Die Wiedertäufer in Münster (Ausstellungskatalog), Münster 1982 S. 162.
13 Ebenda.

5. Das Äußere des Siegels

Siegelstempel und Siegelabdrücke bieten in ihrer äußeren Erscheinung ein so vielfältiges Bild, daß eine Darstellung dieser gleichsam materiellen Grundlagen des Siegelwesens in jeder Siegelkunde größeren Raum einnehmen muß. Es entspricht jedoch nicht der Zielsetzung dieses Buches, diesen Stoff in aller Breite abzuhandeln, zumal schon Wilhelm Ewald alles Wissenswerte über Siegelstempel, Siegelstoffe, Anfertigung und Befestigung der Siegelabdrücke sowie über das Äußere des Siegels, also Form, Größe, Bild usw., zusammengetragen hat.[1] An dieser Stelle soll nur soviel gesagt werden, als zum Verständnis der recht homogenen Gruppe der rheinischen Städtesiegel notwendig ist.

Alle in diesem Buch behandelten Siegel sind rund. Die gleiche Feststellung gilt es auch für die Masse der hier nicht durch einen eigenen Artikel gewürdigten rheinischen Städtesiegel zu treffen, wobei lediglich einzuschränken ist, daß unter den neuzeitlichen Nebensiegeln rheinischer Städte auch ovale Stücke vorkommen. Während bei rheinischen Schöffensiegeln die spitzovale Form nicht ganz selten ist, bei älteren Schöffensiegeln sogar vier schildförmige Exemplare[2] bekannt sind, gibt es offenbar nur ein einziges spitzovales städtisches Siegel im Rheinland, nämlich das kurz vor oder um 1500 entstandene Geschäftssiegel der Stadt Siegburg.[3] Man wird also verallgemeinernd sagen dürfen, daß die rheinischen Städte über Jahrhunderte hinweg nur runde Siegel besaßen.[4]

Beträchtliche Unterschiede zeigen die Siegel der rheinischen Städte in ihrer Größe. Diese ist bei jeder Interpretation mit in Rechnung zu stellen. Gerade die ältesten Städtesiegel bestechen durch ihre beträchtlichen Ausmaße, die unzweifelhaft ein wichtiger Indikator für Anspruch und Selbstverständnis der Städte sind. Da die herausragenden Städte auch als erste eigene Siegel führten, ergab sich fast zwangsläufig, daß die ihnen nacheifernden weniger bedeutenden Städte sich mit merklich kleineren Siegeln begnügten und die später gegründeten Kümmer- oder Minderstädte, wenn überhaupt, noch kleinere Stadtsiegel besaßen. Daraus ergibt sich: Entgegen der sonst immer wieder zu beobachtenden Tendenz der Jüngeren, alles besser und größer zu machen als die Alten, nehmen die Siegelgrößen vom 12. bis 18. Jahrhundert aufs Ganze gesehen kontinuierlich ab, wobei in der Neuzeit allerdings auch der Verfall des Siegelwesens und der Siegelkunst eine Rolle gespielt haben mag. Fürs Mittelalter läßt sich an dem beschriebenen Phänomen noch ein weiterer allgemeiner Zug der Zeit ablesen: Auch bei der Siegelgröße respektierte man die Hierarchie der Städte zumindest insoweit, als es keine Minderstadt wagen konnte, sich ein Siegel zuzulegen, das in seinem Durchmesser mit den Siegeln der großen alten Städte konkurrierte. Sieht man von dem Zonser Schöffensiegel (Durchmesser: 3,7 cm) ab, so bewegen sich die Größen der in diesem Buch behandelten rheinischen Städtesiegel zwischen den anspruchslosen Wappensiegeln von Ahrweiler (Durchmesser: 3,3–3,4 cm), Cochem (Durchmesser: 3,7 cm) und Bergneustadt (Durchmesser: 4 cm) einerseits und andererseits dem größten mittelalterlichen Stadtsiegel überhaupt, dem der Stadt Trier (Durchmesser: 12,4 cm).

Es kann angesichts der eben erwähnten mittelalterlichen Auffassungen nicht verwundern, wenn Form und Inhalt eines Siegels sich in den meisten Fällen zu einer Einheit verbinden. Über die hier besonders interessierenden Siegelbilder wird noch genauer zu berichten sein. Bleiben wir aber vorerst bei den materiellen Grundlagen, so verdient zunächst der Siegelstempel eine eigene Betrachtung.

Anmerkungen

1 W. Ewald, Siegelkunde, S. 116–225; vgl. auch G. A. Seyler, S. 97–109.

2 Es handelt sich um die Schöffensiegel in Form eines spitzen Wappenschildes von Gangelt, Geilenkirchen,

Wesseling und Kerpen; vgl. W. Ewald, Rheinische Siegel III, Tafel 48 Nr. 1, Tafel 51 Nr. 4, Tafel 69 Nr. 2 und Tafel 108 Nr. 6.

3 Ebenda Tafel 65–66 Nr. 8; T. Diederich, Geschäftssiegel, S. 484. Hinzuweisen ist allerdings auf das ebenfalls spitzovale Siegel der niederländischen Stadt Doetinchem; vielleicht zeigt sich hier ein besonderer Einfluß der geistlichen Siegel, denen das Stadtsiegel mit der Darstellung der hl. Katharina typmäßig zuzurechnen ist.

4 Über die im Mittelalter vorkommenden Siegelformen unterrichten die einschlägigen Handbücher; vgl. H. Grotefend, S. 17 und 27 f.; F.-K. Fürst zu Hohenlohe-Waldenburg, Tafel IX, S. 32 und 119; W. Ewald, Siegelkunde, S. 181; E. Kittel, Siegel, S. 188.

a. Der Siegelstempel

Im allgemeinen Sprachgebrauch begegnen Wort und Begriff „Siegel" häufig in einem undifferenzierten Sinne, so daß meist nicht klar wird, ob von einem Siegelstempel oder von einem Siegelabdruck die Rede ist. Die Sprachentwicklung hat, so ist hier festzustellen, der Tatsache Rechnung getragen, daß letztlich beide Dinge nicht voneinander zu trennen sind. Ein Siegelabdruck wäre nämlich ohne die Existenz eines ganz bestimmten, individuell gestalteten Stempels nicht denkbar; umgekehrt wäre die Existenz eines Siegelstempels, der nicht zur Anfertigung von Abdrücken bestimmt ist, sinnlos. Will man sich einer wissenschaftlich-exakten Ausdrucksweise bedienen, so sollte man entweder von Siegelstempel oder von Siegel im Sinne eines Siegelabdrucks oder aber von einem Siegelabguß sprechen. Während in großen Partien des vorliegenden Buches die Beschreibung und Interpretation des vom Stempel gewonnenen Originalabdrucks bzw. modernen Abgusses im Vordergrund steht, ist hier der Ort, auf einige Aspekte des Siegelstempels näher einzugehen.

Der Siegelstempel wird mit einem Fremdwort auch als Typar[1] bezeichnet. Daneben findet sich das aus dem Slawischen herrührende Wort Petschaft, das allerdings einer besonderen Art von Siegelstempeln, nämlich den seit dem 15./16. Jahrhundert verbreiteten kleineren Siegelstempeln, die meist für persönliche Korrespondenzen gebraucht wurden, vorbehalten ist.[2] Schließlich begegnet im deutschen Sprachgebrauch gelegentlich auch das Wort Matrize. Es könnte einen Latinisten reizen, die Etymologie von mater über materia bis hin zu diesem uns geläufigen Fremdwort zu entwickeln. Sie würde verdeutlichen, warum das Wort Matrize weit über den Siegelstempel hinaus Dinge bezeichnet, die der Vervielfältigung im weitesten Sinne dienen. In diesem Zusammenhang ist darauf hinzuweisen, daß in der französischen Fachsprache bisher nur das mit ähnlich weitem Bedeutungsfeld versehene Wort matrice zur Bezeichnung des Siegelstempels verbreitet ist.[3]

Die Typare, die zur Anfertigung von Metallsiegeln (Gold-, Silber- und Bleibullen) bestimmt waren, mußten besonders strapazierfähig sein und wurden daher in Eisen, Bronze oder Messing hergestellt.[4] Bei den Siegelstempeln für Wachsabdrücke kommen neben den gängigen Kupferlegierungen – Bronze und Messing – auch andere Stoffe vor: nicht ganz selten Silber und Blei[5], nur vereinzelt hingegen reines Kupfer, Gold, Elfenbein, Holz, Schiefer, Solnhofer Stein, Diamanten und Edelsteine. Ansonsten wurden geschnittene Steine (Gemmen), die zu einem großen Teil aus der Antike stammten, gerne als Typare benutzt, wobei es dem Siegelstecher meist nur zufiel, die Gemme

mit einer – eventuell zusätzlichen – Metallfassung zu versehen und in diese eine Umschrift negativ einzugravieren. In der Neuzeit, insbesondere seit dem 18. Jahrhundert, mehrt sich die Zahl der Siegelstempel in Eisen und Stahl.
Die Zahl der heute noch erhaltenen Typare zu Siegeln rheinischer Städte ist erfreulich hoch. Dies zeigt sich schon, wenn man von den in diesem Buch berücksichtigten 82 Siegeln ausgeht, die aufs Ganze gesehen eine Auswahl der siegelkundlich wichtigeren rheinischen Stücke darstellen. Von dem Siegel der Stadt Kyllburg sind zwei Stempel überliefert; eine Reihe künstlerisch herausragender Stücke findet sich unter den ebenfalls erhaltenen 18 Typaren folgender Städte: Aachen (3), Alpen, Andernach, Boppard, Deutz, Düren, Essen, Goch, Jülich, Kalkar, Köln (2), Kreuznach, Linn, Montabaur und Rees. Wo die Stempel zu den großen Stadtsiegeln von Emmerich (zu Ewalds Zeiten noch im Besitz des Emmericher Heimatmuseums) und von Wassenberg (ehemals in der Sammlung Charvet) verblieben sind, ist nicht bekannt. Dem Material nach bilden die genannten 20 Typare eine ausgesprochen homogene Gruppe, wurde in allen Fällen bis auf zwei Ausnahmen doch Messing oder Bronze verwandt; lediglich die gotischen Typare der Städte Andernach und Goch bestehen aus Silber.
Regelmäßig handelt es sich bei diesen Stempeln um verhältnismäßig dünne Platten, die auf der Prägseite das negativ eingeschnittene Siegelbild zeigen. Bei den Umschriften kommen nicht selten kleine Fehler vor. Insbesondere N und S erscheinen gelegentlich seitenverkehrt. Solche Fehler erklären sich aus der Herstellungsweise der Siegelstempel; andere Schreibfehler lassen darauf schließen, daß der ausführende Künstler des Lateinischen und des Schreibens nicht mächtig war. Zur besseren Handhabung und zum Befestigen versah man anfangs die Stempelplatte am Rand gern mit einer Öse, während seit dem 13. Jahrhundert die Rückseite i. a. mit einer Handhabe in Form eines Steges ausgestattet wurde. Auch diese Handhaben weisen meist ein Loch zum Anketten auf. Seit dem späten Mittelalter verwandten die Siegelstecher immer größere Mühe auf eine kunstvolle Gestaltung der Handhabe, die man zur Verzierung gern mit Drei- und Mehrpässen oder mit Fischblasenmustern durchbrach. Selbst mit Scharnieren versehene, klappbare Handhaben kommen vor, sind allerdings bei den oben genannten 20 Typaren rheinischer Städte nicht vertreten.
Leider hat kein Siegelstecher die Möglichkeit genutzt, seinen Namen auf der Rückseite der Siegelplatte einzugravieren. Allerdings sollten wir uns bewußt sein, daß eine solche Erwartung modernem Denken entspringt, es dem mittelalterlichen Künstler aber aus seinem Kunstverständnis heraus fernlag, sich selbst in seinem Kunstwerk zu verewigen. So ist der Siegelforscher schon dankbar dafür, daß man seit dem späten Mittelalter gelegentlich das Herstellungjahr des Typars auf der Rückseite eingraviert hat. Hierfür wurde von manchen Siegelstechern auch das Ende der Umschrift oder ein freier Raum des Siegelfeldes benutzt. Von den in diesem Buch behandelten 82 Siegeln besitzen nur die beiden jüngsten, die Siegel von Düren (1546) und Linn (Minderzahl 91 für 1591), eine Jahresangabe, und zwar jeweils am Schluß der Umschrift.[6] Hingewiesen sei aber noch auf zwei interessante Trierer Typare. Der 1449 entstandene Stempel eines Domkapitelssiegels weist auf der Rückseite eine umfangreiche Inschrift auf. Sie lautet in wörtlicher Übersetzung: „Im Jahre des Herrn 1449 wurde das Siegel des Kapitels dieser Trierer Kirche durch einige Leute gestohlen, die diese schändeten. Es (d. h. das

Siegel) wurde erneuert und in die gegenwärtige Form gebracht, auf daß, nachdem jenes entwendet worden ist, denjenigen, die es mißbrauchen wollen, der Weg, Böses anzurichten, verlegt werde."[7] Im Jahre 1534 ließ die Stadt Trier von dem älteren Typar ihres großen Stadtsiegels, das im Laufe der Zeit stark abgenutzt worden war, einen neuen Siegelstempel machen, auffälliger- und einzigartigerweise in drei Exemplaren, was nur als Reaktion auf die Erfahrungen mit dem bisherigen Stempel erklärt werden kann. Einer der drei neuen Siegelstempel ist im Stadtarchiv erhalten. Er trägt auf der Rückseite die Inschrift: · ANNIS · TRECENTIS · DETRITV(M) · REFORMABATVR · 1 · 5 · 34 („Der in dreihundert Jahren abgenutzte Stempel wurde 1534 erneuert").[8] Beide Siegel geben also – der eine in ausführlicher, der andere in knapper Form – Nachricht über die Umstände, die zur Herstellung der betreffenden neuen Siegelstempel geführt haben.

In den allermeisten anderen Fällen sind auf der Rückseite keine Nachrichten solcher Art, selten auch Jahreszahlen angebracht. Häufiger finden sich jedoch besondere Zeichen wie der sechsstrahlige Stern. Damit sollte die Kopfseite des runden Typars kenntlich gemacht werden, wollte man doch vermeiden, daß das Siegel verdreht oder gar auf dem Kopf stehend an der Siegelschnur oder Pergamentpressel befestigt wurde. Meistens lassen sich auf der Rückseite aber Spuren von Hammerschlägen erkennen, die in manchen Fällen auch zu Beschädigungen und zur Unbrauchbarkeit des Typars geführt haben mögen. Ein lehrreiches Beispiel für die Folgen von Hammerschlägen beim Besiegelungsvorgang ist der im Germanischen Nationalmuseum in Nürnberg liegende Stempel des großen Essener Stadtsiegels, der auf der Rückseite zwei deutliche Risse aufweist.[9] Schonender fiel die Behandlung des Siegelstempels aus, wenn man diesen mit einem Holzgriff versah[10], wozu man sich in der Neuzeit häufiger entschloß. Der Druck der Hammerschläge, die vor allem bei dem Herstellen von Oblatensiegeln notwendig gewesen zu sein scheinen[11], wurde dann gleichmäßiger auf die Siegelplatte verteilt. Nachträglich aufgesetzte Holzgriffe haben z. B. die erhaltenen Siegelstempel der Stadt Rees[12], darunter auch der des zweiten Stadtsiegels.[13]

Bei den Siegelstempeln handelt es sich in der Regel um Werke von Goldschmieden. Diese Tatsache ist wichtig für die später noch vorzunehmende Würdigung des Siegels als Kleinkunstwerk. In dem hier zu erörternden Zusammenhang ist darauf hinzuweisen, daß nach Ausweis mittelalterlicher Zunftordnungen, etwa denen von Straßburg, Freiburg, Nürnberg und Aachen, ein Bewerber um das Goldschmiedehandwerk meistens drei Meisterstücke anzufertigen hatte: ein goldenes oder silbernes Gefäß, d. h. einen kunstvollen Becher in besonders vorgeschriebener Form oder auch einen Kelch, weiterhin einen Ring mit einem gefaßten Diamanten und schließlich „ein geschnitten insigl".[14] Das Schneiden von Siegelstempeln bildete einen nicht unwesentlichen Zweig der Goldschmiedearbeit, weil durch den Siegeszug der Siegelurkunde im späten Mittelalter immer weitere Kreise bis hin zum einfachen Bürger eigene Siegel führten.

Unter diesen Umständen muß es der Siegelforscher tief bedauern, daß er über die Verfertiger von Siegelstempeln den Quellen nur sehr spärliche Nachrichten entnehmen kann. Es kommen hier mehrere unglückliche Umstände zusammen: Erstens haben sich, wie oben erwähnt, die Siegelstecher nicht auf den von ihnen geschaffenen Typaren mit Namen (oder, was auch denkbar wäre, mit Monogramm) verewigt, zweitens erfahren

wir aus den Quellen, die Siegelstecher nennen, fast nie etwas darüber, welche Stempel sie gestochen haben, drittens sind in den erhaltenen Rechnungen von Städten und anderen Institutionen zwar gelegentlich Ausgaben für die Anfertigung von Typaren zu finden, doch fehlen dann fast immer die Namen der Goldschmiede. Die wenigen mittelalterlichen Fälle, in denen wir etwas über Künstler und Werk erfahren, hat Wilhelm Ewald angeführt.[15] Rheinische Siegelstecher sind nicht darunter, und auch heute, sieben Jahrzehnte nach dem Erscheinen von Ewalds Siegelkunde, bleibt es bei der deprimierenden Feststellung, daß wir keinen einzigen Verfertiger eines mittelalterlichen Stadtsiegels im Rheinland mit Namen kennen. Dementsprechend schwierig ist auch eine werkstattmäßige Zuweisung, doch gibt es gewisse Aussichten, durch systematische kunsthistorische Untersuchungen, d. h. Vergleiche von Siegeln mit anderen Goldschmiedearbeiten, Werkstattzusammenhänge aufzudecken. Auf diese Aufgabe hat Rainer Kahsnitz mehrfach hingewiesen und in seinen verschiedenen Untersuchungen erste Ergebnisse vorgelegt. Für die Neuzeit bessert sich zwar die Quellenlage, doch bleiben Informationen, wie sie über Hans von Reutlingen[16] und Heinrich Aldegrever[17] zusammengetragen worden sind, eine Seltenheit.
Bei der Herstellung der Siegelstempel bediente man sich zweier unterschiedlicher Techniken, die der berühmte italienische Goldschmied Benvenuto Cellini (1500–1571) – Hector Berlioz widmete dieser ungewöhnlichen Künstlergestalt eine Oper – in seinen Abhandlungen über die Goldschmiedekunst und die Skulptur[18] beschrieben hat. Nach der ersten Methode wird das Bild einer vorliegenden Zeichnung oder eines Modells direkt mit dem Stichel in die Prägeseite einer Metallplatte eingegraben. Dieser alten Technik bedienen sich auch heute noch herausragende Künstler.[19] Im Mittelalter aber scheint man die zweite von Benvenuto Cellini dargelegte Methode bevorzugt zu haben. Eine Zusammenfassung und Wertung dieses Verfahrens findet sich bei Wilhelm Ewald, der hier im Zusammenhang zitiert sei: „Der Künstler stellt zunächst ein Wachsmodell her. Über diesem bildet er dann eine negative Hohlform aus Gips. Diese Matrize wird in Ton ausgedrückt. Den (positiven) Tonabdruck läßt man vollständig trocknen. Alsdann wird Metall darüber gegossen. Auf diese Weise entsteht eine Metallmatrize. Der Siegelstempel ist nun in der Hauptsache vollendet. Cellini rät, die so gewonnene negative Metallform zu ziselieren. Einzelne Teile wie Hände und Köpfe der Figur des Siegelbildes sollen zuerst positiv in Stahlpunzen geschnitten und diese letzteren dann an den betreffenden Stellen der Matrize eingetrieben werden. Das Gußverfahren Cellinis war für den Stempelschneider schon deshalb von Vorteil, weil das Wachsmodell dem Aufraggeber eingereicht werden konnte und diesen über das Aussehen des Stempels zu belehren vermochte. Gewünschte Korrekturen ließen sich dann noch leicht bewerkstelligen. Naturgemäß sind die Modelle zu den mittelalterlichen Siegelstempeln untergegangen. Ein im Besitz des Germanischen Museums befindliches Wachsmodell, das man als den Entwurf für ein Siegel Kaiser Maximilians ansieht, zählt daher zu den größten Seltenheiten."[20] Die Anwendung beider Techniken hat Rainer Kahsnitz unter Anführung der jeweiligen Vorteile am Beispiel des großen Essener Stadtsiegels beschrieben.[21] Er wies auch darauf hin, daß das Siegelgraben oder -stechen im Mittelalter als schwierige Tätigkeit galt, die ausweislich spätmittelalterlicher Quellen ungewöhnlich gut bezahlt wurde.[22]

Nicht aber finanzielle Gründe waren maßgebend dafür, daß man in aller Regel nur ein Typar anfertigen ließ. Es lag ja in der Natur der Sache, daß erstens jeder Siegelstempel ganz individuell gestaltet (also von allen anderen gut unterscheidbar) war und daß zweitens jeder Stempel nur in einem einzigen Exemplar hergestellt wurde. Das Vorhandensein von zwei oder noch mehr gleichartigen Siegelstempeln – womöglich noch in verschiedenen Händen – hätte nicht nur zu Auseinandersetzungen, sondern auch zu schweren wirtschaftlichen, finanziellen und rechtlichen Nachteilen führen können. Deshalb war allgemein die Siegelkompetenz eindeutig geregelt. Ebenso bestanden, wie schon im vorigen Kapitel ausgeführt wurde, für die Aufbewahrung und den Gebrauch des Siegelstempels in vielen Städten ungewöhnliche Sicherheitsvorschriften. Am eindrucksvollsten sind vielleicht die Bestimmungen, die 1513 im Transfixbrief der Stadt Köln niedergelegt wurden und bis zum Ende der reichsstädtischen Zeit in Kraft blieben. Danach war der Schrank, in dem das Typar des großen Stadtsiegels aufbewahrt wurde, mit 23 Schlössern versehen, zu denen jede der 22 Gaffeln einen Schlüssel besaß, während der 23. Schlüssel einem gewählten Bürger anvertraut wurde.[23] Daß es trotz dieser enormen Vorkehrungen schon bald auf andere Weise zu schweren Schädigungen für die Stadt Köln kam, wird uns in dem Kapitel über Siegelfälschungen noch beschäftigen. Es ist also schon sehr merkwürdig, wenn die Stadt Trier 1534 drei gleichartige neue Stadtsiegelstempel in Auftrag gab. Die einzige plausible Erklärung für diese Tatsache haben wir oben gegeben. Die Anfertigung zweier Typare für das Siegel der Stadt Kyllburg bleibt letztlich rätselhaft, auch wenn es sich bei dem einen Stück um einen mutmaßlichen Nachschnitt nach dem älteren Stempel handelt. Offenkundig hat man in diesen wenigen Ausnahmefällen eine möglichst große Übereinstimmung der Siegelstempel angestrebt, während ansonsten das ausschließliche und freie Verfügungsrecht des Stempelinhabers notwendig machte, daß sich sein Siegel deutlich von dem jedes anderen Siegelführers unterschied. Auf diese Tatsache ist auch deshalb noch einmal hinzuweisen, weil es im Mittelalter kaum zu unterscheidende Münzstempel verschiedener Prägeherren gegeben hat. Bekanntlich versuchten damals etliche Münzherren, ihrem eigenen Geld ein größeres Umlaufgebiet zu verschaffen, indem sie beliebtes Geld anderer Prägeherren imitierten.

Im Vergleich zu den Münzen und Wappen weisen die Siegel die individuellsten Züge auf, was für die Herstellung der Siegelstempel Konsequenzen hatte. Der Siegelstecher konnte also nicht ohne weiteres schon vorhandene Modelle weiterverwenden; jedes Typar erforderte eine individuelle Gestaltung und eine gesonderte Realisierung. Daß es hierbei zu erheblichen qualitativen Unterschieden kam, liegt auf der Hand. Wer einen besonders schönen Siegelstempel anfertigen lassen wollte, mußte sich in der Regel schon an einen der besseren Goldschmiede wenden. Diese aber wohnten meist in den großen Städten, vor allem in solchen mit zentralörtlichen Funktionen. Jedenfalls erscheint es unvorstellbar, daß man ein so exquisites Gebrauchsgut, wie es ein anspruchsvoller Siegelstempel nun einmal ist, auf dem Lande erwerben konnte. Infolgedessen steht zu vermuten, daß etliche Typare niederrheinischer Städte von Kölner Goldschmieden geschaffen worden sind. Mit Sicherheit haben wir den Meister der ältesten bergischen Städtesiegel, der auch die Typare für Büderich, Orsoy, Dinslaken und Rheinberg gestochen hat, in Köln anzusiedeln. Sicher ist auch, daß die Stadt Rees und deren Schöffen noch im ausgehenden Mittelalter ihre silbernen Siegelstempel in Köln herstellen ließen.[24] Für das schöne alte Siegel der Stadt Siegburg ist ähnliches zu vermuten, während das nähere Kölner Umland ohne Frage alle ausgefalleneren Güter aus dem benachbarten Oberzentrum erhalten hat.[25] Eine zentralörtliche Funktion bei der Lieferung von Siegelstempeln hatte zur Zeit des Kurfürsten Balduin von Luxemburg gewiß auch Trier. Hier dürften die Typare von Saarburg, Welschbillig und Kyllburg entstanden sein.

Daß die kleineren Städte ihre Siegelstempel von Goldschmieden in größeren Städten bezogen, ist eine vom Zwang diktierte Tatsache. Den prinzipiell anderen Fall hat Rainer Kahsnitz am Beispiel des gotischen Siegels der Stadt Köln deutlich gemacht: „Man wird davon ausgehen können, daß der Rat den Auftrag nicht nach auswärts vergeben hat, zumal wohl zu allen Zeiten in Köln zahlreiche Goldschmiede ansässig waren. Einen der wichtigsten Aufträge der Stadt wie die Anfertigung des Stadtsiegels an einen Meister zu vergeben, der nicht der Herrschaftsgewalt des Rates unterstand, dürfte sich schon deshalb verboten haben, weil man sich im Mittelalter stets sorgfältig davor zu schützen trachtete, daß bei der Anfertigung des Siegels Matrizen oder Zweitexemplare hergestellt werden könnten, die später zu Urkundenfälschungen hätten dienen können."[26] Diese Argumentation ist so zwingend, daß man ihr folgen muß, auch wenn Kahsnitz keine sie stützende Quelle beibringen konnte. Dieselbe Überlegung führt zu folgendem Schluß: Kaum eine Stadt wird ihren Siegelstempel in einer konkurrierenden benachbarten Stadt in Auftrag gegeben haben, so daß in den meisten Fällen – zumindest seit dem ausgehenden Mittelalter – heimischen Goldschmieden oder aber solchen in den wenigen Städten mit stärkeren zentralörtlichen Funktionen die Anfertigung von Siegelstempeln anvertraut wurde. Ein Zentrum solcher Art ist zweifellos Köln gewesen. Daneben sind in erster Linie Trier und Mainz zu nennen. Inwieweit in Wesel, Duisburg, Aachen, Düren, Bonn, Koblenz und Worms, die zumindest ihre jüngeren Typare wohl in den eigenen Mauern herstellen ließen, auch Siegelstempel benachbarter kleinerer Städte oder solche von Schöffenkollegien, Stiften, Klöstern, Adeligen und Bürgern entstanden sind, müßte von Fall zu Fall noch genauer untersucht werden.

Anmerkungen

1 Nach dem in mittelalterlichen Urkunden vorkommenden lateinischen Wort „typarium"; vgl. W. Ewald, Siegelkunde, S. 21.

2 Ebenda. In deutschen Quellen des 17. und 18. Jahrhunderts begegnet nicht selten das Wort „pittschier".

3 Lediglich in sachlich begründeten Sonderfällen kann von einem zum Siegeln benutzten anneau sigillaire (Siegelring) oder einer intaille (Intaglio, Gemme, d. h. einem vertieft geschnittenen Stein) die Rede sein. Die von A. Chassant und P. J. Delbarre vorgeschlagene Bezeichnung „sceau-type" hat sich nicht durchgesetzt (vgl. M. Pastoureau, S. 24 Anm. 11). Neuerdings hat Michel Pastoureau vorgeschlagen, für den Siegelstempel nur noch den Begriff „matrice de sceau" zu verwenden (ebenda S. 24; vgl. ebenda S. 31–34 auch das mit „La matrice" überschriebene Kapitel).

4 Im Einzelfalle ist die Unterscheidung zwischen Bronzen und Messingen schwierig, handelt es sich doch stets um Kupferlegierungen. Der Fachmann unterscheidet je nach Zusammensetzung der Legierungen zwischen Bronzen bzw. Zinnbronzen (bestehend aus Kupfer und Zinn), Messingen (bestehend aus Kupfer und Zink) und Bleibronzen (wenn Blei neben Kupfer den Hauptbestandteil bildet). Eingehende Untersuchungen, bei denen allerdings keine Siegelstempel berücksichtigt wurden, finden sich bei O. Werner, Analysen mittelalterlicher Bronzen und Messinge I, Archäologie und Naturwissenschaften 1 (1977) S. 144–220.

5 Als im Jahre 1336 das in Blei ausgeführte Typar für das Geschäftssiegel des Stiftes St. Maria im Kapitol

zu Köln verlorenging, ersetzte man es durch einen Stempel in Kupfererz (Bronze): „... quoddam sigillum ecclesie sue ad causas sculptum in plumbo... nunc vero sigillum novum in ere cupreo consimile sculpi et fieri... fecerunt" (HistArchErzbKöln, PfA Köln, Maria im Kapitol A I 75).

6 Dieses dürftige Ergebnis steht im Gegensatz zu dem Befund in anderen Landschaften. Hinzuweisen ist insbesondere auf die Verhältnisse in Österreich; vgl. E. Melly, S. 170 f., wo 65 Städtesiegel mit Datumsangaben bis 1600 aufgeführt sind. Als ältestes auf der Prägeseite mit Jahreszahl versehenes Typar konnte das Schöffensiegel von Oberlahnstein (datiert auf 1366) ermittelt werden; vgl. W. Ewald, Rheinische Siegel III, Tafel 102 Nr. 12 u. S. 221 f.

7 „Anno domini MCCCCXLIX subtractum fuit capituli huius Treverensis ecclesiae sigillum per nonnulos prophanantes eam: Renovatum ac in praesentem formam redactum fuit, ut illo subtracto abuti volentibus via malignandi praecluderetur"; vgl. A. Suhle, S. 17; E. Meyer-Wurmbach, Textband, 1. Halbband zu W. Ewald, Rheinische Siegel IV, Bonn 1972 S. 52.

8 Abb. bei W. Ewald, Rheinische Siegel III, Tafel 31 Nr. 4; vgl. H. Horstmann, Die Stempel des großen Trierer Stadtsiegels, KurtrierJb 10 (1970) S. 72–74.

9 Vgl. R. Kahsnitz, Das große Essener Stadtsiegel, S. 26 f.

10 Vgl. T. Diederich, Gründung des Klosters Seligenthal, S. 408 f.

11 Vgl. W. Ewald, Siegelkunde, S. 130.

12 Vgl. T. Diederich, Rheinische Siegel und Siegelstempel, S. 55–58, Abb. 7 nach S. 46.

13 Vgl. unten den Artikel über dieses Siegel.

14 Vgl. W. Ewald, Siegelkunde, S. 137 Anm. 2.

15 Ebenda S. 138–141.

16 E. Meuthen, Biographisches zu Hans von Reutlingen, AachenKunstbll 29 (1964) S. 89–104.

17 E. Meyer-Wurmbach, Heinrich Aldegrever als Siegelschneider Herzog Wilhelms von Kleve, WallrafRichartzJb 24 (1962) S. 393–400.

18 I trattati dell' oreficeria e della scultura (1568).

19 Als Beispiel sei das Atelier einer der berühmtesten Münz- und Medaillenprägeanstalten der Welt, der in Paris (11, quai de Conti, Paris 6e), angeführt. Die Technik des Gravierens und Stechens ist beschrieben bei Johann Michael Fritz, Gestochene Bilder. Gravierungen auf deutschen Goldschmiedearbeiten der Spätgotik (Beihefte der Bonner Jahrbücher 20), Köln–Graz 1966.

20 W. Ewald, Siegelkunde, S. 141 f.

21 R. Kahsnitz (wie Anm. 9), S. 27–30.

22 Ähnlich urteilt auch M. Pastoureau S. 33: „La fabrication d'une matrice semble avoir toujours été un travail long, coûteux et délicat."

23 Vgl. T. Diederich, Die alten Siegel der Stadt Köln, S. 50.

24 Vgl. T. Diederich, Rheinische Siegel und Siegelstempel, S. 56–58.

25 Vgl. T. Diederich, Alte Siegel im nordwestlichen Kölner Umland, Begleitblatt zu einer Ausstellung des Arbeitskreises für Geschichte und Heimatkunde e. V., Pulheim 1979.

26 R. Kahsnitz, Typare und Wachssiegel, S. 75.

b. Der Siegelabdruck

An dieser Stelle ist noch einmal auf die eigenartige Wechselbeziehung von Siegelstempel und Siegelabdruck hinzuweisen.[1] Obwohl sich das künstlerische Schaffen des Siegelstechers ganz auf den Stempel konzentriert, ist dieses Bemühen letztlich doch ausgerichtet auf den hiervon zu nehmenden Abdruck, der in seiner besonderen Beschaffenheit und Aussage dem Willen des Auftraggebers entsprechen muß und seine Sinngebung erst durch den Besiegelungsvorgang erhält. Insofern ist das künstlerische Produkt, der Siegelstempel, nur Mittel zum Zweck, der durch einen mechanischen Vorgang erstellte und jeweils an einer Urkunde oder dergleichen befestigte Abdruck aber ein rechtserhebliches Zeichen, das den Siegelführer bzw. seinen Willen repräsentiert. Letzteres wird man vom Stempel selbst nicht behaupten können.

Siegelabdrücke sind in unseren Archiven zu Abertausenden überliefert. Während man die

Zahl der erhaltenen mittelalterlichen Siegelstempel des Abendlandes auf etwa 50 000 geschätzt hat, müßte es nach einer begründeten Hochrechnung hier ehemals etwa 5,5 bis 6 Millionen mittelalterliche Typare gegeben haben.[2] Da ein Siegelstempel notwendigerweise dazu bestimmt war, immer wieder zu Besiegelungsvorgängen verwendet zu werden (solange keine Gründe dagegensprachen), geht die Zahl der ehemals vorhandenen mittelalterlichen Siegelabdrücke im Abendland ins Unermeßliche.

Trotz des nachweislich eingetretenen erheblichen Siegelschwundes fanden die Vertreter der Urkundenforschung und der davon abgespaltenen Spezialdisziplin der Siegelkunde im 19. Jahrhundert immer noch solche Massen von Siegelabdrücken vor, daß diese zwangsläufig zu näherer Beschäftigung reizten. Hierbei standen stets äußerliche und formale Kriterien im Vordergrund. Sie sollen uns hier, wie in der Einleitung zu diesem Kapitel schon gesagt wurde, nur im Hinblick auf die Gruppe der rheinischen Städtesiegel interessieren. Wir übergehen also alle Versuche zur Klassifizierung und Systematisierung der Siegel, wie sie vor allem von Hermann Grotefend[3], Friedrich-Karl Fürst zu Hohenlohe-Waldenburg[4], Otto Posse[5], Theodor Ilgen[6], Wilhelm Ewald[7] und Erich Kittel[8], um nur die wichtigsten Siegelforscher von deutscher Seite zu nennen, unternommen worden sind.

Die klassische Unterscheidung der Siegelabdrücke nach den im Mittelalter benutzten Materialien, d. h. nach Metallsiegeln (= Bullen) und Wachssiegeln, ist in dem hier untersuchten Zusammenhang unerheblich, weil – und dies darf mit einiger Gewißheit behauptet werden – keine einzige rheinische Stadt jemals eine Urkunde mit einer Bulle besiegelt hat. Angesichts der stärkeren Verbreitung von Gold- und Bleibullen im byzantinisch-italienischen Raum – man denke an die bis ins 20. Jahrhundert von der päpstlichen Kanzlei benutzten Bleibullen – kann es nicht verwundern, wenn im Gegensatz zu den im Norden üblichen städtischen Wachssiegeln für einzelne südfranzösische Städte auch Bleibullen bezeugt sind.[9]

Die Zusammensetzung des im Rheinland während des Mittelalters zum Siegeln fast ausschließlich benutzten Wachses ist im einzelnen nicht erforscht. Eine genauere Untersuchung der Siegelstoffe selbst kann auch insofern nicht wünschenswert sein, als eine solche nur durch Analyse der Originale möglich wäre, deren überkommener Bestand aber dringend der Konservierung bedarf.[10] So müssen wir uns auf das verlassen, was die Forschung schriftlichen Quellen (etwa Rezepten zur Herstellung von Siegelwachs) entnommen hat. Danach bildete reines Bienenwachs die Grundsubstanz der Siegelmasse, die ursprünglich wohl noch keine Beimischungen aufwies und ein honig- bzw. bernsteinfarbiges Aussehen hatte. Aber schon bald bemerkte man, daß diese Masse zu weich und damit zu empfindlich war. Deshalb versah man das Wachs seit der Karolingerzeit mit Beimischungen, die in erster Linie eine Härtung, später auch eine Färbung des Siegelstoffes bezweckten. Naturgemäß schwankten die Rezepte für die Herstellung der Siegelmasse von Ort zu Ort; ja man wird annehmen dürfen, daß jede Kanzlei, vielleicht auch jeder bedeutendere Siegler sein eigenes Rezept hatte. Nur so lassen sich die Qualitäts- und Farbunterschiede von Siegeln an ein und derselben Urkunde erklären. Als Zusätze nahm man vornehmlich Weißpech (Fichtenharz) und andere Harze, weiterhin Fette, Leinöl und Terpentin, vielleicht gelegentlich auch Firnis, Mehlteig, Kreide und Boluserde (einen durch Eisenoxyd braun und rot gefärbten Ton, den man früher mit dem inzwischen aufgegebenen Begriff „Maltha“ belegte).

Seit dem 12. Jahrhundert gaben die Siegler sich offenbar auch Mühe, eine bestimmte Wachsfarbe zu erzielen, wobei das durch Verwendung von Zinnober und Mennige hergestellte Rot am Anfang stand und auch später noch dominierte. Das schon für das ausgehende 12. Jahrhundert in Frankreich bezeugte grüne Wachs, das man der Beimischung von Grünspan verdankte, kommt nach Ewalds Beobachtungen im Rheinland erst seit der ersten Hälfte des 13. Jahrhunderts vor. Durch Zusatz von Kienruß oder Haferstrohasche ergab sich eine dem Schwarz angenäherte dunkle Siegelfarbe, während nach den alten Rezepten ein heller weißer Ton durch Bleichen des Wachses an der Sonne (bei häufigerem Begießen mit Wasser) oder durch Zusatz von Bleiweiß, vielleicht auch Gips zustande kam. Alle hier genannten Farben wurden lange Zeit gleichwertig nebeneinander verwandt, doch erhielt im Spätmittelalter die rote Farbe eine besondere Wertigkeit. Sie zeigt sich darin, daß die deutschen Kaiser und Könige, Kardinäle und Universitäten rotes Wachs bevorzugten. Die rheinischen Städte, die nach meinen Beobachtungen sich im 13./14. Jahrhundert gelegentlich noch des roten Wachses bedienten, steckten ab dem 15. Jahrhundert hierin deutlich zurück. Man scheint also die höhere Würde der oben genannten „Rotsiegler" respektiert zu haben. Infolgedessen mochten einzelne Städte das ihnen eigens verliehene Privileg, in rotem Wachs siegeln zu dürfen, im ausgehenden Mittelalter auch als Auszeichnung empfinden. Solche Privilegien erhielten Gent 1431 durch Papst Martin V. und – als einzige rheinische Stadt – Neuss im Jahre 1475 durch Kaiser Friedrich III.[11]

Den Abdruck vom Typar erzielte man in der Regel, indem man die Siegelmasse durch Erhitzen so geschmeidig machte, daß man sie leicht mit den Händen auf die Prägeseite des Stempels auftragen oder deutlicher gesagt hineinkneten, die Pergamentpressel oder Siegelschnur auflegen und diese dann mit weiterer Siegelmasse einschließen konnte. Danach wird man das Ganze gelegentlich auch umgedreht und durch Druck auf den Stempel einen guten Siegelabdruck hergestellt haben. Überquellende Teile hat man entweder zu einem als Schutz für das spätere Siegel durchaus erwünschten Wulst geformt oder aber glatt abgeschnitten. Es scheint jedenfalls festzustehen, daß man sich im allgemeinen keiner Abgießtechnik bedient hat. Hierauf deuten die unregelmäßig geformten Rückseiten der Siegel sowie zahlreiche schriftliche Zeugnisse hin, von denen etwa die allgemein bekannte Formel „sigilli nostri impressione insigniri mandavimus"[12] angeführt sei. Noch deutlicher ist ein an unvermuteter Stelle entdecktes Rezept zur Herstellung von Siegelstoff, das allerdings erst aus der Zeit um 1700 stammt, aber auch wegen der angegebenen Zutaten Beachtung verdient. Es werden genommen 3 Lot Kolophonium (d. h. klares, erst bei 130–135 Grad schmelzendes Harz), für 1 Schilling Terpentin, für 6 Pfennig gelbes Wachs (also reines Bienenwachs) und für 4 Schilling Zinnober (also zwecks Herstellung einer roten Siegelmasse). Diese Zutaten werden zusammen geschmolzen, „darnach durcheinander gerührt, bis es beginnet hart zu werden, das man es durch die Hand walcken kan; netze das bret und hände mit öhl."[13] Die Anweisungen dieses Rezeptes setzen ebenso wie die anderweitig für Köln bezeugten Messer zum Beschneiden des Wachses[14] eine Abdrucktechnik, wie sie oben beschrieben wurde, voraus. Schließlich ist darauf hinzuweisen, daß die auf der Rückseite vieler erhaltener Typare sichtbaren Spuren von Hammerschlägen ebenfalls gegen eine Gießtechnik sprechen.[15]

Sofern nicht als besonderer Schutz gegen Fälschungen auf der Rückseite der Siegel kleinere Gegensiegel angebracht wurden, hat man oft einen Finger – in der Regel den Daumen – an einer oder an mehreren Stellen in die noch weiche Rückseite eingedrückt. Wie Kittel richtig festgestellt hat, lassen sich diese Daumenabdrücke nicht als besondere Form der Siegelbeglaubigung erklären. Aber auch eine „primitive Art der Rückseitensicherung gegen Eingriffe“[16] war damit sicherlich nicht beabsichtigt. Einleuchtender ist, wie ich früher schon einmal dargelegt habe[17], die Erklärung von Siegelrestauratoren, daß man auf diese Weise – auch die durch einen Messerrücken oder einen ähnlichen Gegenstand hergestellten linearen Eindrücke erfüllten den gleichen Zweck – das Wachs fester an die einliegende Pressel oder Schnur drücken wollte. Daß die Daktyloskopie durch Untersuchung der Daumeneindrücke überzeugende Beiträge zur Echtheitsfrage liefern könnte, hat Kittel mit gutem Grund bezweifelt.[18]

Wegen der verwendeten Siegelstoffe sind Wachssiegel, auch wenn sie härtende Zusätze enthalten, sehr leicht zerbrechlich und daher in höchstem Maße gefährdet. Wie gewaltig die Einbußen gegenüber dem einstmals vorhandenen Siegelbestand sind, läßt sich kaum ermessen. Rechnet man die in erfreulich hoher Zahl erhaltenen Typare ab, so zeigt gerade die Beschäftigung mit der Gruppe der rheinischen Städtesiegel, wie karg die Überlieferung an Originalabdrücken inzwischen ist. Die hier veröffentlichten Abbildungen geben kein rechtes Bild von der Wirklichkeit, denn manche bedeutenden Städtesiegel mußten nur deshalb unberücksichtigt bleiben, weil sich von ihnen kein einigermaßen erhaltener Abdruck mehr ermitteln ließ. Weiterhin war festzustellen, daß von etlichen Städtesiegeln nur noch ein einziger guter Abdruck existiert. Die Konsequenzen, die sich aus dem verborgenen, aber kontinuierlich fortschreitenden Siegelschwund für die Archivare ergeben, habe ich an anderer Stelle eindringlich dargelegt.[19]

Es muß uns heute um eine möglichst komplette Erhaltung der unzähligen kleinen Siegel gehen, deren Masse nicht darüber hinwegtäuschen kann, daß es von vielen Stücken nur noch ein oder zwei unverletzte, meistens aber nur noch einige beschädigte Exemplare gibt. Obwohl es sich bei den Siegeln um kleine, aber einzigartige Kulturdenkmäler handelt, hat man es zugelassen, daß diese im Laufe der Jahre ständig dezimiert wurden; der Hauptgrund liegt darin, daß das durch unsachgemäße Lagerung der Urkunden, durch Unachtsamkeit des Archivpersonals und nicht zuletzt durch mangelnde Vorsicht der Benutzer verursachte Zerstörungswerk sich immer vereinzelt, in kleinen Schritten und weitgehend unbemerkt vollzieht. In den großen Archiven gibt es niemanden, der über den Umfang der vorhandenen und neu auftretenden Siegelschäden einen Überblick hätte. Der breiten Öffentlichkeit ist von dem fortschreitenden Schwund dieser Kulturgüter in den Archiven nichts bekannt. Deshalb muß hier auch eine deutliche Sprache gesprochen werden. Ich wiederhole also meinen Appell, das Erhaltene durch Restaurierung, sachgemäße Lagerung und verantwortungsvolle Behandlung zu sichern. Dieses Unterfangen kann nur dann erfolgreich sein, wenn die Originalsiegel auch in der Benutzung die ihnen gebührende Schonung erfahren. Hierzu tragen eine karteimäßige Erfassung, Fotos und Reproduktionen in Form von dauerhaften Abgüssen wesentlich bei. Wir sollten uns unserer Verpflichtung bewußt sein, das übernommene Kulturerbe möglichst ungeschmälert an künftige Generationen weiterzugeben. Deshalb kann ein Einsatz der uns zu Gebote stehenden Mittel zur Sicherung und Erhaltung von Siegeln nach den gemachten Erfahrungen heute nicht mehr strittig sein.

Anmerkungen

1 Vgl. in diesem Zusammenhang auch die Ausführungen bei R. Kahsnitz, Spätgotische Siegel, S. 135, und R. Kahsnitz, Siegel und Goldbullen, S. 17.
2 Vgl. M. Pastoureau, S. 43 f. mit Anm. 1.
3 H. Grotefend, S. 15–31.
4 F.-K. Fürst zu Hohenlohe-Waldenburg, S. V.
5 O. Posse, Privaturkunden, S. 139–141.
6 Th. Ilgen, Sphragistik, S. 13–15.
7 W. Ewald, Siegelkunde, S. 179–225.
8 E. Kittel, Siegel, S. 186–198.
9 Vgl. B. Bedos, S. 59 ff. (Arles), S. 81 ff. (Avignon), S. 140 (Brignoles), S. 146 (Caderousse), S. 175 (Châteauneuf-de-Randon), S. 259 f. (Hyères), S. 261 f. (L'Isle-sur-la-Sorgue), S. 306 (Marseille), S. 349 (Montpellier), S. 492 f. (Tarascon) und S. 510 f. (Vaison-la-Romaine). Die elf Orte liegen in den südfranzösischen Départements Bouches-du-Rhône (3), Hérault (1), Lozère (1), Var (2) und Vaucluse (4).
10 T. Diederich, Erhaltung von Siegeln, Sp. 379–388.
11 W. Ewald, Siegelkunde, S. 157 f.
12 Th. Ilgen, Sphragistik, S. 22 f.
13 HistArchKöln, Handel 881 S. 118.
14 T. Diederich, Die alten Siegel der Stadt Köln, S. 52.
15 Weitere Einzelheiten über die Anfertigung von Siegelabdrücken finden sich bei W. Ewald, Siegelkunde, S. 164 ff. Ebenda S. 171 sind auch die besonderen Fälle beschrieben, in denen man Gußformen benutzte.
16 E. Kittel, Siegel, S. 145.
17 T. Diederich, Besprechung des Werkes von E. Kittel, Siegel, in: AnnHistVNdRh 173 (1971) S. 252 f.
18 E. Kittel, Siegel, S. 145 f. Entsprechende Versuche finden sich z. B. bei H. Plath, Papillarlinien auf der Rückseite mittelalterlicher Wachssiegel, HannGBll NF 16 (1962) S. 264–271.
19 T. Diederich, Erhaltung von Siegeln, Sp. 379–388.

c. Die Befestigung des Siegels an Urkunden und Briefen

Die Urkundenforschung hat auch der Art der Siegelbefestigung von Anfang an große Aufmerksamkeit geschenkt, weil sich durch Untersuchung dieses Details oft schon wichtige, mitunter sogar entscheidende Anhaltspunkte für die „Kanzleimäßigkeit" und damit Echtheit einer Urkunde ergeben. Indem man die verschiedenen Siegelanbringungsarten analysierte, gelangte man auch zu einer eigenen Terminologie. Die so entstandenen, heute fest eingebürgerten Verabredungsbegriffe – man denke etwa an die Unterscheidung von „anhängenden" und „abhangenden" Siegeln – sind natürlich aus dem gesamten Siegelvorkommen abgeleitet. Da Städtesiegel verhältnismäßig spät aufkamen, sind bei ihnen die frühesten Siegelanbringungsarten gar nicht oder nur vereinzelt anzutreffen. Trotzdem seien der Vollständigkeit halber und im Interesse des Lesers, der sich sonst u. U. in der Spezialliteratur informieren müßte, alle in unseren Regionen üblichen Techniken für die Befestigung des Siegels an Schriftstücken, also vornehmlich Urkunden und Briefen, kurz dargelegt.[1] Sonderformen, die sich aus der Verwendung des Siegels als Verschlußmittel von dreidimensionalen Gegenständen ergeben, werden schon deshalb weggelassen, weil wir hierüber nur lückenhafte Kenntnisse haben. Auch die Befestigung von Metallsiegeln an Urkunden, die über alle Zeiten hinweg durch Anhängen erfolgte, braucht hier nicht näher beschrieben zu werden, weil, wie früher schon festgestellt, die Städte des Rheinlandes niemals Schriftstücke mit Bullen besiegelt haben.

Die primitivste Art der Befestigung ist das Aufdrücken eines Siegels auf ein Schriftstück. So ist man vermutlich bei den ältesten Pergamenturkunden verfahren, doch hat man auch im späten Mittelalter und danach noch Briefe – meistens, aber nicht immer zur Herstellung eines Verschlusses – mit einem aufgedrückten Siegel versehen. Das geglättete Pergament bot dem Siegel allerdings wenig Halt, weniger jedenfalls als das verhältnismäßig „griffige" Hadernpapier der späteren Briefe. So entwickelte sich fast zwangsläufig und schon sehr bald eine Verbesserung der Siegelanbringung dergestalt, daß man an der für das Siegel vorgesehenen Stelle einen Kreuzschnitt vornahm und die so entstehenden vier Pergamentecken hochbog. Diese wurden nun in den weichen Wachsklumpen hineingeknetet, der auf seiner Oberseite den Abdruck des Typars aufnahm. Nicht wenige solcher eingedrückter Siegel des 9., 10. und 11. Jahrhunderts, die in dieser Weise auf der Urkunde befestigt sein müssen, sind bis heute erhalten geblieben. Andererseits ist eine große Zahl aufgedrückter Siegel von den heute noch verwahrten Urkunden abgefallen. Diese künden aufgrund des Kreuzschnittes (seltener auch Sternschnittes) und der fettbedingten Wachsabfärbungen auf dem Pergament von dem ehemaligen Siegel und seiner Befestigungsart.

Durch das Hochbiegen der Pergamentecken entstand in der Urkunde ein kleines Loch, das man gern dazu benutzte, das heiße Wachs hindurchzudrücken und auf der Rückseite der Urkunde mit einer mehr oder minder großen Platte aus gleichem Material zu verbinden. Das Siegel der Vorderseite erhielt dann über das Loch im Pergament Verbindung mit der rückseitigen Wachsplatte, die somit ein natürliches Gegengewicht zum eigentlichen Siegel bildete. In diesen Fällen spricht man von einem durchgedrückten Siegel.

Eine andere, im 11. und 12. Jahrhundert benutzte Methode der Siegelbefestigung, die mir bei rheinischen Städtesiegeln allerdings nicht begegnet ist, bediente sich eines Pergamentstreifens, der an der zur Besiegelung vorgesehenen Stelle meist von hinten durch zwei parallele Schlitze in der Urkunde gezogen wurde. In diesem Falle hat man die vorn nebeneinander herausragenden Enden des Pergamentstreifens in das Wachs eingeknetet. Ein solcher Art eingehängtes Siegel erhielt seinen Halt also durch den Pergamentstreifen; eine direkte Verbindung mit der Urkunde wie bei den früher beschriebenen Befestigungsweisen war hier nicht mehr gegeben.

Vom eingehängten Siegel zum anhängenden Siegel war nur ein kleiner Schritt. Der wesentliche Unterschied und der deutliche Vorteil bestanden darin, daß man durch Umknicken des untersten Teiles der Urkunde deren Rand verstärken und den so entstandenen Umbug (Plica) notfalls zum Anhängen recht vieler Siegel nutzen konnte. Zu diesem Zweck wurden wiederum einfache Schlitze (für Siegelpresseln, d. h. Pergamentstreifen) oder aber kleine Löcher (für Siegelschnüre aus Hanf, Wolle, Seide oder gelegentlich auch Lederriemchen) in den Umbug hineingeschnitten. Führte man die Pergamentstreifen oder Schnüre hindurch, so konnte man ihre beiden übereinanderliegenden Enden, die nun von der Urkunde herabhingen, benutzen, um sie in der im vorigen Kapitel schon geschilderten Weise in das Wachs einzuschließen. Diese Befestigungsart des Anhängens kam in der Mitte des 12. Jahrhunderts auf und erfreute sich im Rheinland bis in die Neuzeit hinein größter Beliebtheit. Auch die rheinischen Städte bevorzugten eindeutig diese Siegelanbringungsart.

Im 13. und 14. Jahrhundert war allerdings noch eine andere Technik im Gebrauch, die sich dadurch unterschied, daß man am unteren Rand der Urkunde parallel zu diesem einen langen Einschnitt vornahm, der aber nicht ganz bis zur anderen Seite reichte. So entstand an der Schnittstelle ein langer, etwa zwischen 5 und 10 mm gehaltener Pergamentstreifen, der an der einen (meist linken) Seite noch fest mit der Urkunde verbunden war, an der anderen Seite aber abhing und so zur Befestigung des Siegels benutzt werden konnte. Man spricht in diesem Falle von einem abhangenden Siegel. Durch das Gewicht des Wachses knickte der Pergamentstreifen an seinem Übergang zur Urkunde aber leicht nach unten ab. Ein Einreißen ließ sich so auf Dauer kaum vermeiden. Deshalb hat man den Streifen zwecks Verstärkung gelegentlich erst durch einen etwas höher angebrachten Einschnitt in der Urkunde geführt, so daß eine Art Knoten entstand. In der französischen Fachsprache heißt diese Siegelanbringungsart wegen ihrer Beliebtheit in der Bretagne „queue bretonne“ (bretonischer Schwanz). Im Rheinland war sie allerdings nicht sonderlich verbreitet.

Die erwähnten Siegelbefestigungsweisen des Aufdrückens oder Einhängens gebrauchte man später auch zum Verschluß von Briefen. Da diese zusammengefaltet waren und das Siegel jeweils an den Schnittstellen den eigentlichen Verschluß herstellte, mußten diese Verschlußsiegel, zumindest wenn sie aufgedrückt waren, beim Öffnen des Briefes zerbrochen werden. Infolgedessen sind nur in Ausnahmefällen aufgedrückte Siegel unbeschädigt geblieben (und zwar dann, wenn man den Brief nicht an der vorgesehenen Stelle öffnete). Bei eingehängten Siegeln konnte man natürlich den Streifen auch in beliebiger Weise durchschneiden und den Brief ohne Verletzung des Siegels auseinanderfalten. Trotzdem blieb das notwendigerweise dünne Wachs- (später auch Lack-) Siegel sehr gefährdet. Deshalb verwandte man seit dem 16. Jahrhundert sogenannte Oblaten, d. h. dünne aus ungesäuertem Weizenmehl gebackene und oft auch eingefärbte Scheiben, auf die ein meist in besonderem Muster zugeschnittenes Papierblättchen gelegt wurde. Dieses, zuvor leicht angefeuchtet, nahm die Prägung des Stempels zwar auf, doch finden sich bei dieser in der Neuzeit weit verbreiteten Siegelungs- und Siegelbefestigungsart vielfach Siegel, die nur teilweise scharfe Konturen aufweisen. Da die für den Abdruck benutzten Papierblättchen auch mit Wachs oder Siegellack unterlegt werden konnten, sollte man die ganze Gruppe vielleicht nicht unter der Bezeichnung „Siegeloblaten“ zusammenfassen, sondern für sie den Begriff „Papiersiegel“ verwenden. Diese sind im übrigen die Vorstufe zu den im Prägedruck hergestellten Siegelmarken des 19. und 20. Jahrhunderts gewesen, deren Geburtsstunde für den Bereich der preußischen Postverwaltung in das Jahr 1867 fällt.[2] Unter den in diesem Werk abgebildeten rheinischen Städtesiegeln ist nur ein Papiersiegel, das kleine Siegel (Sekretsiegel) der Stadt Aachen, vertreten. Da es gleichmäßig gut ausgeprägt ist, erwies es sich allen bekannten Wachsabdrücken, die von demselben Typar genommen wurden, überlegen.

Bezüglich der Siegelanbringungsarten kann abschließend festgestellt werden, daß die rheinischen Städte über Jahrhunderte hinweg zur Beglaubigung von Urkunden das Anhängen, zum Verschließen ihrer Korrespondenzen aber das Aufdrücken ihrer Siegel bevorzugten. Sonderformen, wie sie 1185[3] und 1194[4] aus dem Trierer Raum für nichtstädtische Siegler bezeugt sind, brauchen hier nicht zu interessieren.
Wichtiger ist die Erwähnung der Tatsache, daß bei Beglaubigungen von Urkunden mit mehreren Siegeln in der Regel eine strenge Rangordnung eingehalten wurde. Danach stand dem vornehmsten Siegler der erste Platz (ganz links) zu; nach rechts folgten dann entsprechend der weiteren Rangordnung die nächst vornehmen Siegler. Die Beachtung dieser Reihenfolge läßt sich ebenso bei persönlichen wie bei korporativen oder institutionellen Siegelführern immer wieder feststellen. Abweichungen kamen indessen vor, ohne daß wir immer über die Gründe unterrichtet wären oder Mutmaßungen darüber anstellen könnten. Gelegentlich liefert die Urkunde aber selbst eine Erklärung, wie eine vom Offizial des Lütticher Archidiakons, dem Dechanten der Christianität Maastricht und der Stadt Aachen besiegelte Urkunde vom Jahre 1270 zeigt. Es heißt dort, das Aachener Siegel sei seines schweren Gewichtes wegen in der Mitte angehängt worden.[5]

Anmerkungen

1 Ausführlicher handeln darüber die bekannten Handbücher zur Siegelkunde, insbesondere W. Ewald, Siegelkunde, S. 161–178.
2 Vgl. G. Rungs, Post-Siegelmarken – ein wenig erforschtes Sammelgebiet, in: Post- und Fernmeldegeschichte zwischen Nord- und Ostsee, hrsg. v. der Bezirksgruppe Kiel der Gesellschaft für deutsche Postgeschichte, Heft 1/1979 S. 73–95, insbes. S. 76–78.
3 MRUB 2 Nr. 70.
4 Ebenda Nr. 138.
5 W. Mummenhoff Nr. 240: „cum sigillo regalis sedis Aquensis, quod propter sui ponderositatem in medio est appensum".

d. Der Siegelinhalt: Siegelumschrift und Siegelbild

Wegen seiner besonderen Rechtsqualität war das Siegel für einen jeden Siegelführer eminent wichtig. Daraus ergab sich, daß im Prinzip jedes Siegel individuell gestaltet sein mußte, um es von allen anderen Siegeln unterscheidbar zu machen. Tatsächlich sind im äußeren Erscheinungsbild der Siegel so vielfältige Formen festzustellen, daß sich die Siegelforscher seit jeher um eine Klassifizierung bzw. Typisierung des reichhaltigen Siegelmaterials bemüht haben. Von nachhaltigem Einfluß wurde das vom Fürsten zu Hohenlohe-Waldenburg entwickelte, später von ihm selbst aber veränderte und ergänzte Schema. Der Fürst hat es wegen seiner vermeintlichen Vorteile für die Beschreibung von Siegeln und die Einteilung von Siegelsammlungen eifrig propagiert; bis heute wird es in den deutschsprachigen Handbüchern der Siegelkunde – zuletzt noch bei Erich Kittel – zitiert. Im Anschluß an den Fürsten zu Hohenlohe-Waldenburg stellte dann Hermann Grotefend folgendes leicht abgewandeltes System der Siegeltypen vor:

I. Schrift
   [A. ohne Namen des Inhabers,
   B. mit Namen des Inhabers.]

II. Bild
   A. ohne Namen des Inhabers,
   B. [mit Namen des Inhabers].

III. Porträt
- A. [ohne Wappen]
  - 1. Kopf, Brustbild, Kniestück,
  - 2. [ganze Figur]
    - a. stehend,
    - b. sitzend,
    - c. kniend,
  - 3. zu Pferde,
- B. mit Wappen
  - 1. Kopf, Brustbild, Kniestück,
  - 2. [ganze Figur]
    - a. stehend,
    - b. sitzend,
    - c. kniend,
  - 3. zu Pferde,

IV. [Wappen]
- A. Wappenbild
  - 1. [im Siegelfeld (freistehend)],
  - 2. [im Schild], Schild,
- B. Helm od. Helmzier
  - 1. [im Siegelfeld (freistehend)],
  - 2. im Schild,
- C. [vollständiges] Wappen
  - [mit Helm],
  - mit Krone.[1]

Wenn hier stellvertretend die Klassifikation Grotefends herausgegriffen wird, so geschieht dies keinesfalls, um ihren Sinn und Wert zu unterstreichen. In Wahrheit ist dieses immer wieder abgedruckte System nämlich zu nicht viel nütze. Abgesehen von seinen Inkonsequenzen und logischen Fehlern krankt es daran, daß es nur die äußere Seite des Siegels berücksichtigt, historische Aspekte und die tiefere geistige Dimension, die aus dem intimen Verhältnis des Siegelführers zu seinem Siegel resultiert, aber völlig vernachlässigt. Ich möchte daher die in der Vergangenheit von einigen Gelehrten vorgetragenen kritischen Anmerkungen[2] nicht nur unterstützen, sondern den Weg weiter beschreiten, den Wilhelm Ewald gewiesen hat. Er separierte die Gemmensiegel als eine eigene Gruppe von den übrigen Siegeln. Ansonsten beobachtete er, daß die „Zusammengehörigkeit mancher durch gleiche Stellung, Beschäftigung usw. verbundenen Bevölkerungsgruppen" auch ganz bestimmte Siegeltypen hervorbrachte.
Ewald trug damit dem mittelalterlichen Denken Rechnung, in dem die überkommene Hierarchie eine große Rolle spielte. Will man sich nicht wie der Fürst zu Hohenlohe-Waldenburg und seine Gefolgsleute mit einer oberflächlichen Klassifikation nach dem Siegelbild begnügen, so bietet eine Typologie, die von einzelnen Siegelführergruppen

(Päpsten, Bischöfen, Äbten, Pröpsten, Dechanten, Scholastern, Cantoren, Custoden, Kanonikern, Priestern, Vikaren, Stiften, Klöstern, Hospitälern, Kaisern, Königen, Hohem Adel, Niederem Adel, Bürgern, Bauern, Damen, Städten, Dörfern, Schöffenkollegien, Gerichten, Zünften, Universitäten etc.) und damit von einem historisch-gesellschaftlichen Kontext ausgeht, einen entscheidenden Vorteil: die Möglichkeit zur Untersuchung in umfassender historischer Fragestellung, bei der Entwicklung und Individualität eines Siegels leichter zu erkennen sind als bei einer Zuordnung nach äußerlichen Kriterien. Was bringt es etwa, wenn man ein sog. Porträtsiegel einer Dame[3], eines Kanonikerstiftes[4] und einer Gaffel[5] einander zuordnet, ohne zuvor die Bedeutung dieses Typus bei Damensiegeln, Stiftssiegeln oder Gaffelsiegeln erörtert zu haben?
Es erscheint daher sinnvoll, bei siegelkundlichen Untersuchungen wie der vorliegenden die Siegelführergruppen – hier also die Städte – zum ersten Auswahlkriterium zu machen und danach das in den jeweiligen Gruppen anfallende Material nach Typen zu untergliedern.[6] Nach dieser Methode wird im folgenden Kapitel verfahren, doch sei nicht verschwiegen, daß siegelkundliche Publikationen mit anderer Zielsetzung auch eine andere Klassifizierung sinnvoll machen können. Michel Pastoureau hat mit der für den französischen Geist charakteristischen Hingabe die Klassifizierungsprobleme diskutiert und eine Reihe von Vorschlägen unterbreitet.[7]
Eine differenzierende Betrachtung der rheinischen Städtesiegel kann von folgenden zwei Tatsachen ausgehen: Erstens gibt es für die Blütezeit des Siegelwesens bis um 1500 keine rheinische Stadt, die ein reines Schriftsiegel im Sinne der Hohenlohe–Grotefendschen Typologie besessen hätte; zweitens sind für den gesamten Zeitraum bis zum Ende des alten Reiches auch keine städtischen Hauptsiegel im Rheinland bekanntgeworden, die ganz auf Schrift verzichten. Auch bei den städtischen Nebensiegeln kommen schriftlose Stücke ausgesprochen selten vor. Bis auf einige Ausnahmen handelt es sich in diesen Fällen um kleine Gegensiegel, die kaum noch Platz für eine Umschrift boten und eine solche auch entbehren konnten, weil sie gar nicht selbständig, sondern stets in Verbindung mit einem größeren Siegel gebraucht wurden. Dagegen sind schriftlose Gemmensiegel bereits im Mittelalter und schriftlose Wappensiegel (Signete) in der Neuzeit recht häufig im Besitz von Privatpersonen anzutreffen. Für die Städtesiegel des Rheinlandes ist also allgemein festzustellen, daß sie in der Regel ein Siegelbild zeigen, um das sich eine Umschrift legt. Beide Bestandteile des Siegels erfüllten wichtige Aufgaben, wie im folgenden gezeigt werden soll.
Die Umschrift (Legende) hat seit dem hohen Mittelalter regelmäßig die Aufgabe, den Siegelführer eindeutig zu bezeichnen und dabei irgendwelche dem Siegelführer wichtig erscheinende Einzelheiten oder Besonderheiten hervorzuheben. Ursprünglich – im Frühmittelalter – hatte man die Legende als Gebet oder Segenswunsch zugunsten des Siegelinhabers formuliert; die ältesten Siegel der Bischöfe begnügten sich noch mit der einfachen Nennung von Namen und (Erz-)Bischofstitel, während diese geistlichen Fürsten im Rheinland seit dem 11. Jahrhundert zwecks präziserer Bezeichnung auch den Bistumsnamen hinzufügten und fortan nicht mehr wegließen. Wie in dem Artikel über das älteste Andernacher Stadtsiegel ausgeführt ist, entsprach es mittelalterlicher Anschauung, wenn Klöster und Stifte sich ursprünglich nicht selbst in der Umschrift nannten, sondern diesen Platz dem namengebenden Patron vorbehielten, der auch im

Siegelfeld abgebildet zu werden pflegte. Das Siegel des Kölner Domstiftes[8] ist hierfür nur eines von vielen Beispielen im Rheinland.

Lassen wir den Sonderfall des ersten Aachener Stadtsiegels beiseite, so zeigen die ältesten rheinischen Städtesiegel nicht nur im Siegelbild, sondern auch in der Umschrift eine gewisse Weiterentwicklung: Köln und Mainz legen sich schmückende Beiworte, Ehrentitel gleichermaßen, zu und stellen ihr besonderes Verhältnis zur römischen Kirche heraus. Trier greift mit seinem Segenswunsch, in leoninischem Hexameter formuliert, die oben erwähnte frühmittelalterliche Gewohnheit auf und strahlt damit auf Worms aus, während Köln in Lüttich und Neuss, Mainz hingegen in Bingen und Erfurt Nachahmer finden.

Aber schon in der zweiten Phase der Stadtsiegelentwicklung, und zwar noch vor 1200, finden sich in den Siegeln von Soest, Metz, Utrecht, Koblenz und Straßburg Umschriften, die mit dem Wort SIGILLVM bzw. SIGNVM eingeleitet werden. Insbesondere die Siegel von Utrecht, Koblenz und Straßburg mit ihrer nachfolgenden im Genitiv gehaltenen Bezeichnung der Stadtbewohner wirken in ihren Umschriften sehr viel nüchterner und anspruchsloser als die ältesten Städtesiegel. Indessen gehörte der neuen Sachlichkeit die Zukunft, setzte sich doch bald die Formulierung mit dem einleitenden SIGILLVM beherrschend durch. Nur wenige Städte wie Boppard und Düren, die sich auf ihren Status als Reichsstadt etwas zugute halten konnten, legten auf abweichende Umschriften in ihren Siegeln Wert.

Die in den Siegelumschriften vorkommenden Stadttermini – burgenses civitatis, burgenses oppidi, cives, oppidani, burgenses, (libera) civitas, oppidum, libertas, communitas, universitas und später auch senatus – sind für die jeweilige Interpretation wichtig und von einiger Aussagekraft. Die in der allgemeinen Rechts- und Verfassungsgeschichte immer wieder herausgestellte Entwicklung vom Personenverbandsstaat zum territorialen Flächenstaat scheint mutatis mutandis auch für die Stadt zu gelten. In den erwähnten Städtesiegeln von Utrecht, Koblenz und Straßburg werden die Stadtbewohner, die Städter, als Siegelinhaber genannt, später sind es oft die Städte selbst. In einer kleinen Studie hat Hermann Kownatzki gezeigt, daß dieser Wandel nicht in einer Änderung der Stadtverfassung, sondern in der neuen Staatsauffassung begründet ist.[9]

Wer sich auch nur ein wenig mit Siegeln beschäftigt hat, dem wird aufgefallen sein, daß die allermeisten Siegelumschriften – hier gilt dies für mehr als Dreiviertel der 82 behandelten Siegel – mit einem Kreuz eingeleitet werden. Es steht in aller Regel oben in der Mitte und wird offensichtlich nur dann verdrängt, wenn kompositorische Gründe es erfordern, etwa wenn der Kopf einer abgebildeten Person (z. B. in den Siegeln von Aachen, Duisburg, Essen und Trier) oder Architekturteile (z. B. in den Siegeln von Alpen, Andernach, Düren, Gerresheim, Kreuznach und Montabaur) oben in den Raum der Umschrift übergreifen. In späterer Zeit begegnen auch nicht selten Siegel, die mit einem Stern, einer Rose oder einem ornamentalen Zeichen eingeleitet werden. Ein Beispiel hierfür ist das Cochemer Stadtsiegel aus der Zeit um 1410. Es kommt aber gerade bei den Städtesiegeln häufiger vor, daß das Kreuz als Turmbekrönung in den Raum der Umschrift hineinragt und so zugleich den Text der Legende einleitet; man vergleiche etwa die Siegel von Bonn, Köln, Kyllburg, Mainz, Neuss,

Oppenheim, Rees, Remagen, Sinzig und Worms. Eine ähnliche Funktion könnte auch die Kreuzblume in dem zweiten Siegel der Stadt Andernach und in dem Montabaurer Stadtsiegel erfüllen, die nach unseren Überlegungen beide aus derselben Werkstatt stammen.

Da das Kreuz als christliches Symbol jedermann vertraut ist, haben die meisten Siegelforscher darauf verzichtet, den Sinn desselben in der Siegelumschrift näher zu erörtern. Dies gilt auch für Ewald und Kittel. Lediglich Ilgen ist der Frage nachgegangen. Er erklärte das Kreuz als Handzeichen, dessen sich Kardinäle und Bischöfe, im 10. und 11. Jahrhundert aber auch Laien bedient hätten: „Es erscheint mir aber ganz zweifellos, daß das Kreuz, das bei der Siegelumschrift an deren Kopf gestellt wird, aus dieser Bezeichnungsart hervorgegangen ist."[10] Abgesehen davon, daß ein (persönliches) Handzeichen in einem Stadtsiegel fragwürdig ist, scheint mir Ilgens Überlegung auch für die älteren persönlichen Siegel in die Irre zu gehen. Ich möchte daher an dieser Stelle eine neue Erklärung in die wissenschaftliche Diskussion einführen. Auszugehen ist von der Tatsache, daß die Entwicklung des mittelalterlichen Siegelwesens aufs engste mit der Entwicklung des Urkundenwesens verknüpft ist. Die mittelalterliche Urkunde – jedenfalls die am Anfang stehende Königsurkunde – beginnt bekanntlich mit der Invocatio, der Anrufung Gottes, die als Eingangsformel schon Ende des 4. Jahrhunderts in Verträgen bezeugt ist. Der tiefere Sinn dieser Praxis liegt in einem Wort der Heiligen Schrift, und zwar in einer Aufforderung des hl. Paulus im 3. Kolosserbrief: „Alles, was ihr tuet in Wort oder in Werk, das tut alles im Namen des Herrn Jesu Christi, und danket Gott und dem Vater durch ihn!" (Kol. 3, 17). Da die Beurkundung eines Rechtsaktes eine wichtige Sache war, kann es nicht verwundern, wenn man dem Wort des hl. Paulus folgend die Urkunde mit einer Anrufung Gottes einleitete. Auffälligerweise geschah dies zunächst in symbolischer Form, und zwar mittels der sog. Chrismons.[11] Als häufigste Zeichen für Christus kommen am Beginn der Urkunden das Chi-Rho (☧), das Kreuz und das C vor, das seit Ludwig dem Deutschen (840–876) mit Anhängseln und Verschnörkelungen versehen wurde. Seit Karl dem Großen sind auch Verbalinvokationen üblich, die auf Gott allgemein, auf Christus oder aber auf die Hl. Dreifaltigkeit bezogen sein können. Seit 833 wird gängig die Formel „In nomine sancte et individue trinitatis" verwandt.

Was nun bei der Urkundenausstellung galt, mußte nach mittelalterlicher Auffassung auch bei dem wichtigen Besiegelungsvorgang angebracht erscheinen. Ich halte es nicht für zweifelhaft, daß das Kreuz am Anfang der Siegellegenden als eine Anrufung Gottes zu verstehen ist. Daß die Übernahme dieses Chrismons in die Siegelumschrift von der Urkundenpraxis abgeleitet ist, darf mit einiger Sicherheit angenommen werden. Als Beweisstücke gegen die Theorie Ilgens dürfen die folgenden Siegel gelten, die zugleich die hier vorgestellte Theorie stützen: Es handelt sich erstens um das 1229 von Graf Conrad II. von Oettingen benutzte schildförmige Siegel, dessen Umschrift mit einem Chi-Rho eingeleitet wird.[12] Zweitens ist das zweite große Siegel der Stadt Siegburg aus der ersten Hälfte des 15. Jahrhunderts anzuführen. Es ist ein Nachschnitt nach dem in diesem Werk behandelten ältesten Siegburger Stadtsiegel. Während das Siegelbild im wesentlichen beibehalten wurde, weist die Umschrift des Nachschnitts eine bemerkenswerte Veränderung gegenüber der älteren Vorlage auf. Das Kreuz des ältesten Siegels ist hier nämlich ersetzt durch die Verbalinvokation „In nomine domini [amen]“.[13] Das Siegel beweist also eindeutig, daß das Kreuz auch noch im ausgehenden Mittelalter als symbolische Invokation verstanden wurde. Schließlich ist noch auf ein kleines Siegel Heinrichs III. von Glogau aus dem Jahre 1303 zu verweisen; die Umschrift beginnt mit dem Kreuz und enthält dann die verbale Invokation „IN NOMINE D(OMI)NI FIAT“.[14]

Zu dem Text der Siegelumschriften ist abgesehen von dem dort vorkommenden, auch für die Namenforschung wichtigen Stadtterminus allgemein zu bemerken, daß Spezialsiegel entsprechend gekennzeichnet zu werden pflegten. In diesem Werk sind zumindest einzelne Beispiele für Gegen-, Sekret- und Geschäftssiegel berücksichtigt. Wie sehr die lateinische Sprache allgemein in den Städtesiegelumschriften des Mittelalters und der frühen Neuzeit überwiegt, läßt sich an den hier behandelten Stücken ablesen: Alle 82 Siegel haben lateinische Umschriften. In diesem Zusammenhang ist zu bemerken, daß deutsche Siegelumschriften immerhin seit 1197 belegt sind.[15] Das zwischen 1334 und 1345 entstandene Bonner Schöffensiegel[16] ist für rheinische Verhältnisse ein frühes Beispiel einer deutschsprachigen Siegellegende. Fehler in Umschriften, insbesondere das spiegelbildliche Auftreten von N und S, sind aus dem Herstellungsprozeß des Siegelstempels zu erklären. In anderen Fällen kann man schließen, daß Auftraggeber und Siegelstecher nicht die besten Lateiner waren.

Die in den Siegeln auftretenden Schriften – hierzu gehören neben den Umschriften auch die meist zur näheren Bezeichnung von Gegenständen und Personen oder zu besonderen Aussagen benutzten Aufschriften im Siegelfeld[17] – sind für die Epigraphik von großer Wichtigkeit. Sie spiegeln nicht nur die allgemeine Schriftentwicklung wider, sondern besitzen auch etliche spezifische Züge. Im Einzelfall kann der Schriftbefund für die Datierung und damit historische Einordnung eines Siegels entscheidend sein. Eine zusammenhängende Darstellung der Schriftentwicklung in Siegeln gehört zu den großen Desideraten, sowohl im Hinblick auf die Siegelforschung als auch auf die Epigraphik. Sie kann auch im Rahmen der hier beabsichtigten Einführung nicht geliefert werden; zudem wären die Städtesiegel, die nur einen Sektor des Siegelwesens ausmachen, eine zu schmale Basis für ein solches Unterfangen. Trotzdem lassen sich die Grundzüge der Schriftentwicklung an dem hier ausgewählten Material verdeutlichen.

Die Umschriften der ältesten rheinischen Städtesiegel von Köln, Mainz, Aachen (das seiner Entstehungszeit nach in diese Betrachtung einbezogen werden muß) und Trier sind noch ganz von der Capitalis geprägt, jener klaren Großbuchstabenschrift, die von den Römern als Auszeichnungsschrift für Steindenkmäler entwickelt und in der augusteisch-tiberianischen Zeit zu größter Vollkommenheit gebracht worden war, bis sie in und nach der karolingischen Schriftreform zu neuer Blüte gelangte.

War schon das älteste Mainzer Stadtsiegel mit einigen der Unzialis entnommenen Buchstaben (Є und ω) durchsetzt, so drangen die wohlgefälligen runden Elemente der Unzialis in der Folge verstärkt in die Siegelumschriften ein. Ohne daß die Buchstaben der alten Capitalis ganz aufgegeben werden, erscheinen in den rheinischen Städtesiegeln des 13. Jahrhunderts – und diese machen den größten Anteil der in diesem Werk behandelten Stücke aus – vorwiegend unziales E und mehrere Unzialformen

des M. Wir können hier getrost in Analogie zur Architekturgeschichte von einem „Übergangsstil“ sprechen, der, beginnend mit den zweiten Siegeln von Mainz und Köln, sich seit der zweiten Hälfte des 13. Jahrhunderts zu der kalligraphischen gotischen Majuskel des folgenden Jahrhunderts entwickelt. Für diese schöne Schrift sind Zierstriche, ausgeprägte Serifen, Hasten, Schaftspaltungen und im übrigen die runden Formen der Unzialis charakteristisch. Die jüngeren Siegel von Duisburg, Aachen, Radevormwald, Bacharach und Bonn sind hierfür gute Beispiele. Die letzte Weiterentwicklung erfährt diese Großbuchstabenschrift nur noch durch konsequente Schaftspaltungen und durch erste Brechungen, wie sie uns in den Siegeln von Kyllburg, Gerresheim und dem dritten Weseler Stadtsiegel begegnen. Die geschilderte Entwicklung hat sich nach diesen Beispielen über ein ganzes Jahrhundert, von der ersten Hälfte des 14. bis zur ersten Hälfte des 15. Jahrhunderts, hingezogen.
Vereinzelt läßt man die gotische Majuskel in den rheinischen Städten ab etwa 1400 fallen und geht zu der neuen Modeschrift, der gotischen Minuskel, über. Diese mit zahlreichen Brechungen versehene, gitterartige und damit schwerer lesbare gotische Kleinbuchstabenschrift war kurz nach 1350 von bedeutenden Siegelstechern aufgegriffen und in die Siegelepigraphik eingeführt worden.[18] Im Rheinland, etwa in dem Kölner Universitätssiegel und den Kölner Gaffelsiegeln, beginnt sich diese Schrift schon in dem letzten Jahrzehnt vor 1400 durchzusetzen, taucht in Städtesiegeln aber verhältnismäßig selten auf, weil in dieser Zeit nur wenige neue Siegel neu gestochen werden. Zu diesen gehören das zweite Siegel der Stadt Goch und das Cochemer Stadtsiegel, die in der Zeit um 1400 bzw. um 1410 entstanden sein dürften. Die gotische Minuskel besitzt nicht die Kraft, sich länger als ein gutes Jahrhundert zu behaupten. Am Ende gehen die ursprünglich schön ausgeführten Brechungen immer mehr verloren; die Schrift wird auch in Siegeln oft genug auf Schriftbändern ausgebreitet, die nur noch mit größter Schwierigkeit zu lesen sind.
Als daher im Zuge der Renaissance die Humanisten auf die klare „lateinische“ Schrift – bei den Großbuchstaben war dies eben die alte römische Capitalis – verfielen und sie der nun geschmähten gotischen Schrift entgegensetzten, muß gerade den Zeitgenossen, die nicht die Geübtesten im Lesen und Schreiben waren, die neue Humanistenschrift wie eine Erlösung vorgekommen sein. Die Renaissance-Majuskel läßt sich in rheinischen Siegeln unmittelbar nach 1500 vereinzelt nachweisen[19]; sie gewann aber bald an Terrain und löste schließlich die gotische Minuskel gänzlich ab. So ist es auch nicht verwunderlich, wenn die Umschriften der im 16. Jahrhundert gestochenen neuen Siegel von Düren, Rheinberg und Linn in der klaren Renaissance-Capitalis gehalten sind.[20]
Während sich ursprünglich die Umschrift ohne jede Abgrenzung um das Siegelbild legte – unter den hier behandelten rheinischen Städtesiegeln sind die ältesten Siegel von Aachen und Trier die einzigen Beispiele –, wurde es bald üblich, die Legende durch Randlinien oder Perlreihen nach innen und außen abzutrennen. Es fällt schwer, anhand unserer Siegelauswahl eine klare Entwicklung herauszuarbeiten. Man kann aber generell beobachten, daß im Mittelalter Perlreihen sehr beliebt waren, denen man gelegentlich innen noch eine durchgehende feine Randlinie beigab. In der Neuzeit hingegen kommen häufiger Randlinien vor, wie sie das jüngste hier berücksichtigte Siegel, das der Stadt Linn von 1591, in schöner Weise zeigt.

Ist die Formulierung der Umschrift für die Siegelkunde und die verschiedensten wissenschaftlichen Disziplinen schon von einiger Bedeutung (weil sie den Siegelführer nach seinen Wünschen bezeichnete), so gilt dies gewiß noch mehr von dem Siegelbild. Für die Interpretation der mannigfaltigen Darstellungen, die uns im Siegelbild begegnen, ist es hilfreich, sich eine Grundtatsache zu vergegenwärtigen: So klein das Siegelfeld auch sein mochte, es diente in aller Regel dem Siegelführer als Repräsentationsmittel. Ein jeder Siegelinhaber ließ also im Siegel das abbilden, woran ihm besonders gelegen war. Gerade der kleine Siegeldurchmesser zwang zur Konzentration, zur Beschränkung auf das Wichtigste. Daraus läßt sich zwingend ableiten, daß wir bei den im Siegelfeld anzutreffenden Inhalten nur höchst selten mit Willkürlichkeiten, Gedankenlosigkeiten und nichtssagendem Beiwerk zu rechnen haben. Die Ausgangslage war für die verschiedenen Siegelführer eine jeweils andere: Kaiser und Könige traten im Siegel mit anderem Anspruch auf als der Jungherr eines Grafengeschlechtes oder der freie Bauer; eine alte Reichsabtei kam zu einer Sachaussage, die mit der einer Zunft oder eines Schöffenkollegs vielleicht nichts mehr gemein hatte. Unter ihresgleichen konnten aber auch Jungherr und freier Bauer mit besonderem Anspruch auftreten und diesem im Siegel Ausdruck verleihen.
Aus der oben dargelegten Grundtatsache ergibt sich, daß das Siegelbild Hauptgegenstand aller Siegelforschung ist. Deshalb verbietet es sich auch, an dieser Stelle auf die Fülle der uns bekannten Siegelbilder einzugehen. Wie zu Beginn dieses Artikels schon ausgeführt wurde, ist eine Beschränkung auf die Gruppe der Städtesiegel geboten. Um aber Allgemeinplätze zu vermeiden und statt dessen zu ganz konkreten Ergebnissen zu kommen, sollen im folgenden nur die rheinischen Städtesiegel – allerdings auf der breiten Grundlage des Ewaldschen Siegelcorpus – näher betrachtet und nach Typen unterschieden werden.

Anmerkungen

1 H. Grotefend, S. 18.
2 Vgl. vor allem H. Breßlau, Band 2, S. 596 f. Anm. 2, E. Kittel, Siegel, S. 190 f., und W. Ewald, Siegelkunde, S. 181–183.
3 Vgl. das Siegel der Pfalzgräfin Adelheid von 1097, abgebildet zuletzt bei E. Kittel, Siegel, S. 277.
4 Vgl. das Siegel des Stiftes Allerheiligen (St. Stephan) in Wien von 1365, zuletzt abgebildet bei T. Diederich, Siegelkunst, S. 160.
5 Vgl. das Siegel der Gaffel Eisenmarkt in Köln von 1396, zuletzt abgebildet ebenda S. 163.
6 Dies gilt, wohlgemerkt, nur für den zusammenhängenden Einführungsteil; die Anordnung der einzelnen Artikel über die ausgewählten rheinischen Städtesiegel erfolgt aus praktischen Gründen, d. h. zum Zweck des schnellen Nachschlagens, in alphabetischer Reihenfolge (von Aachen bis Zülpich).
7 M. Pastoureau, S. 59–61; vgl. auch ebenda S. 50–57.
8 Vgl. Abb. 2.
9 Vgl. Verzeichnis über Quellen und Literatur.
10 Th. Ilgen, Sphragistik, S. 40; vgl. auch ebenda S. 49.
11 Vgl. den Artikel „Chrisme“ von H. Leclercq, in: Dictionnaire d'archéologie chrétienne et de liturgie, Band 3, Paris 1913 Sp. 1481–1534.
12 Abbildung bei G. A. Seyler, S. 354 Fig. 372.
13 W. Ewald, Rheinische Siegel III, Tafel 67 Nr. 4.
14 M. Gumowski, S. 17, Tafel XXV u. S. 155.
15 E. Kittel, Siegel, S. 204.
16 T. Diederich, Wappen der Stadt Bonn, S. 8.

17 Solche kommen z. B. vor in den Siegeln der Städte Bingen, Bonn, Boppard, Köln, Mainz, Neuss, Trier, Wesel und Worms.

18 T. Diederich, Siegelkunst, S. 159 f. und 162 f.

19 Vgl. T. Diederich, Die alten Siegel der Stadt Köln, S. 81.

20 Zur Schriftentwicklung allgemein vgl. R. M. Kloos, Einführung in die Epigraphik des Mittelalters und der frühen Neuzeit, Darmstadt 1980.

6. Typologie der rheinischen Städtesiegel

Unbefriedigend wie die bisherigen Versuche der Siegelforschung, das gesamte auf uns gekommene Siegelgut sinnvoll zu klassifizieren, sind meistenteils auch die Typologien, die man für die Gruppe der Städtesiegel entwickelt hat.[1] Naturgemäß dürfen für den Bereich des Rheinlandes die Ausführungen Wilhelm Ewalds ein besonderes Interesse beanspruchen. Während Ewald in seiner Siegelkunde von 1914[2] in lockerer Form mehrere Haupttypen aufzählte, unterschied er in seiner detaillierten Analyse der rheinischen Städte- und Gerichtssiegel von 1931 neun Hauptgruppen.[3] In den Untergruppen sind praktisch alle Kombinationen von Siegelbildern (Mischtypen) nicht nur der Städte, sondern auch der zahlreichen Gerichte und Schöffenkollegien erfaßt.

Wenn im folgenden das System Ewalds von 1931 trotz vieler Übereinstimmungen nicht übernommen wird, so geschieht dies, weil Ewald letztlich doch die historische Entwicklung zu wenig beachtetete, die Wappensiegel nicht befriedigend einordnete und den ältesten Stadtsiegeltyp nur in einer Untergruppe erfaßte. Wie schon im vorigen Kapitel deutlich gemacht wurde, ist es für das Verständnis der verschiedenen Siegel fruchtbarer, wenn man sie nach ihrer Sachaussage und ihrer Bedeutung, also nicht einfach nach äußerlichen Kriterien unterscheidet. Als Grund für eine solche Klassifizierung genügt mir die Überlegung, daß es nur konsequent ist, den wichtigsten Aspekt bei der Siegelgestaltung – die beabsichtigte Aussage des Siegels – auch zum entscheidenden Kriterium für die Typologie zu machen. Es ist allerdings zuzugeben, daß ein solches Verfahren nur möglich ist, wenn man zuvor ein Siegel untersucht und seinen Bedeutungsgehalt erkannt hat. Natürlich kann man auch dabei die Vielfalt historischer Gegebenheiten nicht ohne weiteres in eine rationale Typologie pressen. Schon die Tatsache, daß die ältesten Städtesiegel von Köln, Mainz und Trier mit ihrer Verbindung von Architektur und Figur eigentlich schon einen recht komplexen (Misch-)Typ darstellen, überrascht und widerspricht der landläufigen Meinung, daß sich Dinge aus einfachen Anfängen zu komplizierten Gebilden entwickeln. Hier bestätigt sich wieder einmal ein Phänomen, das der französische Gelehrte Gustave Dupont-Ferrier auf folgenden kurzen Nenner brachte: Geschichte ist nicht logisch, sondern chronologisch.

Verzichtet man auf eine am äußeren Erscheinungsbild orientierte Typisierung und erkennt man der geschichtlichen Entwicklung einen Eigenwert zu, so kommt man nicht umhin, entgegen einer Untergliederung nach rein logischen Gesichtspunkten die Gruppe der ältesten Städtesiegel mit ihrer Verbindung von Stadtabbreviatur und Heiligenbild, d. h. in diesem Falle dem Stadtpatron, später auch dem Bistums- oder Landespatron, als einen eigenen Siegeltyp zu begreifen und diesen an den Anfang der Typologie zu stellen. Die fundamentale Aussage dieses Siegeltyps liegt darin, daß die Stadt sich durch ihren Patron repräsentiert sehen will, der inmitten der eigenen Stadt thront oder steht. Erst in einer zweiten Phase der Stadtsiegelentwicklung begegnen uns die in dem angeführten Archetyp enthaltenen Elemente, die Darstellung des Heiligen und das verkürzte, also nicht um eine naturgetreue Wiedergabe bemühte Bild der Stadt, in verselbständigter Form. Sie bilden nach unserer Unterscheidung den zweiten und den dritten Stadtsiegeltyp. Von dem letzgenannten abgesetzt wird bewußt der vierte Stadtsiegeltyp, bei dem die Stadtabbreviatur durch ein Stadtporträt ersetzt ist. Schon sehr früh, vom ausgehenden 12. bis zur ersten Hälfte des 13. Jahrhunderts, hat gerade das Rheinland Städtesiegel von hervorragendem künstlerischen Rang hervorgebracht, in denen nach dem Pars-pro-toto-Grundsatz charakteristische Bauwerke der Stadt – meist die Kirche – verhältnismäßig naturgetreu wiedergegeben sind. Das Bemühen, im Siegel ein möglichst zutreffendes individuelles Bild von der Stadt einzufangen, kann nicht hoch genug veranschlagt werden, haben wir ihm doch schlechthin die Entstehung des Stadtporträts zu verdanken. Der „qualitative Sprung" von der Stadtabbreviatur zum Stadtporträt rechtfertigt also, an die vierte Stelle unserer Typologie den Stadtporträtsiegeltyp zu setzen, auch wenn wir für diesen Typ keine rheinischen Belege, sondern aus unserem Untersuchungsgebiet nur Beispiele für die Kombination des Stadtporträts mit anderen Siegelmotiven beibringen können. Es folgt fünftens der Symbolsiegeltyp, der sich im Siegelfeld auf Symbole beschränkt; hierbei wird Symbol im strengen Wortsinn als ein sinnfälliges Zeichen verstanden, das für etwas anderes, und zwar in der Regel eine übersinnliche Wirklichkeit steht. Wie später noch näher ausgeführt wird, unterscheidet sich das Symbol sowohl von der Stadtabbreviatur als auch vom Wappen. Der an sechster Stelle rangierende Erzählsiegeltyp erhält seine Eigenart dadurch, daß er ein ganz bestimmtes historisches Ereignis im Siegelbild „erzählt"; er verdient also, für sich behandelt und von dem anderenorts häufiger vorkommenden Typ des „redenden" Siegels, vor allem auch von dem siebenten Siegeltyp, dem bei rheinischen Städten nicht sehr beliebten Handlungssiegeltyp, abgesetzt zu werden. Gleiches gilt für den achtens anzuführenden Stadtgründer- bzw. Stadtherrensiegeltyp, der ebenfalls außerhalb des Rheinlandes häufiger belegt ist. Als neunter und letzter Siegeltyp wird hier der Wappensiegeltyp unterschieden, der uns bei den Städtesiegeln verhältnismäßig spät begegnet, sich dann aber zunehmender Beliebtheit erfreut und bei den Siegelschnitten der Neuzeit eindeutig dominiert.

Neben diesen „reinen" Siegeltypen erscheinen immer wieder Siegel, die zwei oder mehr verschiedene Elemente in ihrem Bild kombinieren und insofern auch eine komplexere Aussage anstreben. Solche Mischtypen stehen einer eindeutigen Klassifizierung entgegen, was bei entsprechenden Versuchen in der Vergangenheit zu Schwierigkeiten geführt hat. Der unserer Typologie zugrunde liegenden Überlegung folgend werden hier die Mischtypen auf ihren Sinngehalt überprüft und nach ihrer Hauptaussage den einzelnen Siegeltypen zugeordnet. Besondere Schwierigkeiten bleiben dann noch bei einzelnen Siegeln, deren Bildelemente gleichwertig nebeneinanderstehen. Das Problem reduziert sich aber dadurch, daß wir die Siegel, in denen Stadtarchitektur und Stadtpatron in etwa gleichgewichtig kombiniert sind, als eigenen Siegeltyp betrachten. In den restlichen Fällen, die sich einer eindeutigen Zuordnung entziehen, erscheint eine Behandlung an mehreren Stellen angebracht, doch genügt es vielfach auch, solche Siegel einmal näher zu erörtern und an anderem Ort darauf zu verweisen. Im übrigen wird den Mischtypen zum Schluß dieses Kapitels ein eigener Abschnitt mit allgemeinen Bemerkungen gewidmet.

An dieser Stelle darf nicht der Hinweis fehlen, daß außerhalb des Rheinlandes noch andere Stadtsiegeltypen aus der Blütezeit des Siegelwesens bekannt sind. Weit verbreitet war etwa der Typ des „redenden" Siegels[4], der im Rheinland immerhin durch das älteste Siegel der Stadt Sonsbeck aus dem ausgehenden Mittelalter repräsentiert wird. Allerdings zeigt dieses Siegel neben der Sonne und dem Bach (Sonsbeck!) noch ein Doppelturmtor, so daß hier das „redende" Siegel um eine weitere Aussage angereichert ist. Intention und Sprache dieses Siegeltyps in seiner reinen Form sind klar: Das Siegelbild sollte den Stadtnamen unverklausuliert vor Augen stellen. So zeigten, um nur einige in den allgemeinen siegelkundlichen Werken selten herangezogene Beispiele anzuführen, die polnische Stadt Buk eine Buche und das polnische Kruszwica einen Birnbaum (poln. grusza = Birnbaum) in ihrem Siegel. Das Siegel der badischen Stadt Eberbach enthält einen Eber, der über einen Bach schreitet, und im Siegel des ebenfalls badischen Offenburg findet sich eine Burg mit so auffällig offenstehenden Torflügeln, daß die Absicht, den Stadtnamen bildlich darzustellen, wahrlich offenkundig ist. Ähnlich zeigt das Siegel der Stadt Kirchberg im Taunus eine Kirche auf einem Berg, während das 1297 zur Stadt erhobene westpreußische Mewe in seinem Siegel eine Möwe abbildet, die in ihrem Schnabel einen kleinen Fisch hält. Die angeführten Beispiele machen deutlich, daß die Siegelbilder sehr verschieden, die Absichten der Siegelführer aber jeweils dieselben sind.

Einen verwandten Siegeltyp bilden die Siegel, welche nur den Anfangsbuchstaben des Stadtnamens – nach heraldischem Sprachgebrauch ein „Gemerke" – zeigen. Beispiele hierfür sind etwa die polnischen Städte Kasimir und Radomsko mit einem K bzw. R im Siegel. Eines der schönsten Gemerkesiegel führte bereits 1273 die niederösterreichische Stadt Tulln; in sehr schönem Schnitt ist das kalligraphisch gestaltete T von dem gekörnten Feld abgehoben. Häufiger begegnen Gemerke in Wappensiegeln, so z. B. auch in dem Schöffensiegel von Sindorf bei Köln aus dem ausgehenden 15. und in dem Gerichtssiegel von Frechen aus dem 16. Jahrhundert.

Einem eigenen Siegeltyp zuzurechnen sind auch die zahlreichen Schiffssiegel der Küstenstädte. Es erübrigt sich, auf diesen Siegeltyp hier näher einzugehen.[5]

Es ist durchaus denkbar, daß sich bei einer Durchmusterung von Städtesiegeln anderer Landschaften noch weitere Siegeltypen und Sonderformen ermitteln lassen. Eine vollständige Typologie der abendländischen Städtesiegel wird sich daher erst aufstellen lassen, wenn einmal die Masse der bisher nicht allgemein bekannten Städtesiegel veröffentlicht ist.

Anmerkungen

1 Man vergleiche entsprechende Versuche bei G. A. Seyler, S. 314 f.; Th. Ilgen, Sphragistik, S. 46; E. Frhr. von Berchem, S. 152 f.; J. Schultze, S. 179–184; M. Gumowski, S. 96; E. Kittel, Siegel, S. 301–303. Ein neuer Ansatz findet sich bei T. Diederich, Prolegomena.

2 W. Ewald, Siegelkunde, S. 211–213. Ewald bietet hier keine förmliche Typologie, sondern eine lockere Aufzählung der Haupttypen nebst Varianten und Besonderheiten.

3 W. Ewald, Rheinische Siegel V, S. 28–30; gleichlautend: W. Ewald, Beiträge zur rheinischen Siegel- und Wappenkunde (PubllGesRheinGKde), Bonn 1931 S. 39–41. Es handelt sich um Siegel 1. mit dem Bild des Orts- oder Landespatrons, 2. mit Attributen des Orts- oder Landesheiligen, 3. mit Darstellungen von Bauwerken, 4. mit Wappen, 5. mit dem Bild des Landesherrn, 6. mit dem Bild des Königs, 7. mit der Darstellung historischer Begebenheiten, 8. mit städtischen Wahrzeichen und 9. mit dem Bild des Schöffenkollegiums.

4 Vgl. etwa J. Schultze, S. 190 f. und 194, sowie E. Kittel, Siegel, S. 305 f.

5 Allgemeine Ausführungen zu typologischen Fragen und nähere Hinweise zum Schiffssiegeltyp finden sich bei T. Diederich, Prolegomena.

a. Der Archetyp des ältesten Kölner Stadtsiegels (Stadtabbreviatur- und Heiligensiegeltyp)

Wie in dem Artikel über das älteste Kölner Stadtsiegel und ergänzend hierzu in dem Kapitel über die Entstehung der ersten Städtesiegel[1] ausführlich dargelegt wurde, muß das vermutlich zwischen 1114 und 1119 in Köln entstandene Stadtsiegel als erstes seiner Art in Deutschland und auch Europa gelten. Mit seiner Verbindung von architektonischen und figürlichen Elementen (Stadtabbreviatur und Stadtpatron) wurde hier ein ganz neuer Siegeltyp geschaffen, der in der Siegelkunst zwar etwas völlig Neues darstellt, andererseits aber auf motivische Vorläufer in anderen Kunstsparten, in Handschriftenmalerei und Münzkunst, zurückzuführen ist. Selten ist das Spannungsverhältnis zwischen Tradition und Innovation in der Siegelkunst so augenfällig geworden wie beim ältesten Kölner Stadtsiegel, dessen Einzelelemente – Stadtabbreviatur und hl. Petrus – eindeutig faßbaren kölnischen Vorbildern entnommen worden sind, so daß die typmäßige Neuerung bei näherem Zusehen wieder stark relativiert wird. Anders ausgedrückt: Angesichts der Präformation des stadtkölnischen Siegelbildes in Münzbild und rhein–maasländischer Handschriftenmalerei kann es nur noch wenig überraschen, daß man in der selbstbewußten Stadt Köln ein Siegel schuf, das einen neuen Siegeltyp darstellt. Hierbei dürfte der Umstand eine Rolle gespielt haben, daß es noch kein Stadtsiegel als Vorbild gab, an das man in Köln bei der Gestaltung des eigenen Stadtsiegels hätte anknüpfen können.

Welch prägende Kraft dann der in Köln geschaffene Archetyp[2] besaß, zeigt die enge motivische Anlehnung anderer Städtesiegel im räumlichen oder geistigen Umkreis Kölns. Eindeutig ist die direkte Ausstrahlung des Kölner Urtyps auf die Städtesiegel von Mainz, Soest und Neuss. In einem regelrechten Filiationsverhältnis zu dem Mainzer Siegel stehen die Städtesiegel von Erfurt und Bingen, und ein gewisser Mainzer Einfluß ist auch bei dem Wormser Stadtsiegel zu vermuten, das seinerseits auf die Gestaltung des Straßburger Stadtsiegels eingewirkt hat.

Aber auch das wohl kurz vor 1150 entstandene Trierer Stadtsiegel, das im übrigen als eigenständige Schöpfung zu würdigen ist, ließe sich mit seiner Verbindung von figürlichen und architektonischen Elementen ohne das Kölner Vorbild nicht denken. Wie in dem Artikel über das ebenfalls zum Archetyp gehörende Wormser Stadtsiegel dargelegt wird, hat dieses in seiner Umschrift wohl auch das Trierer Siegel zum Vorbild genommen. Im übrigen steht Trier als Stadt im Gebiet von Obermosel, Eifel und Hunsrück lange Zeit so einzig da, daß es keine direkten Nachfolger gefunden hat, weil die wesentlich jüngeren Städte des Trierer Kurstaates sich unter vielen Siegelmotiven entscheiden konnten und hierbei, wie wir sehen werden, zu „moderneren“ Lösungen kamen. Die alten im weiteren Trierer Einflußbereich liegenden Städte hatten unterdessen schon andere Siegelbilder gewählt: Metz die Steinigung des hl. Stephanus (Erzählsiegeltyp), Koblenz eine Stadtabbreviatur.

Eine stärkere Nachfolge fand der Kölner Archetyp in der Stadt Köln selbst sowie im Kölner Erzstift. Das gotische Kölner Stadtsiegel, das 1268/69 nach Verlust des alten Siegelstempels geschaffen wurde, bewahrt im wesentlichen das Motiv des Archetyps, löst sich allerdings stilistisch völlig von seinem Vorläufer. Auch die drei Geschäftssiegel der Stadt Köln, die seit dem Ausgang des 13. Jahrhunderts entstanden, hielten an dem Motiv des Archetyps fest – mit der unbedeutenden Variante, daß der hl. Petrus nicht mehr thronend in Ganzfigur, sondern nur noch als Halbfigur dargestellt wurde.[3]

In ähnlicher Weise wie in Köln ist der Archetyp in Neuss zum Zuge gekommen: Das in unmittelbarer Nachfolge zum Kölner Siegel entstandene älteste Siegel der Stadt Neuss wurde später ziemlich genau nachgeschnitten. Die drei Neusser Geschäftssiegel aus dem 14. bis 16. Jahrhundert bewahrten das Motiv, vereinfachten aber die Stadtarchitektur, ein Verfahren, das durch den niedrigeren Rang dieser Nebensiegel und auch ihre geringere Größe nahegelegt wird.

Auch das große Siegel der Stadt Bonn aus der Mitte des 13. Jahrhunderts ist in seiner Gesamtkomposition entscheidend von dem Kölner Archetyp geprägt. Da das Bonner Siegel etwa zwei Generationen nach dem Neusser Siegel entstanden ist, kann es nicht verwundern, wenn in dem Bonner Stück auch anderweitige Einflüsse wirksam werden: das Bemühen um ein Stadtporträt und die Verwendung von Symbolen. Hier kommen also verschiedene für unsere Typisierung wichtige Elemente zum Tragen, so daß wir es hier mit einem Mischtyp zu tun haben, doch erscheint es richtig, auf das Siegel bereits an dieser Stelle hinzuweisen.

Eindeutig dem Archetyp zuzurechnen sind auch die Siegel der kurkölnischen Städte Rheinberg, Zülpich und Rees, die alle den hl. Petrus und eine Architektur zeigen. Wie stark die Tradition des Kölner Archetyps fortwirkt, zeigt sich darin, daß nach dem jeweils ältesten Stadtsiegel auch jüngere Typare – in Zülpich und Rees die noch dem 13. Jahrhundert angehörenden Nachschnitte, in Zülpich und Rheinberg die Sekretsiegel des 16. Jahrhunderts und in Rheinberg zusätzlich der Nachschnitt des großen Siegels aus dem 16. Jahrhundert – an dem überkommenen Typus festhalten. Wer sich mit der rheinischen Landesgeschichte beschäftigt, wird hier die engen Verbindungen zwischen den kurkölnischen Städten und ihrem erzbischöflichen Landesherrn, aber auch die materiell-wirtschaftlichen Beziehungen derselben zu der Stadt Köln unschwer wiedererkennen. Zu erinnern ist auch an die vielfältigen Wechselbeziehungen der kurkölnischen Städte untereinander, die manchen Städten schon in die Wiege gelegt waren; man denke etwa an die Tatsache, daß die Reeser, Xantener und Rheinberger Bürger 1228 bzw. 1233 von ihrem Erzbischof die gleichen Freiheiten und Rechte erhielten wie die Neusser Bürger.

Ob in dem zweiten Andernacher Stadtsiegel, das die thronende Muttergottes des ältesten Siegels aufgreift und mit einem zusätzlichen gotischen Architekturbogen versieht, ähnliche kölnische Einflüsse vorhanden sind, erscheint fraglich. Zu berücksichtigen

ist hierbei, daß das zweite Andernacher Siegel deutlich nach den Stadtsiegeln von Rheinberg, Zülpich und Rees geschaffen worden ist, nämlich zu Beginn des 14. Jahrhunderts. Hier könnte man allgemeinere Einflüsse postulieren, die sicherlich auch bei dem aus derselben Werkstatt stammenden Siegel der Stadt Montabaur anzunehmen sind. Da dort außerdem der landesherrliche Wappenschild als Hoheits- oder Herrschaftszeichen eingearbeitet worden ist, gehört das Montabaurer Siegel allerdings schon zu den Mischtypen. Dasselbe gilt auch für die Essener Missivensiegel des 15. und 16. Jahrhunderts, die eine Weiterentwicklung des Essener Geschäftssiegels aus dem 14. Jahrhundert darstellen. Dieses aber kann hier als letztes eindeutiges Belegstück für die Verwendung des Kölner Archetyps innerhalb unseres Untersuchungsbereichs angeführt werden. Hinter einer Stadtmauer, umgeben von einer gotischen Architektur, ist der hl. Cosmas[4] abgebildet, ein Siegelbild, das – vielleicht nur zufällig – dem ältesten Kölner Geschäftssiegel sehr verwandt ist, in seiner fortgeschrittenen „Gotisierung" aber ein deutlich jüngeres Alter verrät.
Es bedarf keines näheren Hinweises darauf, daß der hier abgehandelte Siegeltyp auch über das Rheinland hinaus große Verbreitung gefunden hat. Meistens lassen sich so eindeutige Filiationen, wie sie oben vorgeführt wurden, für die außerrheinischen Siegel nicht aufstellen. Hierbei spielen der zeitliche Abstand, örtliche Einflüsse aus besonderen Siegel- und Münztraditionen sowie andere Umstände eine Rolle. Daß man in späterer Zeit den Orts- oder Landespatron auch durch andere Figuren, den Stadtherrn etwa, ersetzte, versteht sich von selbst und wird bei den Mischtypen des Stadtabbreviatursiegeltyps durch rheinische Beispiele belegt werden. Hier sind als Variante die Siegel der Stadt Blankenberg zu erwähnen. Sie zeigen in einem durch Zinnen bezeichneten Mauerrund eine großartige Burganlage über einem Segmentbogen; unter diesem Bogen findet sich nicht der Stadtpatron, auch nicht der Landesherr (d. h. der Graf von Sayn), sondern der König in Halbfigur. Es muß also eine enge Beziehung zum Reich bestanden haben, auch wenn sich hierfür keine eindeutigen Quellenbelege beibringen lassen. Denkbar ist, daß Graf Heinrich III. von Sayn an ältere Verbindungen zum König erinnern und seine Stadt in den Schutz des Königtums stellen wollte; der König hätte dann eine ähnliche Funktion wie anderenorts der Stadtpatron besessen. Wir sind uns bewußt, daß wir hier wegen fehlender Quellen nur Mutmaßungen anstellen, doch fordert der aus den Siegeln von Blankenberg entgegenblickende König jeden Historiker auf, sich über sein Erscheinen in diesem großartigen Siegel Gedanken zu machen.

Anmerkungen

1 Vgl. S. 37 ff. Gewisse Wiederholungen zu diesem Kapitel wie auch zu dem Kapitel über die weitere Ausbreitung von Städtesiegeln werden nachfolgend bewußt in Kauf genommen, um bei jedem Siegeltyp die ältesten Stücke angemessen zu berücksichtigen.

2 Die Meinung von J. Schultze, S. 179, das Siegel der Stadt Thorn mit drei Türmen und einem bewehrten Stadttor im Siegelbild sei „der Urtypus eines Stadtsiegels", ist unrichtig und beruht offenbar auf einer zu isolierten Betrachtung der brandenburgischen Städtesiegel.

3 Vgl. T. Diederich, Die alten Siegel der Stadt Köln, S. 68–79.

4 Vgl. W. Ewald, Rheinische Siegel III, Tafel 106 Nr. 2 und S. 230, wo unbestimmt von einer „Heiligenfigur" gesprochen wird. Die Identifizierung ergibt sich aus dem Vergleich mit der Darstellung des hl. Cosmas im großen Essener Stadtsiegel.

b. Der Heiligensiegeltyp

Die bis etwa 1170 (späteste Entstehungszeit des ältesten Siegels der Stadt Soest) im Gebiet des Deutschen Reiches anzutreffenden Städtesiegel entsprachen alle dem Kölner Archetyp. Bald danach setzte aber schon eine erste motivische und damit typmäßige Differenzierung ein. Das für 1180/81 belegte Siegel der Stadt Metz gehört zum Erzählsiegeltyp, doch soll dessen Behandlung vorläufig zurückgestellt werden, weil es rheinische Beispiele für diesen Siegeltyp erst aus sehr viel späterer Zeit gibt. Für die vorrangige Behandlung des Heiligensiegeltyps, der bereits durch das 1185 bezeugte Siegel der Stadt Lüttich vertreten wird, sprechen gewichtige Gründe: die lange Tradition und die starke Verbreitung dieses Siegeltyps bei den Siegeln der geistlichen Institutionen. Deren Siegel hatten, wie wir sahen, schon auf den Archetyp der Städtesiegel eingewirkt. So kam es auch im Siegelbild von Städtesiegeln fast zwangsläufig zur Verselbständigung der Heiligenfigur (wie auch der Stadtabbreviatur).

Die Entstehung dieses „geistlichen" Siegeltyps und seine dominierende Rolle unter den Stifts- und Klostersiegeln sind zu erklären aus der bekannten mittelalterlichen Auffassung, wonach eine geistliche Institution durch ihren Heiligen repräsentiert wird. Hans-Jürgen Becker hat die Funktion des Heiligen folgendermaßen zusammengefaßt: „In der frühen Zeit fehlt es an einer Rechtspersönlichkeit, die Träger einer Kirche, einer Altarstiftung, eines Spitals sein könnte. Als Rechtssubjekt fungiert hier der Heilige, dem die Kirche, der Altar oder das Spital geweiht ist. Ganz unbefangen werden Schenkungen an den Heiligen geleistet: Er ist der Eigentümer seiner Kirche und des dazu gehörenden Kirchenvermögens, er ist – modern gesprochen – eine juristische Person."[1] Nach mittelalterlicher Vorstellung bestand zwischen den Städten und ihrem Stadtpatron eine ähnlich enge Beziehung. Sehr eindrucksvolle Beispiele hierfür hat Hans Conrad Peyer in seiner Habilitationsschrift über die italienischen Städte zusammengetragen.[2] Entsprechende Beobachtungen für Deutschland verdanken wir einer Studie des schon erwähnten Kölner Rechtshistorikers Hans-Jürgen Becker.[3] Danach ist der Stadtheilige Mitte des städtischen Lebens. Überall erscheint er als Helfer der Stadt gegen äußere und innere Feinde. Selbst für das späte Mittelalter konnte Becker noch feststellen: „Herren der Stadt sind also die Heiligen. Sie, die der Stadt Freiheit schenkten, lenken nun die Geschicke der Bürgerschaft; die Stadtregierung steht im Dienste des Stadtpatrones."[4] Mit der Schutzfunktion des Stadtpatrons hat sich auch František Graus beschäftigt, der in diesem Zuammenhang auf ein bezeichnendes rheinisches Beispiel aus dem späten Mittelalter hinwies: die Rolle des hl. Quirinus bei der Belagerung von Neuss durch Karl den Kühnen im Jahre 1475.[5]

Nach dem Lütticher Beispiel begegnet uns der Heiligensiegeltyp in zwei weiteren Städtesiegeln, die möglicherweise noch dem 12. Jahrhundert angehören: im Stadtsiegel von Regensburg (um 1190?) und im ersten Siegel der Stadt Andernach. Während das erstgenannte Siegel mit seiner Petrus-Darstellung hier nicht weiter zu behandeln ist, verdient das Andernacher Siegel schon deshalb Interesse, weil die im Siegelfeld dargestellte Muttergottes auch in der Umschrift als Patronin der Andernacher Bürger angesprochen ist. Folgt es hierin in gewisser Weise den Siegeln der geistlichen Institutionen, so ist die Muttergottes doch mit Attributen ausgestattet, die in besonderer Weise auf die

Stadt hinweisen: Kirche und Burg. Beide werden uns, das ganze Siegelfeld ausfüllend, noch bei dem Stadtabbreviatursiegeltyp begegnen.
Noch stärker als in dem Andernacher Siegel ist die Dominanz der Salvatorfigur in den beiden ältesten Siegeln der Stadt Duisburg. Auf den ersten Blick würde man in ihnen kein Stadtsiegel vermuten. In dem dritten und mehr noch in dem vierten Siegel der Stadt Duisburg treten die Architekturteile des Thrones stärker hervor, der Typ des geistlichen Siegels wird aber beibehalten. Auch das spätmittelalterliche Duisburger Sekretsiegel, das sicherlich von dem Meister des vierten großen Stadtsiegels stammt, entspricht dem „geistlichen" Siegeltyp. Ganz in seiner Tradition steht auch das älteste, kurz vor 1244 entstandene Siegel der Stadt Essen. Rainer Kahsnitz hat wahrscheinlich gemacht, daß das Siegel einer geistlichen Institution in Niedersachsen als Vorlage diente. Das Essener Siegel zeigt neben der Muttergottes mit dem Kind zwei weitere örtliche Patrone, die Heiligen Cosmas und Damian. Auch hier würde man, da jedes städtische Attribut fehlt, nicht sofort an ein Stadtsiegel denken.
Großes Siegel und Gegensiegel der Stadt Lechenich sind mit ihrer Petrus-Darstellung insofern eine Besonderheit, als dieser Heilige nicht Orts-, sondern Landespatron war. Hier kommt ebenso wie in dem großen Siegel der Stadt Uerdingen, wo ebenfalls der hl. Petrus – dieses Mal als Stadtpatron – abgebildet ist, die starke Bindung der kurkölnischen Städte an ihren erzbischöflichen Landesherrn zum Ausdruck; seiner Domkirche dürfte Uerdingen wohl das Petrus-Patrozinium verdanken.
Daß der Heiligensiegeltyp in städtischen Nebensiegeln gleichsam auch als Reduktion des Archetyps begegnet, kann nicht verwundern. Schon das Gegensiegel zum gotischen Siegel der Stadt Köln von 1268/69 hatte die Architekturteile weggelassen und die Figur des hl. Petrus nur noch halb abgebildet. Ähnliche Beispiele sind das älteste Sekretsiegel und das Geschäftssiegel von Trier – wiederum mit dem hl. Petrus als Patron der Stadt – sowie ein neuzeitliches Gegensiegel von Rheinberg, das den hl. Petrus mit Schlüssel und Kreuzstab ohne Stadtmauer zeigt.
Aber auch einige Hauptsiegel von weniger bedeutenden Städten sind dem Heiligensiegeltyp zuzurechnen. Es handelt sich um das noch im 14. Jahrhundert geschnittene Siegel der Stadt Werden mit einem Brustbild des hl. Ludger, das ebenfalls noch spätmittelalterliche Stadtsiegel von Haldern mit dem hl. Martin zu Pferde sowie die neuzeitlichen Siegel von Solingen mit dem hl. Clemens in Halbfigur und Süchteln mit demselben Heiligen als steif dastehender Ganzfigur. Der Heiligensiegeltyp belegt mit den zuletzt genannten Beispielen den fast überall festzustellenden Niedergang der Siegelstecherkunst vom Spätmittelalter bis zum 18. Jahrhundert.
Auch die hier anzuschließenden Mischtypen, die dem Stadtpatron gleichsam einen Wappenschild in die Hand drücken oder in sonstiger Weise zusätzlich zu der Heiligengestalt einen Wappenschild im Siegelfeld unterbringen, bestätigen diese Entwicklung. Der Wappenschild ist in der Mehrzahl der Fälle landesherrliches Hoheitszeichen; die ältesten rheinischen Beispiele hierfür sind das Zonser Schöffensiegel und das kleine Geschäftssiegel der Stadt Kempen aus dem 14. Jahrhundert mit dem kurkölnischen Kreuz. Dieses findet sich, vom jeweiligen Stadtpatron gehalten, auch in dem neuen Stadtsiegel von Kempen aus dem Jahre 1648 und in dem aus dem 16. Jahrhundert stammenden Neusser Stadtsekret. Das älteste, wohl noch mittelalterliche Stadtsiegel

von Mönchengladbach zeigt ebenso wie ein jüngerer Nachschnitt aus dem 17. Jahrhundert den hl. Vitus mit dem Jülicher Löwenschild. Weitere Beispiele für diesen Mischtyp sind das Geschäftssiegel der Stadt Siegburg aus dem 16. sowie die Siegel der Stadt Krefeld aus dem 17. und 18. Jahrhundert. Bei Schöffensiegeln ist dieser Mischtyp mit der Darstellung des Ortspatrons und des landesherrlichen Wappens noch sehr viel häufiger anzutreffen.

Nur vier Städte, nämlich Rees, Uerdingen, Straelen und Werden, bildeten – meist auf Nebensiegeln – ihren Patron mit dem eigenen Stadtwappen ab. Unter allen diesen, schon im Durchmesser bescheidenen Siegeln, ist das dritte Sekretsiegel der Stadt Rees vom Jahre 1473 eine Ausnahmeerscheinung. Der begabte Künstler hat 1473 auch den erhaltenen silbernen Stempel zu dem Reeser Schöffensiegel geschaffen. Ansonsten aber scheint das Motiv dieser Mischtypen – in der Regel handelte es sich um ein Brustbild oder die Halbfigur des Ortsheiligen mit vorgehaltenem Wappenschild – die Siegelstecher nicht zu besonderen Leistungen angespornt zu haben.

Anmerkungen

1 H.-J. Becker, Stadtpatron und städtische Freiheit. Eine rechtsgeschichtliche Betrachtung des Kölner Dombildes, in: Beiträge zur Rechtsgeschichte, Gedächtnisschrift für Hermann Conrad, Paderborn–München–Wien–Zürich 1979 S. 25.

2 H. C. Peyer, Stadt und Stadtpatron im mittelalterlichen Italien, phil. Habilitationsschrift, Zürich 1955.

3 H.-J. Becker (wie Anm. 1), S. 23–45.

4 Ebenda S. 38.

5 F. Graus, Der Heilige als Schlachtenhelfer – Zur Nationalisierung einer Wundererzählung in der mittelalterlichen Chronistik, Festschrift für Helmut Beumann zum 65. Geburtstag, Sigmaringen 1977 S. 338.

c. Der Stadtabbreviatursiegeltyp

Etwa gleichzeitig mit dem Heiligensiegeltyp, und zwar ab 1174, tauchen die ersten Städtesiegel auf, in denen nicht mehr der Patron, sondern nur ein verkürztes Bild der Stadt dargestellt wird. Diese Motivwahl lag um so näher, als die Stadtabbreviatur von der Goldbullenrückseite der Könige und Kaiser seit langem bekannt war, auf Münzen sogar eine Tradition seit der Antike besaß.[1] Auch wenn die Stadtabbreviatur kein naturgetreues Bild von der Stadt anstrebte, sondern sich nur gewisser Stadtarchitekturelemente wie der Stadtmauer, des Stadttores, der Burg oder des Turmes bediente, muß den Zeitgenossen ein solches Siegelbild für eine Stadt noch geeigneter erschienen sein als die Heiligendarstellung, da eine solche allzu leicht auf eine geistliche Institution schließen ließ. Außerdem bildeten Stadtmauer und Türme die wichtigsten äußerlichen Kennzeichen einer Stadt; hierdurch unterschieden sich die Städte ja grundsätzlich vom platten Land. Wir können die Beweggründe bei der Motivwahl nur vermuten, denn einschlägige Quellen, die hierüber Auskunft geben, fehlen völlig. Jedenfalls ist festzustellen, daß es im Rheinland mehr Städte gegeben hat, die sich bei der Gestaltung ihres großen Stadtsiegels für den Stadtabbreviatursiegeltyp entschieden, als solche, die allein ihren Stadtpatron in das Siegel aufnahmen.[2]

Die Stadtabbreviaturen unterscheiden sich von den später zu behandelnden Symbolen, die wir unter dem Symbolsiegeltyp antreffen werden, dadurch, daß die in den Siegeln abgebildeten Stadtburgen, Stadtmauern, Tore, Türme, Kirchen und anderen Bauwerke trotz ihrer Stilisierung (und damit Entfernung von der Wirklichkeit) direkt auf die Stadt, ihr besonderes Erscheinungsbild anspielen. Sie sind Symbole insofern, als hiermit auf etwas Übersinnliches, die besondere Rechtsqualität der Stadt, hingewiesen wird. Trotzdem erscheint es sinnvoll, den Stadtabbreviatursiegeltyp deutlich von dem Symbolsiegeltyp abzuheben.

Die ältesten, noch dem 12. Jahrhundert angehörenden Beispiele für den Stadtabbreviatursiegeltyp finden sich in den Stadtsiegeln von Valenciennes (1174 belegt), Cambrai (1185 belegt), Utrecht (1196 belegt) und möglicherweise auch Brandenburg (vor 1196?). Die Blütezeit der Stadtabbreviatursiegel in dem hier untersuchten rheinischen Raum beginnt mit dem ältesten, 1198 bezeugten Siegel der Stadt Koblenz und dauert bis zum Ende des 13. Jahrhunderts. Neben Koblenz sind auch die ältesten großen Stadtsiegel von Boppard und Oberwesel zu nennen, die schon sehr früh im 13. Jahrhundert einfache Stadtabbreviatursiegel besitzen; in den bald folgenden Nachschnitten werden diese durch Einarbeitung von Figuren vermehrt, weshalb letztere nicht mehr zu dem reinen Stadtabbreviatursiegeltyp gehören. Dagegen haben das zweite und dritte Siegel der Stadt Koblenz die bloße Stadtabbreviatur bewahrt. Als weitere mittelrheinische Stadt hat sich Kreuznach bald nach 1240 für eine Stadtabbreviatur entschieden. Ohne direkten Anschluß an diese Städtegruppe ist sicherlich am Ende des 13. Jahrhunderts das in seiner Größe schon deutlich abfallende Siegel der Stadt Wittlich entstanden. Auch stilistisch scheint dieses Siegel eher vom Westen als von den Siegeln der am Rhein gelegenen Städte beeinflußt zu sein.

Im nördlichen Rheinland sind die ältesten Stadtabbreviatursiegel zugleich die eindrucksvollsten: die großen Siegel von Deutz (entstanden um 1230), Wassenberg und Dinslaken (entstanden 1273 bzw. nach 1273). Das schon beträchtlich kleinere Siegel der Stadt Düsseldorf verzichtet auf alle profanen Abbreviaturen wie Mauern, Tore und Türme zugunsten der Stadtkirche. In Düsseldorf wiederholt im übrigen auch das Sekretsiegel des 14. Jahrhunderts die Darstellung des ältesten Siegels, während das kleine Sekretsiegel von Dinslaken, das ebenfalls aus dem 14. Jahrhundert stammt, trotz des Festhaltens am Stadtabbreviatursiegeltyp zu einer veränderten Gestaltung der Türme kommt.

Im 14. Jahrhundert ist ansonsten ein deutlich zurückgehendes Interesse an dem einfachen Stadtabbreviatursiegeltyp festzustellen. Nur Griethausen und das sponheimische Winterburg entscheiden sich noch für diesen Typ, der dann verständlicherweise auch in den jüngeren Siegeln dieser beiden Städte beibehalten wird.

Daß der reine Stadtabbreviatursiegeltyp im 14. Jahrhundert und danach nicht mehr so gefragt war, hat sicherlich mehrere Gründe. Bei der Masse der im 13. Jahrhundert innerhalb und außerhalb des Rheinlandes entstandenen Stadtabbreviatursiegel war es schwierig, ein Siegelbild zu finden, das sich deutlich von diesen bereits bestehenden Städtesiegeln abhob. So entschied man sich m. E. oft zwangsläufig dazu, in das Siegelbild zumindest ein zusätzliches Symbol aufzunehmen. Überhaupt mehrten sich die Mischtypen. Noch wichtiger aber war die Tatsache, daß die Wappensiegel auf breiter Linie an Beliebtheit gewannen und auch viele Städte zur Abkehr von den überkommenen Siegeltypen veranlaßten.

Ein Blick über die Grenzen des Rheinlandes hinaus bestätigt im wesentlichen die bisher gewonnenen Ergebnisse. Während sich allerdings in dem engeren Raum Westfalens für den Stadtabbreviatursiegeltyp gewisse Filiationen nachweisen lassen, bietet das benachbarte Frankreich ein ausgesprochen vielseitiges Bild.

Kehren wir zu den rheinischen Verhältnissen zurück, so ist festzustellen, daß Beispiele für den Mischtyp, in dem eine Stadtabbreviatur mit einer anderen Aussage kombiniert ist, ausgesprochen oft anzutreffen sind. Es handelt sich um drei Mischtypen, die wir danach unterscheiden, ob die Stadtabbreviatur um ein Symbol, um die Darstellung des Stadtherrn oder um ein Wappen vermehrt ist. Während sich zu den ersten beiden Arten noch einzelne Varianten beibringen lassen, kann man bei den Wappendarstellungen landesherrliche und Städtewappen unterscheiden.

Die Verbindung von Stadtabbreviatur und Symbol findet sich im Rheinland schon ausgesprochen früh: um 1200 in dem Siegel der Stadt Remagen. Über einem in der Mitte auf einer Säule aufruhenden Zwillingsbogen befindet sich eine Stadtabbreviatur, die aus einer Zinnenmauer und drei Türmen besteht. Der springende Wolf darunter ist, wenn unsere Deutung zutrifft, ein auf den Ortsnamen anspielendes und auf alte Besitzverhältnisse eingehendes Symbol. Den Wolf als ein Symboltier im künstlerischen Sinne aufzufassen, liegt auch deshalb nahe, weil dieser eine Krone trägt, ein Reichssymbol, das im Remagener Siegel einen besonderen Sinn hatte.

Ähnlich führte das benachbarte Sinzig in seinem Sekretsiegel aus dem 14. Jahrhundert über der Stadtabbreviatur einen mächtigen Adler. Das zwischen 1259 und 1278 entstandene große Siegel der Stadt Münstermaifeld zeigt in dem gewaltigen Stadttor einen aufrecht stehenden Schlüssel, der als Attribut des hl. Petrus auf den Patron des Trierer Erzstiftes verweist und letztlich als Symbol für die Stadtherrschaft des Erzbischofs von Trier zu deuten ist. Ungeklärt bleibt dagegen die Bedeutung der beiden mit einer Fußspitze versehenen Tatzenkreuze und der beiden Sterne, welche das Tor mehrerer Bitburger Siegel beseiten.

Auch einige niederrheinische Städte bedienten sich in ihrem Siegel einer um ein Symbol ergänzten Stadtabbreviatur. Hierbei kommen auch Bilder vor, die z. T. schon früher, z. T. aber auch erst später als Wappenfiguren bezeugt sind. Es handelt sich um die Siegel der Städte Geldern (Mispelblüte), Orsoy (drei Pferdeköpfe) und Wachtendonk (Lilie). Besonderes Interesse verdienen die Pferdeköpfe, die uns als sprechendes Symbol für die zu vermutende örtliche Pferdezucht und den davon abgeleiteten Namen der Stadt (Orsoy = Roß-Au) begegnen. „Redende" Funktion haben auch die beiden Kraniche auf der Stadtmauer in den Siegeln der Stadt Kranenburg. Diese Siegel seien hier als Variante erwähnt, weil es zweifelhaft ist, ob die Kraniche eine tiefere symbolische Bedeutung hatten; auch wenn man sie volksetymologisch als „redende" Bilder auffaßt, wird man die Kranenburger Siegel nicht ohne weiteres dem (in diesem Buch nicht weiter behandelten) Typ des Redenden Stadtsiegels zurechnen dürfen, weil die Architektur nicht als Burg, sondern als Stadtmauer mit hohem Turmtor zu verstehen ist. Eine tiefere symbolische Bedeutung hat aber ohne Zweifel der Drache (oder Lindwurm), der sich unter der mächtigen Turmanlage der beiden ältesten Siegel von Kalkar windet. Er erinnert an die Wildnis, die sich am Ort befand, bevor auf der „insula Kalkere" eine Stadt gegründet wurde. Im Hinblick auf den hier behandelten Mischtyp sei festgestellt, daß das älteste Kalkarer Stadtsiegel auf dem Mittelturm zusätzlich noch einen Wappenschild zeigt. Wir sehen in diesem Siegel mit seinen drei Aussagen – Stadtabbreviatur, Symbol, Wappen – eine Variante, die sonst im Rheinland nicht vorkommt.

Der zweite Mischtyp vermehrt die Stadtabbreviatur um ein Bild des Stadtherrn. Beispiele für diese Kombination finden sich außerhalb des Rheinlandes – vor allem im Osten – nicht selten.[3] Im Rheinland führten ein Siegel dieses Typs nur vier Städte: Oppenheim, Düren, Oberwesel und Sinzig. In allen Fällen wird im Zentrum des Siegelfeldes der König dargestellt. Während die drei erstgenannten Städte zum Zeitpunkt der Entstehung des ersten (Oppenheim, Düren) bzw. zweiten großen Stadtsiegels (Oberwesel) den König zu Recht als ihren Stadtherrn betrachten konnten, handelt es sich bei der Motivwahl des Sinziger Siegels gleichsam schon um eine historische Reminiszenz; immerhin aber war die Tradition des Reichsortes Sinzig kurz vor der Stadtsiegelentstehung noch so stark, daß der Erzbischof von Köln als Landesherr den Sinziger Bürgern versprach, ihre alten vom Reich herrührenden Rechte zu wahren. Rheinische Territorialherren haben sich, so sei abschließend festgestellt, nicht im Mauerrund ihrer Städte darstellen lassen.

Der dritte Mischtyp integriert in die traditionelle Stadtabbreviatur einen Wappenschild, der zum einen gleichsam als Vertreter des Landesherrn dessen Hoheit über die Stadt manifestiert, zum anderen aber als Stadtwappen das Selbstbewußtsein der eigenständig handelnden Bürgergemeinde hervorkehrt. Die landesherrlichen Wappen sind in der älteren Zeit – im Rheinland wie in anderen Landschaften – naturgemäß häufiger vertreten. Das älteste rheinische Beispiel ist das um 1230 geschaffene Siegel der Stadt Jülich, bei dem es dem Grafen von Jülich besonders darauf ankommen mußte, seine Hoheit über diese seine erste Stadtgründung zu verdeutlichen. Von den klevischen Gründungen gehören hierher die Städte Kleve, Grieth und das jüngere Uedem. In dem bald nach 1242 gestochenen ältesten Siegel von Kleve ist der Wappenschild von imposanter Größe. Ähnlich stark betont ist der Wappenschild in dem Klever Sekretsiegel aus dem 15. Jahrhundert. Das Griether Stadtsiegel kommt zu einer ähnlichen Aussage, indem es den alten Wappenschild der Grafen von Kleve zweimal zwischen den Türmen der Stadt zeigt. Das in der Mitte des 14. Jahrhunderts entstandene große Siegel von Uedem rückt das klevische Vollwappen in das Zentrum des Siegelfeldes, mißt der damit verbundenen Aussage also ebenfalls eine große Bedeutung bei. Die Uedemer Sekretsiegel des 15. und 18. Jahrhunderts verwenden statt des klevischen Wappenschildes offenbar das älteste Stadtwappen mit dem Rost des hl. Laurentius, des Uedemer Patrons.

Die großen, von ein und demselben Meister stammenden Siegel der drei ältesten bergischen Städte Wipperfürth, Lennep und Ratingen zeigen oben in der Mitte des Siegelfeldes den Wappenschild des Grafen von Berg. Dem Kompositionsschema dieser Siegel folgen später auch das Geschäftssiegel und die Sekretsiegel von Wipperfürth sowie die Sekretsiegel von Lennep und Ratingen. Die Wappen adliger Stadtherren finden sich ansonsten noch in den jüngeren Siegeln der Städte Euskirchen, Linn und Alpen.

Von den alten Städten der ersten landesherrlichen Gründungsphase im Rheinland hat lediglich Emmerich von Anfang an das eigene Stadtwappen im bald nach 1233 gestochenen großen Siegel geführt. Der Fall ist so einzigartig früh, daß er zugleich den ersten zuverlässigen Beleg für die Wappenführung einer Stadt im Rheinland darstellt. Erst sehr viel später kamen die oben erwähnten Städte Grieth und Ratingen dazu, das eigene Stadtwappen in ihr Siegel aufzunehmen. Dasselbe gilt von der Stadt Kalkar, die in ihrem kleinen Stadtsiegel von 1648 die Burganlage über dem Mitteltor mit dem (neueren) Stadtwappen kennzeichnete.

Anmerkungen

1 Vgl. U. Süßenbach, Die Stadtmauer des römischen Köln (Aus der Kölner Stadtgeschichte), Köln 1981 S. 20 f. mit Hinweisen auf die Rolle der antiken Stadt im allgemeinen, die Vorstellung von der heiligen Stadt und der Gliederung des Stadtplans nach „himmlischen Gesetzen".

2 Vgl. auch die Feststellung bei E. Melly, S. 175, bezüglich der österreichischen Städtesiegel: „Die ältesten unserer Städtesiegel haben Befestigungen zum Gegenstand ihres Bildes."

3 Als Beispiele seien angeführt die Siegel der Städte Poix-de-Picardie (Frankreich), Gelnhausen (Hessen), Mühlhausen (Thüringen), Nordhausen (Thüringen), Stettin (Pommern) und Kulm (Westpreußen).

d. Der Stadtporträtsiegeltyp

Wie Günter Bandmann in seinem Buch über „Mittelalterliche Architektur als Bedeutungsträger" festgestellt hat, ist das Stadtporträt in der Siegelkunst entwickelt worden.[1] Bandmanns Datierung dieses Vorganges auf die Wende zum 13. Jahrhundert wird durch eine Untersuchung der rheinischen Städtesiegel bestätigt. Spätere, aus anderen Kunstgattungen abgeleitete Ansätze[2] sind demgemäß zu korrigieren bzw. zu relativieren.

Das oben in dem Kapitel über den Archetyp des Kölner Stadtsiegels nur kurz erwähnte älteste Siegel der Stadt Worms steht mit seiner Verbindung von Stadtpatron und Stadtarchitektur zwar eindeutig in der Köln–Mainzer Siegeltradition, verdient hier aber besonders erwähnt zu werden. Wie in dem Artikel über dieses Siegel näher ausgeführt ist, findet sich in seinem Siegelfeld einerseits noch eine allgemeine Stadtabbreviatur nach altem Vorbild (Zinnentürme an den Bildrändern), andererseits aber darf die an dem Wormser Dom orientierte Dreiturmgruppe in der Mitte als der erste, noch tastende Versuch gelten, im Siegel ein Stadtporträt einzufangen. Der Vorgang wird verständlich, wenn man sich klarmacht, wie sehr mit seinen Zeitgenossen auch der wohl in Worms ansässige Siegelstecher unter dem Eindruck des neuen Wormser Dombaus gestanden haben wird, dessen Ostteile 1181 geweiht worden waren. Die Entstehung des Wormser Siegels ist für die 80er bzw. 90er Jahre des 12. Jahrhunderts zu vermuten. Demnach wären die Anfänge des Stadtporträts in der Siegelkunst für nahezu dieselbe Zeit anzunehmen, die wir auch für die ältesten Beispiele des Heiligen- und des Stadtabbreviatursiegeltyps ermittelt haben.

Die schönsten und repräsentativsten Stadtporträts im Rheinland – sie begegnen uns allerdings nur in Verbindung mit anderen Bildelementen, nach der hier zugrunde liegenden Typisierung also nur in Mischtypen – wurden bereits eine gute Generation später geschaffen. Es handelt sich um das zwischen 1212 und 1231 entstandene zweite Siegel der Stadt Speyer[3] und das zwischen 1228 und 1236 gestochene zweite Siegel der

Stadt Boppard.[4] Dem wunderschönen zweiten Siegel von Speyer war ein älteres Siegel vorausgegangen, dessen Entstehung noch im 12. Jahrhundert Kahsnitz für denkbar hält. Das einzige von diesem Siegel erhaltene Fragment findet sich an einer Urkunde von 1212. Das nach dem Archetyp des Kölner Stadtsiegels komponierte Siegelfeld zeigte in einem mittleren Stadttor vermutlich die Muttergottes als Patronin; sicher zu erkennen ist jedenfalls, daß darüber der „Dom von Norden mit zwei Türmen und Kuppel und einer Turmgruppe im Westen dargestellt“ war.[5] Von außergewöhnlicher Naturtreue ist das Bild des Speyerer Domes, das sich in dem zweiten Siegel der Stadt Speyer findet. Rainer Kahsnitz hat dieses kleine Kunstwerk gewürdigt und zugleich deutlich gemacht, daß der mittelalterliche Künstler sich ohne Hemmungen immer dann besondere Freiheiten nimmt, wenn es die Gesamtkomposition erfordert. So fehlt im zweiten Speyerer Siegel das östliche Querhaus, während zur Unterbringung der Muttergottes ohne Bedenken ein Dreipaßbogen in das Langhaus eingefügt ist.[6] Trotzdem tritt in diesem Siegel die gegenüber dem konventionellen Stadtabbreviatursiegeltyp veränderte Aussage des Stadtporträtsiegels zum ersten Male deutlich in Erscheinung: Die Siegelführer identifizieren sich in noch stärkerem Maße mit ihrem Stadtsiegel, das nach ihrem Willen nun ein unverwechselbares, individuelles Bild ihrer Stadt zeigt. Von außergewöhnlicher Qualität ist auch das zweite Siegel der Stadt Boppard. Bis auf ein Detail hat der Siegelstecher die damals gerade errichtete Severuskirche auf so exakte Weise wiedergegeben, daß das Siegel zur wichtigsten Quelle für das Aussehen dieses Baus vor seinen späteren Veränderungen geworden ist. Bemerkenswert erscheint weiterhin, daß der Meister noch einige andere Elemente in das Siegel eingearbeitet hat: eine außergewöhnlich schön gestaltete Stadtmauer, die sich dem Betrachter vorn von außen, hinten aber von innen darbietet und in dem Haupttor am unteren Bildrand den Stadtpatron (St. Severus) zeigt, schließlich einen überproportionierten Adler auf dem Dachfirst, Symbol für den reichsstädtischen Charakter Boppards.

Wenngleich das älteste, um 1250 entstandene Siegel der Stadt Bonn künstlerisch nicht die einsame Höhe der beiden vorgenannten Siegel erreicht, liegt es inhaltlich doch ganz auf ihrer Linie. Auch hier ist die bedeutendste örtliche Kirche, das Bonner Münster, vortrefflich im Siegel eingefangen; auch hier legt der Siegelstecher einen Dreipaßbogen vor das Langhaus, um darunter den hl. Cassius darzustellen; auch hier finden sich mit Zinnenmauer, Drachen und Adlerschild Elemente des Stadtabbreviatur- und Symbolsiegeltyps sowie Anklänge an den Wappensiegeltyp.

Erst das eine Generation später gestochene große Siegel der Stadt Siegburg beschränkt sich auf eine reine Stadtdarstellung. Während die kreisrunde Stadtmauer mit ihren acht Toren stilisiert ist – Siegburg besaß im Mittelalter nur vier Stadttore –, bietet der Michaelsberg mit der sich darauf erhebenden Abteikirche ein vorzügliches Stadtporträt, das in dem Siegel so dominiert, daß jeder Siegburger Bürger dieses sofort als „sein“ Stadtsiegel erkannte.

Erreichen die gleich anzuführenden, im 14. Jahrhundert und danach gestochenen rheinischen Stadtporträtsiegel nicht mehr den künstlerischen Rang der bisher besprochenen Stücke, so ist es angebracht, an dieser Stelle auf ein außerrheinisches Kunstwerk hinzuweisen, das in vollkommenster Weise ein Stadtporträt liefert: die Rückseite der Kaisergoldbulle Ludwigs des Bayern. Sie versucht, die Denkwürdigkeiten der am

17. Januar 1328 vollzogenen Kaiserkrönung durch ein Bild der Stadt Rom festzuhalten. Dem Meister, der mit den örtlichen Verhältnissen sehr vertraut gewesen sein muß und wohl auch Italiener war, ist es gelungen, auf engstem Raum 13 charakteristische Bauwerke der durch eine Mauer eingefaßten und vom Tiber durchflossenen Ewigen Stadt abzubilden, und zwar in einer Gesamtkomposition, die höchste Bewunderung verdient.[7] In der Siegelkunst der deutschen Kaiser und Könige steht diese Goldbulle einzig da.[8] Im übrigen ist darauf hinzuweisen, daß uns Stadtporträts auch in anderen Landschaften und Ländern begegnen; erwähnt seien nur die Siegel von Rapperswil am Zürichsee mit seiner charakteristischen, im 14. Jahrhundert erbauten Brücke[9] und Nîmes in Südfrankreich mit dem Bild der dortigen römischen Arena.[10]

Unter den rheinischen Städten gibt es weiterhin zwei verhältnismäßig deutlich abgrenzbare Gruppen, die in ihrem Siegel ebenfalls ein Stadtporträt zeigen. Die erste Gruppe bilden die kurtrierischen Städte Mayen, Kyllburg, Saarburg und Welschbillig, zu denen noch Kobern an der Mosel zu rechnen ist, das ein für eine Gemeinde recht anspruchsvolles Siegel führte. In das Siegelfeld ist mit einer Ausnahme jeweils zusätzlich der kurtrierische Wappenschild eingearbeitet. Lediglich das Mayener Stadtsiegel verwendet statt des kurtrierischen Wappens zwei gekreuzte Schlüssel.[11] In allen Fällen aber ist das Bemühen um naturgetreue Wiedergabe charakteristischer Bauwerke bzw. der ganzen Stadt erkennbar.

Dasselbe gilt für die zweite Gruppe, die von den bergischen Städten Gerresheim, Ratingen und Düsseldorf gebildet wird. Die hier anzuführenden Siegel zeigen ebenfalls zusätzlich zu den naturnah dargestellten Bauwerken einen Wappenschild, gehören aber verschiedenen Jahrhunderten an. Die größte Beachtung verdient das in diesem Werk behandelte Stadtsiegel von Gerresheim, das zwischen 1368 und 1392 entstanden ist und die dortige Stiftskirche abbildet. Die örtliche Pfarrkirche zeigen auch die beiden jüngeren Sekretsiegel und das jüngere Stadtsiegel von Ratingen; sie lösen sich deutlich von der Vorlage des großen Stadtsiegels und des ältesten Sekretsiegels, welche die Kirche stilisiert in der besonderen Formensprache des „Meisters der ältesten bergischen Städtesiegel“ gezeigt hatten.[12] Eine moderne Auffassung von geradezu selbstverständlicher Naturtreue wird in dem Sekretsiegel der Stadt Düsseldorf erkennbar. Dieses Siegel ist auf 1763 datiert, geht aber auf ein früheres Siegel aus dem 17. Jahrhundert zurück.[13]

Mit dem Hinweis auf das große Siegel der Stadt Kempen (Kirchendarstellung) sind die rheinischen Siegel, die sich des Stadtporträts bedienen, erschöpft. Regelmäßig besitzt die Architektur im Siegelfeld so eindeutigen Vorrang, daß die Wappen, die sich in den jüngeren Siegeln finden, nur akzessorischen Charakter haben, womit ihre wichtige Sachaussage nicht verkannt werden soll. Aus dem Gesamtbefund ergibt sich, daß das Rheinland über kein Siegel verfügt, welches dem reinen Porträtsiegeltyp zuzurechnen wäre: Während das älteste ein Stadtporträt enthaltende Stadtsiegel dem Kölner Archetyp nahesteht, sind die jüngeren Beispiele im Sinne unserer Klassifizierung Mischtypen, bei denen die Verbindung von Stadtporträt und landesherrlichem Wappen eindeutig überwiegt; selbst das sich auf ein Stadtbild beschränkende schöne Siegel der Stadt Siegburg zeigt außer dem eigentlichen Porträt eine Abbreviatur.

1 Vgl. G. Bandmann, S. 102 bezüglich der Stadtsymbole: „Erst zum 13. Jahrhundert hin nehmen die Formen mehr porträthaften Charakter an, bezeichnenderweise zunächst auf den Stadtsiegeln."
2 Vgl. etwa P. Metzger, Wenzel Hollar in Bonn und Umgebung, BonnGBll 27 (1975) S. 58: „Erst gegen Ende des Mittelalters beginnt das Stadtporträt gleichzeitig mit dem Individualporträt ..."
3 Vgl. R. Kahsnitz, Siegel und Goldbullen, S. 93 f., Abb. 69; die Abbildung einer anderen Vorlage bei T. Diederich, Quellenwert und Bedeutungsgehalt, Tafel V.
4 Vgl. unten den Artikel über dieses Siegel.
5 R. Kahsnitz, Siegel und Goldbullen, S. 93
6 Ebenda S. 93 f.
7 Vgl. T. Diederich, Siegelkunst, S. 156.
8 In einer größer angelegten Siegel-Typologie wird man dieses Siegel zum Typ des Rombildsiegels rechnen, da die Darstellung der Ewigen Stadt eine besondere Aussage (Weltherrschaft) beinhaltet.
9 Abbildung bei E. Kittel, S. 196.
10 Abbildung bei B. Bedos, S. 380 Nr. 504.
11 Dasselbe Motiv – Burg, darüber zwei gekreuzte Schlüssel – zeigen die Siegel der badischen Stadt Ladenburg, deren ältestes etwa gleichzeitig mit dem Mayener Siegel entstanden ist; die Schlüssel beziehen sich in den Ladenburger Siegeln auf das Hochstift Worms (vgl. F. v. Weech, S. 17 sowie Tafel XXXI f.).
12 Vgl. die Artikel über die großen Stadtsiegel von Wipperfürth, Lennep, Ratingen und Dinslaken.
13 Vgl. W. Ewald, Rheinische Siegel III, Tafel 70 Nr. 3 und S. 155; das Siegel des 17. Jahrhunderts ist bei Ewald nicht abgebildet.

e. Der Symbolsiegeltyp

Das mittelalterliche Siegelwesen verdient nicht zuletzt deshalb in stärkerem Maße erforscht zu werden, weil in ihm Zeichen, Bilder und Symbole eine große Rolle spielen, die uns mancherlei Kenntnisse vom Bewußtsein und der Vorstellungswelt des mittelalterlichen Menschen vermitteln können. Diese Zeichen, Bilder und Symbole erschließen sich dem heutigen Verständnis allerdings in sehr unterschiedlicher, abgestufter Weise. Das Zeichen, selbst gegenständlich, tritt für eine andere Sache, etwa einen Namen, ein; die Vorstellung dieser Sache wird bei jedem wachgerufen, der bereits einen Begriff von dem Zeichen selbst und der ihr zugeordneten Sache besitzt. Das Bild oder Abbild, das in der Siegelkunst bei Siegeln von Personen und Städten recht häufig vorkommt, dient dazu, die abge„bild"ete Person oder Sache konkret vor Augen zu stellen. Das Sinnbild oder Symbol aber weist über das Konkrete hinaus auf einen übersinnlichen, abstrakten Sachverhalt hin. Es hat dann, wie wir insbesondere durch die Forschungen von Carl Gustav Jung wissen, einen weiteren, wohl nie ganz genau definierbaren „unbewußten" Aspekt. Das bedeutet für den Symbolforscher, daß er die durch die Symbole hervorgerufenen Vorstellungen nie eindeutig bestimmen kann.[1] Es ist keine Frage, daß der zeitliche Abstand für den Historiker, der sich mit dem Symbol im Mittelalter beschäftigt, eine weitere Erschwernis darstellt. Dies genügt aber nicht zur Erklärung der Tatsache, daß die Symbolik im Siegel bisher weder von der Symbolforschung noch von der Siegelforschung in nennenswertem Rahmen untersucht worden ist.
Wie an anderer Stelle näher ausgeführt wurde[2], ist nicht nur die mittelalterliche Architektur, sondern auch das mittelalterliche Siegel Bedeutungsträger. Ein tieferes Verständnis des Siegelbildes eröffnet sich erst, wenn man seine geschichtliche und seine symbolische Bedeutung untersucht. Diese gingen seit dem ausgehenden Mittelalter ver-

loren, als sich das Siegel immer mehr zu einer anspruchslosen Massenware entwickelte. Daraus ergibt sich andererseits, daß den anspruchsvollen Siegeln des hohen und späten Mittelalters, die nicht selten Kunstwerke von hohem Rang sind, allgemein auch eine symbolische Bedeutung unterstellt werden kann, und zwar mit Ausnahme der Siegel mit antiken Gemmen grundsätzlich bei allen im Hoch- und Spätmittelalter vorkommenden Siegeltypen. Wenn, wie oben[3] festgestellt, Stadtburgen, Stadtmauern, Tore, Türme, Kirchen und andere Bauwerke im Siegel dazu dienten, dem Betrachter ein Bild der Stadt zu liefern, so ist zunächst noch keine Symbolik im Spiele. Macht man sich aber klar, daß die eben aufgezählten Bilder auf etwas Übersinnliches, also auf den besonderen Rechtsstatus, auf das differenzierte soziale Gefüge und auf andere Qualitäten hinweisen können, durch welche sich die Stadt vom platten Land unterschied, so glauben wir, die diesen Bildern zugrunde liegende Symbolik zumindest umrißhaft bestimmen zu können.

Wiewohl man den Sinn der Symbole, wie sich am gewählten Beispiel des Stadtabbreviatursiegeltyps zeigt, verstandesmäßig nie ganz genau erfassen kann, wird bei bestimmten Symbolen doch zumindest die allgemeine Richtung klar: Im Laufe der Geschichte haben sich nämlich Vorstellungen entwickelt, die durch ein Symbol sofort wachgerufen werden; so genügt etwa die Einarbeitung von drei Zinnen in ein Siegelbild schon, um eine Stadtmauer anzudeuten, die ihrerseits eine wie auch immer geartete Vorstellung von „Stadt“ hervorruft.

Gewisse Zeichen, Bilder und Symbole kommen im Siegelwesen immer wieder vor und führen damit eine Vorstellung in bestimmter Richtung herbei. Da sie eine jeweils gleiche oder ähnliche Funktion für die Aussage des Siegels besitzen, werden sie auch für die Typenbildung wichtig. Außer dem Stadtabbreviatursiegeltyp, der hier als Beispiel gewählt wurde, gilt dies auch für eine Reihe anderer Siegeltypen. In etlichen Fällen sind also Zeichen und Bilder, die wie die Stadtabbreviatur auch eine allgemeine Symbolfunktion haben können, für die Typenbildung maßgebend. Während wir diese Siegeltypen hier auf sich beruhen lassen, verdienen die Symbolsiegel im engeren Sinne eine nähere Betrachtung. Es fällt nämlich auf, daß es einerseits zahlreiche Siegel gibt, die in ihrem Feld einen nicht ohne weiteres verständlichen Gegenstand zeigen. Andererseits kommen auch viele Siegel mit Gegenständen vor, deren Symbolik uns recht gut vertraut ist.

Als erste rheinische Stadt hat vermutlich Xanten ein Symbolsiegel im engeren Sinne geführt. Das bald nach der Stadterhebung von 1228 gestochene Siegel zeigt einen Schlüssel, der über seinen allgemeinen Sinngehalt hinaus – man denke an das weite Feld der „Schlüsselgewalt“ – im vorliegenden Falle eindeutig als Attribut des hl. Petrus angesprochen werden kann. Der Apostelfürst war nämlich Patron des Kölner Domes und Erzbistums, so daß der Schlüssel eine Beziehung zum zuständigen Landesherrn, dem Erzbischof von Köln, herstellt. In dieser Funktion erscheint der Schlüssel auch in den späteren Stadtsiegeln von Xanten sowie im ältesten Siegel der Stadt Linz, dort allerdings in Kombination mit dem Kreuz, das dem Wappen des Kölner Erzstiftes entlehnt ist. Mit dem Aufschwung der Heraldik hat das Kreuz in Siegeln kurkölnischer Orte und Gerichte zunehmende Bedeutung erlangt, ohne indessen den Schlüssel ganz verdrängen zu können. Das Gesagte gilt auch für das alte Kurfürstentum Trier, dessen

Patron ebenfalls der hl. Petrus war und das im späten Mittelalter wie Kurköln ein Kreuz im Wappenschild führte. Schlüssel und Kreuz im Stadtsiegel von Bernkastel symbolisieren also die Zugehörigkeit zum Trierer Kurstaat; der ebenfalls im Siegel erscheinende Bär ist dagegen eine ortseigene redende Figur, die später auch im Stadtwappen von Bernkastel wiederkehrt.

Während das im Rheinland häufig begegnende Motiv des Schlüssels[4] bei kurkölnischen und kurtrierischen Orten leicht zu deuten ist, entzieht sich der von einem Löwen gehaltene Schlüssel in den Stadtsiegeln von Radevormwald einer eindeutigen Interpretation.[5] Ein Symbolgehalt ist nichtsdestoweniger zu unterstellen. Kompositorisch den Radevormwalder Siegeln vergleichbar ist das Siegel der bergischen Stadt Elberfeld aus dem 17. Jahrhundert; der (bergische) Löwe hält dort einen Rost, das Attribut des örtlichen Patrons, des hl. Laurentius. Ewald hat auch eine Reihe von Schöffensiegeln angeführt, die im Siegelfeld das Attribut des Ortsheiligen aufweisen; wie er richtig bemerkte, kommen noch etliche Wappensiegel hinzu, die im Schild ein Heiligenattribut zeigen.[6]

Zum Typ des Symbolsiegels sind auch die Stücke zu zählen, die im Siegelfeld einen Doppeladler oder einfachen Adler enthalten. Das älteste Beispiel dieser Art ist das große Siegel der Stadt Kaiserswerth aus dem zweiten Viertel des 13. Jahrhunderts mit der Darstellung eines schönen Doppeladlers. Die späteren städtischen Nebensiegel von Düren, Duisburg, Boppard und Oberwesel weisen einen einfachen Adler auf. In allen Fällen wird durch dieses Bild, das uns noch heute als Reichssymbol vertraut ist, eine besondere Beziehung zum König und zum Reich ausgesagt.

Mit dem oben erwähnten Bär im Stadtsiegel von Bernkastel wurde bereits ein redendes, ganz auf den eigenen Ort bezogenes Bild erwähnt. Ob der Bär über seine redende Funktion hinaus hier eine symbolische Bedeutung hat, muß offen bleiben; man möchte es aber vermuten, da sich die im Mittelalter immer wieder anzutreffende volksetymologische Deutung offenbar nur selten auf eine rein sprachliche Erklärung des Ortsnamens beschränkte. Bei den städtischen Nebensiegeln von Kreuznach (Kreuz), Orsoy (drei Pferdeköpfe) und Wesel (Wiesel) sind die Verhältnisse ähnlich. Zumindest für Orsoy, dessen Name als Roß-Au erklärt wird, erscheint ein besonderer Bezug zur Pferdezucht und damit zum Ortsnamen wie zum verwendeten Siegelsymbol wahrscheinlich. Auch der Anker im Siegel der Gemeinde Enkirch war mehr als ein redendes Bild, da er gewiß auch als Hinweis auf die Moselschiffahrt verstanden wurde. Den in mehreren Siegeln der Stadt Bonn begegnenden Löwen, der in den beiden ältesten Nebensiegeln des 13. und 14. Jahrhunderts einen Eber niederhielt, später aber auch mit einer Löwin (?) und dem kurkölnischen Kreuz kombiniert wurde, hat Franz Oelmann als Bonner Gerichtssymbol nachgewiesen. Dieses leitet sich ab von einer heute noch erhaltenen provinzialrömischen Steinskulptur.[7]

Als im späten Mittelalter die Heraldik immer mehr an Bedeutung gewann, vermehrte sich auch die Zahl der Wappensiegel rapide. Es kann nicht verwundern, wenn seither neben den reinen Wappensiegeln häufiger Siegel mit Symbolen auftreten, welche dem landesherrlichen Wappen entnommen sind. Das Kreuz als Herrschafts- und Hoheitssymbol der Erzbischöfe von Köln und Trier wurde oben schon am Beispiel der Stadtsiegel von Linz und Bernkastel erwähnt. In dem Sekretsiegel von 1690, das sich die

Stadt Bonn nach der großen Bombardierung von 1689 anfertigen ließ, ist das kurkölnische Kreuz mit dem Bonner Löwen kombiniert, ohne daß man diese in einen Wappenschild hineingestellt hätte. Ebenfalls erwähnt haben wir auch den bergischen Löwen in den Stadtsiegeln von Radevormwald und Elberfeld. Hinzuzufügen sind noch die Siegel der Viertälergemeinde Bacharach, Diebach, Steeg und Manubach sowie der Stadt Simmern mit den Bestandteilen des kurpfälzischen Wappens (Löwe und Wecken) und das erste Stadtsiegel von Eltville mit dem Mainzer Rad. Das kleine Geschäftssiegel der Stadt Alpen zeigt vor einem elfmal geteilten Siegelfeld einen Adler, also exakt den Wappeninhalt des neuen Landesherrn ab etwa 1422/23; im großen Geschäftssiegel von Alpen erscheint ein entsprechender Wappenschild, der aus der Vereinigung der Wappen der Herren von Alpen (Schild elfmal von Gold und Rot geteilt) und der Grafen von Neuenahr (Adler) entstanden ist.

Gerade die beiden Alpener Geschäftssiegel zeigen, wie stark sich Symbolsiegel und Wappensiegel einander nähern können. Während das Wappen als Eigentums-, Sicht- und Hoheitszeichen eine recht eindeutige Aussage enthält, bleibt bei freistehenden Symbolen, die nur vage auf den Wappenführer anspielen, die Aussage oft in der Schwebe, weil die Bedeutung des Symbols i. a. viel tiefer und weiter reicht; man denke nur an Kreuz und Schlüssel im Symbolsiegel der Stadt Linz.

Mitunter lassen sich die Symbole in Siegeln weder als Bestandteile eines landesherrlichen, städtischen oder anderen Wappens noch überhaupt in ihrem Sinn erklären. Marian Gumowski hat eine Reihe von polnischen Siegeln mit solch unbestimmten Bildern angeführt.[8] Da wir beim besten Willen nicht an Zufälligkeiten oder Willkür bei der Gestaltung des Siegelbilds glauben wollen, sondern dem Siegel allgemein einen Bedeutungsgehalt unterstellen, kommen wir zwangsläufig dazu, solche Stücke zu den Symbolsiegeln zu rechnen. Es ist wohl nur auf die schlechte Quellenlage und mangelnde Tradition zurückzuführen, wenn alte in den Siegeln vorkommende Symbole heute nicht mehr verstanden werden. Carl Gustav Jung hat dieses Phänomen an zwei Beispielen erklärt: an der doppelten Krummaxt, die auf vielen kretischen Gräbern abgebildet ist, uns in ihrem symbolischen Gehalt aber verschlossen bleibt, und an dem Bericht eines Inders, der nach kurzem Englandaufenthalt erklärte, die Engländer beteten Tiere an; er hatte nämlich in alten Kirchen Adler, Löwen und Ochsen abgebildet gesehen, die allerdings auch nicht allen Christen als die Attribute der Evangelisten vertraut sind, wie Ezechiel sie sah.[9] Das letzte Beispiel zeigt sehr schön, daß Geschichtsforschung und Symbolforschung eine wichtige Aufgabe haben, wenn wir vor krassen Fehlurteilen bewahrt bleiben wollen.

Anmerkungen

1 C. G. Jung, Zugang zum Unbewußten, in: C. G. Jung und andere, Der Mensch und seine Symbole, Olten und Freiburg i. Br. 1968 S. 20 f.

2 T. Diederich, Prolegomena.

3 Vgl. oben S. 100f.

4 Vgl. W. Ewald, Rheinische Siegel V, S. 11: „Sehr verbreitet ist vor allem auf den Siegeln der Erzstifte Köln und Trier der Schlüssel des hl. Petrus, durch den die Zugehörigkeit der betreffenden Orte zu den beiden Territorien zum Ausdruck gebracht wird." Häufiger noch als in Städtesiegeln kommen Schlüssel in Schöffensiegeln der beiden Kurstaaten vor.

5 Vgl. unten den Artikel über das große Stadtsiegel von Radevormwald, sowie T. Diederich, Radevormwald, S. 258.
6 W. Ewald, Rheinische Siegel V, S. 11 f.
7 Vgl. unten den Artikel über das Geschäftssekretsiegel der Stadt Bonn.
8 M. Gumowski, S. 104 f.
9 C. G. Jung (wie Anm. 1), S. 20.

f. Der Erzählsiegeltyp

Von den bisher vorgestellten Siegeltypen, die sich durch ihre geradezu majestätische Ruhe auszeichnen, hebt sich der Erzählsiegeltyp deutlich ab. Er kommt dadurch zu einer für die jeweilige Stadt wichtigen Aussage, daß er ein historisches Ereignis in einer mehr oder weniger bewegten Szene darstellt. Die Erzählungen solcher Siegel kreisen am Anfang noch regelmäßig um den Stadtpatron. Wenn dieser nicht mehr statisch, sondern in einer bewegten Szene abgebildet wird, so scheint mir hierin ein besonderes Stilmittel zu liegen, das zu einer engeren Aussage des Siegels führt: Der Heilige wird nunmehr in einen ganz speziellen Zusammenhang gestellt, der jedem Gläubigen bekannt war. Die Stadt sieht sich im Schutz dessen, der durch sein Leben, Handeln und Leiden die besondere Gnade Gottes erlangt hat. Es verwundert daher nicht, wenn in den meisten Fällen das Martyrium des Stadtheiligen erzählt wird (sofern der Patron ein Märtyrer war). Noch im ausgehenden Mittelalter leitete z. B. das heilige Köln seine Heiligkeit von dem Blut der Märtyrer ab.[1]

Das älteste zum Erzählsiegeltyp rechnende Stück ist das große Siegel der Stadt Metz von 1180/81. Es zeigt die Steinigung des hl. Stephanus. Gerade bei diesem ersten aller Märtyrer lag es nahe, die Steinigung im Siegel zu erzählen, was insofern nicht neu war, als man schon früh dazu übergegangen war, bewegte Szenen in Miniaturen, Elfenbeinen, Kapitellen und Glasfenstern darzustellen. Inwieweit Einflüsse von anderen Kunstgattungen bei dem Erzählsiegeltyp wirksam geworden sind, bedarf noch einer näheren Untersuchung. Auch die Metz benachbarte Bischofsstadt Toul zeigte in ihrem Stadtsiegel aus dem 13. Jahrhundert die Steinigung des hl. Stephanus. Zwei kleinere französische Städte seien gleich angefügt: Saint-Aubin-Château-Neuf stellte im Stadtsiegel das Martyrium des hl. Albin, Saint-Jean d'Angély die Enthauptung des hl. Johannes d. T. dar. Sehr eindrucksvoll und sicherlich eines der bemerkenswertesten Beispiele des Erzählsiegeltyps überhaupt ist das große Siegel der Stadt Canterbury, das in den deutschen Handbüchern der Siegelkunde bisher nicht abgebildet und daher bei uns weitgehend unbekannt geblieben ist. Das Siegel zeigt die Ermordung des Erzbischofs Thomas Becket in seiner Kathedrale. Die schreckliche Tat, die am 29. Dezember 1170 durch vier königstreue Edelleute ausgeführt wurde, hat bei den Zeitgenossen und der Nachwelt große Wirkung hinterlassen. Da Thomas Becket schon 1173 heiliggesprochen und bald als der vornehmste Schutzheilige Englands verehrt wurde, lag für die Bürger von Canterbury die Wahl des beschriebenen Motivs für das Stadtsiegel nahe.

Zu den Heiligen, die durch ein besonderes Ereignis in die Geschichte eingegangen sind, gehört auch der hl. Martin. Zwar kennen wir unzählige Abbildungen, die ihn als Bischof zeigen, aber ebenso vertraut ist uns aus vielen Kunstwerken die Mantelteilung des Heiligen. Erinnert sei an die vielleicht großartigste Darstellung dieses Motivs im Rheinland, den Bassenheimer Reiter. Auch in Siegeln ist die Mantelteilungsszene sehr beliebt gewesen. Auffälligerweise kommt dieses Motiv nicht nur in Siegeln geistlicher Institutionen (z. B. im großen Siegel des Stiftes St. Martin zu Kerpen) und Personen (z. B. im Siegel des Klerikers Gottfried genannt Schavart[2]), sondern auch in nicht wenigen Schöffensiegeln vor. Das einzige in diesem Buch berücksichtigte Schöffensiegel, das der Schöffen von Zons, ist nur eines von vielen Beispielen. Allerdings ist das Zonser Siegel wegen des halb in den Raum der Umschrift und halb in das Siegelfeld hineinkomponierten kurkölnischen Wappenschildes schon als Mischtyp zu betrachten.

Ein anderes, sehr viel weniger verwendetes Motiv aus der Legende des hl. Martin wurde in Nebensiegeln der Stadt Mainz aufgegriffen. Die beiden, im übrigen überraschend großen Sekretsiegel der Stadt Mainz zeigen nämlich nicht die Mantelteilung selbst, sondern das Traumgesicht des hl. Martin in der Nacht nach der Mantelteilung: Martin sah den Heiland in dem halben Mantel, den er dem Bettler geschenkt hatte, und hörte ihn zu den Engeln sagen: „Martin, noch Katechumen, hat mich mit diesem Gewand bekleidet.“[3] Entsprechend ist die bildliche Darstellung in den Siegeln: Über einem Rundbogen erscheint Christus in Halbfigur, flankiert von zwei Engeln; unter dem Bogen, der – ganz im Dienste der dargestellten Erzählung – die Aufschrift MARTINVS ADHVC CATECHUMINVS trägt, liegt Martin auf einem Bett. Größte Bewunderung nötigt die in leoninischen Hexametern gehaltene Umschrift des Siegels ab, die einerseits Art und Funktion des Siegels (Sekretsiegel) festlegt, andererseits die Szene näher charakterisiert, indem sie Christus für das „Volk“ der Stadt Mainz anruft: + XPE (=CHRISTE) · MAGVNTINI · POPVLI · SECRETA · TVERE · HIC · TE · MARTINI · TECTV · QVI · VESTE · FATERE (Christus, schütze die Geheimnisse des Mainzer Volkes, der Du hier gestehst, daß Du mit Martins Gewand bekleidet worden bist). Die Eigenart des Erzählsiegeltyps tritt in diesen Mainzer Sekretsiegeln von ca. 1300 und ca. 1392 besonders schön zutage. Es soll hier aber nicht der Hinweis fehlen, daß das deutlich kleinere sog. Gemeindesiegel von Mainz, das ab 1332 häufig an Urkunden begegnet, die bekannte Mantelteilungsszene zum Inhalt hat.[4]

Von den übrigen rheinischen Städten hat sich insbesondere Wesel für den Erzählsiegeltyp entschieden. In allen drei großen Stadtsiegeln des Mittelalters hat man daran festgehalten. Dargestellt ist jeweils die Übertragung Wesels an den Grafen von Kleve durch den König. In dem Siegel ist zusätzlich unter einem Segmentbogen am unteren Bildrand ein Wiesel als „redendes“ Zeichen eingearbeitet worden. Es entspricht mittelalterlicher Gründlichkeit, wenn auf dem Segmentbogen das lateinische Wort MVSTELA (=Wiesel) erscheint. Handelt es sich wegen der Abbildung des Wiesels schon bei allen drei Weseler Stadtsiegeln um Mischtypen, so kommt in dem dritten großen Siegel aus der ersten Hälfte des 15. Jahrhunderts mit der Aufnahme des Adlerschildes noch eine weitere Aussage hinzu, die im vorliegenden Falle allerdings nur den schon durch den König gegebenen Reichsbezug verstärkt.

Das Geschäftssiegel der Stadt Aachen, das kurz vor 1328 gestochen worden ist, zeigt den knienden Karl den Großen, der mit beiden Händen der vor ihm thronenden Muttergottes die Aachener Pfalzkapelle darreicht. Da hier ein fiktives Ereignis erzählt wird, möchte ich das Siegel dem Erzählsiegeltyp zurechnen. Im Gegensatz zu dem

gleich zu erörternden Handlungssiegeltyp gibt die dargestellte Szene einen einmaligen Akt wieder, der sich in so konkreter Form, wie es das Siegel erzählt, zwar nicht abgespielt hat, der aber – nach der zugrunde liegenden Auffassung aus dem 14. Jahrhundert – mit dem Bau der Pfalzkapelle von vornherein so intendiert war.
Die hier vorgestellten Erzählsiegel zeichnen sich allesamt durch ihre besondere Wirkung auf den Betrachter aus. Wir kennen den Reiz szenischer Darstellungen von den Medaillons vieler mittelalterlicher Glasfenster und von zahlreichen Kapitellen. Der „von der Kunst der Antike her gesehen völlig neue Typus des figürlichen Kapitells" (Willibald Sauerländer) begegnet bereits im 11. Jahrhundert in St-Benoît-sur-Loire. Das Bedeutsame dieses Kapitelltypus liegt nach Sauerländer darin, „daß das Kapitell seiner architektonischen Funktion weitgehend entkleidet und zum Träger erzählender mehr- oder vielfiguriger Reliefs wird". Vergegenwärtigt man sich, daß das „Erzählkapitell" nur einer von mehreren Kapitelltypen war, im folgenden aber in verschiedenen französischen Kunstlandschaften, beispielsweise in Burgund (Autun, Vézelay), in der Auvergne (Clermont-Ferrand, Mozac, Issoire, St-Nectaire) und in Südwestfrankreich (Toulouse, Moissac) durch zahlreiche Kunstwerke hoher Qualität vertreten ist, so wird man es bedauern müssen, daß der Erzähltyp im Siegelwesen keine größere Verbreitung gefunden hat. Hinderlich war gewiß die Tatsache, daß ein Siegelstempel immer ein Einzelstück war. Infolgedessen bestand für den Siegelstecher nicht die Möglichkeit, im Stile eines Glasmalers oder Steinmetzen eine Reihe von Szenen in einem Zyklus zu erzählen. Vielleicht liegt hierin einer der Gründe dafür, daß Auftraggeber und Goldschmiede in den meisten Fällen einem anderen Siegeltyp den Vorrang gaben.

Anmerkungen

1 Sog. Koelhoffsche Chronik von 1499, Titelblatt 1 r: „Sancta Colonia diceris hinc, quia sanguine tincta Sanctorum meritis, quorum stas undique cincta."
2 Ein gut erhaltener Abdruck des bisher nicht veröffentlichten kleinen Siegels hängt an einer Urkunde von 1307 Mai 20 (HistArchKöln, Domstift, U. 768).
3 Vgl. G. A. Seyler, S. 316–318 und W. Diepenbach, S. 74 f.
4 Vgl. W. Diepenbach, S. 76 f.

g. Der Handlungssiegeltyp

Im Unterschied zum Erzählsiegeltyp stellen die Handlungssiegel kein einmaliges (historisches) Ereignis, sondern eine allgemeine Handlung dar, die einen besonderen Bezug zur jeweiligen Stadt besitzt. Sie unterscheiden sich von den Redenden Siegeln, die den Stadtnamen interpretieren, weisen statt dessen durch die im Siegelfeld wiedergegebene Handlung auf die verbreitete Erwerbstätigkeit der Bürger oder andere Eigentümlichkeiten hin. So ist das Siegel der französischen Stadt Biarritz, das fünf Leute beim Walfang zeigt, kein einfaches Schiffssiegel, aber auch kein Erzählsiegel, Redendes Siegel oder Symbolsiegel, sondern nach unserer Unterscheidung ein Handlungssiegel, das in diesem Falle auf die Haupterwerbstätigkeit der Bürger von Biarritz anspielt. Schon für das 12. Jahrhundert ist belegt, daß der Walfang der Einwohner von Biarritz bedeutend war. Zahlreicher sind die Städtesiegel, welche einen Bergmann bei der Arbeit zeigen. Hierzu gehören die Siegel der Städte Beuthen (Oberschlesien), Sulzburg (Baden) und Zeyring (Österreich). In ähnlicher Weise beherrscht ein Salzarbeiter das Siegelfeld der österreichischen Stadt Hallein.

Im Rheinland gibt es nur ein Stadtsiegel, in dessen Siegelfeld eine Handlung wiedergegeben ist. Es handelt sich um das ca. 1350 entstandene kleine Siegel der Stadt Aachen. Dieses zeigt in der Bildmitte einen thronenden König, der von zwei stehenden Bischöfen flankiert wird. Die Handlung dieses Siegelbildes beschränkt sich darauf, daß der (heraldisch) linke Bischof seine Hand an die Krone legt. Ohne Zweifel sollte hierdurch der Krönungsakt im Siegel abgebildet und damit auf die besondere Stellung Aachens als Krönungsstadt des Reiches angespielt werden. Unter der Szene befindet sich ein schräggestellter Adlerschild, der den Reichsbezug verstärkt. Insofern handelt es sich bei dem kleinen Siegel der Stadt Aachen um einen Mischtyp.

Hinzuweisen ist an dieser Stelle aber auf die Tatsache, daß es über die engere Gruppe der Städtesiegel hinaus einige schöne Beispiele für den Handlungssiegeltyp im Rheinland gibt. So zeigt das Siegel des Fraterherrenklosters St. Martin in Wesel drei schreibende Brüder, während das neuzeitliche Siegel des Studium generale des Dominikanerordens in Köln einen Ordensmann bei der Lehrtätigkeit darstellt. Vergleichbare Motive finden sich in dem alten Siegel der juristischen Fakultät der Universität Köln (Professor am Rednerpult, zu seinen Füßen zwei mitschreibende Studenten) und in den Siegeln mehrerer Scholaster des Stiftes St. Martin und Severus zu Münstermaifeld (Scholaster mit Zuchtrute auf seinen Schüler einwirkend). Einen Priester bei der Feier des Meßopfers zeigen die Siegel mehrerer Kanoniker und Pfarrer. Auch in diesen Fällen wird durch die Handlung jeweils ein klarer Bezug zum Siegelführer hergestellt.

h. Der Stadtgründer- bzw. Stadtherrensiegeltyp

Den Stadtgründer oder Stadtherrn im Stadtsiegel darzustellen, ist ein naheliegender Gedanke. Da in den meisten Fällen Stadtgründer und Stadtherr zum Zeitpunkt der Stadtgründung (bzw. Stadterhebung) identisch waren, läßt sich meist nicht entscheiden, ob die dargestellte Person in ihrer Eigenschaft als Gründer oder als Herr in das Siegelbild aufgenommen wurde. Wir haben also allen Grund, bei der Benennung des hier in Frage stehenden Siegeltyps beide Aussagen zusammenzufassen. Es soll allerdings nicht verschwiegen werden, daß der Terminus von der Stadt„gründung" nicht ganz unumstritten ist. Bis vor kurzem wurde in der Stadtgeschichtsforschung zwischen „gewachsenen" und „gegründeten" Städten unterschieden. Hiergegen hat vor einigen Jahren Heinz Stoob geltend gemacht, eine solche Unterscheidung sei verfehlt, denn genauer besehen stellten sich die Wachstumsphasen bei der großen Mehrzahl mittelalterlicher Bürgergemeinden als eine ineinandergreifende Abfolge von spontanen und planmäßigen Vorgängen dar, und zwar gelte das nicht nur für die topographische Entfaltung, sondern sinngemäß ebenso für die verfassungsrechtlichen und die wirtschaftlich-sozialen Abläufe.[1]

Die von Stoob angestellten Beobachtungen und hieraus gezogenen Schlußfolgerungen sind, wenn man sie auf einen längeren Zeitraum – eine „Abfolge" mehrerer stadtgeschichtlicher Vorgänge – bezieht, sicherlich zutreffend. Konzentriert man sich aber auf die entscheidende Phase der Stadtwerdung, so wird man doch danach unterscheiden können, ob ein Gemeinwesen allmählich zur Stadt herangewachsen oder durch einen konstitutiven Akt zur Stadt im mittelalterlichen Rechtssinne erhoben worden ist. Im letzten Falle mit der breiten Stadtgeschichtsforschung von Stadtgründung bzw. Stadterhebung zu sprechen, scheint nur allzu berechtigt. Dieser Konstitutivakt war nach unseren Erkenntnissen oft genug Anlaß, alsbald einen Stempel für das Stadtsiegel in Auftrag zu geben.

Es mag dahingestellt bleiben, ob der Stadtgründer bzw. Stadtherr in den gleich anzuführenden Fällen direkt auf die Gestaltung des Siegelfeldes eingewirkt hat oder ob Repräsentanten der neuen Stadt aus Dankbarkeit, Ehrerbietung oder Liebedienerei den Vorschlag unterbreitet haben, ein Bild ihres Herrn ins Siegel aufzunehmen. Handelte es sich hierbei um den König, so konnte man diesen natürlich nicht wie in seinem eigenen Siegel einfach thronend darstellen. Zum Zwecke besserer Unterscheidung bot sich eine Kombination des Herrscherbildes mit dem Stadtbild an, eine mehrfach genutzte Möglichkeit, die wir bei den unter dem Stadtabbreviatursiegeltyp angeführten Mischtypen (Siegel der Städte Oppenheim, Düren, Oberwesel und Sinzig) kennengelernt haben. Analog hierzu war bei den Orten, die ihre städtische Qualität der Initiative des Landesherrn verdankten, der bekannte Typ des Reitersiegels (den Herzöge, Grafen und andere adlige Herren entschieden bevorzugten) als Stadtsiegel problematisch. Insofern versteht man, daß das einzige rheinische Stadtsiegel, das den Stadtgründer bzw. Stadtherrn im Siegelfeld abbildet, das Siegel der niederrheinischen Stadt Büderich, das Bild des Falkenjagdsiegels verwendet: Der Graf von Kleve erscheint hier nicht in ritterlicher Rüstung, sondern als Reiter mit dem soeben auffliegenden Falken. Daß der Stadtgründer sich in oder um Büderich der Falkenjagd hingegeben und so Anlaß zur Wahl dieses für eine Stadt ungewöhnlichen Siegelmotivs gegeben haben könnte, ist eine Vermutung, die man allerdings nicht von der Hand weisen sollte.[2]

Einige außerrheinische Städte haben indessen ein förmliches Reitersiegel geführt. Als Beispiele seien das Siegel der Stadt Marburg (Landgraf von Thüringen) und die beiden ältesten Siegel der benachbarten Stadt Gießen (Pfalzgraf Wilhelm von Tübingen, seit 1264 der Landgraf von Hessen) angeführt.

Beizubringen sind an dieser Stelle noch einmal die im vorletzten Abschnitt näher vorgestellten Siegel der Stadt Wesel, welche den Vorgang der Stadtgründung erzählen und weitere Bildelemente verwenden, so daß bei diesen Mischtypen der Stadtgründer etwas zurücktritt.

Das große Karlssiegel der Stadt Aachen stellt, wie in dem diesbezüglichen Artikel näher dargelegt wird, einen Sonderfall dar, weil es zunächst als Siegel des Aachener Gerichts geschaffen wurde und erst seit Beginn des 13. Jahrhunderts als Stadtsiegel diente. Folglich müßte es bei der Erörterung der Stadtsiegeltypen ausgeklammert werden. Dennoch sei hier der Hinweis erlaubt, daß das Karlssiegel mit dem thronenden Kaiser dem zeitgenössischen Typus des herrscherlichen Majestätssiegels entspricht. Zur Entschuldigung oder besser als Erklärung für die Motivwahl des Auftraggebers bzw. des Meisters des Aachener Karlssiegels sei gesagt, daß es zu Verwechslungen mit dem Jahrhunderte früher entstandenen Siegel Karls des Großen nicht kommen konnte, weil dieses in Größe und Typus von dem Aachener Karlssiegel deutlich abwich. Wenn die Stadt Aachen dieses Siegel später mit großem Stolz führte, so kamen darin Selbstwertgefühl und Dank gegenüber dem großen Frankenherrscher zum Ausdruck, der Aachen zu seinem besonderen Rang verholfen hatte.

Anmerkungen

1 H. Stoob, Die hochmittelalterliche Städtebildung im Okzident, in: Die Stadt, Gestalt und Wandel bis zum industriellen Zeitalter, hrsg. von H. Stoob, Köln–Wien 1979 S. 137.

2 So die gegenüber dem Verfasser gesprächsweise geäußerte Einschätzung von Herrn Dr. Dieter Kastner (Brauweiler), der sich mit den Grafen von Kleve besonders beschäftigt hat; vgl. das Literaturverzeichnis.

i. Der Wappensiegeltyp

Die Bedeutung des Wappensiegeltyps bei Städtesiegeln ergibt sich schon aus der Tatsache, daß von den in diesem Buch durch eigene Artikel gewürdigten 82 rheinischen Städtesiegeln 30 einen Wappenschild aufweisen. Die Relation zwischen Wappen- und anderen Bildmotiven in Städtesiegeln verschiebt sich eindeutig zugunsten der Wappenvorkommen, wenn man die neuzeitlichen Städtesiegel (bis hin zu den heutigen „Dienstsiegeln“ der Stadtverwaltungen) betrachtet. Allerdings ist nur ein Teil der Städtesiegel, die einen Wappenschild zeigen, nach unserer Unterscheidung dem Wappensiegeltyp zuzurechnen. Hierzu zählen wir lediglich diejenigen Siegel, die sich im Siegelfeld auf die Abbildung eines Wappenschildes, eines Oberwappens (= Helm, Helmdecke und Helmzier) oder eines Vollwappens (= Schild und Oberwappen) beschränken bzw. in denen diese so eindeutig im Vordergrund stehen, daß alle anderen Gegenstände (Ranken, Fabeltiere, Pflanzen usw.) als Zutaten erscheinen. Siegel, die in ihrem Feld neben einer Figur, Architektur usw. einen oder mehrere Wappenschilde aufweisen, gehören nach der hier angewandten Unterscheidung zu den Mischtypen. Letztere sind im Laufe der Neuzeit immer mehr von den reinen Wappensiegeln abgelöst worden, so daß diese sich in den oben erwähnten Dienstsiegeln der Behörden, Ämter und Dienststellen völlig durchgesetzt haben. Hierin ist wohl der Hauptgrund dafür zu sehen, daß viele Leute – leider gelegentlich auch Historiker – Siegel und Wappen verwechseln. Trotz der vielen Berührungspunkte sei hier noch einmal[1] festgestellt: Siegel und Wappen sind ganz unterschiedlicher Herkunft und Zweckbestimmung. Während Siegel schon in den alten Hochkulturen als Verschlußmittel und Erkennungszeichen benutzt wurden, sind Wappen im zweiten Viertel des 12. Jahrhunderts gleichzeitig in West- und Mitteleuropa aufgetreten. Ihre Entstehung ist aus ganz handfesten, praktischen Bedürfnissen zu erklären: Als im Zeitalter der Kreuzzüge Rüstungen aufkamen, die auch den Kopf des Kriegers durch einen Helm schützten, war es im Kampfesgetümmel nicht mehr möglich, Freund und Feind zu unterscheiden; deshalb brachte man an Schild und Helm, die hierzu besonders geeignet waren, gut sichtbare Zeichen an. Diese bezeichnete man, da sie auf den genannten Abwehrwaffen geführt wurden, als Wappen (wâpen = Waffen). Im Spätmittelalter entwickelte sich das Wappen, das möglichst einfach, kontrastreich und weithin sichtbar

sein sollte, vom ursprünglichen militärischen Sicht- und Erkennungszeichen zu einem immer beliebter werdenden Eigentums-, Herrschafts- und Hoheitszeichen. Demgegenüber sollte das Siegel als im Mittelalter bevorzugtes Beglaubigungsmittel möglichst kompliziert sein, um Fälschungen zu erschweren.
Da das Wappenbild vorzüglich geeignet war, auch im Siegelfeld Herrschaft und Hoheit auszudrücken, entstand zwangsläufig schon früh der Typ des reinen Wappensiegels. Er begegnet naturgemäß zuerst beim Adel, und zwar, wenn man die Veröffentlichungen Wilhelm Ewalds zugrunde legt, im Rheinland seit Beginn des 13. Jahrhunderts. Die ältesten Städtesiegel des Rheinlandes, die nur einen Wappenschild zeigen, sind die Gegensiegel von Neuss (1255) und Zülpich (1270). Städtische Hauptsiegel griffen den Typ erst später auf. Am Anfang steht, wenn man konsequenterweise die beiden (Traben-)Trarbacher Gemeindesiegel aus der Mitte des 13. Jahrhunderts und den ersten Jahrzehnten des 14. Jahrhunderts ausklammert, das nach 1330 gestochene Siegel der Stadt Ahrweiler. Es folgen um die Mitte des 14. Jahrhunderts die Siegel von Bergneustadt, Holten und Neuerburg. Man hat also zu konstatieren, daß sich bis in die Blütezeit des Siegelwesens hinein der reine Wappensiegeltyp in den rheinischen Städten noch nicht beherrschend durchgesetzt hat. Wenn Theodor Ilgen recht hat mit der Meinung, „die Geschichte des Siegelwesens seit etwa 1300 (stelle) einen fortgesetzten Verteidigungskampf der bisher gebräuchlichen Typen gegen das Wappensiegel dar, in dem sie alle, der eine Typus nach dem anderen, erlegen sind“[2], so kamen die Städtesiegel erst spät an die Reihe. Als Wappensiegel wurde das schöne silberne Typar zum zweiten Siegel der Stadt Goch um 1400 ausgeführt, und auch die Stadt Cochem entschied sich – vermutlich etwas später – für diesen Wappentyp. Danach aber nahm die Zahl der Wappensiegel besonders bei den nun stärker verbreiteten städtischen Nebensiegeln rapide zu. Dasselbe gilt für die jüngeren Städte, die sich von vornherein mit einem Siegel von bescheidener Größe begnügten und hierbei den Wappensiegeltyp entschieden bevorzugten.
Mustert man den 3. Band des Ewaldschen Siegelcorpus durch, so stößt man bei vielen Städten auf Neben- und Hauptsiegel dieses Typs. Da sie sich schlecht in eindeutiger zeitlicher Reihenfolge oder nach sachlichen Gesichtspunkten gruppieren lassen, seien sie hier des besseren Auffindens wegen in alphabetischer Reihenfolge genannt: Aachen (Kanzleisiegel des 17. und 18. Jh.), Andernach (kleines Sekretsiegel von 1596), Duisburg (Gegensiegel des ausgehenden Mittelalters), Emmerich (Sekretsiegel aus der 1. Hälfte des 14. Jh. und vom Jahre 1600, Geschäftssiegel des 15. Jh.), Erkelenz (Stadtsiegel des 16. Jh.), Geldern (2.–5. Stadtsiegel vom 16. Jh. bis 1737), Jülich (Geschäftssiegel des 15. Jh.), Kalkar (Sekretsiegel aus der 1. Hälfte des 15. Jh. und von ca. 1600, kleine Stadtsiegel von ca. 1647, ca. 1700 und aus dem 18. Jh.)[3], Kempen (Stadtsiegel des ausgehenden 18. Jh.), Kirchberg (Stadtsiegel des 15. und 16. Jh.), Kirn (Stadtsiegel des 18. Jh.), Kleve (Stadtsignet des 15. Jh.), Koblenz (Sekretsiegel des 14., 15. und 18. Jh.), Köln (fast alle Neben- und Spezialsiegel seit dem 15. Jh.)[4], Koppenstein (Stadtsiegel von 1572), Kranenburg (Gegensiegel zum großen Stadtsiegel, vermutlich bald nach 1290), Moers (Stadtsiegel des 18. Jh.), Monzingen (Stadtsiegel des 15. Jh.)[5], Moschel (Stadtsiegel des ausgehenden Mittelalters), Münstereifel (Stadtratssiegel von 1632), Münstermaifeld (Sekretsiegel des 14. Jh.), Neuwied (Stadtsiegel des 18. Jh.),

Oberlahnstein (Stadtsiegel des 18. Jh.), Schermbeck (Stadtsiegel aus der 2. Hälfte des 15. Jh.), Sobernheim (Sekretsiegel aus dem 14. und dem 16. Jh.)[6], Steele (Stadtsiegel von 1578) und Wesel (Sekretsiegel aus der 1. Hälfte des 15. Jh. und von ca. 1600?). Es bedarf kaum der Erwähnung, daß der Wappensiegeltyp auch bei rheinischen Gerichts- und Schöffensiegeln sehr verbreitet war, wie überhaupt die Verhältnisse im Rheinland nicht singulär, sondern mit anderen Landschaften vergleichbar sind.[7]

Ausgesprochen häufig erscheint bei den Siegeln der früher schon behandelten Typen ein Wappenschild als besonderer Hinweis auf die bestehenden Hoheits- oder Herrschaftsverhältnisse, so daß wir es dort nach dem Gesamtbefund mit Mischtypen zu tun haben. Von den 82 in diesem Buch eigens behandelten Städtesiegeln besitzen 23 einen oder mehrere Wappenschilde, die sich in der Komposition des Siegelfeldes gegenüber der anderen Aussage (Stadtabbreviatur, Stadtpatron, Stadtporträt, Symbol, Erzählung und Handlung) mehr oder weniger deutlich unterordnen. Da diese Siegel schon in den früheren Abschnitten erwähnt sind, kann hier ihre Aufzählung unterbleiben.

Dagegen ist an dieser Stelle noch einmal auf den Niedergang des Siegelwesens in der Neuzeit[8] hinzuweisen, weil dieser mit dem Siegeszug der Heraldik zeitlich zusammenfällt und die Siegelkunst nicht zuletzt wegen ihrer weitgehenden Beschränkung auf den Wappensiegeltyp in der Neuzeit verkümmerte. Die Entwicklung ging in der Folge sogar dahin, daß ältere Städtesiegel heraldisiert wurden, obwohl die z. T. recht komplizierten Siegelbilder mit Stadtarchitektur, Stadtpatron usw. als Wappenfiguren ungeeignet waren.

Anmerkungen

1 Vgl. T. Diederich, Die alten Siegel der Stadt Köln S. 73; umfassender die Ausführungen Erich Kittels (Siegel, S. 307–315), der als hervorragender Kenner der Heraldik Grundlegendes zum Verhältnis von Siegel und Wappen gesagt hat.
2 Th. Ilgen, Sphragistik, S. 41.
3 Vgl. außer W. Ewald, Rheinische Siegel III, Tafel 78 Nr. 4–6 und S. 174 f.; jetzt W. Kock, S. 36, 39, 42–44 und 46.
4 Vgl. T. Diederich, Die alten Siegel der Stadt Köln S. 72 f. und 77–95.
5 R. Feld, S. 150, führt einen Beleg von 1370 an, der aber zu überprüfen wäre (Siegel u. U. später angehängt?), weil eine so entwickelte gotische Minuskel, wie sie in der Umschrift des Monzinger Siegels erscheint, für 1370 im Rheinland kaum denkbar ist.
6 R. Feld, S. 151.
7 Man vergleiche etwa die Aufstellungen von J. Schultze über die brandenburgischen Städtesiegel.
8 Vgl. oben das diesbezügliche Kapitel.

j. Mischtypen

Bei dem Versuch, das so vielgestaltige Material der rheinischen Städtesiegel zu gliedern, haben wir, bezogen auf die zentrale Aussage, neun Typen unterschieden. Dabei zeigte sich, daß Auftraggeber und Siegelstecher in sehr vielen Fällen keinen reinen Siegeltyp wählten, sondern die Kombination mehrerer Aussagen bevorzugten. Lediglich in der ersten und zweiten Phase der Stadtsiegelentwicklung, d. h. von den Anfängen der städtischen Siegelführung bis zum Ende des 12. Jahrhunderts, sind die hier behandelten Stadtsiegeltypen häufiger in ihrer „reinen“ Form anzutreffen. Danach nutzte man den ganzen Formenvorrat, um durch Verbindung mehrerer Elemente zu einer auf die eigenen Verhältnisse zugeschnittenen Aussage zu kommen. Infolgedessen begegnen uns in der Zeit der Spätromanik, des Übergangsstiles und der Gotik gerade bei den Städtesiegeln sehr viele Mischtypen. Erst in der Neuzeit geht die Zahl der Mischtypen deutlich zurück, weil sich die Städte – wie andere Siegelführer – häufiger für den signifikanten Wappensiegeltyp entschieden.

In der Blütezeit des abendländischen Siegelwesens, die von etwa 1150 bis etwa 1550 reicht, spielten Mischtypen vor allem deshalb eine große Rolle, weil sie der Vorstellungswelt und dem Mitteilungsbedürfnis des mittelalterlichen Menschen sehr entgegenkamen. Bei aller Liebe zur Symbolik und Zeichensprache legte man doch großen Wert auf konkrete Bezüge und Eindeutigkeit. So verbinden sich Allegorisierungstendenzen mit porträthaften Elementen und Worterklärungen, die jegliche Verwechslung ausschließen. Schon die regelmäßig vorhandene Umschrift bot die Möglichkeit, die richtige Deutung der im Bild vorhandenen Zeichen und Symbole sicherzustellen. Noch mehr gilt dies für die Aufschriften (also Inschriften im Siegelfeld), die auffälligerweise in den komplexeren Siegelbildern am häufigsten vorkommen. Herausragende Vertreter eines derartig verdichteten Mischtyps sind das zweite Siegel der Stadt Boppard (zwischen 1228 und 1236), das älteste Siegel der Stadt Bonn (Mitte des 13. Jahrhunderts) und das dritte große Siegel der Stadt Wesel (1. Hälfte des 15. Jahrhunderts). Am Beispiel der beiden letztgenannten Siegel soll das Gesagte verdeutlicht werden.

Das Bonner Siegel enthält mit der beidseitig zwar nur spärlich emporgezogenen Stadtmauer, aber um so stärker hervortretenden drei Zinnen typische Elemente des Stadtabbreviatursiegeltyps. Stärker betont ist indessen das naturgetreue Bild der Bonner Münsterkirche (Stadtporträt). Aber damit nicht genug: Gleichrangig zu der nach ihm benannten Kirche ist unter einem Dreipaßbogen der hl. Cassius dargestellt (Heiligensiegeltyp). Der Patron von Stift und Stadt ist seitlich durch die Aufschrift PIVS – CASSIVS gekennzeichnet. Hinzu kommen als Elemente des Symbolsiegeltyps der Adlerschild und der Drachen zu Füßen des Heiligen. Der Adler symbolisiert nach unserer Interpretation nämlich den Sieg des Christentums über das durch den Drachen verkörperte Heidentum. So entsteht ein komplexer Sinngehalt, weil das Siegelbild sich aus Elementen von vier verschiedenen Siegeltypen zusammensetzt.

Die Erzählsiegel der Stadt Wesel beschränken sich ebenfalls nicht auf die bloße Darstellung eines historischen Ereignisses. Schon die beiden ältesten Weseler Stadtsiegel zeigen außer dem vor dem König knienden Grafen von Kleve eine Stadtabbreviatur (die allerdings zur Erzählung gehört) und unten unter einem Segmentbogen als redendes Zeichen ein Wiesel. Die Personen sind durch die Aufschriften COMES CLIVENSIS bzw. ROMANORVM REX, das Wiesel durch die Aufschrift MVSTELA (= Wiesel) bezeichnet. Das dritte Siegel vermehrt die komplexe Aussage durch den in der Mitte des Feldes eingefügten Adlerschild, der in diesem Falle als Attribut des Königs den Reichsbezug betont. So ist auch hier ein Mischtyp mit einem komplexen Siegelbild entstanden.

Man wird angesichts der zahlreichen Siegel, die wir zu den Mischtypen rechnen, vielleicht fragen, ob die hier vorgestellte Typologie überhaupt imstande ist, die Städtesiegel insgesamt in den Griff zu bekommen. Hierauf ist zu entgegnen, daß gerade die rheinischen Mischtypen die Tauglichkeit unserer Typologie erweisen, weil alle Einzelelemente auf die neun Grundtypen zurückgeführt werden können. Es ist damit auch möglich, die Mischtypen entsprechend zu benennen. Dies gilt im übrigen auch für andere Landschaften, wenn man die Reihe der Grundtypen durch das Redende Siegel, das Gemerkesiegel, das Schiffssiegel und vielleicht noch andere erweitert.

7. Das Stadtsiegel als Geschichtsquelle

Der im vorangehenden Kapitel ausgebreiteten Siegeltypologie liegt die zentrale Erkenntnis zugrunde, daß zwischen dem Siegelführer und seinem Siegel normalerweise eine enge Beziehung bestand, weil man in dem Siegel ein hervorragendes Mittel zur Selbstdarstellung sah. Wir können also zumindest während der Blütezeit des Siegelwesens davon ausgehen, daß der Siegelführer eine Aussage anstrebte, die für ihn einige Bedeutung hatte. Wenn die Siegel aber in einer konkreten historischen Situation geschaffen und als Bedeutungsträger benutzt worden sind, kommen wir zwangsläufig zu dem Schluß, daß ein jedes Siegel – und mag es auch nur in einem einzigen, vielleicht nicht einmal sonderlich gut erhaltenen Abdruck überliefert sein – näher untersucht zu werden verdient. Auf diesem Wege gelangt man, wie nicht zuletzt die unten näher betrachteten rheinischen Städtesiegel zeigen, zu teilweise überraschenden Erkenntnissen; das Siegel erweist sich, wenn man es in den richtigen zeitlichen und sachlichen Kontext hineinstellt und angemessen interpretiert, als eine hervorragende Geschichtsquelle.

Auf diese Tatsache habe ich bereits in einem Aufsatz hingewiesen, der sich den mittelalterlichen Städtesiegeln widmete und in dem das Rheinland schon schwerpunktmäßig berücksichtigt wurde.[1] Dem Charakter dieses Aufsatzes entsprechend – es handelte sich um einen umfangmäßig begrenzten Beitrag zur Festschrift für Walter Heinemeyer – ließen sich die im Grundsatz herausgestellten Gesichtspunkte nur durch einige Beispiele verdeutlichen. An dieser Stelle soll die Thematik mit noch engerem Bezug zu den rheinischen Verhältnissen und den unten untersuchten Städtesiegeln verfolgt werden. Die Vielfalt der Gesichtspunkte und die Summe der Beispiele dürften dann deutlich machen, warum ich in meinen Vorträgen immer wieder das Siegel als aussagekräftige Geschichtsquelle herausgestellt habe und auch hier seine Bedeutung für die verschiedensten wissenschaftlichen Disziplinen betone. In den Handbüchern der Siegelkunde finden sich über den Quellenwert der Siegel nämlich keine näheren Ausführungen.[2] Lediglich Michel Pastoureau hat diesen Gesichtspunkt neuerdings in größerem Zusammenhang, d. h. nicht mit dem engeren Bezug zu den Städtesiegeln, behandelt.[3] Seine Einschätzung des Siegels als historische Quelle deckt sich mit meinen Auffassungen, und es wäre wünschenswert, wenn die Vertreter der verschiedensten wissenschaftlichen Disziplinen sich mehr mit Siegeln beschäftigen würden.

Wenn die Siegelspezialisten, die sich einer unermeßlichen Zahl von Siegelabdrücken und einer Fülle von originär sphragistischen Problemen gegenübersahen, bisher solchen Fragestellungen keine sonderliche Beachtung schenkten, mag dies noch verständlich sein. Überraschen muß aber, daß auch die allgemeine Stadtgeschichtsforschung sich mit der Frage des Aufkommens, der Bedeutung und der geschichtlichen Aussage von Städtesiegeln nicht näher befaßte, obwohl schon Hans Planitz und Fritz Rörig im Grundsatz erkannt hatten, daß das Stadtsiegel als untrügliches Zeichen für die Existenz einer rechtsfähigen Stadtgemeinde anzusehen ist.[4]

Auf die konkrete Situation eines Gemeinwesens angewandt, bedeutet dies in der Regel: Wo ein förmliches Stadtsiegel vorhanden ist, muß auch eine Stadt im mittelalterlichen Rechtssinne bestehen. Nun könnte es scheinen, als hätte man mit dieser Aussage ein entscheidendes Kriterium zur Bestimmung der Stadt gewonnen. Dies ist jedoch nicht der Fall, weil die Aussage nicht ohne weiteres umgekehrt werden kann; es ist nämlich nicht zwingend, wenn man behauptet: Wo kein förmliches Stadtsiegel vorhanden ist, existiert auch keine Stadt im mittelalterlichen Rechtssinne. Schon die rheinischen Verhältnisse zeigen zur Genüge, daß es vor allem seit dem ausgehenden Mittelalter etliche Städte gegeben hat, die auf ein förmliches Stadtsiegel verzichteten und ihre Urkunden mit einem Schöffensiegel beglaubigen ließen; aber auch bei älteren Städten läßt sich u. U. wegen schlechter Überlieferungsverhältnisse nicht immer eindeutig sagen, ob das älteste bekannte Stadtsiegel tatsächlich das erste darstellt oder ob ihm nicht vielleicht ein älteres Stadtsiegel vorausgegangen ist, das möglicherweise nur kurze Zeit in Gebrauch war.

Aus einem weiteren Grunde ist es nicht statthaft, das Stadtsiegel zum entscheidenden Kriterium dafür zu machen, ob ein Gemeinwesen als Stadt oder als Dorf zu gelten hat. Es ist heute in der Stadtgeschichtsforschung unbestritten, „daß wir uns nicht mehr anhand eines starren Kriteriums bemühen zu bestimmen, was Stadt ist, sondern anhand eines Kriterienbündels, dessen Zusammensetzung nach Zeit und Ort variiert".[5] Kennzeichen dieses von Carl Haase eingeführten variablen kombinierten Stadtbegriffs ist also ein Kriterienbündel; bei ihm spielen äußeres Erscheinungsbild, innere Struktur und verschiedene Funktionen, insbesondere solche der Zentralität in mehreren Sachbereichen, eine Rolle. Bei der Aufzählung der einzelnen Kriterien – es seien hier stellvertretend Mauer, Markt, differenzierte Gesellschaft, arbeitsteilige Wirtschaft mit entwikkeltem Handel und Gewerbe, Verwaltungs- und Versorgungsmittelpunkt für eine Region, Stadtrecht und Selbstverwaltungsorgane genannt – wird das Stadtsiegel meistens gar nicht erwähnt. Nichtsdestoweniger aber glauben wir dem Vorhandensein eines Stadtsiegels größeres Gewicht zumessen zu können als jedem anderen Einzelkriterium, und zwar deshalb, weil es am Ende einer Entwicklung zur Stadt steht oder aber einen Stadtgründungs- bzw. Stadterhebungsakt voraussetzt. Wegen des herausragenden rechtlichen Charakters des Siegels als Beglaubigungsmittel und der strengen Konventionen im Siegelwesen war es praktisch unmöglich, daß im Mittelalter ein Gemeinwesen, das nach Auffassung der Zeitgenossen keine Stadt im Rechtssinne war, sich ein „Stadtsiegel" zulegte. Da keine Siedlung ohne einen Oberherrn – König oder Landesherrn – war, konnte der Titel „Stadt" im Spätmittelalter nicht ohne dessen Einverständnis geführt werden. Lediglich die älteren gewachsenen Städte hatten diesen Status im Laufe eines längeren Prozesses erworben; bei ihnen ist i. a. aber nicht strittig, daß sie schon verhältnismäßig früh als Städte im mittelalterlichen Rechtssinne anzusprechen sind. Allemal also ist davon auszugehen, daß ein Gemeinwesen, das ein förmliches Stadtsiegel führte, auch tatsächlich „Stadt" gewesen ist oder aber nach dem Willen des

Landesherrn „Stadt“ sein sollte. Zu der hier mit „oder“ eingeleiteten Einschränkung geben einige rheinische Beispiele Anlaß. Sie zwingen uns zu einer leichten Modifikation des bekannten Wortes von Erich Keyser, der knapp und einleuchtend erklärt hat: Stadt ist, was sich selbst Stadt nennt.[6]

Abweichend von der älteren Forschung sind insbesondere die Städtesiegel von Geldern und Jülich in eine Zeit zurückzudatieren, zu der nach bisheriger Auffassung beide Siedlungen noch keine vollgültigen Städte waren. Die Erklärung könnte in beiden Fällen darin liegen, daß die Grafen von Geldern und Jülich ihre gleichnamigen Siedlungen kurz vor bzw. um 1230 im Zuge der ersten rheinischen Stadtgründungswelle zu Städten erhoben und für sie alsbald einen Stadtsiegelstempel anfertigen ließen. Aus unterschiedlichen Gründen, die wir nur zu einem Teil zu kennen glauben, nahmen beide „Städte“ nicht die ihnen zugedachte Entwicklung. Geldern erreichte, soweit die Quellen erkennen lassen, erst Jahrzehnte später städtische Qualität; im Falle Jülichs unterdrückte der in der Landesherrschaft konkurrierende Kölner Erzbischof die frühe Stadtgründung, so daß der Graf von Jülich erst nach siegreicher Auseinandersetzung mit Kurköln Jülich zu einer Stadt im vollgültigen Sinne machen konnte. Die alten Siegel beider Städte werden also zu einer eminent wichtigen Quelle für die Frühgeschichte beider Städte.

In zwei anderen Fällen – Blankenberg an der Sieg und Grieth am Niederrhein – verraten Anspruch und Größe der um die Mitte des 13. Jahrhunderts entstandenen Stadtsiegel, welch wichtige Rolle die jeweiligen Städtegründer diesen beiden Siedlungen zugedacht hatten. Die Entwicklung verlief aber anders; aus unterschiedlichen Gründen konnten sich beide Orte nicht zu florierenden Städten entwickeln.

Die Datierung der Städtesiegel von Büderich, Orsoy und Radevormwald gab Anlaß, auch die Entstehung dieser drei Städte auf neuer Grundlage zu erörtern. Tatsächlich konnte das Alter dieser Städte mit zwingenden Argumenten gegenüber dem bisherigen Ansatz weiter zurückdatiert werden. Da es sich hierbei um eine Kernfrage der ortsgeschichtlichen Forschung handelt, kann die Bedeutung des Siegels als historische Quelle in diesen Fällen nicht hoch genug veranschlagt werden. Wichtig ist, mit siegelkundlichen Methoden eine möglichst genaue Datierung des Stadtsiegels vorzunehmen, dann aber das Siegel als Ausfluß des Stadtwerdungsprozesses zu sehen und in den zeitlichen Kontext, insbesondere den territorialgeschichtlichen Zusammenhang, zu stellen. Mögen diese drei rheinischen Beispiele die Erkenntnis verstärken, daß der mehr oder weniger zufällige Erstbeleg eines Siegels noch nichts über sein wirkliches Alter aussagt! Des weiteren sollte man auch für andere Städte, deren Stadtwerdung im dunkeln liegt, ein eventuell vorhandenes altes Stadtsiegel auf sein Alter hin untersuchen, um durch eine genauere Datierung u. U. einen neuen Anhaltspunkt für den Abschluß des Stadtwerdungsprozesses zu gewinnen.

Es ist zuzugeben, daß mit siegelkundlichen Methoden eine Feindatierung eines Stadtsiegels nicht immer gelingt. Ein Beispiel hierfür ist das große Siegel der Stadt Neuss, das ohne Zweifel aber eine herausragende, von der örtlichen Forschung bisher nicht hinreichend gewürdigte Quelle für das Selbstverständnis der Neusser Bürger aus der Endphase des Stadtwerdungsprozesses am Ende des 12. Jahrhunderts darstellt.

Anspruch und Selbstverständnis solcher Art begegnen uns im Rheinland in vielen

Städtesiegeln. Man gewinnt oft den Eindruck, als verdichteten sich in der Aussage des großen Stadtsiegels die geistigen, religiösen und politischen Tendenzen der jeweiligen Epoche. Größe, Umschrift und Gesamtaussage der ältesten rheinischen Städtesiegel von Köln, Mainz und Trier nötigen zu einer sorgfältigen Interpretation. Auch jüngere Städtesiegel erweisen sich in dieser Hinsicht als aussagekräftige Geschichtsquellen. Wie hoch ist allein die Zahl rheinischer Städte, die sich in der Umschrift ihres Stadtsiegels eines selbstgewählten Ehrentitels bedienen! Hier sind neben den vier Bischofsstädten Köln, Mainz, Trier und Worms auch Neuss, Bingen, Boppard, Kreuznach und Zülpich zu nennen. Auf unterschiedliche Weise akzentuieren Aachen, Blankenberg, Boppard, Düren, Oppenheim, Remagen, Sinzig und Wesel einen besonderen Bezug zu König und Reich, obwohl es sich hierbei zum Zeitpunkt der Siegelentstehung nur zum Teil um echte Reichsstädte handelte. Ein hohes Selbstbewußtsein, das nicht immer der tatsächlichen Bedeutung entsprach, aber vielleicht gelegentlich doch etwas von der seitens des Landesherrn zugedachten territorialpolitischen Rolle offenbart, zeigt sich in vielen weiteren rheinischen Städtesiegeln; nur stellvertretend seien hier die Städtesiegel von Bonn, Deutz, Kalkar, Kleve, Montabaur und selbst Wittlich genannt. Aachen hat die Möglichkeit genutzt, im Siegel nacheinander verschiedene Grundideen auszudrücken: Das große Karlssiegel bringt die einzigartige Beziehung Aachens zum großen Frankenherrscher zum Ausdruck; das Geschäftssiegel stellt die Gründung der Pfalzkapelle durch Karl den Großen heraus und betont Aachens Rolle als Sitz des Gerichtes; das Sekretsiegel schließlich hebt – wohl aus gegebenem Anlaß – den Rang Aachens als Krönungsstadt der deutschen Könige hervor.
Zahlreich sind überhaupt die Beispiele von Städtesiegeln, die wie das Aachener Sekretsiegel in irgendeiner Weise einen Reflex auf historische Ereignisse oder Verhältnisse darstellen. Die eigentümlichen Herrschafts- und Machtverhältnisse spiegeln sich etwa in den unten behandelten Städtesiegeln von Bacharach, Bergneustadt, Deutz, Eltville, Linn, Wesel und Zülpich wider, besonders wenn man bei der letztgenannten Stadt auch die Gegensiegel mit einbezieht. Die jüngeren, zum Teil datierten Siegel von Düren erklären sich allein in ihrer Existenz schon aus einem wichtigen Ereignis der Stadtgeschichte, der Einnahme Dürens durch die Truppen Karls V. im Jahre 1543, gerieten die alten Siegelstempel damals doch offenbar in Verlust. Ein vergleichbares Ereignis hat Jahrhunderte zuvor auch in Köln zur Anfertigung des großartigen zweiten (gotischen) Stadtsiegels geführt. Der Kölner Siegelwechsel ist allerdings auf innerstädtische Auseinandersetzungen zurückzuführen, über die wir durch andere Quellen gut unterrichtet sind. Besondere Entwicklungen in der Stadtverfassung dürften in anderen Städten wie Duisburg, Koblenz, Remagen und Rheinberg für Nachschnitte, Nachgravierungen oder Neuschnitte verantwortlich sein. Für den Siegelforscher gilt es, bei jedem Siegelwechsel die verfassungsgeschichtliche Seite und die Frage nach dem siegelführenden Gremium im Auge zu behalten. Bei der Erörterung der Verfassungsgeschichte wurde in der Vergangenheit das Stadtsiegel selten in die Untersuchungen einbezogen. Daß hier aber Korrelationen bestanden haben, zeigen u. a. die unten abgehandelten Siegel von Bonn (großes Stadtsiegel), Essen, Mainz und Worms. Das Geschäftssekretsiegel der Stadt Bonn weist mit dem Löwen ein altes Bonner Gerichtssymbol auf. Dieses wie auch die anderen hier angeführten Siegel besitzen verschiedenartige, für die

jeweilige Stadt- und Verfassungsgeschichte recht interessante Aspekte; man darf also häufiger einen Quellenwert des Stadtsiegels für die innere Stadtgeschichte unterstellen.
Umschrift und Siegelbild haben bei etlichen Städtesiegeln des Rheinlandes dazu gedient, auf den Ortsnamen anzuspielen. Es besteht kein Zweifel, daß solche Siegel wegen ihres hohen Alters und offiziellen Charakters für die Ortsnamenforschung von Interesse sind. Während die alten Siegel von Kaiserswerth und Bonn mit den Formulierungen „in Werde imperatoris" („in Kaiserswerth") bzw. „antiqua Verona" („altes Verona") in ihren Umschriften wichtige Anhaltspunkte zur Ortsnamensentwicklung enthalten, zeigen etliche rheinische Städte- und Gemeindesiegel Einzelheiten, die auf eine volksetymologische Deutung des Ortsnamens durch die damaligen Zeitgenossen schließen lassen: Bernkastel einen Bären, Emmerich einen Eimer, Enkirch einen Anker, Grieth zwei Riedbüschel, Kranenburg zwei Kraniche, Kreuznach ein Kreuz, Orsoy drei Pferdeköpfe, Remagen den Wolf des hl. Remaclus und Wesel ein Wiesel.
In einigen Fällen haben sich Städtesiegel, welche örtliche Bauwerke abbilden, für die Architekturgeschichte als aufschlußreiche Quellen erwiesen. Hier finden sich mitunter die ältesten und zuverlässigsten Darstellungen von Kirchen, wofür insbesondere das zweite Siegel der Stadt Boppard (Severuskirche) und das Geschäftssiegel von Aachen (Marienkirche) stehen. Aber auch das große Stadtsiegel von Bonn (Stiftskirche St. Cassius und Florentius) sowie die Städtesiegel von Ratingen und Kyllburg liefern einige Anhaltspunkte für die Baugeschichte der örtlichen Kirchen.
Daß die Wappensiegel und die bei den Städten vorkommenden Mischtypen, die ein Wappen aufweisen, ein für die Heraldik wichtiges Quellenmaterial abgeben, bedarf keiner Frage. Das Wappen sagt, wie oben schon festzustellen war, viel über die bestehenden Herrschaftsverhältnisse oder über eventuelle Ansprüche aus. Fand sich in der älteren heraldischen Literatur[7] noch die Ansicht, erst in der Mitte des 14. Jahrhunderts hätten die Städte angefangen, eigene Wappen zu führen, so wird diese Ansicht durch das bald nach 1233 entstandene Siegel der Stadt Emmerich korrigiert. Dieses Siegel darf als eines der ältesten Zeugnisse für eine städtische Wappenführung gelten. Insbesondere dort, wo in den zahlreich vorkommenden Wappensiegeln örtliche Wappenelemente in Erscheinung treten, weiß der Heraldiker den Quellenwert des Siegels zu schätzen. Es wird hier darauf verzichtet, die Interdependenz von Siegel und Wappen näher zu erläutern. Sowohl in dem Abschnitt über den Wappensiegeltyp als auch in den einzelnen Artikeln über städtische Wappensiegel finden sich nähere Hinweise.
In einigen wenigen Fällen werden bei der Interpretation von Städtesiegeln auch waffenkundliche Fragen erörtert. Die Beispiele beschränken sich für das Rheinland allerdings auf die beiden großen Siegel der Städte Bonn und Neuss, in denen ritterliche Heilige dargestellt sind. Es versteht sich, daß die Waffenkunde sonst vorwiegend die Siegel von adligen Siegelführern als Quelle heranzieht.
Eine weitere Spezialdisziplin, die aus dem vielfältigen Siegelmaterial reichen Gewinn ziehen kann, ist die Epigraphik. Erstrebenswert wäre ein allgemeiner Abriß der Siegelepigraphik, der sich aus den zahlreichen datierten Siegeln ohne weiteres erarbeiten ließe, bisher aber ein Desiderat der Forschung darstellt.[8] Wer sich indessen näher mit Siegeln und ihrer Datierung beschäftigt, wird auf die Eigenheiten der Buchstabengestaltung achten und Parallelen bei datierten Stücken suchen. Der Überblick über eine

ganze Landschaft ermöglicht es, zu einigermaßen zuverlässigen Ergebnissen zu kommen. Es ist Wilhelm Ewald zu danken, daß er durch sein großes Corpus die Grundlage auch für epigraphische Vergleiche geschaffen hat. Eine epigraphische Spezialuntersuchung existiert bisher nur für ein einziges rheinisches Stadtsiegel, das älteste Karlssiegel von Aachen. Wie sich in vielen Artikeln über die einzelnen Stadtsiegel zeigt, kann auf die epigraphische Methode bei der Siegeldatierung nicht verzichtet werden. Neben dem Normalfall, der sich in die allgemeine epigraphische Entwicklung gut einordnet, gibt es auch immer wieder Besonderheiten, mögen es manieristische Elemente wie in dem zweiten Stadtsiegel von Andernach und in den Siegeln von Kyllburg sein oder aber ganz aus dem Rahmen fallende Buchstabenformen wie in den Siegeln von Alpen. Wäre die Epigraphik nicht eine wissenschaftliche Disziplin mit eigenem Gegenstand und eigenen Methoden, so könnte man in ihr eine der wichtigsten Hilfswissenschaften der Siegelkunde erblicken. Um so erstaunlicher ist es, daß die Epigraphik selbst das umfangreiche Siegelmaterial bisher so spärlich genutzt hat.

Ein besonderer Vorzug des Siegels als Geschichtsquelle liegt darin, daß die Angaben und Aussagen eines Siegels ein hohes Maß an Zuverlässigkeit besitzen. Michel Pastoureau hat diese Tatsache besonders herausgestellt: Da das Siegel zur Beglaubigung von Rechtshandlungen bestimmt war und hierbei für Glaubwürdigkeit und Zuverlässigkeit seines Besitzers eintrat, wurde ein Siegelstempel mit Sorgfalt angefertigt. Infolgedessen sind die Informationen (Namen, Titel, Funktionen, Besitzungen, Wappen usw.), die sich im Siegel finden, exakt in dem Augenblick, da das Typar hergestellt wird. Auch wenn sich gelegentlich bei der Anfertigung der Umschrift und des Bildes kleine Fehler einstellen, bleibt das Siegel als Ganzes für den Historiker glaubwürdig, es sei denn, es handle sich um eine Fälschung.[9] Das Siegel schneidet im Vergleich zu anderen Quellengruppen also ausgesprochen gut ab.[10] Quellenkritik wird daher beim Siegel zwangsläufig auch zur Siegelinterpretation, deren breites Spektrum wir am Beispiel der Städtesiegel hinreichend vorgestellt zu haben glauben.

Anmerkungen

1 T. Diederich, Quellenwert und Bedeutungsgehalt, S. 269–285.

2 Vgl. ebenda S. 269. In den älteren siegelkundlichen Arbeiten gibt es nur mehr oder weniger ausführliche Hinweise in dieser Richtung; vgl. H. Grotefend, S. 5 (mit Zitat von Lepsius), und E. Hauviller, S. 17.

3 M. Pastoureau in seinem Schlußkapitel S. 62–76: „Le sceau au service de l'histoire et de l'archéologie".

4 Vgl. oben S. 53f. In diesem Zusammenhang verdient auch Erich Liesegang, Einige Rechtsaufzeichnungen aus dem Privilegienbuch der Stadt Goch von der Mitte des fünfzehnten Jahrhunderts, ZSRG. Germ 33 (1912) S. 230 zitiert zu werden: „. . . und schon einer der Altmeister städtegeschichtlicher Forschung, Wilhelm Arnold, hat geltend gemacht, daß das Vorhandensein eines solchen Siegels (sc. Stadtsiegels) und seine Führung durch die Bürgerschaft als Symbol der vollendeten städtischen Entwicklung gelten darf. Für den Niederrhein und sein Städtewesen trifft dieses Urteil jedenfalls in vollem Umfang zu".

5 E. Ennen, S. 14.

6 Zitiert bei C. Haase, Stadtbegriff und Stadtentstehungsgeschichten in Westfalen, WestfForsch 11 (1958) S. 20.

7 Zum Beispiel bei F. Hauptmann, Wappenkunde, München und Berlin 1914 S. 41.

8 Ein Ansatz in dieser Richtung sind die Ausführungen von F. Gall, Die Schrift auf Siegeln, in: O. v. Mitis und F. Gall, Die Siegel der Babenberger, Band 1, Wien 1954 S. XXVI–XL.

9 M. Pastoureau, S. 62.

10 Man denke beispielsweise einmal daran, welch hohe Authentizität und Zuverlässigkeit Wappendarstellungen auf Siegeln besitzen, während es sich bei Jahrhunderte später entstandenen Wappen auf Kupferstichen gelegentlich um reine Phantasiegebilde handelt.

8. Das Stadtsiegel als Kunstdenkmal und Kleinkunstwerk

Nur vordergründig war das Siegel Verschlußmittel, Erkennungszeichen und Beglaubigungsmittel. Wie schon mehrfach gesagt wurde, diente das Siegel auch – und dies ist für die Interpretation von entscheidender Bedeutung – der Repräsentation und Selbstdarstellung. Je mehr dem Auftraggeber hieran gelegen war, desto weniger scheute er vor den Kosten für einen anspruchsvollen Siegelstempel zurück. Daß ein so ausgefallenes Gebrauchsgut wie ein Siegelstempel nur von Spezialisten hergestellt werden konnte, leuchtet ein; daß es in der Regel seinen Preis hatte, wissen wir aus etlichen Rechnungsbüchern des späten Mittelalters und der Neuzeit. Siegelstecherarbeiten wurden meistens an Goldschmiede vergeben, die allein schon wegen des Umgangs mit Edelmetallen gewohnt waren, kostbare Kunstgegenstände verschiedenster Art anzufertigen. Auch wenn Siegelstempel in Silber verhältnismäßig, solche in Gold sogar ausgesprochen selten sind, kam bei der Herstellung von Siegelstempeln in Kupferlegierungen (Messing, Bronze) doch die Kunstfertigkeit des Goldschmiedes zum Tragen. So ist es kein Wunder – und der Augenschein bestätigt dies –, daß es sich bei vielen Siegelstempeln und den davon genommenen Abdrücken um Produkte handelt, die den Rang von Kunstdenkmalen und Kleinkunstwerken einnehmen. Diese Feststellung gilt grundsätzlich für die Siegel aller Siegelführer, doch liegt es auf der Hand, daß nur hochgestellte, selbstbewußte und reiche Siegelführer es sich erlauben konnten, ein teures Typar bei einem bekannten Meister in Auftrag zu geben. Tatsächlich finden sich die größten, schönsten und anspruchsvollsten Siegel bei Kaisern, Königen und Angehörigen des (hohen) Adels, mit denen seitens der Institutionen Domkapitel, Stifte, Klöster, Universitäten und nicht zuletzt die Städte wetteiferten. Es sei in diesem Zusammenhang daran erinnert, daß die ersten Städtesiegel des Rheinlandes zu ihrer Zeit die Siegel aller anderen siegelführenden Personen und Institutionen an Größe übertrafen. Die Siegelgröße darf hier nicht als äußerliches Kriterium gesehen werden, sondern ist vor dem Hintergrund der mittelalterlichen Hierarchievorstellungen zu würdigen.

Es ergeben sich vorerst zwei Schlußfolgerungen: Zum einen ist die Siegelkunst Teil der Goldschmiedekunst, zum anderen besitzen viele Städte in der Blütezeit des Siegelwesens qualitätvolle Siegel. Hieran sind einige weitere Überlegungen und Beobachtungen anzuknüpfen, wobei Aspekte der Siegelstempelherstellung, die oben behandelt sind[1], unberücksichtigt bleiben können. Obwohl es in der Vergangenheit eine Reihe von Gelehrten gegeben hat, die einzelne Siegel oder eine Gruppe von Siegeln unter kunstgeschichtlicher Fragestellung untersuchten – genannt seien nur Percy Ernst Schramm, Josef Deér und Rainer Kahsnitz –, finden auch heute noch Siegel trotz ihres zahlreichen Vorkommens und der vielen Erkenntnismöglichkeiten, die sie für verschiedene Fragestellungen bieten, verhältnismäßig wenig Interesse. Dies ist um so erstaunlicher, als man nach der vorbildlichen Aufbereitung der Siegel in der Stuttgarter

Staufer-Ausstellung von 1977[2] die Hoffnung hegen konnte, Qualität und Bedeutung der Siegel als Kleinkunstwerke würden von der breiten Kunstgeschichte zur Kenntnis genommen werden. Immerhin aber hat man Siegel in nachfolgenden Ausstellungen gewürdigt[3] und im Einzelfall auch zum Zwecke kunsthistorischer Argumentation in größerem Zusammenhang herangezogen.[4] Vermutlich wird die Siegelforschung in Zukunft von kunsthistorischer Seite die stärksten Impulse erhalten.

Die Aufgaben, die sich für die Kunstgeschichte im Hinblick auf die Siegel stellen, hat Rainer Kahsnitz schon vor einiger Zeit trefflich umrissen. Seine Feststellungen verdienen hier eingehend zitiert zu werden. In seiner Kritik der beiden Spätgotik-Ausstellungen von 1970 in Köln und Karlsruhe erklärte er: „Zwar sind wir weit davon entfernt, eine Geschichte der spätgotischen Siegelkunst schreiben zu können – weder allgemein noch für bestimmte Landschaften. Es fehlt nicht nur ein Überblick über das vorhandene Material, den für den Niederrhein das Ewald'sche Corpus rheinischer Siegel sogar in gewissem Umfang bietet. Es fehlen weitgehend auch die Methoden und die notwendigen Begriffe, weil es an den allgemeinen Vorarbeiten über Siegel als Kunstwerke mangelt. Um den Rang eines Kunstwerkes ermessen zu können, ist es notwendig, den künstlerischen Umkreis aufzudecken, dem es entstammt, weil nur auf dem Hintergrund der Voraussetzungen, aus denen es entstanden ist, seine Größe erkannt werden kann. Insofern ist es wichtig, Kunstwerke nach ihrem Herkunftsbereich lokalisieren zu lernen, ihre Entstehungszeit und ihre räumliche Herkunft festzulegen, sei dies nun die Landschaft oder Stadt, in der sie entstanden sind, oder bei fortschreitender Erkenntnis auch Schul- und Werkstattzusammenhänge. . . Datierungen – in erster Linie nach historischen Anhaltspunkten, insbesondere dem Vorkommen besiegelter Urkunden, aber, wo solche fehlen, auch nach stilistischen Kriterien – sind meist möglich. Denn Siegel, besonders solche einer gewissen künstlerischen Qualität, folgen in der Regel den allgemeinen Stiltendenzen der Zeit, und zwar wesentlich enger als etwa Münzen; merkwürdigerweise ist dennoch deren kunsthistorische Erforschung infolge Jahrhunderte alter Tradition der Numismatik viel weiter fortgeschritten. Kriterien für die Lokalisierung von Siegeln fehlen fast ganz. . . Als Arbeitshypothese wird man für Lokalisierungen davon ausgehen können, daß Städte, Klöster, Bürger, kleine Herren und Geistliche in der Regel Siegel in ihrer Umgebung, meist in der nächsten Stadt anfertigen lassen. . . Darüber hinaus wird man einstweilen nur versuchen können, einzelne Siegel aus derselben Landschaft und derselben Entstehungszeit durch Aufzeigen der Verwendung möglichst spezieller Details im Motivschatz und Übereinstimmungen in der stilistischen Gesamthaltung aneinander zu binden und so Gemeinsamkeiten aufzuzeigen, die sich vielleicht für ganze Gruppen in einer Landschaft als typisch erweisen können. In seltenen Fällen wird man auch Gemeinsamkeiten mit anderen Kunstwerken finden können, die dann zusammen mit anderen Beobachtungen ein Gesamtbild spätgotischer Kunst der betreffenden Gegend ergeben mögen. Doch werden solche Gemeinsamkeiten meist recht allgemein sein, also nur Stiltendenzen im allgemeinen zeigen, aber keinerlei konkrete Zusammenhänge zwischen den Siegeln und den Werken anderer Kunstgattungen. Damit entspricht die Ausgangsbasis für die kunsthistorische Erforschung der Siegel weitgehend der Situation, die bei der übrigen Goldschmiedekunst besteht.“[5]

Zum Stellenwert der Goldschmiedekunst und der Siegel hat Kahsnitz an anderer Stelle ausgeführt: „Im 12., teilweise aber auch im 13. Jh. wird man auch damit rechnen müssen, daß die entscheidenden stilbestimmenden künstlerischen Leistungen oft noch auf dem Gebiet der Kleinkunst, insbesondere der Goldschmiedekunst erbracht wurden und erst von hier aus auf die große Kunst, besonders die Skulptur, ausstrahlten. Als Kunstwerken kommt den Siegeln auch deshalb besondere Bedeutung zu, weil sie oft die einzigen erhaltenen Reste ganzer Kunstprovinzen sind, während von den gleichzeitigen Werken der Skulptur wenig und von den kostbaren Gegenständen aus Edelmetall nichts erhalten geblieben ist.“[6]
Vor dem Hintergrund der von Kahsnitz formulierten Erwägungen, Aufgaben und Tatsachen erwies sich die Behandlung einer verhältnismäßig homogenen Siegelführergruppe (Städte und einige größere Gemeinden) auf der Basis einer ganzen Landschaft als besonders günstig. Wegen des i. a. nicht geringen Vergleichsmaterials und des Gesamtüberblicks über die rheinischen Städtesiegel konnte in jedem Falle eine Datierung vorgenommen werden; mochte gelegentlich eine Eingrenzung auf weniger als einige Jahrzehnte auch nicht gelingen, so stehen dem doch eine Anzahl von zuverlässigen „engen“ Datierungen gegenüber. Auch zur Lokalisierung ließen sich eine Reihe von Aussagen machen. Dabei traten in mehreren Fällen besondere Anbindungen (z. B. Emmerich – Arnheim, Aachen – Huy, Bitburg – Luxemburg, Boppard – Kreuznach, Kyllburg / Saarburg / Welschbillig – Trier) zutage. Dem „Meister der ältesten bergischen Städtesiegel“ ließen sich sogar sieben städtische Siegelstempel (die von Wipperfürth, Lennep, Ratingen, Rheinberg, Orsoy, Büderich und Dinslaken) zuweisen. Es darf als sicher gelten, daß dieser am ganzen Niederrhein so gefragte Siegelstecher seine Werkstatt in Köln hatte. Auch der Meister, dem wir die großen Siegel von Deutz und Jülich verdanken, dürfte in Köln gesessen haben. Da Köln zentralörtliche Funktionen für große Teile unseres rheinischen Untersuchungsraumes besaß, ist es kein gewagter Schluß, wenn man etliche weitere Siegel (solche von Bonn, Siegburg, Lechenich, Rees und andere) ihrer Entstehung nach ebenfalls in Köln lokalisiert. Wegen der von Kahsnitz genannten Schwierigkeiten ließ sich zum Entstehungsort allerdings nicht immer eine begründete Vermutung äußern. Unmöglich war es bis auf wenige Ausnahmen, andere Goldschmiedearbeiten an hier behandelte Städtesiegel anzuschließen.[7]
Die vergleichende Methode, mag man sich auf den Stilvergleich, den Motivvergleich, die Strukturanalyse oder die Morphologie konzentrieren, besitzt bei den Siegeluntersuchungen eine hohe Bedeutung. Wie Willibald Sauerländer 1978 in einem Colloquium zu Köln deutlich gemacht hat, kommt es aber zunehmend darauf an, nicht nur die stilistischen Konsonanzen, sondern auch die Dissonanzen zu untersuchen, wenn man in manchen Fragen noch weiterkommen will.[8] Dies gilt auch von der Siegelforschung. Wie sicher die Zuweisung der oben erwähnten sieben Städtesiegel und weiterer drei Adelssiegel an den „Meister der ältesten bergischen Städtesiegel“ sind, wird erst voll einsichtig, wenn man die Andersartigkeit gleichzeitiger Städte- und Adelssiegel, die nicht von diesem Meister stammen, zur Kenntnis nimmt.
Daß bei der kunstgeschichtlichen und allgemein siegelkundlichen Würdigung von Städtesiegeln auch die von Günter Bandmann an der mittelalterlichen Architektur entwickelten Kategorien der geschichtlichen und symbolischen Bedeutung zu berücksich-

tigen sind, braucht hier nicht noch einmal dargelegt zu werden, doch sei wenigstens auf den Gedanken vom himmlischen Jerusalem, der in den ältesten rheinischen Städtesiegeln dargestellt wurde, hingewiesen.

Es kann hier auch nicht im einzelnen ausgeführt werden, welchen Rang Siegel als Kunstdenkmäler, d. h. als Quelle für die verschiedensten kunstgeschichtlichen Forschungen und Fragestellungen, besitzen. Erinnert sei an die schon im vorigen Kapitel erwähnten Siegel von Boppard und Aachen, die wegen ihrer außergewöhnlichen Zuverlässigkeit in den Kirchendarstellungen von eminenter architekturgeschichtlicher Bedeutung sind.

Darüber hinaus erscheint es aber angebracht, was in diesem Buch wenigstens ansatzweise versucht wird, etliche rheinische Städtesiegel als eigenständige Kleinkunstwerke zu verstehen. Gerade das eben schon angeführte zweite Siegel der Stadt Boppard mit seiner geglückten Gesamtkomposition und kunstvollen Gestaltung der Einzelteile verdient eine solche Würdigung. Ähnliches gilt für eine ganze Reihe anderer Städtesiegel des Rheinlandes. Wir nennen nur das große Siegel der Stadt Aachen, das seinerzeit von Endrulat völlig falsch beurteilt wurde[9], sowie die unten einzeln behandelten Siegel von Alpen, Andernach (ältestes Stadtsiegel), Duisburg, Goch, Mainz (zweites großes Stadtsiegel), Oppenheim und Siegburg. Besonders hingewiesen sei in diesem Zusammenhang auf die drei ältesten Siegel der Stadt Köln, unter denen das von den Kunsthistorikern schon immer stark beachtete große gotische Stadtsiegel einen exzeptionellen Rang besitzt.

Nach eingehender Beschäftigung mit den rheinischen Städtesiegeln halten wir uns für befugt, ein Urteil über die Städtesiegel des Rheinlandes im Vergleich zu anderen Kunstlandschaften zu wagen. Die Voraussetzung hierfür schaffen einige umfassende Siegelcorpora für andere Länder oder Regionen. Wir nennen hier nur die Siegelpublikationen für Baden[10], die Niederlande[11], Polen[12] und Frankreich.[13] Wiewohl sich hier motivisch und stilistisch überaus originelle Stücke finden, erreicht keines der genannten Länder sowohl in der Spitze als auch in der Breite die künstlerische Qualität der rheinischen Städtesiegel. Überhaupt ist dem Verfasser noch kein anderes Stadtsiegel im Original oder in der Literatur vor die Augen gekommen, das künstlerisch mit dem gotischen Siegel der Stadt Köln vergleichbar wäre. Dieses Urteil gilt auch im Hinblick auf die nicht kleine Zahl gelungener Schiffssiegel von Küstenstädten verschiedener Länder. Es überrascht andererseits nicht, wenn sich in den Nachbarregionen des Rheinlandes, in Westfalen oder Hessen etwa, ebenfalls Städtesiegel von hoher künstlerischer Qualität nachweisen lassen. Einen reizvollen Eindruck vermitteln die 23 Städtesiegel, die Kahsnitz in dem Katalog zur Stuttgarter Staufer-Ausstellung von 1977 ausgewählt hat. Dort ist das Rheinland bezeichnenderweise mit acht Stücken (zu denen wir auch die großen Stadtsiegel von Straßburg und Speyer rechnen) vertreten. Man wird diesen unverhältnismäßig hohen Anteil rheinischer Städtesiegel an der Gesamtauswahl letztlich nicht daraus erklären können, daß das Rheinland durch Siegelpublikationen und Siegelforschungen besonders gut erschlossen ist; diese Arbeiten dürften zu einem nicht geringen Teil dadurch verursacht sein, daß Siegelwesen und Siegelkunst im Rheinland so herausragende Werke hervorgebracht haben.

1 Vgl. oben den Abschnitt über den Siegelstempel S. 71–77.
2 Vgl. R. Kahsnitz, Siegel und Goldbullen, S. 17–107.
3 Allerdings gibt es hier wiederum bedauerliche Ausnahmen wie „Die Zisterzienser. Ordensleben zwischen Ideal und Wirklichkeit", Ausstellung des Landschaftsverbandes Rheinland, Rheinisches Museumsamt, Brauweiler, in Aachen (1980). Eine zusammenhängende Untersuchung der Siegel von Zisterzienserklöstern wäre besonders reizvoll gewesen.
4 Zum Beispiel bei R. Suckale, Die Kölner Domchorstatuen. Kölner und Pariser Skulptur in der 2. Hälfte des 13. Jahrhunderts, KölnDombl 44/45 (1979/80) S. 223–254.
5 R. Kahsnitz, Spätgotische Siegel, S. 134–136.
6 R. Kahsnitz, Siegel und Goldbullen, S. 17.
7 Für die spätgotische Zeit ist dies leichter; vgl. T. Diederich, Siegelkunst.
8 Colloquium über „Der Kölner Domchor und seine Ausstattung" am 2./3. November 1978 im Römisch-Germanischen Museum in Köln.
9 B. Endrulat, S. 1: „Das älteste Stadtsiegel ... zeigt in künstlerisch mangelhafter Ausführung, die, abgesehen von der wenig geübten Hand des Verfertigers, auf eine frühe Zeit, mindestens die erste Hälfte des 13. Jahrhunderts, hindeutet, den Kaiser Karl ..."
10 F. v. Weech und andere, Siegel der badischen Städte in chronologischer Reihenfolge, Heidelberg 1899–1909.
11 Corpus Sigillorum Neerlandicorum. De Nederlandsche zegels tot 1300, 3 Bände, 's-Gravenhage 1937–1940.
12 M. Gumowski, Handbuch der polnischen Siegelkunde, Graz 1966.
13 B. Bedos, Corpus des sceaux français du moyen âge, Tom. 1: Les sceaux des villes, Paris 1980.

9. Die Überlieferung der rheinischen Städtesiegel

Wenn, wie in den vorausgehenden Kapiteln gezeigt wurde, Siegel für die kunstgeschichtliche Forschung und viele andere Disziplinen ergiebige Quellen sein können, ist es nicht nur für den Siegelforscher und Siegelliebhaber, sondern auch für die Wissenschaft im allgemeinen wichtig, Klarheit über die Überlieferungsverhältnisse zu erlangen. Bevor wir uns der Gruppe der rheinischen Städtesiegel zuwenden, sei kurz auf die möglichen Überlieferungsformen von Siegeln eingegangen.

Für den Forscher ergibt sich eine gewisse qualitative Reihenfolge, an deren Spitze in der Regel – ein guter Erhaltungszustand sei jeweils vorausgesetzt – der Originalsiegelstempel steht. Als Erstprodukt des Siegelstechers ist er vor allem für den Kunsthistoriker von Interesse. Das Typar ermöglicht durch seine Beschaffenheit i. a. auch eine Aussage über seine Echtheit. Gefälschte Siegelstempel oder auch nur aus antiquarischen Motiven angefertigte Nachbildungen, die wir hier nicht näher betrachten wollen[1], haben allenfalls dann einen größeren Überlieferungswert, wenn die betreffenden Siegel in keiner anderen Form bekannt sind. Der echte Siegelstempel hat weiterhin den Vorzug, daß man von ihm jederzeit einen „echten" Abdruck nehmen kann, den wir zur Unterscheidung von alten, zur Beglaubigung oder zum Verschluß hergestellten „Originalabdrücken" als „modernen Abdruck" bezeichnen wollen.

Ist der ursprüngliche Überlieferungszusammenhang, also in der Regel die Befestigung des Siegels an oder auf einem Schriftstück, gewahrt, so besitzt der Originalabdruck für die Forschung meist einen hohen Quellenwert, weil sich der Siegelführer einigermaßen bestimmen und damit in einen historischen, d. h. zeitlichen, räumlichen und sozialen Kontext einordnen läßt. Demgegenüber geben manche Siegelstempel Probleme auf.

Insbesondere wenn der Siegelführer in der Umschrift des Typars nicht genannt ist[2] – man denke an die älteren Sekretsiegel – oder die Umschrift sich nicht eindeutig lesen bzw. auflösen läßt[3], können wir über den Siegelführer nur Mutmaßungen anstellen. Dasselbe gilt aber auch, wenn Originalabdrücke von Urkunden, Briefen usw. abgelöst worden sind, der ehemalige Überlieferungszusammenhang also beseitigt worden ist. Das heute barbarisch anmutende Verfahren, Siegel von Urkunden abzuschneiden, war im letzten Jahrhundert verbreitet. Sowohl Urkunde als auch (womöglich an ganz anderem Ort überlieferter) Siegelabdruck werden hierdurch in ihrem Quellenwert gemindert. Da ist es schon von großem Vorteil, wenn man sich beim Abschneiden die Mühe gemacht hat, auf der aus dem Siegel herausragenden Pergamentpressel Datum und/oder Siegelführer festzuhalten.[4]

Auf die hohe Gefährdung der Originalabdrücke ist in der Vergangenheit schon häufiger hingewiesen worden.[5] Nach wie vor gilt, was Erich Kittel 1964 formuliert hat: „Ohne wirkungsvolle Maßnahmen schwindet unter unseren Händen ein uns zur Bewahrung anvertrauter wichtiger Bestand historischer Quellen unwiederbringlich dahin.“[6] Wirkungsvolle Maßnahmen, die aufgrund der verschiedenen Reproduktionstechniken möglich sind, wurden in Deutschland bisher meist ohne System ergriffen. Es ist aber nicht zu bestreiten, daß seit dem letzten Jahrhundert allenthalben Siegelabgüsse aus verschiedenen Materialien (Gips, Wachs, Kunstharz und anderen Kunststoffen), wenn auch unsystematisch, so doch in großer Zahl angefertigt worden sind. Da die Abgüsse ein ziemlich authentisches Bild von dem Aussehen der Originalabdrücke vermitteln, kommt ihnen immer dann eine erhöhte Bedeutung zu, wenn die Originalvorlagen inzwischen stärker beschädigt oder zerstört worden sind. Durch den ständig fortschreitenden, in seinem Ausmaß auch von den Archivaren als Hütern der Originalsiegelüberlieferung kaum zu überblickenden Siegelschwund kommt es, daß in immer zahlreicheren Fällen Abgüsse die beste Vorlage für Siegelstudien darstellen.

Eine ähnliche, in ihrer Bedeutung ebenfalls nicht geringzuschätzende Überlieferungsart sind Siegelfotos, mögen diese als Positivabzüge (z. B. in Siegelkarteien) oder aber als Negative (z. B. in Bildarchiven) vorliegen. Ein Beispiel hierfür sind die auf Veranlassung Wilhelm Ewalds angefertigten Negativplatten, die sich heute im Rheinischen Bildarchiv befinden. Viele Siegel, die inzwischen weitere Schäden davongetragen haben, sind hier in ihrem Vorkriegszustand festgehalten. Als weitere Form des Lichtbildes werden Farbdias bei Siegelforschern immer beliebter, während die Bildarchive – wohl wegen der noch ungeklärten Frage, ob Farbdias über einen längeren Zeitraum ihre Qualität behalten – sich noch nicht zu Diapositivsammlungen entschlossen haben.

In vielen Fällen haben Schwarz-Weiß-Fotos und farbige Diapositive von Originalsiegelabdrücken nur als Vorlagen für deren Veröffentlichung im Druck gedient. Wiewohl bei diesem doppelten Reproduktionsverfahren und bei der Aufrasterung, die für den heute üblichen Druck notwendig ist, leichte Qualitätseinbußen unvermeidlich sind, werden auf diesem Wege Siegel nicht nur in einer spezifischen Weise gesichert, sondern auch der Allgemeinheit leicht zugänglich gemacht. Es ist gerade an dieser Stelle noch einmal daran zu erinnern, welche Verdienste sich Wilhelm Ewald in beiderlei Hinsicht mit seinem sechsbändigen Corpus der „Rheinischen Siegel“ erworben hat.

Gegenüber dem Lichtbild besitzt die Siegelzeichnung, die früher auch als Vorlage zur

Publikation in Druckwerken gedient hat, gewisse Nachteile. Eine Zeichnung kann niemals den Grad der Authentizität wie ein Foto beanspruchen. Nicht immer waren Zeichner von so großem Verständnis und Können wie Friedrich Küch[7] oder Wolfgang Pagenstecher[8] am Werke. Läßt sich bei einer Zeichnung eine gewisse Subjektivität nie ausschließen, so kann eine Zeichnung den erhaltenen Bestand deutlicher hervorheben als ein Foto; andererseits können bei weniger geübten Zeichnern auch Verunklarungen auftreten.[9] Wie wichtig hier wiederum eine Siegelzeichnung im Einzelfalle, auch wenn sie nicht von bester Qualität ist, sein kann, zeigt das Beispiel des ältesten Koblenzer Stadtsiegels, von dem wir nichts wüßten, wenn es nicht von Wilhelm Günther als Zeichnung publiziert worden wäre.[10] Ältere Zeichnungen, wie sie von dem großen Siegel der Stadt Trier überliefert sind[11], dürfen als Ausnahmen gelten und besitzen in sich wiederum einen besonderen Quellenwert. Eine Zeichnung verdient natürlich auch dann den Vorzug gegenüber einem Foto, wenn von einem bestimmten Siegel nur eine Reihe von Fragmenten erhalten ist, die man in einer Zeichnung gleichsam zusammengesetzt wiedergeben kann; die Aneinanderreihung von Fotos der einzelnen Bruchstücke vermag eine solche Zusammenschau nicht zu vermitteln.

Etliche Siegel sind in keiner der vorgenannten Überlieferungsformen auf uns gekommen. Wir wissen von ihnen nur durch ältere Beschreibungen, die sich meist im Zusammenhang mit anderen historischen Nachrichten oder in Urkundenbüchern, Regestenwerken und anderen Quellensammlungen finden. Die unermeßliche Fülle heute noch erhaltener Originalabdrücke läßt den Urkundeneditor oder Regestenbearbeiter allzu leicht vergessen, daß ein bestimmtes ihm begegnendes Siegel vielleicht nur in diesem einen Exemplar überliefert ist. Es sollten, wie es die heutigen Richtlinien für die Edition und Regestierung von Urkunden auch vorsehen, daher stets eingehende Beschreibungen der Siegel zu solchen Quellenveröffentlichungen gehören. Diese Forderung ist um so eindringlicher zu erheben, als auch manche modernen Urkunden- und Regestenwerke auf Siegelbeschreibungen verzichten.

Abgesehen von den oben schon erwähnten Einzelfällen sind für unsere Kenntnis der rheinischen Städtesiegel drei Gruppen von Siegelüberlieferungen bzw. Sammlungen wichtig, die im folgenden näher vorgestellt werden sollen.

Anmerkungen

1 Vgl. dazu unten das Kapitel über Siegelfälschungen.

2 Vgl. H. G. Stephan, Ein hochmittelalterliches Gemmensiegel aus Höxter, ZArchäolMA 4 (1976) S. 119–122 (mit geballten Verstößen gegen die lateinische Formenlehre bei der Deutung der Umschrift); H. Maué, TECTA LEGE · LECTA TEGE · . Ein mittelalterlicher Siegelstempel mit antiker Gemme, Boreas. Münstersche Beiträge zur Archäologie 5 (1982) S. 172–180 und Tafel 15.

3 Vgl. R. Kahsnitz, Typare und Wachssiegel, S. 13–19 und Tafel 2 Nr. 3, mit großen Anstrengungen, das kunsthistorisch überaus interessante Siegel, dessen Führer unbekannt ist, einzuordnen.

4 Dies ist der Fall bei einem großen Teil der Originalabdrücke der Allg. Siegelsammlung des Stadtarchivs Köln, die der Verfasser neu verzeichnet hat. Die auf den Pergamentpresseln gemachten Angaben erwiesen sich, soweit eine Überprüfung aufgrund anderer Überlieferung möglich war, in den allermeisten Fällen als zutreffend.

5 Vgl. E. Hauviller; E. Kittel, Siegelsammlungen; T. Diederich, Erhaltung; R. Kahsnitz, Siegelforschung und Kunstgeschichte, in T. Diederich, Siegelforschung, Siegelerfassung und Siegelkonservierung, S. 19 f.

6 E. Kittel, Siegelsammlungen Sp. 233 f.

7 Sammlung im Hessischen Staatsarchiv Marburg.

8 Sammlung im Stadtarchiv Duisburg, einzelne Siegelzeichnungen auch im Archiv der Evangelischen Kirche im Rheinland, Düsseldorf. Veröffentlicht sind Siegelzeichnungen Pagenstechers u. a. bei O. Korn u. W. Pagenstecher, Rheinisches Siegel- und Urkundenbuch, Brühl 1952; W. Föhl, Der Bürger als Vasall (Schriftenreihe des Stadtarchivs Neuß 3), Neuss 1965, und H. Torkler, Evangelische Kirchensiegel aus dem Bereich des ehemaligen Kirchenkreises Köln (Schriftenreihe des Vereins für Rheinische Kirchengeschichte 28), Düsseldorf 1968.

9 Hingewiesen sei auch auf das Beispiel des großen Stadtsiegels von Ratingen (siehe unten den Artikel über dieses Siegel unter „Literatur").

10 W. Günther, Band 2, Tafel XI Nr. 57; Abb. auch bei F. Michel, Die Geschichte der Stadt Koblenz im Mittelalter, Trautheim–Mainz 1963 S. VI; vgl. auch unten den Artikel über das zweite große Siegel der Stadt Bingen, dessen Vorläufer auch nur als im Druck veröffentlichte Zeichnung bekannt ist.

11 Vgl. F. Ronig, Die älteste Abbildung des Trierer Stadtsiegels, KurtrierJb 21 (1981) S. 94–103.

a. Siegel an Urkunden

Der weitaus größte Teil der bekannten Siegel ist durch Originalabdrücke an Urkunden auf uns gekommen. In dieser Tatsache, die auch für die rheinischen Städtesiegel gilt, drückt sich die Wertschätzung aus, welche die Siegelurkunde vom Mittelalter bis zum Ende des alten Reiches genoß. Erst als im Gefolge der Französischen Revolution die Urkunden ihre rechtliche und wirtschaftliche Bedeutung verloren, hatte man prinzipiell keine Hemmungen mehr, alte Siegel von ihrem Schriftträger abzulösen. Daß das bei solcher Praxis vorherrschende antiquarische Interesse nicht überhandnahm, haben wir der im 19. Jahrhundert aufblühenden Geschichtswissenschaft und der Einrichtung größerer Archive zu verdanken. Die Siegelurkunde wurde dort mit größerem Respekt behandelt, welcher auch die Forscher und Archivare i. a. davon abhielt, die Siegel aus konservatorischen Gründen von den Urkunden abzuschneiden.

Die Überlieferungsverhältnisse sind aufgrund mannigfacher historischer Ereignisse und Entwicklungen teilweise recht kompliziert. Am ehesten wird noch einleuchten, daß die Siegel derjenigen Städte, die ihr Altarchiv durch Krieg, Brand usw. verloren haben – hierzu gehören nicht nur kleinere Städte wie Büderich, Geldern, Lennep und Radevormwald, sondern auch Bonn und Düsseldorf –, in auswärtigen Archiven überliefert sind.

Aber es ist auch zu bedenken, daß ein Großteil der von einer Stadt ausgestellten, also mit ihrem Siegel versehenen Urkunden nicht für die eigene Stadt, sondern für einzelne Bürger oder auswärtige Empfänger bestimmt war. Man wird solche Urkunden daher nicht im Archiv der urkundenden Stadt zu suchen haben. Viele der alten Städtesiegel sind offenbar nur deshalb erhalten geblieben, weil Urkunden für den Landesherrn oder andere größere Städte bestimmt waren, die schon frühzeitig ein Archiv zur Sicherung ihrer Rechtstitel besaßen. Dies alles wird deutlich, wenn wir die Überlieferung der 82 in diesem Werk gewürdigten rheinischen Städtesiegel näher betrachten.

Zu 18 dieser 82 Siegel sind bis heute die Originalsiegelstempel erhalten. In 12 weiteren Fällen mußte auf Abgüsse oder andere Überlieferungsformen zurückgegriffen werden. Die restlichen 52 Siegel, also 63,4 %, sind in Originalabdrücken auf uns gekommen. Von diesen befinden sich aber nur selten, nämlich in vier Fällen, die besten Vorlagen im eigenen Stadtarchiv. Es handelt sich hierbei bezeichnenderweise um das Sekretsiegel

der Stadt Aachen, dessen Stempel in überarbeiteter Form ebenfalls erhalten ist, sowie um die ältesten großen Siegel der (bedeutenderen) Städte Köln, Mainz und Worms. In allen anderen Fällen befinden sich die besten erhaltenen Siegelabdrücke in landesherrlichen, stiftischen, klösterlichen oder anderen städtischen Archiven, wobei die der Landesherren und geistlichen Institutionen heute zum größten Teil im Hauptstaatsarchiv Düsseldorf bzw. im Landeshauptarchiv Koblenz vereinigt sind. Deren Bedeutung geht daraus hervor, daß 24 der in diesem Buche verwendeten Vorlagen zu Städtesiegeln in Beständen des Hauptstaatsarchivs Düsseldorf und 7 Vorlagen im Landeshauptarchiv Koblenz ruhen. Das Stadtarchiv Köln besitzt entsprechend dem hohen Rang der Rheinmetropole im Mittelalter die besten Vorlagen zu weiteren 13 Städtesiegeln des Rheinlandes. Ansonsten sind nur noch vier Einzelfälle zu erwähnen, von denen die Überlieferung des Eltviller Stadtsiegels im Hauptstaatsarchiv Wiesbaden dem bisher entwickelten Bild entspricht. Bemerkenswerter ist schon die Tatsache, daß der beste Abdruck des Euskirchener Stadtsiegels im Stadtarchiv Aachen und die beste Vorlage des Oppenheimer Siegels im Staatsarchiv Marburg ruhen. Bei der Bedeutung des Xantener Stiftsarchivs verwundert es nicht, wenn der beste Abdruck des ältesten Stadtsiegels von Xanten dort und nicht im Stadtarchiv zu finden ist.
Es läßt sich nicht ausschließen, daß in dem einen oder anderen Falle ein bisher noch unbekannter besserer Abdruck bei Archivverzeichnungen oder -studien auftaucht. Die größten Chancen hierzu bietet das bisher so erfolgreich arbeitende Unternehmen des „Rheinischen Städteatlas“, weil für die Bearbeitung einer Mappe jeweils die gesamte archivische Überlieferung der betreffenden Stadt gesichtet werden muß. Generell aber gilt, daß Recherchen zu einem in diesem Buch nicht behandelten Siegel zwar in dem örtlichen Archiv beginnen können, dann aber auf die genannten Staats- bzw. Landesarchive und einige größere Stadtarchive ausgedehnt werden sollten. Wer hätte schon vermutet, daß die besten Originalabdrücke der Städtesiegel von Mainz (Zweites Siegel) und Cochem im Stadtarchiv Köln liegen? Es erschien daher sinnvoll, auch unter dem Gesichtspunkt der hier skizzierten Fragestellung in den Siegelartikeln jeweils so präzise Angaben wie möglich über die Vorlagen zu machen. Im übrigen sei darauf hingewiesen, daß es bei der Ermittlung von guten Siegelabdrücken in den größeren Archiven nicht damit getan ist, Einblick in die (stets) unvollständigen Siegelkarteien zu nehmen. Mehr Erfolg verspricht eine systematische Durchsicht der einschlägigen Urkundenbestände (bzw. der betreffenden Findbücher). Hierbei sollte sich der weniger erfahrene Benutzer mit dem in den Archiven angewandten Provenienzprinzip und der hieraus resultierenden Bestandsbildung vertraut machen.

b. Siegelsammlungen

Die meisten bedeutenden Siegelsammlungen vereinigen nicht nur von den Urkunden abgeschnittene Originalabdrücke, sondern auch Abgüsse in verschiedenem Material (Gips, Wachs, Kunststoff). Hierzu gehören nicht selten auch Negative, die als Zwischenprodukt bei der Abgußherstellung angefallen sind und mit der Absicht aufbewahrt werden, hiervon bei Bedarf weitere Abgüsse anzufertigen. Die heutigen Siegelsammlungen gehen vielfach auf das 19. Jahrhundert zurück.[1] Damals war es, wie im vorigen Abschnitt schon gesagt, ein oft geübter Brauch, die Originalsiegel von den Urkunden abzuschneiden. Hierbei spielte sicherlich die Tatsache eine Rolle, daß man die abgelösten Siegel leichter sammeln, aufbewahren und nach eigenen Wünschen gruppieren konnte. Ebenfalls im 19. Jahrhundert begann man in größerem Stile, Siegel abzugießen.[2] Allerdings fehlte es dabei, insbesondere in Deutschland, an einem systematischen Vorgehen, obwohl dies auf Länderebene bzw. für den Bereich eines Provinzialarchivs leicht möglich gewesen wäre. Daß es in Deutschland nicht wie in Frankreich zur Anlage einer zentralen Siegelabgußsammlung gekommen ist, vermag der Historiker zwar zu erklären, bleibt aber eine bedauerliche Tatsache.[3] Auch der in den letzten Jahrzehnten zu didaktischen Zwecken angelegten Siegelabgußsammlung des französischen Nationalarchivs hat man von deutscher Seite nichts Vergleichbares entgegenzusetzen.

Nachdem Erich Kittel vor zwei Jahrzehnten bereits einen umfangreichen, wenngleich aufgrund manch oberflächlicher Auskünfte der Archive nicht immer zuverlässigen Überblick über die Siegelsammlungen in den westdeutschen Archiven gegeben hat[4], können wir uns hier auf eine für das Rheinland etwas komplettierte Aufzählung erwähnenswerter Sammlungen beschränken.

Größere, d. h. regionale und teilweise überregionale Bedeutung besitzen allerdings wohl nur zwei rheinische Siegelsammlungen, die des Kölnischen Stadtmuseums und die des Historischen Archivs der Stadt Köln. Die Sammlung des Kölnischen Stadtmuseums ist das Resultat einer jahrzehntelangen Sammeltätigkeit Wilhelm Ewalds. Dieser hat für die Publikation seines rheinischen Siegelcorpus systematische Recherchen in den großen rheinischen Archiven angestellt und die besten Abdrücke von den für eine Veröffentlichung in Frage kommenden Siegeln in Gips abgießen lassen. Außerdem hat er sich Gipsabgüsse von wichtigeren Siegeln in anderen bedeutenden Archiven (z. B. Brüssel und Wien) beschafft. Hinzu kommen in geringerer Zahl moderne Abdrücke von erhaltenen Siegelstempeln. Die Bedeutung der Ewaldschen Sammlung liegt, wie an anderer Stelle schon bemerkt wurde, darin, daß die Abgüsse den Vorkriegszustand der Originalsiegel festhalten, die in nicht wenigen Fällen durch Kriegseinwirkung, Benutzung usw. beschädigt worden, mitunter auch ganz verlorengegangen sind. Es war für die Konservierung der an sich auch nicht ganz ungefährdeten Gipsabgüsse von Vorteil, daß die Sammlung innerhalb der reichen Bestände des Museums ein Schattendasein führte, nur wenigen bekannt war und vermutlich nur vom Verfasser dieses Buches regelmäßig benutzt wurde. Anfang 1982 begann im Rahmen des Schwerpunktes „Erfassen, Erschließen, Erhalten von Kulturgut als Aufgabe der Wissenschaft“ eine Ordnung und wissenschaftliche Katalogisierung der auf 10 500 Stücke geschätzten Siegelsammlung.[5] Es ist zu erwarten, daß nach Abschluß des Unternehmens die Siegel adäquat gelagert und der allgemeinen Forschung leicht zugänglich sein werden.

Die losen Siegelabdrücke und -abgüsse des Kölner Stadtarchivs sind vornehmlich in zwei älteren Sammlungen organisiert. Die Ende des letzten Jahrhunderts in das Stadtarchiv gelangte Sammlung Eduard Rosenkrantz besteht aus knapp 3000 Stücken. Hierbei handelt es sich zumeist um neuzeitliche Siegelabdrücke in Siegellack, die inhaltlich weit über das Rheinland hinausgehen, siegelkundlich aber von geringerem Interesse sind. Demgegenüber umfaßt die ebenfalls wohl schon im 19. Jahrhundert gebildete Allgemeine Siegelsammlung, die im Laufe der Zeit um kleinere Sammlungen und Einzelstücke vermehrt wurde, nur knapp 1800 identifizierbare Originalabdrücke, Abgüsse und Negative. In einem modernen Bestandsverzeichnis sind 1746 Siegel, viele davon in mehreren Exemplaren, erfaßt, unter denen sich auch etliche rheinische Städtesiegel befinden. Der besondere Wert der Sammlung liegt in der hohen Zahl verhältnismäßig gut erhaltener Originalabdrücke, die meist auf der Pergamentpressel mit dem Datum bezeichnet sind[6] und zu einem kleinen Teil von außerrheinischen Siegelführern stammen.

Auch in anderen rheinischen Archiven – besonders den größeren – hat man von Urkunden abgefallene, angekaufte oder auf anderem Wege erworbene Siegelabdrücke in Siegelsammlungen vereinigt. Ein Überblick über Zahl und Bedeutung ist nicht zu gewinnen, solange diese Originale nicht verzeichnet sind. Offenbar besitzt das Stadtarchiv Aachen das mit Abstand umfangreichste Material. Demgegenüber nehmen sich die Siegelsammlungen, welche die übrigen Archive (z. B. das Kreisarchiv Kleve[7], das Stadtarchiv Kalkar[8] und das Hauptstaatsarchiv Wiesbaden), die Museen (z. B. das Rheinische Landesmuseum Bonn)[9] oder die Bibliotheken (wie die Stadtbibliothek Trier und die Universitätsbibliothek Bonn) besitzen, recht bescheiden aus. In Kalkar hat man wie schon einige Jahre zuvor im Stadtarchiv Köln auch eine kleine Schausammlung von Siegelabgüssen für didaktische Zwecke zusammengestellt.

Zunehmende Bedeutung im Sinne einer Bestandssicherung erhalten die Siegelnegativsammlungen, die nach dem letzten Kriege von den Restaurierungswerkstätten in einigen rheinischen Archiven (Hauptstaatsarchiv Düsseldorf, Landeshauptarchiv Koblenz, Stadtarchiv Köln) sowie bei der Archivberatungsstelle Rheinland und im Dominikanerkloster Walberberg angelegt wurden. Sammler von Siegelabgüssen können dort auch Stücke zu erschwinglichen Preisen erwerben. Da die Silikonnegative, die eine optimale Reproduktion eines Siegels garantieren, selbst nicht auf Dauer haltbar sind, wäre zu überlegen, ob nicht von jedem Negativ ein einwandfreier (blasenfreier) Abguß aus Sicherungsgründen archiviert werden sollte.

Bei der Klärung der Überlieferungsverhältnisse einzelner Siegel sollten natürlich die Sammlungen außerhalb des Rheinlandes nicht vergessen werden. Hierbei dürften in den angrenzenden Staatsarchiven (Darmstadt, Marburg[10], Münster) am ehesten Funde zu erwarten sein, doch könnte auch die Bearbeitung der Sammlung Trummer im Staatsarchiv Hamburg[11] gut erhaltene Siegel zutage fördern, von denen bisher nur beschädigte Abdrücke bekannt sind. Gering ist dagegen die Hoffnung, in der von Ewald noch so hochgeschätzten Siegelsammlung des ehemaligen Jesuitenkollegs zu Valkenburg (Niederlande) große Entdeckungen machen zu können. Das Kolleg wurde 1942 mitsamt seines Inventars von den Nationalsozialisten beschlagnahmt, während man die Patres und Brüder kurzerhand nach Deutschland abführte. Die Siegelsammlung wurde von den Deutschen geplündert. Der gerettete Rest ist in völliger Unordnung; ein Katalog existiert nicht.[12] Verzeichnet und in Spezialschränken vorbildlich gelagert sind die Siegelsammlungen des Staatsarchivs Basel-Stadt. Besonders unter den 3520 Siegeln von Orten, Städten und Ländern der ehemals Schweizerischen Siegelsammlung befinden sich etliche rheinische Stücke. Den größten Fundus in der Schweiz besitzt indessen das Schweizerische Landesmuseum in Zürich, das seine Sammlung in den letzten Jahrzehnten konsequent ausgebaut und 1968 auch die Siegelnegative der Schweizerischen Siegelsammlung vom Staatsarchiv Basel-Stadt übernommen hat.[13] Demgegenüber ist die umfangreiche Sammlung des Französischen Nationalarchivs in Paris für das Rheinland wenig ergiebig.

Anmerkungen

1 Ein anschauliches Bild von der früheren Sammeltätigkeit in der Schweiz gibt E. Ziegler, Die Siegelsammlung im Staatsarchiv Basel-Stadt, dargestellt aufgrund der Akten zur Siegel- und Stempelsammlung und der Jahresberichte des Staatsarchivs, Jahresbericht des Staatsarchivs Basel-Stadt 1970 S. 29–72 und ebenda 1971 S. 25–83. Zu den privaten Sammlern gehörte auch der berühmte Ulrich Stutz, der als Gymnasiast dem Staatsarchiv Basel auf dem Tauschwege etwa 400 Abgüsse zukommen ließ (vgl. ebenda 1970 S. 37 f.).

2 Vgl. hierzu E. Hauviller, S. 9 und 12 f. mit näheren Angaben zu Frankreich und Deutschland.

3 M. Pastoureau, S. 47.

4 E. Kittel, Siegelsammlungen.

5 Vgl. den Bericht des Kölner Stadt-Anzeigers vom 8. Januar 1982. Die Finanzierung dieses Projektes übernahm die Stiftung Volkswagenwerk.

6 Vgl. die Artikel über die Stadtsiegel von Cochem und Remagen, von denen sich wichtige Belege in der Allgemeinen Siegelsammlung befinden.

7 Sammlung Nettesheim im Kreisarchiv Kleve.

8 Vgl. W. Kock, a.a.O.

9 Vgl. R. Kahsnitz, Typare und Wachssiegel.

10 Insbesondere die für das Mittelrheingebiet ergiebige Sammlung Bodman-Habel; vgl. unten den Artikel über das älteste Stadtsiegel von Oppenheim.

11 Vgl. H. W. Eckardt, Die Trummer-Sammlung des Staatsarchivs Hamburg, Der Archivar 35 (1982) Sp. 175–180.

12 Frdl. Auskunft von Herrn H. Seelen S. J., Nijmegen, vom 18. November 1982.

13 E. Ziegler (wie Anm. 1), 1971 S. 51–53.

c. Siegelstempelsammlungen

Obgleich nur ein kleiner Bruchteil der ehemals vorhandenen Typare auf uns gekommen ist, gibt es für eine ganze Reihe von Siegelstempelsammlungen – insbesondere die größeren wie die des Germanischen Nationalmuseums in Nürnberg oder des Medaillenkabinetts in der Nationalbibliothek zu Paris – keine gedruckten Kataloge. Bei den großen Sammlungen mag die bei mehreren tausend Stücken liegende Masse der entscheidende Hinderungsgrund für eine eingehende wissenschaftliche Bearbeitung gewesen sein. Immerhin aber sind die in den wichtigsten Siegelstempelsammlungen ruhenden alten Stücke des Rheinlandes bekannt. Hierzu zählen auch die in diesem Buch behandelten großen Siegel von Essen und Goch im Germanischen Nationalmuseum zu Nürnberg[1] sowie die von Deutz und Boppard (Zweites großes Siegel) im Britischen Museum zu London.

Unter den 55 Siegelstempeln des Münzkabinetts der Staatlichen Museen zu Berlin-Ost befinden sich etliche rheinische Stücke. Hierzu gehören neben einigen wichtigen Typaren geistlicher Institutionen auch zwei Andernacher Stadtsiegelstempel sowie die großen Stadtsiegelstempel von Limburg, Jülich und Montabaur.[2]

Siegelstempelsammlungen von überörtlicher Bedeutung besitzen im Rheinland das Hauptstaatsarchiv Wiesbaden, das Kölnische Stadtmuseum, das Hauptstaatsarchiv Düsseldorf, das Rheinische Landesmuseum Bonn und das Landeshauptarchiv Koblenz. Ein gedruckter Katalog liegt nur für die 50 Typare des Rheinischen Landesmuseums Bonn vor[3], die allerdings vorbildlich bearbeitet sind.[4] Die Sammlungen der genannten Archive, unter denen das Hauptstaatsarchiv Wiesbaden mit 1355 Stempeln[5] besonders hervorgehoben zu werden verdient, sind im allgemeinen nur über knappe handgeschriebene Archivbehelfe benutzbar. Dies gilt auch für die 744 Siegelstempel des Kölnischen Stadtmuseums, deren wissenschaftliche Katalogisierung mit Unterstützung der Stiftung Volkswagenwerk im Januar 1982 begonnen hat. Allgemein ist zu den Siegelstempelsammlungen der Archive zu bemerken, daß in ihnen die Typare aus französischer und preußischer Zeit zahlenmäßig deutlich überwiegen. Leider ist die Sammlung des ehemaligen Staats- und jetzigen Landeshauptarchivs Koblenz im letzten Kriege vernichtet worden.[6]
Etliche rheinische Städte sind glücklicherweise noch im Besitz wenigstens eines Teiles ihrer alten Siegelstempel. Besonders erfreulich ist die Tatsache, daß sich darunter eine respektable Zahl von alten Typaren aus der Blütezeit des Siegelwesens und der Siegelstecherkunst befindet. Die kunstvolle Ausführung der Stempel wird entscheidend dazu beigetragen haben, daß man diese auch in Zeiten, da sie nicht mehr ihrem Zweck entsprechend benutzt wurden, als erhaltenswerte Preziosen ansah. Konsequenterweise sind solche Stempel in städtische Museen (z. B. in Köln und Kreuznach) gelangt. Andere Städte, die kein eigenes Stadtmuseum besitzen, verwahren ihre wertvollen alten Siegelstempel im städtischen Archiv. Eine ganze Reihe der qualitätvollen Stücke sind in diesem Buch berücksichtigt, so daß hier eine kurze Aufzählung derjenigen Städte genügen mag, die noch im Besitze eines oder mehrerer alter Siegelstempel sind: Aachen, Alpen, Düren, Kalkar, Köln, Kreuznach, Krefeld (Linner Schöffensiegel um 1400 und Linner Stadtsiegel von 1591), Rees und Rheinberg. Rechnet man die oben[7] erwähnten Städte hinzu, deren mittelalterlichen Typare in auswärtigen Sammlungen verwahrt werden, so ergeben sich für das Rheinland, wenn man es mit anderen Landschaften, besonders mit französischen, vergleicht, selten günstige Überlieferungsverhältnisse. Sie sollten aber nicht über die zahlenmäßig hohen Verluste hinwegtäuschen, die im übrigen bei anderen Siegelführergruppen, vor allem den persönlichen Siegelführern, noch erheblich höher sind. Hierin liegt auch der Grund dafür, daß systematische Untersuchungen über Siegelstempel sehr erschwert sind, die nach wie vor zu den großen Desideraten der Siegelforschung gehören.

Anmerkungen

1 Das Museum besitzt selbstverständlich ein Inventarverzeichnis, in dem die Erwerbungen von Siegelstempeln eingetragen sind. Eine Kartei ermöglicht den Rückgriff auf Einzelstücke der umfangreichen Sammlung, die zu einem wesentlichen Teil aus dem Nachlaß des Berliner Siegelsammlers Warnecke stammt; vgl. R. Kahsnitz, Das große Essener Stadtsiegel, S. 26.

2 Vgl. A. Suhle, Nr. 25–27, 31 und 33.

3 R. Kahsnitz, Typare und Wachssiegel.

4 Vgl. meine Besprechung dieses Katalogs in AnnHistVNdRh 173 (1971) S. 257 f.

5 Vgl. E. Kittel, Siegelsammlungen, Sp. 231.

6 Ebenda.

7 Vgl. oben das Kapitel über Siegelstempel S. 72.

10. Methoden zur Reproduktion von Siegeln

nebst einigen Bemerkungen zu den Siegelabbildungen in diesem Werk

Der Siegelforscher wird es als Idealfall betrachten, wenn ihm Originalabdrücke der ihn interessierenden Siegel dauernd zur Verfügung stehen. Sind die zu untersuchenden Stücke in verschiedenen Archiven überliefert, so ergeben sich, da eine Ausleihe von Urkunden wegen der Zerbrechlichkeit der Siegel mit gutem Grund abgelehnt wird, beträchtliche Schwierigkeiten beim Vergleich von Siegeln. Das menschliche Gedächtnis vermag nämlich i. a. den optischen Eindruck, welchen der Betrachter vom Original gewonnen hat, nur in geringem Maße zu speichern. Dies gilt zumindest für die Gestaltung von Einzelheiten, auf die es gerade bei einer vergleichenden Untersuchung von Siegeln ankommt. Infolgedessen erlangen die Reproduktionsmethoden eine große Bedeutung. Möglichkeiten der Abformung von Siegeln kannte man bereits, als es eine aus der Diplomatik herausgelöste und verselbständigte Sphragistik noch nicht gab. Diese konnte sich also von Anfang an des Abgußverfahrens bedienen; außerdem stand ihr die Fotografie zu Gebote, für deren Wiedergabe in Druckwerken schon bald die technischen Voraussetzungen entwickelt wurden.
Es kann hier nicht auf alle Möglichkeiten, Abgüsse von Siegeln zu erstellen, eingegangen werden, zumal es unterschiedliche Verfahren sowohl bei der Anfertigung der Negative als auch bei der Abformung der hiervon zu gewinnenden Positive gibt. Die Unterschiede beziehen sich in erster Linie auf die benutzten Materialien, von denen Gips geradezu als klassisch angesehen werden kann. In diesem Material hat beispielsweise Wilhelm Ewald Matrizen und Abgüsse erstellt; letztere dienten als Vorlagen für die Abbildungen in seinem großen rheinischen Siegelwerk. Im Generalarchiv zu Brüssel wird an diesem Verfahren heute noch mit gewichtigen Argumenten festgehalten.[1] Beim französischen Nationalarchiv in Paris bevorzugt man Gips für die Negative, Terrakotta und Keramik für die Positive.[2] Letztere, ohnehin schon beträchtlich unschärfer als die Originale, werden mit einer Glasur versehen, wodurch sie in ihren plastischen Konturen noch mehr leiden. Demgegenüber verwendet man in Deutschland[3] für die Negative vorwiegend Silikone, die hinsichtlich der Abformungsqualität dem Gips noch überlegen sind. Die Positive erreichen gleichfalls hohe Qualität, wenn die Silikonnegative mit heißem Wachs ausgegossen werden, das nach dem Erkalten einen optimalen Eindruck vom Original ermöglicht; allerdings kann bei diesem Prozeß der Abguß leicht etwas kleiner ausfallen, was zwar den Gesamteindruck und die Wiedergabe von Einzelheiten nicht beeinträchtigt, aber bei der Größenmessung zu beachten ist. Das Gußwachs erreicht durch Beimischung eines Härters eine bemerkenswerte Festigkeit und läßt sich außerdem durch Farbzusätze eintönen. Der Wachsabguß hat also den Vorzug, dem Original am stärksten angenähert zu sein. Dies haben auch die Siegelrestauratoren im Nationalarchiv zu Paris, die generell keine Wachsabgüsse anfertigen, auf entsprechende Vorstellungen des Verfassers zugegeben.[4]
Die Erkenntnismöglichkeiten, die sich dem Siegelforscher dadurch eröffnen, daß er vorhandene Siegelabgüsse in beliebiger Weise nebeneinanderlegt und vergleicht, sind vermutlich bisher noch gar nicht recht erkannt worden. Immerhin war aber schon Wil-

helm Ewald auf dem richtigen Wege, wenn er entgegen seiner sonst beachteten Numerus-Currens-Ablage[5] auch Siegelabgüsse nach einzelnen Motiven und anderen Gesichtspunkten gruppierte.[6] Hätte Ewald die hier beschriebenen Möglichkeiten etwa für seinen 3. Band der „Rheinischen Siegel“ genutzt, so wäre ihm mit Sicherheit nicht entgangen, daß die Siegel der Städte Deutz (von Ewald datiert in die Zeit vor 1230) und Jülich (von Ewald ins 14. Jahrhundert datiert) Werke desselben Siegelstechers sind. Ebenso wäre ihm sicherlich auch der Zusammenhang zwischen den Siegeln von Boppard und Kreuznach aufgefallen. Der Siegelkundler weiß es also zu schätzen, wenn die Archive Siegelabgüsse zu erschwinglichen Preisen anbieten.

Gegenüber der fotografischen Aufnahme muß noch auf einen großen Vorzug des Abgusses hingewiesen werden: An einem Abguß läßt sich nächst dem Original mit Abstand am genauesten eine künstlerische Handschrift, insbesondere der Grad der plastischen Ausformung oder die Verwendung verschiedener Bildebenen, ablesen. In dieser Hinsicht ergibt sich also folgende qualitative Reihenfolge: Original, Abguß, Foto.

Der Abguß kann in Einzelfällen auch dem Original vorgezogen werden, wenn nämlich das Original durch Verfärbungen oder Flecken in seinem Gesamteindruck beeinträchtigt ist. Wie etwa architektonische Einzelheiten in bemalten Kirchen zurücktreten, so verschwinden auf einem fleckigen Siegel die plastischen Formen. Hier stellt ein Abguß, der in einer einheitlichen Farbe gehalten ist, eine willkommene Hilfe dar. In diesem Falle ist es auch gerechtfertigt, bei der Anfertigung eines Fotos nicht das Original, sondern den Abguß heranzuziehen.

Die Beschaffung guter Siegelaufnahmen gehört zu den größten Beschwernissen des Siegelforschers.[7] Eine Siegelfotografie mit künstlerischen Ambitionen gibt es heute kaum, obwohl die technischen Voraussetzungen hierzu seit langem gegeben sind.[8] Sicherlich liegt dies daran, daß überhaupt nur ein kleiner Kreis von Berufsfotografen, die in Archiven tätig sind, Siegel kennen; da diese Fotografen vorwiegend mit der Reproduktion von schriftlichen Dokumenten betraut sind, scheinen sie das Siegel als Kunstwerk, dem eine wenn nicht kongeniale, so doch wenigstens adäquate fotografische Behandlung zukommen sollte, bisher nicht erkannt zu haben.

Die Kunst der Siegelfotografie ist in erster Linie eine Kunst des Ausleuchtens. Sie gestaltet sich um so schwieriger, je erhabener Einzelheiten des Siegels gearbeitet sind. Wenn es der Fotografie schon nicht gelingt, einen erschöpfenden Eindruck von der Plastizität eines Siegels zu vermitteln, so sollte andererseits nichts unversucht gelassen werden, so viel wie möglich davon einzufangen. Hierzu muß eine Schattenbildung in Kauf genommen werden, der aber möglichst keine Einzelheiten, die sich in unmittelbarer Nachbarschaft von erhabenen Bildteilen befinden, zum Opfer fallen sollten. Da bei aller Dominanz des Siegelbildes und seiner bevorzugten Ausleuchtung auch die Umschrift gut lesbar und möglichst gleichmäßig erscheinen sollte, sind gerade bei den künstlerisch hochstehenden Siegeln Kompromisse unvermeidlich. Insofern ist jede Siegelaufnahme ein Kompromiß und zugleich nur eine von vielen Möglichkeiten. Der Siegelforscher wird, sofern er selbst fotografiert, auch selbst entscheiden, welchen Teilen des Siegels er Priorität einräumt, und diese – buchstäblich – ins rechte Licht setzen. Bei Siegelaufnahmen, die er in auswärtigen Archiven bestellt, fehlt ihm im allgemeinen jede Einflußmöglichkeit. Er erhält dann eine mehr oder weniger gute Aufnahme; bestellt er im letzteren Falle ein neues Foto, so gerät er, zumal wenn sich dies im Rahmen einer größeren Arbeit wiederholt, in den Ruf eines Querulanten. Diese Feststellung wie die vorangehenden Ausführungen, mögen sie auch einer gewissen Subjektivität nicht entbehren, erschienen mir notwendig, weil in den bekannten Siegelwerken zu der angesprochenen Problematik nichts gesagt wird.[9]

Wilhelm Ewald hat in seinem großen Corpus der „Rheinischen Siegel" alle Stücke in Originalgröße oder zumindest in annähernder Originalgröße abgebildet. Er hat damit eine seinem Werke angemessene Entscheidung getroffen. Da in dem vorliegenden Buche ganz andere Absichten verfolgt werden, erschien es sinnvoll, die Möglichkeiten zu nutzen, welche die Vergrößerung, insbesondere bei kleineren Siegeln, bietet. Es ist zuzugeben, daß die Vergrößerung nicht nur der Verdeutlichung dient, sondern auch den Gesamteindruck verändert, in gewisser Weise sogar verfälscht. Gerade aber im Hinblick darauf, daß die meisten der hier ausgewählten Siegel schon in dem Ewaldschen Siegelwerk in Originalgröße reproduziert sind, habe ich mich entschieden, einzelne Siegel in Vergrößerungen abzubilden. Diejenigen Städte, die über große alte Stadtsiegel verfügen, mögen es großzügig hinnehmen, wenn Städte mit kleinen Originalsiegeln hier aufgewertet erscheinen.

Der Auswahl der Siegelabbildungen für dieses Buch wurde große Bedeutung beigemessen. Soweit nötig und möglich, galt es, bessere Vorlagen zu ermitteln, als sie seinerzeit Ewald zur Verfügung standen. In nicht wenigen Fällen war festzustellen, daß Ewald schon die besten Vorlagen herangezogen hatte. Daran knüpfte sich mehrmals die betrübliche Erfahrung, daß Originalsiegel, die sich zu Ewalds Zeiten noch in gutem Erhaltungszustande dargeboten hatten, inzwischen mehr oder weniger beschädigt sind. Infolgedessen mußte in manchen Fällen auf die alten Aufnahmen Ewalds zurückgegriffen werden. Ansonsten war es mein Bestreben, durch Neuaufnahmen den Siegeln eine neue Seite abzugewinnen und sie in diesen abweichenden Abbildungen für alle Zeiten zusätzlich festzuhalten. Auch in dieser Hinsicht versteht sich das vorliegende Buch als eine Ergänzung zu dem 3. Bande des Ewaldschen Siegelwerkes.

Anmerkungen

1 A. Scufflaire, Le Moulage des Sceaux en 1974 aux Archives Génerales du Royaume, Miscellanea Archivistica X, Brüssel 1975 S. 17–26, insbes. S. 21.

2 M. Duchein, in: Manuel d'Archivistique. Théorie et pratique des Archives publiques en France, Paris 1970 S. 588.

3 Dies gilt zumindest für die hier vornehmlich interessierenden rheinischen Archive in Düsseldorf, Koblenz und Köln. Einzelheiten dieser Technik hat B. Ruchatz (Münster) am 8. Mai 1978 im 4. Fachgespräch der Restauratoren an nichtstaatlichen Archiven und Bibliotheken in Nordrhein-Westfalen dargestellt; vgl. das von der Archivberatungsstelle beim Landschaftsverband Rheinland vervielfältigte Referat von B. Ruchatz, Siegel-Nachbildungen und deren Techniken, S. 4–7.

4 Bei einer Besichtigung der Siegelrestaurierungswerkstatt im Rahmen des „Stage technique international d'archives" im Februar 1975.

5 Sie bedeutete, daß die Siegelabgüsse eine laufende Nummer erhielten und nach dieser Nummer abgelegt wurden. Diese Ordnung ist in der Ewaldschen Abgußsammlung im Kölnischen Stadtmuseum heute noch gewahrt.

6 Bei Siegelabbildungen in Druckwerken muß sich der Herausgeber jeweils auf eine Reihenfolge festlegen. W. Ewald hat in seinem Siegelcorpus verschiedene Systeme angewandt: die Chronologie (Bände 1, 2 und die einzelnen Abteilungen von Band 6), Einteilung nach Territorien und innerhalb derselben Reihenfolge nach Ortsalphabet (Band 3), ein aus verschiedenen Gesichtspunkten gemischtes System (Band 4:

geistliche Institutionen in hierarchischer, dann ortsalphabetischer und dann chronologischer Reihenfolge; geistliche Dignitäre nach hierarchischer, dann motivischer und dann chronologischer Reihenfolge) sowie eine Abfolge nach motivischen Gesichtspunkten (Band 5).

7 Vgl. meine diesbezüglichen Bemerkungen in der Besprechung des Werkes von E. Kittel, Siegel, in: AnnHistVNdRh 173 (1971) S. 256. Zu der dort erhobenen Kritik stehe ich nach wie vor. Verwiesen sei in diesem Zusammenhang auf den Katalog zu einer Ausstellung, in der das Hauptstaatsarchiv Düsseldorf nach Bezug des neuen Dienstgebäudes besonders interessante Stücke aus seinen Beständen der Öffentlichkeit vorstellte. Gegenüber den übrigen Bildtafeln fallen die Siegelabbildungen auf Tafel 9 qualitativ in erschreckendem Maße ab; vgl. Dokumente rheinischer Geschichte aus 12 Jahrhunderten (Veröff. d. Staatl. Archive d. Landes NRW, Reihe D, Heft 7), Düsseldorf 1975. Bedauerlicherweise ist dort auch in der Bildunterschrift das berühmte Aachener Karlssiegel als Stadtsiegel von Burtscheid bezeichnet. In der 2. Aufl. desselben Katalogs (Düsseldorf 1979) sind anstelle der früher in Schwarz-Weiß abgebildeten Siegel fünf Siegel farbig reproduziert. Aber auch diese Tafel kann heutigen Ansprüchen – man vergleiche die farbigen Siegelabbildungen im Katalog „Die Zeit der Staufer“ (Stuttgart 1977) – nicht genügen. Zu dem „flachen“ Eindruck der Siegel im Düsseldorfer Katalog hat auch die Tatsache beigetragen, daß man als Vorlagen nicht die Originale, sondern Abgüsse genommen hat.

8 Vgl. auch J. Hemmerle, Siegel und Fotografie, in: MittArchpflBayern, Sonderheft 1, München 1958, S. 20–26.

9 Die Frage wurde neuerdings in einem Siegelfachgespräch erörtert; vgl. T. Diederich, Siegelforschung, Siegelerfassung und Siegelkonservierung, S. 8, 12, 20 und S. 23 f.

11. Siegelfälschungen

Aus dem Mittelalter, besonders dem Hochmittelalter, sind so viele Siegelfälschungen bekannt, daß wir sie hier nicht ganz vernachlässigen dürfen. Dieses Phänomen, das man nicht in allen Teilen mit heutigen moralischen Normen bewerten sollte, steht in engstem Zusammenhang mit den noch zahlreicheren Urkundenfälschungen. Hierüber gibt es eine Fülle von Spezialuntersuchungen. Naturgemäß sparen auch die Handbücher zur Urkundenlehre und zur Siegelkunde das Thema Siegelfälschungen nicht aus. Lediglich das letzte große Werk von Kittel beschränkt sich auf einige knappe Angaben.[1] Wahrscheinlich war sich Kittel darüber im klaren, daß Urkunden- und Siegelfälschungen nur in einem eigenen Buch erschöpfend behandelt werden können. Eine Gesamtdarstellung dieses Komplexes gehört immer noch zu den großen Desideraten der Siegelforschung.

So vielfältig im einzelnen die Motive zur Urkunden- und Siegelfälschung waren, so vielfältig waren auch die Methoden. Die Motive, die mit Gewinnstreben, Verschaffen von Vorteilen und Wahrung des Besitzstandes gewiß nur unzureichend beschrieben sind, sollen uns im folgenden nicht näher beschäftigen. Auch die Fälle, in denen echte Siegel von echten Urkunden abgelöst und an gefälschten Urkunden angebracht wurden, sind eher für diplomatische und spezielle historische Fragestellungen als für den hier behandelten Zusammenhang wichtig. Klammern wir also die als Siegelmißbrauch (Ewald, Acht) oder Siegelanmaßung (v. Brandt) bezeichnete Erscheinung aus, so bieten auch die reinen Siegelfälschungen – besser Siegelstempelfälschungen – eine Fülle von Aspekten, was im folgenden nur angedeutet werden kann. Eine Konzentration auf gefälschte Typare erscheint auch deshalb angebracht, weil gefälschte Urkunden, die angeblich von rheinischen Städten ausgestellt und mit erwiesenermaßen unechtem Siegel versehen sind, in der Literatur kaum behandelt werden, offenbar weil solche Fälle selten sind. Daraus ist zu ersehen, daß seit dem 13. Jahrhundert, als die Städtesiegel in größerer Zahl aufkamen, die eigentliche Zeit der Urkundenfälschungen vorbei war.[2] Indessen hat es später auch in Städten des Rheinlandes einzelne Fälle von Siegelfälschungen gegeben. Wir wissen von ihnen durch zeitgenössische Quellen. Diese lassen erkennen, daß die Siegel- und Urkundenfälscher schnell an Geld zu kommen versuchten, was ihnen in der Regel gelang, oft genug aber auch harte Strafen eintrug.

Je nach dem zugrunde liegenden Motiv wandte man ein eigenes Verfahren bei der Herstellung gefälschter Typare an. Jede Methode hinterließ ihre besonderen Merkmale, die uns heute eine richtige Einschätzung solcher Fälschungen erleichtern. Schon Hermann Grotefend[3] und vor allem Wilhelm Ewald[4] haben verschiedene Arten von Siegelstempelfälschungen beschrieben. Ihre Feststellungen können hier um einige Beobachtungen ergänzt werden, die sich teils auf eigene Anschauung, teils auf Ergebnisse stützen, die der Leiter des Cabinet des Médailles in der Nationalbibliothek Paris, Michel Pastoureau, aufgrund des dort vorhandenen Materials dem Verfasser mitgeteilt hat.[5] Es lassen sich sechs verschiedene Fälschungsarten unterscheiden. Sie werden hier der Reihe nach von der am weitesten vom Original entfernten Fälschung bis hin zur getreuesten Kopie vorgestellt.

Die weitestgehende Fälschung liegt vor, wenn man, aus welchem Grunde auch immer, ein Siegel für eine historische Persönlichkeit oder Institution „erfindet", die nach unserer Kenntnis gar keinen Siegelstempel oder zumindest keinen Spezialstempel im Sinne des gefälschten Typars besessen hat. Um ein solches Phantasieprodukt handelt es sich offenbar bei dem Thronsiegel (!), das Markgraf Arnulf von Flandern angeblich im Jahre 941 führte und das durch einen Abguß im Generalarchiv Brüssel bekanntgeworden ist. Gefälscht ist auch das spitzovale (!) Siegel des Markgrafen Gero von angeblich 964.[6] Es ist fraglich, ob dieser überhaupt ein Siegel geführt hat. Einen kuriosen Fall stellt das sog. (gemeinsame) Konkordatssiegel Papst Leos X. und König Franz' I. von Frankreich dar. Es handelt sich um ein sonst nicht belegtes, angeblich eigens zur Besiegelung des Konkordates von 1516 hergestelltes, in Wirklichkeit aber frei erfundenes, also gefälschtes spitzovales Siegel von 9,5 bzw. 9,7 cm Höhe, das von der Verwaltung der Münze in Paris mitgeteilt und von Douët d'Arcq in seinem großen Siegelinventar beschrieben wurde.[7]

Von solchen Phantasiegebilden zu unterscheiden ist die Gruppe von gefälschten Siegelstempeln, die ebenfalls frei erfunden sind, aber einem Siegelführer zugeschrieben werden, der tatsächlich ein Siegel, wenn auch ein völlig anderes, besessen hat. Solche Fälschungen, die Michel Pastoureau als „Forgeries" (etwa „freie Schmiedearbeiten") bezeichnen möchte, sind aus der Zeit des alten Reiches in größerer Zahl bekannt. Es ist zu vermuten, daß dem Fälscher ein Original, das er hätte nachahmen können, nicht vorgelegen hat. Bei entsprechend großem räumlichen und vor allem zeitlichen Abstand mochte dem Fälscher die Anfertigung einer Kopie nach dem Originalsiegel auch entbehrlich erscheinen. Wenn man z. B. um 1170 ein gefälschtes Siegel des Kölner Erzbischofs Bruno (953–965) in eine Urkunde von 958 einhängte[8], konnte man davon ausgehen, daß ein echtes Siegel Brunos von jemandem, der die Urkunde von 958 anfechten wollte, wohl kaum beizubringen war. Die Gestaltung des Siegels im Stile der eigenen Zeit (um 1170) war in diesem Falle also ziemlich ungefährlich.

Lag dem Fälscher der Abdruck eines Originals vor, so konnte er sich gegebenenfalls bei seinem Fälschungsvorhaben mit einer freien Gravur zufrieden geben, die sich nur grob, also vornehmlich im Typus, an dem Originalabdruck orientierte. Für diese Fälschungsart ist charakteristisch, daß man deutliche Abweichungen gegenüber dem Original, etwa in Größe, Buchstabengestaltung und Einzelheiten des Siegelbildes, bewußt in Kauf nahm. Auch bei diesem Verfahren dürfte die Erwägung eine Rolle gespielt haben, daß die Beibringung eines Originalabdrucks zur Anfechtung der gefälschten Urkunde schwierig und damit unwahrscheinlich war.

Bei der vierten Fälschungsart, dem sorgfältigen Nachschnitt nach dem Original, ist das Bemühen erkennbar, die Fälschung auf dem Wege der direkten Gravur dem Original so anzunähern, daß man auch beim direkten Vergleich nicht sofort das unechte von dem echten Stück unterscheiden konnte. Für die Verschleierung der Wahrheit gab es ein in früheren Zeiten immer wieder angewandtes Mittel: die Verunklarung oder Tilgung abweichender Stellen durch Abschleifen ihrer Oberfläche; man mochte hierin, zumal wenn sich etwas Patina angesetzt hatte, einen natürlichen, altersbedingten Abrieb sehen, der beim Wachssiegel als allgemeines Phänomen bekannt war und ein einzelnes Siegel nicht verdächtig machte. Dem heutigen Forscherauge können solche Fälschungen natürlich nicht so leicht entgehen, vor allem wenn der Abdruck vom gefälschten Typar gut erhalten ist und ebenfalls gut ausgeprägte Originalabdrücke zum Vergleichen vorliegen. Wie Michel Pastoureau dargelegt hat, setzt die Imitation eines Originals auf dem Wege der direkten Gravur ein hohes Können des Fälschers voraus. Nichtsdestoweniger werden sich immer wieder Abweichungen im Detail finden lassen. Allerdings ist in den seltensten Fällen mit dieser Fälschungstechnik zu rechnen.

Während sich die bisher beschriebenen Fälschungsarten bei den Städtesiegeln des Rheinlandes nicht eindeutig nachweisen lassen[9], kommt die fünfte Art auch bei Städten gelegentlich vor. Es handelt sich hierbei um gefälschte Siegelstempel, deren Prägeseite eine große Übereinstimmung mit dem jeweiligen Original aufweist, weil man sich bei ihrer Herstellung des Abgußverfahrens bediente. Dem Abguß lag in der Regel ein Originalabdruck zugrunde. Von der Qualität seiner Ausprägung hing es u. a. aber ab, ob die Fälschung gut oder weniger gut ausfiel. Durch die Vorlage bedingte Mängel (Fehlstücke, unklar ausgeprägte Teile) konnte man ebenso wie die beim Abgußverfahren entstehende Stumpfheit durch ein Nachgravieren beseitigen, doch lag hierin natürlich auch ein gewisses Risiko. In sehr vielen Fällen hat man sich diese Mühe nicht gemacht, so daß Siegelstempel mit derartigen Mängeln leicht als Fälschungen zu erkennen sind. Man wird unterstellen dürfen, daß die meisten gefälschten Typare auf dem Wege des Abgußverfahrens angefertigt worden sind. Sie finden sich im Mittelalter[10] ebenso wie in der Neuzeit, vor allem im 19. Jahrhundert.[11] Aber auch wenn die Prägeseite einigermaßen gut ausgefallen ist, verschafft eine Untersuchung der Typarrückseite fast immer Klarheit; denn diese ist i. a. recht plump gestaltet.[12] Während unzweifelhaft echte mittelalterliche Siegelstempel auch sorgfältig gearbeitete, oft genug sogar kunstvoll verzierte Handhaben mit einem Loch zum Anketten besitzen, verzichteten die mittelalterlichen Fälscher auf solchen Aufwand, weil allein die Prägeseite für die Herstellung eines gefälschten Abdruckes wichtig war. Den modernen Fälschern aber fehlte es wohl häufiger an Kenntnis der Beschaffenheit echter Siegelstempel, vielleicht auch an den nötigen handwerklichen Fähigkeiten. Der im 19. Jahrhundert blühende Handel mit gefälschten Siegelstempeln muß solche Ausmaße gehabt haben, daß eine moderne plumpe Fälschung unter ihresgleichen gar nicht mehr auffiel. Selbst in den 70er Jahren unseres Jahrhunderts wurde in einer Kölner Auktion ein gefälschter Siegelstempel des Trierer Erzbischofs Balduin von Luxemburg von einem Liebhaber ersteigert, obwohl der Auktionator den Stempel nicht als Original ausgegeben hatte. Es bedarf keiner Frage, daß Fälschungen dieser Art, die Pastoureau als „Surmoulages" bezeichnet, im 19. Jahrhundert massenhaft hergestellt wurden. Das erklärt z. T. auch, warum man dem Einzelstück so wenig Sorgfalt widmete. Aber auch hier gibt es Ausnahmen, wie wir noch bei der Fälschung des ältesten Kölner Stadtsiegels sehen werden.

Die letzte hier anzuführende Fälschungsart ist die Faksimilierung eines vorhandenen Originalsiegelstempels. Hier kam es natürlich darauf an, auch die Rückseite und die Handhabe dem Original anzupassen. Solche Faksimiles aus älterer Zeit sind naturgemäß selten. Wir müssen aber z. B. damit rechnen, daß es sich bei einem der beiden Typare zum Kyllburger Stadtsiegel im Kölnischen Stadtmuseum um ein Faksimile handelt, das nicht lange nach dem Originalstempel geschaffen wurde. Es ist fraglich, ob diese Faksimilierung in betrügerischer Absicht geschah. Mit Sicherheit ausschließen läßt sich eine solche bei den Siegelstempeln, die im 19. Jahrhundert in französischen Werkstätten für Sammler hergestellt wurden. Auguste Coulon hat auf die im Auftrag der Sphragistischen Gesellschaft zu Paris hergestellten Siegelstempelnachbildungen hingewiesen, die mit einem S. S. (für „Société de sphragistique") oder einem A. F. (für „Arthur Forgeais", Gründungsmitglied dieser Gesellschaft) gekennzeichnet wurden.[13]

Im Vergleich zu den zahlreichen echten Typaren rheinischer Städtesiegel gibt es auffallend wenige gefälschte Stempel dieser Siegelführergruppe. Wilhelm Ewald hat im 3. Band seines rheinischen Siegelwerkes überhaupt nur fünf Fälschungen bzw. spätere Nachbildungen für die rheinischen Städte angeführt.[14] Das heute erhaltene Bleitypar zum großen Trierer Stadtsiegel ist, wie Ewald richtig gesehen hat, zwar nicht der Originalstempel, andererseits aber auch keine Fälschung, da es ab 1396 von der Stadt zur Besiegelung ihrer Urkunden benutzt wurde. Wir können diesen Fall hier ebenso wie die beiden im Kölnischen Stadtmuseum erhaltenen Kyllburger Siegelstempel übergehen, da die Einzelheiten in den Artikeln über diese Siegel erörtert werden.

Von den übrigen Fälschungen, die Ewald im 3. Bande seines Siegelwerkes erwähnt hat, verdient das Typar des ältesten Kölner Stadtsiegels das größte Interesse. Hans Lückger, der das Stück erworben hatte, schrieb 1928 in einem Aufsatz: „Vor längeren Jahren tauchte bei einem Kölner Antiquar eine stark verkrustete Bronzeplatte auf, die sich auf den ersten Blick als ein jahrhundertelang in der Erde gelegener Siegelstempel erwies. Die Herkunft war nicht mehr zu ermitteln. Beim Reinigen ergab sich bald, daß hier der seit 1268 verschollene erste Siegelstempel der Stadt Köln vorlag. . ."[15] Es ist das Verdienst Wilhelm Ewalds, schon bald die offenbar sehr geschickt dargebotene Fälschung als solche erkannt zu haben; er schrieb 1931: „Wenn auch eine genauere Prüfung des Stempels mir nicht ermöglicht wurde, so läßt doch schon der mir zur Verfügung stehende Abdruck einwandfrei erkennen, daß es sich um eine Fälschung handelt."[16] Ohne vorgefaßte Meinung habe ich selbst den Stempel noch einmal untersucht und anhand einiger Metallspäne von der Rückseite des Typars eine Spektralanalyse in der Bundesanstalt für Materialprüfung zu Berlin erbeten. Das Gesamtergebnis habe ich 1969 in der Festschrift für Arnold Güttsches veröffentlicht. Danach bestätigten sowohl der vorgenommene Vergleich mit Originalabdrücken des ältesten Kölner Stadtsiegels im Stadtarchiv als auch einzelne Vergleichsmessungen das Urteil Ewalds. Es war ein Glücksfall, daß die Ergebnisse der Spektralanalyse von einem Kenner der Materie, Herrn Dr. Otto Werner (Berlin), näher bewertet und in dem klaren Satz zusammengefaßt werden konnten: „Daher ist mit einem an Sicherheit grenzenden Grad an Wahrscheinlichkeit zu schließen, daß das Material des Siegelstempels neuzeitlich ist.“[17] Wir können also ausschließen, daß das Typar, dessen Legierung weitgehend einer modernen Rotgußlegierung nach DIN 1705 entspricht, sehr alt ist. Vieles spricht dafür, in dem Typar, das Lückger seinerzeit erworben hat, heute aber als Leihgabe des Stadtarchivs im Kölnischen Stadtmuseum liegt, ein Produkt des 19. Jahrhunderts zu sehen. Der Fälscher hat sich vermutlich des Abgußverfahrens bedient, dann aber, weil die Vorlage nicht optimal ausgeprägt war, nachgraviert und hierbei nicht vermeiden können, daß Abweichungen zum Original erkennbar werden.

Für weitere zwei von Ewald schon beigebrachte Fälschungen kann man dasselbe Herstellungsverfahren und die gleiche Zeitstellung – 19. Jahrhundert – annehmen: die Stempel zum dritten Stadtsiegel von Koblenz und dem zweiten großen Siegel der Stadt Goch. Die Nachgravur bei dem Koblenzer Stück zeigt sich besonders deutlich bei dem G in dem Wort SIGILLVM. Die Fälschung weist in diesem einen Punkt eine so klare Abweichung vom Original auf, daß die Einschätzung nicht zweifelhaft sein kann. Ansonsten aber ist zuzugeben, daß die Fälschung ausgesprochen „nah“ am Original ist. Auf den ersten Blick gilt dies auch für den Stempel des zweiten Gocher Stadtsiegels im Münzkabinett der Staatlichen Museen in Berlin-Ost, von dem Ewald einen Abdruck abgebildet hat.[18] Der handwerklich sehr geschickte Fälscher ist der schwer lesbaren, gitterartigen gotischen Minuskel der Umschrift und seinen fehlenden Lateinkenntnissen zum Opfer gefallen; er gravierte nämlich anstelle des Wortes „civitatis“ in der Umschrift irrtümlich „contatis“. Die drei sternförmig zusammengesteckten Blätter vor und nach den Wörtern sind in der Fälschung jeweils rhombenartig gebildet. Sie sind nicht mittelalterlich; wir finden sie heute ganz ähnlich bei dem Logotyp der japanischen Autofirma Mitsubishi.[19] Es besteht kein Zweifel, daß es sich um ein ziemlich modernes Falsifikat handelt. Arthur Suhle hat daher das Stück in seine Publikation über die Petschafte des Münzkabinetts zu Berlin konsequenterweise nicht aufgenommen.

Der sicherlich auch im Abgußverfahren erstellte Siegelstempel zum Sekretsiegel der Stadt Münstermaifeld, den Ewald als Fälschung identifiziert hat, bedarf noch einer näheren Untersuchung. Dasselbe gilt für eine Reihe weiterer gefälschter Typare, die in den verschiedenen Siegelstempelsammlungen ruhen. Ihre Zahl dürfte deshalb insgesamt nicht klein sein, weil die öffentlichen Einrichtungen in der Vergangenheit oft ganze Sammlungen erworben haben, in denen neben echten Stücken meist auch etliche Fälschungen enthalten waren.

Eine primitive Fälschung ist m. E. das Typar zum großen Siegel der Stadt Münstermaifeld, welches sich im Landeshauptarchiv Koblenz befindet. Das Falsifikat wurde von einem schlecht erhaltenen Originalabdruck abgegossen, aber nicht nachgraviert, so daß die Fehlstellen des verwendeten Wachsabdruckes sofort auffallen. Auch sonst fehlen diesem Stempel alle Feinheiten eines mittelalterlichen Originalstempels.

Ganz ähnlich ist der Stempel zum Deutzer Stadtsiegel zu bewerten, der im Kölnischen Stadtmuseums aufbewahrt wird. Die Einschätzung wird in diesem Falle auch deshalb erleichtert, weil sich das Originaltypar im Britischen Museum zu London befindet und sich in seiner Qualität deutlich von der Kölner Fälschung unterscheidet.
Eine noch weit plumpere Fälschung als die beiden vorgenannten Stücke ist mir Mitte der 70er Jahre von dem großen Siegel der Stadt Bonn vor die Augen gekommen. Es handelt sich um ein schweres Bleiungetüm mit massivem Bleigriff. Der Schwere und Unbeholfenheit dieses Stückes, das seinerzeit dem Stadtarchiv Bonn zur Ansicht vorlag, entspricht die vage Ausgestaltung der Prägeseite. Auch hier sieht man deutlich, daß schon das als Vorlage benutzte Originalsiegel – vielleicht war es auch ein schon qualitativ abfallender Abguß – nicht scharf ausgeprägt war.
Als Verfälschung eigener Art muß auch der Stempel von dem Düsseldorfer Stadtsiegel angesehen werden, nach dem seit Jahren Abgüsse durch einen rheinischen Verlag vertrieben werden. Statt Abgüsse nach dem in diesem Buch abgebildeten, 5,2 cm im Durchmesser messenden Original anzufertigen, hat sich der Verlag eines von ihm so bezeichneten „Hochschnitts" bedient, dessen Durchmesser mit 8,7 cm angegeben wird. Abgesehen davon, daß eine solche Vergrößerung unter siegelkundlichen Aspekten bedenklich ist, verfälscht der „Hochschnitt" auch in seiner ausgeprägten Plastizität den Eindruck des Originals. Vielleicht tragen diese Bemerkungen dazu bei, daß der erwähnte Verlag die Abgüsse vom „Hochschnitt" durch solche vom Original ersetzt.
Vorkehrungen und Strafandrohungen gegen Siegelfälschungen sind aus dem Altertum, dem frühen, hohen und späten Mittelalter sowie der Neuzeit in großer Zahl bekannt. Selbst Papst Innozenz III. (1198–1216) hat sich eingehend mit Urkunden- und Siegelfälschungen beschäftigt. Die von ihm aufgestellten Regeln zur Echtheitskritik hat Papst Gregor IX. (1227–1241) dann in das kanonische Recht aufgenommen. Die Strafen gegen Urkunden- und Siegelfälscher waren hart. Im Frühmittelalter, z. B. im Edictus des Rothari und in einem Capitulare Karls des Großen, war bei solchen Delikten das Abhauen der rechten Hand vorgesehen. Das Spätmittelalter ging mit Siegelfälschern nicht milder um. So berichtet Jean Mabillon von einer Siegelfälscherin, die 1331 verbrannt wurde. Auch sonst waren Todesstrafe, lebenslange Haft, Verbannung, Brandmarkung und andere schwere Strafen nicht selten.[20] Es fällt auf, daß sich unter den Siegelfälschern, die uns durch die gegen sie geführten Prozesse bekannt sind, vielfach Frauen[21] und Geistliche befinden.[22]
Den hohen Strafen gegen Siegelfälscher entsprachen die vielfältigen Sicherheitsvorkehrungen der Siegelführer zur Vermeidung von Urkunden- und Siegelfälschungen. Für die Städte sind uns zahlreiche Nachrichten darüber überliefert, wie der oder die städtischen Siegelstempel aufzubewahren und zu benutzen waren. Bestürzend und bezeichnend zugleich ist ein Vorgang, den Wenzel Hagek zum Jahre 1386 berichtet: Der Prager Bürgermeister Georg Schwerhammer, ein Deutscher, hatte das städtische Siegel in seinem Hause auf den Tisch gelegt. „In seiner Abwesenheit verlangte sein Kind, das eben von der Mutter in einem Scheffel gebadet wurde, danach. Das Weib gab es dem Kinde, welches es im Scheffel liegen ließ, worauf es samt dem Badewasser auf die Straße geschüttet wurde. Dort fand es ein Bürger, überbrachte es dem Rat, der hierauf den Bürgermeister in Verhaft nahm und demselben vor seinem Hause den Kopf abschlagen ließ."[23]

Die verschiedenen Bestimmungen zur Benutzung und sicheren Aufbewahrung des großen Kölner Stadtsiegels habe ich an anderer Stelle angeführt.[24] Hingewiesen sei hier nur auf die Regelung des Kölner Transfixbriefes von 1513, wonach das Typar zum großen Stadtsiegel in einen Schrank mit 23 verschiedenen Schlössern aufzubewahren war. Dieses hier abschließend beigebrachte Beispiel aus dem rheinischen Oberzentrum belegt noch einmal ganz konkret die außerordentlich hohe Rechtsqualität des städtischen Hauptsiegels.

Anmerkungen

1 E. Kittel, Siegel, S. 118–122.

2 Zum Fehlen von Belegen für gefälschte Siegelstempel ist allerdings einschränkend zu bemerken, daß diejenigen, die mit Urkunden umgehen, oft auch nicht den Blick für schwerer erkennbare Fälschungen haben, erstens weil sie mit solchen nicht unbedingt rechnen (sie i.d.R. jedenfalls die Urkunden nicht unter diesem Aspekt untersuchen), zweitens weil es nicht selten an authentischem Vergleichsmaterial fehlt. Außerdem dürfte es vielfach auch an der nötigen Erfahrung mangeln. Selbst bei gezielter Anfrage bekam der Verfasser z. B. von einem Staatsarchiv eine falsche Auskunft bezüglich der wahrlich gut unterscheidbaren Königs- und Kaisergoldbullen Karls IV.

3 H. Grotefend, S. 32–54.

4 W. Ewald, Siegelmißbrauch und Siegelfälschung im Mittelalter, untersucht an den Urkunden der Erzbischöfe von Trier bis zum Jahre 1212, WestdtZGKunst 30 (1911) S. 1–100; W. Ewald, Siegelkunde, S. 225–241.

5 Herr Pastoureau hat zum Zwecke des Studiums gefälschter Siegelstempel am 1. Oktober 1982 eine Reihe von gefälschten Stücken unterschiedlichen Alters und Herstellungsverfahrens aus den umfangreichen Stempelsammlungen der Nationalbibliothek ausgesucht und die Stücke zusammen mit dem Verfasser nach Fälschungskriterien analysiert. Für seine Mühen und die dem Verfasser gewährte Zeit sei Herrn Pastoureau auch an dieser Stelle noch einmal aufrichtig gedankt.

6 Beide Siegel sind bei E. Kittel, Siegel, S. 118 f. (Abb. 72 und 73) abgebildet; vgl. hierzu auch die Erörterungen Kittels S. 119 f. Deutlicher noch als Kittel möchte ich das Siegel Arnulfs als Fälschung erklären, die frühestens in der 2. Hälfte des 11. Jahrhunderts, wahrscheinlich aber noch später entstanden ist.

7 Frdl. Hinweis von Herrn Pastoureau. Dieses Siegel ist in zwei Varianten belegt; vgl. L. Douët d'Arcq, Band 2 Nr. 6087 f.

8 Zur Fälschungsfrage bezüglich dieser Urkunde vgl. O. Oppermann, Rheinische Urkundenstudien, 1. Teil: Die kölnisch-niederrheinischen Urkunden (Bijdragen van het Instituut voor Middeleeuwsche Geschiedenis der Rijks-Universiteit te Utrecht 7,1), Utrecht 1922 S. 224–226, sowie F.W. Oediger, Regesten 1 Nr. 424.

9 Die mittelalterlichen und frühneuzeitlichen Quellen, die von Fälschungen berichten, lassen i. a. auf die angewandte Technik keine sicheren Schlüsse zu. Ich verweise etwa auf folgende Belege: Urkunde von 1430 Juni 17 (HistArchKöln, HUA 1/10712): „eyme conterfeyten segel"; Urkunde von 1437 März 12 (ebenda HUA 2/11243): „segel hatte doin nagraven und conterfeiten" (das „Nachgraben" ist m. E. nicht eng im Sinne von freiem Nachgravieren zu verstehen); Konzept von 1537 April 4 (F. Michel, Die Herren von Helfenstein, Trier 1906 S. 91 f.): Nach dem Tode seiner dritten Frau Margarete machte Johann von Helfenstein „eine sehr unliebsame Entdeckung, die er am 4. April 1537 den Schöffen (in) Wittlich mitteilte. Er fand nämlich ‚in eynem verslossen koffer, so jetzt gemelter seyner huysfrauwen gewesen, ein blyen contrefait sigell nach sinem gewonlichen sigell gemacht, doch nit gar glyecher proportion'". Die Verwendung von Blei spricht für das Abgußverfahren, das gewöhnlich auch zu einem erkennbaren Schwund der Siegelgröße führte, was hier mit der abweichenden „Proportion" gemeint sein könnte.

10 Möglichkeiten für ein Abgußverfahren waren dem Mittelalter durchaus bekannt. Zu erinnern ist an den Prozeß gegen Johann von Schellendorf im Jahre 1364. Bei diesem Siegelfälscher waren 27 Schwefelpasten gefunden worden, die er ohne Zweifel zum Herstellen von Abgüssen benutzt hatte; vgl. H. Grotefend, S. 34, und W. Ewald, Siegelmißbrauch (wie Anm. 4), S. 12. Etliche mittelalterliche Siegelfälschungen von allgemeinem Interesse, die durch ihre Stumpfheit auf die Anwendung des Abgußverfahrens schließen lassen, erwähnt P. Acht, Aus der Werkstatt mittelalterlicher Siegelfälscher, in: MittArchpflBayern, Sonderheft 1, München 1958 S. 17 f.

11 Vgl. hierzu W. Ewald, Siegelkunde, S. 117 Anm. 1, und M. Pastoureau, S. 44 f. mit Hinweisen auf

einschlägige Veröffentlichungen (insbesondere von E. Boutaric), sowie R. Kahsnitz, Typare und Wachssiegel, S. 21 f. und 24 f.

12 Vgl. A. Coulon, Éléments de sigillographie ecclésiastique française, in: V. Carrière, Introduction aux études d'histoire ecclésiastique locale, Band 2, Paris 1934 S. 204 f.

13 Ebenda S. 205 Anm. 1.

14 W. Ewald, Rheinische Siegel III, S. 172 (Goch), S. 92 (Koblenz), S. 29 (Köln), S. 105 (Münstermaifeld) und S. 77 (Trier). Für die in demselben Bande mitbehandelten Gerichts- und Schöffensiegel hat Ewald nur zwei Stempel des zweiten Schöffensiegels von Vallendar als mögliche Fälschungen angesehen (vgl. ebenda S. 108).

15 H. Lückger, Kölns ältestes Stadtsiegel, WallrafRichartzJb 5 (1928) S. 159.

16 W. Ewald, Rheinische Siegel III, S. 29. Nach Auskunft von Frau Dr. Elisabeth Reiff und alter Mitarbeiter des Kölnischen Stadtmuseums bestanden zwischen Lückger und Ewald persönliche Spannungen, die letzteren zu einer besonders kritischen Prüfung des ihm vorliegenden Abdruckes von dem aufgefundenen Typar animiert und bei der Enttarnung des Schwindels beflügelt haben werden. Die von Wilhelm Kisky in den AnnHistVNdRh 120 (1932) S. 143 geäußerte Kritik an Ewald erscheint mir überzogen; richtig ist nur, daß Ewald – offenbar entgegen früherer Absicht – sich nicht in einer Festschrift für Paul Clemen zu der Fälschungsfrage geäußert hat und später auch in Band 5 seines Siegelwerkes – erschienen ist nur die erste Lieferung – nicht dazu gekommen ist.

17 Vgl. T. Diederich, Das älteste Kölner Stadtsiegel, S. 57. Dort findet sich in der letzten Zeile ein gravierender Druckfehler, weshalb ich hier das Zitat noch einmal in richtigem Wortlaut wiedergegeben habe.

18 W. Ewald, Rheinische Siegel III, Tafel 77 Nr. 3; vgl. unten Abb. 51.

19 Die Logogramme und die sachlich noch interessanteren Logotypen sind bisher noch kaum Gegenstand wissenschaftlicher Untersuchungen gewesen. Einen sehr anregenden Vortrag zum Thema „Les logotypes et le développement des emblèmes de firmes contemporaines" mit zahlreichen Lichtbildern hat Frau Eliane Carouge, Conservateur am Nationalarchiv zu Paris, am 26. September 1979 im Rahmen der Tagung des Internationalen Siegelausschusses in Paris gehalten.

20 W. Ewald, Siegelkunde, S. 235; W. Engel, Urkundenfälschung und Strafrecht, ArchivalZ 39 (1930) S. 199–225.

21 Außer der oben schon angeführten Margarete Beierin von Boppard, der dritten Frau des Johann von Helfenstein, und dem von Mabillon angeführten Fall ist auf den Skandalprozeß des Grafen Robert von Artois gegen König Philipp von Artois zu verweisen; die offenbar technisch guten Siegelfälschungen waren durch Frauenhand hergestellt worden (vgl. H. Grotefend, S. 34). Bei der 1554 in Köln ruchbar gewordenen Siegelfälschungsaffäre – man hatte durch Fälschung des großen Kölner Stadtsiegels an Rentbriefen offenbar beträchtliche Summen bei der städtischen Rentkammer kassiert – wurde die Witwe Alheit Dinßlachen zusammen mit ihrem Sohn Conrad als Haupttäter ermittelt; vgl. T. Diederich, Die alten Siegel der Stadt Köln, S. 51.

22 Vgl. H. Grotefend, S. 33–35.

23 E. Melly, S. 134.

24 T. Diederich, Die alten Siegel der Stadt Köln, S. 50–52.

12. Schlußbemerkungen

Es ist hier nicht beabsichtigt, die bisher gewonnenen Erkenntnisse und Ergebnisse zu resümieren. Am Schluß des ersten Teils seien allerdings einige Folgerungen angeführt, die sich nach dem letzten Kapitel über die Siegelfälschungen ergeben. Sie zeigten noch einmal die herausragende Bedeutung des Siegels, die auch im Hinblick auf den zweiten Teil des vorliegenden Werkes über die rheinischen Städtesiegel von besonderem Interesse ist.

Zu Beginn unserer kleinen Siegelkunde wurde in dem Kapitel über Wesen und Funktion des Siegels eine Bemerkung Kittels zitiert, wonach das Siegel in den frühen Hochkulturen schon den Sieg des Rechts über die Gewalt bedeutete. Vom 4. Jahrtausend v. Chr. bis zu den zuletzt behandelten Siegelfälschungen des Spätmittelalters und der

frühen Neuzeit spannt sich ein großer Bogen. Der originäre Rechtscharakter des Siegels hat in der hier näher betrachteten Blütezeit des abendländischen Siegelwesens nicht nur Anlaß zu einer individuellen Gestaltung der Siegelstempel gegeben, sondern auch dazu beigetragen, daß zwischen dem Siegelführer und „seinem" Siegel eine enge Beziehung aufgebaut wurde: Das Siegel diente als Repräsentationsmittel, als Bedeutungsträger. Hieran knüpfen sich nun, wie in den früheren Untersuchungen vielfach zutage getreten ist, Aspekte, die weit über die Rechtsqualität des Siegels hinausgehen und dieses zu einem hochinteressanten Forschungsgegenstand machen.
Wenn in den vorangehenden Kapiteln vor dem Hintergrund der rheinischen Städtesiegel eine Reihe von grundsätzlichen und speziellen Fragen untersucht wurde, um dem Siegel eine angemessene Behandlung mit dem Ziel eines besseren Verständnisses und des Gewinns neuer Erkenntnisse zu sichern, so mag der Verfasser nicht ganz der Gefahr entgangen sein, die rheinischen Verhältnisse zu überschätzen. Der Blick auf andere, zum großen Teil allerdings noch nicht recht erschlossene Städtesiegellandschaften lehrt aber, daß das Rheinland besondere Aufmerksamkeit und Wertschätzung verdient, finden sich hier nach unserer Kenntnis doch die ältesten, schönsten und bedeutungsvollsten Städtesiegel überhaupt. Es fiel uns also nur zu, die Früchte dort zu pflücken, wo sie gewachsen sind.

II.

Siegel rheinischer Städte

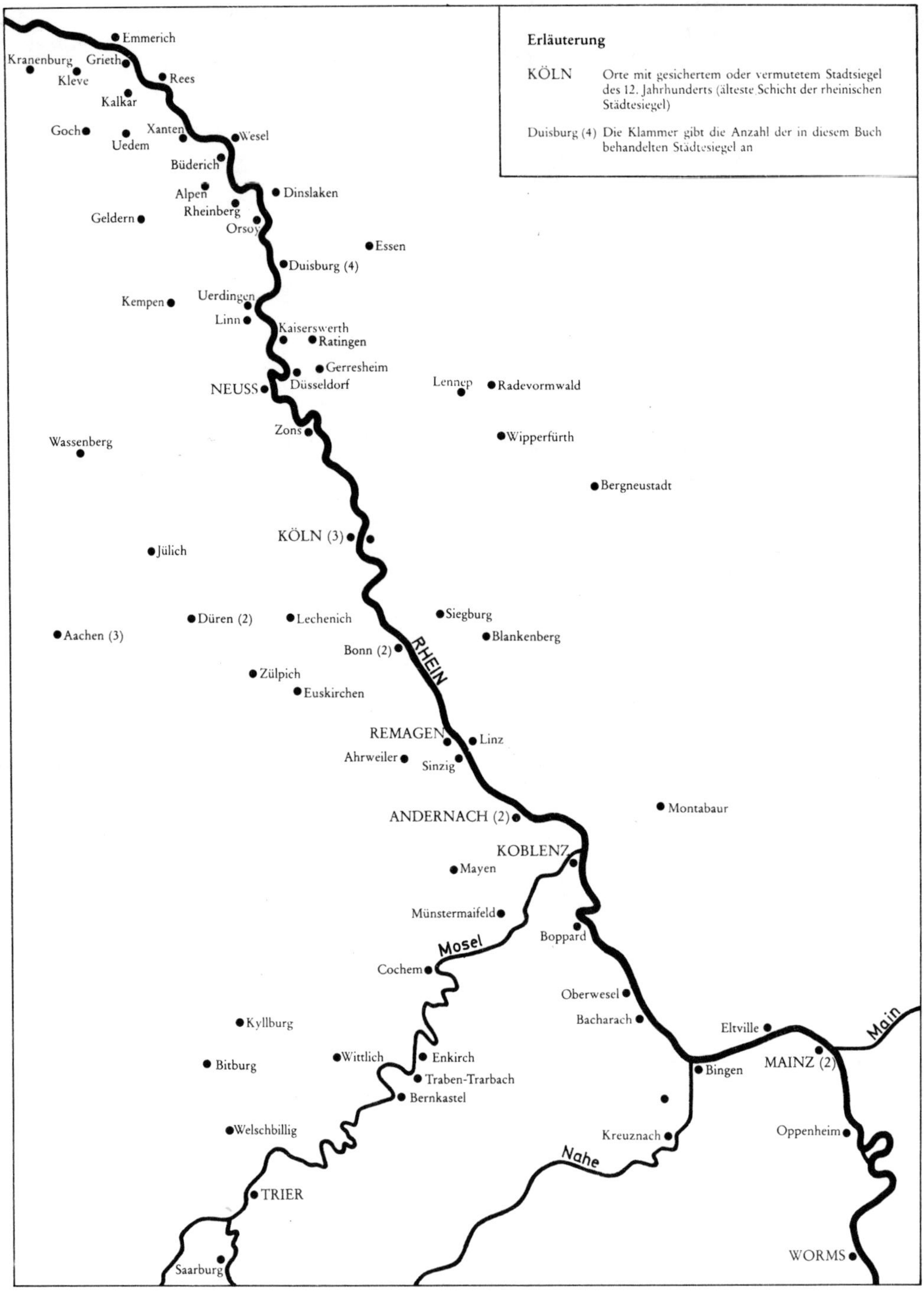

Karte des Rheinlandes mit Einzeichnung der in diesem Werk berücksichtigten Städte

Aachen

Mit drei bemerkenswerten Siegeln ist die Stadt Aachen in diesem Bande vertreten. Die drei Siegel lösten einander nicht ab, sondern erfüllten die verschiedenen Funktionen des großen Siegels, des Geschäftssiegels und des Sekretsiegels, wurden zuletzt also nebeneinander benutzt. Anders als in anderen Städten griff das jeweils jüngere Siegel auch nicht die Darstellung des älteren auf; vielmehr zeichnet sich jedes der hier behandelten Aachener Stadtsiegel durch eine eigenständige Gestaltung des Siegelfeldes aus. Das ikonographische Programm gibt folgerichtig die Wandlung im Selbstverständnis der Stadt wieder: Mit Hinweis auf die ihr von Karl dem Großen zugewiesene Rolle wollte Aachen zunächst oberster Richtstuhl des Reiches sein und dies im ersten Siegel durch die Darstellung des thronenden Frankenherrschers, im zweiten durch die Umschrift zum Ausdruck bringen; das dritte Siegel schließlich betont unter nur unwesentlicher Abänderung der Umschrift die Stellung Aachens als Krönungsstätte der deutschen Könige.

Großes Stadtsiegel (Karlssiegel)

Abbildung 3

Bild: Thronender Kaiser Karl der Große mit der Krone auf dem Haupte, dem Lilienzepter in der Rechten und der Sphaira in der Linken.

Umschrift: KAROLVS MAGNVS – ROMANO – RV(M) IMP(ERATO)R AVGVSTV – S

Größe: 8,5 bis 8,8 cm im Durchmesser.

Abbildung: Moderner Abdruck vom Originalstempel (heute im Stadtarchiv Aachen).

Literatur: G. A. Seyler, S. 305–307; P. Clemen, Die Porträtdarstellungen Karls des Großen, ZAachenGV 11 (1889) S. 185–271, sowie ZAachenGV 12 (1890) S. 1–147, besonders S. 56; A. Huyskens, S. 5–25; E. Meuthen, Zu Datierung und Bedeutung des älteren Aachener Karlssiegels, ZAachenGV 77 (1965) S. 5–16; E. Meuthen, Karl der Große – Barbarossa – Aachen. Zur Interpretation des Karlsprivilegs für Aachen, in: Karl der Große. Lebenswerk und Nachleben IV, Düsseldorf 1967 S. 54–76, besonders S. 67–69; E. Meuthen, Aachener Urkunden 1101–1250 (PubllGesRheinGKde 58), Bonn 1972 S. 268; R. M. Kloos, Epigraphische Bemerkungen zum Aachener Karlssiegel, ZAachenGV 82 (1972) S. 5–10; T. Diederich, in: Rhein und Maas – Kunst und Kultur 800–1400, Ausstellungskatalog, Köln 1972 S. 49; E. Meuthen, Barbarossa und Aachen, RheinVjbll 39 (1975) S. 45.

Das Aachener Karlssiegel, bis zum Ende des alten Reiches als Stadtsiegel benutzt, nimmt unter den rheinischen Städtesiegeln in zweifacher Hinsicht eine Sonderstellung ein: Erstens ist es das einzige rheinische Stadtsiegel, dessen Umschrift keinen Hinweis auf den Stadtnamen enthält; zweitens – und dies steht mit der ersten Besonderheit in Zusammen-

hang – ist es ursprünglich gar nicht als Stadtsiegel geschaffen worden. Die Frage nach dem Alter des Siegels ist hier natürlich von zentraler Bedeutung. Durch den an sich naheliegenden Vergleich mit den Herrscherdarstellungen auf den Siegeln der deutschen Kaiser und Könige sowie unter Berücksichtigung der Tatsache, daß weder die Umschrift noch das Siegelbild, auf dem Karl der Große ohne Heiligenschein dargestellt ist, an seine Heiligsprechung im Jahre 1165 erinnert, war Huyskens zu der Datierung „um 1150" gelangt.[1] Neuerdings hat jedoch ein von Meuthen beigebrachter Beleg aus dem Jahre 1134 zu einem früheren Ansatz gezwungen. Erst die damit aufgeworfene Frage nach dem Auftraggeber des Siegelstempels und nach dem Siegelführer – sie stellte sich deshalb, weil man Aachen im ersten Drittel des 12. Jahrhunderts noch nicht als Stadt im mittelalterlichen Rechtssinne bezeichnen kann – brachte die entscheidenden Erkenntnisse, die Meuthen folgendermaßen zusammengefaßt hat: „Das Karlssiegel war zunächst das Siegel des Gerichtes. Ohne es umzugestalten, benutzte dann die Stadt es als ihr Stadtsiegel. Die Personen, die das Gericht hielten, waren zunächst dieselben, die die Stadt repräsentierten. Dies änderte sich erst, als der Rat mit den Bürgermeistern an der Spitze seit Mitte des 13. Jahrhunderts Selbstverwaltung hatte."[2]
Aber zu jenem Zeitpunkt war der Siegelstempel noch keineswegs im Besitze der Stadtverwaltung. Wir wissen vielmehr durch eine Notiz vom Beginn des 14. Jahrhunderts, daß er in einer Truhe hinter dem Hauptaltar des Domes aufbewahrt wurde; so ist es verständlich, daß die Stadt bemüht war, das Siegel, das erstmals in zwei Urkunden vom Jahre 1215 als „Stadtsiegel" bezeichnet wird, unter ihre Aufsicht zu nehmen. Es kam hierüber zwischen der Kirche und der Stadt zu Auseinandersetzungen, die der kaiserliche Hofkanzler, Bischof Konrad von Metz und Speyer, im Juni 1220 auf dem Frankfurter Hoftag dahingehend entschied, daß das Stadtsiegel von dem Dechanten der Aachener Kirche verwahrt werden sollte. Eine Urkunde hierüber – sozusagen die schriftliche Urteilsbegründung – datiert vom Beginn des Jahres 1221.[3] Erst im Laufe des 14. Jahrhunderts brachte die Stadt das Siegel in ihren Besitz.
Die künstlerische Gestaltung des Siegels verdient insbesondere wegen seiner frühen Entstehung genauer betrachtet zu werden. Daß eine Stadtmauer, wie wir sie von vielen späteren Stadtsiegeln kennen, auf dem Karlssiegel fehlt, sollte hier nicht darauf zurückgeführt werden, daß Aachen im ersten Drittel des 12. Jahrhunderts noch keine Mauer besaß; vielmehr verbot der in Aachen ohne Zweifel bewußt nachgeahmte Herrschersiegeltyp die Einbeziehung einer Stadtmauer. Auch die Umschrift entspricht ganz dem Typus, den wir von den Siegeln der deutschen Kaiser und Könige her kennen; die epigraphischen Untersuchungen von Kloos haben außerdem eine Reihe von ähnlichen Buchstabenformen aufgezeigt. Aber trotzdem: Zwischen der Darstellung Karls des Großen, die von byzantinischen bzw. ottonischen Vorbildern beeinflußt zu sein scheint, und den Herrscherdarstellungen auf den Siegeln Heinrichs IV. (1056–1106), Heinrichs V. (1106–1125) und Lothars III. (1125–1137) gibt es gewichtige Unterschiede, welche allein schon dem Karlssiegel einen hohen künstlerischen Rang sichern: Der Meister des Karlssiegels scheute sich nicht, sein Siegelbild an vier Stellen in den Raum der Umschrift hineingreifen zu lassen; die Figur selbst ist, was Arm- und Beinhaltung angeht, nicht mehr wie bei den angeführten Herrschersiegeln symmetrisch aufgebaut; hinzu kommen die perspektivische Gestaltung des Thrones und seine reiche Verzierung; besonders aber das

Ausgreifen des Thrones in die Umschrift – der rechte Winkel, der durch seine Seiten- und Bodenbegrenzung gebildet wird, ist infolge der perspektivischen Darstellung einmal etwas zum spitzen und einmal etwas zum stumpfen Winkel hin abgewandelt – muß für das erste Drittel des 12. Jahrhunderts als äußerst moderne Lösung angesehen werden. Dieser Eindruck wird noch verstärkt durch den Mut des Siegelstechers, die Größe der unter dem Thron befindlichen Buchstaben an den durch die eigenwillige Gestaltung des Thrones entstehenden segmentförmigen Raum der Umschrift anzugleichen. Aus alledem ergibt sich: Das Aachener Karlssiegel ist ein eigenständiges Kunstwerk, dessen Meister seiner Zeit voraus war.

Nun ist Kloos in der bereits erwähnten epigraphischen Untersuchung des Karlssiegels aufgrund frappierender Ähnlichkeiten mit der Umschrift des erstmals 1125 belegten Siegels des Kölner Domkapitels zu dem Schluß gekommen, daß „diese beiden Schriften und damit wohl auch die Siegel von derselben Hand ausgeführt" seien.[4] Tatsächlich legt der epigraphische Befund (trotz der abweichenden Gestaltung des N) ein solches Urteil nahe. Soll das oben zur Beleuchtung der Eigenständigkeit des Karlssiegels Gesagte jedoch Gültigkeit besitzen, so müssen wir es auch im Hinblick auf das Siegel des Kölner Domkapitels anwenden: Dieses zeigt den hl. Petrus in ziemlich starrer Haltung; seine Figur ist wie bei den zum Vergleich herangezogenen Herrschersiegeln symmetrisch angelegt. In dieser Hinsicht scheinen also Welten zwischen dem Siegel des Kölner Domkapitels und dem Karlssiegel zu liegen. Achtet man auf Einzelheiten (was die Fotos nicht so leicht ermöglichen wie die Originale), so zeigen sich wieder auffällige Übereinstimmungen, besonders bei der Gestaltung des Gesichtes, der rechten Hand und der ringförmigen Zierelemente auf den Gewandsäumen und den Pfosten des Karlsthrones. Das Aachener Siegel wird damit doch in die Nähe des Kölner Kapitelssiegels und des von ihm abhängigen Kölner Stadtsiegels gerückt. Wie die Abhängigkeit und die zeitliche Abfolge im einzelnen gewesen sind, wird sich wohl nicht mit letzter Sicherheit klären lassen: Soll man bloß einen „Einfluß" annehmen oder auf „dieselbe Werkstatt" schließen oder gar wie Kloos von „derselben Hand" sprechen? Wie bereits in dem Kapitel über die Entstehung der ersten Städtesiegel dargetan wurde, ist es wahrscheinlich, daß das Aachener Karlssiegel erstens deutlich nach dem Siegel des Kölner Domkapitels und zweitens wohl auch einige Jahre nach dem Kölner Stadtsiegel, also vermutlich in den zwanziger Jahren des 12. Jahrhunderts, geschaffen wurde. Dieser zeitliche Ansatz ändert nichts an dem mehrfach formulierten Urteil über die hohe künstlerische Qualität und Eigenständigkeit des Karlssiegels.

Namhafte Forscher haben bei der Erörterung der Frage nach dem Aussehen Karls des Großen das Aachener Stadtsiegel in ihre Überlegungen miteinbezogen. Hierbei war der ungewöhnlich lange und spitz auslaufende Schnurrbart des großen Frankenherrschers von besonderem Interesse. Der wissenschaftliche „Streit um des Kaisers Bart" darf heute durch die von Schramm ermittelten Ergebnisse als überwunden gelten. Danach ist die Aussagekraft sämtlicher erhaltener Bildzeugnisse, was das Aussehen Karls des Großen betrifft, minimal. Zwar bleibt als Kennzeichen der Bart, aber auch bei diesem weichen die Bildzeugnisse ab, da Karl sowohl mit Backenbart als auch mit hängendem Schnauzbart und ausrasiertem Kinn dargestellt worden ist.[5] Das Karlssiegel bietet hierin also eine zusätzliche Variante, die allein deshalb schon keine Rückschlüsse auf das Aussehen des

Frankenherrschers erlaubt, weil der zeitliche Abstand zwischen Darstellung und Dargestelltem mehr als drei Jahrhunderte beträgt und der Porträtbegriff, wie er bis 1910 gegolten hat, erst im späten Mittelalter entstanden ist.[6]
Nicht nur die Entstehung als Siegel des Aachener Gerichtes, der spätere Funktionswandel zum Stadtsiegel und die Besonderheiten bei der Aufbewahrung des Siegelstempels in den ersten Jahrhunderten, sondern auch die für seine Zeit ungemein modern anmutende künstlerische Ausführung rechtfertigt das von Meuthen getroffene Urteil: „Das Aachener Stadtsiegel ist ein Siegel eigener Art."[7]

Anmerkungen

1 A. Huyskens, S. 8.
2 E. Meuthen, Datierung, S. 15.
3 E. Meuthen, Aachener Urkunden, Nr. 73, S. 267–269.
4 R. M. Kloos, S. 10; vgl. die Abbildung des Kölner Domkapitelssiegels (Abb. 2).
5 P. E. Schramm, Karl der Große im Lichte seiner Siegel und Bullen sowie der Bild- und Wortzeugnisse über sein Aussehen, in: Karl der Große. Lebenswerk und Nachleben I, Düsseldorf 1965 S. 22.
6 H. Keller, S. 227–356.
7 E. Meuthen, Datierung, S. 16.

Aachen

Geschäftssiegel (Jüngeres Karlssiegel)

Farbtafel 1 und Abbildung 4

Bild: Auf einem Thron, zu dem fünf Stufen emporführen, sitzt die gekrönte Muttergottes mit dem Kind auf dem Arm und einem Lilienstengel in der rechten Hand. Davor kniet Karl der Große in kaiserlichem Ornat, mit beiden Armen die Pfalzkapelle darreichend; hinter ihm befindet sich ein junger Eichenbaum.

Umschrift: + S(IGILLVM) · REGALIS : SEDIS : AQVENSIS : AD : CAVSAS

Größe: 7,25 cm im Durchmesser.

Abbildung: Moderner Abdruck vom Originalstempel (heute im Stadtarchiv Aachen).

Literatur: B. Endrulat, S. 2; K. Faymonville, Der Dom zu Aachen und seine liturgische Ausstattung vom 9. bis zum 20. Jahrhundert, München 1909 S. 150; W. Ewald, Rheinische Siegel III, S. 27; A. Huyskens, S. 5–25, besonders S. 14f.; Unsere liebe Frau, Katalog zu einer Ausstellung im Krönungssaal des Rathauses zu Aachen, 7. Juni – 14. September 1958, S. 49 Nr. 4; T. Diederich, Rheinische Siegel und Siegelstempel, S. 58f. Nr. 33.

An einer Urkunde vom Jahre 1328 ist erstmals das sog. jüngere Karlssiegel belegt. Es handelt sich um ein Siegel, das „ad causas", d.h. „zu den Geschäften", gebraucht wurde. Das neue Spezialsiegel ist etwas kleiner als das ältere Karlssiegel und diente, wie Huyskens vermutet hat, vornehmlich zur Beurkundung von „Angelegenheiten frommer

Art".[1] Demgegenüber ist aber zu fragen, ob das Geschäftssiegel nicht doch wie anderenorts im Rheinland zur Besiegelung der alltäglichen Geschäftsurkunden benutzt wurde, während man die Verwendung des großen Karlssiegels auf die wichtigeren Beurkundungsfälle beschränkte. Jedenfalls sollte man von der Darstellung des Siegels nicht auf einen „halbkirchlichen Charakter seines Verwendungszwecks" schließen; es ließen sich viele andere kirchliche und städtische Siegel des Rheinlandes anführen, die trotz ihrer frommen Darstellungen zur Besiegelung profaner Rechtsgeschäfte herangezogen wurden.

Die ältere Forschung (Pick, Faymonville) hat das Aachener Geschäftssiegel in die zweite Hälfte des 13. Jahrhunderts bzw. „um 1270" datiert. Demgegenüber konnte Huyskens aufgrund der Siegelankündigungsformeln in den Urkunden überzeugend nachweisen, daß dieses Siegel offensichtlich nicht lange vor 1328 benutzt worden ist; nach seiner Meinung dürfte es „um die Wende von 1327 zu 1328" beschafft worden sein.[2] Wegen der bekannten Zufälligkeit und Lückenhaftigkeit der Überlieferung ist eine solch enge Datierung vielleicht mit Vorsicht aufzunehmen, doch läßt sich auch vom epigraphischen und stilistischen Befund her mit Sicherheit sagen, daß das Aachener Geschäftssiegel – das erste Beispiel dieses Siegeltyps bei Städten ist für 1295 in Köln belegt[3] – nicht lange vor 1328 entstanden ist.

Für das Selbstverständnis der Stadt Aachen im Spätmittelalter ist das jüngere Karlssiegel von einigem Interesse. Nach dem Beispiel anderer Städte benutzte Aachen hier die Gelegenheit, um in der Umschrift den eigenen Rang und Anspruch auszudrücken: „Siegel des königlichen Stuhles zu Aachen ...", ist die Formel, die nun jedermann, der das neue Geschäftssiegel zu sehen bekam, die besondere Stellung Aachens im Reiche klarmachen sollte – eine Formel, die übrigens schon früher in Aachener Urkunden, und zwar auch oft bei der Ankündigung des älteren Karlssiegels, gebraucht wurde.[4] Die besondere Verbindung Aachens zu Karl dem Großen und umgekehrt drückt das Siegelbild aus; diesmal handelt es sich nicht mehr um eine Herrscherdarstellung nach dem Thronsiegeltyp, sondern um die Wiedergabe einer bewegten Szene, in welcher Karl der Große der Muttergottes die ihr geweihte Aachener Pfalzkapelle darbringt. Das Motiv findet sich schon zu Beginn des 13. Jahrhunderts auf dem Karlsschrein, der hier wohl Vorbild gewesen ist. Es sei nur nebenher erwähnt, daß es auch aus dem folgenden Jahrhundert Darstellungen des großen Frankenherrschers mit dem Modell der von ihm gegründeten Pfalzkapelle gibt.[5]

Nach allem, was wir über die Baugeschichte des Aachener Domes wissen, vermittelt das auf dem Geschäftssiegel dargestellte, von Süden her gesehene Modell ein ziemlich genaues Bild von dem Zustand der Kirche. Der im zweiten Viertel des 13. Jahrhunderts begonnene große Umbau der Pfalzkapelle – er erstreckte sich besonders auf die höher gelegenen Bauteile und das Dachwerk – gab der Kirche ein neuartiges Aussehen, das auf dem Modell des jüngeren Karlssiegels gut zu erkennen ist: Der karolingische Tambour wurde durch einen Aufsatz von rundbogigen Blendarkaden und Dreiecksgiebeln erhöht, die bescheidene karolingische Eindeckung durch ein hohes Zeltdach ersetzt.[6] Andererseits zeigt das Siegel noch den karolingischen Westturm vor seinem Ausbau um das Jahr 1350 und die wohl zur Bezeichnung des Hauptaltars mit einem Kreuz bekrönte bescheidene karolingische Apsis im Osten vor deren Ersetzung durch die geräumige gotische Chorhalle nach 1355. Zusammen mit den Darstellungen der Pfalzkapelle auf dem Karlsschrein (1200–1215)[7] und auf einer Münze König Adolfs von Nassau (1292–1298)[8] vermittelt das Geschäftssiegel ein zuverlässiges Bild von dem Aussehen des Aachener Wahrzeichens im ersten Drittel des 14. Jahrhunderts.

Das Siegel verdient aber auch Aufmerksamkeit wegen seiner eigenständigen künstlerischen Gestaltung, besonders im Hinblick auf die Gesamtkomposition, die in dieser Form im Rheinland sonst nicht vorkommt. Mögen für den Madonnentyp frühere Vorbilder aus dem Bereich der gotischen Großplastik beigebracht werden können, so ist doch die gelungene Abstufung der dargestellten Personen unter Einbeziehung des recht großen und deutlichen Modells der Pfalzkapelle einmalig. Ungeklärt ist der Bedeutungsgehalt des geradezu heraldisch verkürzten (mit sechs Blättern und zwei Eicheln bezeichneten) Eichenbaumes, der in seinem Wuchs zur oberen Bildmitte hin ein Pendant zur Muttergottes auf der anderen Seite des Siegelfeldes abgibt. Sollte der Eichenbaum nur diese Funktion im Rahmen der Gesamtkomposition haben? Man möchte angesichts des durchdachten und sorgfältig ausgeführten Siegelbildes an eine tiefere symbolische Bedeutung des Eichenbaumes glauben. Den Inhalt der Symbolik kann man erahnen, wenn man sich klarmacht, daß im christlichen Mittelalter Eichen an Wallfahrtsorten mit der Muttergottes in Verbindung gebracht wurden.[9]

Es erscheint vielleicht ungerecht, wenn angesichts der erwähnten Vorzüge des Siegels auf eine kleine stilistische Härte hingewiesen wird. Gemeint ist das Kreuz, welches das hohe Zeltdach des Mittelturmes bekrönt. Es kam unmittelbar unter dem Kreuz, das die Umschrift einleitet, zu stehen, von diesem nur durch die innere Perllinie getrennt oder genauer gesagt, diese leicht durchbrechend. Der Meister des jüngeren Karlssiegels ahmte also auch in diesem Punkt keine älteren Siegel nach, bei denen das auf einem Turm aufsitzende Kreuz oben so in den Raum der Legende hineinragt, daß es gleichzeitig den Text der Umschrift einleitet.[10] Die auf dem Aachener Geschäftssiegel gewählte Lösung darf – je nachdem ob dem Siegelstecher solche früheren Beispiele bekannt waren oder nicht – als Zeugnis für seine Eigenwilligkeit oder aber Eigenständigkeit gelten.

Anmerkungen

1 A. Huyskens, S. 14 f.
2 Ebenda S. 14 Anm. 47.
3 T. Diederich, Geschäftssiegel, S. 482; T. Diederich, Die alten Siegel der Stadt Köln, S. 68 f.
4 W. Mummenhoff, Regesten der Reichsstadt Aachen (PubllGesRheinGKde 47) I, Bonn 1961 Nr. 209 (1266), 239, 240, 254, 260, 299, 311, 332, 337, 347 (1279) und öfters.
5 Vgl. Die Kunstdenkmäler der Stadt Aachen I (KunstdenkmRheinprov 10,1), bearb. von K. Faymonville, Düsseldorf 1916 S. 10, 13 und 38.
6 Ebenda S. 62 f.
7 Ebenda S. 5, Fig. 3; der hohe Turm im Westen ist allerdings ein Phantasiegebilde.
8 Ebenda S. 6, Fig. 4.
9 Vielleicht liegt aber auch nur eine äußerliche Anlehnung an das zweite Siegel der Stadt Huy (Belgien) vor. Dieses 1302 entstandene Siegel zeigt zwei ganz ähnlich gestaltete, mit jeweils sechs Blättern und einigen Eicheln versehene Eichenbäume; vgl. E. Poncelet, Le perron et les sceaux de la ville de Huy, BullSocBibliophilesLiège 15 (1939) S. 79–143.
10 Beispiele hierfür sind Siegel von Bonn, Düsseldorf, Grieth, Köln, Mainz, Neuss, Remagen, Sinzig und Wesel.

Aachen

Kleines Siegel (Sekretsiegel)

Abbildung 7

Bild: Darstellung einer Königskrönung: In der Mitte thront der König, das Lilienzepter in der rechten und die Sphaira in der linken Hand haltend; zu beiden Seiten des Königs steht ein Bischof mit Mitra und Bischofsstab; der Bischof zur Linken des Königs berührt mit seiner rechten Hand die Krone, der andere Bischof hält in seiner Rechten einen unkenntlichen Gegenstand, möglicherweise eine Salbendose; zu Füßen des Königs befindet sich ein schräggelehnter Wappenschild, darin ein Adler.

Umschrift: · S(IGILLVM) · REGALIS · SEDIS · – VRBIS · AQVENSIS

Größe: 4,8 bis 4,9 cm im Durchmesser.

Abbildung: Originalabdruck auf Urkunde von 1431 Dez. 15 (StadtarchAachen, Urk. XIII 100 b).

Literatur: E. v. Oidtman, Das Wappen der Stadt Aachen, ZAachenGV 19 (1897), 2. Abt. S. 1–17, besonders S. 8 f.; W. Ewald, Rheinische Siegel III, S. 28; A. Huyskens, S. 5–25, besonders S. 15–17.

Das dritte Siegel der Stadt Aachen, 1351 erstmals belegt[1] und damit nicht lange nach dem Geschäftssiegel entstanden, ist von Huyskens als „Sekretsiegel" bezeichnet worden. Tatsächlich legen der deutlich kleinere Durchmesser und der überlieferte Gebrauch des Siegels diese Bezeichnung nahe. Es ist zu bedenken, daß das sog. Sekretsiegel im 14. Jahrhundert längst kein persönliches „Geheimsiegel" mehr war, sondern einerseits als Gegensiegel zum großen Siegel benutzt wurde (in dieser Weise kommt das Aachener Siegel 1351 vor) und andererseits zunehmend die Funktion des kleinen Siegels erfüllte; dies bedeutete, da Aachen mit dem Geschäftssiegel bereits ein kleineres Siegel für die laufenden Geschäfte besaß, daß dieses neue, wiederum kleinere Siegel vornehmlich als Missivensiegel, d. h. als Siegel für die städtischen Korrespondenzen, diente.[2]

In ihrer Bedeutung nicht hoch genug eingeschätzt werden kann die Tatsache, daß das Aachener Sekretsiegel keines der beiden älteren Stadtsiegel im Bilde nachahmt; im allgemeinen wird auf den Sekretsiegeln nämlich das Bild des großen Siegels – oft verkürzt oder vereinfacht – übernommen bzw. nur noch das Wappen des Siegelführers dargestellt. Nicht so in Aachen! Vielmehr weist das Sekretsiegel ein ganz neues Bild auf. Man wird als Erklärung hierfür besondere Gründe annehmen müssen, die aufgrund des für das neue Siegel gewählten Motivs allerdings leicht zu erraten sind. Aachen wollte mit dem neuen Siegel offensichtlich seinen Rang als Krönungsstätte der deutschen Könige herausstellen. Anlaß dazu gaben zwei Königskrönungen, welche der Erzbischof von Köln in seiner Residenzstadt Bonn vorgenommen hatte: 1314 die Krönung Friedrichs des Schönen von Österreich und 1346 die Krönung Karls IV. Die Stadt Aachen mußte sich hierdurch wie auch durch die Proklamation des Kölner Erzbischofs Heinrich von Virneburg vom 25. November 1314 in ihrem Rang gefährdet fühlen, denn dieser beanspruchte das

Recht, innerhalb seiner Kirchenprovinz krönen zu können, wo es ihm beliebe.[3] Möglicherweise hat dann die zweite Königskrönung im Bonner Münster vom Jahre 1346 in der Stadt Aachen zu dem Entschluß geführt, ein neues Siegel mit dem Motiv der Königskrönung anfertigen zu lassen, doch ist auch denkbar, daß es hierzu erst im Anschluß an die zweite Krönung Karls IV. kam, welche im Jahre 1349 am „richtigen" Orte, nämlich Aachen, stattfand.[4] Für die zweite Möglichkeit spräche die Tatsache, daß das Sekretsiegel trotz einer inzwischen erreichten Dichte der archivischen Überlieferung nicht vor 1351 bezeugt ist. Das Typar wurde später beschädigt, so daß man sich zu einer Überarbeitung veranlaßt sah. Leider ist dabei nicht die Bedeutung der krönenden Handbewegung des einen Bischofs erkannt worden; wegen des Fortfalls der an die Krone greifenden Hand läßt der erhaltene Siegelstempel nicht mehr ohne weiteres erkennen, daß es sich bei der dargestellten Szene um eine Königskrönung handelt.

Der Wappenschild mit dem Adler zu Füßen des Königs gilt als der älteste Beleg für das Aachener Stadtwappen. Wiewohl der Adler zu den beliebtesten gemeinen Figuren der Heraldik gehört und daher verschiedenster Herkunft sein kann, ist doch wegen der besonderen, im Laufe der Jahrhunderte weiterentwickelten Beziehungen Aachens zu dem Reichsoberhaupt als sicher anzunehmen, daß der Adler als der der deutschen Könige anzusprechen ist. Wie andere Reichsstädte wollte Aachen damit seinen Status als Reichsstadt sichtbar machen. Daß man in Aachen an den Adler anknüpfen wollte, der sich seit Karls des Großen Zeiten auf dem Gipfel der Aachener Pfalz befand und bei Geschichtsschreibern des hohen Mittelalters erwähnt wird, läßt sich wohl nicht beweisen.

Die Gesamtkomposition des Siegels, dessen Bild von dem König im Mittelpunkt der Dreiergruppe beherrscht wird und durch den geneigten Schild einen besonderen Akzent erfährt, verrät einiges Geschick. Die sorgfältig ausgeführte Umschrift, die in zwei gleichwertigen Teilen das Bild begleitet, verstärkt diesen Eindruck. Lediglich die Köpfe der beiden an der Krönungshandlung beteiligten Bischöfe (gemeint sind die beiden Erzbischöfe von Mainz und Köln) wirken ein wenig manieristisch, ja komisch, weil die Gestalten der Bischöfe im Profil, die Köpfe aber en face ohne harmonischen Übergang zum Rumpf dargestellt sind. Dadurch, daß die beiden Bischöfe den Betrachter, nicht aber den König ansehen, wirkt die dargestellte Szene etwas posenhaft; die Krönungshandlung wird daher in ihrem Gewicht herabgemindert, ein Effekt, den der Siegelstecher vermutlich nicht erzielen wollte oder sollte. Trotzdem verdeutlicht das Siegel in Szene, Wappenschild und Umschrift den hohen Anspruch, den die Reichsstadt Aachen im Mittelalter erhob.

Anmerkungen

1 HistArchKöln, HUA 1999 von 1351 Mai 13; StadtarchAachen, Urk. Z 1.

2 Diese Funktion besaß bis Ende Oktober/Anfang November 1410 allerdings das Geschäftssiegel, wie eine Durchsicht der zahlreichen im Historischen Archiv der Stadt Köln erhaltenen Aachener Briefe ergeben hat: In dem Zeitraum von 1400 bis 1412 kommt das Aachener Geschäftssiegel bis zum 25. Oktober 1410 insgesamt 25mal vor, das Aachener Sekretsiegel jedoch nur zweimal, und zwar 1400 Juli 21 (Briefeing. 754) und 1405 Dezember 5 (Briefeing. 1209). Seit dem 18. November 1410 erscheint auf den Aachener Briefen regelmäßig das Sekretsiegel, und zwar bis zum 10. Mai 1412 insgesamt 25mal.

3 A. Huyskens, S. 16.

4 Zu diesem Fragenkomplex vgl. Th. R. Kraus, Studien zur Vorgeschichte der Krönung Karls IV. in Aachen. Unbekannte Quellen aus dem Stadtarchiv Aachen, ZAachenGV 88/89 (1982) S. 43–93.

Farbtafel 1 Oben: Geschäftssiegel (Jüngeres Karlssiegel) von Aachen
Unten: Großes Geschäftssiegel von Alpen

Farbtafel 2 Oben: Zweites großes Stadtsiegel von Boppard
Unten: Großes Stadtsiegel von Essen

Farbtafel 3 Oben: Zweites großes Stadtsiegel von Goch
Unten: Großes Stadtsiegel von Kalkar

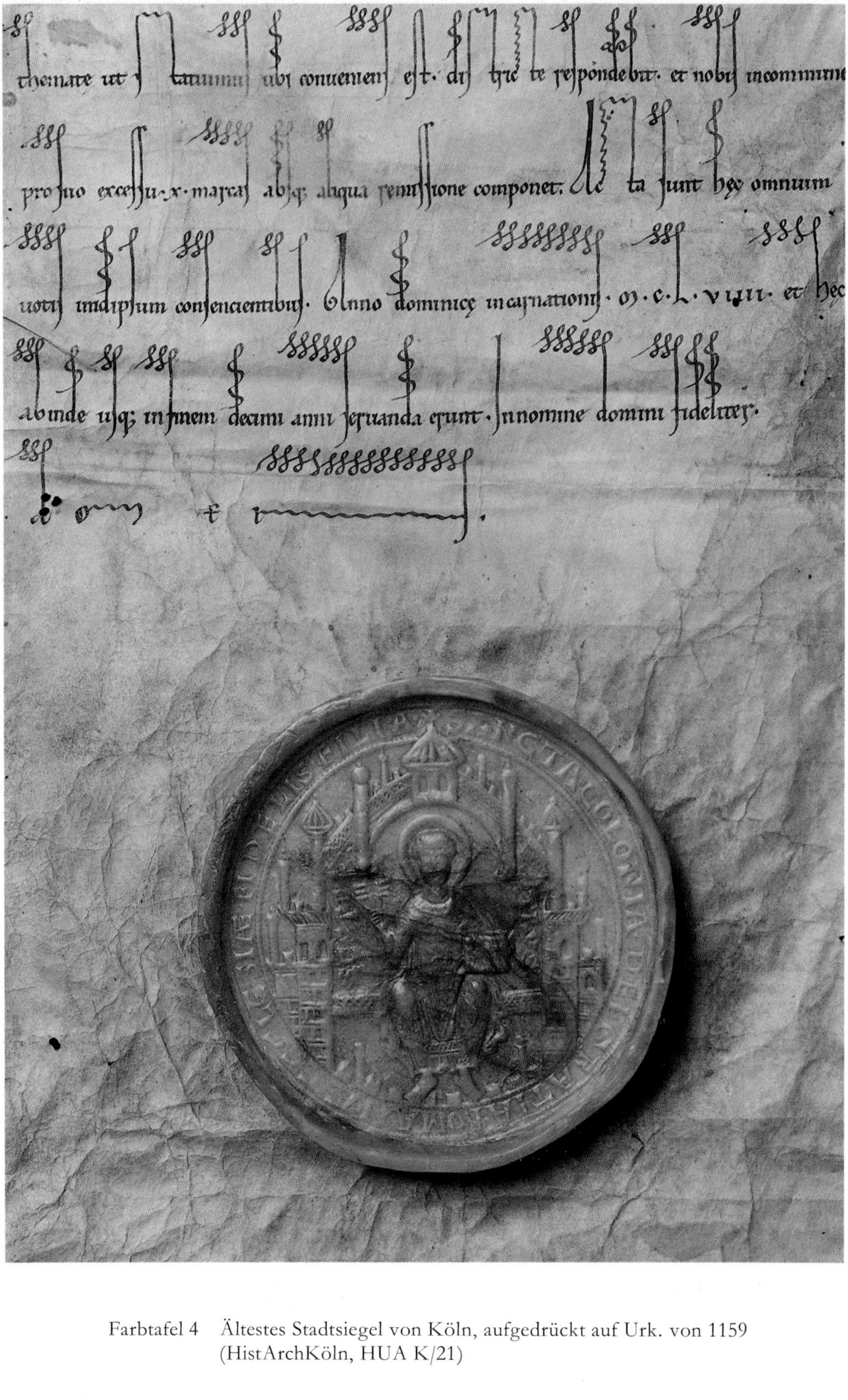

Farbtafel 4 Ältestes Stadtsiegel von Köln, aufgedrückt auf Urk. von 1159 (HistArchKöln, HUA K/21)

Farbtafel 5 Oben: Zweites (Gotisches) Stadtsiegel von Köln
Unten: Gegensiegel zum zweiten Stadtsiegel von Köln

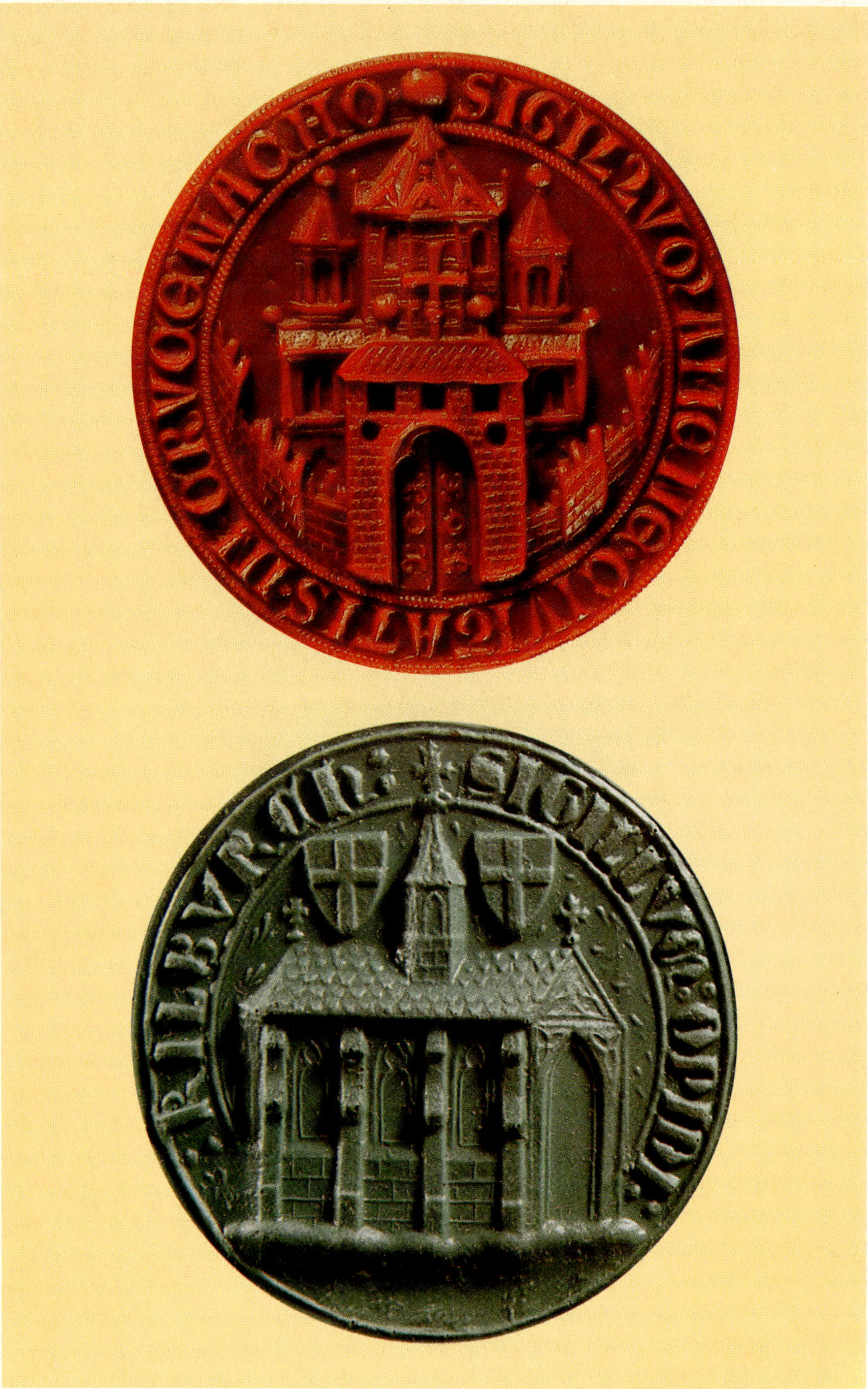

Farbtafel 6 Oben: Großes Stadtsiegel von Kreuznach
Unten: Stadtsiegel von Kyllburg (S 111)

Farbtafel 7 Oben: Zweites großes Stadtsiegel von Rees
Unten: Ältestes Stadtsiegel von Siegburg

Farbtafel 8 Oben: Drittes großes Stadtsiegel von Wesel
Unten: Großes Stadtsiegel von Wipperfürth

Ahrweiler

Ältestes Stadtsiegel

Abbildung 8

Bild: Von Planzenornamenten begleiteter Wappenschild mit einem Kreuz im Schildhaupt und einem Adler im unteren Schildteil.

Umschrift: + S(IGILLVM) · OPIDANORVM : IN : ARWILRER ·

Größe: 3,3 bis 3,4 cm im Durchmesser.

Abbildung: Originalabdruck an Urkunde von 1365 Mai 7 (HistArchKöln, HUA 3/2434).

Seit dem späten Mittelalter mehren sich die Fälle, in denen Wappen auf städtischen Siegeln dargestellt werden. Das Wappen, ursprünglich als Eigentums-, Kenn- und Sichtzeichen des durch die Rüstung unkenntlich gewordenen Ritters entstanden, diente seit der Blütezeit der Heraldik auch als Hoheits- und Repräsentationssymbol – kein Wunder also, wenn Städte ihr Wappen im Siegel zeigten. Obwohl Siegel und Wappen als kulturgeschichtliche Phänomene zu ganz verschiedenen Zeiten entstanden sind, unterschiedliche Zwecke erfüllten und auch eine eigene Entwicklung nahmen, ergaben sich nach einiger Zeit doch zahlreiche Berührungspunkte. Die nachhaltige Folge ist, daß Siegel zu den wichtigsten Quellen der Heraldik gehören und diese ohne die Hilfe der Sphragistik bis heute nicht auskommt.

Wenn die Stadt Ahrweiler in ihr ältestes Siegel nur ihr Wappen einarbeiten ließ (und damit von den bislang im Rheinland beobachteten Gewohnheiten abwich), so macht dies zunächst einmal deutlich, wie wichtig man das Wappen im späten Mittelalter nahm. Zum anderen lassen sich aus dieser Tatsache Anhaltspunkte für die Datierung des Siegels gewinnen. Als reine Wappensiegel gearbeitete städtische Hauptsiegel kommen im Rheinland vor dem 14. Jahrhundert nämlich nicht vor.[1] Dagegen beschränken sich die Schöffensiegel, welche für Orte ohne Stadtrechte oft die einzigen institutionellen Siegel blieben, häufig auf die Wiedergabe eines Wappens. Daher steht das älteste Stadtsiegel von Ahrweiler – nicht zuletzt auch wegen seiner geringen Abmessungen – dem Typ des Schöffensiegels näher als dem Typ des großen Stadtsiegels, wie er sonst im Rheinland verbreitet war. Insbesondere zu den Schöffensiegeln von Adenau, Bonn und Unkel ergeben sich deutliche Parallelen, weisen diese Siegel doch im Schildhaupt ein Kreuz auf, das ohne Zweifel als das kurkölnische anzusprechen ist. Unter dem Kreuz erscheinen dann gemeine Figuren, welche für den jeweiligen Ort eine besondere Bedeutung haben: der Löwe der Herren von Nürburg für Adenau, der Löwe als altes Gerichtssymbol für Bonn[2] und zwei Schlüssel nebst vier Unkelsteinen für Unkel. Der Adler des Ahrweiler Wappens verweist auf das Geschlecht der Grafen von Are, welche die Entwicklung Ahrweilers zur Stadt gefördert haben.[3] Erzbischof Konrad von Hochstaden (1238–1261) erhielt mit der Grafschaft Are-Hochstaden auch die Vogtei und damit das Herrschaftsrecht über Ahrweiler. Danach ist Ahrweiler trotz einiger Anfechtungen, die 1265 in dem Vertrag zwischen dem Kölner Erzbischof Engelbert II. und dem Grafen von Jülich ausgeräumt wurden[4], unter der Herrschaft der Erzbischöfe von Köln verblieben.

Bei dem Versuch, das älteste Stadtsiegel von Ahrweiler näher zu datieren, ergeben sich einige Schwierigkeiten. Da ist zunächst einmal jene für die Abtei Rommersdorf ausgestellte Urkunde vom Jahre 1255, in welcher die Stadt Ahrweiler angeblich mitsiegelt.[5] Von K. Flink ist die Urkunde als entscheidender Beleg herangezogen worden, um den Abschluß der Entwicklung Ahrweilers zur Stadt im vollen Sinne des Begriffs zu bezeichnen.[6] Gewichtige Gründe sprechen jedoch dagegen, daß Ahrweiler die genannte Urkunde mit einem Stadtsiegel besiegelt hat: Von den vier im Urkundentext angekündigten Siegeln sind nur die drei ersten in mehr oder weniger gutem Erhaltungszustand vorhanden. Das vierte Siegel, welches nach der Ankündigung das der Stadt Ahrweiler hätte sein sollen, fehlt. In diesem Falle ist zunächst mit der Möglichkeit zu rechnen, daß das Siegel im Laufe der Jahrhunderte abgefallen ist. Eine genaue Untersuchung des Pergamentes hat jedoch ergeben, daß zwar für die Befestigung eines vierten Siegels wie bei den anderen Siegeln drei Löcher vorgesehen waren, doch ist eines davon noch mit Pergament bedeckt; offensichtlich ist also niemals eine Siegelschnur hindurchgeführt worden, und so darf man schließen, daß die Urkunde auch niemals mit einem Siegel der Stadt Ahrweiler versehen war.[7] In diesem Zusammenhang ist darauf hinzuweisen, daß Diskrepanzen zwischen Siegelankündigung und tatsächlicher Besiegelung im Mittelalter nicht selten sind. Die Ankündigung eines Ahrweiler Stadtsiegels würde erklärlich, wenn die Urkunde eine Empfängerausfertigung gewesen ist, die Abtei Rommersdorf also, nachdem sie sich mit dem Grafen von Neuenahr verständigt hatte, die Urkunde vorbereitete und, da Weingüter in Wadenheim und Ahrweiler betroffen waren, auch die Besiegelung durch Ahrweiler, das man im Besitze eines Stadtsiegels glaubte, vorsah. Für diese Deutung spricht, daß in der Zeugenliste nur der Vogt in Ahrweiler, Arnold, genannt wird, nicht aber ein Vertreter der Stadt mit Siegelungskompetenz. Eine Stütze für die Vermutung, daß es sich bei der Urkunde von 1255 um eine in Rommersdorf vorbereitete Ausfertigung handelt, liefert die Urkunde selbst: Die in der Urkunde genannten Zeugen sind mit anderer (nämlich dunklerer) Tinte eingetragen; offensichtlich hat man sie also in eine dafür vorgesehene Lücke im Text eingesetzt.

Alles deutet darauf hin, daß es im Jahre 1255 noch gar kein Stadtsiegel von Ahrweiler gegeben hat und die Ankündigung in der Urkunde von 1255 auf dem Irrtum eines Rommersdorfer Mönches beruht. Andernfalls müßte auch erklärt werden, warum bis zum Jahre 1365, also über ein Jahrhundert hinweg, kein Stadtsiegel von Ahrweiler vorkommt. Als ältester Beleg muß nämlich ein Abdruck an einer Urkunde vom 7. Mai 1365 gelten.[8] Ahrweiler Schöffensiegel sind dagegen seit 1309 häufiger bezeugt.[9] Diese haben möglicherweise über einige Zeit hinweg ein Stadtsiegel als entbehrlich erscheinen lassen. Als es schließlich doch in Auftrag gegeben wurde, lehnte sich der Siegelstecher sowohl hinsichtlich der Größe als auch hinsichtlich des Motivs an die Ahrweiler Schöffensiegel an, denn diese zeigten im Siegelfeld ebenfalls einen Wappenschild. Allerdings war hier der Schild quadriert; in den Feldern 1 und 4 erschien das kurkölnische Kreuz, in 2 und 3 der Are-Hochstadensche Adler. Die stilistische und damit wohl auch zeitliche Nähe des Ahrweiler Stadtsiegels zu dem 1323 erstmals belegten zweiten Ahrweiler Schöffensiegel ist unverkennbar.

Noch nähere Datierungsmöglichkeiten bietet ein Vergleich mit dem ältesten Schöffensiegel von Bonn. Ich habe schon vor einiger Zeit die Vermutung geäußert, daß das Stadtsiegel von Ahrweiler und das älteste Schöffensiegel von Bonn Werke desselben Siegelstechers sind.[10] Aufgrund der epigraphischen Eigentümlichkeiten und der den Schild umrahmenden Pflanzenornamente ist auch das Schöffensiegel von Mehlem[11] in die unmittelbare Nähe des Ahrweiler Stadtsiegels zu rücken. Als Siegelstecher aller drei Siegel darf ein Goldschmied in Bonn angenommen werden. Da sich die Entstehung des ältesten Bonner Schöffensiegels auf die Zeit zwischen 1334 und 1345 eingrenzen ließ[12], werden auch die beiden anderen Siegel nicht lange vorher oder nachher entstanden sein. Das älteste Siegel der Stadt Ahrweiler ist von Typus, der Schildform und Epigraphik her jedenfalls nicht vor den zwanziger Jahren des 14. Jahrhunderts anzusetzen. Sollte an der Urkunde von 1255 tatsächlich ein Stadtsiegel von Ahrweiler gehangen haben, so ist es mit Sicherheit nicht das hier untersuchte, nach unserem Kenntnisstand bislang älteste Siegel der Stadt Ahrweiler gewesen.
Hinsichtlich der künstlerischen Ausführung fällt die Betonung heraldischer Grundsätze auf. Das Schildhaupt ist als Ganzes von der Ebene der unteren Schildhälfte abgehoben. Im Schildhaupt selbst tritt wiederum das Kreuz plastisch hervor. Durch die rautenförmige Schraffur wollte der Siegelstecher vermutlich die schwarze Farbe des kurkölnischen Kreuzes kenntlich machen. Der Adler im unteren Schildteil ist dementsprechend kein natürlicher, sondern ein heraldisch verkürzter Adler. Wie bei dem ältesten Bonner Schöffensiegel hat der Siegelstecher auch hier eine kontrastreiche und damit wappenkünstlerisch gute Lösung gefunden.

Anmerkungen

1 Anders ist es bei den städtischen Gegensiegeln. Für Neuss ist schon 1255 ein als Wappensiegel ausgeführtes Gegensiegel belegt (vgl. W. Ewald, Rheinische Siegel III, S. 73 und Tafel 26 Nr. 2 sowie J. Lange, Das Wappen der Stadt Neuss, Neuss 1974 S. 2); für Zülpich ist ein als Wappensiegel gearbeitetes städtisches Gegensiegel vom Jahre 1270 bekannt (vgl. unten den Artikel über das zweite große Stadtsiegel von Zülpich). Hierbei ist allerdings zu bedenken, daß die Verwendung des Wappensiegels als Sekretsiegel und als Rücksiegel zum großen Siegel bei weltlichen Fürsten, Grafen und Herren in jener Zeit schon weit verbreitet war. Insofern sollten das Neusser und das Zülpicher Beispiel nicht mit den späteren großen Städtesiegeln verglichen werden, die als reine Wappensiegel ausgeführt sind.

2 T. Diederich, Wappen der Stadt Bonn, S. 8–12.

3 K. Flink, Der Stadtwerdungsprozeß von Ahrweiler und die „kurkölnischen Stadtgründungen“, RheinVjbll 39 (1975) S. 141.

4 R. Knipping, Regesten 3 Nr. 2346.

5 LandeshauptarchKoblenz, Best. 162, U.53; Druck: W. Günther 2, Nr. 167.

6 K. Flink (wie Anm. 3), S. 142.

7 Ich danke Frau Archivdirektorin Dr. Th. Zimmer, Koblenz, für ihre Überprüfung und Stellungnahme. Ich selbst bin bei einer späteren Untersuchung zu demselben Ergebnis gekommen.

8 HistArchKöln, HUA 3/2434.

9 Ein Bruchstück des ältesten, bei W. Ewald, Rheinische Siegel III, Tafel 6 nicht abgebildeten Schöffensiegels befindet sich an einer Urkunde vom 14. Dezember 1309 (LandeshauptarchKoblenz, Best. 2, U. 156; frdl. Hinweis von Frau Archivdirektorin Dr. Th. Zimmer, Koblenz). Seit 1323 (W. Ewald, Rheinische Siegel III, Tafel 6 Nr. 4) kommt das zweite Schöffensiegel vor.

10 T. Diederich, Wappen der Stadt Bonn, S. 9 Anm. 8.

11 W. Ewald, Rheinische Siegel III, Tafel 11 Nr. 4

12 T. Diederich, Wappen der Stadt Bonn, S. 8.

Alpen

Großes Geschäftssiegel

Farbtafel 1 und Abbildung 10

Bild: In einer reich verzierten, mit einem Baldachin bekrönten gotischen Nische sitzt der hl. Ulrich mit dem Bischofsstab in der rechten und einem Buch in der linken Hand; zu seinen Füßen befindet sich ein elfmal geteilter, mit einem Adler belegter Wappenschild.

Umschrift: SIGILLVM · SIVITATI — S ⁝ ALPEN(SIS) ⁝ AD ⁝ CAVSAS

Größe: 5,5 cm im Durchmesser.

Abbildung: Moderner Abdruck vom Originalstempel (heute im Besitz der Gemeinde Alpen).

Alpen, bereits in verschiedenen Verpfändungsurkunden der Jahre 1320 bis 1330 als Stadt bezeichnet[1] und von Gumpert I., Herrn zu Alpen und Garsdorf sowie Vogt zu Köln, durch eine umfangreiche Privilegienverleihung des Jahres 1354 in dieser Stellung gefördert[2], hat lange Zeit kein Stadtsiegel besessen. Wie in einigen anderen Städten – verwiesen sei etwa auf das im vorigen Abschnitt behandelte Ahrweiler – kam man offensichtlich auch in Alpen zunächst mit dem Schöffensiegel aus. Eine Urkunde Gumperts I. vom 17. März 1351 wurde mitgesiegelt von den Schöffen zu Rheinberg und den Schöffen zu Alpen.[3] Das Alpener Schöffensiegel ist aufgrund dieses Beleges, aber auch vom epigraphischen Befund und der in der Umschrift verwandten älteren Namensform „Alphem" her wohl im zweiten Viertel des 14. Jahrhunderts und damit, wie noch zu zeigen sein wird, beträchtlich früher als die beiden Alpener Geschäftssiegel entstanden.

Gleichzeitig mit dem großen Geschäftssiegel ließ die Stadt Alpen ein kleines Geschäftssiegel mit einem Durchmesser von 4 cm anfertigen, dessen rundes Siegelfeld elfmal geteilt und wie der Wappenschild des großen Siegels mit einem Adler belegt ist. Das Siegel muß daher, auch wenn der umrahmende Schild fehlt, wie ein Wappensiegel gedeutet werden. Die völlig übereinstimmende Ausführung des Wappenbildes sowie die gleichförmigen Buchstaben der Umschriften machen es zur Gewißheit, daß beide Geschäftssiegel der Stadt Alpen von der Hand desselben Meisters stammen. Es unterliegt auch keinem Zweifel, daß die beiden Alpener Siegel die Funktionen des großen und des kleinen Stadtsiegels erfüllen sollten. Warum aber wurden dann, so wäre zu fragen, beide Siegel in der Umschrift mit dem Zusatz „ad causas" (zu den Sachen = Geschäften) versehen? Ein Grund liegt sicherlich darin, daß der Typ des Geschäftssiegels sich im späten Mittelalter der größten Beliebtheit erfreute.[4] Weiterhin ist es sehr wahrscheinlich, daß der Siegelstecher von dem Siegel des Hohen Weltlichen Gerichtes zu Köln beeinflußt worden ist; dort findet sich in der Umschrift ebenfalls die Bezeichnung „ad causas". Das 1375 erstmals belegte Ad-causas-Siegel des Hohen Weltlichen Gerichtes in Köln ist zweifellos Gerichtssiegel gewesen, doch macht gerade der Zusatz „ad causas" dieses Siegel zu einem „Zwitter"[5]; möglicherweise wollten die Kölner Schöffen mit diesem Hinweis ihren Anspruch bezüglich ihres über reine Gerichtsfunktionen hinausgehenden Aufgabenkreises, der ursprünglich wichtige kommunale Angelegenheiten umfaßt hatte, zum Ausdruck bringen. Grundsätzlich aber dürfen, wie zuletzt in dem Festbuch der Gemeinde Alpen zur 900-Jahr-Feier geschehen[6], Siegel ad causas nicht als „Gerichtssiegel" angesehen werden.

Die Behauptung, das große Geschäftssiegel der Stadt Alpen sei von dem Siegel des Hohen Weltlichen Gerichtes in Köln beeinflußt, wird vor allem durch einen stilistischen Vergleich gestützt. Beide Siegel sind in ihrer Gesamtanlage sehr verwandt: hier der hl. Ulrich, Patron der Alpener Kirche, unter einem Baldachin inmitten einer gotischen Architektur, dort der hl. Petrus, Patron der Kölner Kirche, in gleicher Umgebung. Allerdings ist die Gestalt des hl. Ulrich wesentlich kleiner dargestellt worden, weil der Siegelstecher einigen Platz für den zu Füßen des Heiligen stehenden Wappenschild benötigte, der in dem Kölner Siegel fehlt. Die Tatsache, daß das Kölner Siegel dem Meister des großen Alpener Geschäftssiegels als Vorbild diente, kann angesichts der engen Verbindung der Herrschaft Alpen mit der rheinischen Metropole – die Herren von Alpen waren seit 1324 jahrhundertelang auch Erbvögte in Köln – nicht verwundern. In diesem Zusammenhang ist zu betonen, daß es in Köln keine siegelführende Institution gab, die dem Vogt näher gestanden hätte als eben das erzbischöfliche Gericht. So fügen sich hier der optische und der historische Befund harmonisch ineinander. Nur nebenbei sei erwähnt, daß auch die Größe der beiden verglichenen Siegel ungefähr gleich ist.

Nicht zu übersehen ist indessen die völlig abweichende Gestaltung der Umschriften. Während sich der Stecher des Kölner Siegels auf der Höhe der Zeit befindet und für die Umschrift die gotische Minuskel verwendet, die zahlreiche Brechungen aufweist und wegen ihres gitterartigen Eindrucks nicht leicht lesbar ist, bedient sich der Meister der beiden Alpener Geschäftssiegel einer Majuskelschrift, die aus Elementen der Capitalis und der Unziale (rundes E, M und N) gemischt ist. Diese Schrift findet sich bei Siegelumschriften in der Zeit zwischen ca. 1250 und 1350 (Beispiele: gotisches Stadtsiegel von Köln, 1268, und Geschäftssiegel von Aachen, kurz vor 1328). Der Schriftcharakter der Umschrift kann für die Datierung der Alpener Siegel jedoch nicht ausschlaggebend sein. Hier ist nämlich zu beachten, daß sich eine Datierung stets an den modernsten Elementen orientieren muß. Diese sind bei dem großen Alpener Siegel die ornamentreiche gotische Architektur – besonders bei dem Baldachin – und ihre perspektivische Darstellung über den Konsolen zu beiden Seiten des Heiligen. Eine Besonderheit bei dem Buchstaben A läßt zudem daran zweifeln, ob es berechtigt ist, die Schrift zwischen 1250 und 1350 anzusetzen. Dieser Buchstabe ist oben zwar mit einem kräftigen Balken gedeckt, der sich an den Enden spaltet, aber der eigentliche Balken, welcher die beiden schrägen Schäfte in halber Höhe zu verbinden pflegt, fehlt ganz. Diese Eigentümlichkeit läßt sich sonst bei rheinischen Siegeln der fraglichen Zeit nicht beobachten.

So rätselhaft zunächst die Schrift der beiden Alpener Siegel erscheint, so eindeutig ist doch das dort dargestellte Wappen. Die Herren von Alpen aus dem Geschlecht der Vögte von Köln führten einen elfmal von Gold und Rot geteilten Wappenschild[7], welcher dem auf den Alpener Siegeln erscheinenden Wappen zugrunde liegt. Der aufgelegte Adler ist dem Wappen der Grafen von Neuenahr[8] entnommen, die – über Alveradis von Alpen, eine Tochter Gumperts I. von Alpen und Gemahlin Johanns von Neuenahr – spätestens 1423 in den Besitz der Erbvogtei von Köln sowie der Herrschaften Alpen und

Garsdorf gelangten.[9] Die neue Linie führte im gespaltenen Schild rechts den schwarzen Adler in Gold, während die linke Hälfte elfmal von Gold und Rot geteilt war. Dieses Wappen erweist sich also als eine Vereinigung der älteren Wappen der Grafschaft Neuenahr und der Herrschaft Alpen; das Wappen der Stadt Alpen stellt eine Abwandlung dieses Wappens dar. Für die Datierung der beiden Alpener Geschäftssiegel ergibt sich daraus, daß sie nicht vor 1422/23 entstanden sind. Man wird, da das große Alpener Siegel aus stilistischen Gründen nicht spät im 15. Jahrhundert geschaffen worden sein kann, vermuten dürfen, daß die Einführung der Alpener Siegel in irgendeiner Weise mit dem Herrscherwechsel von 1422/23 zusammenhängt. Dieser Eindruck verstärkt sich, wenn man die weiteren Quellen, die dem Siegelstecher als Vorlage gedient haben dürften, heranzieht. Es ist einmal das zweite große Stadtsiegel von Rees, das wegen der geringen räumlichen Entfernung der beiden Städte sicherlich in Alpen bekannt gewesen ist. Ein Grund für diese Behauptung ist die Darstellung des hl. Petrus im Portal einer hochgotischen Kirche, wodurch das Reeser Siegel als thematischer Vorläufer des großen Alpener Geschäftssiegels gelten kann. Entscheidend ist aber die Umschrift. Hier findet sich nämlich bereits die Verschreibung „SIVITATIS“ statt des richtigen „CIVITATIS“. Außerdem zeigen die Buchstabenformen eine große Ähnlichkeit mit denjenigen der Alpener Siegel; vornehmlich auf das unziale M mit spitz auslaufenden Serifen sei hingewiesen. Auch für eine weitere Besonderheit gibt es Parallelen zwischen dem zweiten Stadtsiegel von Rees und den beiden Alpener Siegeln; gemeint ist die Worttrennung mittels dreier übereinander stehender Punkte, die zwar auch anderenorts – etwa beim großen Stadtsiegel von Bonn –, insgesamt aber doch recht selten vorkommen. Alle diese Einzelheiten zusammen beweisen, daß bei der Anfertigung der Alpener Siegel neben dem Siegel des Hohen Weltlichen Gerichtes zu Köln auch das zweite Reeser Stadtsiegel als Vorlage gedient hat.

Ein weiterer Einfluß ist von den Alpener Münzen anzunehmen. Bisher sind acht verschiedene Münzen bekannt, die in Alpen geprägt wurden.[10] Zumindest die darunter befindlichen beiden Weißpfennige weisen mit ihren Heiligendarstellungen (St. Jakob bzw. St. Petrus) in einem Architekturrahmen gewisse Anklänge an das Bild des großen Alpener Geschäftssiegels auf. Unübersehbar ist jedoch die Tatsache, daß die Epigraphik sämtlicher Alpener Münzen eine Einheit bildet und teilweise bis in Einzelheiten mit den eigentümlichen Buchstabenformen der Alpener Siegel übereinstimmt. Hier läßt sich auch das auf anderen Siegeln nicht begegnende charakteristische A ohne Querbalken auf halber Höhe nachweisen, insbesondere bei dem Dreikönigsgroschen Gumperts I. von Alpen (1351–1379) und dem Heller Gumperts II. von Alpen (1401–1422). Dasselbe gilt für das L mit seiner von dem Querbalken aus ungewöhnlich stark hochgezogenen Haste. Daß die Gestaltung der Buchstaben der Alpener Siegel von der Epigraphik der Alpener Münzen, und zwar stärker der Münzen vor 1422 als der nach 1422, geprägt ist, unterliegt keinem Zweifel.

Aus alledem ergibt sich, daß das hier untersuchte große Geschäftssiegel (zusammen mit dem kleinen Geschäftssiegel) der Stadt Alpen bald nach 1422, also wohl im zweiten Viertel des 15. Jahrhunderts, entstanden ist. Indirekt bestätigt wird diese Datierung durch das zweite Lütticher Stadtsiegel, das den thronenden hl. Lambertus unter einem reich verzierten Baldachin zeigt. Auch bei diesem Siegel ist die Mittelbahn gegenüber der gotischen Architektur, welche den Heiligen rechts und links begleitet, hervorgehoben. Wenngleich aufgrund der Unterschiede im Detail nicht an einen Einfluß des Lütticher Siegels zu denken ist, so läßt das kurz vor 1417[11] entstandene Siegel doch den Stil dieser Zeit erkennen und gewinnt damit Bedeutung für den zeitlichen Ansatz der Alpener Geschäftssiegel.

Nach diesen notgedrungen etwas ausführlicheren Untersuchungen zur Frage der Datierung ist abschließend das große Alpener Siegel als Kunstwerk zu betrachten. Gesamtaufbau und Einzelheiten sind, wie bereits ausgeführt, in dem Siegel des Hohen Weltlichen Gerichtes zu Köln vorweggenommen. Trotzdem sind die Gewichte etwas anders verteilt: Der hl. Ulrich des Alpener Siegels ist nicht so deutlich in den Vordergrund gerückt wie der hl. Petrus des Kölner Siegels. Dort ist die ohnehin breitere vertikale Mittelbahn wegen der beiden den Apostelfürsten einrahmenden mächtigen Rundpfeiler viel stärker betont; für die begleitende Architektur blieb daher weniger Raum, so daß sie in höherem Grade perspektivisch verkürzt werden mußte. Dem Meister des Alpener Siegels ist dagegen eine ungewöhnlich ausgewogene Komposition gelungen: Um den Heiligen, der gleichsam im Mittelpunkt eines Koordinatensystems thront, gruppieren sich in zwei Achsen annähernd gleichgewichtige Bildteile: rechts und links eine mit zahlreichen Kreuzblumen bekrönte gotische Architektur, die in ihrem Aufbau völlig identisch ist, oben ein dreigeteilter Baldachin, dessen Mittelbahn hervorgehoben ist, und unten der verhältnismäßig große Wappenschild, der gegenüber den anderen drei den hl. Ulrich begleitenden Bildteilen als etwas gewichtiger erscheint und dem gesamten Aufbau gleichsam ein Fundament verleiht. Hierdurch wie auch infolge der beiden durchgehenden, den Baldachin tragenden Pfeiler ist die senkrechte Achse des Bildes etwas hervorgehoben. Die Dominanz der senkrechten Mittelbahn ergibt sich auch durch ihr Ausgreifen in den Raum der Umschrift. Diese selbst, innen durch eine enge, außen durch eine lockere Perlenreihe abgetrennt, legt sich in zwei völlig gleichgewichtigen Teilen um das runde Siegelfeld. Daß es dem Siegelstecher um diese Harmonie zu tun war, beweist die Aufteilung des Legendentextes, der auf beiden Seiten – Trennungszeichen zwischen den einzelnen Wörtern eingerechnet – jeweils 17 Einheiten umfaßt. Der Meister des Siegels nahm es dabei in Kauf, den letzten Buchstaben des Wortes „SIVITATI – S“ durch den Wappenschild abtrennen zu müssen.

Das große Alpener Geschäftssiegel darf als ein Beispiel für den in der Siegelstecherkunst des 15. Jahrhunderts angestrebten Perfektionismus gelten, der dem Ornamentalen eine größere Bedeutung beimißt, zugleich aber etwas von der Vielfalt und Ausdruckskraft der vorangehenden Jahrhunderte vermissen läßt.

Anmerkungen

1 M. Wolf, Der Streit um die Verpfändung Alpens, in: Alpen. Festbuch zur 900-Jahr-Feier (Alpen 1974) S. 20–28, besonders S. 20.

2 W. Bösken, Beiträge zur Geschichte der ehemaligen Herrschaft Alpen, 1. Heft, o. O. 1903 S. 24–26.

3 HauptstaatsarchDüsseldorf, Stadt Rheinberg, U.23. Die Urkunde war ursprünglich mit neun Siegeln versehen, von denen die Siegel Nr. 1 und 9 abgefallen sind. Bei den Siegeln Nr. 2 bis Nr. 8 handelt es sich um die persönlichen Siegel der Rheinberger Schöffen, so daß mit ziemlicher Sicherheit an 9. Stelle das Amtssiegel der Alpener Schöffen gehangen hat; vgl. auch W. Bösken (wie Anm. 2), S. 24.

4 Vgl. T. Diederich, Geschäftssiegel.

5 Ebenda S. 483.

6 Alpen. Festbuch zur 900-Jahr-Feier (Alpen 1974) nach S. 30 und 34.

7 W. Bösken (wie Anm. 2), S. 23.

8 Vgl. den Adler der Grafen von Are in dem Siegel der Stadt Ahrweiler.

9 HistArchKöln, HUA 1/10017; W. Bösken (wie Anm. 2), S. 58–60; 1422 hat Gumpert II. von Alpen noch die Erbfolge geregelt (HistArchKöln, HUA 1/9858; W. Bösken, wie Anm. 2, S. 59).

10 A. Noß, Die Münzen von Jülich, Mörs und Alpen, München 1927 S. 155–164 und Tafel 12; Münzen von Alpen, in: Alpen (wie Anm. 6), nach S. 30 (in Anlehnung an Noß).

11 Das Siegel ist erstmals an einer Urkunde vom 26. März 1417 belegt; vgl. L. Halkin, Les origines du grand sceau de la cité de Liège, Bulletin de la Société d'Art et d'Histoire du Diocèse de Liège 33 (1947) S. 2; K. Honselmann, Das Rationale der Bischöfe, Paderborn 1975, hat im erläuternden Text zu dem unter Nr. 75 abgebildeten zweiten Lütticher Stadtsiegel als Datierung „um 1427" angegeben; möglicherweise handelt es sich hierbei um einen Druckfehler.

Andernach

Ältestes Stadtsiegel

Abbildung 11

Bild: Muttergottes, auf einer Bank sitzend, mit dem Modell einer Kirche auf der rechten und dem Modell einer Burg auf der linken Hand.

Umschrift: + MAT(ER) · DEI · PAT(RO)NA · CIVIVM · ANDERNACENSIVM

Größe: 6,8 cm im Durchmesser.

Abbildung: Originalabdruck an Urkunde von 1297 Apr. 22 (LandeshauptarchKoblenz, Best. 128, U. 85).

Literatur: [G.] Terwelp, S. 197 f.; P. A. Schippers, Bemerkenswerte Siegel, in: Der Mayengau. Gesammelte Aufsätze von Laachern Benedictinern, Koblenz, 2. Aufl. 1925 S. 83–88, insbes. S. 86 f.; W. Bader, Beiträge zur Würdigung der Kunstdenkmäler im Kreise Mayen, AnnHistVNdRh 142/143 (1943) S. 282–294, insbes. S. 285; M. Huiskes, S. 133 und 173 f.

Unter den ältesten rheinischen Städtesiegeln nehmen die ersten Siegel von Andernach und Duisburg in gewisser Hinsicht eine Sonderstellung ein. Sie entsprechen nämlich einem Siegeltyp, der bei geistlichen Institutionen aufgekommen war und sich dort in den ersten Jahrhunderten ihrer Siegelführung großer Beliebtheit erfreute. Gemeint ist der charakteristische „geistliche" Siegeltyp, jener Typ des Stifts- oder Klostersiegels, auf dem der jeweilige Patron dargestellt ist und dessen Name – allein oder in Verbindung mit dem Namen der Institution – in der Umschrift erscheint. Als Beispiel hierfür sei das Siegel des Kölner Domstiftes angeführt, das den hl. Petrus zeigt und dessen Umschrift lautet: + S(AN)C(TV)S · PETRVS · AP(OSTO)L(V)S · PATRONVS · S(AN)C(T)Æ · COLONIÆ (Der heilige Petrus, Patron des heiligen Köln).

Es ist notwendig, die Geschichte des Heiligensiegeltyps[1] zu kennen, wenn man das älteste Andernacher Stadtsiegel in seiner Eigenart verstehen will. Aus dem Gesagten ergibt sich zunächst, daß der hier in Frage stehende Stadtsiegeltyp als solcher keine Originalität beanspruchen kann, sondern eindeutig auf einen älteren, bei geistlichen Institutionen weit verbreiteten Siegeltyp zurückzuführen ist. Trotzdem ist das Vorgehen der Städte Andernach und Duisburg aufschlußreich. Man sollte sich davor hüten zu glauben, diese Städte hätten eine vorgefundene Form geistlicher Siegel gedankenlos übernommen bzw. kopiert, wurde die Gestaltung des Siegels im allgemeinen doch als eine hochwichtige Angelegenheit und willkommene Möglichkeit der Selbstdarstellung begriffen. Es ist daher anzunehmen, daß auch Andernach bewußt die Stadtpatronin in das Stadtsiegel aufgenommen hat, zumal es sich hierbei um die Gottesmutter handelte, die zugleich Patronin der Andernacher Pfarrkirche war. Die Umschrift „Mutter Gottes, Patronin der Andernacher Bürger" zeigt dies nur allzu deutlich: Die Bürger stellten sich in den Schutz der Gottesmutter Maria und bekundeten in ihrem Siegel dieses Schutzverhältnis nach außen. In diesem Zusammenhang sei daran erinnert, daß schon die ältesten rheinischen Stadtsiegel von Köln, Mainz und Trier die Stadtpatrone gezeigt hatten, die dort allerdings in einen Architekturrahmen bzw. eine Stadtmauer hineingestellt worden waren.

Abweichend von den sonst üblichen Darstellungen erscheint die hl. Maria in dem Andernacher Siegel ohne Kind und Lilienstengel. Statt dessen hält sie auf ihren Händen zwei Modelle, deren Deutung etwas unsicher ist. Zwar läßt sich das Bauwerk auf der rechten Hand ohne Schwierigkeit als doppeltürmige, einschiffige Kirche ansprechen; da diese aber nicht mit der spätromanischen Andernacher Liebfrauenkirche in Einklang zu bringen ist, erhebt sich die Frage, ob auf dem Siegel die Kirche als reines Phantasiegebilde dargestellt ist oder ob das Siegel den Zustand der älteren Liebfrauenkirche widerspiegelt. Mit der ersten Möglichkeit ist allemal zu rechnen, doch soll im folgenden geprüft werden, welche Wahrscheinlichkeit die zweite Möglichkeit besitzt. Wir werden hierbei auf das für Andernach schicksalhafte Jahr 1198 verwiesen. Die Stadt ist damals – ein Opfer des Streites um den deutschen Königsthron – von den Truppen Philipps von Schwaben zerstört worden.[2] Von der alten Pfarrkirche blieb nur der nordöstliche Glockenturm erhalten. Der Erzbischof von Trier, der im Jahre 1194 in den Besitz der Kirche gelangt war, nahm zu Beginn des 13. Jahrhunderts einen Neubau in Angriff.[3] Busley hat es offenbar als selbstverständlich angesehen, daß die ältere Kirche auf dem ersten Siegel dargestellt ist, und das Siegel ohne nähere Begründung dem 12. Jahrhundert zugewiesen. Sollte dieser zeitliche Ansatz berechtigt sein (was gleich noch genauer zu prüfen ist), so spricht allerdings nichts dagegen, daß der Vorgängerbau der spätromanischen Liebfrauenkirche eine einschiffige Anlage mit zwei Türmen im Osten war. Das Siegel wäre dann das einzige erhaltene Zeugnis für das Aussehen dieses Baus, von dem wir sonst kaum etwas wissen.

Terwelp hat das Modell auf der linken Hand der Muttergottes beschrieben als „eine mit Spitzgiebel und Rundbogenfenstern versehene Burg, vor welcher eine Mauer mit drei Toren sich hinzieht"; aufzufassen sei dieses Modell als ein „Sinnbild der Stadt".[4] Ewald bezeichnete es kurz als ein „Stadtmodell".[5] Aus dieser Formulierung scheint hervorzugehen, daß Ewald hierin kein vorhandenes Bauwerk der Stadt, sondern eher ein der Phantasie entsprungenes Symbol für die ganze Stadt sah. Eine Entscheidung in dieser Frage ist deshalb schwierig, weil wir über Geschichte und Aussehen von Burg und Stadtbefestigung so wenig wissen.

Lassen sich also weder hinsichtlich der Kirche noch hinsichtlich der Burg zuverlässige

Aussagen machen, so gewinnt die Frage der Datierung erhöhte Bedeutung. Der älteste bekannte Beleg für das Siegel stammt aus dem Jahre 1250.[6] Es ist jedoch hier wie bei anderen frühen Siegeln damit zu rechnen, daß, bedingt durch die Zufälligkeit der Überlieferung, der Zeitpunkt der Entstehung Jahrzehnte vor dem des ersten Beleges liegt. Wegen der erwähnten Sonderstellung des Andernacher Siegels lassen sich andere Stadtsiegel des Rheinlandes nicht zum Vergleich heranziehen. Mustert man jedoch die veröffentlichten Siegel der geistlichen Institutionen durch, so bieten sich von der Schrift sowie von der Darstellung der schlichten Bank, des Kopftuches, des Gewandes und dessen Falten her einige Siegel zum Vergleich an. Es handelt sich, aufgezählt in der Reihenfolge ihrer Entstehung, um die Siegel des Stiftes St. Maria in Rees (entstanden um 1170)[7], des Augustinerinnenklosters St. Maria zu Vallendar (entstanden zum 1170)[8], des Stiftes St. Aposteln zu Köln (entstanden Ende des 12. Jahrhunderts)[9] und des Praemonstratenserinnenklosters Reichenstein (entstanden um 1200)[10]. Alle diese Siegel weisen das charakteristische M des Andernacher Siegels auf, bei dem sich die beiden ersten Schäfte zur Form eines O zusammenfügen. Auch die anderen Buchstaben sind mit Ausnahme des N auf allen angeführten Siegeln sehr ähnlich. Während die beiden älteren Siegel von Rees und Vallendar die aus der Unziale entnommene Form des N aufweisen, zeigen die beiden jüngeren Siegel das der Capitalis entlehnte N. Da sich auch in dem Andernacher Siegel dieses N findet, spricht einiges dafür, seine Entstehung im ausgehenden 12. Jahrhundert anzunehmen.[11] Damit gehörte Andernach zu den wenigen Städten, für die ein Stadtsiegel im 12. Jahrhundert belegt oder erschlossen ist. Aus dieser frühen Datierung würden sich auch die verhältnismäßig steife Haltung und die einfache Faltenführung im Gewand der Muttergottes erklären. Wenn Terwelp von einer „keineswegs schönen, ja was den Mittelleib betrifft, gänzlich verfehlten Figur“ spricht[12], so scheint er in seinem negativen Urteil doch zu weit zu gehen; eine solche Wertung ist offenbar aus der Kenntnis späterer Siegel entstanden.

Die Frühdatierung des Siegels macht es nun auch wahrscheinlich, daß auf ihm zwei das Stadtbild beherrschende Bauwerke, die alte Liebfrauenkirche und die (allerdings vor 1287 urkundlich nicht belegte) Burg, dargestellt werden sollten, mag auch gerade bei der letzteren durch symmetrische Anlage einiges stilisiert oder zusammengerückt sein. Daß in dem Siegel die Erzbischöfe von Trier und Köln – der eine als Herr der Liebfrauenkirche, der andere als Herr der Burg und der Stadt überhaupt – gleichberechtigt nebeneinander verkörpert werden sollten, ist vielleicht doch etwas zu modern gedacht. Unzweifelhaft ist aber die anspruchsvolle Programmatik des ältesten Andernacher Stadtsiegels, welches die Muttergottes als Patronin von Pfarrkirche und Stadt augenfällig ins Zentrum rückt. Dieser ideelle Zusammenhang offenbart sich in der Umschrift ebenso wie in der Darstellung der herausragenden Bauwerke der Stadt, welche auf den Händen der Gottesmutter ruhen. Der geistige Hintergrund wird noch greifbarer, wenn man in Betracht zieht, daß ein rheinischer Zeitgenosse des Siegelstechers, Caesarius von Heisterbach (um 1180–1240), Maria als Sinnbild der Stadt bezeichnet hat.[13]

Anmerkungen

1 Siehe S. 98–100.
2 Die Kunstdenkmäler des Kreises Mayen, 1. Halbband, bearb. von H. Busley und H. Neu (KunstdenkmRheinprov 17,2), Düsseldorf 1941 S. 83.
3 Ebenda S. 88.
4 [G.] Terwelp, S. 198.
5 W. Ewald, Rheinische Siegel III, S. 34.
6 LandeshauptarchKoblenz, Best. 2, U. 182. Die Datierung in das Jahr 1250 ergibt sich aus der Anwendung des Trierer Stils.
7 W. Ewald, Rheinische Siegel IV, Tafel 14 Nr. 11 und S. 47.
8 Ebenda Tafel 40 Nr. 11 und S. 127.
9 Ebenda Tafel 119 (Nachtrag zu Tafel 11 Nr. 5a) und S. 36.
10 Ebenda Tafel 44 Nr. 11 und S. 142.
11 Ähnlich („um 1200") datiert das Siegel M. Huiskes, S. 133 und 173.
12 [G.] Terwelp, S. 197.
13 Caesarius von Heisterbach, Dialogus miraculorum, dist. 7 c. 1.

Andernach

Zweites Stadtsiegel

Abbildung 12

Bild: Muttergottes, unter einem Baldachin auf einer reich verzierten Bank sitzend, mit dem Modell einer Kirche auf der rechten und dem Modell einer Burg auf der linken Hand.

Umschrift: M–A–T(ER) · DEI · PATRONA · CIVIV(M) · ANDERNACENSI–V–M

Größe: 7,9 cm im Durchmesser.

Abbildung: Moderner Abdruck nach dem Originalstempel (heute im Münzkabinett der Staatlichen Museen zu Berlin-Ost).

Literatur: B. Endrulat, S. 23f.; [G.] Terwelp, S. 198f.; A. Suhle, S. 20; M. Huiskes, S. 178f.

Das zweite Siegel der Stadt Andernach erweist sich vom Inhalt der Umschrift ebenso wie vom Motiv des Siegelfeldes her als ein freier Nachschnitt des im vorangehenden Artikel behandelten ältesten Andernacher Stadtsiegels. Die Fülle der das Auge fesselnden Einzelheiten reizt dazu, auch das zweite Siegel genauer zu betrachten.

Die auffällig reiche Verwendung von Zierelementen zeichnet das zweite Andernacher Stadtsiegel nicht nur gegenüber seinem älteren Vorbild, sondern bis zu einem gewissen Grade auch gegenüber gleichzeitigen anderen Siegeln aus. Man beachte etwa die Verstärkung des Heiligenscheins durch eine Perlreihe, das als Pelzwerk erkennbare Innenfutter des offenen Umhanges oder die vielfältige Ausgestaltung der Bank, welche an den Seiten von zwei Lilien begrenzt wird, während zwei auf Blättern sitzende Vögel den Zwischenraum bis zur Muttergottes ausfüllen. In diese Aufzählung gehören auch der Baldachin mit seinen Bögen und Türmchen sowie die Kreissegmente zwischen Baldachin und Umschrift, die mit einem von Röschen gefüllten Schräggitter verziert sind. Schließlich ist darauf hinzuweisen, mit welcher Feinheit die Modelle von Kirche und Burg auf den Händen der Muttergottes gearbeitet sind.

Alle diese Einzelheiten zeigen, daß sich der Siegelstecher bewußt von der ihm vorgegebenen Darstellung des ältesten Andernacher Stadtsiegels lösen wollte. Ein Hang zur Überbetonung des Dekorativen ist dabei unverkennbar; es wird in der Ausführung einzelner Buchstaben der Umschrift bis zum Manieristischen hin gesteigert, wie sich aus den An- und Abschwüngen bei dem ersten (unzialen) M und beim A ergibt. Auch die zahlreichen, z. T. doppelten Zierstriche, etwa bei den Buchstaben E (Doppelstrich beim mittleren Balken) und O (zwei senkrechte Striche in der Buchstabenmitte) sind für Siegelinschriften ungewöhnlich. Gerade der letztgenannte Buchstabe in Form einer rautenförmigen Schnalle wirkt manieristisch, während man bei der eigenwilligen Gestaltung des T noch an Einflüsse aus der Buch- und Urkundenschrift denken könnte.

Zu dem beschriebenen, sorgfältig gestalteten ornamentalen Beiwerk steht die steife Haltung der Muttergottes in offenkundigem Gegensatz. Ihre Unbewegtheit wird durch die kaum unterbrochenen senkrechten Falten ihres Gewandes noch verstärkt. Man vergleiche hiermit etwa das Aachener Karlssiegel oder das gotische Siegel der Stadt Köln, welche, beide früher entstanden, den Qualitätsunterschied deutlich machen. Gegenüber diesen hochstehenden Meisterwerken der Siegelstecherkunst erscheint das Andernacher Siegel auch recht flach, denn hierbei wurde weitgehend auf eine plastische Herausarbeitung des Körpers verzichtet. Andererseits ist nicht zu verkennen, daß durch die zahlreichen dekorativen Elemente ein eigentümlicher Gesamteindruck entsteht, wie er sich bei keinem anderen rheinischen Siegel findet. Lediglich das vermutlich aus derselben Werkstatt stammende Siegel der Stadt Montabaur bietet sich zum Vergleich an, doch dominiert dort die Architektur gegenüber den reinen Ausschmückungen. Von dem wahrlich nicht seltenen Motiv der auf einer Bank sitzenden Muttergottes gibt es bei den Siegeln geistlicher Institutionen etliche Typen mit einer Reihe von Varianten[1], die sich alle von dem Andernacher Siegel abheben. Dieses ist also – trotz der genannten Einschränkungen – hinsichtlich der Gesamtkomposition und der Ausführung der Einzelteile von Interesse.

Da gegenüber dem ältesten Andernacher Stadtsiegel die Darstellung sowohl der Kirche als auch der Burg verändert ist, erhebt sich die Frage, inwieweit der Siegelstecher eine naturgetreue Wiedergabe dieser beiden markanten Bauwerke versucht hat. Erleichtert wird eine Antwort insofern, als die Entstehung des zweiten Siegels auf einen kurzen Zeitraum eingeschränkt werden kann: Da das alte Siegel noch an einer Urkunde vom 23. August 1303 gehangen hat[2], das zweite Siegel aber schon an einer Urkunde vom 20. September 1308 belegt ist[3], muß dieses in dem halben Jahrzehnt zwischen 1303 und 1308 in Auftrag gegeben worden sein. Man hat, was hier nebenbei angemerkt sei, vermutet, daß das Aufkommen des zweiten Stadtsiegels mit der Entstehung des Andernacher Rates zwischen 1301 und 1316 (erste Erwähnung) zusammenhängt.[4] Während das erste Siegel noch bis zuletzt häufig, wenn auch nicht mehr ausschließlich, an Schöffen- d. h. Gerichtsurkunden hängt, dient das neue ausschließlich städtischen Beurkundungen. An Schöffenurkunden hängt es nur noch, wenn die Stadt an dem Rechtsgeschäft irgendwie beteiligt ist. Die Liebfrauenkirche besaß zur Entstehungszeit des neuen Siegels schon weitgehend ihr heutiges Aussehen. Die Darstellung der Kirche in dem zweiten Siegel weicht hiervon jedoch beträchtlich ab; so läßt das Siegel nichts von der reichen Außenwandgliederung der Andernacher Stadtpfarrkirche erkennen, wie auch deren Grundform mit Ausnahme der beiden Westtürme nicht getroffen ist. Da andererseits der Siegelstecher durchaus nicht auf die Wiedergabe von Einzelheiten (z. B. bei den Falthelmen der Türme und dem Mauerwerk) verzichtet hat, bleibt nur der Schluß, daß hier nicht die Liebfrauenkirche abgebildet werden sollte. Eher könnte man daran denken, daß das Bild der einfachen Kirche auf dem ältesten Stadtsiegel von Einfluß gewesen ist. Vergleicht man hingegen die Darstellungen der Burg auf den beiden Siegeln, so treten die Unterschiede klar zutage. In diesem Punkte kann das alte Stadtsiegel also nicht Vorbild gewesen sein. Man wird andererseits annehmen dürfen, daß auch die erzbischöflich-kölnische Burg auf dem jüngeren Stadtsiegel nicht naturgetreu wiedergegeben ist. Allerdings sind sichere Aussagen in diesem Punkte nicht möglich, da wir über das Aussehen der Burg vor 1357 nichts wissen.

Die Stadt Andernach hat den Stempel ihres zweiten Stadtsiegels in Silber herstellen lassen. Im Dreißigjährigen Krieg wurde das Typar mit dem des Geschäftssekretsiegels von einem schwedischen Fähnrich gestohlen, von welchem der Andernacher Stadtrat die beiden Siegelstempel für 20 Reichstaler wieder einlöste.[5] Das Typar des zweiten Stadtsiegels ist danach wieder seinem Zweck entsprechend benutzt worden, wie eine Urkunde vom 12. Oktober 1660 erkennen läßt[6]. Nach dem alten Archivinventar lag es 1786 noch im Schrank des Ratszimmers. Die mißbräuchliche Benutzung alter Siegel veranlaßte im Jahre 1806 den Präfekten des Rhein- und Moseldepartements, General Lameth, allen Bürgermeistereien des Arrondissements Koblenz die Ablieferung der alten Siegel zu befehlen. Sie sollten ursprünglich in dem Archiv des Departements, dann in dem Sekretariat der Präfektur aufbewahrt werden.[7] Vermutlich hat man in Andernach dieser Anordnung Folge geleistet. Im 19. Jahrhundert war der Stempel dann Objekt mehrerer Versteigerungen in Andernach, Köln und Paris[8], bis er schließlich nach Berlin gelangte. Er wird jetzt in dem Münzkabinett der Staatlichen Museen zu Berlin-Ost aufbewahrt. Die bewegte Geschichte des zweiten Andernacher Siegelstempels macht deutlich, welcher Wertschätzung sich Siegelstempel als Kleinkunstwerke noch zu einer Zeit erfreuten, da sie im Hinblick auf ihren ursprünglichen Verwendungszweck längst bedeutungslos geworden waren.

Anmerkungen

1 Vgl. etwa die Siegel der rheinischen Zisterzienser(innen)klöster bei W. Ewald, Rheinische Siegel IV, Tafel 28–31.

2 LandeshauptarchKoblenz, Best. 170, U. 90. Das ältere Siegel ist nur noch an Flecken auf der Pressel zu identifizieren (frdl. Hinweis von Herrn Dr. Manfred Huiskes, Köln, dem ich auch für die übrigen Angaben zur Überlieferung der Andernacher Siegel herzlich danke).

3 LandeshauptarchKoblenz, Best. 2, U. 5.

4 M. Huiskes in Äußerungen gegenüber dem Verfasser; vgl. auch M. Huiskes, S. 178f.

5 [G.] Terwelp, Andernach zur Zeit des Dreißigjährigen Krieges, in: Programm des Progymnasiums zu Andernach für das Schuljahr 1886–87, Andernach 1887, S. 3–11, insbes. S. 7, nach einem Brief des Andernacher Ratsherrn Heinrich Randerath vom 9. Dezember 1632, und [G.] Terwelp, S. 198f.; W. Ewald, Rheinische Siegel III, S. 35, gibt, obwohl auf Terwelp fußend, fälschlich 30 Reichstaler an; diese Zahl hat dann auch A. Suhle, S. 20, übernommen.

6 LandeshauptarchKoblenz, Best. 2, U. 2937. Das Siegel ist zwar von der Urkunde abgefallen, doch lassen Flecken auf dem Pergament erkennen, daß die Urkunde ursprünglich mit dem großen Siegel der Stadt Andernach versehen war (frdl. Hinweis von Herrn Dr. Manfred Huiskes, Köln).

7 LandeshauptarchKoblenz, Best. 612 Nr. 3541.

8 B. Endrulat, S. 24; [G.] Terwelp, S. 199.

Bacharach, Diebach, Steeg und Manubach

Großes Siegel der Viertälergemeinde

Abbildung 13

Bild: Im geteilten runden Siegelfeld oben ein steigender gekrönter Löwe, unten Rauten.

Umschrift: S(IGILLVM) · VALLIV(M) · BACHERACH · DIPPACH · STEGE MANNEBACH

Größe: 5,9 cm im Durchmesser.

Abbildung: Abguß von Originalabdruck an Urkunde von 1505 Juni 24 (HistArchKöln, Kreuzbrüder, U. 22).

Das große Siegel von Bacharach, Diebach, Steeg und Manubach ist für die politische Geschichte dieser Orte von einigem Interesse. Zum besseren Verständnis seien die mittelalterlichen Herrschafts- und Verfassungsverhältnisse der sog. Viertälergemeinde kurz dargelegt.[1]

Die Viertälergemeinde der genannten Orte gehört verfassungsrechtlich zu jenen Übergangsbildungen zwischen Dorf und Stadt, die gemeinhin als „Flecken" bezeichnet werden. Für diese stadtähnlichen Gebilde gab es landschaftlich verschiedene Namen. Sie wurden z. B. in der Westeifel, am Niederrhein und im Bergischen Land als „Freiheit" bezeichnet, während sich am Mittelrhein der Ausdruck „Tal" (im Sinne von Talsiedlung) durchsetzte. Der enge Verbund zwischen den Orten Bacharach, Diebach, Steeg und Manubach hat seit ältester Zeit bestanden. Er äußerte sich in der Einheit von Gerichtsbezirk, Pfarrei und Gemeinde und wird schon zu Beginn des 12. Jahrhunderts urkundlich faßbar. Hinsichtlich der Eigentums- und Herrschaftsrechte ist davon auszugehen, daß das Bacharacher Gebiet altes Königsgut war. Vermutlich ist es durch Schenkung an Bischof Kunibert von Köln im 7. Jahrhundert aus dem mittelrheinischen Fiskalland herausgelöst worden. In der folgenden Zeit sind jedenfalls innerhalb des umfangreichen Außenbesitzes der Kölner Kirche im Mittelrheingebiet auch Güter und Rechte in Bacharach belegt. Bereits 1094 hat Erzbischof Hermann III. von Köln dem St. Andreasstift in Köln die Bacharacher Pfarrkirche überwiesen. Grundbesitz weiterer Kölner Stifte in den Viertälerorten macht ebenfalls deutlich, welchen Einfluß die Kölner Kirche dort hatte. Die vermutlich von den Kölner Erzbischöfen zum Schutz des mittelrheinischen Fernbesitzes erbaute Burg Stahleck, über Bacharach gelegen, dürfte Sitz des kölnischen Vogtes gewesen sein. Sie hat für die Bacharacher Grundherrschaft und die spätere Ausbildung der

Landeshoheit eine große Rolle gespielt. Hierbei war nun entscheidend, daß das immer weiter nach Süden abwandernde Pfalzgrafengeschlecht die Obervogtei über die mittel- und oberrheinischen Besitzungen der Kölner Kirche erlangte. Die Vogtei Bacharach und die Burg Stahleck entwickelten sich zum Zentrum der durch weitere Erwerbungen – vor allem durch Reichslehen – ausgebauten „Pfalzgrafschaft bei Rhein". Diese selbst fiel 1156 an einen Staufer, später (1195) an einen Welfen. Im Jahre 1214 belehnte Kaiser Friedrich II. den ihm ergebenen Ludwig von Wittelsbach und dessen Sohn Otto mit dem Reichslehen. Otto kam infolge Heirat mit Agnes, der Erbtochter des letzten welfischen Pfalzgrafen, später auch in den Besitz der pfalzgräflichen Erbgüter. Die schon von dem Kölner Erzbischof Philipp von Heinsberg im Jahre 1189 von einem Mannlehen in ein Erblehen umgewandelte Vogtei Bacharach mit der Burg Stahleck ist fast sechs Jahrhunderte lang bei dem Hause Wittelsbach verblieben.

An dieser Stelle ist der für die spätere Betrachtung des Bacharacher Siegels wichtige Hinweis einzuflechten, daß Otto von Wittelsbach im Jahre 1229 als erster Wittelsbacher überhaupt ein Siegel mit einem Löwen im Schild führte. Während man diesen Löwen früher als den welfischen Löwen ansah, gilt es heute als sicher, daß es sich um den staufischen Löwen handelt[2]; hier sei daran erinnert, daß die Pfalzgrafschaft bis 1195 in staufischer Hand war.

Die Territorialpolitik der Wittelsbacher am Mittelrhein mußte die Erzbischöfe von Köln beunruhigen. Ohne Zweifel sollte die Feste Fürstenberg, die Erzbischof Engelbert I. von Köln im Jahre 1219 über dem zu Diebach gehörenden Weiler Rheindiebach erbauen ließ, die kölnischen Besitzungen und Rechte in dem Viertälergebiet schützen. Streitigkeiten zwischen den Kölner Erzbischöfen und den Pfalzgrafen nahmen damals ihren Anfang und dauerten Jahrhunderte fort. Die zwischenzeitliche Aussöhnung beider Parteien 1243, bei der auch die kölnischen Burgen Fürstenberg und Stahleck dem Pfalzgrafen zu Lehen gegeben wurden, festigte dessen Stellung weiter. Dem fortschreitenden Ausbau der pfalzgräflichen Landeshoheit versuchten die Kölner Erzbischöfe dann durch zähes Festhalten an ihrer alten Gerichtshoheit zu begegnen. Doch auch hier zogen sie den kürzeren; ein geschickter Schachzug war dabei die Einführung der Ratsverfassung in der Viertälergemeinde im Jahre 1356. Nicht nur gerichtliche, sondern auch andere Rechte des Kölner Erzbischofs wurden dadurch beschnitten.

Mit der Ratsverfassung muß auch das große Siegel eingeführt worden sein. In der abschriftlich überlieferten Urkunde vom 4. Mai 1356 erklärten die Pfalzgrafen Ruprecht der Ältere und Ruprecht der Jüngere: „Waz auch vor unserm rade gehandelt und gededinget wirt und mit des rades ingesiegel besiegelt wirt, daz sal man stede, veste und unzirbruchlich halten und haben, als liep yn unser gnade und hulde sin zu behalten."[3] Auf die übrigen Punkte der Urkunde ist hier nicht einzugehen. Der einseitige Akt der beiden Ruprechte, bei dem der Kölner Erzbischof gar nicht erst gefragt, geschweige denn beteiligt wurde, ist politisch bedeutsam, demonstrierten die Pfalzgrafen hier doch, daß sie sich als Herren über die Viertäler verstanden; der Erzbischof von Köln wird bezeichnenderweise in der Urkunde überhaupt nicht erwähnt. Das Siegel, das künftig zur Beglaubigung von Rechtsgeschäften der Viertälergemeinde benutzt werden sollte, verstärkt diese politische Intention. Sicherlich nicht ohne Absicht wurde das Siegelfeld ganz mit den Wappensymbolen der Pfalzgrafen ausgefüllt. Es ist zu bedenken, daß das Wappen sich damals längst vom ursprünglichen Kenn- und Sichtzeichen zum Eigentums- und Hoheitszeichen entwickelt hatte. Und eben dies sollte hier wohl sichtbar gemacht werden: Herren über die in der Umschrift genannten Viertäler sind ausschließlich die Pfalzgrafen aus dem Hause Wittelsbach; das kurkölnische Kreuz hat in dem Siegel nichts zu suchen. Damit wurde die völlige Umkehrung der früheren Herrschaftsverhältnisse, wie sie oben beschrieben worden sind, deutlich gemacht. Die Kölner Erzbischöfe haben sich gegen diese Entwicklung gewehrt. Bereits im Jahre 1364 wurden Beschwerdepunkte wegen der Beeinträchtigung der kölnischen Hoheitsrechte und Güternutzungen in den Viertälern vorgebracht. Die beiden Ruprechte sahen sich daraufhin zu einer Rechtfertigung genötigt.[4] Als die Kölner Erzbischöfe später die Mißstände in Bacharach anprangerten, hieß es u.a.: „Der raidt sprach urtel und nam urkont und versiegelte briefe."[5] Eben dies sollte der Rat aber nach dem Willen der beiden Pfalzgrafen tun, die 1356, als die Residenz der Pfalzgrafschaft schon über ein Jahrhundert von Bacharach nach Heidelberg verlegt war, die Viertälergemeinde mit weitgehenden Selbstverwaltungsbefugnissen unter der pfalzgräflichen Oberhoheit ausstatteten.

Es wäre reizvoll, nachdem die Entwicklung von der kölnischen Grundherrschaft zur pfalzgräflichen Landeshoheit skizziert worden ist, nun auch darzulegen, wie es zur Viertälersamtgemeinde und ihrer besonderen Verfassung gekommen ist. Dies muß jedoch unterbleiben, da die Verfassungsverhältnisse, mögen sie auch noch so interessant sein, nicht wesentlich zum Verständnis des Siegels beitragen. Die weitere Besprechung des Bacharacher Siegels kann sich jetzt auf wenige Aspekte beschränken.

Das ebenso einfache wie hübsche Siegel der Viertälergemeinde muß, auch wenn der umrahmende Wappenschild fehlt, wie ein Wappensiegel interpretiert werden. Es wurde oben schon festgestellt, daß der Löwe seit 1229 von den Pfalzgrafen bei Rhein im Wappen geführt wurde. Er ist seither das Sinnbild der Pfalzgrafen bei Rhein geblieben. Die Rauten – früher meist „Wecken" genannt – haben die Wittelsbacher in der Mitte des 13. Jahrhunderts mit dem Erbe der Grafen von Bogen übernommen, welche beiderseits der Donau zwischen Regensburg und Deggendorf reich begütert waren.[6] In der Folge erschienen die „bayerischen Rauten" als Sinnbild der Wittelsbacher, bis es seit der Mitte des 14. Jahrhunderts zu Verbindungen der Rauten mit dem Löwen, zunächst im halbierten, später im gevierten Schild, kam.[7] Beide Wappensymbole gelten bis heute als vornehmste Zeichen des Freistaates Bayern. Es ist daher bemerkenswert, daß sich einer der frühesten und zugleich schönsten Belege für die Verbindung von Löwe und Rauten in dem Siegel der Bacharacher Samtgemeinde findet. Daß der Löwe in diesem Falle den vornehmeren Platz einnimmt, erscheint selbstverständlich. Auch das heutige Wappen der Stadt Bacharach entspricht in seiner Gestaltung dem alten Siegel der Viertälergemeinde.

Die Datierung des großen Siegels auf das Jahr 1356 kann nach dem Gesagten nicht zweifelhaft sein. Mit großer Wahrscheinlichkeit ist anzunehmen, daß die Pfalzgrafen selbst den Auftrag zur Herstellung des Siegelstempels erteilt haben. Wohl gleichzeitig oder jedenfalls nicht viel später dürfte auch das bereits 1373 belegte Sekretsiegel der Viertälergemeinde[8] angefertigt worden sein. Die Viertälergemeinde erscheint daher, was die Siegelführung angeht, den Städten gleichgestellt.

Das schöne Siegel der Viertäler Bacharach, Diebach, Steeg und Manubach darf über seine örtliche Bedeutung hinaus als ein instruktives Beispiel für jenen Stadtsiegeltyp gelten, der in Entstehung, Gestaltung und Zielsetzung eng mit der landesherrlichen Politik verflochten ist.

Anmerkungen

1 Der Darstellung liegen vor allem zugrunde: E. Schmidtborn, Zur Geschichte des kurpfälzischen Oberamts Bacharach, phil. Diss., Marburg 1913, und F. L. Wagner, Stadt Bacharach und Samtgemeinde der Viertäler, JbGKunstMittelrh 6/7 (1954/55) S. 43–93.
2 Beleg von 1229 und Deutung des Löwen bei : K. Stadler, Wappen in Bayern, Ausstellungskatalog, München 1974 S. 124f.
3 F. L. Wagner (wie Anm. 1), S. 82; E. Schmidtborn (wie Anm. 1), S. 55 (mit geringen Abweichungen in der Schreibweise).
4 F. L. Wagner (wie Anm. 1), S. 82–85.
5 E. Schmidtborn (wie Anm. 1), S. 48f.
6 K. Stadler (wie Anm. 2), S. 126; vgl. auch K. Stadler, Deutsche Wappen. Bundesrepublik Deutschland, Bd. 4, Bremen 1965 S. 7f.
7 K. Stadler (wie Anm. 2), S. 127.
8 W. Ewald, Rheinische Siegel III, Tafel 102 Nr. 2 und S. 219.

Bergneustadt

Zweites Stadtsiegel

Abbildung 14

Bild: Wappenschild mit zwei Balken, von denen der obere zu zwei Reihen geschacht, der untere als Wechselzinnenbalken ausgeführt ist. Das Feld zwischen Wappenschild und innerem Perlkreis ist mit Ranken verziert; beiderseits des Schildes befinden sich zwei langgestreckte, nicht eindeutig bestimmbare Tiere.

Umschrift: + SIGILLVM + OPIDI + DICTI + NIESTAT

Größe: 4 cm im Durchmesser.

Abbildung: Originalabdruck an Urkunde von 1434 November 13 (HauptstaatsarchDüsseldorf, Kleve-Mark, U. 1510).

Literatur: B. Endrulat, S. 54; H. Reuber, Das Wappen der Stadt Bergneustadt, MittBergGV 1 (1932) S. 43–46; G. Aders, Quellen zur Geschichte der Stadt Bergneustadt und des alten Amtes Neustadt von 1109 bis 1630, ZBergGV 71 (1951) S. 9 – 268; M. Wensky, Bergneustadt (Rheinischer Städteatlas III 16), Köln 1976.

Im Jahre 1301 ließ der märkische Amtmann Rutger von Altena im Namen seines Landesherrn in der Gemarkung „Wiedenau" eine Stadt erbauen und befestigen. Die „Wiedenau" gehörte zu dem Kirchspiel Wiedenest, wurde aber – offensichtlich, weil es sich um eine städtische Neugründung handelte – schon bald als „Neustadt" bezeichnet. Das für 1351 nachgewiesene erste Siegel dieser Stadt trägt die Umschrift S(IGILLVM) CIVITATIS DE WIDENAVWE, enthält also den ursprünglichen Namen der Stadt. Das Siegelfeld zeigt den gleichen Wappenschild wie das schon für 1392 bezeugte zweite Siegel, das möglicherweise wegen des im Verlaufe des 14. Jahrhunderts eingetretenen Namenswechsels angeschafft werden mußte. Das neue Siegel enthält nämlich in der Umschrift den erstmals im Jahre 1330 auftauchenden neuen Ortsnamen. Schildform, Verzierung und vor allem die Buchstabenformen sprechen dafür, daß das zweite Siegel bald nach 1351 entstanden ist.

Der in beiden Siegeln wiedergegebene Wappenschild ist von besonderem Interesse. Ohne Zweifel sind hier Wappensymbole der Grafen von der Mark und der Grafen von Berg in verkürzter Form miteinander kombiniert worden: Die Grafen von der Mark führten im Schild einen zu drei Reihen geschachten Balken; das älteste Wappen der Grafen von Berg zeigte im Schild zwei Wechselzinnenbalken. In dem Wappenschild der Siegel hat der Siegelstecher bei dem märkischen Wappensymbol eine Schachreihe, bei dem bergischen Heroldsbild einen ganzen Wechselzinnenbalken weggelassen und so eine gute Übersichtlichkeit erreicht.

Da die Aufnahme von landesherrlichen Wappen in Städtesiegel allemal die Hoheit und Herrschaft des Landesherrn über die betreffende Stadt zum Ausdruck bringen soll, muß eine Verbindung von Wappen zweier benachbarter Grafen verwundern. Der Widerspruch erklärt sich daraus, daß der Grund und Boden, auf dem die neue Stadt gegründet wurde, ursprünglich Besitz der Grafen von Berg war.[1] Im Jahre 1273 gelangte dann die Grundherrschaft mitsamt der Gerichtshoheit durch Verpfändung in die Hände der Grafen von der Mark. Bei der Gründung der neuen Stadt Widenauwe waren die alten Rechte des Grafen von Berg gewiß noch nicht in Vergessenheit geraten; niemand konnte auch vorhersehen, daß Neustadt schließlich ganz in den Besitz der märkischen Grafen übergehen und bei ihnen verbleiben würde. Ohne besondere Veranlassung wird man aber den bergischen Wechselzinnenbalken nicht in das Stadtsiegel aufgenommen haben. Im Gegenteil läßt das Siegel vermuten, daß vor der Gründung der Stadt die Einwilligung – vielleicht auch erst nachträglich eine entsprechende Genehmigung – beim Grafen von Berg eingeholt worden ist. Möglicherweise hat dieser darauf bestanden, daß auch sein Wappen in das Siegel eingearbeitet wurde.

Wenn in Ermangelung einschlägiger Quellen auch keine Sicherheit in dieser Frage zu erreichen ist, so deutet doch alles darauf hin, daß der Wappenschild, der alsbald zum Stadtwappen der neugegründeten Stadt wurde und heute noch von der Stadt Bergneustadt weitergeführt wird, aufgrund eines Kompromisses der beiden benachbarten Grafen zustande kam. Auffälligerweise hat man hierbei auf das ältere bergische Wappen zurückgegriffen, das inzwischen längst durch das bergische Löwenwappen abgelöst worden war. Vielleicht sind hierfür praktische Gründe maßgebend gewesen.

Keine schlüssige Antwort wird darauf zu finden sein, ob die beiden den Wappenschild begleitenden Tiere, die Endrulat für eine Art Eidechsen hielt, eine besondere Bedeutung hatten. Wahrscheinlich dienten sie wie die in mittelalterlichen Siegeln häufiger vorkommenden Vögel zur Verzierung der freien Flächen zwischen dem Wappenschild und dem inneren Perlkreis, welcher das Siegelfeld von der Umschrift abtrennt. Der im Mittelpunkt des Siegels stehende Wappenschild erinnert in sinnfälliger Weise an die ehemaligen Herrschaftsverhältnisse von Bergneustadt.

Anmerkung

1 Vgl. D. Stievermann, Städtewesen in Südwestfalen. Die Städte des Märkischen Sauerlandes im späten Mittelalter und in der frühen Neuzeit (Spätmittelalter und Frühe Neuzeit 6), Stuttgart 1978 S. 37f.

Bernkastel

Stadtsiegel

Abbildung 15

Bild: Ein durchgehendes Balkenkreuz, begleitet in den Feldern 1 und 4 von einem Schlüssel, in den Feldern 2 und 3 von einem Bär.

Umschrift: + SIGILLVM · OPIDI · BERENCASTEL

Größe: 5 cm im Durchmesser.

Abbildung: Originalabdruck an Urkunde von 1502 Febr. 17 (LandeshauptarchKoblenz, Best. 623, U. 461).

Das Siegel der Stadt Bernkastel ist von Wappenelementen bestimmt. Ein verhältnismäßig schlankes Balkenkreuz teilt das runde Siegelfeld in vier Teile. Analog zu der bei Wappenvereinigungen gerne angewandten Verfahrensweise wurden hier in den sich diagonal gegenüberliegenden Feldern die gleichen Symbole dargestellt: in den Feldern 1 und 4 ein aufrechter Schlüssel mit rautenförmigem Griff, in den Feldern 2 und 3 ein Bär.

Das Kreuz, das durch seine Größe und zentrale Anordnung das Siegelbild beherrscht, symbolisiert die Zugehörigkeit Bernkastels zum Erzstift bzw. Kurfürstentum Trier; bekanntlich führte dieses ein rotes Balkenkreuz auf silbernem Grund. Bereits im Jahre 1280 konnte der Trierer Erzbischof Heinrich von Vinstingen (1260–1286) den Ort Bernkastel käuflich erwerben. Der nachfolgende Erzbischof Boemund von Warsberg (1286–1299) erbat sich vom König als besondere Gunst für sechs Orte seines Territoriums die Verleihung der Stadtrechte: Neben Mayen, Montabaur, Saarburg, Welschbillig und Wittlich hat König Rudolf I. daraufhin auch Bernkastel mit Urkunde vom 29. Mai 1291 zur Stadt erhoben.[1] Bernkastel ist dann bis zum Ende des alten Reiches beim Trierer Kurstaat verblieben.

Der Schlüssel, ein in der kommunalen Sphragistik und Heraldik – zumindest im Rheinland – sehr beliebtes Symbol, ist im vorliegenden Falle als Schlüssel des hl. Petrus zu deuten, der Patron des Trierer Erzstiftes war. Insofern verstärken die Schlüssel in dem Bernkasteler Siegel die Aussage des Stiftskreuzes.

Zu den beiden Symbolen, welche die territoriale Zugehörigkeit der Stadt verkörpern, gesellt sich eine dritte Figur, die sich ausschließlich auf den Ort bezieht, der Bär. Es ist kein Zweifel, daß damit auf den Ortsnamen angespielt werden sollte. Hier ist zunächst festzustellen, daß diese Deutung des Ortsnamens einer wissenschaftlichen Untersuchung nicht standhält, da der Name Bernkastel aus dem Lateinischen stammt; schon bei dem Geographen von Ravenna, einer wichtigen Quelle des 8. Jahrhunderts, ist Bernkastel als „Princastellum“ erwähnt. Andererseits zeigt aber gerade das alte Stadtsiegel von Bernkastel, daß im späten Mittelalter der lateinische Ursprung des Namens Bernkastel in Vergessenheit geraten war und daß man den Namen „deutsch“ erklärte. Bernkastel ist daher ein schönes Beispiel für eine volksetymologische Namensdeutung, wie sie im Rheinland häufiger vorkommt.[2] In diesem Zusammenhang ist auch auf die schweizerische Hauptstadt Bern zu verweisen, die aus den gleichen Gründen einen Bären in ihrem Siegel führte; er hat sich dort – genau wie im Falle Bernkastels – bis heute im Wappen der Stadt erhalten. Die Datierung des Siegels ergibt sich aus dem Zeitpunkt der Stadterhebung Bernkastels im Jahre 1291. Vermutlich ist das Siegel bald danach in Auftrag gegeben worden. Es ist in jener Zeit nämlich davon auszugehen, daß eine Stadt ihren neuen Rang auch durch die Führung eines Siegels zum Ausdruck bringen wollte. Einer Datierung des Bernkasteler Siegels in das ausgehende 13. Jahrhundert oder die ersten Jahre des 14. Jahrhunderts steht stilistisch nichts im Wege.

Anmerkungen

1 E. Schaus, Stadtrechtsorte III, S. 13.

2 Solche volksetymologischen Erklärungen sollten von uns heute nicht belächelt werden. Sie sind ein historisches Faktum und können dem Historiker als Erkenntnisquelle für Selbstverständnis, Kenntnisstand usw. vergangener Zeiten dienen. In jedem Falle sollte die Berechtigung volksetymologischer Einflüsse in der Heraldik anerkannt werden; vgl. zu diesem Komplex E. Kittel, S. 305, und meine Kritik in der Besprechung dieses Werkes in: AnnHistVNdRh 173 (1971) S. 254.

Bingen

Zweites großes Stadtsiegel

Abbildung 16

Bild: In der Mitte thront der hl. Martin mit dem Bischofsstab in der Linken und segnend erhobener Rechten. Darüber spannt sich ein spitzer Kleeblattbogen, der unter einem Wimperg ausgesondert ist. Der krabbenbesetzte und mit einer Kreuzblume versehene Wimperg ruht auf den Kapitellen zweier schlanker Säulen auf, die zwei seitlichen gotischen Türmen innen vorgesetzt sind. Die in der unteren Zone noch recht kräftigen Türme verjüngen sich in der Höhe des Ziergiebelauflagers, besitzen aber im obersten Geschoß deutlich vorkragende Eckwarten. Am unteren Rand des Siegelfeldes befindet sich eine den Türmen vorgelagerte Stadtmauer, die sich fast konzentrisch zur inneren Perlreihe nach den Seiten fortsetzt, nach der vierten Zinne aber hinten zurückgeführt wird, um das Mauerrund zu schließen. Am oberen Bildrand ist, von der Spitze des Wimpergs geteilt, die Aufschrift S(ANCTVS) MAR – TINVS angebracht.

Umschrift: + (in Form einer Kreuzblume) PINGVIA · MOGVNTINI · SEDIS · SPECIALIS · CAMERR

Größe: 8,1 cm im Durchmesser.

Abbildung: Abguß von Silikonnegativ 633 im HistArchKöln nach unbekannter Vorlage.

Literatur: A. I. Weidenbach, Regesta Bingiensia ..., Regesten der Stadt Bingen, des Schlosses Klopp und des Klosters Rupertsberg, Bingen 1853 S. 79 f.

Schon außerordentlich früh ist das günstig gelegene Gebiet bei der Einmündung der Nahe in den Rhein besiedelt worden. Die Römer errichteten hier ein Kastell zum Schutz gegen die rechtsrheinischen Germanen. In fränkischer Zeit war Bingen Reichsbesitz, doch erwarben nach und nach die alten Abteien Fulda, Lorsch und Prüm verschiedene Güter und Rechte. Dasselbe gilt für das Erzstift Mainz. Aufgrund einer Schenkung Kaiser Ottos II. an Erzbischof Willigis fiel 983 die „civitas" Bingen mit allen dem Kaiser dort zustehenden Rechten an den Mainzer Erzstuhl. Von hier datiert die besondere Beziehung Bingens zu Mainz und seinen Erzbischöfen, die sich auch in den mittelalterlichen Siegeln der Stadt Bingen ausdrückt.
Bingen gehört zu den gewachsenen Städten, für die eine förmliche Stadterhebungsurkunde nicht zu erwarten und tatsächlich auch nicht überliefert ist. Die um 1140 erneuerten und mit neuen Türmen verstärkten Stadtmauern, die unter Kaiser Friedrich Barbarossa (1152–1190) zerstört wurden, hat man im Jahre 1200 wiederhergestellt. Für die Bedeutung der Stadt in staufischer Zeit spricht die Tatsache, daß Bingen Mitglied des gegen die Mainzer Kirche gerichteten Städtebundes war, den König Heinrich (VII.) am 17. November 1226 verbot. Für 1230 ist ein Aufstand der Binger Bürger gegen den Rat überliefert.[1] Sind dessen Gründe auch nicht bekannt, so bleibt doch der Nachweis einer Ratsverfassung für jene Zeit wichtig. Man wird also vermuten können, daß das älteste Siegel der Stadt Bingen, das noch an einer Urkunde vom 24. Mai 1254 bezeugt ist[2], ähnlich wie die ältesten Stadtsiegel von Boppard, Oberwesel und Speyer schon im ersten Viertel des 13. Jahrhunderts in Auftrag gegeben wurde. Schunk und Weidenbach[3] haben den Abdruck an der heute verschollenen Urkunde von 1254 als Zeichnung abgebildet. Mit dem Siegel genauer beschäftigt hat sich aber noch niemand. Es zeigt den thronenden hl. Martin, eingerahmt von zwei Türmen, die durch einen spitzen Giebel verbunden werden. Die Umschrift lautet: + PINGVIA · MOGVNTINE · SEDIS · SPECIALIS CAMERA. Siegelbild und Legende sind gewiß unter dem direkten Einfluß des ältesten Mainzer Stadtsiegels entstanden, das in beiden Teilen allerdings sehr viel altertümlicher wirkt.
Das zweite Siegel der Stadt Bingen, das Weidenbach nach einem stark beschädigten Abdruck an einer Urkunde von 1525 abgebildet hat, kommt erstmals im Jahre 1253 vor.[4] Dieses Datum muß deshalb überraschen, weil, wie oben erwähnt, das ältere Siegel noch für 1254 bezeugt ist. In aller Regel pflegt nämlich ein jüngeres Siegel ein älteres abzulösen. Für Bingen wird man daher zu dem Schluß kommen können, daß die Anschaffung des neuen Siegels nicht auf einen Verlust des alten Siegelstempels zurückzuführen ist. Da man andererseits beide Siegel gewiß nur kurze Zeit nebeneinander verwandt hat, dürfte das zweite Siegel der Stadt Bingen, wofür auch die gotischen Elemente sprechen, nicht lange vor dem Erstbeleg von 1253 entstanden sein. Es erweist sich als ein freier Nachschnitt des ersten Stadtsiegels. Abgesehen davon, daß in dem neuen Siegel am unteren Bildrand seitlich des hl. Martin eine gezinnte Stadtmauer hinzugekommen ist, sind die Veränderungen stilistischer Natur. Die seitlichen Türme besitzen jetzt Lanzettfenster mit gotischem Maßwerk; der unter dem Giebel ausgeson-

derte Kleeblattbogen ist nun wie im gotischen Siegel der Stadt Köln zugespitzt, der Giebel mit Krabben verziert.

Der Bedeutungsgehalt des Siegels erschließt sich schon weitgehend aus den zugrunde liegenden Vorbildern. Hierbei kann man eine klare Filiation herstellen, die über das älteste Binger Stadtsiegel (mit fast gleichartiger Aussage wie der Nachschnitt) und über das älteste Siegel der Stadt Mainz bis zu dem ältesten Stadtsiegel, dem von Köln, zurückreicht. Der hl. Martin ist Patron der Binger Pfarrkirche, zugleich aber auch Patron der ganzen Stadtgemeinde, welche Schutz und Segen von ihm erhält. Gegenüber dem ersten Binger Stadtsiegel betont der Nachschnitt den Stadtcharakter Bingens durch Hinzufügung der Mauer am unteren linken und rechten Bildrand. Die dreiteilige Architektur des zweiten Siegels entspricht dem Grundtypus des Tabernakelmotivs, das beispielsweise in England seit dem Ende des 13. Jahrhunderts die Bogenarkade und den bekrönenden Baldachin als Dekorations- und Bedeutungsform ablöst.[5] Das Tabernakelmotiv ist, wie Henning Bock dargelegt hat, aus der älteren Architekturdarstellung entstanden. „Es ist ein verselbständigtes Einzelmotiv, das sich schon frühzeitig aus dem Komplex der immer mehr zur Formel erstarrten Stadtdarstellungen herausgelöst und als Teil die Bedeutung eines Ganzen erhalten hatte. Die Grundformel besteht fast immer aus zwei Türmen als Rahmen eines Tores mit einem Überbau oder nur mit einem Bogen und Zinnenkranz. Sie kann entweder auf das Stadttor oder auf die von zwei Türmen flankierte Halle bezogen werden und dann als Symbol für Stadt, Palast, Tempel von Jerusalem oder allgemein als Kirche gelten."[6] Der Bedeutungsgehalt des im Binger wie in anderen Städtesiegeln angewandten Motivs ist durch die Funktion des Siegels als solches festgelegt. Das Siegel als „Ort offizieller Symbolik" (Günter Bandmann) sollte die Stadt bei ihren beurkundeten Rechtshandlungen repräsentieren, sie in ihrer grundsätzlichen Erscheinungsform – also verkürzt – oder später auch in ihrer Individualität – also porträthaft – abbilden und zugleich über den Patron auf die heilige Stadt, das himmlische Jerusalem der Apokalypse, verweisen.

Die eigentümliche Umschrift, die sich schon im ersten Binger Stadtsiegel findet und einen besonderen Anspruch verrät, ist Ausdruck der engen Beziehungen Bingens zu den Mainzer Erzbischöfen. Sie beweist zugleich, daß man sich in Bingen zur Zeit der Entstehung des ersten Stadtsiegels dieser Tatsache nicht nur bewußt war, sondern auch Wert auf sie legte. Hierzu steht nicht im Widerspruch, daß das Verhältnis später nicht ohne Spannungen war. So wie sich die rheinischen Bischofsstädte Köln, Mainz, Trier und Worms in ihren Siegeln selbst einen besonderen Rang zuerkannt hatten, so versuchte man später in Bingen, die bevorzugte Stellung der Stadt im Mainzer Erzstift herauszustellen. „Bingen, besondere Kammer des Mainzer (Erz-)Stuhles", lautet die Umschrift in deutscher Übersetzung. Daß man den hl. Martin, den die Stadt mit Mainz als Patron gemeinsam hatte, im Binger Stadtsiegel darstellte, war geradezu selbstverständlich. Für die in der Umschrift gebrauchte Bezeichnung Bingens als besondere Kammer gibt es eine ältere Tradition. Nachdem schon 1108 in einer Urkunde des Mainzer Erzbischofs Ruthard von den Einkünften seiner Kammer in Bingen die Rede war[7], hieß es in einer undatierten Urkunde Erzbischof Adalberts II. (1138–1141): „... Pingwia, que fuit una de principalibus sedibus ecclesiae Maguntinae et quasi camera specialis et habitatio cottidiana domini archiepiscopi, ecclesiae et fidelium suorum"[8] (Bingen, das einer der Hauptsitze der Mainzer Kirche und gewissermaßen eine besondere Kammer und tägliche Wohnung des Erzbischofes, seiner Kirche und seiner Getreuen gewesen ist). Ältere Forscher erklärten die Benennung Bingens als „besondere Kammer" des Mainzer Erzstuhles dadurch, daß Bingen ehemals zur Aufbewahrung sämtlicher Gefälle an Getreide, Wein usw. gedient habe.[9] Unzweifelhaft liefert die wichtige Stellung Bingens innerhalb der erzbischöflichen Güterverwaltung den konkreten Hintergrund für die auffällige Wortwendung. Neuerdings aber hat Paul Egon Hübinger in ganz anderem Zusammenhang deutlich gemacht, daß der Ausdruck „specialis camera" seit dem 12. Jahrhundert in den Quellen verschiedener Länder auftaucht und einen unverkennbar auszeichnenden Sinn besitzt. In dem von Hübinger untersuchten Falle gebrauchte Kaiser Friedrich II. die Metapher, um mit ihr das Reichsstift St. Servatius in Maastricht als sein „besonders hochgeschätztes Kleinod" zu bezeichnen.[10] In dieser Weise muß auch die Aussage der Binger Stadtsiegel verstanden werden. Es handelt sich um einen Ehrentitel, der Bingen vor den anderen Städten des Mainzer Erzstiftes auszeichnen soll.

Die Verschreibungen in der Umschrift des zweiten Binger Stadtsiegels (MOGVNTINI statt MOGVNTINE und CAMERR statt CAMERA) sollten nicht irritieren. Sie zeigen lediglich, daß der Siegelstecher des Lateinischen nicht mächtig war und ihm bei seiner Arbeit auch kein geistlicher Herr über den Rücken geschaut hat. Im übrigen geht sein Können auch aus dem zweiten Siegel der Stadt Oberwesel hervor, das ohne Zweifel ebenfalls von seiner Hand stammt und gerade dadurch besticht, daß es bei gleicher Formensprache eine andersartige inhaltliche Aussage enthält. Schließlich sei auf die Qualität des zweiten Mainzer Stadtsiegels hingewiesen, das demselben Siegelstecher bzw. seiner Werkstatt zuzuschreiben ist.

Anmerkungen

1 Einzelheiten zur Geschichte Bingens bei A. I. Weidenbach.
2 Ebenda S. 15 Nr. 145.
3 Vgl. ebenda Lithographie vor der Titelseite sowie die Bemerkungen S. 15 und 79.
4 StaatsarchDarmstadt, Urk. A II Bingen 1253 Oktober 25.
5 H. Bock, Zum Tabernakelmotiv des 14. Jahrhunderts in England, in: Der Mensch und seine Künste, Festschrift für Heinrich Lützeler zum 60. Geburtstage, Düsseldorf 1962 S. 412.
6 Ebenda S. 414.
7 V. F. de Gudenus, Codex diplomaticus, Göttingen 1743 Nr. 146.
8 J. F. Böhmer, Regesta archiepiscoporum Maguntinensium. Regesten zur Geschichte der Mainzer Erzbischöfe, Band 1, Innsbruck 1877 (Neudruck Aalen 1966) S. 314 Nr. 41.
9 A. I. Weidenbach, S. 79.
10 P. E. Hübinger, Libertas imperii – Libertas ecclesiae im Widerstreit. Ein bewegtes Kapitel aus der Geschichte von Maastricht, Lüttich und Aachen in den Tagen Kaiser Friedrichs II. und König Heinrichs (VII.), ZAachenGV 84/85 (1978) S. 97.

Bitburg

Drittes Propstsiegel

Abbildung 17

Bild: Über einem mächtigen Sockel erhebt sich ein eigenartiger Turm mit hohem Rundbogenportal. In der Zone über dem Portal weist er nebeneinander zwei Vierpaßfenster auf. Den Turmabschluß bilden drei große Zinnen. An den Seiten befindet sich je ein Fußspitztatzenkreuz, überhöht von einem fünfstrahligen Stern.

Umschrift: + S(IGILLVM) PREPOSITI DE BIDEBVRCH

Größe: 5,2 cm im Durchmesser.

Abbildung: Abguß von dem Gipsabguß Nr. 239 im Kölnischen Stadtmuseum, der seinerseits nach Ausweis der Unterlagen Wilhelm Ewalds von einem Tonabdruck in der Siegelsammlung der Stadtbibliothek Trier genommen ist. Dieser Tonabdruck hat mir dank freundlichen Entgegenkommens von Herrn Prof. Dr. R. Laufner (Trier) zur näheren Untersuchung vorgelegen. Der Abdruck besitzt außen eine zusätzliche, in modernen Buchstabenformen gehaltene französische Umschrift, die auf eine angeblich am 8. Oktober 1347 vorgenommene Anniversarienstiftung des Johann von der Pforte in Echternach Bezug nimmt, in ihrem Entstehungszweck aber rätselhaft bleibt.

Literatur: W. Kisky, Besprechung von W. Ewald, Rheinische Siegel III. Die Siegel der Rheinischen Städte und Gerichte, Bonn 1931, in: AnnHistVNdRh 120 (1932) S. 146.

Mit dem Bitburger Propstsiegel hat sich keineswegs das persönliche Siegel eines geistlichen Dignitärs in dieses Werk verirrt. Wie gleich gezeigt werden soll, erfüllte das hier in Frage stehende Siegel durchaus die Funktion eines Stadtsiegels; seine eigentümliche Umschrift ist lediglich Ausdruck der besonderen Verfassung und Verwaltung Bitburgs, die ihrerseits historische Wurzeln hat.

Bitburg, schon in keltischer Zeit besiedelt, diente den Römern als Rastort an der Straße Trier – Köln und wurde schon in der zweiten Hälfte des 3. Jahrhunderts befestigt. In fränkischer Zeit war es Vorort des nach ihm benannten Bitgaues. Als Herren des Bitburger Landes setzten sich die Grafen von Luxemburg durch, die 1239 zu einer dauerhaften Übereinkunft mit den bis dahin in diesem Raum konkurrierenden Erzbischöfen von Trier kamen.[1] Im Jahre 1262 verlieh Graf Heinrich von Luxemburg seinen Bürgern zu Bitburg die Freiheit der Stadt Echternach.[2] Spätestens von diesem Zeitpunkt an wird Bitburg Stadt im mittelalterlichen Rechtssinne gewesen sein. Ob es damals schon Schöffen gab, die ein eigenes Siegel führten, ist zweifelhaft. Jedenfalls siegelte 1254 in einer Angelegenheit der freiwilligen Gerichtsbarkeit noch der Propst von Bitburg.[3]

Bereits in einer Urkunde von 1257 ist ein Siegel der Stadt Bitburg angekündigt; leider ist es nicht erhalten.[4] Ob es sich hier um ein Amtssiegel der Schöffen oder aber, was wahrscheinlicher ist, um das von Wilhelm Ewald an einer Himmeroder Urkunde von 1248 ermittelte erste Propst(ei)siegel handelt, muß offen bleiben. Der in Bitburg amtierende Propst war Amtsinhaber der dortigen Prévôté, d. h. eines luxemburgischen Verwaltungsbezirkes. Schon in der Mitte des 13. Jahrhunderts läßt sich ein Propst von Bitburg nachweisen, der gleichzeitig Truchseß des Grafen von Luxemburg, Ritter und auch Bürger der Stadt Trier war.[5] Er hat wohl jenes von Ewald beschriebene Siegel geführt, das im Siegelfeld eine mehrtürmige Burg zeigte. Die auffällige Tatsache, daß Ewald für 1278 ein neues Siegel des Bitburger Propstes nachweisen konnte, das einen von zwei Löwen beseiteten Turm enthielt, erklärt sich am leichtesten, wenn man beide als persönliche Propstsiegel ansieht. In diesem Falle hätte man diese Siegel bei städtischen Beurkundungen als „Stadtsiegel" von Bitburg in Anspruch genommen – Amtssiegel waren sie ja ohne Zweifel –, andererseits hätten die Inhaber sie aber auch wie ein persönliches Siegel behandelt. Infolgedessen hätten die ersten Inhaber der Bitburger Propstei nach dem Tode des jeweiligen Amtsvorgängers nicht dessen Siegel übernommen, sondern sich ein neues anfertigen lassen. Erst das dritte bekannte Siegel ist dann lange Zeit unverändert beibehalten worden.

Über die Gründe lassen sich nur Vermutungen anstellen. Wahrscheinlich wurde dieses neue Propstsiegel in zunehmendem Maße als „Stadt"-Siegel benutzt, erreichte die Zahl der Urkunden im Spätmittelalter doch allgemein ihren Höhepunkt. Da die Stadt Bitburg bis weit in die Neuzeit hinein kein förmliches Stadtsiegel wie andere Städte besaß, muß das Propstsiegel die Funktion eines städtischen Siegels besessen haben. Ein solches Siegel – das lag in der Natur der Sache – duldete keine dauernde Veränderung, wie sie für das 13. Jahrhundert noch bezeugt ist. Die hier vorgebrachten Erwägungen, die sich auf die allgemeine Kenntnis des mittelalterlichen Siegelwesens gründen, sind letztlich nicht beweisbar, besitzen aber eine gewisse Wahrscheinlichkeit. Immerhin soll auch auf die Möglichkeit hingewiesen werden, daß das Propstsiegel schon im 13. Jahrhundert als förmliches Stadtsiegel angesehen wurde (worauf die Corroboratio der Urkunde von 1257[6] hinweisen könnte) und aus unbekannten Gründen ähnlich wie in Duisburg innerhalb eines verhältnismäßig kurzen Zeitraums mehrmals durch einen Nach- oder Neuschnitt ersetzt wurde.

Das dritte Bitburger Propstsiegel ist an einer Urkunde vom 29. Oktober 1336 erstmals bezeugt.[7] Noch an eine Urkunde des Jahres 1680[8] wurde es angehängt, so daß seine jahrhundertelange Verwendung als Bitburger Stadtsiegel gesichert ist. Zwischen 1278 und 1336 müßte es entstanden sein. Dieser verhältnismäßig große Zeitraum läßt sich nur schwer eingrenzen. Stilistisch ist das dritte Propstsiegel ohne Zweifel von dem großen Siegel der Stadt Luxemburg abhängig, das schon 1262 vorkommt[9], gewiß aber alsbald nach der Stadterhebung Luxemburgs (1244) in Auftrag gegeben worden war. Das Siegelbild wirkt verhältnismäßig altertümlich, die Siegelumschrift in einigen Elementen, etwa in den ansatzweise gespaltenen Schäften, moderner, während die fehlende Interpunktion schon für die zweite Hälfte des 13. Jahrhunderts, mehr aber noch für das 14. Jahrhundert sehr ungewöhnlich ist. So wird man unter Gesamtwürdigung von Siegelbild und Legende annehmen dürfen, daß das Siegel im ausgehenden 13. Jahrhundert entstanden ist.

Das Siegelbild verweist mit seinem sehr verkürzten Stadtsymbol auf den Stadtcharakter Bitburgs, die schon ältere Befestigung und nicht zuletzt auf den Ortsnamen. Welche besondere Bedeutung das Tatzenkreuz mit dem zugespitzten Fuß hatte, muß offen bleiben. Es ist jedenfalls nicht mit dem kurtrierischen Kreuz identisch; ein Hinweis auf das Erzbistum Trier hätte auch nicht im Sinne der Luxemburger Grafen und ihres in Bitburg amtierenden Propstes sein können. Noch weniger lassen sich Vermutungen über den Sinn des fünfstrahligen Sternes anstellen. Nur die örtliche Forschung kann hier eine Klärung herbeiführen.

Das eigenartige Siegelbild des dritten Bitburger Propstsiegels lebt in dem heutigen Stadtwappen fort, das in dieser Form 1909 genehmigt wurde. Es erinnert ebenso wie die Umschrift des Siegels an die lange Zugehörigkeit Bitburgs zum Territorium der Grafen von Luxemburg, denen der Ort seine Stadtwerdung verdankt. Unter den rheinischen Städtesiegeln nimmt das dritte Propstsiegel von Bitburg eine eigenartige, periphere Stellung ein. Obwohl nach den Auswahlkriterien dieses Werkes noch dem Rheinland zugehörig, verweist es in aller Deutlichkeit über dieses hinaus. So wird das Bitburger Siegel zu einem wichtigen Belegstück für die Abgrenzung der rheinischen Siegelkunst überhaupt.

Anmerkungen

1 HbHistStättenDeutschland 5 S. 47f.; E. Schaus, Stadtrechtsorte III S. 17.
2 E. Schaus, Stadtrechtsorte III S. 17.
3 MRUB 3 S. 928 Nr. 1275; MRR 3 S. 266 Nr. 1162.
4 MRUB 3 S. 1012 Nr. 1401.
5 K. Schulz, Ministerialität und Bürgertum in Trier (Rheinisches Archiv 66), Bonn 1968 S. 147.
6 Vgl. Anm. 4.
7 LandeshauptarchKoblenz, Best. 1 A, U. 4878.
8 Ebenda, Best. 171, U. 419.
9 Ebenda, Best. 194, U. 1.

Blankenberg

Großes Stadtsiegel

Abbildung 21

Bild: Über einem Segmentbogen erhebt sich eine fünftürmige, zinnenreiche Festungsanlage, die aus einem Mittelbau mit spitzbogigem Tor und drei Türmen sowie aus zwei durch Mauern verbundenen Ecktürmen besteht; die Mauer findet beiderseits der Ecktürme ihre Fortsetzung in einem geschlossenen Zinnenkranz, der die untere Bildhälfte begrenzt. In dem mit Kreuzchen gefüllten Feld, das durch den mit einem flachen Dreipaß ausgesetzten Segmentbogen abgesondert wird, erscheint die Halbfigur eines Königs; der König trägt auf dem Haupt eine Krone; er hält in der Rechten den Reichsapfel und in der Linken das Zepter.

Umschrift: + ⁝ SIGILLVM ⁝ CIVIVM ⁝ IN ⁝ BLANKEMBERG

Größe: 8,2 cm im Durchmesser.

Abbildung: Originalabdruck an Urkunde von 1451 März 12 (HauptstaatsarchDüsseldorf, Jülich-Berg, U. 793).

Literatur: B. Endrulat, S. 3; H. Fischer, Stadt Blankenberg. Hinweise auf Denkmäler und Geschichte, 2. Aufl. Stadt Blankenberg 1982 S. 24.

Von den einst glanzvollen Tagen der ehemaligen Stadt Blankenberg, die zunächst 1775 und dann endgültig 1805 ihre Stadtrechte verlor, künden heute vornehmlich noch zwei Dinge: die stattliche Ruine der zeitweilig stärksten Burg im rechtsrheinischen Gebiet und das im Vergleich zu anderen Städtesiegeln geradezu imposant erscheinende große Siegel von Blankenberg. Den Höhepunkt ihrer Geschichte haben Burg und Stadt Blankenberg sehr schnell erreicht. Diese Entwicklung sei hier kurz skizziert.

Um 1180 gründeten die Brüder Heinrich II. und Eberhard II., Grafen von Sayn, auf dem Höhenrücken, der sich als Ausläufer des Westerwaldes bis zur Sieg erstreckt, eine Landesburg. Gegenüber Anfechtungen des Abtes von Siegburg und des Erzbischofs von Köln wußten sich die Gründer zu behaupten. Der nachfolgende Heinrich III. (1202–1246), Sohn Heinrichs II. und bedeutendster Vertreter der alten Linie der Grafen von Sayn, baute nicht nur die Grafschaft zu ihrem größten Umfange aus, sondern verhalf der Residenz Blankenberg zu einer außergewöhnlichen Blüte. Hierzu mag auch die vornehme Abkunft seiner Gemahlin, Mechtilds von Landsberg, beigetragen haben, die mütterlicherseits mit den königlichen Geschlechtern der Ottonen, Salier und Staufer verwandt war. Die historische Bedeutung des Ehepaares, mit dem sich fromme Stiftungen, Armenfürsorge, Klostergründungen, geistiges Leben, Förderung der rheinischen Kunst usw. verbinden, kann hier nur erwähnt, nicht näher beschrieben werden.[1] Auf dem südlich der Burg ansteigenden Bergrücken entwickelte sich im Anschluß an die Burggründung eine Siedlung, der Heinrich III. und Mechtild am 29. September 1245 Stadtrechte verliehen. Das Original der Urkunde ging bald verloren, aus welchen Gründen, ist unbekannt. Der Inhalt der Stadterhebungsurkunde ist überliefert durch eine deutsche Übersetzung, die Herzog Gerhard II. von Berg im Jahre 1450 seiner Bestätigungsurkunde inserierte.[2]

Von der Einführung eines Stadtsiegels ist in der Urkunde keine Rede. Es kann aber trotz der gleich anzuführenden späteren Datierung Kaebers nicht der geringste Zweifel bestehen, daß das große Siegel alsbald in Auftrag gegeben worden ist. Dies ergibt sich alleine schon aus dem epigraphischen Befund, der in die Mitte des 13. Jahrhunderts weist.[3] Der bemerkenswert große Durchmesser des Siegels läßt etwas von der Stellung des Stadtherrn und den Absichten, die dieser mit seiner Stadt verfolgte, erahnen. Nach dem am 31. Dezember 1246[4] erfolgten Tod Heinrichs III. kam es schon am 29. August 1247 zur Aufteilung des Saynschen Erbes. Die Herrschaft Blankenberg fiel an Simon von Sponheim, der sie am 13. Oktober 1248 im Rahmen eines größeren Tausches an seinen Bruder Heinrich weitergab, der mit Agnes, der Erbtochter Dietrichs von Heinsberg, vermählt war.[5] Für diesen kam Blankenberg als Residenz nicht in Betracht, so daß auch das Ackerbürgerstädtchen immer mehr an Bedeutung verlor.

Aus der Tatsache, daß das große Siegel der Stadt Blankenberg erstmals an zwei Huldigungsurkunden vom Jahre 1451 belegt ist, hat Kaeber geschlossen, es sei eigens für diese feierliche Gelegenheit angefertigt worden.[6] Tatsächlich ist ein wesentlich kleineres, im Bilde aber ganz ähnliches Siegel der Stadt Blankenberg bereits an einer Urkunde von 1363 überliefert.[7] Dieses kleinere Siegel ist also in sämtliche Überlegungen bezüglich Entstehungszeit und Funktion des großen Siegels miteinzubeziehen.

Ewald hat das kleine Siegel der Stadt Blankenberg als „Sekretsiegel“ bezeichnet[8], obwohl die Umschrift + SIGILLVM · CIVIVM · IN · BLANKEM(BERG) keinen Hinweis auf eine solch spezielle Funktion des Siegels enthält. Eine Deutung im Sinne Ewalds liegt aber nahe. Es ist nämlich davon auszugehen, daß großes und kleines Siegel von Blankenberg etwa gleichzeitig entstanden sind. Dafür spricht die auffallende Ähnlichkeit, die sogar an denselben Siegelstecher denken läßt; wäre das kleinere Siegel später entstanden, so wären wahrscheinlich doch das ursprüngliche Motiv etwas abgewandelt und die Buchstaben der Umschrift im Stile der Zeit gestaltet worden. Aber noch ein weiterer Grund kann ins Feld geführt werden: Gerade der beträchtliche Durchmesser des großen Siegels läßt vermuten, daß dieses Siegel den außergewöhnlichen Beurkundungsfällen vorbehalten sein sollte, während man das bedeutend kleinere Siegel für die Masse der alltäglichen Beurkundungsfälle, etwa in Ausübung der freiwilligen Gerichtsbarkeit, zu verwenden gedachte. Graf Heinrich III., auf den die Anschaffung beider Siegelstempel wohl zurückgeht, konnte allerdings nicht ahnen, daß die Stadt Blankenberg infolge ihres Niedergangs kaum noch Gelegenheit zur Verwendung des großen Siegels finden würde. Es erscheint geradezu undenkbar, daß die Stadt Blankenberg später, als sie bereits an Bedeutung verloren hatte, sich ein so anspruchsvoll-großes Siegel zugelegt und dieses durch ein zweites Spezialsiegel für weniger wichtige Urkunden ergänzt haben sollte. In diesem Falle müßte man zudem annehmen, daß der ausführende Künstler die Umschriften antikisierend, nämlich mit Merkmalen aus der Mitte des 13. Jahrhunderts, gestaltet hätte.

Alle diese Ungereimtheiten lösen sich auf, wenn man beide Siegel in der kurzen Blütezeit Blankenbergs, also unmittelbar nach der Verleihung der Stadtrechte im Jahre 1245, entstanden denkt. Die spärlichen und daher auch späten Belege für das Vorkommen der Siegel stehen dem nicht entgegen; sie erklären sich ihrerseits aus dem erwähnten schnellen Niedergang der Stadt. Vom sphragistischen Standpunkt ist das Auftreten eines kleinen Nebensiegels neben dem repräsentativen großen Siegel in der Mitte des 13. Jahrhunderts allerdings eine Besonderheit, vermutlich sogar der erste Fall überhaupt bei den rheinischen Städten. Die nächsten Belege betreffen Neuss (1255) und Köln (1268). Hierbei handelt es sich jeweils um Rücksiegel zum großen Siegel. Natürlich könnte auch im Falle Blankenbergs das kleine Siegel als Gegensiegel zum großen Siegel konzipiert worden sein, doch deutet gerade der zitierte Wortlaut der Umschrift darauf hin, daß das kleine Siegel auch selbständig gebraucht werden sollte, wie dies später allenthalben Brauch war. Das bemerkenswert frühe Auftreten des kleineren Spezialsiegels erklärt sich indessen leicht aus der herausragenden Stellung Graf Heinrichs III. und dem unzweifelhaft großen Einfluß, den er auf die Siegelgestaltung gehabt hat. Beim Adel war die Differenzierung im Siegelwesen bekanntlich schon früher eingetreten.[9] Insofern hätte Heinrich III. lediglich die ihm bereits vertraute Praxis, ein großes und ein kleines Siegel gleichzeitig zu führen, auf seine Stadt übertragen.

Hinsichtlich des Siegelbildes herrscht insoweit Gewißheit, daß die mächtige Burganlage im Siegel die gräfliche Landesburg symbolisieren sollte, welche ohne Zweifel das markanteste Bauwerk der gesamten Herrschaft Blankenberg war. Eine naturgetreue Wiedergabe der Burg hat der Siegelstecher offensichtlich nicht angestrebt; auch hier wäre denkbar, daß ein auswärtiger Goldschmied nicht über die dafür notwendige Anschauung oder eine bildliche Vorlage verfügte. Handelt es sich also bei der symmetrisch angelegten Burganlage um ein Phantasiegebilde, das die Blankenberger Landesburg symbolisiert, so dürfte die Darstellung des Königs im unteren Teil des Siegelfeldes ebenfalls eine handfeste Beziehung zum Reich oder Reichsoberhaupt zum Ausdruck bringen. Leider ist die lokalgeschichtliche Forschung auf diese Merkwürdigkeit des Siegelbildes bisher nicht eingegangen. Auch sonst ergeben sich aus den erschienenen Quellen und Darstellungen keine sicheren Anhaltspunkte zu einer Erklärung. Endrulat meinte, das Bildnis des Königs deute darauf hin, „daß der Grund und Boden, der seit der Gründung der Abtei Siegburg Eigentum der letzteren gewesen und auf welchem die obengenannten Grafen (sc. Heinrich II. und Eberhard II.) eigenmächtiger Weise das Schloß erbaut hatten..., ursprünglich Reichsgut gewesen ist".[10] Es wäre jedoch auch daran zu denken, daß die Herrschaft Blankenberg ein königliches Lehen war, denn noch anläßlich der Erbteilung vom Jahre 1247 wird Blankenberg als Lehen bezeichnet, der Lehnsherr selbst aber nicht angegeben.[11] Der ganze Komplex bedarf also noch weiterer Klärung; jedenfalls wird der Siegelkundler eine besondere Beziehung Blankenbergs zum Reich und zum König, zumindest in der Mitte des 13. Jahrhunderts, vermuten.[12]

Anmerkungen

1 Vgl. hierzu: H. Fischer, Stadt Blankenberg. Burg, Stadt und Kirche in Vergangenheit und Gegenwart, hrsg. vom Heimat- u. Verkehrsverein e.V., Blankenberg 1964 S. 11–14.

2 Quellen zur Rechts- und Wirtschaftsgeschichte rheinischer Städte, Bergische Städte II: Blankenberg, bearb. v. E. Kaeber; Deutz, bearb. v. B. Hirschfeld (PubllGesRheinGKde 29), Bonn 1911 S. 55–58.

3 Zu dieser Datierung kam auch F. Mühlberg, Blankenberg (Rheinische Kunststätten), Neuss 1958 S. 3. Gründe für diesen zeitlichen Ansatz hat Mühlberg nicht angegeben; nach mündlicher Mitteilung ging er von den stilistischen Merkmalen des Siegels aus.

4 Gelegentlich wird der 1. Januar 1247 als Todesdatum angegeben, z. B. bei A. Graf v. Hachenburg, Saynsche Chronik, Bonn 1929 S. 18.

5 H. Fischer (wie Anm. 1), S. 15.

6 E. Kaeber (wie Anm. 2), S. 26f., Anm. 7.

7 Ebenda S. 26f.; W. Ewald, Rheinische Siegel III, Tafel 68 Nr. 2 und S. 150.

8 W. Ewald (wie Anm. 7).

9 Vgl. T. Diederich, Geschäftssiegel, S. 469f.

10 B. Endrulat, S. 3.

11 E. Kaeber (wie Anm. 2), S. 10; A. Graf v. Hachenburg (wie Anm. 4), S. 179.

12 Einen wichtigen Anhaltspunkt hierfür bietet auch das Weistum des Landes Blankenberg von 1457. Ihrer Rechtsstellung nach werden dort fünf Personengruppen unterschieden, von denen die Dienstleute an erster Stelle genannt sind; aus mehreren abschriftlich beigefügten Urkunden von 1356 bis 1419 geht hervor, daß es sich um „Reichsdienstleute" handelt, die zum „Schloß" Blankenberg gehören; vgl. J. Grimm, Weisthümer, 3. Teil, Göttingen 1842 (Neudruck Darmstadt 1957) S. 17–22 (frdl. Hinweis von Herrn Dr. Justus Bockemühl †, Wuppertal).

Bonn

Großes Stadtsiegel

Abbildung 22

Bild: Unter einem Baldachin ist der hl. Cassius in ritterlicher Rüstung dargestellt, rechts und links durch die Aufschriften PIVS und CASSIVS bezeichnet. Der Heilige hält in der Rechten eine Fahnenlanze, stützt die Linke auf einen neben ihm stehenden dreieckigen Adlerschild und steht mit beiden Füßen auf einem Drachen. Über dem Baldachin ragt der mächtige Mittelturm einer langgestreckten romanischen Kirche empor, die zu beiden Seiten jeweils zwei Türme, und zwar rechts Rundtürme mit Kegeldach und aufgesetzter Kugel und links viereckige Türme mit Rautendach und aufgesetztem Tatzenkreuz aufweist; daneben wird ein Teil des Chores sichtbar. Auf dem Mittelturm befindet sich ein Tatzenkreuz, das in den Raum der Umschrift hineinreicht und so zugleich den Text der Umschrift einleitet. Die untere Bildhälfte wird an beiden Seiten von einer niedrigen Stadtmauer begrenzt, von der jeweils drei große Zinnen in das Siegelfeld hineinragen.

Umschrift: + SIGILLVM ⁝ ANTIQVE ⁝ VERONE ⁝ NVNC ⁝ OPIDI ⁝ BVNNENSIS

Größe: 7,8 cm im Durchmesser.

Abbildung: Abguß im HistArchKöln, Allg. Siegelsammlung Nr. 208 (nach Originalabdruck ebenda, HUA K/1999 von 1351 Mai 13).

Literatur: B. Hundeshagen, Die Stadt und Universität Bonn am Rhein, Bonn 1832 („Erläuterung der Titelvignette, das alte Stadtsiegel von Bonn vorstellend"), vor S. I; L. Lersch, Verona, JbbVAltFrrRheinl 1 (1842) S. 1–34; C. P. Lepsius, Das alte Siegel der Stadt Bonn am Rhein, Sphragistische Aphorismen 2, Halle 1843 S. 7–27; L. Lersch, Die Siegel und Wappen Bonns, JbbVAltFrrRheinl 3 (1843) S. 17–30, insbes. S. 18; K. P. Lepsius, Das alte Siegel der Stadt Bonn am Rhein, Kleine Schriften, Beiträge zur thüringisch-sächsischen Geschichte und deutschen Kunst und Alterthumskunde 3 (1855) S. 31–45; W. Harless, Die Grafen von Bonn und die Vogtei des Cassiusstiftes; der Fronhof Mülheim; Schöffen und Siegel von Bonn, in: Bonn. Beiträge zu seiner Geschichte und seinen Denkmälern, Festschrift, Bonn 1868, Beitrag IV S. 32; K. Simrock, Bonna Verona, ebenda, Beitrag III S. 1–20; B. Endrulat, S. 24f.; D. L. Korth, Die Sekret-Siegel der Stadt Bonn, JbbVAltFrrRheinl 76 (1883) S. 186–191, insbes. S. 186f.; F. Hauptmann, Die Siegel der Stadt Bonn, Deutscher Herold 23 (1892) S. 157; F. Hauptmann, Das Wappen des Cassiusstiftes, BonnArch 4 (1892) S. 32; F. Hauptmann, Bonns Siegel, Wappen und Wahrzeichen, BonnArch 5 (1893) S. 59–62 und 69–71, insbes. S. 59; H. Kemp, Die Siegel, Wappen und Münzen unserer Heimat, in: Unser Land, BllHeimatKdeGeneralAnzBonn vom 9. Okt. 1930; J. Niessen, Geschichte der Stadt Bonn, 1. Teil, Bonn 1956, S. 69–74, insbes. S. 70f.; W. Ewald, Rheinische Siegel III, S. 37f.; W. Levison, Bonn – Verona, RheinVjbll 1 (1931) S. 351–357; T. Diederich, Wappen der Stadt Bonn, S. 14f.

Das große Siegel der Stadt Bonn gehört in mancherlei Hinsicht zu den interessantesten

Siegelstecherarbeiten des 13. Jahrhunderts im Rheinland. Über den speziell siegelkundlichen und ikonographischen Aspekt hinaus ist das große mittelalterliche Stadtsiegel von Bonn als eine hervorragende historische Quelle zu betrachten, die bisher nur von einigen Forschern wie Paul Clemen und Josef Niessen in Detailfragen erfolgreich herangezogen, in ihrer Gesamtbedeutung aber noch nicht gewürdigt worden ist. Die zahlreichen kleineren, meist im lėtzten Jahrhundert erschienenen Abhandlungen werden dem großen Siegel der Stadt Bonn nicht gerecht.

Im Typus ist das Bonner Siegel nicht neu. Es läßt sich mittelbar auf jenen ältesten Stadtsiegeltyp zurückführen, der in dem ersten Kölner Stadtsiegel geschaffen worden war. In diesem Siegel findet sich erstmals die Verbindung des Ortsheiligen (Petrus) mit Architekturelementen (Symbol der mittelalterlichen Stadt). Das Bonner Siegel zeigt in ähnlicher Weise den hl. Cassius, der als Patron der Bonner Stiftskirche gegenüber den übrigen Patronen St. Florentius (seit 691/692 belegt) und St. Mallusius (seit 1166 belegt) schon früh eine bevorzugte Stellung einnahm und namengebend für das Bonner Stift wurde. St. Cassius gehörte der Überlieferung nach zur Thebäischen Legion, die im Heere des Kaisers Maximian an den Niederrhein geschickt wurde, um einen Aufstand niederzuschlagen. Als das Heer bei einer Rast in Agaunum einem Götterbild opfern sollte, weigerte sich die Thebäische Legion; ihre Mitglieder wurden darauf von den Henkersknechten Maximians hingerichtet: Cassius und Florentius starben dabei zusammen mit weiteren sieben Gefährten in Bonn den Märtyrertod. Der Verehrung der Märtyrer diente bereits im 4. Jahrhundert eine Zömeterialkirche, an deren Stelle später größere Bauten, zuletzt die im romanischen Übergangsstil errichtete Münsterkirche, traten.

Wenn der Siegelstecher sich schon dafür entschied, nach dem Beispiel früherer Städtesiegel (etwa von Köln, Mainz, Andernach und Neuss) den namengebenden Patron der Kirche in das Siegel aufzunehmen, so kann es nicht verwundern, daß er aufgrund der eben skizzierten Überlieferung den hl. Cassius als Soldaten darstellte. Allerdings passen einige Merkmale wie Kopfbedeckung und dreieckiger Adlerschild nicht zur Ausstattung eines römischen Legionärs. Wiewohl der Schild als Abwehrwaffe auch den Römern bekannt war und der Adler als römisches Feldzeichen hinreichend belegt ist, handelt es sich bei dem in dem Siegel erscheinenden Schild um eine Zutat des 13. Jahrhunderts. Es ist heute unbestritten, daß die Wappen, die im zweiten Viertel des 12. Jahrhunderts aufkamen, in keiner Tradition zur Antike stehen, also auch nicht auf die römischen Feldzeichen zurückgehen. Der Siegelstecher hat also den hl. Cassius teilweise mit der ritterlichen Ausrüstung versehen, wie sie im 13. Jahrhundert üblich war. Übrigens wurde der hl. Gereon in dem erstmals 1259 belegten Geschäftssiegel des Stiftes St. Gereon ganz ähnlich dargestellt.

Mittelalterlicher Gründlichkeit entsprach es, wenn der schon durch seine kriegerischen Attribute und den zusätzlichen Heiligenschein hinreichend kenntlich gemachte Heilige noch durch eine Aufschrift bezeichnet wurde. Es sollte nach dem Willen des Siegelstechers nicht der geringste Zweifel aufkommen, um wen es sich bei dem Dargestellten handelte. Dieses Bestreben, alle Unklarheiten und Zweifel auszuschließen, ist uns aus mittelalterlichen Urkunden hinreichend bekannt.

Der Wappenschild mit dem Adler läßt sich heute nicht mehr eindeutig interpretieren. Das Wappen als Sicht-, Kenn-, Eigentums- und Hoheitszeichen war durch das einmal

gewählte Symbol und die Farbgebung den Zeitgenossen vertraut, bedurfte also keiner weiteren Erklärung. Darin liegt zugleich die Schwierigkeit für eine zweifelsfreie Deutung. Man könnte ohnehin fragen, wieso einem Heiligen, über dessen Abstammung man auch im 13. Jahrhundert sicherlich nichts wußte und der zudem in einer wappenlosen Zeit gelebt hat, überhaupt ein Wappen zugewiesen werden konnte. Zur Erklärung ließe sich darauf hinweisen, daß man im Mittelalter viele Heilige mit einem Phantasiewappen ausstattete. Zu ihnen gehören gerade die dem Kriegerstande entstammenden Heiligen, im Rheinland etwa St. Quirinus, St. Gereon, St. Viktor, St. Mauritius und St. Cassius. Für den letztgenannten ist, wie Wilhelm Ewald festgestellt hat, der Adler bereits im 14. Jahrhundert zur feststehenden Wappenfigur geworden.[1] Gegen den Versuch, das älteste Bonner Stadtsiegel als ersten Beleg für ein Phantasiewappen des hl. Cassius zu werten, gibt es m. E. jedoch schwerwiegende Argumente. Sie lassen sich ebenfalls aus den Untersuchungen Ewalds ableiten, der bemerkt hat, daß in der ältesten Zeit Schild und Fahne der genannten Heiligen keine heraldischen Embleme besitzen. „Der Schild zeigt vielmehr noch bis ins 14. Jahrhundert hinein den üblichen mehr oder weniger reichen unheraldischen Schildbeschlag. Dann aber treten an dessen Stelle nach und nach willkürlich gewählte Wappenfiguren."[2] Demnach sind das Aufkommen und die Verbreitung von Phantasiewappen für Heilige im Rheinland eine Erscheinung des 14. und 15. Jahrhunderts. Dieser zeitliche Ansatz ist auch durch spätere Untersuchungen, etwa den Aufsatz von Hans Horstmann über die Wappen der Heiligen Drei Könige, bestätigt worden.[3] Der Adlerschild des hl. Cassius in dem Bonner Stadtsiegel stünde, als Phantasiewappen interpretiert, im Rheinland also einzig da.
Wenn es hier abgelehnt wird, den Adlerschild als ein der Phantasie entsprungenes, dem hl. Cassius eignendes persönliches Wappen anzusehen, so heißt das nicht, daß der Siegelstecher den Adler, der sicherlich eine hinweisende Bedeutung besaß, nur als willkürliches Füllsel in den Schild aufgenommen hätte. Vielmehr läßt sich gerade dieses Symbol im Hinblick auf den Drachen sinn- und beziehungsreich erklären. Der Drache verkörpert im allgemeinen den Teufel, die bösen Mächte, den Feind, den Tod und die Nacht; insbesondere dient er aber dazu, die Christenverfolger und das Heidentum zu symbolisieren.[4] Demgegenüber ist der Adler, weil befähigt, hoch in den Himmel hinaufzufliegen, ein Symbol göttlicher und herrscherlicher Macht. Infolgedessen wird der Adler auch zum Symbol Christi, seiner Auferstehung und seiner Himmelfahrt und letztlich der Auferstehungshoffnung der Christen.[5] Da Cassius in dem Siegel als Heiliger dargestellt ist, der trotz oder gerade wegen seines Märtyrertodes über seine heidnischen Verfolger triumphiert hat, erlangen auch der Adler und der Drache, wie sie in dem Siegel angeordnet sind, einen tieferen Sinn.
Eine weitere Deutung des Adlers könnte man auf sphragistische Beobachtungen gründen, die aus Erscheinungen vornehmlich des 14. Jahrhunderts zu gewinnen sind. Wie viele auch in diesem Buche behandelte Beispiele zeigen, ließen die Stadtherren bei der Gestaltung von Stadtsiegeln gerne ihr Wappen in das Siegel einarbeiten, um so ihre Hoheit über die Stadt zu demonstrieren. Nimmt man an, worauf später noch genauer einzugehen ist, daß das große Bonner Stadtsiegel im Anschluß an das für die Stadtentwicklung Bonns so wichtige Privileg Konrads von Hochstaden vom Jahre 1244 in der Regierungszeit dieses Erzbischofs (bis 1261) entstanden ist, so erhielte der Adler eben-

falls einen Sinn, da die Grafen von Are-Hochstaden einen Adler im Wappenschild führten (vgl. das Stadtsiegel von Ahrweiler). Allerdings wäre dann zu fragen, warum Konrad von Hochstaden sein persönliches Wappen und nicht sein erzbischöfliches Wappen gewählt hat. Das erzbischöfliche (später kurkölnische) Kreuz ist nämlich seit Konrad von Hochstaden in erzbischöflichen Amtssiegeln belegt.[6] Das persönliche Wappen eines Kölner Erzbischofs erscheint dagegen erst in zwei Siegeln Heinrichs von Virneburg (1304–1332).[7] Wenn Hauptmann den Adlerschild ohne weitere Begründung als Wappen Konrads von Hochstaden ansah[8], so ist diese Deutung zwar nicht gänzlich auszuschließen, doch bleiben die erwähnten Zweifel. Zu weit hergeholt wäre es auch, wenn man dem Siegelstecher unterstellte, er habe mit dem Are-Hochstadenschen Adler lediglich an den überragenden Propst Gerhard von Are erinnern wollen, unter dem das Cassiusstift im 12. Jahrhundert einen glänzenden Aufstieg nahm. Bezüglich des Drachens meinte Hauptmann, er sei „entweder ein Symbol des besiegten Heidentums oder eine Anspielung auf die dem Cassiusstift gehörige feste Burg Drachenfels“.[9] Man wird die zweite Deutung als zu vordergründig und zu unwahrscheinlich verwerfen müssen.

Bei allen bisherigen Erwägungen standen der hl. Cassius und das nach ihm benannte Stift im Vordergrund. Die Stadt Bonn wird – soviel darf man aus dem ikonographischen Programm schließen – zum Zeitpunkt der Siegelentstehung eng mit dem Cassiusstift verbunden gewesen sein. Ich möchte sogar die Vermutung äußern, daß das Stift auf die Siegelschöpfung – möglicherweise im Auftrage des Stadtherrn – direkt eingewirkt hat. Nimmt man einen solchen geistlichen Einfluß auf die Gestaltung des großen Bonner Stadtsiegels an, so fällt es nicht mehr schwer, der oben angeführten tiefgründigeren Interpretation von Adler und Drachen den Vorzug zu geben, wenngleich in diesem Falle keineswegs ausgeschlossen wäre, daß der Siegelschöpfer gleichzeitig auch vordergründige Absichten bei der Wahl des Adlers verfolgt hat.

Die in dem Siegel dargestellte Kirche erheischt das besondere Interesse des Betrachters, weil er hierin ohne Schwierigkeit die Bonner Münsterkirche erkennt. Der Siegelstecher hat bis in Einzelheiten hinein – man beachte die verschiedenen Formen und Bekrönungen der West- und Osttürme – ein Abbild der Münsterkirche geliefert. Möglicherweise sollen die Kreuze über den Osttürmen die Lage der Hauptaltäre bezeichnen. Kreuze über den Osttürmen zeigt auch ein auf um 1506 datiertes Glasgemälde[10], auf dem das Bonner Münster dargestellt ist.[11] Auffällig ist der verhältnismäßig niedrige und im Vergleich zum heutigen Zustand stark abgestumpfte Mittelturm. Vermutlich wurde er aus kompositionellen Gründen im Siegel niedriger abgebildet, als er in Wirklichkeit war. Andererseits hat aber Paul Clemen gerade aus dem ältesten Bonner Stadtsiegel sowie aus den sog. Verona-Pfennigen der Kölner Erzbischöfe Siegfried von Westerburg (1275–1297) und Heinrich von Virneburg (1304–1332) geschlossen, daß den Mittelturm ursprünglich eine gefältete 16-seitige niedrige Haube schmückte.[12] Es darf als sicher gelten, daß das älteste Bonner Stadtsiegel den Verona-Pfennigen, welche den Mittelturm wirklichkeitsnäher wiedergeben, als Vorlage gedient hat.[13] Eine spätere Darstellung der Münsterkirche findet sich auch auf einem Siegel des Bonner Cassiusstiftes vom Jahre 1690.[14] Gemeinsam zeugen also Siegel und Münzen von der herausragenden Bedeutung der Münsterkirche im mittelalterlichen und neuzeitlichen Bonn. Macht man sich die Dimensionen dieses grandiosen Baus im Verhältnis zur engen mit-

telalterlichen Stadt klar, so kann es nicht verwundern, daß die Münsterkirche als das bedeutendste örtliche Bauwerk in dem Stadtsiegel abgebildet wurde.
Die Schwierigkeit, den Heiligen harmonisch mit der Architektur in einem runden Siegelfeld zu verbinden, hat in manchen Fällen zu wenig geglückten Lösungen geführt. Der Meister des Bonner Siegels hat das vorgegebene Problem dadurch in origineller Weise gelöst, daß er die Kirche und insbesondere deren mächtigen Mittelturm gleichsam als Bekrönung eines Baldachins über dem hl. Cassius erscheinen läßt. Patron und Kirche erhalten also ein gleiches Gewicht.[15] Die Komposition wie auch die im Foto leider nicht hinreichend erkennbare Plastizität machen das große Siegel der Stadt Bonn auch vom künstlerischen Standpunkt bemerkenswert.
Zinnen und Stadtmauer sind sicherer Hinweis darauf, daß das Siegel zu einem Zeitpunkt entstanden ist, als die Stadt – zumindest teilweise – schon über einen Mauerring verfügte. In dem oben bereits erwähnten Privileg Erzbischof Konrads von Hochstaden vom 18. März 1244, das als Markstein in der Stadtentwicklung Bonns zu werten ist, wurde den Rittern, Schöffen und dem Volk von Bonn der Auftrag zur Befestigung der Stadt mit Gräben und Mauern erteilt. Das Siegel kann also erst nach der erwähnten Urkunde von 1244 entstanden sein.
Diese Datierung läßt sich in Einklang bringen mit der Baugeschichte der Bonner Münsterkirche. Offenbar zeigt das Siegel die Münsterkirche in dem Zustande, den sie nach dem im späten 12. Jahrhundert begonnenen Ausbau mit Gewölben erreicht hatte. Dieser Ausbau kam einem Neubau gleich und fand erst gegen Mitte des 13. Jahrhunderts mit der Aufstockung der Türme seinen Abschluß.[16]
Bestätigt also auch die Darstellung der Münsterkirche die Urkunde von 1244 als terminus post quem für die Entstehung des Bonner Stadtsiegels, so ergibt sich aus der urkundlichen Überlieferung ein ebenso sicherer terminus ante quem. 1280 ist nämlich der erste Abdruck des Bonner Siegels an einer Urkunde belegt.[17] Hinzu kommt eine Urkunde des Kölner Erzbischofs Siegfried von Westerburg vom 25. April 1279, an die nach der Siegelankündigungsformel auch die Schöffen und die Städter von Bonn auf Geheiß des Erzbischofs ihr Siegel anhängen sollten.[18] Wenngleich diese Besiegelung nicht erfolgt ist, darf man doch schließen, daß damals ein Siegel vorhanden war, dessen sich die „scabini et oppidani“ von Bonn bedienen konnten. Es wäre verfehlt, hier auf ein Schöffensiegel zu schließen; ein solches ist ohnehin erst ein gutes halbes Jahrhundert später enstanden.[19] Vielmehr darf der Formel entnommen werden, daß das Stadtsiegel von Bonn bis zum Aufkommen des Rates, den der Erzbischof in Bonn mit Urkunde vom 28. März 1286 einrichtete, nach dem Beispiel älterer Städte (etwa Köln) von den Schöffen geführt wurde. Diese nahmen bekanntlich vielfach auch kommunale Aufgaben neben ihrer richterlichen Tätigkeit wahr. Infolgedessen kann als gesichert gelten, daß das große Siegel der Stadt Bonn zwischen 1244 und 1279 anzusetzen ist.
Versucht man diesen Zeitraum etwas näher einzugrenzen, so wird man aufgrund der Umschrift die Entstehung des Siegels eher zu Beginn als zu Ende der in Frage kommenden Zeit annehmen wollen. Hierfür spricht neben der N-E-Ligatur und einigen anderen Indizien auch ein Vergleich mit den Siegeln Konrads von Hochstaden, insbesondere mit dem von 1239 bis 1241 geführten sog. Ministersiegel.[20] Die Bonner Stadtgemeinde war sicherlich bis zum Privileg von 1244 schon so weit entwickelt, daß sie

danach bestrebt war, sich nach dem Vorbilde anderer rheinischer Städte ein Stadtsiegel zuzulegen. So wird man wohl nicht fehlgehen, wenn man das Siegel in die Mitte des 13. Jahrhunderts datiert. Hierfür spricht auch ein Hinweis in der Sammlung Kindlingers, der ein anhängendes Exemplar des großen Bonner Stadtsiegels aus dem Jahre 1264 – leider ohne Beleg – anführt.[21]

Eine Besonderheit stellt der Wortlaut der Umschrift dar, geht daraus doch hervor, daß die Stadt einst „Verona" hieß, zum Zeitpunkt der Siegelentstehung aber „Bonn" genannt wurde. Seit dem 10. Jahrhundert ist der Name „Verona" für Bonn belegt, und zwar in der Passio Gereonis[22] sowie auf einer Münze, die unter Otto III. (983–1002) in Bonn geschlagen wurde.[23] Bis heute ist jedoch nicht zweifelsfrei geklärt, wie es zu diesem Namen kam, obwohl sich mit dieser Frage u. a. so bedeutende Köpfe wie Simrock und Levison beschäftigt haben. Mit Niessen wird man annehmen dürfen, daß es sich bei dem Namen „Verona" um eine „bewußte Prägung gelehrten Ursprungs" handelt.[24] Sie ist vielleicht im Zusammenhang mit Rangstreitigkeiten zwischen den Stiften St. Cassius in Bonn (Verona), St. Gereon in Köln (Agrippina) und St. Viktor in Xanten (Troja) zu sehen, deren Patrone allesamt zur Thebäischen Legion gehörten. Niessen konnte nicht zuletzt anhand der Umschrift des großen Bonner Stadtsiegels den Nachweis führen, daß „Bonn" und „Verona" dasselbe meinten und daß der letztgenannte Name keineswegs der „Stiftsstadt" vorbehalten war. So erweist sich das große Siegel der Stadt Bonn auch für die Erforschung der Ortsnamensentwicklung als eine Quelle ersten Ranges.

Anmerkungen

1 W. Ewald, Rheinische Heraldik, S. 112.
2 Ebenda S. 109. Damit hat Ewald selbst seine Ausführungen in seinem Werk „Rheinische Siegel" III, S. 38, korrigiert.
3 H. Horstmann, Die Wappen der Heiligen Drei Könige, KölnDombl 30 (1969) S. 49–66.
4 Lexikon der christlichen Ikonographie, Bd. 1, 1968 Sp. 516f.
5 Ebenda Sp. 70–73.
6 T. Diederich, Wappen der Stadt Bonn, S. 10.
7 W. Ewald, Rheinische Siegel I, Tafel 20 Nr. 1 und 3.
8 F. Hauptmann, Bonns Siegel, S. 59.
9 Ebenda.
10 Vgl. die Abbildung bei P. Clemen, Die Kunstdenkmäler der Stadt und des Kreises Bonn (KunstdenkmRheinprov 5, 3), Düsseldorf 1905 S. 53 Fig. 15. Zur Datierung vgl. H. Neu und H. Weigert, Die Kunstdenkmäler des Kreises Neuwied (KunstdenkmRheinprov 16, 2), Düsseldorf 1940 S. 105.
11 Bei der heutigen Münsterkirche sind allerdings die Turmbekrönungen genau umgekehrt: Die eckigen Türme im Osten haben Kugeln, die runden Türme im Westen jedoch Kreuze auf der Turmspitze.
12 P. Clemen (wie Anm. 10), S. 66.
13 In Bonn war also das Abhängigkeitsverhältnis anders als in Köln, wo das älteste Stadtsiegel in seinen Architekturteilen von einem Münztyp beeinflußt worden ist, der seit Erzbischof Hermann II. von Köln (1039–1056) vorkommt; vgl. T. Diederich, Das älteste Kölner Stadtsiegel, S. 66f.
14 W. Ewald, Rheinische Siegel IV, Tafel 2 Nr. 9.
15 Man vergleiche hierzu die künstlerisch ebenfalls bedeutenden großen Siegel der Benediktinerabteien Mettlach und St. Matthias in Trier; T. Diederich, Rheinische Siegel (3), RheinHeimatpfl NF 12 (1975) S. 196f.
16 A. Verbeek, Datierungsfragen zur romanischen Baukunst in Bonn, in: Die Stadt in der europäischen Geschichte, Festschrift Edith Ennen, Bonn 1972 S. 340.
17 HauptstaatsarchDüsseldorf, Bonn, St. Cassius, U. 55. C. P. Lepsius, S. 20, behauptet, das Siegel der Stadt Bonn komme schon an einer Urkunde vom Jahre 1264 vor. Einen Beleg hierfür gibt Lepsius nicht;

es dürfte sich um das auch von Kindlinger (vgl. unten Anm. 21) angeführte Stück handeln.

18 HistArchKöln, Domstift, U. 1/384: „Nos quoque scabini et opidani Bunnenses similiter sigillum nostrum appendimus ad mandatum domini nostri Sifridi ..." In Wirklichkeit ist die Urkunde entgegen der Siegelankündigung nicht mit den Siegeln des Erzbischofs sowie der Schöffen und Bürger von Bonn, sondern allein mit dem Geschäftssiegel des Kölner Domstiftes besiegelt worden.

19 T. Diederich, Wappen der Stadt Bonn, S. 8.

20 W. Ewald, Rheinische Siegel I, Tafel 18 Nr. 2. In diesem Siegel sind die einzelnen Wörter der Umschrift ebenso wie bei dem um 1245 anzusetzenden Stadtsiegel von Blankenberg jeweils durch drei übereinanderstehende Punkte abgetrennt, eine Eigenheit, die sich auch in dem Bonner Stadtsiegel wiederfindet.

21 StaatsarchMünster, Msc. II, Band 104 S. 319 [frdl. Hinweis von Herrn Dr. Manfred Petry (†), Düsseldorf]. Da Kindlinger von einem sehr gut erhaltenen Exemplar des Bonner Siegels eine Zeichnung angefertigt hat – der beigefügte Text lautet: „adhaeret chartis de 1344, de 1351, de 1264; ex archivo electorali Bonnensi" –, ist eine Verwechslung unwahrscheinlich.

22 J. Niessen, S. 70.

23 G. Albrecht, Das Münzwesen im niederlothringischen und friesischen Raum vom 10. bis zum beginnenden 12. Jahrhundert (Numismatische Studien 6), Hamburg 1959 S. 90f.

24 J. Niessen, S. 71.

Bonn

Geschäftssekretsiegel

Abbildung 26

Bild: Vor schräg gegittertem und mit Kreuzchen gefülltem Hintergrund ein herschauender Löwe, der ein anderes Tier – vermutlich einen Eber – niederhält.

Umschrift: + SIGILLVM . SECRETVM · OPIDI BVNNENSIS AD CAVSAS

Größe: 5,2 cm im Durchmesser.

Abbildung: Originalabdruck an Urkunde von 1373 Juli 18 (HistArchKöln, HUA 1/2814).

Literatur: Das Geschäftssekretsiegel wird in verschiedenen kleineren Beiträgen behandelt, die im vorangehenden Artikel über das große Siegel der Stadt Bonn angeführt sind. Darüber hinaus beschäftigen sich folgende Arbeiten näher mit dem Geschäftssekretsiegel der Stadt Bonn: J. Pohl, Das Bonner Wappen, in: Königl. Gymnasium zu Münstereifel, Schuljahr 1886–87 (Programm z. öffentl. Prüfung u. Schlußfeier), Bonn 1887 S.18–22 mit Angabe der älteren Literatur; F. Oelmann, Über alte Bonner Rechtsdenkmäler, RheinVjbll 15/16 (1950/51) S. 158–183, insbes. S. 171f.; T. Diederich, Rheinische Siegel (1): Das Geschäftssekretsiegel der Stadt Bonn, RheinHeimatpfl NF 12 (1975) S. 27f.

Das Geschäftssekretsiegel, im Rheinland durch zwei Beispiele der Städte Andernach und Bonn belegt, ist als Siegeltyp dem im Mittelalter sehr beliebten und weit verbreiteten Geschäftssiegel zuzurechnen. Als kleineres Nebensiegel zum großen Hauptsiegel wurde es gerne zur Beglaubigung der alltäglichen Geschäftsurkunden verwandt.[1] Die Funktion dieses Nebensiegels erfüllten im Spätmittelalter oft auch die Sekretsiegel der „zweiten

Phase", die von den früheren Briefverschlußsiegeln, welche tatsächlich ein Geheimnis schützen sollten, zu unterscheiden sind. Insofern ist es verständlich, wenn das Geschäftssekretsiegel, das sich äußerlich als Mischung von Geschäftssiegel und Sekretsiegel darstellt, an ganz verschiedenen Orten auftaucht.

Aber weniger diese siegelkundliche Besonderheit als vielmehr die Gestaltung des Siegelfeldes läßt es angebracht erscheinen, das Geschäftssekretsiegel der Stadt Bonn in diesem Werk zu berücksichtigen. Sehr oft nämlich sind die Geschäftssiegel sozusagen verkleinerte und vereinfachte Ausgaben des Hauptsiegels, d. h. das Motiv des großen Siegels wird in mehr oder weniger abgewandelter Form in dem kleineren Feld des Geschäftssiegels wiedergegeben. Wie schon das oben behandelte Aachener Geschäftssiegel erweist sich auch das Geschäftssekretsiegel von Bonn als eine vom Bildmotiv her völlig eigenständige Siegelschöpfung neben dem großen Stadtsiegel. Allerdings ist die Darstellung des herschauenden Löwen, der ein anderes Tier niederhält, keineswegs neu. Bereits das erstmals 1288 belegte Sekretsiegel, das offensichtlich von dem neuen Geschäftssekretsiegel abgelöst wurde, hatte dieses Bild gezeigt. Es muß also, zumal es bei keinem anderen rheinischen Siegel anzutreffen ist, für Bonn eine besondere Bedeutung besessen haben.

Mit Recht hat schon die örtliche Forschung des letzten Jahrhunderts einen Zusammenhang mit jener Löwenplastik hergestellt, die bis zum Ende der kurfürstlichen Zeit auf dem Münsterplatz etwa an der Stelle stand, wo sich seit 1845 das Beethoven-Denkmal befindet. Der Münsterplatz war einst Versammlungsort der Bonner Gerichtsgemeinde und wurde offensichtlich wegen der markanten Steinskulptur als „Hof am Leopard" bezeichnet. Nach den Ausführungen Oelmanns liegt es nahe, den Löwen als Wahrzeichen des Herrengedinges, d. h. der landesherrlichen Gerichtsbarkeit, aufzufassen.[2] Wann die Löwenplastik auf dem Münsterplatze aufgestellt wurde, läßt sich kaum sagen; immerhin dürfte aber das Sekretsiegel von 1288 einen Anhaltspunkt dafür bieten, daß die Löwenskulptur schon im 13. Jahrhundert die später verbürgte Bedeutsamkeit für Bonn hatte. Die Plastik selbst ist aller Wahrscheinlichkeit ein Stück provinzial-römischer Herkunft. Nach mehrfachem Standortwechsel hat sie jetzt einen angemessenen Platz im Vestibül des alten Bonner Rathauses gefunden. Leider ist der Kopf des Löwen, der vermutlich geradeaus geschaut hat, abgeschlagen. Das Beutetier, das der Löwe unter sich hält, läßt sich – wie bei dem Siegel – nicht zweifelsfrei bestimmen. Man hat es als Kalb, Lamm, Hund, Drache, Bär und Eber angesprochen.[3] Letzterem dürfte insofern der Vorzug zu geben sein, als zahlreiche andere spätrömische Stücke bekannt sind, bei denen das Tier unter dem Löwen deutlicher als Schwein oder Eber erkennbar ist. Auf die Bedeutung des Löwen als Gerichtssymbol und die Herkunft dieser Idee braucht hier nicht eingegangen zu werden, zumal Oelmann ausführlich hierüber gehandelt hat. Im Hinblick auf die Gestaltung des Bonner Geschäftssekretsiegels kann jedoch festgestellt werden: Die alte Löwenskulptur war bereits im Bonn des 13. Jahrhunderts eine markante Erscheinung und offenbar auch für die Bonner Stadt- und Gerichtsgemeinde ein so wichtiges Symbol, daß man sie in die zwei ältesten städtischen Nebensiegel einarbeiten ließ. Daß sich an dieser symbolischen Bedeutung auch in den folgenden Jahrhunderten nichts änderte, zeigen nicht nur die weiteren städtischen Siegel, sondern auch die verschiedenen Bonner Schöffensiegel, in denen der Löwe (meist ohne bezwungenen Eber) und das kurkölnische Kreuz dargestellt sind. So spannt sich ein Bogen vom ältesten Bonner Sekretsiegel bis zum heutigen Stadtwappen, das von dem herschauenden Löwen im unteren Schildteil besonders geprägt wird.

Wie schon festgestellt, geht dem hier zu untersuchenden Bonner Geschäftssekretsiegel ein älteres Sekretsiegel voraus. Da letzteres kleiner und unscheinbarer, zudem auch nur kurze Zeit geführt worden ist, darf das Geschäftssekretsiegel ein stärkeres Interesse beanspruchen. Seine Entstehung habe ich an anderer Stelle auf die Zeit zwischen 1351 und 1365 eingegrenzt.[4] Der stilistische und epigraphische Befund untermauert diese Datierung.

Der Siegelstecher, der das Typar des Bonner Geschäftssekretsiegels angefertigt hat, verrät Selbständigkeit, Geschick und Gestaltungskraft. Er hat das vorgegebene Motiv der Löwenskulptur keineswegs einfach kopiert; auch von der Darstellung des älteren Bonner Sekretsiegels zeigt er sich im wesentlichen unbeeinflußt. Lediglich die von der Löwenplastik abweichende (herschauende) Blickrichtung des Löwen findet sich schon bei dem älteren Sekretsiegel. Ansonsten zeichnet sich der Meister des Geschäftssekretsiegels durch eine besondere Sorgfalt und Liebe zum Detail aus, wie sie sich in der Ausführung der mehrfachen, unterschiedlich gestalteten Begrenzungslinien zwischen Siegelfeld und Umschrift und des mit Kreuzchen gefüllten Schräggitters des Hintergrundes bemerkbar macht. Trotz dieser reichen Schmuckformen verliert sich der Siegelstecher nicht im Dekorativen. Im Gegenteil: Mit der Darstellung des gebieterisch dreinblickenden Löwen über dem zusammengeduckten Eber verrät der Meister des Siegels geradezu heraldisches Stilempfinden, insofern als das runde Siegelfeld bis zum Rand voll ausgenutzt wird und die Tiere im wesentlichen durch ihre glatten Konturen bestimmt sind. Heraldisch ist auch die Darstellung des Löwenschweifes, der in dieser Form bei einer Plastik undenkbar wäre. So entsteht ein ausgewogener, klarer Aufbau des Siegelfeldes, um das sich eine kräftig gestaltete Umschrift von makelloser Schönheit legt.

Anmerkungen

1 T. Diederich, Geschäftssiegel, S. 481–484.
2 F. Oelmann, S. 171.
3 J. Pohl, S. 18–22.
4 T. Diederich, Wappen der Stadt Bonn, S. 13.

Boppard

Zweites großes Stadtsiegel

Farbtafel 2 und Abbildung 28

Bild: Im Rund einer gezinnten Stadtmauer, die in regelmäßigen Abständen turmartig erhöhte und vorspringende Teile sowie vorn in der Mitte ein Mauertor mit hohem Rundportal aufweist, steht die Bopparder Severuskirche. Sie trägt unter den Rundbogenfenstern des Langhauses die Aufschrift S(ANCTVS) : SEVERVS : ; der Heilige selbst ist als

Bischof in dem Portal des Mauertores dargestellt. Auf einem Knauf am Ende des Dachfirstes sitzt ein mächtiger Adler mit halb ausgebreiteten Schwingen.

Umschrift: + BOPARDIA · LIBERVM · ET ⁝ SPETIALE ⁝ OPIDVM · ROMANI · IMPERII

Größe: 8,6 cm im Durchmesser.

Abbildung: Moderner Abdruck nach dem Originalstempel (heute im Britischen Museum London, Department of Medieval and Later Antiquities, Inv. 94,9–26,6).

Literatur: K. Rossel, Die Pfarrkirche S. Severus in Boppard, Wiesbaden 1861, S. 5–11; Klein, Geschichte von Boppard, Boppard 1909 S. 55f.; W. Becker, Die Pfarrkirche Sankt Severus, in: Boppard am Rhein. Ein Heimatbuch, (Boppard) 1953 S. 43–53, insbes. S. 49; F.-J. Heyen, Reichsgut im Rheinland. Die Geschichte des königlichen Fiskus Boppard (Rheinisches Archiv 48), Bonn 1956, insbes. S. 87; R. Kahsnitz, Siegel und Goldbullen S. 95 Nr. 142; F. Pauly, Das Erzbistum Trier 2: Die Stifte St. Severus in Boppard, St. Goar in St. Goar, Liebfrauen in Oberwesel, St. Martin in Oberwesel (Germania Sacra NF 14,2), Berlin – New York 1980 S. 10; E. Ennen, Rheinisches Städtewesen, S. 6; P. Kämpchen, Die Pfarrkirche zum Heiligen Severus in Boppard, o. O. o. J. (1983) S. 8f.

Das zweite große Siegel der Stadt Boppard ist neben dem gotischen Siegel der Stadt Köln eines der eindrucksvollsten und schönsten Städtesiegel überhaupt. Zwar hat das exzellente Stück in der örtlichen Literatur wegen seiner stolzen Umschrift und der interessanten Kirchendarstellung stets eine gewisse Beachtung gefunden, eine angemessene Würdigung wurde dem Siegel aber erst 1977 in dem Katalog zu der großen Stuttgarter Ausstellung „Die Zeit der Staufer“ durch Rainer Kahsnitz zuteil. Seinen außergewöhnlichen Rang behauptet das Siegel nicht nur innerhalb der Siegelkunst der staufischen Epoche, sondern auch in der Umgebung der hier vertretenen rheinischen Städtesiegel des ganzen Mittelalters. Wie es zu der anspruchsvollen Gestaltung des heute noch vorhandenen zweiten Bopparder Stadtsiegelstempels kommen konnte, erklärt sich aus der älteren Geschichte der Stadt.

Die günstige Lage hat schon sehr früh zu einer Besiedlung der Bopparder Gegend geführt.[1] So verwundert es auch nicht, daß der Ort über die Stürme der Völkerwanderung hinweg kontinuierlich besiedelt war. Im frühen Mittelalter wurde Boppard zum Mittelpunkt eines 814 erstmals quellenmäßig belegten königlichen Fiskus. Damit war für etliche Jahrhunderte eine enge Bindung an die deutschen Herrscher vorgezeichnet. Nachdem Boppard als Hauptort des sog. Bopparder Reiches bereits von Kaiser Heinrich IV. († 1106) einen Markt erhalten hatte, konnte es sich nach Ennen bis um 1200 zur freien Reichsstadt entwickeln. Eine förmliche Stadterhebungsurkunde ist nicht erhalten; vermutlich ist eine solche wie bei den anderen gewachsenen Städten der älteren Zeit auch nie verliehen worden. Die Frage, seit wann Boppard Stadt im mittelalterlichen Rechtssinne gewesen ist, läßt sich naturgemäß schwer beantworten. Das älteste Siegel der Stadt, das 1216 erstmals vorkommt[2], darf als terminus ante quem gelten, verraten Größe, Umschrift und Bild dieses Siegels doch einen deutlichen reichsstädtischen Anspruch. Es zeigt ein mächtiges Turmtor mit geschlossenem, eisenbeschlagenem Rundbogenportal, von dem beiderseits eine hohe gezinnte Mauer schräg zum Bildrand führt; hinter der Mauer ragen zwei mehrgeschossige Türme hervor. Diese allgemeine Stadtabbreviatur läßt erkennen, daß die Bürger damals Boppard als Stadt ansahen. Darüber hinaus wird der besondere Status Boppards als Reichsstadt durch den Reichsadler auf dem First des Turmtores und durch die Umschrift + BOPARDIA · OPIDVM · ROMANI · IMPERII hervorgehoben. Bis 1228 ist der Gebrauch dieses ältesten Siegels der Stadt Boppard gesichert.

Das großartige neue Stadtsiegel von Boppard erscheint zum ersten Male an einer Urkunde vom 11. April 1236. Infolgedessen läßt sich der Siegelwechsel auf die Jahre 1228 bis 1236 eingrenzen. Aus welchem Anlaß in jener Zeit ein neuer Siegelstempel angefertigt wurde, ist unbekannt. Man ist aber kaum geneigt, den alleinigen Grund in der Vollendung der neuen Bopparder Severuskirche zu sehen; vielmehr wird der Siegelstecher, der – aus welchen Gründen auch immer – den Auftrag zur Herstellung eines neuen Typars erhalten hatte, von dem neuen Kirchenbau stark beeindruckt gewesen sein. Entscheidend war, daß er sich nicht mehr mit einer Stadtabbreviatur begnügte, sondern ein Stadtporträt anstrebte. Dieses ist ihm in glänzender Weise gelungen. Schon Rossel hat seinerzeit festgestellt, daß die Kirchendarstellung des zweiten Bopparder Stadtsiegels „sich als eine auch heute noch ganz unverkennbare Copie des Kirchengebäudes erweist“.[3] Insofern wird das Siegel zu einer wichtigen Quelle für die Baugeschichte der Severuskirche.

An der Stelle eines ältesten, in die Badeanlage des römischen Kastells hineingebauten Gotteshauses wurde nach einem Brand in karolingischer Zeit eine kleine Kirche errichtet. In der ottonischen Zeit mußte diese einem Neubau Platz machen, bis man in der zweiten Hälfte des 12. Jahrhunderts mit dem Bau der heute noch in ihren wesentlichen Teilen erhaltenen Severuskirche begann.[4] In drei Bauabschnitten wurden Türme, Langhaus und Chor errichtet.[5] Die Türme sind wegen ihrer Anordnung im Osten, wegen ihres mächtigen Bauvolumens und wegen ihres geringen Abstandes, der gleichsam zu einer Abschnürung des Chores vom Langhaus geführt hat, für die Forschung stets von besonderem Interesse gewesen. Sie bestehen aus fünf Geschossen, die durch Gesimse voneinander abgesetzt sind, zugleich aber durch Mittel- und Ecklisenen eine vertikale Gliederung erhalten. Feine Kleeblattbogen, Blendarkaden und Rundbogenfriese dienen abwechselnd zur weiteren Verzierung. Die Geschosse 2 und 3 weisen in der Mittellisene schmale Lichtspalten auf. Die reiche Wandgliederung der sonst fensterlosen drei unteren Turmgeschosse fehlt in dem Siegel. Wie Hans Caspary hierzu ausgeführt hat, sind die Lisenen und Bogenfriese nach den aus der letzten Restaurierung gewonnenen Erkenntnissen in dem unteren Teil des nördlichen, rheinseitigen Turmes (der im Siegel plastisch hervortritt) erst später eingefügt worden, um eine Angleichung an den anderen Turm herbeizuführen.[6] Mit der Herausarbeitung eines regelmäßigen Mauerwerks wird der Siegelstecher die Untergeschosse des nördlichen Turmes also korrekt wiedergegeben haben. Die beiden obersten Etagen mit je zwei gekuppelten Schallarkaden entsprechen ebenso wie der Rundbogenfries, welcher das oberste Geschoß abschließt, exakt der damaligen und heutigen Wirklichkeit. Dasselbe gilt von den Dreiecksgiebeln mit ihrer Dreierarkade. Die Abweichung der im Siegel vorhandenen Dächer gegenüber deren heutigem Aussehen ist leicht zu erklären. Ursprünglich besaßen die Türme nämlich – das Siegel ist hierfür das wichtigste Beweisstück – Rhombendächer, die erst ab 1605 durch die hohen gotischen Helme ersetzt wurden.[7]

Die Bopparder Pfarrkirche war ursprünglich den hll. Aposteln Petrus und Johannes geweiht. 1179 erscheint erstmals der hl. Severus neben dem hl. Petrus als Kirchenpatron. Die Tatsache, daß 1225 der hl. Severus als alleiniger Patron auftritt, hat die bisherige Forschung (Wilhelm Becker[8], Hans Caspary[9]) zu weitreichenden Schlußfolgerungen veranlaßt. Da man urkundlich oder chronikalisch nichts von einer Reliquienübertragung weiß, kann, so meinte man, 1225 nur eine Neuweihe der Kirche stattgefunden haben, welche wiederum die Fertigstellung des Langhauses voraussetzt.[10] Demgegenüber ist zu bedenken, daß der Beleg von 1225 durch die Nennung des hl. Severus als Patron in der Urkunde von 1179, die Becker wohl unbekannt war, stark in seiner Bedeutung gemindert wird. Außerdem ist ein Patrozinienwechsel selten[11], während ein Namenswechsel häufiger vorkommt und andere Gründe haben kann.[12] Eine Langhausweihe für etwa 1225 ist m. E. also keinesfalls gesichert.

Die Darstellung des Langhauses in dem zweiten Bopparder Stadtsiegel erweist sich schon dadurch als sehr frei, daß das niedrigere Seitenschiff der als Emporenbasilika ausgeführten Severuskirche nicht abgebildet wurde. Außerdem hat der Siegelstecher im Obergaden acht sehr hohe Rundbogenfenster in regelmäßiger Abfolge wiedergegeben; die heutigen acht Fenster sind in der Form jedoch sehr verschieden und ganz anders gruppiert, nämlich doppeljochweise gekoppelt. Vielleicht hat der Siegelstecher auf das Seitenschiff verzichtet, weil ihm die Aufschrift S : SEVERVS : sehr wichtig war, bezeichnet sie an der gewählten Stelle doch sowohl den unmittelbar davor im Stadttor als Bischof dargestellten Kirchenpatron als auch die ihm geweihte Kirche. Man ersieht hieraus, daß der mittelalterliche Künstler sich immer dann besondere Freiheiten nimmt, wenn besondere Umstände – die Gesamtkomposition etwa oder notwendige Hinweise zum Verständnis des Kunstwerks – es erfordern.

Der dreigeschossige Chor der Severuskirche besitzt einen 3/8-Schluß mit je einem hohen Rundbogenfenster im zweiten und mit einer Zwerggalerie im dritten Geschoß. Das Siegel gibt diese Einzelheiten recht genau wieder. Die Dreiecksgiebel, welche das Siegel über der Zwerggalerie zeigt, haben zum Zeitpunkt der Siegelentstehung noch existiert, sind später aber beseitigt worden.[13] Demnach bildet das Siegel auch den Chor der damaligen Severuskirche in einer Naturtreue ab, welche für die Siegelkunst bis zum Ausgang der staufischen Zeit einmalig ist.

Für die auffällige Abweichung bei dem Obergaden des Langhauses hat Kahsnitz eine Erklärung gegeben, die recht überzeugend ist. Demnach sind die Einwölbung des Baus und die Ausgestaltung des Langhausobergadens erst nach dem Chorbau erfolgt, „da zunächst eine flache Decke vorgesehen war, zu der die gleichförmigen Fensterarkaden der Außenwand wohl gepaßt hätten".[14] Tatsächlich ist das heutige Langhausgewölbe – eine spitzbogige Tonne mit kleinen fächerförmigen Obergadenfenstern, welche die Tonne stichkappenartig durchdringen – so ungewöhnlich, daß es erst nachträglich errichtet worden sein könnte.

Nach allem darf man davon ausgehen, daß das zweite große Siegel der Stadt Boppard die Severuskirche bis auf das fehlende Seitenschiff so darstellt, wie sie sich im Jahre 1236 oder auch schon kurz zuvor darbot. Da eine Weihe für 1234, die man auf den

Chor bezogen hat, keineswegs gesichert, sondern ähnlich kühn wie die angebliche Weihe von 1225 erschlossen ist, bleibt angesichts fehlender schriftlicher Quellen für die fragliche Zeit lediglich die Existenz des zweiten Bopparder Stadtsiegels, das wegen der präzisen Wiedergabe der Einzelheiten indessen zu den oben vorgetragenen Überlegungen berechtigt. In jedem Falle ist das Siegel eine Quelle ersten Ranges für die Architekturgeschichte.

Wie Theresia Zimmer durch Vergleich erhaltener Originalabdrücke im Landeshauptarchiv Koblenz festgestellt hat, besaß das Typar des zweiten Bopparder Stadtsiegels ursprünglich noch nicht den Kreuzbogenkamm auf dem Dachfirst des Langhauses. Auch die Dachziegel waren zunächst anders, nämlich rautenförmig. Zwischen 1255 und 1278 muß das Typar dann überarbeitet worden sein.[15] Möglicherweise wollte man nach Fertigstellung des Langhauses das Siegelbild an die Wirklichkeit angleichen. Ob der Dachfirst seinerzeit tatsächlich einen Kamm aus sich überschneidenden Halbkreisen, wie ihn das Siegel zeigt, getragen hat, ist nicht feststellbar, da schon die ältesten Ansichten einen solchen nicht mehr erkennen lassen.

Der Adler auf dem Kirchendach ist ein deutlicher Hinweis darauf, daß Boppard sich als Reichsstadt betrachtete. In diesem Punkt knüpfte der Siegelstecher an das älteste Bopparder Stadtsiegel an. Den ganzen Stolz und Anspruch der damaligen Stadt hat er in die Umschrift gelegt. „Boppard, freie und besondere Stadt des Römischen Reiches“, lautet die Legende in deutscher Übersetzung. Das Attribut SPETIALE erinnert an das Mainzer Stadtsiegel; hierin hatte sich Mainz als besondere Tochter der Römischen Kirche bezeichnet. In anderer Verbindung, aber durchaus vom Mainzer Siegel beeinflußt, haben später auch die Städte Bingen und Frankfurt dasselbe schmückende Beiwort in ihre Siegel aufgenommen.

Die Umschrift des zweiten Bopparder Stadtsiegels besticht auch durch ihre Schönheit. Dies gilt für das Gesamtbild wie für die Ausführung der einzelnen Buchstaben. Einige von ihnen – I, L und unziales T – weisen Zierelemente auf, die in der Siegelepigraphik selten sind. Die in der Legende sich offenbarende Sorgfalt zeigt sich auch in den präzise gearbeiteten Perllinien und in der Gestaltung der Stadtmauer, die sich dem Betrachter vorn von außen, hinten aber von innen darbietet. In ihrem hinteren, entfernteren Teil erscheint sie zugleich vereinfacht. Nicht zuletzt in diesem Detail erweist sich der Siegelstecher des Bopparder Typars als Meister seines Fachs. Seine Handschrift läßt sich, was bisher niemandem aufgefallen war, in dem großen Siegel der Stadt Kreuznach wiedererkennen. Beide Werke deuten darauf hin, daß wir es mit einem mittelrheinischen Goldschmied zu tun haben. Dieser gehörte ohne Zweifel zu den begabtesten und modernsten Siegelstechern seiner Zeit.

Anmerkungen

1 H. Eiden, Der Raum Boppard in vor- und frühgeschichtlicher Zeit, in: Boppard am Rhein. Ein Heimatbuch, Boppard 1977 S. 27–54.

2 K. Rossel, S. 9; W. Ewald, Rheinische Siegel III, S. 98.

3 K. Rossel, S. 6.

4 F.-J. Heyen, Vom 5. zum 9. Jahrhundert, in: Boppard am Rhein. Ein Heimatbuch, Boppard 1977 S. 57f. – Ob die Gründung eines Kollegiatstiftes bei der Pfarrkirche von Einfluß auf Neubaumaßnahmen

gewesen ist, hat, soweit ich sehe, noch niemand untersucht. Allerdings besaß das Stift neben dem Propst zunächst nur vier Kanoniker, deren Zahl 1179/1191 auf fünf erhöht wurde; vgl. F. Pauly, S. 30f.

5 Einzelheiten zur Baugeschichte unter Berücksichtigung der letzten Grabungsergebnisse bei H. Caspary, Die ehemalige Stiftskirche St. Severus, in: Boppard am Rhein. Ein Heimatbuch, Boppard 1977 S. 85–90.

6 Ebenda S. 87.

7 W. Becker, S. 44.

8 Ebenda S. 48.

9 H. Caspary (wie Anm. 5), S. 87.

10 R. Kahsnitz, Siegel und Goldbullen, S. 95 formuliert gar apodiktisch: „... eine Weihe des Langhauses ist für 1225 überliefert ...“

11 Vgl. P. Moraw, Ein Gedanke zur Patrozinienforschung, ArchMittelrhKG 17 (1965) S. 9.–26.

12 Vgl. hierzu etwa A. Diederich, Das Stift St. Florin zu Koblenz (VeröffMaxPlanckInstG 16, Studien zur Germania Sacra 6), Göttingen 1967 S. 31–36, zum Namenswechsel trotz kontinuierlich beibehaltenem Patrozinium.

13 R. Kahsnitz, Siegel und Goldbullen, S. 95; H. Caspary (wie Anm. 5), S. 89.

14 R. Kahsnitz, Siegel und Goldbullen, S. 95.

15 Ebenda.

Büderich

Großes Stadtsiegel

Abbildung 29

Bild: Reiter mit einem auffliegenden Falken auf der linken Hand.

Umschrift: + S(IGILLVM) : BVRGENSIVM OPIDI IN : BVDERIKA :

Größe: 6,1 cm im Durchmesser.

Abbildung: Originalabdruck an Urkunde von 1448 Mai 11 (HauptstaatsarchDüsseldorf, Kleve-Mark, U. 1873).

Literatur: B. Endrulat, S. 11; D. Kastner, S. 63 Anm. 97; T. Diederich, Siegelforschung, S. 23–43.

Städtesiegel sind, wie an anderer Stelle näher dargelegt worden ist[1], für die Stadtgeschichtsforschung von herausragender Bedeutung. Im Falle der ehemaligen Stadt Büderich (gegenüber Wesel auf der linken Rheinseite gelegen), deren Frühgeschichte noch nicht hinreichend erforscht ist, eröffnet das große Stadtsiegel ganz neue Aspekte. Während B. Endrulat sich noch der älteren Forschung anschloß, welche die Stadtentstehung Büderichs in das Jahr 1366 verlegte, waren sich seit E. Liesegang[2] alle Gelehrten einig, daß in dem abschriftlich überlieferten Privileg Graf Dietrichs IX. von Kleve aus dem Jahre 1318 die Stadterhebungsurkunde Büderichs zu sehen sei. Diese Theorie muß nunmehr begraben werden. Ihre Widerlegung erfordert eine Beweisführung, die notwendigerweise stärker auf siegelkundliche und territorialgeschichtliche Fragen eingeht.
Am Anfang steht die Feststellung, daß die Umschrift das Siegel eindeutig als Stadtsiegel ausweist. Das Vorhandensein des Siegels setzt die Existenz Büderichs als Stadt voraus.

Nun gibt es aber, worauf bereits Th. Ilgen hingewiesen hat[3], eine Urkunde vom 16. Dezember 1315, die vom Bürgermeister und zwei Schöffen von Büderich ausgestellt und mit dem Stadtsiegel beglaubigt ist. Ilgen, der als guter Kenner der Siegelkunde[4] den Widerspruch zu der auch von ihm vertretenen obigen Stadtrechtsverleihungs-Theorie nicht übersah, hat seine Zuflucht zu der Erklärung genommen, die Entwicklung der Ortssiedlung zur Stadt habe bereits vor der Verleihung des Stadtrechts im Jahre 1318 eingesetzt. Wie soll man dies verstehen? War Büderich vor der Verleihung des Stadtrechts schon Stadt oder machte es die angebliche Stadtrechtsverleihung von 1318 erst zur Stadt? Die richtige Antwort lautet ohne Zweifel: Die Gemeinde der Bürger, die 1315 mit einem Bürgermeister an der Spitze selbständig Urkunden ausstellte, sie mit einem eigenen Siegel versah und sich in der Umschrift dieses Siegels als „Stadt" bezeichnete, muß eine Stadt im mittelalterlichen Rechtssinne gewesen sein. Der genaue Zeitpunkt der Stadterhebung läßt sich aus den spärlichen schriftlichen Quellen Büderichs[5] nicht zwingend erschließen. Eine Datierung des großen Bühdericher Stadtsiegels kann, wenn sie gelingt, indessen einen entscheidenden Anhaltspunkt liefern. Wir sind in der glücklichen Lage, den Meister, der den Stempel für das älteste Stadtsiegel Büderichs angefertigt hat, wenn auch nicht namentlich, so doch seinem Schaffen nach zu kennen. Es ist der von mir so bezeichnete „Meister der ältesten bergischen Städtesiegel", dem sich zehn Siegelschöpfungen zuschreiben lassen. Hierzu gehören die Stadtsiegel von Wipperfürth, Lennep, Ratingen, Rheinberg, Orsoy und Dinslaken. Wie in dem Artikel über das große Siegel der Stadt Wipperfürth eingehender ausgeführt ist, scheint der Siegelstecher im Niederrheingebiet hohes Ansehen genossen zu haben. Zwischen 1260 und 1280 könnte der Meister seine Arbeiten ausgeführt haben; gesichert sind zumindest die Jahre 1262 bis 1276.

Für die Zuweisung der zehn Siegelschöpfungen waren bei den Städtesiegeln bestimmte stilistische Eigenheiten, insbesondere die bei Türmen und Wänden zu beobachtende Vorliebe zu einer starken Durchfensterung, maßgebend. Hinzu kamen epigraphische Besonderheiten in der Umschrift, die auch das entscheidende Bindeglied zu den vom Motiv her anders gestalteten Siegeln der Adelheid von Sponheim und der Stadt Büderich bilden. In dem Siegel der Adelheid, das 1265 und 1267 belegt ist, hat der Siegelstecher die nach rechts reitende Gräfin mit einem auffliegenden Falken dargestellt. Das Siegel der Stadt Büderich weist hierzu eine verblüffende Ähnlichkeit auf. Lediglich die Haltung des rechten Armes ist verschieden; weiterhin fehlen in dem Büdericher Stadtsiegel die Hunde, und das Pferd ist dort nicht mit einer gezaddelten Decke versehen, wie dies bei den rheinischen Falknerinnensiegeln des 13. Jahrhunderts üblich war.[6] Man wird daraus ableiten dürfen, daß das Büdericher Siegel den Grafen, nicht die Gräfin darstellt.[7] Es läßt sich kaum entscheiden, welches der beiden Falkenjagdsiegel früher entstanden ist. Eine zeitliche Nähe muß, wie sich aus den völligen Übereinstimmungen bei Kopf, Mähne, Schwanz und Beinhaltung des Pferdes ergibt, als sicher gelten. Diese Beobachtung führt zu dem zwingenden Schluß, daß in dem Büdericher Stadtsiegel der Gemahl Adelheids, Graf Dietrich VII. von Kleve, auf der Falkenjagd dargestellt ist. Der territorialgeschichtliche Hintergrund, der im folgenden kurz skizziert werden soll[8], eröffnet für die Datierung des Siegels und damit die Stadtwerdung von Büderich interessante Zusammenhänge.

Im Jahre 1255 heiratete Dietrich, zweiter Sohn Graf Dietrichs VI. von Kleve, Adelheid, die Tochter des Grafen Heinrich von Sponheim. Die Aussteuer Adelheids bestand in einem großen Teil der Saynschen Erbschaft.[9] Hierzu gehörten insbesondere die Grafschaft Hülchrath und das halbe Saffenberger Erbe, dessen Inhaber, die Grafen von Saffenberg, einst Domvögte und Lehensleute des Kölner Erzbischofs gewesen waren. Dietrich VII. von Kleve, der im Jahre 1260 seinem Vater in der klevischen Regierung folgte, konnte die neuen Erwerbungen wohl nur deshalb unangefochten in seinen Besitz bringen, weil er sie von dem mächtigen Kölner Erzbischof – Konrad von Hochstaden war Reichsvikar und nahm eine herzogsgleiche Stellung ein – zu Lehen nahm. Die Grafen von Kleve zählten fortan zu den Verbündeten der Kölner Erzbischöfe und erscheinen oft in deren persönlicher Umgebung.
Für die Stadterhebung Büderichs wurde nun wichtig, daß Graf Dietrich VI. sich im Jahre 1255 offenbar schon aus den Regierungsgeschäften zurückzog und den klevischen Besitz teilte. Der älteste Sohn Dietrich, der einst Wesel nebst umliegendem klevischen Besitz verwaltet und 1241 Wesel zur Stadt erhoben hatte, war zu diesem Zeitpunkt schon zehn Jahre tot. Bei der Erbteilung von 1255 erhielt nun der oben erwähnte zweitgeborene, ebenfalls Dietrich geheißene Sohn alle südlichen Besitzungen der Grafschaft Kleve, die dann durch die erwähnten Güter seiner Gemahlin Adelheid vermehrt wurden. Zu dem älteren klevischen Besitz muß damals auch Büderich gehört haben. Der zweite noch lebende Sohn, Dietrich Luf, bekam die rechtsrheinischen klevischen Güter, zu denen auch Wesel gehörte. Für dessen Ausbau sorgte er durch Wiederaufnahme der Münzprägung, Garantierung des Wochenmarktes und eine bemerkenswert hohe Anzahl anderer Vergünstigungen, die hier nicht alle aufgezählt werden können.
E. Liesegang hat sich einst gewundert, daß der vom Sachsenspiegel so nachdrücklich herausgestellte Satz, wonach zwischen zwei Städten mindestens ein Zwischenraum von einer Meile zu lassen sei, bei der Gründung Büderichs mißachtet wurde, da diese Stadt ursprünglich Wesel gerade gegenüber auf dem linken Rheinufer, und zwar an der Stelle lag, wo später Fort Blücher errichtet wurde.[10] Stellt man nun in Rechnung, daß rechts des Rheines Dietrich Luf, im linksrheinischen Büderich aber Graf Dietrich VII. regierte, so wird die Erhebung Büderichs zur Stadt schon eher verständlich. Maßgebend werden dabei die Gründe gewesen sein, die Liesegang schon angeführt hat: „Es galt, einen festen Brückenkopf zu gewinnen, der Wesel, als den Mittelpunkt der rechtsrheinichen Hälfte des Territoriums, mit dem linken verband."[11] Auch die strategische Bedeutung der neuen Stadt im südlichen Gebiet der Grafschaft Kleve, vor allem im Hinblick auf die benachbarten kurkölnischen Besitzungen, ist von Liesegang richtig gesehen worden. Die territoriale Entwicklung der Grafschaft Kleve unter Dietrich VII. ist also ein zusätzlicher Hinweis darauf, daß Büderich in der Regierungszeit dieses Grafen, die praktisch mit der Erbteilung von 1255 begann und bis zum Tode Dietrichs im Jahre 1275 andauerte, zur Stadt erhoben worden ist. Wie ich schon früher in einer Spezialstudie gezeigt habe, spricht am meisten dafür, die Stadterhebung Büderichs in die 1260er Jahre zu verlegen.[12]
Zwei weitere Tatsachen, die von der früheren Forschung, insbesondere Th. Ilgen[13], als auffällig angesehen, in ihrem eigentlichen Zusammenhang aber nicht erkannt worden sind, finden so ihre Erklärung. Es handelt sich einmal um den für das Jahr 1270 bezeugten Büdericher Jahrmarkt, der einen ganzen Monat dauerte und daher nach Ilgens An-

sicht größere Bedeutung gehabt haben muß. Von diesem Jahrmarkt besaßen die Grafen von Kleve den Zoll. Zum anderen wurde dem Grafen Dietrich VIII. von Kleve im Jahre 1290 der Rheinzoll zu Büderich vom König als Lehen bestätigt; dieser Zoll sei, wie die Urkunde sagt, langjähriger Besitz der Vorfahren Dietrichs gewesen. Wie Ilgen wahrscheinlich gemacht hat, bestand er im Jahre 1255 noch nicht, müßte also erst von Dietrich VII. eingerichtet worden sein. Jahrmarkt, Marktzoll und Rheinzoll in Büderich erscheinen in ganz neuem Licht, wenn wir sie mit der Stadterhebung Büderichs durch Dietrich VII. von Kleve in Zusammenhang bringen. An dieser Tatsache selbst dürfte fortan nicht mehr zu zweifeln sein.

Der Siegelstecher ist – das beweisen alle seine Schöpfungen – ein Meister seines Faches gewesen. Seine Eigenarten ermöglichen es uns, die von ihm stammenden Werke festzustellen. Der Reiter im Bütdericher Stadtsiegel füllt wie bei den anderen Stadtsiegeln, die er geschaffen hat, das Siegelfeld voll aus. Der gelungenen plastischen Durchformung des Rosses und seiner anmutigen Bewegung steht die etwas steife Körperhaltung des Reiters entgegen. Insgesamt aber darf das Siegel als ein geglücktes Werk gelten. Mit dem Motiv des zur Falkenjagd ausreitenden Grafen steht das große Siegel der Stadt Büderich im Rheinland einzig da. Das gewählte Thema findet sich im Rheinland sonst nur bei Jungherren und adeligen Damen, und zwar fast ausschließlich in der zweiten Hälfte des 13. Jahrhunderts.[14] Schon diese Tatsache rechtfertigte es, das Büdericher Stadtsiegel in das 13. Jahrhundert zu datieren und die Stadtentstehung Büderichs früher anzusetzen, als dies bisher geschehen ist.

Anmerkungen

1 Vgl. oben S. 120–126 und T. Diederich, Quellenwert und Bedeutungsgehalt, S. 269–285.
2 E. Liesegang, S. 137.
3 Th. Ilgen, Herzogtum Kleve, S. 102*.
4 Von Th. Ilgen stammt eine knapp gefaßte, aber sehr instruktive und noch heute in Detailfragen heranziehenswerte Siegelkunde (vgl. das allgemeine Literaturverzeichnis).
5 Vgl. Th. Ilgen, Herzogtum Kleve, S. 99*: „Büderich ist ein sprechender Beleg dafür, wie lückenhaft doch unsere ganze Überlieferung selbst vom 12. Jh. ab ist."
6 Vgl. W. Ewald, Rheinische Siegel VI, Tafel 2 Nr. 1, Tafel 6 Nr. 3 und 6, Tafel 8 Nr. 4, Tafel 9 Nr. 2 und 4, Tafel 14 Nr. 1, 3 und 4 sowie Tafel 24 Nr. 3; zum Falknerinnensiegel als Damensiegeltyp: T. Diederich, Rheinische Siegel (5): Das Jagdsiegel der Mechtild von Molenark, RheinHeimatpfl NF 13 (1976) S. 34 f.
7 Die von D. Kastner, S. 63 Anm. 97, aufgeworfene Frage, ob es sich um einen Reiter oder um eine Reiterin handelt, kann daher ziemlich eindeutig beantwortet werden. Kastner hat im übrigen darauf aufmerksam gemacht, daß das moderne Gemeindewappen die Figur als Mann zeigt. Demgegenüber hat Th. Ilgen, Herzogtum Kleve, S. 101*, in der Siegelfigur irrtümlicherweise ein Abbild der Margarete von Kiburg, der Gemahlin Graf Dietrichs VIII. von Kleve, gesehen.
8 Die Darlegungen folgen, ohne daß im einzelnen Belege angegeben werden, dem Werk von D. Kastner, insbesondere S. 35–51.
9 Vgl. den Artikel über das große Siegel der Stadt Blankenberg.
10 E. Liesegang, S. 137.
11 Ebenda S. 138.
12 T. Diederich, Siegelforschung, insbes. S. 43.
13 Th. Ilgen, Herzogtum Kleve, S. 101.
14 Einzige Ausnahme ist das für 1303 Sept. 20 belegte Falkenjagdsiegel der Irmgard von Kleve, Gemahlin Wilhelms I. von Berg (1296–1308). Das Siegel könnte aber schon ab 1296 entstanden sein.

Cochem

Stadtsiegel

Abbildung 30

Bild: In einem Vierpaß, der mit reichem gotischen Maßwerk verziert ist, befindet sich ein Wappenschild. Dieser ist gespalten und zeigt rechts ein Balkenkreuz, links einen aus dem Spalt herausragenden Arm mit zwei gekreuzten Schlüsseln.

Umschrift: · SIGILLUM · OPIDI · COCHMENSIS

Größe: 3,7 cm im Durchmesser.

Abbildung: Originalabdruck von 1575 (HistArchKöln, Allg. Siegelsammlung Nr. 293).

Die Anfänge Cochems reichen vermutlich bis in keltische Zeit zurück. Römische und fränkische Gräber, die man hier gefunden hat, lassen auf eine Siedlungskontinuität schließen. So ist es auch nicht verwunderlich, daß schon in einem Prekarievertrag der Abtei Prüm von 866 das damalige „Cuchuma" urkundlich belegt ist. Bis zur Mitte des 12. Jahrhunderts war Cochem mitsamt seiner Burg als Reichslehen im Besitz der Pfalzgrafen. Diese sind auch bereits für das Jahr 1130 als Inhaber des dortigen Zolls bezeugt. Nach dem Tode des Pfalzgrafen Wilhelm brachte König Konrad III. (1138–1152) die Burg Cochem wieder in seinen Besitz. Abgesehen von einer kurzen Unterbrechung blieb diese nun für eineinhalb Jahrhunderte bei den deutschen Herrschern, bis König Adolf von Nassau sie an Erzbischof Boemund I. von Trier verpfändete. Adolfs Nachfolger, König Albrecht I., sah sich schließlich gezwungen, den Trierer Erzbischof zum erblichen Burggrafen des Reiches in Cochem zu ernennen. Bis zur französischen Zeit ist Cochem dann unangefochtener Besitz der Erzbischöfe und Kurfürsten von Trier geblieben.[1]

Die Entwicklung des Dorfes dürfte durch den Schutz der Burg und den Zoll gefördert worden sein. Seit dem Ende des 13. Jahrhunderts mehren sich die Quellenbelege, in denen Cochem als Stadt bezeichnet wird. Emil Schaus vermochte für diese Zeit zwar keine Stadterhebung festzustellen, meinte aber, die „kleine Talstadt" könnte schon eine Befestigung gehabt haben.[2] Der Trierer Erzbischof Balduin von Luxemburg erwirkte 1332 von Kaiser Ludwig dem Bayern ein Sammelprivileg zur Verleihung von Stadtrechten an 30 Orte seines Erzstiftes. Zu ihnen gehörte auch Cochem.

Nach Schaus ist es aber sehr fraglich, ob dieses Privileg tatsächliche Auswirkungen für die genannten Orte hatte.[3] So ist man geneigt anzunehmen, daß Cochem, das wohl wegen seiner ersten Befestigung schon früh als Stadt bezeichnet wurde, sich erst später zur Stadt im eigentlichen Sinne entwickelte. Das für 1364 bezeugte Ungeld, das zur Hälfte „zur buwunge", also zum Mauerbau, verwendet werden sollte, der Markt-Beleg von 1375 und endlich das Stadtsiegel sind untrügliche Zeichen dafür, daß sich diese Entwicklung im 14. Jahrhundert vollzog.

Das Cochemer Stadtsiegel muß hierbei allerdings als das späteste Indiz für die Existenz der Stadt im mittelalterlichen Rechtssinne gelten. Schildform, Maßwerk und die schöne, ausgewogene (wenngleich schwer lesbare) Umschrift in gotischer Minuskel ermöglichen,

auch wenn man sie zusammennimmt, keine genaue Datierung. Immerhin aber erscheint eine Datierung auf „um 1410" gerechtfertigt. Allerdings könnte das Siegel auch zwei Jahrzehnte früher oder später entstanden sein.
Der Siegelstecher des Cochemer Typars ist dem beherrschenden Einfluß der Heraldik des ausgehenden Mittelalters erlegen, unterscheidet sich das Cochemer Stadtsiegel als Typ doch in keiner Weise von den unzähligen Wappensiegeln des niederen Adels und des Bürgertums jener Zeit. Auch die Größe des Cochemer Siegels hebt sich kaum von diesen ab. Andererseits verraten die Maßwerkverzierungen, die Blumenranken zwischen den einzelnen Wörtern der Legende und vor allem deren harmonisches Schriftgitter beträchtliches handwerkliches Können des Siegelstechers. Der Inhalt des Wappenschildes kann in seiner Bedeutung nicht zweifelhaft sein. In der vornehmeren Schildhälfte befindet sich das kurtrierische Kreuz, während die beiden Schlüssel in der anderen Hälfte auf den hl. Petrus, den Patron des Trierer Erzstiftes, verweisen. Sie verstärken die Aussage des Kreuzes, so daß in dem Cochemer Stadtsiegel die Herrschaft der Trierer Erzbischöfe über ihre Stadt überdeutlich artikuliert wird.

Anmerkungen

1 E. Wackenroder, Die Kunstdenkmäler des Landkreises Cochem 1, München – Berlin 1959, S. 144.
2 E. Schaus, Stadtrechtsorte II, S. 576.
3 E. Schaus, Stadtrechtsverleihungen, S. 15–18.

Deutz

Großes Stadtsiegel

Abbildung 31

Bild: In der Mitte erhebt sich eine Kirche, die über einem großen, mit Eisenbeschlägen versehenen Portal einen mächtigen runden Mittelturm aufweist; seitlich des Portals ragen bis zum oberen Bildrand zwei schlanke viereckige Türme empor, die ihrerseits außen jeweils von einem niedrigen Rundtürmchen begleitet werden; alle Türme tragen kegelförmige Helmdächer, die drei großen Türme in der Bildmitte zudem einen Knauf als oberen Abschluß. Um die Kirche legt sich das Oval einer zinnen- und turmbewehrten Stadtmauer, die im unteren Bildrand, genau in der Mittelachse, ein Mauertor besitzt.

Umschrift: + SIGILLVM · LIBERE · CIVITATIS · TVICIEN(SIS), Fortsetzung am oberen Bildrand des Siegelfeldes: Q(VE) · E(ST) · ARCHIEP(ISCOP)I · COLON (IENSIS)

Größe: 7,8 cm im Durchmesser.

Abbildung: Moderner Abdruck nach dem Originalstempel (heute im Britischen Museum in London).

Literatur: Quellen zur Rechts- und Wirtschaftsgeschichte rheinischer Städte, Bergische Städte II: Blankenberg, bearb. v. E. Kaeber; Deutz, bearb. v. B. Hirschfeld

(PublIGesRheinGKde 29), Bonn 1911 S. 104; P. Simons, Illustrierte Geschichte von Deutz, Kalk, Vingst und Poll, Köln-Deutz 1913 S. 10 f.; W. Ewald, Rheinische Siegel III, S. 59 f.; F. Brill, Deutz. Die Geschichte eines Vorortes, Köln 1955 S. 17; H. Kisky, Auf geschichtlichem Boden. Das Landeshaus in Köln, Düsseldorf 1959 o. S.

Die Geschichte von Deutz ist stets in besonderem Maße von der gegenüberliegenden rheinischen Metropole bestimmt worden. Schon die Errichtung des römischen Kastells Deutz, welche in Gegenwart des Kaisers Konstantin – vermutlich zum Schutz der schon damals bestehenden Rheinbrücke – erfolgte, macht die Hinwendung und Abhängigkeit zum bzw. vom linken Rheinufer und dem übermächtigen Köln deutlich. Im Sturm der Völkerwanderung ergriffen die Franken Besitz von dem ehemals römischen Kastell, das nun zusammen mit dem umliegenden Gebiet Königsgut wurde. Jahrhunderte später, wahrscheinlich unter Erzbischof Bruno I., dem Bruder Kaiser Ottos I., erhielt die kölnische Kirche das Kastell nebst einem Teil des benachbarten Landes zum Geschenk.[1] Für die Kaufleutesiedlung, die sich östlich des römischen Kölner Stadtbezirkes zum Rhein hin herausbildete, bedeutete die rechtsrheinische Feste eine ständige Gefahr, konnte doch ein jeder, der Deutz in seinen Besitz brachte, den Kölner Rheinhandel kontrollieren. Mit der Gründung einer Benediktinerabtei innerhalb des Kastells Deutz gehört Erzbischof Heribert von Köln (999–1021) zu den „ersten Territorialherren, die durch eine fromme Stiftung einen strategisch gefährlichen Platz zu entschärfen versuchten".[2] Fürs erste blieben Köln wie Deutz zwar noch unangefochtener Besitz des Erzbischofs; Gefahr für beide Orte kündigte sich aber erstmals an, als im Verlaufe der zwiespältigen Wahlen im Kölner Erzstift und im deutschen Reiche Graf Adolf III. von Berg 1205 das Kastell mit Bogenschützen und Soldaten besetzte.

Die Beunruhigung der Bürger und des Erzbischofs von Köln war um so begründeter, als die Grafen des rechtsrheinischen bergischen Territoriums Vögte der Abtei und des Ortes Deutz waren, die ohnehin eine kurkölnische Exklave in bergischem Gebiet darstellten. Der Graf von Berg besaß zudem in Deutz eine befestigte Anlage, die 1230 in seiner Fehde mit Erzbischof Heinrich von Molenark zerstört wurde. Der Ort Deutz selbst scheint damals auch gelitten zu haben, so daß der Erzbischof nach Bruno Hirschfelds Vermutung noch im Jahre 1230 den Bürgern seiner Stadt Deutz gestattete, ihre Stadt zu befestigen.[3] In der diesbezüglichen Urkunde vom 1. August 1230 hat der Erzbischof Deutz zum ersten Male als Stadt (oppidum), die Einwohner als städtische Bürger (burgenses) bezeichnet[4], nachdem in einer Urkunde vom 18. März 1230 für die Deutzer Wollenweber die Einwohner bereits „cives" genannt worden waren. Es kann kein Zweifel bestehen, daß Erzbischof Heinrich von Molenark in jener Zeit aus territorialpolitischen Erwägungen, insbesondere um alte Besitzungen und Rechte zu sichern, seinem Orte Deutz Stadtrechte verliehen hat. Ähnliche Erwägungen dürften schon bei den ersten Städtegründungen Heinrichs am Niederrhein (Rees und Xanten, 1228) eine Rolle gespielt haben.

Aufgrund der hier kurz skizzierten historischen Entwicklung des Ortes Deutz nahm Hirschfeld an, das große Deutzer Stadtsiegel müsse in jener Zeit entstanden sein. Die gesamte spätere Forschung hat sich diesen Überlegungen zu Recht angeschlossen. Die Datierung des Siegels in die Zeit „um 1230" wird zusätzlich gestützt von dem epigra-

phischen Befund der Siegelumschrift, deren zeitlicher Umkreis in dem Artikel über das in den Jahren 1228/29 gestochene älteste Stadtsiegel von Xanten angedeutet ist.
Hirschfeld war seinerzeit auch schon aufgefallen, daß der zweite Teil der Umschrift, der sich innerhalb des Siegelfeldes befindet, später nachgraviert worden ist. An sich kommt es nicht selten vor, daß eine längere Umschrift in einer zweiten, konzentrischen Inschrift innerhalb des Siegelfeldes ausläuft. Obwohl im Falle des Deutzer Siegels der zweite Teil der Umschrift durchaus geglückt über der Architekturdarstellung eingepaßt erscheint, ist es doch offensichtlich, daß es sich hier um einen ursprünglich nicht vorgesehenen Zusatz handelt. Die Schrift ist nämlich sehr viel kleiner; die Wörter sind z. T. in äußerstem Maße abgekürzt worden; von der ursprünglichen, das Siegelfeld über der Architektur ausfüllenden schräggitterartigen Schraffur sind zwischen und über den Buchstaben noch Reste erkennbar, die ein Siegelstecher niemals angebracht hätte, wenn er den zweiten Teil der Umschrift von vornherein vorgesehen hätte. Warum es zu einer nachträglichen Überarbeitung des Siegelstempels kam, ergibt sich aus dem Wortlaut der Umschrift. Die Bürger von Deutz ließen zunächst folgende hochgemute Umschrift anbringen: „Siegel der freien Stadt Deutz". Gewiß hatte der Kölner Erzbischof als Stadtherr einiges gegen das anmaßende Attribut der „Freiheit" einzuwenden; bekanntlich pflegte es sonst nur bei freien Reichsstädten in der Siegelumschrift ausgedrückt zu werden (vgl. etwa die Städtesiegel von Boppard und Remagen). Daher mußte der Erzbischof Wert auf eine Klarstellung legen; die Fortsetzung der ursprünglichen Siegelumschrift durch den erläuternden Relativsatz gab jedermann zu verstehen, daß Deutz eine erzbischöfliche Stadt war. So läßt sich also der zweite Teil der Umschrift aus technisch-kompositionellen wie aus inhaltlichen Gründen als späterer Zusatz erweisen, der sicherlich bald nach der Anfertigung des Siegelstempels noch vom gleichen Siegelstecher nachgraviert worden ist.
Dem Meister des großen Deutzer Stadtsiegels ist es in origineller Weise gelungen, entsprechend seinem Auftrag ein symbolisches Bild von der neuen rechtsrheinischen Stadt zu liefern. Der beherrschende Bau der Abteikirche St. Heribert, die hier zweifellos dargestellt werden sollte[5], fügt sich harmonisch in das Oval der Stadtmauer ein, welche mit ihren Zinnen und Türmen die ganze Wehrhaftigkeit der Stadt und ihre strategische Bedeutung deutlich macht. Ein ähnliches Bild von der Stadt hat der Siegelstecher in dem alten Stadtsiegel von Jülich gegeben. Beide Typare sind glücklicherweise, wenn auch an verschiedenen Orten, erhalten. Insbesondere die Umschriften lassen aber zweifelsfrei erkennen, daß beide Stücke Werke eines Siegelstechers sind. Mit hoher Wahrscheinlichkeit wird dieser ein Kölner Goldschmied gewesen sein.

Anmerkungen

1 U. Lewald, Zum Verhältnis von Köln und Deutz im Mittelalter, Festschrift Edith Ennen, Bonn 1972 S. 378–390, insbes. S. 384. Zur Geschichte des Kastells Deutz vgl. auch J. Milz, Studien zur mittelalterlichen Wirtschafts- und Verfassungsgeschichte der Abtei Deutz (VeröffKölnGV 30), Köln 1970 S. 3 ff.

2 U. Lewald (wie Anm. 1), S. 385.

3 Quellen zur Rechts- und Wirtschaftsgeschichte rheinischer Städte, Deutz, bearb. v. B. Hirschfeld, S. 103 f.

4 Vgl. den Abdruck der Urkunde ebenda Nr. 2 S. 163 f.

5 Vgl. H. Kisky, o. S.; vermutlich hat der Siegelstecher aber nur ein symbolisches, kein naturgetreues Bild von der Kirche geben wollen; vgl. dazu: Die Kunstdenkmäler der Stadt Köln 2,3 (KunstdenkmRheinprov 7,3), Düsseldorf 1934 S. 940.

Dinslaken

Großes Stadtsiegel

Abbildung 32

Bild: Im Vordergrund eine zinnenbekrönte Stadtmauer mit einem Turmtor in der Mitte; dahinter ragen drei Türme empor; der besonders starke mittlere Turm schließt oben mit einem Zinnenkranz ab, während die beiden seitlichen Türme ein Faltdach mit Turmknauf tragen.

Umschrift: + SIGILLVM · BVRGENSIV(M) · OPIDI · IN · DINCELAKE :

Größe: 7 cm im Durchmesser.

Abbildung: Originalabdruck an Urkunde von 1449 Dez. 4 (HauptstaatsarchDüsseldorf, Kleve-Mark, U. 1943).

Literatur: B. Endrulat, S. 13f.

Mit einer gewissen Zwangsläufigkeit hat sich Dinslaken zur Stadt entwickelt. Eine der wichtigsten Voraussetzungen war die Tatsache, daß im versumpften Rotbachtal schon früh eine Burg gegründet wurde, über die leider keine Einzelheiten bekannt sind. Die ursprünglich als einfache Motte zu denkende Anlage wurde im 12. Jahrhundert durch einen Steinbau ersetzt, welcher der benachbarten Siedlung Schutz verlieh. Vor 1267 ist Dinslaken in den Besitz der Grafen von Kleve gelangt.[1] Für das klevische Territorium, dessen Ausbau im 13. Jahrhundert sich teilweise im Einvernehmen mit den Kölner Erzbischöfen, teilweise aber auch in Konkurrenz zu deren Besitz am Niederrhein vollzog, mußte Dinslaken gerade wegen seiner schon vorhandenen Burganlage eine herausragende strategische Bedeutung besitzen. Da den Städten, die im 13. Jahrhundert von den rheinischen Landesherren gegründet wurden, in aller Regel eine besondere Funktion in der Territorialpolitik zukam, war es nur folgerichtig, die bei der Burg gelegene Siedlung Dinslaken zur Stadt zu erheben und als Stützpunkt klevischer Interessen nach Süden und Osten zu nutzen. Graf Dietrich VII. von Kleve (1260–1275) vollzog diesen Schritt, indem er mit Urkunde vom 2. August 1273 Dinslaken die Stadtrechte verlieh.[2]

Wie der älteren Forschung schon aufgefallen ist[3], wurden in der (übrigens in Kalkar ausgestellten) Urkunde Bestimmungen aufgegriffen, die uns aus den drei Jahrzehnte älteren Privilegien für Kleve und Kalkar bekannt sind. Diese Feststellung ist hier von Interesse, weil die Stadtsiegel von Kleve und Kalkar in ihrem Motiv – sie zeigen eine Mauer nebst Zwei- bzw. Dreiturmanlage – mit dem Dinslakener Stadtsiegel sehr verwandt sind. Im Detail weist das Dinslakener Siegel jedoch keine Ähnlichkeiten mit den Siegeln der beiden genannten Städte auf. Um so deutlicher läßt sich die Hand jenes Siegelstechers erkennen, der auch die drei ältesten bergischen Städtesiegel geschaffen hat. Über den Meister dieser Siegel ist in dem Artikel über das große Siegel der Stadt Wipperfürth Näheres ausgeführt. Während er in den Siegeln von Wipperfürth, Lennep und Ratingen jeweils die Stadtkirche im Siegel dargestellt hat, gab er bei dem Dinslakener Stadtsiegel dem Burgmotiv den Vorzug. Die Gründe hierfür liegen auf der Hand: Erstens besaß Dins-

laken bis zum Jahre 1436 keine eigene Pfarrkirche, sondern gehörte zum Pfarrsprengel des benachbarten Hiesfeld[4], zweitens war die Burg das herausragende Bauwerk am Orte, das sich zur Aufnahme in das Stadtsiegel geradezu aufzwang. Ob sie in ihrem Aussehen der Siegeldarstellung entsprach, darf allerdings bezweifelt werden. Vermutlich war die Anlage noch sehr bescheiden und nicht durch drei so hohe Türme gekennzeichnet, wie sie im Siegel erscheinen. Klarheit ist in dieser Frage nicht zu gewinnen, da die erste steinernde Burg durch Adolf II. von Kleve (1394–1448) erweitert wurde, wobei namentlich der mächtige, dreigeschossige Rundturm entstand. Mit Sicherheit waren die Türme nicht in mehreren Geschossen mit so zahlreichen schmalen Rundbogenfenstern versehen, wie es das Siegel vorgibt. Die Öffnungen können auch nicht als Schießscharten angesehen werden; hiergegen sprechen die enge Anordnung der Fenster nebeneinander und die teilweise gut erkennbaren Rundbögen als oberer Abschluß.
Die eigenartig durchfensterten Türme haben ihre Ursache allein in dem Siegelstecher selbst, der für dieses Motiv eine Vorliebe erkennen läßt. Da das Stadtsiegel von Ratingen als letzte gut datierbare Arbeit dieses Meisters zu gelten hat, geht man wohl nicht fehl in der Annahme, daß das Siegel der Stadt Dinslaken noch im Jahre 1273 oder aber unmittelbar danach geschaffen worden ist.

Anmerkungen

1 D. Kastner, S. 50.
2 Text der Gründungsurkunde bei A. Meister, Das städtische Freiheitsprivileg für Dinslaken, AnnHistVNdRh 62 (1896) S. 158–164.
3 Vgl. R. Stampfuß und A. Triller, Geschichte der Stadt Dinslaken 1273–1973, Dinslaken 1973 S. 22, mit Hinweis auf die älteren Ausführungen von A. Meister und E. Liesegang.
4 Ebenda S. 18.

Düren

Ältestes großes Stadtsiegel

Abbildung 33

Bild: Hinter einer zinnenbekrönten Mauer und überhöht von einem Kleeblattbogen ist der König in Halbfigur dargestellt. Er trägt auf dem Haupte eine Krone; in der Rechten hält er das Lilienzepter, in der Linken den Reichsapfel. Der Umhang wird auf der Brust von einer großen Agraffe in Form einer vierblättrigen Blüte zusammengehalten. Der an den Seiten von Kapitellen aufsteigende Kleeblattbogen trägt in der Mitte und an den beiden Seiten drei kleine Türme. Von den äußeren Türmen erstreckt sich im Viertelkreis jeweils eine Mauer zu dem erhöhten Mittelturm. Diese Mauer ist mit insgesamt vier Zinnen besetzt. Das Dach des mittleren Turmes durchbricht den inneren Perlkreis; der kugelförmige Knauf ragt in den Raum der Umschrift hinein.

Umschrift: HOC : EST : REGALE : SIGILLVM : OPIDI · DVRENSIS :

Größe: 7,4 cm im Durchmesser.

Abbildung: Originalabdruck, ehemals an Urkunde von 1290 Sept. 17 (Hauptstaatsarch-Düsseldorf, Aachen, Marienstift, U. 127), jetzt lose beiliegend.

Literatur: B. Endrulat, S. 41 f.

„Dies ist das königliche Siegel der Stadt Düren", lautet die Umschrift des ältesten Dürener Stadtsiegels in wörtlicher Übersetzung. Will man nicht ein Versehen bei der Formulierung der Umschrift annehmen – man könnte sinngemäß erwarten, daß hier wie in ähnlichen Fällen „das Siegel der königlichen Stadt Düren" bezeichnet werden sollte –, so ermöglicht der gewählte Wortlaut einen weitergehenden Schluß: Das Siegel wird der Bürgerschaft von ihrem König ausdrücklich zugestanden worden sein. In beiden Fällen kommt allerdings der besondere Status Dürens als Reichsstadt zum Ausdruck. Das Siegelbild mit der Halbfigur des Königs und der sparsamen Stadtabbreviatur trägt dieser Tatsache Rechnung.
Über das Alter der Stadtrechte Dürens besteht keine Klarheit. Als Düren 1241/42 von Kaiser Friedrich II. an den Grafen Wilhelm IV. von Jülich für 10 000 Mark Silber verpfändet wurde, bezeichnete der Kaiser es als „oppidum nostrum" und bestimmte, daß die Stadt nach Einlösung der Pfandsumme wieder frei ans Reich zurückfallen solle. Hierzu ist es nie gekommen, was gewiß auf den chronischen Geldmangel der deutschen Herrscher zurückzuführen ist. Andererseits ist Düren von den Jülicher Herrschern auch nie völlig vereinnahmt worden, so daß die Stadt eine eigenartige Doppelstellung bis zum Ende des alten Reiches einnahm.
Das große Siegel der Stadt Düren, dessen Bild in drei späteren Siegeln der Stadt aufgegriffen und nur im Stil, nicht aber im Inhalt verändert wurde, war für Düren ein hervorragendes Mittel, um seine staatsrechtliche Sonderstellung im Jülicher Territorium zu bekunden. Die Entstehung des ältesten Dürener Siegels fällt ohne Zweifel in die Zeit vor der Verpfändung von 1241/42. Zwar ist das Siegel erst an einer Urkunde vom 4. April 1278 belegt, doch gehört es stilistisch in die erste Hälfte des 13. Jahrhunderts. Hierfür sprechen die einfache Darstellung des Königs in Halbfigur, der altertümliche Kleeblattbogen, die sehr knappe Stadtabbreviatur und der weitgehende Verzicht auf Schmuckformen, die sich im wesentlichen auf die notwendigen Attribute und die Kleidung des Königs beschränken. Auch der Gesamteindruck und Einzelheiten der Umschrift bestätigen einen solchen zeitlichen Ansatz. Zum Vergleich bietet sich das im Motiv verwandte Siegel der Stadt Blankenberg an, das im Zusammenhang mit der Stadtrechtsverleihung von 1245 entstanden ist. Die hier deutlich werdenden Unterschiede rechtfertigen es, die Entstehung des Dürener Stadtsiegels einige Jahrzehnte früher anzusetzen. Es ist daher nicht ganz auszuschließen, daß König Heinrich (VII.) im Zusammenhang mit der Verleihung der Zollfreiheit an Düren (1226) – vielleicht auch erst einige Jahre danach – den Einwohnern auch die Führung eines „Stadt"-Siegels erlaubte. In diesem Falle hätte man allen Grund gehabt, das große Siegel der Stadt Düren in der Umschrift als „königliches Siegel" zu bezeichnen.

Düren

Zweites Geschäftssiegel

Abbildung 34

Bild: Unter einem reich verzierten, spitzen Kleeblattbogen steht der König in Dreiviertelfigur mit dem Zepter in der Rechten und dem Reichsapfel in der Linken.

Umschrift: S(IGILLVM) · CONSVLV(M) :: AC : SCABINORVM :: OPIDI :: DVREN(SIS) :: AD : CAVSAS : 1546

Größe: 5,9 cm im Durchmesser.

Abbildung: Moderner Abdruck vom Originalstempel (heute im Stadtarchiv Düren).

Literatur: B. Endrulat, S. 42; T. Diederich, Rheinische Siegel und Siegelstempel, S. 64 f.

Die Stadt Düren hat im Mittelalter neben ihrem großen Siegel noch zwei weitere Siegel besessen, mit deren Einführung man der in größeren Städten üblichen Differenzierung im Siegelwesen folgte. Noch im 13. Jahrhundert wurde ein kleines Gegensiegel angefertigt, das einen einköpfigen Adler zeigte und damit wie das Hauptsiegel einen besonderen Bezug der Stadt zum Reich ausdrückte. Aus der ersten Hälfte des 14. Jahrhunderts stammt ein Geschäftssiegel der Stadt Düren. Es lehnt sich in der Darstellung eng an das große Stadtsiegel an, bildet den König aber einer Mode der Zeit entsprechend vor einem schräg gegitterten und mit Kreuzchen gefülltem Hintergrund ab. Die besondere Funktion des Geschäftssiegels als städtisches Nebensiegel zeigt sich in dem deutlich geringeren Durchmesser. Die Umschrift S(IGILLVM) · REGAL(IS) · OPIDI · DVRENSIS · CAMERE · SACRI · IMP(ER)II · AD · CAVSAS · greift einerseits die des großen Siegels auf, geht andererseits aber mit dem neuen Ehrentitel „Kammer des Heiligen (Römischen) Reiches" über die bisherige Aussage hinaus. Alle drei mittelalterlichen Siegel der Stadt Düren brachten also einen deutlichen reichsstädtischen Anspruch zum Ausdruck. Auf ihn mußte man in Düren natürlich großen Wert legen, bestand seit der Verpfändung der Stadt im Jahre 1241/42 doch die Gefahr, daß die Grafen und späteren Herzöge von Jülich hier weitergehende Herrschaftsrechte an sich zu bringen versuchten.

Gewiß hätten die alten Siegelstempel auch in der Neuzeit weiterverwendet werden können, wären sie nicht durch ein außergewöhnliches Ereignis in Verlust geraten. Als im Jahre 1543 Kaiser Karl V. und Herzog Wilhelm V. von Jülich um die Erbfolge im Herzogtum Geldern kämpften, schloß Düren am 23. August vor dem Kaiser die Tore. Die Stadt zeigte sich der Beschießung und dem Ansturm der kaiserlichen Truppen aber nicht gewachsen und wurde schon einen Tag später eingenommen. Bei der anschließenden Plünderung oder – was noch wahrscheinlicher ist – bei dem Stadtbrand, der am zweiten Plünderungstag aus unbekannter Ursache ausbrach, dürften die Siegelstempel vernichtet worden sein. Damals wurde nämlich das Rathaus – und mit ihm das Archiv – ein Opfer der Flammen.[1] In den nächsten Jahren stellte ein Goldschmied zwei neue Typare für das große Stadtsiegel und das kleinere Geschäftssiegel her. Beide Siegelstempel sind erhalten.

Sie zeigen auf der Rückseite z. T. dieselben Beschauzeichen, die leider aber noch nicht identifiziert werden konnten, so daß auch dieser Siegelstecher nicht mit Namen bekannt ist. Er war gewiß Dürener Bürger und hatte offensichtlich den Auftrag, die beiden Typare nach dem Vorbild der älteren zu gestalten. Die Vorlagen hat er jedoch nicht sklavisch nachgeahmt, sondern Figur, Architektur und Umschrift im Stile seiner Zeit geschaffen. Vom Künstlerischen erweist sich das neue Geschäftssiegel, das nach der Jahresangabe der Umschrift 1546 gestochen wurde, dem zweiten großen Stadtsiegel überlegen. Insbesondere der König wirkt im Geschäftssiegel überzeugender. Er ist hier nicht mehr frontal wie ehedem und in dem Neuschnitt des großen Siegels abgebildet, sondern mit einem leicht zur Seite gedrehten Haupt. Auch bei der Darstellung der Kleidung wirkt das kleinere Geschäftssiegel viel zeitgemäßer. Gewand und Umhang des Königs im großen Siegel lehnen sich stärker an die Vorlage an. Man spürt förmlich, daß der Siegelstecher zuerst das große Stadtsiegel neu angefertigt und sich dann erst bei dem weniger wichtigen Geschäftssiegel einige Freiheiten genommen hat. Gerade die lebendige Dreiviertelfigur des im Zeitkostüm wiedergegebenen Königs verleiht dem Dürener Geschäftssiegel von 1546 einen besonderen Rang in der rheinischen Siegelkunst des 16. Jahrhunderts.

Anmerkung

1 A. Schoop, Quellen zur Rechts- und Wirtschaftsgeschichte der rheinischen Städte, Jülichsche Städte I: Düren (PublGesRheinGKde 29), Bonn 1920 S. 7* f.

Düsseldorf

Großes Stadtsiegel

Abbildung 35

Bild: Eine kleine Kirche, die in der Mitte von einem Turm überragt wird.

Umschrift: + SIGILLVM : OPIDI : DE : DVSSILDORP

Größe: 5,2 cm im Durchmesser.

Abbildung: Originalabdruck an Urkunde von 1542 April 12 (HauptstaatsarchDüsseldorf, Jülich-Berg, U. 2069).

Literatur: B. Endrulat, S. 3 f.; O. Korn, Siegel und Wappen der Stadt Düsseldorf, DüsseldorfJb 47 (1955) S. 10–25, insbes. S. 13 f.; H. Weidenhaupt, Kleine Geschichte der Stadt Düsseldorf, 6. fortgeführte Aufl. 1976 S. 26 f.

Mit Urkunde vom 14. August 1288 wurde Düsseldorf von Graf Adolf V. von Berg und seiner Gemahlin Elisabeth zur Stadt erhoben. Die Gründung dieser vierten bergischen Stadt ist in dem größeren Zusammenhang der territorialpolitischen Auseinandersetzungen zwischen dem Erzbischof von Köln und dem Grafen von Berg zu sehen. Bereits die Stadterhebung Ratingens im Jahre 1276 richtete sich gegen die Ausdehnung des Kölner

Erzbischofs am Niederrhein. Als dieser 1282 die Reichsburg Kaiserswerth an König Rudolf I. abtreten und damit eine Schwächung seiner Position hinnehmen mußte, bedeutete dies schon einen Gewinn für Adolf V. von Berg; entscheidend wurde dann aber die Schlacht bei Worringen im Jahre 1288, welche den Streit um das Limburger Erbe beendete. Erzbischof Siegfried von Westerburg war der eigentliche Verlierer dieser Schlacht, in der sich zwei große Koalitionen gegenüberstanden und deren Ausgang das Eingreifen Adolfs V. von Berg wesentlich bestimmte. Daß dieser seinen Vorteil aus der gewonnenen Schlacht zu ziehen versuchte, indem er Düsseldorf zur Stadt erhob und damit einen Rheinhafen gewann, ist nur zu verständlich. Für die Stadterhebung Düsseldorfs waren also eindeutig machtpolitische Gründe maßgebend.

Das Siegel der neuen Stadt Düsseldorf ist erstmals an einer Urkunde des Jahres 1303 bezeugt. Entstanden ist es aber sicherlich bei der Stadterhebung oder im Anschluß an sie. Mit 5,2 cm im Durchmesser ist das Düsseldorfer Siegel bedeutend kleiner als die Siegel der drei ältesten bergischen Städte. Allerdings stammt das Düsseldorfer Siegel auch von einem anderen Siegelstecher. Der Meister der ältesten bergischen Städtesiegel, der uns, wie im Artikel über Wipperfürth ausgeführt, durch insgesamt zehn Siegelschöpfungen bekannt ist, scheint im Jahre 1288 nicht mehr gelebt zu haben; zumindest war er damals nicht mehr für den Grafen von Berg und seine Städte tätig. Ob das Fehlen des bergischen Wappens in dem Stadtsiegel von Düsseldorf als Desinteresse Adolfs V. an der Gestaltung des Siegels zu deuten ist, läßt sich nicht entscheiden. Jedenfalls hat der Siegelstecher nicht an die ersten drei bergischen Städtesiegel angeknüpft.

Die ehedem erörterte Frage, ob das im Siegel dargestellte Gebäude als Rathaus oder als die örtliche Kirche zu betrachten ist[1], darf mit den Erwägungen Endrulats und dem Hinweis darauf, daß Düsseldorf anfangs noch gar kein Rathaus besaß[2], zu Gunsten der Kirchendarstellung als entschieden gelten. In Düsseldorf gab es, solange es noch Dorf war, nur eine kleine, dem hl. Lambertus geweihte Kirche, die wahrscheinlich 1206 zur Pfarrkirche erhoben worden ist. Weidenhaupt nimmt an, daß diese Kirche in dem Siegel stilisiert wiedergegeben ist.[3] Tatsächlich scheint das Siegel ein Abbild der Dorfkirche vor 1288 zu liefern. Sicherheit läßt sich in dieser Frage nicht gewinnen, weil man die Pfarrkirche St. Lambertus mehrfach vergrößerte. Noch im Jahre 1288 wurde sie mit einer Kanonikergemeinschaft besetzt und damit zur Stiftskirche mit Pfarrechten erhoben, so daß eine erste Erweiterung nötig war; ein Jahrhundert später, zwischen 1370 und 1394, hat man die Kirche noch einmal vergrößert.[4] Infolgedessen können wir uns heute nur noch eine Vorstellung von dem Grundriß der alten Dorfkirche, nicht aber von ihrem Aussehen machen.

Das älteste Siegel der Stadt Düsseldorf erinnert in seiner anspruchslosen Darstellung und in seinem geringen Durchmesser an die bescheidenen Anfänge der Stadt, die erst Jahrhunderte später ihren eigentlichen Aufschwung bis hin zur heutigen Großstadt nahm. Diese Entwicklung steht in diametralem Gegensatz zu einigen Städten, die wie Blankenberg und Grieth sich im 13. Jahrhundert ein beträchtlich größeres und anspruchsvolleres Siegel zulegten, in ihrer weiteren Stadtentwicklung aber zurückblieben und durch die Ungunst der Lage und andere Umstände schließlich zur Bedeutungslosigkeit verurteilt wurden.

Anmerkungen

1 B. Endrulat, S. 4.
2 H. Weidenhaupt, S. 26.
3 Ebenda S. 27.
4 St. Lambertus, Stifts- und Pfarrkirche zu Düsseldorf. Ein Gedenkbuch, Düsseldorf 1925 S. 7 f.; H. Kisky, Die Baugeschichte der Lambertuskiche, in: Die Stifts- und Pfarrkirche St. Lambertus zu Düsseldorf, Ratingen (1956) S. 81.

Duisburg

Die Stadt Duisburg hat im 13. und 14. Jahrhundert nacheinander vier verschiedene Stempel für das große Stadtsiegel benutzt. Nicht nur der reiche und außerordentlich schnell abfolgende Wechsel, sondern auch einige andere siegelkundliche Aspekte von allgemeiner Bedeutung lassen es geraten erscheinen, in diesem Werk alle vier Hauptsiegel der mittelalterlichen Stadt Duisburg zu berücksichtigen.

Erstes großes Stadtsiegel

Abbildung 36

Bild: Auf einem einfachen Thron ohne Lehnen sitzt Christus, der Erlöser, dargestellt mit Kreuznimbus, segnend erhobener Rechten und einem Buch in der Linken. Die Umschrift wird oben durch ein kleines Kreuz, das zum Nimbus gehört, eingeleitet; unten ist sie durch eine Fußstütze, die aus dem Siegelfeld herausragt, unterbrochen.

Umschrift: + SALVATOR MV · NDI · PA – RRONVS I(N) · DVSBVRG ·

Größe: 7,5 cm im Durchmesser.

Abbildung: Originalabdruck an Urkunde von 1261 Apr. 17 (HauptstaatsarchDüsseldorf, Duissern, U. 21).

Literatur: J. Milz, Die mittelalterlichen Duisburger Stadtsiegel, Duisburger Journal 1. Jg. Nr. 6 (1977) S. 20–22; J. Milz, Die mittelalterlichen Duisburger Stadtsiegel, in: Geschichtliche Geschichten aus Duisburg (Mercator-Bücherei 47/48), Duisburg 1980 S. 10–14; J. Milz, Die mittelalterlichen Duisburger Stadtsiegel, in: 1100 Jahre Duisburg 883–1983. Duisburg im Mittelalter, Begleitschrift zur Ausstellung 4. September bis 27. November 1983, Duisburg 1983 S. 136–139.

Die ältere Geschichte Duisburgs ist in besonderem Maße durch die enge Verbindung dieses Ortes zum Reich bestimmt. Schon für das 9. Jahrhundert ist in Duisburg ein Königshof nachgewiesen, der wohl im 10. Jahrhundert zur Pfalz ausgebaut wurde und in der folgenden Zeit mehrmals als Tagungsort für Reichsversammlungen diente. Obwohl die deutschen Herrscher Duisburg einige Male aus der Hand gaben, blieb doch weiterhin eine enge Beziehung zum Reich erhalten. Demgemäß wurde Duisburg 1129 als „regia villa“ und 1155 als „pagus regalis“ bezeichnet. Über den Zeitpunkt der Stadtwerdung hat die Forschung, da eine förmliche Stadterhebungsurkunde nicht überliefert ist, nur Mutmaßungen anstellen können. Welche Unsicherheit in dieser Frage bisher bestand, zeigt die vorsichtige Formulierung Günter von Rodens, wonach Duisburg „in der ersten Hälfte des 12. Jahrhunderts an der Schwelle seiner Stadtwerdung“ gestanden habe.[1] Neuerdings hat Edith Ennen im Beiheft VI/1 zu ihrer Karte über das Rheinische Städtewesen bis 1250 aber frühe Nachrichten für Fernhandel, Münzprägung und Stadtbefestigung zusammengestellt, die für eine frühere Stadtwerdung sprechen. Im Jahre 1189 ist Duisburg jedenfalls als „civitas“ belegt. Ein Stadtsiegel hat es im 12. Jahrhundert offensichtlich aber noch nicht besessen, was angesichts der Tatsache, daß es sich hierbei noch um die Frühzeit städtischer Siegelführung überhaupt handelt, nicht sonderlich verwundern kann.

Ein Siegel der Stadt Duisburg ist erstmals an einer Urkunde des Jahres 1224 überliefert. Da eine Urkunde von 1209 zwar von Schultheiß, Schöffen und Bürgern der Stadt Duisburg bezeugt, aber (obwohl dies an sich zu erwarten wäre) nicht besiegelt wurde, hat Joseph Milz mit gutem Grund geschlossen, daß zu diesem Zeitpunkt noch kein Stadtsiegel existierte. Demnach müßte das älteste Duisburger Stadtsiegel in den eineinhalb Jahrzehnten zwischen 1209 und 1224 entstanden sein. Eine nähere Eingrenzung aufgrund stadtgeschichtlicher Ereignisse ist nicht möglich. Aber auch stilistische und epigraphische Kriterien liefern keine sicheren Anhaltspunkte für eine Feindatierung. Während nämlich die OR-Ligatur und die Verschreibung PARRONVS der in einer klaren Capitalis gehaltenen Umschrift auf ein höheres Alter deuten, wirkt die künstlerisch bemerkenswerte Thronfigur des Heilandes recht modern. Rainer Kahsnitz glaubte, in dem ältesten Stadtsiegel von Duisburg etwas von dem Wirken des Nikolaus von Verdun im Rheinland aufspüren zu können.[2] Berücksichtigt man, daß dieser hervorragende Goldschmied zwischen 1181 (Emailwerk des Klosterneuburger Retabels) und 1205 (Marienschrein der Kathedrale von Tournai) tätig war, so könnte das Duisburger Siegel bald danach unter dem Einfluß seines Stiles entstanden sein. Dieser Stil, der sich u. a. am Dreikönigenschrein in Köln und am Schrein des hl. Anno in Siegburg fassen läßt, muß eine große Wirkung besessen haben. Seine vielfältigen Richtungen und Verzweigungen sind allerdings noch nicht in allem zu übersehen[3]; der Umkreis der Kunst des Nikolaus von Verdun in den Werken der Siegelkunst ist noch gänzlich unerforscht.[4]

Nach Andernach war Duisburg die zweite rheinische Stadt, die den Patron der örtlichen Pfarrkirche ohne Stadtmauer, Türme oder sonstige Stadtabbreviatur im Stadtsiegel abbildete. Dieser Heiligensiegeltyp erfreute sich bei den geistlichen Institutionen seit längerer Zeit großer Beliebtheit. Gewiß war man sich dessen in Duisburg bewußt, gewiß kannte man auch die älteren Siegel der rheinischen Bischofsstädte, welche den Patron innerhalb einer verkürzt wiedergegebenen Stadt dargestellt hatten. Es mag das besondere Patrozinium der ältesten Duisburger Pfarrkirche gewesen sein, welches die Bürger veranlaßte, Christus in segnendem Gestus ohne architektonische Umrahmung ins Siegel zu nehmen. Auf ihn, den Heiland der Welt und den Patron in Duisburg, ist auch die Umschrift ausgerichtet.[5] Siegelbild und Legende künden davon, wie stolz die Duisburger Bürger auf ihr Patrozinium waren. Das Siegel wird damit zu einem eindrucksvollen Zeugnis für die

Einheit der mittelalterlichen Welt und die Gläubigkeit ihrer Menschen. Wenn sich nun die Duisburger für einen „geistlichen" Stadtsiegeltyp ohne Mauer entschieden, obwohl seit der Zeit Heinrichs V. eine Stadtbefestigung bestand, so erzielten sie hiermit eine Wirkung besonderer Art: Die Darstellung des thronenden Erlösers gewann nämlich eine so starke Dominanz, daß sich das Duisburger Siegel von den allermeisten Siegeln der übrigen Städte jener Zeit deutlich abhob.

Anmerkungen

1 G. von Roden, Geschichte der Stadt Duisburg I, Duisburg 1973 S. 36.

2 R. Kahsnitz, Rhein und Maas, Kunst und Kultur, 800–1400. Zu der Ausstellung in Köln und Brüssel im Sommer 1972, ZKunstg 36 (1973) S. 293.

3 D. Kötzsche, Nikolaus von Verdun und die Kölner Goldschmiedekunst, in: Rhein und Maas, Kunst und Kultur, 800–1400 (Ausstellungskatalog), Köln 1972 S. 314.

4 R. Kahsnitz (wie Anm. 2).

5 Vgl. auch das Siegel des Stiftes Altmünster (St. Salvator) zu Utrecht aus der ersten Hälfte des 13. Jahrhunderts (Corpus Sigillorum Neerlandicorum Nr. 107), dessen Umschrift einen Segenswunsch enthält: SALVATOR · MVNDI · SALVA · NOS · OMNES · (Heiland der Welt, erlöse uns alle!).

Duisburg

Zweites großes Stadtsiegel

Abbildung 37

Bild: Im wesentlichen wie beim ersten großen Stadtsiegel.

Umschrift: + SALVATOR · MVNDI : PA – TRONVS · I(N) · DVSBVRG ·

Größe: 7,5 cm im Durchmesser.

Abbildung: Abguß von Originalabdruck an Urkunde von 1288 Aug. 9 (Hauptstaatsarch-Düsseldorf, Berg, U. 45).

Literatur: J. Milz (wie beim Artikel über das erste große Stadtsiegel).

Das erste große Siegel der Stadt Duisburg wurde kontinuierlich bis zum Jahre 1275 benutzt. Danach folgt eine Überlieferungslücke von gut 13 Jahren. An einer Urkunde vom 9. August 1288 ist dann ein Duisburger Stadtsiegel überliefert, das sich in seinem Aussehen kaum von den früheren Abdrücken unterscheidet. Wilhelm Ewald hat daher auch angenommen, das Siegel von 1288 sei mit dem älteren Duisburger Stadtsiegel identisch.[1] Hiervon kann, wie Joseph Milz jüngst nachgewiesen hat, jedoch keine Rede sein. Bei näherem Zusehen ergeben sich nämlich einige bedeutsame Abweichungen, am deutlichsten sichtbar beim Kreuznimbus, der im Siegel von 1288 rautenförmig schraffiert ist, und in der korrigierten Schreibweise des Wortes PATRONVS (vorher: PARRONVS). Die nicht gerade in die Augen springenden Veränderungen lassen zunächst daran denken, daß, aus welchem Anlaß auch immer, der alte Siegelstempel einer Überarbeitung unterzogen wurde, wie dies für eine Reihe anderer Siegelstempel[2] bezeugt ist. Ein Vergleich der beiden bei Ewald abgebildeten Exemplare von 1261 und 1288 mittels einer auf Transparentpapier angefertigten Nachzeichnung ergab indessen, daß zwei verschiedene Typare existiert haben müssen. Demnach wäre der 1288 benutzte Stempel nach älterer Vorlage nach- oder besser gesagt neugeschnitten worden.

Zu diesem Ergebnis ist auch Milz gekommen. Er verknüpfte die auffällige Tatsache, daß der Neuschnitt sich so eng an das alte Vorbild anlehnte und auf eine Neugestaltung des Motivs im Zeitstil verzichtete, mit der Frage, ob hierfür nicht verfassungsrechtliche Gründe maßgebend gewesen sind. Das alte Typar war von Schultheiß und Schöffen, die zunächst über die Gerichtsbarkeit hinaus auch das Stadtregiment in Duisburg innehatten, geführt worden. 1274 sind dann erstmals Ratsherren (consules), 1275 auch zwei Bürgermeister für Duisburg belegt. Diese neuen Repräsentanten der Bürgerschaft werden auch die Verfügungsgewalt über das große Stadtsiegel für sich reklamiert haben. Es bedarf keiner großen Phantasie, um sich vorzustellen, daß das ältere Schöffenkolleg die Herausgabe des Typars verweigerte. „Damit aber waren Bürgermeister und Rat gezwungen, sich einen neuen Siegelstempel schneiden zu lassen, der dem bekannten möglichst gleichen sollte, sich aber dann doch in Einzelheiten (ungewollt?) von ihm unterschied.“[3] Gerade die sorgfältige Anlehnung an das alte Siegel spricht für eine sonst nicht weiter bezeugte Auseinandersetzung um die Kompetenzen im Duisburger Stadtregiment der 70er/80er Jahre des 13. Jahrhunderts.[4] Wäre der Stempel beim Duisburger Stadtbrand von 1283 in Verlust geraten oder wäre es nur darum gegangen, den Fehler in der Umschrift zu korrigieren, so hätte man vermutlich den Neuschnitt einem Siegelstecher mit der Maßgabe anvertraut, das alte Motiv – den thronenden Salvator – in den neuesten Stilformen, vielleicht auch innerhalb eines etwas größeren Siegeldurchmessers, neu zu gestalten. Diese Mutmaßung gewinnt dadurch an Wahrscheinlichkeit, daß es bald darauf tatsächlich zu einem Neuschnitt in moderner Form gekommen ist.

Anmerkungen

1 W. Ewald, Rheinische Siegel III, S. 11.

2 Vgl. die Artikel über die großen Stadtsiegel von Boppard und Remagen; weitere Beispiele finden sich im Rheinland bei Siegeln geistlicher Institutionen.

3 J. Milz, Duisburger Journal, S. 21.

4 Etwas anders lagen die Verhältnisse kurz zuvor (1267/68) in Köln, wo im Verlauf einer Fehde zwischen zwei führenden Geschlechtern der Stempel des großen Stadtsiegels abhanden kam, ausdrücklich außer Kraft gesetzt und von einem Neuschnitt in modernstem Stil abgelöst wurde (vgl. den Artikel über das zweite [gotische] Siegel der Stadt Köln).

Duisburg

Drittes großes Stadtsiegel

Abbildung 38

Bild: Auf einer mit gotischen Blendarkaden verzierten Bank thront Christus, dargestellt mit Kreuznimbus, segnend erhobener Rechten und einem geschlossenen Buch in der Linken. Nimbus und Bank ragen in den Raum der Umschrift hinein; ansonsten legt sich um den Rand des Siegelfeldes ein mit Kleeblättern und gotischen Maßwerkformen verzierter Vielpaß.

Umschrift: SIGILL[VM ·] OPPIDA – NOR[VM · DE · D]VYSBORG

Größe: 8,4 cm im Durchmesser.

Abbildung: Originalabdruck an Urkunde von 1317 Juni 30 (HistArchKöln, HUA 1/890).

Literatur: T. Diederich, Radevormwald, S. 256 f.; J. Milz (wie beim Artikel über das erste große Stadtsiegel).

Schon eine Generation nach Anfertigung des zweiten Typars für das große Duisburger Stadtsiegel muß ein neuer Siegelstempel in Auftrag gegeben worden sein. An einer Urkunde vom 30. Juni 1317 ist das dritte große Siegel der Stadt Duisburg überliefert. Es ist nach unserem derzeitigen Kenntnisstand der einzige Originalabdruck überhaupt. Vor dem Zweiten Weltkrieg war er nur an einigen Buchstaben der Umschrift beschädigt[1], hat danach aber weiteren Schaden genommen. Es ist zu hoffen, daß die im Stadtarchiv Köln inzwischen vorgenommene Restaurierung dieses wichtige Belegstück für die Zukunft sichert.

Gegenüber den beiden älteren Siegeln fällt die neue Darstellung des Erlösers in gotischen Stilformen besonders auf. Dieser wirkt nicht mehr so starr; zu der Bewegung des rechten Armes kommen die reichen Gewandfalten – vor allem bei dem vom rechten Unterarm herabfallenden Zipfel und zwischen den Beinen – sowie die vielfältigen Schmuckformen, welche der Gotik zur Verfügung standen. Der Siegelstecher war zweifellos ein gewandter Goldschmied. Einen so reich mit gotischem Maßwerk und aufgesetzten Kleeblättern verzierten Vielpaß findet man in keinem anderen rheinischen Siegel. Dieses der Architektur entlehnte Motiv ist bei Siegeln ohnehin nicht häufig; von den großen rheinischen Städtesiegeln weist nur noch das von Radevormwald einen Vielpaß auf. Auch bei Reitersiegeln ist diese Schmuckform verhältnismäßig selten. Um so auffälliger ist es, wenn die wohl zwischen 1308 und 1310 entstandenen Reitersiegel der Grafen Engelbert II. von der Mark (1308–1328) und Adolf VI. von Berg (1308–1348) dasselbe Motiv zeigen. Insbesondere die hohe Übereinstimmung bei den Buchstaben der Umschriften hat mich schon früher bewogen, alle drei Siegel demselben Siegelstecher zuzuschreiben.[2] Da Duisburg als Aussteuer der Agnes von Kleve, die sich nach Ostern 1312 mit Adolf VI. vermählte, an Berg kam, wäre ein solcher Zusammenhang nicht überraschend. Die Entstehung des dritten Duisburger Siegels läßt sich auf das Jahr zwischen Juni 1316 und Juni 1317 eingrenzen, da eine Urkunde vom 23. Juni 1316 einstmals gewiß mit dem zweiten Siegel beglaubigt war. Zwar ist das Siegel bis auf einen etwa pfenniggroßen, unkenntlichen Rest abgefallen, aber die Verfärbungen an der Pergamentpressel lassen erkennen, daß der Durchmesser des Siegels nur wenig mehr als 7 cm im Durchmesser betragen haben kann.[3]

Auffällig an dem neuen Siegel ist auch die Tatsache, daß nunmehr ein neuer Wortlaut in der Umschrift erscheint. Er weist das Siegel eindeutiger als die vorangehenden Formulierungen als Stadtsiegel aus. Ob hier eine Angleichung an die bis dahin bekannten Städtesiegel vorgenommen wurde oder ob man lediglich mittelalterlicher Gründlichkeit entsprechend auf eine Präzisierung bedacht war, mag offen bleiben. Die Beibehaltung des Siegelmotivs zeigt immerhin, daß man das bisherige Siegel, das so sehr nach einem Kirchensiegel aussah, nicht als völlig antiquiert empfand. Die neuen Stilformen des dritten Duisburger Stadtsiegels dürften jedenfalls aber von der Bürgerschaft beifällig aufgenommen worden sein.

Anmerkungen

1 Vgl. die Abbildung bei W. Ewald, Rheinische Siegel III, Tafel 83 Nr. 1.
2 T. Diederich, Radevormwald, S. 257.
3 Frdl. Hinweis von Herrn Ltd. Stadtarchivdirektor Dr. Joseph Milz, Duisburg. Die Urkunde vom 23. Juni 1316 befindet sich im Stadtarchiv Duisburg, Best. 94, U. 6.

Duisburg

Viertes großes Stadtsiegel

Abbildung 39

Bild: Auf einem reich verzierten gotischen Thron sitzt Christus, dargestellt mit Kreuznimbus, segnend erhobener Rechten und einem geöffneten Buch in der Linken.

Umschrift: SI – GILLVM ⁝ OPPIDAN ⁝ – [ORVM ⁝ DE ⁝] DVYSBOR – CH

Größe: 8,5 cm im Durchmesser.

Abbildung: Originalabdruck an Urkunde von 1360 Juli 23 (HauptstaatsarchDüsseldorf, Berg, U. 242).

Literatur: B. Endrulat, S. 14; R. Kahsnitz, Typare und Wachssiegel, S. 83 f.; J. Milz (wie beim Artikel über das erste große Stadtsiegel).

An einer Urkunde des Jahres 1360 findet sich der älteste bekannte Abdruck eines neuen Stempels des großen Duisburger Stadtsiegels, des vierten im Laufe von nicht einmal eineinhalb Jahrhunderten. Im Jahre 1348 war es mit Sicherheit schon vorhanden, da für dieses Jahr das gleichgebildete kleinere Sekretsiegel der Stadt Duisburg, das von demselben Siegelstecher stammen muß, belegt ist.[1] Nach einer Vermutung von Rainer Kahsnitz ist das neue Typar „eher bald nach 1317 als erst gegen die Mitte des Jahrhunderts" angefertigt worden. Hierfür spricht auch eine erst kürzlich ins Blickfeld geratene Urkunde des

Duisburger Stadtarchivs von 1332.[2] Deren Siegel ist zwar abgefallen, aber im Urkundentext wird das „größere Siegel" (sigillum maius) der Stadt Duisburg angekündigt. Man darf also vermuten, daß 1332 schon das (kleine) Sekretsiegel existierte, von dem das große, gleichzeitig gestochene (vierte) Siegel der Stadt Duisburg in der angegebenen Weise abgehoben wurde. Demnach wäre das schöne dritte Siegel der Stadt Duisburg nur ganz kurze Zeit im Gebrauch gewesen. Welche Gründe seine Ablösung durch das vierte Siegel veranlaßt haben, ist unbekannt. Man wird am ehesten an Beschädigung oder Verlust zu denken haben, was gelegentlich vorkam.[3] Jedenfalls dürften stilistische Gründe keine Rolle gespielt haben, da das neue Siegel sich wie das erste im gotischen Zeitstil bewegt. Allerdings ist in dieser Hinsicht doch eine gewisse Weiterentwicklung festzustellen, welche zugleich für die Meisterschaft des ausführenden Künstlers spricht. Er hat nämlich den schmuckreichen Vielpaß des dritten Siegels weggelassen und damit Platz für eine reiche Ausgestaltung des Thrones gewonnen. Hierbei bedient er sich vieler Einzelheiten, die uns aus der gotischen Architektur vertraut sind; hier finden sich im einzelnen lanzettförmige, oben mit Maßwerk versehene Blendarkaden, hoch aufragende Seitenpfeiler, die in Fialen auslaufen, sowie krabbenbesetzte Strebebögen, deren Pfeiler ebenfalls Fialen tragen und außen sogar über eine Art Traufgesims verfügen. Die Rückenlehne ist oben rechts mit drei Kleeblättern, links mit drei Lilien verziert.

Dieser ganze Formenapparat findet sich auch bei den königlichen Thronsiegeln der ersten Jahrhunderthälfte. Indessen lassen sich die Gesamtkomposition des Siegelbildes und auch der Aufbau des Thrones selbst an kein Siegel eines deutschen Herrschers anschließen. Der königliche Thronsiegeltyp dürfte andererseits aber die Gestaltung des vierten Duisburger Stadtsiegels beeinflußt haben. Jedenfalls kann das neue Duisburger Siegel kaum noch wie ehedem die beiden ersten Siegel des 13. Jahrhunderts mit einem geistlichen Siegel verwechselt werden. Das vierte Siegel wirkt auf den ersten Blick vielmehr wie ein Königssiegel; lediglich der segnende Gestus, das aufgeschlagene Buch und vor allem der Kreuznimbus der Thronfigur bilden die Unterscheidung zum Siegelbild des königlichen Thronsiegeltyps. Das dritte Duisburger Siegel mit der noch verhältnismäßig einfachen Thronbank ist ein wichtiges Bindeglied zu den beiden ältesten Siegeln, die so eindeutig in der Tradition eines anderen, nämlich geistlichen Siegeltyps stehen.

Nimmt man die vier großen Siegel, welche die Stadt Duisburg im Mittelalter geführt hat, zusammen, so lassen sich trotz (oder besser wegen) der Beibehaltung des Grundmotivs die in weniger als eineinhalb Jahrhunderten eingetretenen Wandlungen erkennen. Es ändert sich nicht nur der vermeintliche Siegeltypus, sondern auch – zumindest einmal – die Umschrift. Vor allem aber wird die stilistische Entwicklung von Nikolaus von Verdun bis in die vorparlerische Zeit[4] deutlich. Sie läßt sich am besten an der Behandlung der Falten ablesen, die bei dem vierten Siegel zwar nicht reicher, aber sehr viel akzentuierter als bei dem vorangehenden Siegel sind.

Der Umhang bildet jetzt im Schoß und unter den Knien tief schluchtende Falten, die sich im gleichsam nachschleppenden Untergewand fortsetzen und einseitig zum rechten Fuß hin auslaufen. Hierdurch erhält der Unterkörper eine eigentümliche Bewegung, die durch das leicht angehobene linke Knie verstärkt wird. Im Kontrast dazu steht der majestätisch aufgerichtete Oberkörper. Das Siegel gehört ohne Zweifel zu den schönsten rheinischen Städtesiegeln des Spätmittelalters.

Von allgemeinem siegelkundlichen Interesse ist die Tatsache, daß zwischen 1317 und 1360 sich kein einziger Abdruck eines Duisburger Siegels erhalten hat. Dies ist um so bemerkenswerter, als Duisburg nach Köln, Mainz, Trier und Aachen gewiß zu den bedeutendsten Städten des Rheinlandes zu zählen ist und der Höhepunkt der Urkundenausstellung im späten Mittelalter liegt. Auch für die Zeit nach 1360 ist die Überlieferung des vierten Duisburger Stadtsiegels nicht gerade reichhaltig. Daß es aber auch in der Neuzeit weiterhin als städtisches Hauptsiegel benutzt wurde, beweist ein Beleg vom Jahre 1638.[5]

Anmerkungen

1 Vgl. A. Chr. Borheck, Archiv für die Geschichte, Erdbeschreibung, Statskunde und Alterthümer der Deutschen Nieder-Rheinlande 1,1, Elberfeld 1800 S. 52 f.

2 StadtarchDuisburg, Best. 2, Urk. Nr. 21 von 1332 Juni 28.

3 Vgl. das Schreiben der Stadt Speyer vom 1. Dezember 1439 an die Stadt Köln (HistArchKöln, Briefeing. 1830). Danach hatte der Speyerer Bürgermeister Engel von Rinkenberg das städtische Sekretsiegel verloren, weshalb die Stadt ein neues, das auf der Rückseite des übersandten Schreibens erstmals aufgedrückt wurde, anfertigen lassen mußte.

4 Zu den Parlern vgl. die Parler und der Schöne Stil 1350–1400. Europäische Kunst unter den Luxemburgern (Ausstellungskatalog und Handbuch), Köln 1978, insbesondere in Band 3 T. Diederich, Siegelkunst, S. 151–163.

5 HauptstaatsarchDüsseldorf, Duissern, U. 217 von 1638 Nov. 18.

Eltville

Erstes Stadtsiegel

Abbildung 40

Bild: Vor dem gitterartig damaszierten Hintergrund des Siegelfeldes oben ein großes Rad mit acht Speichen, darunter ein bis zum inneren Perlrand reichender Segmentbogen, der sich über einem bis in den Raum der Umschrift ragenden Wappenschild mit 7 (4 : 3) Rauten erhebt.

Umschrift: + S(IGILLVM) · SCVLT(ETI) · ET · SCABIN – ORVM · OPIDI · ELTEVIL

Größe: 4,9 cm im Durchmesser.

Abbildung: Originalabdruck an Urkunde von 1353 Mai 26 (HauptstaatsarchWiesbaden, Abt. 22, U. 949).

Literatur: O. Renkhoff, Die Ortssiegel und Ortswappen des Rheingaus, NassAnn 61 (1950) S. 122; K. E. Demandt und O. Renkhoff, S. 183.

Grabungsfunde haben ergeben, daß Eltville schon in römischer Zeit einen Gutshof beherbergte und später von Alemannen und Franken besiedelt war. Schon früh – vermutlich im 10. Jahrhundert – gelangte Eltville in den Besitz der Erzbischöfe von Mainz, die bis zum 11. Jahrhundert die Landeshoheit im Rheingau gewannen und später durch einen erzbischöflichen Viztum verwalten ließen. Eltville wird 1128 als „curia“, 1130 und

1151 als „curtis" des Mainzer Erzbischofs bezeichnet. Dieser Hof entwickelte sich in der folgenden Zeit zu einem Dorf, das schon im Jahre 1313, also noch vor der Stadterhebung, über Mauern verfügte. Die erste Mainzer Stiftsfehde des 14. Jahrhunderts, in der sich der Trierer Erzbischof Balduin von Luxemburg (1307–1354) mit dem vom Papst providierten Heinrich von Virneburg (1328–1346) um den Mainzer Erzstuhl stritt, wurde für die weitere Geschichte Eltvilles bedeutsam. Balduin ließ hier ab 1330 eine neue Burg erbauen, die er als Stützpunkt im Kampf gegen seinen Nebenbuhler zu nutzen gedachte. Dem Ort Eltville verschaffte er die Stadtrechte, die König Ludwig der Bayer mit Urkunde vom 23. August 1332 verlieh. Der König gewährte Eltville die Rechte der Stadt Frankfurt, einen Wochenmarkt und die Erlaubnis, die Stadt weiter zu befestigen.[1]
Ob die Stadterhebung zum Anlaß genommen wurde, sofort ein Stadtsiegel einzuführen, ist zweifelhaft. Das älteste bekannte Siegel der Stadt Eltville ist an Urkunden der Jahre 1350 und 1353 überliefert. Es muß aber bereits im Jahre 1337 oder in den nächsten Jahren danach geschaffen worden sein, da Balduin nach dem am 15. Oktober 1336 vom Papst erlassenen Urteil seine Ansprüche auf den Mainzer Erzstuhl aufgab und Heinrich von Virneburg 1337 in den Besitz des Mainzer Erzstiftes gelangte. Man darf annehmen, daß er auch in Eltville seine Herrschaftsrechte alsbald zum Ausdruck bringen wollte.
Das älteste bekannte Siegel der Stadt Eltville, das sich der Umschrift nach als Schöffensiegel ausgibt, tatsächlich aber Stadtsiegel war, zeigt eigenartigerweise kein einziges speziell auf diesen Ort bezogenes Symbol. Die Darstellung des Mainzer Rades als Zeichen für die Herrschaft und Hoheit der Erzbischöfe von Mainz kann nicht überraschen und entspricht einem seit dem 13. Jahrhundert vielfach bei Städtesiegeln angewandten Brauch. Auffällig ist hingegen, daß Heinrich von Virneburg auch sein persönliches Wappen mit den vier zu drei gestellten sieben Virneburger Rauten[2] in das Stadtsiegel von Eltville aufnehmen ließ. Die Erklärung hierfür liegt in der erwähnten Stiftsfehde. Offensichtlich nahm Heinrich von Virneburg massiven Einfluß auf die Gestaltung des Siegels, da die Bürger von Eltville vermutlich lieber eine speziell auf ihre Stadt bezogene Darstellung (Stadtmauer, Stadtkirche, Burganlage u. dergl.) gewählt hätten. Das in Größe und Bild bescheidene Siegel der Stadt Eltville von ca. 1337 ist also in einer bestimmten historischen Situation entstanden. Es war so zeitbedingt, daß es nach der Absetzung, spätestens aber beim Tode Heinrichs von Virneburg in seiner Aussage schon teilweise überholt war. Dies dürfte der Grund dafür gewesen sein, daß die Stadt Eltville um 1355 ein neues Stadtsiegel anfertigen ließ, das auf den Virneburger Wappenschild verzichtete. Das neue Siegel zeigte einen spitzen Wappenschild mit dem achtspeichigen Mainzer Rad über einem liegenden Schlüssel, der, wie Otto Renkhoff vermutet, als Symbol des hl. Petrus auf das Mainzer St. Petersstift, den Zehntherrn zu Eltville, anspielen soll. Allerdings könnte mit diesem Symbol auch wie in einigen anderen rheinischen Siegeln allgemein eine Herrsch- und Schlüsselgewalt des Stadtherrn angedeutet sein.

Anmerkungen

1 Hessisches Städtebuch, hrsg. v. E. Keyser (Deutsches Städtebuch IV,1), Stuttgart 1957 S. 100–104; HbHistStättenDeutschland 4 S. 98 f.; W. Kratz, Eltville. Baudenkmale und Geschichte, Band 2, Eltville 1962.

2 Das hier veröffentlichte Foto von dem besten erhaltenen Exemplar des Eltviller Stadtsiegels läßt, da der Wappenschild etwas verdrückt ist, die sieben Rauten leider nicht richtig erkennen.

Emmerich

Großes Stadtsiegel

Abbildung 41

Bild: Hinter einer zinnenbekrönten Stadtmauer erheben sich drei runde Festungstürme. Der breitere Mittelturm ist bis in halbe Höhe als zinnenbekrönter Rundturm ausgeführt, geht dann im oberen Teil aber in einen schlankeren viereckigen Turm über, der mit einer nach allen Seiten vorkragenden Brüstung und einer gefälteten Haube abschließt. Die niedrigeren Seitentürme tragen ebenfalls Faltdächer. Über ihnen, beiderseits des Mittelturms, befinden sich zwei schräg angeordnete Wappenschilde, die jeweils einen Eimer zeigen.

Umschrift: + SIGILLV(M) : BVRGENTIV(M) : IN : EMRICA

Größe: 6,5 cm im Durchmesser.

Abbildung: Moderner Abdruck vom Originalstempel (bis zum Zweiten Weltkrieg im Heimatmuseum der Stadt Emmerich, heute verschollen).

Literatur: B. Endrulat, S. 15; H. Kleipaß, Das Siegel der Stadt Emmerich, in: Das Stadtarchiv Emmerich 1975, Emmerich 1975 S. 23; Wappen und Siegel der Stadt Emmerich, in: Kalender für das Klever Land auf das Jahr 1980, Kleve (1980) S. 45; H. Kleipaß, Das Siegel der Stadt Emmerich, in: 750 Jahre Emmerich 1233–1983, Festschrift zum Stadtjubiläum, Emmerich 1983 S. 10.

Stadtmauer und Türme waren aufgrund ihres symbolischen und geschichtlichen Bedeutungsgehaltes die beliebtesten Mittel zur Bezeichnung einer Stadt. Sie kommen daher auch in Städtesiegeln häufig vor. Das gilt in besonderem Maße für die niederrheinischen Städtesiegel. Schon das älteste Siegel der Stadt Zutphen (vgl. den Artikel über das große Stadtsiegel von Geldern) zeigte hinter einer Stadtmauer eine Dreiturmanlage. Das Siegel der Stadt Emmerich, die mit Urkunde vom 31. Mai 1233 von Graf Otto II. von Geldern Stadtrechte erhielt und alsbald befestigt wurde, lehnt sich an diesen Siegeltyp an. Art der Darstellung und Besonderheiten der Umschrift lassen es als sicher erscheinen, daß das Siegel der Stadt Emmerich nicht lange nach der Stadterhebung in Auftrag gegeben worden ist.

Wegen der beiden Wappendarstellungen hat das Emmericher Stadtsiegel bei Heraldikern immer schon ein besonderes Interesse gefunden. Die Wappenschilde gehören zu den modernsten Bestandteilen des Siegels; sie haben andererseits nach wie vor als älteste Belege für das Bestehen von Stadtwappen im Rheinland zu gelten. Das erste Zeugnis für das Kölner Stadtwappen stammt beispielsweise aus dem folgenden Jahrhundert (Wappenschild in einem Domfester aus der Zeit um 1305).

Zwei Dinge sind an den Wappenschilden des Emmericher Stadtsiegels besonders beachtenswert: einmal die Tatsache, daß Graf Otto II. von Geldern offensichtlich darauf verzichtete, sein eigenes Wappen in das Siegel aufnehmen zu lassen (wie dies anderenorts oft geschah), zum anderen der heraldisch interessante Frühbeleg für ein „redendes“ Stadtwappen. Es kann nämlich kein Zweifel sein, daß hier der Eimer – mittelhochdeutsch und niederdeutsch emer bzw. emmer – zur Erklärung des Ortsnamens dienen sollte. Bei dieser volksetymologischen Deutung, die auch in der Heraldik nicht selten ist, hat man natürlich übersehen, daß der Name „Emmerich“ von dem lateinischen „Embrica“ stammt. Schon der Wortlaut der lateinischen Umschrift, bei der es statt „Embrica“ erstmals „Emrica“ heißt, läßt erkennen, daß man in den dreißiger Jahren des 13. Jahrhunderts den wahren Zusammenhang nicht mehr gesehen hat. Auffällig ist auch die Schreibweise „burgentium“ statt des richtigen „burgensium“. Bei einem Siegelstecher jener Zeit sind fehlende Lateinkenntnisse nicht weiter verwunderlich. Es hat aber den Anschein, daß auch der Auftraggeber bzw. der Berater des Siegelstechers, der die Textvorlage geliefert haben wird, offensichtlich kein guter Lateiner war. So ist es nicht ausgeschlossen, daß die volksetymologische Deutung des Stadtnamens und die Aufnahme des Eimers in das Emmericher Stadtwappen mit der Anfertigung des ersten Emmericher Stadtsiegels in Verbindung zu bringen sind. Dies anzunehmen, liegt jedenfalls nahe, da alle bis zum Jahre 1226 überlieferten lateinischen Ortsnamensformen ein „b“ aufweisen.[1] Das große Siegel der Stadt Arnheim stimmt in seiner Umschrift so frappierend mit dem Emmericher Siegel überein, daß beide von demselben Siegelstecher stammen müssen. Man wird hierbei an einen niederländischen Meister zu denken haben, zumal die hervorstechenden Eigentümlichkeiten (Kürzung des Wortes SIGILLVM und B-förmiges R) in Köln und Umgebung nicht anzutreffen sind.

Dem Siegelstecher ist es gelungen, nicht nur ein symbolisches Bild der Stadt Emmerich im Siegel wiederzugeben, sondern das Siegel aus der Zahl ähnlich gestalteter Städtesiegel durch die beigegebenen Wappenschilde, welche auf den Ortsnamen anspielen, herauszuheben und auf den ersten Blick als Emmericher Stadtsiegel kenntlich zu machen.

Anmerkung

1 M. Gysseling, Toponomisch Woordenboek van Belgie, Nederland, Luxemburg, Noord-Frankrijk en West-Duitsland (vóór 1226), Teil 1, Tongern 1960 S. 317.

Enkirch

Gemeindesiegel

Abbildung 43

Bild: Ein gestürzter Anker, dessen Flunken als geschachte Wappenschilde ausgeführt sind.

Umschrift: + S' SIGILLVM · VNIVERSITATIS · IN · ENKERICH

Größe: 6,7 cm im Durchmesser.

Abbildung: Abguß von Originalabdruck an Urkunde von 1399 Jan. 18 (LandeshauptarchKoblenz, Best. 33, U. 323).

Literatur: R. Feld, S. 147 und S. 157–160 mit Abb. 22.

Enkirch, dessen Name keltischen Ursprungs ist, war vermutlich auch in römischer Zeit besiedelt. Als „Anchiriacus“ taucht es 690 erstmals in den Quellen auf.[1] Zunächst Reichsbesitz, gelangte Enkirch schließlich an die Grafen von Sponheim, unter denen es gewiß schon im 12. Jahrhundert einige Bedeutung erlangte. Im Oktober des Jahres 1248 verliehen Graf Johann von Sponheim und sein Sohn Gottfried dem Dorf einen Freiheitsbrief, der mit einer undatierten Urkunde für Kreuznach bemerkenswerte Übereinstimmungen aufweist.[2] Während diese Freiungsurkunde Graf Simons I. von Sponheim-Kreuznach und seiner Gemahlin Margarete dazu beigetragen hat, daß Kreuznach sich zu einer blühenden Stadt entwickelte, ist Enkirch ein solcher Aufstieg versagt geblieben. Die Privilegien von 1248 hat Enkirch später niemals bestätigt bekommen[3], und selbst so wichtige Rechte wie ein Wochenmarkt und ein Jahrmarkt wurden ihm erst in der Neuzeit (von 1573 bis 1593) verliehen.[4] Die Entwicklung Enkirchs nach 1248 zeigt, daß der Freiheitsbrief Graf Johanns offenbar nicht wirksam geworden ist. Dies fällt um so mehr auf, als Enkirch nach Kreuznach der größte Ort des Hunsrück-Nahe-Raumes gewesen ist.[5] Es bedarf daher schon einer Erklärung, warum Enkirch im Mittelalter regelmäßig als „Dorf“ und erst seit dem 16. Jahrhundert vereinzelt, seit dem 17. Jahrhundert häufiger als „Flecken“ bezeichnet wurde[6] und nicht zur Stadt im Rechtssinne aufstieg. Günther Engelbert meinte, dies sei eine Folge der starken Verknüpfung Enkirchs mit der benachbarten sponheimischen Starkenburg, die ihre Funktion als Verwaltungsmittelpunkt durch den Bau der Grevenburg seit etwa 1350 zunehmend eingebüßt habe.[7] Unerklärt bleibt hierbei aber die Tatsache, daß Enkirch schon in dem ersten Jahrhundert nach 1248 daran gehindert worden ist, sich zur Stadt im mittelalterlichen Rechtssinne zu entfalten.

In diesem Werk wird das Enkircher Gemeindesiegel zu den Siegeln „echter“ rheinischer Städte gesellt einmal aus jenen Gründen, die Rudolf Feld veranlaßt haben, Enkirch in seinem Buch über das Städtewesen des Hunsrück-Nahe-Raumes mitzubehandeln.[8] Zum anderen verdient das Enkircher Siegel aufgrund seines verhältnismäßig hohen Alters und seines Siegelbildes ein besonderes Interesse. Die Umschrift weist das Siegel als „Gemeindesiegel“ aus. Indem hier ein Stadtterminus, und zwar selbst als Anspruch, fehlt, kann das Siegel auch nicht als Quelle für die „Stadt“geschichte dienen. Vielmehr bestätigen seine Entstehung und Verwendung während des Mittelalters und der frühen Neuzeit, daß Enkirch trotz seiner damaligen Größe und Bedeutung keine vollgültige Stadt geworden ist. Das Enkircher Gemeindesiegel ist erstmals an einer Urkunde von 1399 überliefert. Erwähnt wird es aber schon für die Jahre 1295 und 1343.[9] Es kann kein Zweifel bestehen, daß sich die Siegelankündigung der Urkunde von 1295 auf das hier behandelte Siegel bezieht, da dieses dem 13. Jahrhundert angehören muß. Hierauf verweisen nicht nur die Eigentümlichkeiten der Umschrift, sondern auch das in seiner Einfachheit originelle, weil redende Siegelbild und die Größe des Siegels. Eine genaue Datierung bereitet Schwierigkeiten, da es an Vergleichsmaterial und an anderen einschlägigen Quellen mangelt. Allerdings sprechen Siegeltyp und verschiedene Einzelheiten eher für eine Entstehung des Siegels bald nach dem Freiheitsbrief von 1248 als kurz vor dem Erstnachweis von 1295.

Der Anker des Siegels spielt auf den Ortsnamen an. Das Enkircher Gemeindesiegel reiht sich damit in die Zahl der nicht wenigen rheinischen Städtesiegel des

13. Jahrhunderts ein, die sich solcher Volksetymologie bedienen.[10] Besonders originell ist die Idee des Siegelstechers gewesen, die beiden Flunken etwas größer zu gestalten und dann als Wappenschilde zu benutzen. Die geschachten Wappenschilde versinnbildlichen die Zugehörigkeit Enkirchs zur Grafschaft Sponheim. Um dieses Hoheitszeichen in üblicher Weise darzustellen und damit dem Betrachter sofort erkennbar werden zu lassen, sah sich der Siegelstecher veranlaßt, den Anker umgekehrt aufzurichten. Dadurch kamen zwar die Wappenschilde in die richtige Position, der Anker selbst aber wirkt etwas unrealistisch, gleichsam schwebend. Dies hat dazu geführt, daß bei Disselnkötter[11] und Feld[12] das Siegel auf dem Kopf stehend abgebildet worden ist. Das auf den Ortsnamen anspielende und auf die Moselschiffer hinweisende Motiv des Enkircher Gemeindesiegels ist im Rheinland einmalig. Es beweist zugleich, wie vielseitig und originell die Siegelkunst im 13. Jahrhundert auch dort noch ist, wo keine überragenden Meister am Werke waren.

Anmerkungen

1 HbHistStättenDeutschland 5 S. 93.
2 G. Engelbert, S. 220–273.
3 Ebenda S. 238.
4 R. Feld, Tabelle II nach S. 64.
5 Ebenda S. 163 Anm. 5.
6 Ebenda S. 145.
7 G. Engelbert, S. 240.
8 Vgl. R. Feld, S. 9.
9 Ebenda S. 147 und 262 f.
10 E. Förstemann, Altdeutsches Namenbuch 2,1, Bonn 1913 Sp. 163: „Ich zweifle nicht, daß der Name keltisch ist, ein merkwürdiges Beispiel von Volksetymologie, welche sec. 11 schon durch Erleichterung der Endung vorbereitet wird."
11 H. Disselnkötter, Gräfin Loretta von Sponheim geborene von Salm (Rheinisches Archiv 37), Bonn 1940, Abb. 5 nach S. 144.
12 R. Feld, Abb. 22 nach S. 64.

Essen

Großes Stadtsiegel

Farbtafel 2 und Abbildung 44

Bild: In der Mitte thront die Muttergottes mit dem Kind auf dem linken Knie und einem Apfel in der Rechten. Sie wird beseitet von den stehenden Gestalten des hl. Damian und des hl. Cosmas; beide Heiligen halten in ihren Händen einen Palmzweig und eine Salbendose. Über den Heiligenscheinen befinden sich die Aufschriften DAMIAN(VS) und COSMA(S).

Umschrift: · SIGILLVM · CIVITATIS ASNIDENSIS ·

Größe: 6,8 cm im Durchmesser.

Abbildung: Moderner Abdruck von dem Originalstempel in Bronze (heute im Germanischen Nationalmuseum Nürnberg, SiSt 156).

Literatur: B. Endrulat, S. 35 f.; F. Arens, Die Siegel und das Wappen der Stadt Essen, BeitrrGEssen 15 (1894) S. 11–19; Desgl. ebenda 22 (1902) S. 5–13, sowie in: Zweigert, Die Verwaltung der Stadt Essen im XIX. Jahrhundert mit besonderer Berücksichtigung der letzten 15 Jahre, Band 1, Essen 1902 S. 253–257; K. Ribbeck, Geschichte der Stadt Essen, 1. Teil, Essen 1915 S. 104; H. Müller, Das große Essener Stadtsiegel. Gedanken über seinen Ursprung, Das Münster am Hellweg. MittblVErhaltungEssen-Münster 20 (1968) S. 45–60; R. Kahsnitz, Das große Essener Stadtsiegel, S. 25–42.

Wie kaum ein anderes Stadtsiegel hat das große Siegel der Stadt Essen die Aufmerksamkeit der Forschung erregt. Nachdem schon Franz Arens im Jahre 1902 einige interessante Aspekte untersucht hatte, konnten Helmut Müller und Rainer Kahsnitz in ihren Aufsätzen von 1968 und 1970 vor allem die Datierung des Siegels, aber auch die wesentlichen stadt- und verfassungsgeschichtlichen Voraussetzungen (Müller) sowie die kunsthistorischen Zusammenhänge (Kahsnitz) klären. Es wird hier darauf verzichtet, Einzelheiten, die aus allgemeiner siegelkundlicher Sicht gewisse Zweifel hinterlassen, näher zu erörtern, da eine solche Diskussion zu weit führen würde. Um so wichtiger erscheint es, die Ergebnisse, die nach Müller und Kahsnitz künftig nicht mehr strittig sind, zusammenzufassen und um einige Beobachtungen zu bereichern, welche in der einen oder anderen Frage vielleicht noch zu neuen Überlegungen Raum geben.
Der älteste erhaltene Abdruck des Essener Siegels befindet sich an einer Urkunde von 1291, doch ist seine Existenz schon für die Jahre 1244 und 1252 verbürgt. Am Beispiel Essen zeigt sich einmal mehr, daß zwischen dem ersten erhaltenen Siegelabdruck, der oft genug vom Zufall der Überlieferung bestimmt ist, und dem eigentlichen Zeitpunkt der Siegelentstehung Jahrzehnte liegen können. Das Typar des Essener Siegels war bis zum Ende des alten Reiches im Gebrauch. Die gesamte Essener Forschung hielt dies für besonders bemerkenswert, doch zeigen etliche andere Beispiele im Rheinland, daß diese Erscheinung nicht singulär ist. Im 19. Jahrhundert muß der Siegelstempel städtischem Besitz entfremdet worden sein. Über den Berliner Siegelsammler Friedrich Warnecke (1837–1894), der das Stück angeblich 1885 aus der bei J. M. Heberle in Köln versteigerten Siegelsammlung Raderschatt erworben hatte, gelangte das Typar schließlich in das Germanische Nationalmuseum in Nürnberg.
Das große Essener Stadtsiegel, das mit der Muttergottes sowie den Heiligen Cosmas und Damian die Patrone der Essener Stiftskirche abbildet, erweist sich als Beispiel jenes Heiligensiegeltyps, der im Rheinland zuerst durch die ältesten Stadtsiegel von Andernach und Duisburg repräsentiert wird. Diese Siegel haben ihre Voraussetzung in dem verbreiteten Siegeltyp geistlicher Institutionen, welche schon sehr viel früher ihre Kirchenpatrone im Siegel dargestellt hatten. Einfache Heiligendarstellungen finden sich nach Essen auch in den Stadtsiegeln von Uerdingen und Lechenich sowie in vielen Schöffensiegeln des Erzbistums Köln. Ähnliches gilt für das kölnische Westfalen. Noch beliebter war im Rheinland allerdings der Siegeltyp, der in der Nachfolge des ältesten Kölner Stadtsiegels den örtlichen Patron mit einer Stadtabbreviatur kombinierte. Beide Typen können als ausgesprochen „kölnisch“ angesehen werden.

In Essen hat man auffälligerweise auf eine Stadtabbreviatur verzichtet und sich mit der Darstellung der Stiftsheiligen begnügt. Kompositorische Gründe werden dafür wohl kaum maßgebend gewesen sein, da der Siegelstecher gewiß ein paar Zinnen zur Andeutung der Stadtmauer in das Siegel hätte einarbeiten können. So bleibt zunächst die Erklärung, daß Essen zum Zeitpunkt der Siegelentstehung noch gar keine Stadtmauer besaß. Hierfür gibt es eine gewisse Wahrscheinlichkeit, weil die Urkunde von 1244, die schon mit dem Stadtsiegel versehen war, erst Bestimmungen über die geplante Befestigung enthält. Diese soll ausdrücklich geschehen „zu Ehren der Jungfrau Maria und der Märtyrer Cosmas und Damian sowie zum Nutzen der Äbtissin und ihres Kapitels und zum Schutz der Dienstmannen und Bürger . . ."[1] Daraus ergibt sich eindeutig die herausragende Bedeutung der Stiftspatrone für die Stadt. Nach ihnen wird die Äbtissin, also die Stadtherrin, genannt; es folgen ihr Kapitel und ihre Dienstmannen; ganz am Schluß stehen erst die Bürger. Wie Müller einleuchtend dargelegt hat, stellen die Ministerialen 1244 die bevorrechtete Schicht der Stadt dar; sechs von ihnen bildeten zusammen mit sechs Bürgern die zwölf Geschworenen, welche nicht nur die städtische Gerichtsbarkeit, sondern auch das Stadtregiment innehatten. Dieses Gremium führte 1244 zweifellos auch das Stadtsiegel. Vermutlich lag vorher, als es die paritätische Zusammensetzung noch nicht gab, die Siegelgewalt bei den Ministerialen allein. Es ist allerdings zu fragen, ob zur Anschaffung des Siegels und zu seiner Handhabung „eine bestimmte rechtliche Unabhängigkeit vom Stift bzw. Eigenständigkeit" der Ministerialen notwendig war.[2] Die weitere Entwicklung der Dienstmannen legt vielmehr nahe anzunehmen, daß diese, von der Äbtissin als Stadtherrin abhängig, auch in deren Auftrag zunächst kommunale Aufgaben wahrnahmen und so u. a. das Stadtsiegel führten. Nicht in einem Gegeneinander von Äbtissin und Ministerialen, sondern in einem Miteinander wären dann Stadtwerdung und Stadtsiegelanschaffung zu erklären. Ein solches Zusammenwirken zwischen dem Stadtherrn und seinen Untergebenen ist bei den Gründungsstädten die Regel, ja selbst in einer gewachsenen Stadt wie Köln liegen die Verhältnisse nicht anders.[3] Demnach hätte sich die Stadtwerdung Essens mit Wissen und Willen der Äbtissin vollzogen; in ihrem Auftrage führten die ihr ergebenen Ministerialen das Stadtregiment und das Stadtsiegel. Müller hat insoweit auch recht, wenn er die offensichtlich „geistlich-stiftische Herkunft des Siegels" aus der Tatsache erklärt, „daß die ersten Inhaber des städtischen Siegels stiftische Ministeriale gewesen sind".[4]

Es kann danach nicht zweifelhaft sein, daß das geistliche Programm des Essener Stadtsiegels auf den Einfluß der Äbtissin zurückgeht (wie übrigens auch die Initiative zur Stadtbefestigung). Die Muttergottes sowie die Heiligen Cosmas und Damian sind nicht nur, wie Kahsnitz bemerkt hat, Patrone des Stiftes Essen, sondern zugleich auch die der Landesherrin.[5] Insofern wollte die Äbtissin mit „ihren" Patronen im Siegel auch ihre Herrschaft über die Stadt dokumentieren. Allerdings scheint aus der zitierten Formulierung der Urkunde von 1244 hervorzugehen, daß man den Patronen des Stiftes gleichsam den Rang von Stadtpatronen zuerkannte, sollte die Befestigung Essens doch an erster Stelle zu Ehren dieser Heiligen geschehen. Vielleicht ist es richtig, hier überhaupt nicht zu viele Gegensätze zu sehen, denn gerade in der Phase der Stadtwerdung und ersten Stadtentwicklung dürften die beteiligten Kräfte – Stadtherrin, ihre Ministerialen und die Bürger – einträchtig, wenn auch aus verschiedener Interessenlage heraus, zusammengewirkt haben. Später kommt es dann zu Veränderungen im Stadtregiment, zur Beseitigung der Privilegien der Dienstmannen und schließlich zur Einführung einer Ratsverfassung mit zwei Bürgermeistern. Die Auseinandersetzungen um Stadtregiment und größere Unabhängigkeit vom Stadtherrn, welche wir aus dem späten Mittelalter kennen, sollte man nicht in die Zeit der Stadtwerdung projizieren.

Mit der Frage der Stadtentstehung ist die der Siegelentstehung eng verwoben. Die ältere Forschung hat wegen der „mangelhaften" (Endrulat und Arens) bzw. „primitiven" (Ewald) Arbeit und des Fehlens der Stadtmauer (Ribbeck) ein hohes Alter angenommen und das Siegel auf den Beginn des 13. Jahrhunderts datiert. Diese Datierung hat Müller korrigiert: Nach seiner Interpretation der für die Erhellung der Essener Verfassungsgeschichte wichtigen Urkunden ist die Entstehung des Siegels „zwischen 1220 und 1240" anzusetzen.[6] Müller stützte diese Spätdatierung auch durch stilistische Beobachtungen und Vergleiche. In einem lesenswerten Aufsatz hat dann Kahsnitz das Essener Siegel kunsthistorisch untersucht und seine Entstehung noch näher, und zwar für die Zeit kurz vor 1244, eingegrenzt.

Vor allen Dingen ist es Kahsnitz aber gelungen, den stilistischen Widerspruch zwischen den dargestellten Figuren des Siegels überzeugend zu erklären. Dieser besteht darin, daß Maria und das sich anschmiegende Kind, die in schöner Durchbildung der Glieder und mit reichen, sich gegenseitig überschneidenden Gewandfalten glaubwürdig erfaßt sind, völlig von den starren, ungegliederten Heiligen Cosmas und Damian abweichen. Der Gegensatz ist bedingt durch zwei verschiedene Techniken, derer sich der Siegelstecher bedient hat. Als Vorlage benutzte er vermutlich ein anderes Siegel, das u. a. eine ausgesprochen moderne Mariendarstellung enthielt. Während er diese unverändert abgoß, konnte er die Begleitfiguren seiner Vorlage nicht in gleicher Weise übernehmen, da in der Vorlage wohl Diakone oder andere Geistliche abgebildet waren; die Albe, die unter dem Saum der Dalmatik bis zu den Füßen des hl. Damian hinabreicht, deutet jedenfalls darauf hin. Die seitlichen Figuren der Vorlage ließen sich also nur im groben verwerten. Wollte der Siegelstecher sie als die Heiligen Cosmas und Damian mit schmuckvollen Gewändern darstellen, so mußte er ihre Kleidung mit seinen Werkzeugen herausarbeiten. Wie dabei die Gewandmuster der Heiligen herausgeritzt und die in den Rauten enthaltenen Punkte und Ringe mit einem Punziereisen eingeschlagen worden sind, so dürften die groben Gesichter aus der Verwendung eines Meißels herrühren, der sich dann keine Verfeinerung durch den von der Hand geführten Grabstichel anschloß. Der im Siegelstechen offenbar wenig erfahrene Meister des Essener Siegels enttäuscht also in zweierlei Hinsicht: Zum einen hat er ein fremdes Siegel einfach abgegossen, zum anderen läßt er die feine handwerkliche Arbeit mit dem Stichel vermissen.

Von besonderem kunsthistorischen Interesse ist die Frage, woher der Siegelstecher seine Vorlage bezogen hat, wirkt die Muttergottes für die Zeit der Siegelentstehung – um 1240 – doch recht modern. Mit guten Gründen hat Kahsnitz auf niedersächsische Vorbilder, insbesondere das zweite Siegel des Hildesheimer Domstiftes, verwiesen. Dieses offenbart in Gesamtkomposition und einigen Details eine erstaunliche Ähnlichkeit mit dem Essener Siegel, doch diente es diesem wegen andererseits vorhandener Unterschiede nicht als Vorlage. Aber im Umkreis dieses Siegels müßte das Vorbild des Essener Typars zu suchen sein, da nach Kahsnitz hierfür rheinische und westfälische Siegel ausscheiden. Auch unter den veröffentlichten niederländischen Siegeln findet sich nichts Entsprechendes. Beziehungen zu anderen rheinischen Siegeln ergeben sich allenfalls aus der Umschrift, zeigen sich doch zu den um 1230 entstandenen Siegeln von Deutz und Jülich beunruhigende Parallelen. Aber auch hier ist der epigraphische Befund nicht deckungsgleich. So bleibt die Vermutung, daß dem aus keinen anderen Arbeiten bekannten Meister des Essener Stadtsiegels eine größere Zahl fremder Siegel (welche von der Äbtissin möglicherweise selbst beigebracht wurden) die Bewältigung seines Auftrages erleichtern sollte. Dann wären nicht nur die unterschiedlichen Techniken, sondern auch die Übernahme einzelner Elemente aus verschiedenen Vorlagen und die mittelmäßigen handwerklichen Fähigkeiten des Essener Siegels daran schuld, daß dieser nicht dingfest gemacht werden kann, obwohl Kahsnitz ihm auf die Schliche gekommen und seiner Spur schon so weit gefolgt ist.

Anmerkungen

1 Zitat der Urkunde nach H. Müller, S. 46.
2 So H. Müller, S. 49.
3 Vgl. den Artikel über das älteste Stadtsiegel von Köln.
4 H. Müller, S. 55.
5 R. Kahsnitz, S. 40.
6 H. Müller, S. 50.

Euskirchen

Ältestes Stadtsiegel

Abbildung 45

Bild: In der Mitte eine zinnengekrönte Stadtbefestigung, bestehend aus einer von zwei hohen Türmen eingefaßten Mauer; zu beiden Seiten ein Wappenschild mit einem steigenden, gekrönten und doppeltgeschwänzten Löwen.

Umschrift: + SIGILLVM . VNIVERSITATIS OPIDI IN EVSKIRCHEN ·

Größe: 4,7 cm im Durchmesser.

Abbildung: Originalabdruck an Urkunde von 1364 (StadtarchAachen, U. Z 9).

Literatur: B. Endrulat, S. 43; K. Gissinger, Geschichte der Stadt Euskirchen. Festschrift zum 600. Jahrestage der Verleihung der Stadtrechte an Euskirchen, Euskirchen 1902 S. 163–172; P. Simons, Aus Euskirchens alten Tagen, Unsere Heimat im Wandel der Zeit (Beilage z. Euskirchener Volksblatt) 1 (1924) S. 42 und 2 (1925) S. 545 f.; W. Zimmermann, Siegel und Wappen der Stadt Euskirchen, in: 650 Jahre Stadt Euskirchen, 1302–1952, Festschrift zum Stadtjubiläum, Bd. 1, Euskirchen 1952 S. 69–82; R. Brandts, Inventar des Pfarrarchivs von St. Martin in Euskirchen, in: 650 Jahre Stadt Euskirchen, Festschrift, Bd. 2, Euskirchen 1955 S. 432–434.

Walram der Rote, Herr von Monschau und Falkenburg, hat zusammen mit seinen Söhnen Dietrich und Reinald am 1. August 1302 seinem Dorfe Euskirchen städtische Rechte verliehen. Die Urkunde ist glücklicherweise erhalten, so daß über das Alter der Stadtrechte von Euskirchen keinerlei Zweifel bestehen. Die Umstände und Absichten, die bei der Erhebung Euskirchens zur Stadt eine Rolle spielten, sind in verschiedenen Beiträgen der großen Festschrift zum 650jährigen Stadtjubiläum eingehend behandelt worden.[1] In knapper Form hat dann Klaus Flink die erreichbaren Fakten veröffentlicht und z. T. in einem weiterführenden Aufsatz interpretiert.[2]

Die Stadt Euskirchen führte ein 1361 erstmals belegtes „großes" Stadtsiegel, das in seinem Bild weitgehend mit dem schon für 1347 bezeugten kleineren Schöffensiegel von Euskirchen übereinstimmt. Beide werden etwa gleichzeitig in der ersten Hälfte des 14. Jahrhunderts entstanden sein. Eine genauere Datierung nach epigraphischen und stilistischen Gesichtspunkten ist nicht möglich, da sich die in Siegelumschriften verwendete Auszeichnungsschrift während der Zeit von etwa 1300 bis 1360 nur wenig veränderte und die einfache Gestaltung des Siegelfeldes kaum Anhaltspunkte für einen Stilvergleich bietet.

Da Euskirchen im Jahre 1355 durch Tausch an den Markgrafen Wilhelm von Jülich gelangte und vom Jahre 1369 an unangefochten bei den Herzögen von Jülich verblieb, zeigten Darstellungen des Euskirchener Stadtwappens in der folgenden Zeit regelmäßig auch den Jülicher Löwen. Dieser ist steigend und ungekrönt. Häufiger – so etwa bei Bernhard Endrulat – fand sich die Meinung, schon in dem ältesten Stadtsiegel sei beiderseits der von Türmen begrenzten Stadtmauer der Jülicher Wappenschild abgebildet. Diese Deutung ist jedoch, wie Walther Zimmermann mit guten Gründen gezeigt hat, nicht richtig. Die beiden Wappenschilde des Euskirchener Stadtsiegels zeigen nämlich einen steigenden, doppeltgeschwänzten und gekrönten Löwen. Die kleinen Unterschiede gegenüber dem beschriebenen Jülicher Löwen sind in Anbetracht der weiten Verbreitung des Löwen als Schildfigur heraldisch bedeutsam. Unzweifelhaft sind wie in anderen Fällen die Wappenschilde des Euskirchener Stadtsiegels als Hoheitszeichen des Landesherrn aufzufassen. Die besonderen Merkmale der in dem Siegel zur Mitte gekehrten Löwen passen aber nur für das Wappen der Herren von Monschau und Falkenburg. Die Bestimmung der beiden Wappenschilde bereitet allerdings insofern Schwierigkeiten, weil sowohl die Herren von Monschau, die dem Geschlecht der Herzöge von Limburg entstammten und dasselbe Wappen wie diese führten, als auch die Edelherren von Heinsberg-Falkenburg den steigenden, doppeltgeschwänzten und goldengekrönten roten Löwen im silbernen Feld zeigten. Es muß offen bleiben, ob der Siegelstecher mit der Aufnahme von zwei landesherrlichen Wappenschilden in das Euskirchener Stadtsiegel beide Linien – Monschau und Falkenburg – berücksichtigen wollte oder ob er das von dem Stadtgründer und seinen Söhnen geführte Wappen lediglich aus Gründen der Symmetrie in der beschriebenen Weise anordnete. Wichtig ist nur, daß in den ältesten Euskirchener Siegeln noch nicht der Schild der Herzöge von Jülich dargestellt ist.

In der Stadterhebungsurkunde sind als Befestigung Euskirchens nur Wall und Graben genannt. Über den Bau einer Mauer liegen aus der nachfolgenden Zeit keine Nachrichten vor, doch nimmt man an, daß er bald nach der Stadtgründung begonnen wurde. In diesem Falle spräche nichts dagegen, daß das Siegelbild einen charakteristischen Zug von der „Stadt"-Wirklichkeit Euskirchens wiedergab. Auffällig bleibt allerdings, daß der Siegelstecher kein Stadttor abgebildet hat, wie dies in anderen Fällen geschehen war. Das einfache Bild von Mauer und Türmen läßt daran zweifeln, ob ihm die älteren Städtesiegel des Niederrheins, welche eine viel anspruchsvollere Stadtabbreviatur zeigen, überhaupt bekannt waren.

Anmerkungen

1 650 Jahre Stadt Euskirchen, 1302–1952, Festschrift zum Stadtjubiläum, 2 Bände, Euskirchen 1952–1955.
2 K. Flink, Euskirchen (Rheinischer Städteatlas II 8), Bonn 1974; K. Flink, Gerichtsorganisation und Siedlungsentwicklung im vorstädtischen Euskirchen (13. Jh.), RheinVjbll 38 (1974) S. 301–314.

Geldern

Großes Stadtsiegel

Abbildung 46

Bild: Hinter einer zinnenbekrönten, in der Mitte mit einem Mauertor ausgestatteten Stadtmauer erhebt sich ein mächtiger polygonaler Turm. Er besitzt in einer unteren Zone Vierpaßfenster, darüber in einer mittleren Zone schießschartenähnliche Rechteckfenster. Bekrönt wird der Turm von vier großen Zinnen über einem Konsolenfries. Auf der (heraldisch) rechten Seite des Turmes kragen zwei Zinnen hervor; darüber befindet sich eine fünfblättrige Mispelblüte; links des Turmes ist ein niedriges Gebäude mit einem hohen Staffelgiebel dargestellt.

Umschrift: + SIGILL(VM) · CIUITATIS · ET · BVRGENSIUM IN GELREN

Größe: 7 cm im Durchmesser.

Abbildung: Abguß von Originalabdruck an Urkunde von 1423 Juli 24 (HauptstaatsarchDüsseldorf, Kleve-Mark, U. 1285).

Literatur: F. Nettesheim, Geschichte der Stadt und des Amtes Geldern, Krefeld 1863 S. 43 (Neudruck Kevelaer 1963 S. 23 f.); W. Ewald, Rheinische Siegel III, S. 199 f.; P. J. Meij, De Gelderse bloem en de Gelderse kronieken, Bijdragen en mededelingen Gelre 66 (1972) S. 32 f.; G. Hövelmann, Hat schon Graf Gerhard III. († 1229) Geldern zur Stadt erhoben? Historiographische Bemerkungen zum Stadtjubiläum, Geldrischer Heimatkalender 1979 S. 94–97.

Geldern gehört zu jenen älteren Städten, für die eine förmliche Stadterhebungsurkunde nicht überliefert ist. Vermutlich hat es ein solches Privileg für Geldern gegeben, doch dürfte es zusammen mit anderen Privilegien und Urkunden schon früh vernichtet worden sein.[1] Die historische Forschung ist also, da einschlägige Quellen fehlen, gezwungen, auf indirektem Wege – gleichsam in Form eines Indizienbeweises – das Alter der Stadt zu erschließen. Orts- und Landeshistoriker haben bisher nur Vermutungen über die Stadtwerdung Gelderns angestellt. Während Erich Liesegang sich in seinem grundlegenden Buch über das niederrheinische Städtewesen zum Falle Geldern gar nicht äußerte, hat man danach die Stadterhebung allgemein Graf Otto II. von Geldern (1229–1271) zugeschrieben; sie wurde vor einiger Zeit noch auf 1229/1231 datiert.[2] Eine eingehendere Begründung für diesen zeitlichen Ansatz findet sich nirgends. Die Tatsache, daß der genannte Graf mehreren anderen Orten die Stadtrechte verliehen hat, ist zwar aufschlußreich, kann aber nicht als ausreichendes Beweismittel angesehen werden.

Unter den Sekundärquellen nimmt, was von der allgemeinen Stadtgeschichtsforschung bisher nicht recht beachtet worden ist[3], das Stadtsiegel einen besonderen Rang ein. Die Führung eines Stadtsiegels gehört in der hier in Frage stehenden Zeit zu den wichtigen Kriterien, welche die Landgemeinde von der Stadt unterscheiden. Das Gelderner Stadtsiegel läßt hier gar keinen Zweifel, handelt es sich nach dem Wortlaut der Umschrift doch um das „Siegel der Stadt und der Bürger in Geldern". Eine Datierung des Stadtsiegels führt zugleich also zu einer bedeutsamen Aussage über das Vorhandensein der Stadt im mittelalterlichen Rechtssinne, denn in jedem Falle ist zwingend zu folgern: Wo ein Stadtsiegel existiert, da gibt es auch die Stadt und ein kommunales Gremium, welches im Namen der Stadtgemeinde Urkunden besiegelt. Sollten fehlende andere Kriterien, die zu einer „Stadt" gehören, Zweifel aufwerfen, so läßt sich zumindest auf einen Stadterhebungsakt schließen, der dann allerdings – aus welchen Gründen auch immer – nicht zu der vom Landesherrn gewünschten Ausbildung der Stadt geführt hat.

Wilhelm Ewald hat vermutet, das große Siegel der Stadt Geldern, das wegen der schlechten Überlieferung erst für das Jahr 1343 bezeugt ist[4], könne ein im ausgehenden 13. Jahrhundert angefertigter Nachschnitt eines älteren, nicht mehr erhaltenen Siegels sein. Dieses ältere Siegel sei vor 1229, dem Regierungsantritt Ottos II. von Geldern, entstanden, weil Otto II. als erster Graf von Geldern den Löwen statt der früheren Mispelblüte im Wappen geführt habe. Hierauf ist zu erwidern, daß es für die Vermutung eines Nachschnitts, die Ewald übrigens nicht begründet hat, keine Anhaltspunkte gibt. Eine epigraphische Untersuchung erweist vielmehr, daß das überlieferte große Siegel als ältestes Stadtsiegel von Geldern anzusehen ist. Die Umschrift zeigt mehrere Eigenheiten, welche das Siegel aus der Masse anderer Siegel herausheben. Charakteristisch sind das an den Enden verdickte und mit Sporen versehene I, das in der Mitte des Schaftes einen kleinen Querstrich aufweist (was bei rheinischen Siegeln sonst selten vorkommt), die beiden achtstrahligen Sterne hinter den beiden ersten Wörtern der Umschrift (sonst nicht belegt), das zweimal – neben V – vorkommende U mit einem starren ersten und einem s-förmig geschwungenen zweiten Schaft, unziales C und E mit c-förmig geschwungenem Schaft neben kapitalem T. Auffällig ist außer diesen Eigentümlichkeiten die gleichzeitige Verwendung von zwei ganz verschiedenen Buchstabenformen bei N, T und U/V.[5]

Eine vergleichende Durchsicht sämtlicher rheinischer und niederländischer Siegel, die in dem umfangreichen Siegelwerk Ewalds und im Corpus Sigillorum Neerlandicorum veröffentlicht sind, brachte folgendes Ergebnis: Die Siegel des Kölner Leprosenhauses Melaten[6] (urkundlich erwähnt 1227, entstanden möglicherweise um 1220), der Stadt Xanten (Stadtrechte 1228, Stadtsiegel vermutlich alsbald in Auftrag gegeben) und der Stadt Doetinchem (Stadtsiegel für dasselbe Jahr 1228 belegt) weisen mit dem ältesten Siegel der Stadt Geldern so große Übereinstimmungen auf, daß an einen gemeinsamen Siegelstecher zu denken ist. Als einziges Siegel hat das Leprosensiegel jenes eigenartige U, das bei dem Gelderner Siegel besonders auffiel. Daneben kommt in beiden Siegeln – ebenso wie in den Stadtsiegeln von Xanten und Doetinchem – das oben an beiden Schenkeln mit Sporen abschließende V vor. Nimmt man alle erwähnten Siegel zusammen, so bilden sie epigraphisch eine Einheit; dabei kann es nicht verwundern, wenn für mehrere Buchstaben zwei verschiedene Formen verwandt werden, wie dies schon – und dies ist ein wichtiges Kriterium – bei dem Gelderner Stadtsiegel allein festgestellt wurde. Das M kommt sogar in insgesamt drei Formen vor; zwei davon finden sich jeweils gleichzeitig in dem Leprosensiegel und in dem Siegel von Doetinchem. Ohne hier alle Ergebnisse des Buchstabenvergleiches aufzählen zu wollen, sei doch erwähnt, daß das Kreuz am Anfang der Umschrift sowie die Buchstaben S, I (im Gelderner Siegel mit der erwähnten Besonderheit), L, C, T (in beiden Formen), E, V, R und insbesondere der Leitbuchstabe G weitgehend gleich gestaltet sind. Außerdem ist den Rundsiegeln gemeinsam, daß die innere Perlreihe auf der Innenseite von einer feinen durchgehenden Linie begleitet wird. Zu erwähnen ist auch, daß die beiden Rundsiegel von Geldern und Xanten gleich groß sind.

Die ganz verschiedenen Motive in den Feldern der angeführten Siegel machen einen Stilvergleich fast unmöglich. Immerhin erinnern die Bärte des Schlüssels im Xantener Siegel sehr stark an die Zinnen des Gelderner Siegels (was gewiß kein Zufall ist). Das ikonographisch hochinteressante Siegel des Leprosenhauses Melaten zeigt in Anlehnung an die Hl. Schrift (Lukas 16, 19 ff.) den vor dem gedeckten Tisch sitzenden reichen Prasser; vor seiner Tür steht, Brosamen heischend, der arme Lazarus, dessen Schwären von einem Hunde geleckt werden. Diese beiden Gestalten sind mit der hl. Katharina im Siegel der Stadt Doetinchem, da jeweils anders gekleidet und in verschiedener Haltung dargestellt, nicht zu vergleichen. In beiden Siegeln sind die Personen aber am Rande des Siegelfeldes mit einer Aufschrift bezeichnet. Beide Male fehlt eine verbale Benennung der Heiligenqualität (Sanctus bzw. Sancta). Zumindest im Falle der hl. Katharina, die mit einem Heiligenschein ausgestattet ist, hätte man auch in der Formulierung der Aufschrift ein entsprechendes Attribut erwarten können. Eine hohe Übereinstimmung zeigt die Mispelblüte des Gelderner Stadtsiegels mit den drei Mispelblüten in dem von der hl. Katharina gehaltenen Wappenschild des Doetinchemer Siegels. Die fünfblättrige Blüte ist in beiden Fällen gleich gestaltet. Nimmt man alle diese Merkmale zusammen, so werden wir in der Vermutung bestärkt, daß die angeführten Siegel von einem Siegelstecher stammen. Dieser Siegelstecher dürfte ein Kölner Goldschmied gewesen sein. Hierauf deutet die besondere Verbindung Xantens zum Erzbischof von Köln ebenso hin wie die Tatsache, daß man damals ein so ausgefallenes Gebrauchsgut, wie es ein Siegelstempel nun einmal ist, wohl nur an wenigen Orten erhalten konnte. Köln als niederrheinisches Oberzentrum kam hierfür in erster Linie in Frage. Jedenfalls werden die Provisoren des Kölner Leprosenhauses mit Sicherheit ihr Siegel in Köln bestellt haben.

Für die Datierung des Gelderner Stadtsiegels ist nun seine Einordnung in die Reihe der genannten Siegel entscheidend. Ohne Zweifel steht das Gelderner Siegel dem Xantener und dem Doetinchemer Siegel am nächsten. In der Verteilung der einzelnen Wörter der Umschrift wirkt das Gelderner Siegel unausgewogen, ja ein wenig unbeholfen: Der Siegelstecher hat zunächst die Wörter auf besonders markante Weise mit einem achtstrahligen Stern getrennt; hinter dem dritten Wort „ET" setzte er nur noch einen Punkt mitten auf die Zeile, um dann aus Platzmangel in der Folge auf jedes Zeichen zwischen den Wörtern zu verzichten. Infolge des Platzmangels wurden die Buchstaben im zweiten Teil der Umschrift auch enger zusammengerückt. Das alles legt den Verdacht nahe, daß das Gelderner Stadtsiegel vor dem Xantener und dem Doetinchemer Siegel entstanden ist. Hierfür spricht auch das altertümliche U, das sonst nur in dem Siegel des Kölner Leprosenhauses vorkommt, so daß also diese beiden Siegel einander näherrücken. Geht man davon aus, daß das Leprosensiegel bereits um 1220 entstanden sein kann, das Xantener Siegel mit hoher Wahrscheinlichkeit aber alsbald nach der Stadterhebung im Jahre 1228 angefertigt wurde, so könnte man aus stilistischen Gründen auf eine Entstehung des Gelderner Stadtsiegels zwischen 1225 und 1228 kommen. Die Mispelblüte, über deren Geschichte als Wappenbild der Grafen von Geldern wir durch die Untersuchung von P. J. Meij jetzt genauer unterrichtet sind, hilft bei einer Feindatierung nicht weiter. Das Stadtsiegel von Doetinchem, 1228 belegt, zeigt noch den alten geldrischen Wappenschild mit den drei Mispelblüten in der Anordnung 2 : 1. Daraus geht m. E. hervor, daß der Wappenwechsel der Grafen von Geldern ungefähr mit dem Regierungsantritt Ottos II. im Jahre 1229 zusammenfällt. Vielleicht kommt das Jahr 1233 hierfür in Frage, denn das Stadtsiegel von Lochem, das mit Urkunde vom 16. Juli 1233 zur Stadt erhoben wurde, zeigt einen Dreiecksschild mit einem steigenden Löwen, also das neue Wappen der Grafen von Geldern, doch ist der Schild noch von drei fünfblättrigen Mispelblumen begleitet.

Bei der Interpretation des Bildinhaltes des Gelderner Siegels sind wir wegen fehlender anderer Nachrichten weitgehend auf Vermutungen angewiesen. Die Stadtmauer des Siegels deutet auf das Vorhandensein einer Befestigung Gelderns zum Zeitpunkt der Stadterhebung hin. Der mächtige Turm steht ohne Zweifel als Abbreviatur für die Burg der Grafen von Geldern. An eine naturalistische Darstellung des Turmes ist hier wohl nicht zu denken. Die Wirklichkeit wird also anders ausgesehen haben. Die Mispelblüte als Wappenemblem verkörpert sinnfällig die Hoheit und Herrschaft der Grafen von Geldern über ihre Stadt. Das auf der anderen Seite dargestellte Haus mit dem hohen Staffelgiebel ist wahrscheinlich ein weiteres Symbol für die Stadt. Allerdings ist auch möglich, daß ein vorhandenes markantes Gebäude der Stadt abgebildet werden sollte.

Das Siegel der Stadt Geldern ist ohne Zweifel von dem Siegel der Stadt Zutphen, das erstmals 1243 vorkommt[7], aber aus älterer Zeit stammt, beeinflußt. Stadtmauer und mit drei Zinnen bekröntes Mauertor sind in beiden Siegeln sehr ähnlich. Der Turm in der Bildmitte des Zutphener Siegels ist insgesamt zwar anders gestaltet, doch weist er ebenfalls ein Vierpaßfenster und ein Rechteckfenster auf; er ist mit drei Zinnen bekrönt. Beiderseits der kleineren Seitentürme kragen nach außen balustradenähnlich zwei Zinnen hervor. Diese Besonderheit haben wir auch im Gelderner Stadtsiegel kennengelernt. Daß der Siegelstecher, von dem das Gelderner Siegel stammt, sich das ältere Zutphener Siegel als Vorlage genommen hat, zeigt am deutlichsten der Wortlaut der Umschriften, die bis auf den Ortsnamen in beiden Siegeln völlig übereinstimmen. Fehlende Worttrennung und Interpunktionszeichen machen es zur Gewißheit, daß das Siegel von Zutphen älter ist. Die bis auf unziales E einheitliche Verwendung von Ka-

pitalbuchstaben ist hierfür ein weiteres Indiz. Die zeitliche Stellung der beiden Siegel zueinander kann nicht verwundern, ist Zutphen, das im Jahre 1190 bereits Stadtrechte erhielt, doch die älteste Stadt der Grafschaft Geldern.
Die Datierung des Gelderner Stadtsiegels, die aus stilistischen und epigraphischen Gründen, aber auch wegen der Verwendung der Mispelblüte auf etwa 1225 bis 1228 angesetzt werden mußte, legt den Schluß nahe, daß Geldern in dieser Zeit Stadtrechte erhalten hat. Gegen diesen zeitlichen Ansatz hat nun aber Klaus Flink aus gewichtigen Gründen Bedenken erhoben.[8] Nach seiner Meinung „wird der Beginn der Stadtentwicklung von Geldern vielleicht schon in den 30er Jahren und die Stadtrechtsverleihung vor 1261, also wohl schon in den 50er Jahren des 13. Jahrhunderts erfolgt sein".[9] Wir haben also eine wenn auch nicht große, so aber doch wichtige Diskrepanz zwischen Siegeldatierung und zu vermutender bzw. tatsächlich faßbarer Stadtexistenz von Geldern festzustellen. Hierfür gibt es m. E. drei mögliche Erklärungen: Erstens könnte das Alter der Stadt Geldern tatsächlich auf die zwanziger Jahre des 13. Jahrhunderts zurückgehen und der späte Ansatz Flinks aus der sehr ungünstigen Quellenlage – man denke an die frühe Vernichtung des Gelderner „Stadtarchivs" – erwachsen sein. Zweitens ist es möglich, daß Graf Gerhard III. von Geldern zwischen 1225 und 1228 eine Stadtgründung bzw. Stadterhebung vornahm und alsbald ein Siegel anfertigen ließ; durch welche Gründe auch immer müßte dann für einige Jahrzehnte die tatsächliche Stadtentwicklung verhindert worden sein. Drittens könnte das Siegel auch Jahrzehnte später, etwa in den fünfziger Jahren des 13. Jahrhunderts, in bewußt-antikisierenden Formen gestaltet worden sein, wobei dem Siegelstecher dann die Siegel von Xanten und Doetinchem als Vorlagen gedient hätten. Mehr als eine theoretische Möglichkeit möchte ich in dieser dritten Erklärung aber nicht sehen. Wie käme ein „später" Siegelstecher zu dem eigenartigen U des Kölner Leprosensiegels? Was sollte der Rückgriff auf die Mispelblüte, wenn diese im Wappen der Grafen von Geldern doch einige Jahrzehnte zuvor durch den Löwen ersetzt worden war? So wird der Siegelkundler auf die beiden ersten Erklärungen verweisen und an seiner Datierung festhalten. Die künftige Forschung wird in der aufgezeigten Richtung eine Lösung suchen müssen.

Anmerkungen

1 Schon im großen Stadtprivileg Herzog Arnolds von Geldern vom 21. Januar 1424 wird Bezug genommen auf die Anzeige der Stadt Geldern, wonach diese vor Zeiten durch Brand und Kriegseinwirkung einen Teil ihrer Urkunden eingebüßt habe, unter denen sich auch die Aufzeichnungen der alten Privilegien und Rechte befunden hätten (vgl. K. J. Th. Janssen de Limpens, Rechtsbronnen van het Gelders overkwartier van Roermond, Utrecht 1965 S. 77–79). Eine Urkunde Herzog Karls von Geldern vom 7. Oktober 1520 erklärt ebenfalls, die Privilegien, Siegel und Urkunden der Stadt Geldern seien mit dem Rathause – gemeint ist vermutlich der Rathausbrand vom 29. März 1475 – vernichtet worden (vgl. den Druck der Urkunde bei F. Nettesheim, Neudruck S. 343 f.).

2 HbHistStättenDeutschland 3 S. 246.

3 Vgl. T. Diederich, Quellenwert und Bedeutungsgehalt, S. 270.

4 I. A. Nijhoff, Gedenkwaardigheden uit de geschiedenis van Gelderland, Band 2, Arnhem 1833, Urkunde Nr. 1 S. 3–6, insbes. S. 6 Anm.; K. Flink, Zur Entstehung des Landes und der Stadt Geldern, Bijdragen en mededelingen Gelre 71 (1980) S. 14, hat neuerdings einen Beleg von 1295 angeführt. Der Aufsatz von K. Flink ist gleichlautend auch erschienen in: K. Flink, Rees, Xanten, Geldern. Formen der städtischen und territorialen Entwicklung am Niederrhein (Schriftenreihe des Kreises Kleve 2), Kleve 1981 (vgl. ebenda S. 69).

5 Die besonderen epigraphischen Merkmale des Gelderner Stadtsiegels erscheinen nicht gerade selten auf Kunstgegenständen der staufischen Zeit, etwa bei (außerrheinischen) Siegeln, Glasmalereien, Goldschmiedearbeiten, Buchdeckeln und Paramenten; vgl. Die Zeit der Staufer, Ausstellungskatalog, Stuttgart 1977, Abbildungen zu den Nummern 36 (Siegel, 1198), 39 (Siegel, 1209), 48 (Siegel, 1215), 49 (Siegel, zwischen 1216 und 1218), 101 (Siegel, 1. Drittel 13. Jh.), 131 (Siegel, zwischen 1256 und 1288), 403 (Glasmalerei, um 1240–1250), 581 (Kelch, 2. Viertel 13. Jh.), 591 (Patene, nach 1266) und 805 (besticktes Antependium, um 1230). Epigraphische Parallelen zeigt auch die Umschrift des runden, siegelähnlichen Hornreliefs auf dem Buchdeckel eines Regensburger Perikopenbuches aus dem frühen 13. Jahrhundert; insbesondere das charakteristische I mit der querstrichahnlichen Verdickung in der Schaftmitte ist hier zu erwähnen; vgl. den o. a. Katalog Nr. 627 (ohne Abbildung). Das im Vergleich zur Gelderner Siegelumschrift eindrucksvollste Stück ist das mittelrheinische Antependium (s. o. Nr. 805), weil dort gleichzeitig drei verschiedene Formen des M und T sowie zwei verschiedene Formen des U (daneben V) und des N vorkommen. Alle Buchstaben des Gelderner Siegels mit Ausnahme des beschriebenen I finden sich hier wieder.

6 Vgl. G. Wagner – W. J. Müller, Dermatologie in der Kunst, Biberach a. d. Riß 1970 S. 32 f. mit farbiger Abbildung.

7 Corpus Sigillorum Neerlandicorum Nr. 634.

8 K. Flink (wie Anm. 4), S. 12–15 bzw. S. 69–72.

9 Ebenda S. 15 bzw. S. 72.

Gerresheim

Stadtsiegel

Abbildung 49

Bild: Im Vordergrund eine zinnengekrönte Stadtmauer mit einem Turmtor in der Mitte; dahinter eine Kirche mit einem achteckigen Mittelturm. Am rechten Bildrand treten zwei Giebel eines an die Kirche anschließenden Gebäudes hervor; über den Dächern dieses Gebäudes befindet sich ein gespaltener Wappenschild, der rechts einen steigenden doppeltgeschwänzten Löwen, links drei Sterne (2 : 1) zeigt.

Umschrift: · SIGILLVM · OPIDANORVM · IN · GERISHEM·

Größe: 4,2 cm im Durchmesser.

Abbildung: Originalabdruck an Urkunde von 1451 März 12 (HauptstaatsarchDüsseldorf, Jülich-Berg, U. 792).

Literatur: B. Endrulat, S. 5 f.; B. Vollmer, Die Stadt- und Schöffensiegel von Gerresheim, Rund um den Quadenhof, Heimatzeitschrift des Bürger- und Heimatvereins Düsseldorf-Gerresheim 2 (1951), Heft 1 S. 2 f.; O. Korn, Das Wappen der Stadt Gerresheim, ebenda, Heft 2 S. 3–5.

Die Geschichte der ehemaligen Stadt Gerresheim ist auf das engste mit der Entwicklung des hochadeligen Kanonissenstiftes St. Hippolytus verbunden, das, vor 870 von dem fränkischen Edlen Gerrich gegründet, zu Beginn des 10. Jahrhunderts von den Ungarn niedergebrannt wurde, einige Jahrzehnte später aber wiederauflebte und im 13. und 14. Jahrhundert seine größte Bedeutung erlangte.[1] Die Grafen von Berg bauten ihre Vogteirechte über das Stift in jener Zeit zur vollen Landeshoheit aus, als sich dessen Niedergang bereits abzeichnete: Im Jahre 1368 erhoben Wilhelm II. von Jülich, Graf von Berg, und seine Gemahlin Anna von Bayern die stiftische Marktsiedlung Gerresheim zur Freiheit.[2] Bald danach – vermutlich kurz vor 1392 – hat Gerresheim auch die Stadtrechte erhalten, denn im Jahre 1390 sind Befestigungsmaßnahmen zum Schutze Gerresheims belegt.[3] Ein weiteres Zeugnis für die Anlegung von Wall und Graben ist eine Urkunde vom 14. April 1392, in der sich Stift und Stadt wegen des für den Graben benötigten Wasserlaufes einigten. In dieser Urkunde erscheinen nicht nur Bürgermeister und Rat, sondern Gerresheim wird auch als „Stadt“ bezeichnet. Die Urkunde haben die Aussteller zudem mit ihrem „statsegel“ versehen.[4] Dieses muß also in der zweiten Hälfte des 14. Jahrhunderts, und zwar in den zweieinhalb Jahrzehnten zwischen 1368 und 1392, entstanden sein.

Das Siegel der Stadt Gerresheim, in seinen äußeren Abmessungen noch bescheidener als das der benachbarten Stadt Düsseldorf, zeigt im Vordergrund eine Stadtmauer, die in der Mitte abknickt und zu einem etwas nach innen versetzten Turmtor hinführt. Mögen auch zum Zeitpunkt der Siegelentstehung noch keine großen Teile der Stadtmauer vorhanden gewesen sein, im Siegel wird sie zum Symbol für den neuen Stadtcharakter der früheren Marktsiedlung. Entsprechend der Bedeutung, welche das alte Kanonissenstift für den ganzen Ort hatte, entschloß sich der Siegelstecher, in Anlehnung an frühere Vorbilder die Stiftskirche in das Siegel einzuarbeiten.

Der dritte Bau der Gerresheimer Kirche ist im ersten Drittel des 13. Jahrhunderts als Pfeilerbasilika im gebundenen System errichtet worden. Die Kirche gehört zu den bedeutendsten Werken des rheinischen Übergangsstiles.[5] Die mehrmals vorgenommenen Restaurierungsarbeiten des 19. und 20. Jahrhunderts haben den Bau in seinen Grundzügen nicht verändert, so daß er heute noch einen direkten Vergleich mit der Darstellung der Stiftskirche in dem Stadtsiegel ermöglicht. Ein solcher Vergleich zeigt nun, daß der Siegelstecher sich offensichtlich bemüht hat, die Kirche einigermaßen naturgetreu wiederzugeben. Dies gilt zumindest für die Grundform der Basilika, die in der Mitte von einem charakteristischen achteckigen Turm überragt wird. Lediglich die Fenster hat der Siegelstecher frei gestaltet, wie insbesondere bei dem zweigeschossigen Mittelturm zu sehen ist, der in dem Siegel lediglich eine Fensterzone aufweist. Daß die beiden Giebelseiten, die am rechten Bildrand etwas stärker in den Vordergrund hineinragen, zu den ehemals der Kirche im Norden vorgelagerten Stiftsgebäuden gehören, ist sehr wahrscheinlich. Jedenfalls scheinen die beiden Vierpaßfenster in den Giebeln und die darunter befindlichen schmalen Rundbogenfenster auf ein größeres geistliches Gebäude hinzudeuten. Auch in diesem Falle sind sicherlich einige Freiheiten des Siegelstechers in Rechnung zu stellen. Er stand ohnehin vor der großen Schwierigkeit, die beschriebenen Gebäude und auch noch zusätzlich den Wappenschild in einem sehr kleinen Siegelfeld unterzubringen. Im ganzen Rheinland gibt es kein vergleichbares Stadtsiegel mit einem solch geringen Durchmesser, das eine so komplexe Stadtdarstellung enthält.

Im Unterschied zu den älteren bergischen Städtesiegeln des 13. Jahrhunderts ist der bergische Wappenschild mit dem steigenden doppeltgeschwänzten Löwen nicht unverändert in das Siegel aufgenommen worden. Vielmehr sind durch Spaltung des Schildes zwei Felder entstanden, von denen das vornehmere rechte dem bergischen Löwen vorbehalten ist. Die drei (2 : 1 angeordneten) Sterne im linken Schildteil ließen sich bisher nicht sicher bestimmen. Es ist aber anzunehmen, daß sie einen besonderen Bezug zum Orte hatten und daß es sich bei dem dargestellten Wappen um das Stadtwappen von Gerresheim handelt. Seit dem 14. Jahrhundert hat man nämlich die landesherrlichen Wappensymbole gerne mit örtlichen Symbolen im neuen Stadtwappen kombiniert. Otto Korn zog bei der Erklärung der Sterne im Gerresheimer Stadtwappen zwei Möglichkeiten in Erwägung: Entweder handele es sich um ein Phantasiewappen des Ortsgründers Gerrich oder die drei Sterne stünden für die ursprünglichen drei Patrone des Stiftes, den Salvator, die Muttergottes und den hl. Hippolyt.[6] Konkrete Anhaltspunkte für eine dieser Erklärungen gibt es nicht. Es muß in diesem Zusammenhang auch auffallen, daß die beiden letzten Gerresheimer Schöffensiegel, die als Wappensiegel ausgeführt sind, im Inhalt des linken Schildteiles nicht nur von dem Wappen des Stadtsiegels, sondern auch voneinander abweichen.[7]

Leider besitzen wir von dem Gerresheimer Stadtsiegel keine völlig intakten Abdrücke. Die erhaltenen Siegelabdrücke zeigen übereinstimmend ein schwaches Relief, hierin durchaus Münzen vergleichbar. Man wird daher davon auszugehen haben, daß der Siegelstempel selbst keine große Tiefe aufwies und die perspektivische Wirkung des Siegels stärker durch malerische als durch plastische Mittel erreicht wurde.

Anmerkungen

1 H. Weidenhaupt, Das Kanonissenstift Gerresheim, DüsseldorfJb 46 (1954) S. 1–120; H. Weidenhaupt, Gerresheim, in: HbHistStätten 3, 2. Auflage 1970 S. 253.

2 Vgl. den Abdruck des Privilegs vom 5. März 1368 in der ZBergGV 6 (1869) S. 81–84. W. Harless, der diese Urkunde publizierte, sah hierin wie die ältere Forschung ein „Stadt"-Privileg. H. Weidenhaupt, Stift und Stadt Gerresheim bis zur Säkularisation, in: Gerresheim 870–1970. Beiträge zur Orts- und Kunstgeschichte, Düsseldorf 1970 S. 18, hat klargestellt, daß Gerresheim damals nur zur „Freiheit" erhoben wurde, wie es der Wortlaut des Privilegs von 1368 auch besagt.

3 H. Schubert, Kleine Beiträge zur Geschichte der Stadt Gerresheim im Mittelalter, DüsseldorfJb 24 (1911) S. 120.

4 ZBergGV 6 (1869) S. 84 f.

5 Vgl. I. Achter, Zur staufischen Stiftskirche in Düsseldorf-Gerresheim, in: Beiträge zur rheinischen Kunstgeschichte und Denkmalpflege (Die Kunstdenkmäler des Rheinlandes, Beiheft 16), Düsseldorf 1970 S. 29–56.

6 O. Korn, S. 4.

7 Vgl. W. Ewald, Rheinische Siegel III, Tafel 71 Nr. 5 und 7.

Goch

Zweites großes Stadtsiegel

Farbtafel 3 und Abbildung 50

Bild: Im von drei Spitzen unterbrochenen Dreipaß, der in den Raum der Umschrift hineinragt, befindet sich ein unten spitz zulaufender Wappenschild. Der Schild zeigt über einer fünfblättrigen Mispelblüte einen wachsenden doppeltgeschwänzten gekrönten Löwen. Die Pässe sind oben mit einem Adler, rechts und links unten jeweils mit einem Löwen gefüllt.

Umschrift: · SIGILLUM · – · CIUITATIS · – · GOCHENCIS ·

Größe: 5 cm im Durchmesser.

Abbildung: Moderner Abdruck vom Originalstempel (heute im Germanischen Nationalmuseum Nürnberg, SiSt 186).

Literatur: W. Ewald, Rheinische Siegel III, S. 171 f.

Das zweite Siegel der Stadt Goch greift inhaltlich auf das älteste Stadtsiegel von Goch zurück, das 1272 erstmals erwähnt und in einem Abdruck vom Jahre 1273 erstmals überliefert ist.[1] Dieses ältere Siegel zeigt im geteilten Schild oben einen Löwen, unten eine Mispelblüte.[2] Letztere ist dem ursprünglichen Wappen der Grafen von Geldern entlehnt, das drei Mispelblüten im Schild zeigte. Graf Otto II. (1229–1271) hat bald nach seinem Regierungsantritt – möglicherweise um das Jahr 1233 – die Mispelblüten durch den bekannten geldrischen Löwen ersetzt. Anhaltspunkte für eine zeitliche Bestimmung dieses Wappenwechsels bietet das alte Siegel der niederländischen Stadt Lochem, die am 16. Juli 1233 Stadtrechte erhielt und wohl alsbald ein Stadtsiegel bekam. Das Rundsiegel zeigt einen spitzen Wappenschild mit dem steigenden geldrischen Löwen, der in den freien Räumen oben und an den beiden Seiten von je einer Mispelblüte begleitet wird.[3] Das älteste Siegel von Goch – ebenfalls ein Wappensiegel – verbindet in ähnlicher Weise die gemeinen Figuren des alten und des neuen geldrischen Wappenschildes. In beiden Stadtsiegeln wird also die Hoheit und Herrschaft des Stadtgründers und Landesherrn deutlich zum Ausdruck gebracht. Der enge Zusammenhang der alten Stadtsiegel von Lochem und Goch läßt darauf schließen, daß Goch wohl auch in den ersten Regierungsjahren Ottos II. von Geldern zur Stadt erhoben worden ist. Über dieses Datum bestand, da eine entsprechende Urkunde für Goch nicht überliefert ist, in der bisherigen Forschung keine Einigkeit; vom Stadtsiegel her gewinnt aber der älteste zeitliche Ansatz – 1229[4] bzw. um 1230[5] – an Wahrscheinlichkeit.

Aus welchem Grunde der alte Siegelstempel durch einen neuen ersetzt wurde, ist nicht bekannt. Das Typar dieses zweiten Stadtsiegels von Goch ist glücklicherweise erhalten und verdient ein besonderes Interesse, weil der Siegelstecher sich nicht auf einen reinen Nachschnitt nach dem alten Exemplar beschränkt, sondern das neue Typar ganz im Stil seiner Zeit gestaltet hat. Zudem hat die Stadt Goch sich diesen Siegelstempel etwas kosten lassen, denn er ist nicht nur in Silber ausgeführt, sondern auch der aus zwei Voluten bestehende feste Griff auf der Rückseite zeigt, daß man in Goch einen „schönen" Siegelstempel haben wollte.

Wilhelm Ewald hat das zweite Siegel der Stadt Goch zu Recht auf die Zeit „um 1400" datiert. Maßgebend hierfür war offensichtlich der erste Abdruck dieses Siegels an einer Urkunde von 1412, welcher einen sicheren Terminus ante quem liefert. Andererseits, so wäre ergänzend zu bemerken, kann das Siegel nicht lange vor 1400 entstanden sein, weil die gotische Minuskel als Auszeichnungsschrift in Siegeln sich erst im ausgehenden 14. Jahrhundert durchsetzt. Die ausgesprochen kultivierte Umschrift des Gocher Siegels gehört wohl kaum an den Anfang dieser Stilepoche, die sich vielleicht am deutlichsten in den Siegeln der Kölner Gaffeln[6] ablesen läßt. Der Umsturz des Jahres 1396 und die Mitbesiegelung der neuen Stadtverfassung („Verbundbrief") vom gleichen Jahre war für die meisten Gaffeln, die als politische Gruppen fortan die Geschicke der Stadt Köln mitbestimmten, Anlaß, ein Siegel anfertigen zu lassen. Eine ganze Reihe der 22 Gaffelsiegel zeigt ein Dreipaß-, Vierpaß- oder Vielpaßmotiv; in mehreren Fällen ist der Dreipaß auch von drei Spitzen unterbrochen und innen mit einem spitzen Wappenschild versehen. Diese Art von Wappensiegeln findet sich sonst vor allem beim niederen Adel und beim Bürgertum, wo der in gotische Maßwerkformen eingepaßte Wappenschild dominiert. Von diesen Siegeln unterscheidet sich das Gocher Siegel aber durch seinen größeren Durchmesser; von den Kölner Gaffelsiegeln hebt es sich insofern ab, als der Siegelstecher in für damalige Zeit mutiger Weise den Dreipaß in den Raum der Umschrift greifen läßt. Die hierdurch entstehenden drei gleich großen Felder werden mit je einem Wort der Siegellegende gefüllt, so daß eine harmonische Aufteilung derselben möglich ist. Dabei kam es dem Siegelstecher zustatten, daß die Wörter ungefähr gleich viele Buchstaben (8 : 9 : 9) besitzen.

Dem Zeitstil entsprechend ist der auch plastisch herausgearbeitete Rahmen des Dreipasses und der Spitzen mit Rosetten verziert. Während die beiden heraldischen Symbole des Wappenschildes in ihrer Deutung nicht zweifelhaft sein können, lassen die Tiere in den Rundungen des Dreipasses verschiedene Interpretationen zu. Sie haben gewiß nicht nur die äußerliche Funktion, die freien Flächen des Dreipasses zu füllen, sondern sind zumindest im Sinne der in der zweiten Hälfte des 14. Jahrhunderts beliebten Symboltiere (Löwe, Hund usw.) zu verstehen, wie sie auch auf anderen Siegeln und auf Grabsteinen vorkommen.[7] Die Löwen scheinen im Gocher Siegel in Beziehung zu dem geldrischen Wappenlöwen zu stehen, der im Schild nur halb („wachsend") dargestellt ist. Dann wäre hier ein heraldisches Motiv wiederholt, wobei die auch im Siegel oft genug zu beobachtende Gewohnheit, in der Helmzier die gemeine Figur des Schildes zu wiederholen, eine Rolle gespielt haben könnte. Der Adler über dem Wappenschild würde bei dieser „heraldischen" Deutung möglicherweise einen wie auch immer gemeinten Reichsbezug haben.

Das zweite Siegel der Stadt Goch, in der Blütezeit der Heraldik und einer bedeutenden Phase niederrheinischer Siegelstecherkunst entstanden, übertrifft viele andere Wappensiegel von Städten an Qualität, läßt andererseits aber auch erkennen, wie gering der Spielraum war, den ein Wappensiegel dem ausführenden Künstler bot.

Anmerkungen

1 E. Liesegang, Einige Rechtsaufzeichnungen aus dem Privilegienbuch der Stadt Goch von der Mitte des fünfzehnten Jahrhunderts, ZSRG. Germ. 33 (1912) S. 278.
2 E. Keyser, S. 188.
3 Corpus Sigillorum Neerlandicorum Nr. 605.
4 HbHistStättenDeutschland 3 S. 260.
5 D. Kastner, S. 32 Anm. 154.
6 Vgl. B. Marcus, Die Siegel des Kölner Verbundbriefes vom Jahre 1396, JbKölnGV 6/7 (1925) S. 141–154.
7 Vgl. T. Diederich, Siegelkunst.

Grieth

Großes Stadtsiegel

Abbildung 52

Bild: Im Vordergrund eine zinnenbekrönte Stadtmauer mit einem dreigeschossigen Turmtor, das in den beiden oberen Geschossen jeweils einen zinnenreichen Laufgang besitzt. Der Turm schließt mit einem viereckigen, weit vorkragenden Laufgang und einem Faltdach ab, von dessen Spitze eine Kreuzblume in den Raum der Umschrift reicht. Aus dem obersten Laufgang ragen an den Seiten zwei Riedbüschel heraus. Am rechten und linken Bildrand erhebt sich hinter der Stadtmauer jeweils ein mit einem hohen Rundbogenfenster ausgestatteter Turm, der von einem Kegeldach mit aufgesetztem Knauf bekrönt wird. Zwischen den Dächern der drei Türme befinden sich zwei schräggestellte Wappenschilde mit einem Mittelschild.

Umschrift: + [SIGILLVM] : B[VRG]ENSIVM : DE : GREITE

Größe: ca. 7,4 cm im Durchmesser.

Abbildung: Originalabdruck an Urkunde von 1344 April 12 (HauptstaatsarchDüsseldorf, Kleve-Mark, U. 262).

Literatur: B. Endrulat, S. 15; R. Scholten, Beiträge zur Geschichte von Wissel und Grieth und zur Genealogie Niederrheinischer Geschlechter, Kleve 1889 S. 122 f.; F. Gorissen, Grieth. Das siebenhundertjährige Schifferstädtchen am Niederrhein, (Kleve) 1950 S. 18.

Mit Urkunde vom 7. Dezember 1250 hat Graf Dietrich VI. von Kleve zusammen mit seinen Söhnen Dietrich und Dietrich Luf seiner auf dem Wisseler Ward neugegründeten Stadt Grieth alle Freiheiten verliehen, mit denen er seine Städte Kleve und Kalkar ausgestattet hatte. Der Graf erklärt in dem Dokument weiterhin, er wolle die Privilegien dieser beiden Städte bei passender Gelegenheit den Bürgern von Grieth vorlegen und aufzeichnen lassen. Dies ist durch Urkunde vom 1. März 1254 geschehen; es kann aber kein Zweifel bestehen, daß der 1250 bekundete Akt als die eigentliche Stadtgründung anzusehen ist.

Eine Siedlung befand sich vorher auf der bei Wissel gelegenen, Grieth geheißenen Gemarkung offensichtlich noch nicht. Mit gutem Grund hat man den Namen Grieth als Flurnamen erklärt, der sich von dem dort vorhandenen Riedland ableitete.[1] Mit der Gründung einer Stadt auf freiem Felde, die nicht einmal an eine bestehende Siedlung anknüpfen konnte, muß der Graf besondere Absichten verfolgt haben. Angeregt durch die vorausgehenden Städtegründungen des Erzbischofs von Köln und des Grafen von Geldern am Niederrhein, sah Dietrich VI. von Kleve in den Städtegründungen ein wichtiges Mittel, um sein Territorium zu sichern und einer Abwanderung seiner Untertanen in die Städte der benachbarten Territorien entgegenzuwirken. Die Gründung der Stadt Grieth richtete sich gegen das kölnische Rees und das geldrische Emmerich; der Graf verfolgte hiermit allein wehrpolitische Ziele.[2]

Das große Siegel der Stadt Grieth, das vermutlich in dem ersten Jahrzehnt nach der Stadtgründung entstanden ist, scheint dies zu bestätigen. Das Siegelbild, im Typus nicht neu, kehrt den Wehrcharakter des Ortes in besonderem Maße hervor. Es fällt auf, daß das große Siegel von Grieth sich nicht direkt an die Siegel der älteren klevischen Städte Wesel, Kleve und Kalkar anlehnt, sondern eine enge Verwandtschaft mit dem Siegel des geldrischen Emmerich aufweist, das seinerseits von dem Siegel der Stadt Zutphen beeinflußt ist. Insbesondere die beiden Wappenschilde zwischen den drei Türmen machen die stilistische Abhängigkeit des Griether Siegels von seinem älteren Vorbild deutlich. Diese Wappenschilde entsprechen dem ursprünglichen Wappen der Grafen von Kleve[3]; sie sind also ein Symbol für die Hoheit des Stadtherrn über seine Stadt.

Beachtung verdienen besonders die Riedbüschel, welche aus dem obersten Laufgang des mittleren Turmes in das Siegelfeld hineinragen. Sie beweisen, daß man den Namen „Grieth“ mit „Ried“ in Verbindung brachte. Hier lag mit Sicherheit nicht (wie im Falle Emmerichs) eine späte volksetymologische Deutung des Ortsnamens vor; vielmehr wollte der Siegelstecher mit der Aufnahme des Rieds in das Stadtsiegel zum Ausdruck bringen, daß die Stadt ihre Bezeichnung von dem „Grieth“ genannten Riedland herleitete, das der Graf von Kleve als Standort für seine neue Stadt ausgewählt hatte.

Der beträchtliche Durchmesser des Rundsiegels läßt erahnen, daß der Graf mit seiner Stadtgründung einiges im Sinn hatte; die weitere Entwicklung des Ortes konnte den Anspruch, welches das Stadtsiegel erhebt, nicht rechtfertigen. Wie Blankenberg, das 1245 zur Stadt erhoben wurde, gehört Grieth zu jenen Städtchen, die sich im Laufe der Jahrhunderte gegenüber konkurrierenden Orten nicht haben behaupten können. So kündet das respektable alte Stadtsiegel noch von den Absichten des Stadtgründers und der anfänglichen Bedeutung der neuen Stadt für die Grafschaft Kleve.

Anmerkungen

1 [G]. Terwelp, Griet im Kreise Kleve, JbbVAltFrrRheinl 73 (1882) S. 160; R. Scholten, S. 123.
2 D. Kastner, S. 32 f.
3 F. Gorissen, Der Karfunkelschild. Die Geschichte des Kreiswappens, in: 150 Jahre Landkreis Kleve, Kleve 1959 S. 19–83, insbes. S. 20–25. Dietrich VI. führte in seinem 1247 belegten großen Siegel den alten klevischen Schild mit dem Mittelschild; das auf der Rückseite eingedrückte Sekretsiegel zeigt den gleichen Schild, der mit einer Lilienhaspel überzogen ist. In dieser Form hat sich das klevische Wappen in der folgenden Zeit durchgesetzt.

Jülich

Großes Stadtsiegel

Abbildung 53

Bild: Im Rund einer zinnenbekrönten Stadtmauer erheben sich zwei Türme, die von einem breiten, mit drei Rundbogenfenstern aufgelockerten und mit einem Knauf besetzten Giebel verbunden werden. Der rechte Turm trägt einen Zinnenkranz, der linke Turm ein rundes Kegeldach. Von beiden Türmen kragen oben zwei Zinnen zur Mitte vor. Die Stadtmauer besitzt als einzigen Durchlaß vorne ein zinnenbekröntes Turmtor mit einem Rundbogenportal, in das ein spitzer Wappenschild mit einem steigenden Löwen hineingestellt ist.

Umschrift: + SIGILLVM · CIVITATIS · IVLIACEN(S)IS

Größe: 6,7 cm im Durchmesser.

Abbildung: Moderner Abdruck von dem Originalstempel (heute im Münzkabinett der Staatlichen Museen zu Berlin-Ost).

Literatur: A. Suhle, S. 21; [J.] Kuhl, Geschichte des früheren Gymnasiums zu Jülich. Zugleich ein Beitrag zur Ortsgeschichte, Jülich 1890 S. 193 f.

Über die Frühgeschichte der Stadt Jülich herrschte lange Zeit Unklarheit. Erst Friedrich Lau kam unter Heranziehung aller einschlägigen Quellen und scharfsinniger Interpretation derselben zu dem Ergebnis, „daß Jülich schon um 1238 im Lande des Grafen die Rechte einer Stadt genoß".[1] Dieser zeitliche Ansatz gründet sich auf eine unverdächtige Urkunde des Klosters Altenberg vom Jahre 1238, in deren Siegelankündigungsformel ein ehemaliger Vogt der Stadt Jülich („Juliacensis oppidi") genannt wird. In dem Protokoll eines Verhörs, das vor dem 1. Februar 1255 stattgefunden haben muß, bezeichnet ein dem Grafen von Jülich nahestehender Zeuge Jülich als Stadt („opidum"), während ein von dem Kölner Erzbischof abhängiger anderer Zeuge stets von dem Dorf Jülich („villa Juliacensi") spricht. Wie Lau dargelegt hat, kommen hierin die unterschiedlichen Positionen zum Ausdruck, welche der Graf und der Erzbischof in ihrem Streit um die Hoheitsrechte in Jülich einnahmen. Der von drei geistlichen Schiedsrichtern am 1. Februar 1255 in dieser Sache gefällte Spruch fiel zugunsten des Erzbischofs aus, dem nicht nur das „Dorf" Jülich als Allod, sondern auch die Gerichtsbarkeit darüber zuerkannt wurden, während der Graf von Jülich lediglich die Pfandrechte über Jülich bestätigt bekam. Nach Lau hätte man sich die Bezeichnung Jülichs als Stadt in den genannten Quellen so zu erklären, daß der Graf den Ort Jülich, den er in Pfandbesitz hatte, aus eigener Machtvollkommenheit zur Stadt erhob. Dieser Akt, der vielleicht als Reaktion auf die Städtegründungen des Kölner Erzbischofs (und des Grafen von Geldern) am Niederrhein zu erklären ist, konnte naturgemäß nicht die Billigung des Erzbischofs finden. Konrad von Hochstaden (1238–1261) belagerte im Jahre 1239 die Burg, konnte sie aber nicht einnehmen, weshalb er den Ort Jülich niederbrannte. 1255 führte auch der erwähnte juristische Weg zum Erfolg. Erzbischof Siegfried von Westerburg hat später mit der Einnahme Jülichs (1278) die erzbischöflichen Rechte weiter gesichert. Aber die Niederlage desselben Erzbischofs in der Schlacht bei Worringen (1288) wendete das Blatt, so daß die Grafen von Jülich fortan ihre Stadt befestigen und weiter ausbauen konnten.

Die Überlegungen Laus sind bis in die jüngste Zeit hinein mit einigem Vorbehalt aufgenommen worden. Sie lassen sich indessen vom großen Stadtsiegel her stützen. Es war Wilhelm Ewald, dem besten Kenner der rheinischen Siegel, seinerzeit entgangen, daß der erhaltene Stempel des großen Jülicher Stadtsiegels mit ziemlicher Sicherheit von demselben Siegelstecher stammt, der auch das Typar des großen Deutzer Stadtsiegels angefertigt hat. Vergleicht man beide Siegel miteinander, so fallen die stilistischen Gemeinsamkeiten und die einheitliche Gestaltungsweise der Siegelbilder auf (Kegeldächer, Knäufe, gitterartige Schraffuren zur Bezeichnung der Steinquader bei Mauern und Türmen, insbesondere aber die schräg ausgeführten Schraffuren bei den seitlichen Teilen der Stadtmauer). Die Umschriften sind in beiden Siegeln nicht von Perlkreisen, sondern von durchgezogenen Linien eingefaßt. Daß die Typare von demselben Siegelstecher geschaffen worden sind, ergibt sich zwingend aus den Formen der einzelnen Buchstaben; glücklicherweise ermöglichen die in beiden Siegeln vorkommenden Wörter SIGILLVM und CIVITATIS den direkten Vergleich, so daß hier alle Zweifel entfallen. Wenn Ewald, der bei der Masse des von ihm gesichteten und publizierten Materials ohnehin keine Einzelstudien anstellen konnte, das große Siegel der Stadt Jülich ins 14. Jahrhundert datierte, so mag hierbei der Stand der Kenntnisse über die Jülicher Stadtgeschichte vor Lau eine Rolle gespielt haben. Da nun das Siegel der Stadt Deutz um 1230 entstanden ist, wird auch das Jülicher Stadtsiegel nicht lange vor oder nach 1230 gestochen worden sein. Der spitze Dreiecksschild paßt zu dieser Datierung.

Nimmt man die Existenz des Jülicher Stadtsiegels in der Zeit um 1230 als gegeben an und mißt man dem in dem Stadttor angebrachten Wappenschild als Herrschafts- und Hoheitszeichen des Grafen von Jülich die angemessene Bedeutung bei, so gewinnen die eingangs skizzierten Überlegungen Laus beträchtlich an Wahrscheinlichkeit. Wer künftig bestreiten will, daß Graf Wilhelm IV. von Jülich kurz vor 1238 den von ihm in Pfandbesitz gehaltenen Ort Jülich zur Stadt erhoben hat, wird eine schlüssige Erklärung dafür liefern müssen, daß Jülich 1238 und vor dem 1. Februar 1255 als Stadt bezeichnet wurde und bereits um 1230 einen Stadtsiegelstempel besaß.

Für die Bewertung der Politik Wilhelms IV. von Jülich ergeben sich aus der neuen Datierung des Jülicher Stadtsiegels und der jetzt ziemlich sicher verbürgten frühen Stadterhebung Jülichs gewisse Konsequenzen. Der Fall Jülich beweist, daß auch der Graf von Jülich an der ersten Welle der Städtegründungen am Niederrhein beteiligt war, mochte sein Unternehmen durch den Einspruch der Kölner Erzbischöfe auch vorerst gefährdet sein. In neuem Licht erscheint auch Jülich selbst, dem der Graf offensichtlich eine besondere Rolle im Rahmen seiner Territorialpolitik zugedacht hatte. Ob das Siegelbild etwas von der damaligen Wirklichkeit, also dem Aussehen Jülichs um 1230, einfängt, ist allerdings fraglich. Lediglich die verschiedenen Dächer und Fenster der beiden Türme deuten darauf hin, daß vielleicht zwei bestimmte Türme der Jülicher Burganlage zu Zeiten Wilhelms IV. gemeint waren. Die Mauer des Siegels dürfte deshalb eher die Burgmauer als die Stadtmauer bezeichnen. Der in das Portal eingearbeitete Wappenschild soll darauf hinweisen, daß der Graf von Jülich alleiniger Gründer und Herr der Stadt ist. Nicht zuletzt dieser Anspruch wird den Kölner Erzbischof zur Intervention veranlaßt haben, die letztlich aber die Stadtgründung Wilhelms IV. nicht rückgängig machen konnte.[2]

Anmerkungen

1 F. Lau, Quellen zur Rechts- und Wirtschaftsgeschichte der rheinischen Städte, Jülichsche Städte II: Jülich (PublGesRheinGKde 29), Bonn 1932 S. 75.

2 Das Manuskript zu dem Artikel über das große Stadtsiegel von Jülich hat seinerzeit Herrn Prof. Dr. Günter Bers (Köln) vorgelegen, der unter Berücksichtigung meiner neuen Datierung des Jülicher Siegels die Frage der Stadtwerdung Jülichs in größerem Zusammenhang untersucht hat. Die dort beigebrachten weite-

ren Quellen machen wahrscheinlich, daß eine erste Stadterhebung Jülichs um 1234 erfolgt ist. Sie sprechen damit auch für die Richtigkeit der oben vorgetragenen Datierung des Jülicher Stadtsiegels; vgl. G. Bers, Die Stadterhebung der Ortschaft Jülich (c. 1234 und c. 1270). Fakten und Thesen, BeitrrJülichG 50 (1983) S. 3–31.

Kaiserswerth

Großes Stadtsiegel

Abbildung 54

Bild: Ein Doppeladler.

Umschrift: + SIGILLV(M) · CIVIV(M) · I(N) WERDE · IMP(ER)ATOR(IS) FRIDERICI

Größe: 6,9 cm im Durchmesser.

Abbildung: Originalabdruck an Urkunde von 1464 Nov. 10 (HistArchKöln, Domstift, U. 1711).

Literatur: B. Endrulat, S. 26; G. A. Seyler, S. 308 f.; W. Pagenstecher, Burggrafen- und Schöffensiegel von Kaiserswerth, DüsseldorfJb 44 (1947) S. 117–154, insbes. S. 130 f. und Abb. 1; D. Weber, Stadt auch ohne Erhebungsurkunde, in: Kayserswerth. 1300 Jahre Kaiser, Heilige, Reformer, hrsg. v. Chr.-M. Zimmermann und H. Stöcker, 2. Aufl. Düsseldorf 1981 S. 72–75.

Kaiserswerth gehört zu den ältesten Städten zwischen Köln und Zutphen. Schon 877 erscheint die Siedlung – damals Werid genannt – in den Quellen. Sie geht zum einen auf das vom hl. Suitbert gegründete, später in ein Stift umgewandelte Benediktinerkloster, zum anderen auf einen fränkischen Königshof, die spätere Reichsburg, zurück. Kaiser Heinrich II. (1002–1024) ließ die Burg zu einer mächtigen Pfalz ausbauen. Zahlreiche Aufenthalte deutscher Könige sind in der Folge durch hier ausgestellte Urkunden bezeugt. Besonders die staufischen Herrscher verliehen ihren Reichsleuten und den Angehörigen des Stiftes St. Suitbert eine Reihe von Privilegien. 1174 wurde hier eine Reichszollstätte eingerichtet. Eine förmliche Stadterhebungsurkunde ist zwar nicht überliefert, doch wurde die Parzellierung eines Weinberges und einiger Äcker im Jahre 1181 von der Forschung als Maßnahme gedeutet, die auf eine Stadtrechtsverleihung durch Kaiser Friedrich Barbarossa schließen läßt. Die Siedlung „auf dem Werth" verfügte damals schon über einen Markt; die Aufteilung des stiftischen, in Richtung auf diesen Markt gelegenen Weinbergs in einzelne Hofstätten kann nur den Sinn gehabt haben, einen inneren städtischen Ausbau sicherzustellen oder vorzubereiten. Neuerdings hat Dieter Weber gezeigt, daß Kaiserswerth unter Friedrich Barbarossa mit Sicherheit Reichsstadt war.[1]
Im ausgehenden 12. Jahrhundert war das städtische Urkunden- und Siegelwesen, sieht man von den bedeutenderen Städten wie Köln ab, noch wenig entwickelt. Eine Notwendigkeit zur sofortigen Anschaffung eines eigenen Stadtsiegels wird in Kaiserswerth um

so weniger bestanden haben, als das Stift St. Suitbert, das damals schon ein Siegel führte, jederzeit gebeten werden konnte, Rechtsgeschäfte zu beurkunden. Insofern ist es nicht verwunderlich, wenn die Stadt Kaiserswerth erst Jahrzehnte später den Auftrag zur Anfertigung eines eigenen Siegelstempels erteilte. Wie sich nämlich aus der prachtvollen heraldischen Gestaltung des Doppeladlers und mehr noch aus den Eigenarten der Umschrift ergibt, kann das Siegel nicht mehr dem 12. Jahrhundert angehören. Eine genauere Datierung ist schwierig, weil sich das Siegel nicht vor dem Jahre 1272 nachweisen läßt und stilistisch vergleichbare Adlerdarstellungen im Umkreis nicht zu ermitteln sind. Lediglich zu dem großen Siegel der Stadt Arnheim[2] ergeben sich gewisse Ähnlichkeiten. In diesem Stadtsiegel ist ebenfalls ein schöner heraldischer Doppeladler abgebildet. Gewiß stammt das Arnheimer Siegel von demselben Meister, der auch das Emmericher Stadtsiegel gestochen hat, so daß man die Entstehung des Arnheimer Stückes auf die Zeit von etwa 1225 bis 1240 eingrenzen kann.

Für einen zeitlichen Ansatz des Kaiserswerther Siegels sind bestimmend die epigraphischen Merkmale, die insgesamt in die erste Hälfte des 13. Jahrhunderts weisen. J. E. Korn hat die Entstehung des Siegels für die Zeit „um 1220" angenommen[3], allerdings nicht ausgeführt, worauf sich diese recht genaue Datierung stützt. Vermutlich lehnte er sich an eine ähnliche Datierung durch v. Brockhusen an, der einer Bestätigungsurkunde Kaiser Friedrichs II. vom 19. April 1220 für Kaiserswerth, das schon 1212 als „imperiale oppidum" bezeichnet wurde, besondere Bedeutung beimißt.[4] Zieht man die Städtesiegel von Blankenberg, Bonn, Deutz, Düren, Grieth, Kalkar, Neuss, Xanten und vor allem Duisburg zum Schriftvergleich heran, so ist man geneigt, die Entstehung des Kaiserswerther Siegels etwas später, d. h. im 2. Viertel des 13. Jahrhunderts, anzunehmen.

Daß das eindrucksvolle Siegelbild die besondere Verbindung der Stadt zum Reiche demonstrieren sollte, liegt auf der Hand. Eigenartigerweise war der Doppeladler aber erst seit dem Jahre 1417 festes Symbol für den Kaiser und das Reich, während von der gleichen Zeit an der einfache Adler dem König vorbehalten war.[5] H. J. v. Brockhusen[6] und J. E. Korn[7] haben es daher auch für nötig gehalten, die im Kaiserswerther Siegel gewählte Form des Doppeladlers zu erklären. Danach würde sich der Doppeladler des Stadtsiegels von Kaiserswerth – so v. Brockhusen – an das Wappen Friedrichs II. anschließen, welches angeblich den Adler des Reiches und den Siziliens in sich vereinigte. Korn meint, der Doppeladler habe sich bei der Fülle anderer Adlerwappen von dem Siegelbild eines anderen übergeordneten Herrn unterscheiden sollen; deshalb nimmt er an, daß die Kaiserswerther „mit dem Doppeladler auf ihren Herrn weisen wollten, der zwei Würden auf sich vereinigte, nämlich König und Kaiser zugleich war". In diesem Falle hätte das Kaiserswerther Siegel ebenso wie das noch ältere Rücksiegel der Stadt Cambrai, das auch einen Doppeladler zeigte, schon jene Anschauung vorweggenommen, die erst im Jahre 1417 unter König Sigismund wirksam geworden ist.

Bei der Interpretation des Doppeladlers ist vielleicht der Wortlaut der Umschrift hilfreich. Den Genitiv IMP(ER)ATOR(IS) · FRIDERICI hat Th. Ilgen auf Friedrich I. bezogen, „der demnach als der eigentliche Stadtgründer angesehen wurde".[8] Es liegt aber näher, den Genitiv, der nur ein genitivus possessivus sein kann, mit dem zur Zeit der Siegelentstehung herrschenden Friedrich II. in Verbindung zu bringen, dem damals die Stadt Kaiserswerth mit ihren Bürgern gehörte. Zwar gibt es – wie etwa im Falle Wesels

und Büderichs – Beispiele dafür, daß das Siegel den Vorgang der Gründung oder den Gründer selbst durch Bild und (oder) Umschrift festhielt, im Kaiserswerther Siegel findet sich aber kein Gründungs-, sondern nur ein Besitzhinweis. Da die Reichszugehörigkeit Kaiserswerths zum Zeitpunkt der Siegelentstehung unbestritten war, gab es an sich, hätte man den einfachen Adler gewählt, keine Verwechslungsmöglichkeit mit irgendeinem anderen Herrn. Daher besitzt die weitergehende Vermutung Korns eine gewisse Wahrscheinlichkeit, daß nämlich der Doppeladler auf König und Kaiser zugleich anspielen sollte.
Der Genitiv IMP(ER)ATOR(IS) hat noch in anderer Hinsicht Bedeutung erlangt. Wie schon erwähnt, hieß der Ort ursprünglich Werid. Diese Namensform wurde lediglich in der Schreibweise verändert und gelegentlich durch den Namen des hl. Suitbert ergänzt; fast ein halbes Jahrtausend hat man sie beibehalten. Erst zum Jahre 1346 taucht der Name Keysers Werde auf, der sich dann durchsetzte und bis heute fortdauert. Präformiert war dieser Name durch den Genitiv der Siegelumschrift. Die Erinnerung an die alte Reichszugehörigkeit war gerade in den Zeiten wichtig, als die Stadt zum ständigen Streitobjekt zwischen Kurköln und Jülich wurde. Das anspruchsvolle Siegel hielt, wie etliche andere Städtesiegel des Rheinlandes, die besondere Beziehung zum Reiche wach. Ohne Zweifel ist das in der Stauferzeit entstandene schöne Siegel der Stadt Kaiserswerth ein eindrucksvolles Zeugnis aus einer glanzvollen Epoche der Kaiserswerther Geschichte.

Anmerkungen

1 D. Weber, Friedrich Barbarossa und Kaiserswerth. Eine Skizze der städtischen Entwicklung Kaiserswerths im 12. Jahrhundert, in: Heimatkundliches in und um Kaiserswerth, Schriftenreihe des Heimat- und Bürgervereins Kaiserswerth e. V., o. O. o. J. (Kaiserswerth 1980).
2 Vgl. Abb. 42.
3 J. E. Korn, Adler und Doppeladler. Ein Zeichen im Wandel der Geschichte, phil. Diss. Göttingen 1969 S. 58. Die Arbeit ist zuvor erschienen in „Der Herold“ NF 5/6 (1965–1968) passim.
4 H. J. v. Brockhusen, Wetzlar und der Reichsadler im Kreis der älteren Städtewappen, MittWetzlarGV 16 (1954) S. 105.
5 J. E. Korn (wie Anm. 3), S. 68.
6 H. J. v. Brockhusen (wie Anm. 4), S. 105–107.
7 J. E. Korn (wie Anm. 3), S. 59.
8 Th. Ilgen, Herzogtum Kleve, S. 433* Anm. 4.

Kalkar

Großes Stadtsiegel

Farbtafel 3 und Abbildung 55

Bild: Eine dreitürmige, zinnenreiche Burganlage mit einem rundbogigen Tor in der Mitte; der Mittelturm ist mächtiger als die beiden seitlichen Türme und in der mittleren Zone mit einem Wappenschild belegt. Darin befindet sich ein von einem Andreaskreuz überzogener Mittelschild, der an der Scheitelstelle des Andreaskreuzes einen kräftigen

Schildbuckel bzw. eine Kugel aufweist. Am unteren Bildrand, unter der Burganlage, windet sich ein Drache.

Umschrift: + SIGILLVM · OPPIDI · ET · CIVIVM · IN KALKER · A

Größe: 7,8 cm im Durchmesser.

Abbildung: Moderner Abdruck von dem Originalstempel im Stadtarchiv Kalkar.

Literatur: B. Endrulat, S. 12; T. Diederich, Rheinische Siegel und Siegelstempel, S. 53 f.; W. Kock, S. 33–35.

Kalkar dürfte nach Wesel und Kleve als drittälteste Stadt der Grafschaft Kleve anzusehen sein. Eine entsprechende Rangordnung findet sich jedenfalls in der Stadterhebungsurkunde für Grieth aus dem Jahre 1250. Da das älteste Stadtsiegel von Kalkar bereits an einer Urkunde von 1246 bezeugt ist[1], muß der förmliche Akt der Stadtrechtsverleihung vor diesem Jahre liegen; da er andererseits aber wohl erst nach der Stadterhebung Kleves vom 25. April 1242 erfolgte, wäre ein Stadtprivileg für Kalkar zwischen 1242 und 1246 anzunehmen. Die Anfänge der städtischen Siedlung reichen indessen noch weiter zurück, denn schon in einer Urkunde vom 20. Oktober 1230 erteilte der Kölner Erzbischof Heinrich von Molenark dem Grafen Dietrich VI. von Kleve die Erlaubnis, auf der „insula Kalkere" eine Stadt zu erbauen und zu befestigen.[2] Die Siedlung, deren Anlegung sich offensichtlich längere Zeit hingezogen hat, scheint der Graf dann bald nach 1242 mit der Verleihung des Stadtrechtes belohnt zu haben. Das Stadtrecht selbst ist weder im Original noch in Abschrift überliefert, doch läßt es sich aus dem Stadtprivileg von Dinslaken erschließen.[3]

Das Alter des großen Stadtsiegels von Kalkar kann nach dem gesicherten Frühbeleg von 1246 nicht zweifelhaft sein. Wohl bald nach 1242 ist der Siegelstempel angefertigt worden. Für diese Datierung sprechen auch die epigraphischen Merkmale der Umschrift. Es besteht also kein Anlaß, das Siegel in das 14. Jahrhundert zu verweisen, wie dies Wilhelm Ewald – übrigens ohne Begründung – getan hat.[4]

Die imposante dreitürmige Anlage des Siegels soll den Stadtcharakter der neuen Siedlung betonen. Wiewohl die Verwendung von drei Türmen in Städtesiegeln der Zeit nicht selten ist, läßt sich für die Art der Ausgestaltung dieses Motivs keine Parallele beibringen. Seine Originalität verrät der Siegelstecher auch dadurch, daß er die Rundtürme sehr plastisch ausgeführt hat. Sie erscheinen geradezu als Halbrelief, das sich bis maximal 8 mm von der unteren Bildebene des Siegelfeldes erhebt.

Der an dem Mittelturm angebrachte Wappenschild ist abgeleitet aus dem alten Wappen der Grafen von Kleve. Dieses hatte ursprünglich im Schild einen Mittelschild gezeigt; später aber erscheint das Wappen dahingehend abgeändert, daß der ganze Schild zusätzlich mit einer Lilienhaspel belegt ist (vgl. dieses Wappen in dem großen Stadtsiegel von Kleve). In dem ältesten Kalkarer Siegel findet sich nun weder ein leerer Mittelschild noch die später den ganzen Schild überziehende Lilienhaspel. Statt dessen ist in dem Wappen des Kalkarer Siegels der Mittelschild mit einem Andreaskreuz und dieses selbst wiederum mit einem Schildbuckel belegt. Es kann nur vermutet werden, daß hier das Wappen der Grafen von Kleve leicht abgewandelt werden sollte, um der Stadt zu einem eigenen Wappen zu verhelfen. Hierbei machte die Grundform des alten klevischen Wappens deutlich, daß es sich bei Kalkar um eine Stadtgründung des Grafen von Kleve handelte. Das Andreaskreuz des Mittelschilds wäre demmach ein Beizeichen, das speziell für Kalkar stand. Es spricht nicht gegen diese Deutung, wenn Kalkar später nacheinander zwei nochmals leicht veränderte Wappen führte, die im Schöffensiegel und in den jüngeren Stadtsiegeln vorkommen.

Den Drachen unter der Burganlage hat Bernhard Endrulat seinerzeit als „eidechsenartiges Tier" bzw. als „Lindwurm der Fabel" angesprochen. Die Bedeutung solcher Tiere an derartigen Stellen war für Endrulat nicht zweifelhaft: „Sie repräsentieren die Wildnis, an deren Stelle sich der von Menschen bewohnte Ort, die Stätte der Kultur erhoben hat."[5] E. Liesegang übernahm weitgehend diese Erklärung und wies darauf hin, daß Kalkar die erste große Bruchkolonie innerhalb der Grafschaft Kleve war.[6] Mag diese Deutung auch letztlich nicht zu beweisen sein, so hat sie doch einiges für sich, und es wird sich wohl kaum eine bessere finden lassen. Da der Drache hier kein „redendes" Symbol ist, muß er als anderweitiger Hinweis auf die Stadt oder die Umstände der Stadtgründung angesehen werden. Jedenfalls hat er im vorliegenden Siegel auch nicht die Funktion, eine freie Fläche zu füllen oder zu verzieren (vgl. etwa das Siegel der Stadt Bergneustadt). Nur in weitestem Sinne wäre eine Übereinstimmung mit dem Drachen in dem ältesten Bonner Stadtsiegel herzustellen, das kurze Zeit später entstand. Dort verkörpert der Drache unter den Füßen des hl. Cassius das besiegte Heidentum. Hinzuweisen ist schließlich noch auf das Siegel der niederländischen Stadt Oudewater[7], in dem rechts und links des Wappenschildes jeweils ein drachenähnliches Fabeltier erscheint. Die trutzige Burganlage in Verbindung mit dem Drachen hebt das Stadtsiegel von Kalkar jedoch von den genannten Siegeln ebenso ab wie von allen anderen niederrheinischen Städtesiegeln.

Anmerkungen

1 D. Kastner, S. 32 Anm. 150.
2 Ebenda; Niederrheinischer Städteatlas / Klevische Städte, 2. Heft: Kalkar, bearb. von F. Gorissen (PublIGesRheinGKde 51), Kleve 1953 S. 41; R. Knipping, Regesten 3, Bonn 1901 Nr. 706.
3 D. Kastner, S. 32 Anm. 150.
4 W. Ewald, Rheinische Siegel III, S. 174.
5 B. Endrulat, S. 12.
6 E. Liesegang, S. 60.
7 Corpus Sigillorum Neerlandicorum Nr. 619.

Kempen

Großes Stadtsiegel

Abbildung 56

Bild: Eine romanische Kirche, deren einfacher Westturm ein Kegeldach mit aufgesetztem Kreuz trägt; über dem Dach des Langhauses ein sechsstrahliger Stern und eine zunehmende Mondsichel, seitlich des Westturms zwei Schlüssel.

Umschrift: + SIGILLVM · CIVITATIS : KEMPENENSIS ·

Größe: 5,8 cm im Durchmesser.

Abbildung: Originalabdruck an Urkunde von 1469 Febr. 2 (HauptstaatsarchDüsseldorf, Kurköln, U. 2628).

Literatur: B. Endrulat, S. 27; G. Terwelp, Die Stadt Kempen im Rheinlande. Festschrift zur 600jährigen Jubelfeier, 1. Teil, Kempen 1894 S. 69 f.; J. J. Manten, Über die Siegel der ältesten Urkunden des Archivs der Stadt Kempen, Heimatbuch des Kreises Viersen 1984 S. 64 f.

Die Siedlung Kempen geht auf einen Hof zurück, als dessen Grundherr schon Erzbischof Heribert von Köln (999–1021) bezeugt ist. In das 13. Jahrhundert fällt die Entwicklung vom Dorf zur Stadt, ohne daß sich der Endpunkt dieses Prozesses eindeutig festlegen ließe. Nach den sicherlich zutreffenden Erwägungen von Manfred Petry[1] und Paul-Günter Schulte[2] handelt es sich bei der immer wieder angeführten Urkunde von 1294 nicht um die Stadterhebungsurkunde, sondern um ein Ergänzungsprivileg. Hierfür spricht insbesondere die Tatsache, daß auf Veranlassung des Kölner Erzbischofs Siegfried von Westerburg (1275–1297) schon zuvor eine Befestigung des Ortes angeordnet worden war, welche zu einer großen Beschwernis der Bewohner geführt hatte. Da in der Urkunde von 1294 von einer Stadterhebung nicht die Rede ist, muß die Existenz der Stadt vorausgesetzt werden, worauf auch die vorher begonnene Befestigung hindeutet. In Erzbischof Siegfried von Westerburg wird man den Hauptmotor für den Ausbau Kempens zur Stadt zu sehen haben. Es bleibt eine Aufgabe der landesgeschichtlichen und örtlichen Forschung zu untersuchen, ob die mutmaßliche Stadterhebung Kempens durch Erzbischof Siegfried von Westerburg schon vor 1288 oder aber aus territorialpolitischen Erwägungen erst nach der Schlacht von Worringen erfolgt ist.

Das für das Jahr 1305 erstmals bezeugte Stadtsiegel von Kempen liefert keine zwingenden Argumente zur Entscheidung dieser Frage. Für ein höheres Alter sprechen die Größe (5,8 cm im Durchmesser; das bald nach 1288 entstandene Düsseldorfer Stadtsiegel mißt nur 5,2 cm im Durchmesser) und die verhältnismäßig einfache Formensprache, doch läßt sich hieraus wie auch aus dem epigraphischen Befund natürlich keine Datierung des Siegels auf „um 1280“ statt auf „um 1290“ ableiten. Beide Datierungen erscheinen möglich. Wir werden jedenfalls vermuten dürfen, daß Kempen dem Beispiel so vieler anderer niederrheinischer Städte folgend bald nach der Stadterhebung ein Stadtsiegel geführt hat.

Der Vergleich mit den Düsseldorfer Verhältnissen drängt sich aus zwei Gründen auf: Erstens ist die Stadterhebung Düsseldorfs für 1288 – als Folge der großen territorialpolitischen Entscheidung in der Schlacht von Worringen – gesichert, zweitens zeigen beide Siegel eine Kirche, ohne daß hierbei allerdings architektonische Übereinstimmungen festzustellen wären. Gemeinsam ist beiden Städtesiegeln aber, daß sie im Verhältnis zu älteren Städtesiegeln ihres jeweiligen Territoriums recht klein ausgefallen sind.

Schon Paul Clemen hat mit der Möglichkeit gerechnet, daß das Kempener Stadtsiegel eine Ansicht der ältesten Kempener Pfarrkirche enthält.[3] Bei dieser Kirche handelte es sich seiner Meinung nach um einen einschiffigen Bau mit einfachem Westturm.[4] Demgegenüber haben die Bauuntersuchungen von Albert Steeger aber eindeutig ergeben, daß schon die romanische Kirche dreischiffig war.[5] Tatsächlich scheint der kräftige Absatz der Langhauswand, die unten zwei große Rundbogenöffnungen, über dem Absatz aber zwei Zwillingsrundbogenfenster zeigt, eher auf einen Bau hinzudeuten, dessen Langschiff ein Seitenschiff vorgelagert ist. Es ist zu bedenken, daß ein Siegelstecher die Schiffe von der Langseite her gesehen nur schwach wiedergeben konnte, da der Siegelstempel eine geringe Tiefe aufweist. Für den Betrachter des Siegels genügte es, wenn die Kirche im Typus und ihre charakteristischen Teile wiederzuerkennen waren; ein so perfektes Abbild der Kirche, wie wir sie in den zweiten Siegeln der Städte Speyer und Boppard finden, war sicherlich nicht beabsichtigt.

Im Gegensatz zum Düsseldorfer Stadtsiegel, in das kein Hoheitszeichen des Grafen von Berg eingearbeitet wurde, zeigt das Kempener Siegel mit den beiden Schlüsseln ein Symbol, das auf den hl. Petrus als Patron des Kölner Erzstiftes und damit auf dieses selbst verweist. Der bzw. die Schlüssel standen dem kurkölnischen Kreuz als Hoheitszeichen der Kölner Erzbischöfe an Beliebtheit kaum nach. In anderen Fällen, z. B. in den Stadtsiegeln von Rheinberg, Zülpich, Lechenich und Uerdingen, wurde der thronende hl. Petrus dargestellt, um diesen Bezug deutlich zu machen. Im Kempener Siegel könnten die beiden Schlüssel allerdings auch als Anspielung auf die älteste Pfarrkirche St. Peter, die südlich der Stadt gelegen war[6], zu verstehen sein; schließlich dürfte die Erinnerung an die Verlegung der Pfarrkirche in die Mitte des Ortes und an den damit verbundenen Patrozinienwechsel – die um 1200 errichtete neue Pfarrkirche[7] war der Muttergottes geweiht – nicht so schnell untergegangen sein. Eine Entscheidung darüber, ob die Schlüssel als Kurköln-Symbol oder als Hinweis auf das Patrozinium der alten Pfarrkirche des Kempener Landes oder vielleicht sogar in beiderlei Sinne aufzufassen sind, ist wegen des großen zeitlichen Abstandes und fehlender ergänzender Quellen schwierig.

Demgegenüber fällt uns die Interpretation von Stern und Mondsichel, die keineswegs nur den freien Raum über der Kirche ausfüllen sollten[8], leichter. Dienten Sonne, Mond und Sterne seit ältesten Zeiten, nicht zuletzt auf Herrschersiegeln und Münzen, als Symbole höchster Herrschaftsgewalt[9], so dürfen gerade Stern und Mondsichel als beliebte Mariensymbole gelten.[10] Sie hatten im Kempener Stadtsiegel natürlich ihren Sinn, wenn die dort dargestellte Kirche der Muttergottes geweiht war. Nicht nur im Zusammenhang mit der oben erörterten Frage, auf welche Weise man in den Siegeln die Hoheit des Kölner Erzbischofs über seine Städte und Gemeinden deutlich machte, sondern auch wegen der dem Kempener Stadtsiegel ganz verwandten Darstellung verdient das Lechenicher Schöffensiegel an dieser Stelle erwähnt zu werden. Es zeigt nämlich eine einschiffige Kirche, deren Westturm von einer zunehmenden Mondsichel und einem sechsstrahligen Stern begleitet wird. Statt der beiden Schlüssel findet sich hier aber ein mit dem kurkölnischen Kreuz versehener Wappenschild, der an einer aus dem Kirchturm herausragenden Stange hängt.[11] Das Siegel dürfte nach dem epigraphischen Befund um 1300 unter dem Einfluß des Kempener Stadtsiegels, möglicherweise sogar in derselben Werkstatt wie dieses, entstanden sein.[12]

1 M. Petry, Zur Entstehung der mittelalterlichen Stadt Kempen, Heimatbuch des Kreises Viersen 1982, S. 71–81.
2 P.-G. Schulte in seinen Ausführungen vor dem Verein für geschichtliche Landeskunde der Rheinlande am 19. Juni 1982 im Kramer-Museum zu Kempen.
3 Die Kunstdenkmäler des Kreises Kempen, hrsg. von P. Clemen (KunstdenkmRheinprov 1,1), Düsseldorf 1891 S. 56.
4 Ebenda.
5 A. Steeger, Bau und Bild der Kempener Pfarrkirche im Wechsel der Jahrhunderte, Festschrift zur 750-Jahrfeier in Kempen 1950, Kempen 1950 S. 32–48; jetzt auch in: A. Steeger, Studien zur niederrheinischen Landeskunde (Schriftenreihe des Kreises Viersen 32), Kevelaer 1981 S. 347–351; vgl. insbes. den Grundriß (Abb. 185 S. 427).
6 E. Keyser, S. 237.
7 A. Steeger (wie Anm. 5, Ausg. von 1981), S. 348.
8 So R. Nagel, Städtesiegel, in: Zeugnisse rheinischer Geschichte (Rheinischer Verein für Denkmalpflege und Landschaftsschutz, Jahrbuch 1982/83), Neuss 1982 S. 195.
9 F. Battenberg, Das Hofgerichtssiegel der deutschen Kaiser und Könige 1235–1451 (Quellen und Forschungen zur höchsten Gerichtsbarkeit im alten Reich, hrsg. von B. Diestelkamp u. a. 6), Köln–Wien 1979 S. 89–91.
10 Lexikon der christlichen Ikonographie, Band 3 (1971) Sp. 279 f.; ebenda Band 4 (1972) Sp. 179 und 214 f.
11 Vgl. W. Ewald, Rheinische Siegel III, Tafel 14 Nr. 1 und S. 49.
12 R. Kahsnitz, Typare und Wachssiegel, S. 82, datiert das Siegel auf die Zeit bald nach der Stadterhebung von 1279, spätestens aber auf den Beginn des 14. Jahrhunderts.

Kleve

Großes Stadtsiegel

Abbildung 57

Bild: Im Vordergrund eine gezinnte Stadtmauer mit einem rundbogigen Tor in der Mitte; dahinter – am rechten und linken Rand – erheben sich zwei Festungstürme, die ein Kegeldach tragen und von einem Knauf bekrönt werden; zwischen den Türmen befindet sich ein spitzer Wappenschild, der einen Mittelschild zeigt und insgesamt mit einer Lilienhaspel belegt ist.

Umschrift: + SIGILVM · POP – IDI · CLE – VENSIS

Größe: 6 cm im Durchmesser.

Abbildung: Originalabdruck an Urkunde von 1448 Mai 11 (HauptstaatsarchDüsseldorf, Kleve-Mark, U. 1873).

Literatur: B. Endrulat, S. 12.

Nach Wesel ist Kleve die älteste Stadt der gleichnamigen Grafschaft. Mit Urkunde vom 25. April 1242 hat Graf Dietrich VI. von Kleve der schon vorher im Schutze seiner Burg erwachsenen Siedlung städtische Rechte verliehen. Bei der Stadterhebung Kleves standen gewiß territorialpolitische, und zwar vornehmlich militärische Motive im Vordergrund, galt es doch, die eigenen Kernlande durch Befestigung an der Peripherie zu schützen.

Hinreichenden Anlaß hierzu boten die benachbarten Territorien der Grafen von Geldern und der Erzbischöfe von Köln, welche schon früher am Niederrhein mit der Gründung von Städten begonnen hatten. Unzweifelhaft kam der Befestigung der neuen Städte eine besondere Bedeutung zu. So kann es nicht verwundern, wenn alle niederrheinischen Städte jener Zeit mit Ausnahme von Wesel, Büderich und Xanten in den Siegeln ihren Wehrcharakter hervorkehrten.

Das älteste Stadtsiegel von Kleve erweist sich mit dem Bild einer Doppelturmanlage als weitgehend selbständig gegenüber den älteren Städtesiegeln der Umgebung. Der symmetrische Aufbau unterstreicht, daß hier ein symbolisches Bild der Stadt geliefert werden sollte. Ob die beiden Türme bis zu einem gewissen Grade der damaligen Wirklichkeit entsprachen, muß offen bleiben. Unsicherheiten bestehen auch hinsichtlich der Stadtmauer. Einerseits gibt es Gründe genug anzunehmen, daß man bald nach der Stadterhebung mit dem Bau der Mauer begonnen hat; jedenfalls wird die erste Stadtmauer Kleves noch dem 13. Jahrhundert angehören.[1] Andererseits könnte die Stadtmauer des Siegels auch als Teil der Burgbefestigung zu verstehen sein. Als dritte Möglichkeit wäre zu erwägen, ob der Siegelstecher die Mauer lediglich deshalb in das Siegelbild aufgenommen hat, weil man damit seit der Antike die Stadt zu bezeichnen pflegte. Da wir über Einzelheiten des ersten Klever Mauerbaus nicht unterrichtet sind, wird man wohl nie zu einer klaren Entscheidung in dieser Frage kommen.

Die Architekturelemente fallen demnach auch als Hilfsmittel zu einer genaueren Datierung des Siegels aus. Leider liefert der Wappenschild des Grafen von Kleve auch keine sicheren Anhaltspunkte, da dieser Schild schon ein halbes Jahrzehnt nach der Stadterhebung Kleves in einem Rücksiegel Graf Dietrichs VI. vorkommt und dann von dem klevischen Geschlecht beibehalten worden ist.[2] Wie in der Mehrzahl aller vergleichbaren Fälle war auch in dem Siegel der Stadt Kleve der Wappenschild Symbol für die Hoheit und Herrschaft des Grafen über seine Stadt. Bemerkenswert ist die Größe des Wappenschildes im Vergleich zu den Türmen und der Stadtmauer.

Die etwas ungelenke Ausführung des Siegelbildes spricht dafür, daß das Siegel nicht erst, wie W. Ewald meinte, am Ende des 13. Jahrhunderts[3], sondern schon bald nach der Stadtrechtsverleihung von 1242 entstanden ist. Die Fehler der Umschrift (SIGILVM statt SIGILLVM, POPIDI statt OPIDI und seitenverkehrtes N) sind zwar nicht unbedingt Zeugnis für ein höheres Alter des Siegels, doch wirken die einzelnen Buchstaben selbst, insbesondere das kapitale E, so altertümlich, daß man die Entstehung des Siegels um die Mitte des 13. Jahrhunderts annehmen muß. Wenn nach W. Ewald die ersten Belege für dieses Siegel erst aus dem folgenden Jahrhundert stammen, so ist dies offensichtlich auf die noch spärliche Verwendung des Klever Stadtsiegels oder auf eine lückenhafte Überlieferung zurückzuführen.

Im Gegensatz zu den ältesten niederrheinischen Städtesiegeln mit einer Einturm- oder Dreiturmanlage hat das Klever Stadtsiegel mit seiner Zweiturmanlage keine direkte Nachfolge gefunden. Insofern stellt dieses eine interessante Variante des am Niederrhein bevorzugten Stadtsiegeltyps dar.

Anmerkungen

1 Niederrheinischer Städteatlas / Klevische Städte, 1. Heft: Kleve, bearb. v. F. Gorissen (PubllGesRheinGKde 51), Kleve 1952 S. 47.
2 F. Gorissen, Der Karfunkelschild. Die Geschichte des Kreiswappens, in: 150 Jahre Landkreis Kleve, Kleve 1959 S. 19–83, insbes. S. 20–25.
3 W. Ewald, Rheinische Siegel III, S. 165

Koblenz

Drittes großes Stadtsiegel

Abbildung 58

Bild: Im Vordergrund eine gezinnte Stadtmauer, die von der Mitte jeweils schräg zum rechten und linken Rand verläuft. Dahinter erhebt sich eine Kirche mit großem Rundbogenportal und einem Dreiecksgiebel, der mit steigenden Rundbögen verziert ist, beseitet von zwei Türmen, die ebenfalls Rundbögen und über einer Zwerggalerie Dreiecksgiebel besitzen. Die Giebel der Seitentürme werden von Kreuzen bekrönt, während der Hauptgiebel in der Mitte eine große Lilie trägt. Hinter der im Hintergrund von den Rändern des Siegelfeldes bis zu den Seitentürmen waagerecht fortgesetzten Stadtmauer wird jeweils ein von zwei Knäufen bekröntes Dach sichtbar.

Umschrift: + · SIGILVM · CIVIVM · CONFLVENTINORVM ·

Größe: 9 cm im Durchmesser.

Abbildung: Abguß von dem Originalabdruck an Urkunde von 1261 Dezember 13 (LandeshauptarchKoblenz, Best. 162, U. 56).

Literatur: H. Bellinghausen, Die ältesten Stadtsiegel von Coblenz, CoblenzHeimatbl 3 (1926) Nr. 21.

Koblenz, am Zusammenfluß von Rhein und Mosel gelegen, verdankt seine Gründung wie seinen beziehungsreichen Namen den Römern. Von ihnen erhielt es auch seine erste starke Befestigung mit Mauer und 19 imposanten Rundtürmen. Als die römischen Truppen sich im 5. Jahrhundert vom Rhein zurückzogen, ergriffen die Franken von dem Kastell Koblenz Besitz. Eine merowingische Pfalz ist schon zum Jahre 585 bezeugt. Es folgten zahlreiche Aufenthalte und Aktionen von Königen in Koblenz. An der Gründung und Ausstattung der beiden örtlichen Stifte St. Kastor und St. Florin waren karolingische und sächsische Herrscher maßgeblich beteiligt. Im Jahre 1018 schenkte Kaiser Heinrich II. seinen Königshof Koblenz mit reichem Zubehör dem Trierer Erzbischof Poppo. Die seit dieser Zeit bestehende enge Verbindung zwischen Koblenz und dem Trierer Erzstift war für beide Seiten von größter Bedeutung. Eine Entwicklung zur Reichsstadt blieb Koblenz infolgedessen versagt, doch wurde dieser vermeintliche Nachteil mehr als wettgemacht durch die Bevorzugung, welche die Stadt als Zentrum des Niedererzstiftes und als Residenz der Trierer Kurfürsten seit dem Spätmittelalter erfuhr. Die allmähliche

Herausbildung der Stadt im mittelalterlichen Rechtssinne haben die erzbischöflichen Landesherren offensichtlich nicht behindert; die entscheidende Entwicklung muß sich – wie in Köln – während des 12. Jahrhunderts vollzogen haben. Hierfür sprechen der erste mittelalterliche Mauerbau und die umfassenden Kompetenzen der Schöffen, welche nicht nur die hohe Gerichtsbarkeit im Auftrage des Stadtherrn wahrnahmen, sondern auch die erste Verwaltungsbehörde in städtischen Angelegenheiten bildeten. Es kann kein Zweifel sein, daß Schultheiß und Schöffen, welche die Stadt nach außen vertraten, am Anfang auch das Stadtsiegel führten.

Das erste Koblenzer Stadtsiegel ist für die Jahre 1198 und 1214 bezeugt. Wilhelm Günther hat es noch an einer Urkunde von St. Matthias in Trier gesehen und als Zeichnung abgebildet. Später wurde es mit einem Teil des Pergamentrandes von der Urkunde abgeschnitten. Seither ist es verschollen.[1] Da andere Belege fehlen, bleibt nur die Abbildung Günthers. Das von ihm wiedergegebene Fragment zeigt eine Stadtmauer mit einem mächtigen Turmtor in der Mitte, dessen geschlossenes Rundbogenportal mit Eisenbeschlägen verziert ist; an den beiden Seiten ragen hinter der Stadtmauer zwei schlankere Türme mit Zwiebeldächern empor. In seiner Gesamtanlage und auch in einigen Einzelheiten (Rundportal, Eisenbeschläge, Gestaltung der Stadtmauer) erinnert dieses Siegel stark an das älteste Siegel der Stadt Boppard, das erstmals für das Jahr 1216 belegt ist. Vermutlich stammen beide Siegel von demselben Siegelstecher, was bei der räumlichen Nähe beider Orte nicht verwundern kann. Bei diesen frühen Erstbelegen ist auch nicht auszuschließen, daß die ersten Siegel der Städte Boppard, Andernach und Remagen noch im 12. Jahrhundert entstanden sind.

Wie Boppard muß auch Koblenz spätestens in den dreißiger Jahren des 13. Jahrhunderts ein neues Stadtsiegel mit verändertem Siegelbild erhalten haben. Das neue Koblenzer Siegel ist ungewöhnlich groß und erstmals im Jahre 1237 belegt. Im Siegelbild und im Wortlaut der Umschrift stimmt es mit dem oben beschriebenen dritten Stadtsiegel, das einen ebenso großen Durchmesser besitzt, überein. Die Umschrift des zweiten Koblenzer Siegels begann allerdings unten rechts, während das erstmals an einer Urkunde vom 18. Juli 1254 vorkommende dritte Siegel[2] die Umschrift wie allgemein üblich in der Mitte oben mit einem Kreuz beginnen läßt. Da das zweite Siegel noch im Jahre 1251 benutzt wurde[3], muß der hier zu betrachtende Nachschnitt zwischen 1251 und 1254 entstanden sein. Welche Gründe zu dem zweimaligen Siegelwechsel in weniger als vier Jahrzehnten geführt haben, ist unbekannt. Vielleicht sind für den letzten Wechsel ähnlich wie in Duisburg verfassungsrechtliche Änderungen die Ursache gewesen. Im Jahre 1253 erwarb nämlich Erzbischof Arnold II. von Trier die Koblenzer Vogtei von dem Grafen von Nassau zurück, so daß nunmehr auch der Schultheiß erzbischöflicher Beamter wurde. Damit waren das von Schultheiß und Schöffen gebildete Stadtgericht und Stadtregiment ganz in der Hand oder zumindest Abhängigkeit des Landesherrn. Hiergegen wandten sich einflußreiche Kreise der Koblenzer Bürgerschaft, die schon vorher auf eine Mitbeteiligung an der städtischen Verwaltung und Politik gedrängt hatten. Eben damals muß es – auf welche Weise, entzieht sich unserer Kenntnis – zu einem Kompromiß gekommen sein, denn seit 1254 ist der städtische Adel an der Ausstellung von Urkunden beteiligt. Die Intitulatio der Koblenzer Urkunden lautet ab 1254 in der Regel „Scultetus, milites, scabini et universitas Confluentina“.[4] Es ist nicht auszuschließen, daß der bislang nassauische Schultheiß sich zunächst gegen eine solche Mitbeteiligung von Bürgervertretern wehrte und es mit dem Hinweis auf ältere Rechtsverhältnisse ablehnte, das Stadtsiegel herauszugeben oder zusammen mit Bürgerschaftsvertretern zu siegeln. Die ab 1254 am Stadtregiment beteiligten „milites" und die „universitas" könnten sich so veranlaßt gesehen haben, ein neues Typar mit dem alten Siegelbild schneiden zu lassen. Nach dem Zustandekommen des 1254 ausgehandelten Kompromisses wäre dann der neue Siegelstempel von Schultheiß, Rittern, Schöffen und der gesamten Koblenzer Bürgerschaft gemeinsam benutzt worden.

Unter den vielen rheinischen Siegeln, welche sich auf die Darstellung eines symbolischen Stadtbildes beschränken, nehmen das zweite und das dritte Siegel der Stadt Koblenz insofern eine Sonderstellung ein, als sich hier eine solch eigenartige Anordnung der Stadtmauer findet, die von dem rechten und linken Bildrand schräg nach vorn zur Mitte verläuft, wo beide Seiten in ungefähr rechtem Winkel aufeinanderstoßen. Lediglich das große Siegel der Stadt Montabaur, das erst am Ende des 13. Jahrhunderts entstanden ist, greift dieses Motiv auf, bezieht es aber wesentlich eleganter in die Gesamtkomposition ein. In den Koblenzer Siegeln ist das Portal, das hier nicht zu einem Turmtor, sondern zu einer Kirche gehört, konsequenterweise kein Bestandteil der Stadtmauer. Es ist unwahrscheinlich, daß der im Siegel dargestellte Kirchenbau, mit dem nur die Stadtpfarrkirche Liebfrauen gemeint sein könnte, der damaligen Wirklichkeit entsprach. Man hat eher an ein Idealbild des Kirchenbaus zu denken, worauf vor allem die auf Zwerggalerien aufruhenden Giebel hindeuten. Solche von der Antike beeinflußten Kirchendarstellungen waren vorher in der Münzkunst besonders beliebt. Die auffällig große Lilie auf dem mittleren Giebel ist vermutlich als Hinweis auf die Muttergottes und die ihr geweihte Pfarrkirche zu verstehen. Insgesamt wirkt das hier betrachtete Koblenzer Siegel wegen seines Rückgriffs auf ältere Formen recht altertümlich. Dieser Eindruck verstärkt sich, wenn man die zweiten Siegel der Städte Speyer und Boppard zum Vergleich heranzieht. Letztere erweisen sich nicht nur durch ihre hervorragende künstlerische Qualität und die porträthafte Wiedergabe der örtlichen Kirchen, sondern auch durch ihre Plastizität dem etwa gleichzeitig entstandenen Koblenzer Siegelbild überlegen. Mit Recht hat Hans Bellinghausen aber auf die anspruchsvolle Umschrift des zweiten und dritten Koblenzer Siegels hingewiesen, mit der die Bürgerschaft schon früh ihr Selbstbewußtsein dokumentierte. So wird das große Siegel der Stadt Koblenz zu einem wichtigen Mosaikstein für das Bild, welches das rheinische Siegelwesen in der Stauferzeit bietet.

Anmerkungen

1 Vgl. M. Bär, Urkunden und Akten zur Geschichte der Verfassung und Verwaltung der Stadt Koblenz bis zum Jahre 1500 (PubllGesRheinGKde 17), Bonn 1898 S. 13 Anm. 1.

2 Ebenda und F. Michel, Die Geschichte der Stadt Koblenz im Mittelalter, Trautheim und Mainz 1963 S. 78 f.

3 LandeshauptarchKoblenz, Best. 96, U. 191 von 1251 Dez. 6 (frdl. Hinweis von Frau Staatsarchivdirektorin Dr. Theresia Zimmer, Koblenz).

4 M. Bär (wie Anm. 1), S. 11 f.; vgl. auch M. Bär, Der Koblenzer Mauerbau (PubllGesRheinGKde 5), Leipzig 1888 S. 14.

Köln

Ältestes Stadtsiegel

Farbtafel 4 und Abbildung 60

Bild: Über zwei mächtigen, mehrgeschossigen Türmen, die außen jeweils von einem etwas niedrigeren Turm begleitet werden, erhebt sich ein mit Zinnen und zahlreichen, verschiedenartigen Türmchen besetzter Architekturrahmen, der unten mit zwei Türmchen und acht Zinnen zu einem Rund geschlossen ist. In der Mitte thront auf einer Bank der hl. Petrus. Er hält in der Rechten zwei Schlüssel, in der Linken über dem Knie ein Buch. Beiderseits des Heiligen findet sich die Aufschrift S(AN)C(TVS) · PE // TRVS.

Umschrift: + SANCTA · COLONIA · DEI · GRATIA · ROMANÆ · ECCLESIÆ · FIDELIS · FILIA ·

Größe: 10,4 cm im Durchmesser.

Abbildung: Originalabdruck an Urkunde von 1263 Mai 9 (HistArchKöln, HUA 1/269 b).

Literatur: H. Lückger, Kölns ältestes Stadtsiegel, WallrafRichartzJb 5 (1928) S. 159–165; T. Diederich, Das älteste Kölner Stadtsiegel, S. 51–80; T. Diederich, Die alten Siegel der Stadt Köln, S. 14–46; H. Jakobs, S. 1–34, insbes. S. 6–9 und S. 24–34.

Das älteste Siegel der Stadt Köln gehört zu den interessantesten Siegeln des Mittelalters. Über seine Datierung, seinen Bedeutungsgehalt[1] und seine Nachfolge habe ich an anderer Stelle bereits Abhandlungen vorgelegt, die als Zwischenergebnisse einer langjährigen Beschäftigung mit dem ältesten Kölner Stadtsiegel zu verstehen sind. Der vorgegebene Rahmen der Siegelartikel in diesem Buch erlaubt es nicht, alle diese Überlegungen zu wiederholen. Deshalb seien hier nur die wichtigen Ergebnisse zusammengefaßt.

Das älteste Siegel der Stadt Köln ist erstmals an einer Urkunde von 1149 überliefert, doch besagt dieser Beleg noch nichts über das wirkliche Alter des Siegels, weil für die erste Hälfte des 12. Jahrhunderts einerseits mit noch spärlichen Beurkundungen zu rechnen ist und andererseits diese Urkunden wohl für andere Empfänger bestimmt waren, deren Überlieferung für die ältere Zeit oft genug recht trümmerhaft ist; Urkunden, welche die Stadt damals für Privatpersonen ausstellte, dürften heute in aller Regel verloren sein. Läßt sich aus den erhaltenen Belegen des Siegels also nur ein terminus ante quem ableiten, so ermöglichen Siegelbild und Wortlaut der Umschrift doch eine nähere Eingrenzung.

Der Typus der thronenden Figur, der in den Siegeln der deutschen Kaiser und Könige schon eine gewisse Tradition besaß, erscheint in Köln erstmals in einem Siegel, das Erzbischof Friedrich I. (1100–1131) seit dem Jahre 1105 führte. Die erzbischöfliche Thronfigur ist dort noch ganz „ottonisch", während das vermutlich nach 1105 entstandene und erstmals 1125 belegte Siegel des Kölner Domstiftes den thronenden hl. Petrus in „romanischem" Stil zeigt (vgl. Abb. 2). Dieses Siegel hat als Vorläufer des ältesten Kölner Stadtsiegels zu gelten, denn wiewohl in beiden Siegeln ein anderer Petrus-Typ dargestellt ist – der im domstiftischen Siegel auf einem Faltstuhl thronende Apostelfürst trägt liturgische Kleidung, während der im Stadtsiegel auf einer Bank sitzende Heilige Tunika und Pallium trägt –, gibt es doch einige deutliche Parallelen, welche uns berechtigen, beide Siegel in einen engeren Zusammenhang zu bringen. Vor allem die Ähnlichkeiten in Haltung, Kopfform, Heiligenschein und Schlüsseln des hl. Petrus fallen auf. Von nicht zu unterschätzender Bedeutung sind auch der Wortlaut der Inschriften (in beiden Fällen S(AN)C(TV)S PETRVS und SANCTA COLONIA !) sowie die Übereinstimmungen bei einzelnen Buchstaben und Ligaturen. Obgleich das Stadtsiegel einen älteren Petrus-Typ aufgreift, deuten der größere Durchmesser des Siegels, die zusätzliche Verwendung des Architekturrahmens und das Vorkommen des unzialen E (im Siegel des Domstiftes gibt es nur kapitales E) auf ein höheres Alter des domstiftischen Siegels hin.

Mit der Verbindung von figürlichen und architektonischen Elementen stellt das Kölner Stadtsiegel einen ganz neuen Siegeltyp dar, der in der Folge, insbesondere für die weitere Entwicklung der Städtesiegel, von größter Bedeutung werden sollte. Für den turm- und zinnenreichen Architekturrahmen gibt es auf Siegeln kein Vorbild. Dagegen weisen gerade die zu Zeiten Erzbischof Friedrichs I. geprägten Kölner Münzen, die wie das Stadtsiegel ein symbolisches Stadtbild liefern und auch mit „Sancta Colonia“ umschrieben sind, so auffällige Parallelen auf, daß auch hier ein Zusammenhang bestehen muß. Insbesondere die auf den Münzen anzutreffende Bekrönung des Mittelturms und der beiden Seitentürme mit Faltdächern findet sich auf den akzentuiert hervortretenden drei Türmen des Architekturbogens im Stadtsiegel wieder. So spricht alles dafür, die Entstehung des ältesten Kölner Stadtsiegels in der Regierungszeit Erzbischof Friedrichs I., also vor 1131, anzunehmen.[2]

Analysiert man den Wortlaut der anspruchsvollen Umschrift des ältesten Kölner Stadtsiegels, so kann die Verwendung des Ehrentitels SANCTA COLONIA nicht verwundern. Er ist bereits für das Jahr 870 mit Bezug auf die kölnische Kirche bezeugt. Seit Ludwig dem Kind (900–911) trugen in Köln geprägte Münzen die Aufschrift S(ANCTA) COLONIA A(GRIPPINA). Sie ist später zu SANCTA COLONIA verkürzt worden. Es gab für diesen Ehrentitel Kölns also eine alte und dichte Tradition, die sich schon in dem Siegel des Kölner Domkapitels niederschlug. Kann man aus der Formel SANCTA COLONIA auch keinen Anhaltspunkt zu einer genaueren Datierung des ältesten Kölner Stadtsiegels gewinnen, so ist doch wichtig festzuhalten, daß hierfür keine außerkölnischen Einflüsse angenommen zu werden brauchen.

Wie es zu der Bezeichnung Kölns als getreuer Tochter der römischen Kirche (ROMANÆ ECCLESIÆ FIDELIS FILIA) kommen konnte, läßt sich erahnen, wenn wir einen Blick auf die kirchlichen und politischen Verhältnisse zur Zeit Friedrichs I. von Köln werfen. Diese Zeit ist wesentlich geprägt von dem sog. Investiturstreit, der, ausgelöst von der Frage um die Investitur der Bischöfe, sich zu einem Machtkampf zwischen Kaiser und Papst, zwischen Staat und Kirche, steigerte. Die sich damals herausbildenden Städte spielten hierbei eine wichtige Rolle. Vor diesem Hintergrund sind überhaupt die Anfänge einer städtischen Siegelführung zu sehen. Die Kölner Bürgerschaft, welche in dem Thronstreit von 1105/06 zu Kaiser Heinrich IV. gehalten hatte, stand auch in der folgenden Zeit in schroffem Gegensatz zu dessen Sohn und Nachfolger Heinrich V. (1106–1125), der im Thronstreit von dem Kölner Erzbischof Friedrich I. unterstützt worden war. Im Jahre 1114 fiel dieser aber von Heinrich V. ab. Erzbischof und Bürgerschaft von Köln beteiligten sich gemeinsam an dem Aufstand niederrheinischer Fürsten, welcher Heinrich V. in arge Bedrängnis brachte. Die guten Beziehungen zwischen dem erzbischöflichen Stadtherrn und der Kölner Bürgerschaft dauerten bis zum Jahre 1119. In diesem halben Jahrzehnt konnte die Stadt keine neutrale Haltung einnehmen. Sie entschied sich für Rom und die päpstliche Partei im Reiche. Widerstand und Opposition gegen das Reichsoberhaupt ließen sich nach außen mit einer besonderen Romtreue rechtfertigen. Es spricht vieles dafür, daß in dieser politischen Konstellation das Kölner Stadtsiegel entstanden ist. Der Akt als solcher und zudem die religiös gestimmte Umschrift scheinen ohnehin ein Einvernehmen zwischen dem Erzbischof und der Bürgerschaft vorauszusetzen. Dieses Einvernehmen endete, wie gesagt, im Jahre 1119. Der Erzbischof verhängte über Köln, weil es während seiner Abwesenheit dem Kaiser die Stadttore geöffnet hatte, die härteste Kirchenstrafe, die ihm zur Verfügung stand: das Interdikt. Natürlich konnte sich in diesem Augenblick die Stadt nicht mehr als „heilig“ und als „treue Tochter der römischen Kirche“ bezeichnen. Für die Zeit bis zum Ende der Regierung Friedrichs I. ist eine besondere Romtreue Kölns nicht mehr ersichtlich. Die Beziehungen desselben zu Rom verschlechterten sich immer mehr; kurz vor 1130 wurde der Kölner Erzbischof gar durch Papst Honorius II. suspendiert. Es ist nicht sicher nachzuweisen, letztlich aber doch sehr wahrscheinlich, daß das Kölner Stadtsiegel zwischen 1114 und 1119 mit Wissen und Willen des erzbischöflichen Stadtherrn in Auftrag gegeben wurde. Geführt haben das Siegel anfangs wohl die Kölner Schöffen, die von dem Stadtherrn abhängig waren und neben der Gerichtsbarkeit auch andere, kommunale Kompetenzen besaßen. Sie waren zugleich die herausragenden Vertreter der Kölner Stadtgemeinde, welche in den Jahren 1105 bis 1114 schon als machtpolitischer Faktor in Erscheinung getreten war und soviel Selbstbewußtsein entwickelt hatte, daß die Einführung eines eigenen Siegels in keiner Weise verwundern kann.

Von erheblichem Selbstbewußtsein und Anspruch kündet auch die Gestaltung des Siegels. Da ist zunächst die Tatsache, daß das Kölner Siegel alle bis dahin bekannten Siegel, selbst die der deutschen Könige, an Größe übertrifft. Siegelbild und Umschrift bedürfen, um in ihrem Bedeutungsgehalt verstanden zu werden, einer tieferen Interpretation, die sich nicht auf die Ermittlung des politischen Hintergrundes beschränkt. Die Bedeutung der Architektur erschließt sich, wenn wir in ihr eine Abbreviatur für die Stadt erblicken. Natürlich ist hier zunächst einmal die Stadt Köln gemeint. Aber dieses Köln ist zugleich ein heiliges Köln – so die Umschrift – und die Darstellung insofern als ein Abbild des himmlischen Jerusalem zu verstehen, das der hl. Johannes in der Apokalypse 21, 2 ff. beschrieben hat. Der Grundgedanke vom neuen Jerusalem war für den mittelalterlichen Menschen von großer Bedeutung und wurde dementsprechend oft in der Kunst zur Darstellung gebracht. Der inmitten der Stadt thronende Apostelfürst ist in diesem Sinne nicht nur Schutzpatron, sondern auch Herr des heiligen Köln. Darüber hinaus knüpft dieses Bild an ältere Darstellungen des hl. Petrus im Rund der ewigen Stadt Rom an. Köln, das den gleichen Patron wie Rom besitzt, soll also auch als ein zweites Rom, als das Rom des Nordens, gelten. Dieser Gesichtspunkt ist wichtig, wenn wir ihn vor dem Hintergrund des Rangstreites der rheinischen Bischofsstädte Köln, Mainz und Trier sehen. Beide Interpretationen – Köln als Abbild des neuen Jerusalem und als Rom des

Nordens – werden gestützt durch zwei Illustrationen im Liber Floridus des Lambert von Saint-Omer. Es handelt sich um Darstellungen des himmlischen Jerusalem und des inmitten der Stadt Rom thronenden hl. Petrus. In beiden Fällen finden sich Ähnlichkeiten zu dem Bild des Kölner Stadtsiegels. Zwar soll keine stilistische oder motivische Abhängigkeit zwischen Siegel und Handschrift oder umgekehrt behauptet werden; auffällig ist aber, daß die Handschrift auf „um 1119“ datiert wird, also genau in jene Zeit gehört, für die wir auch die Entstehung des Kölner Stadtsiegels annehmen. Die erwähnten Illustrationen des Liber Floridus stehen ihrerseits in einer älteren Tradition der Buchmalerei zwischen Rhein und Maas, so daß letztlich auch das ikonologische Programm des Kölner Stadtsiegels nicht als Neuschöpfung zu werten ist. Neu ist lediglich, daß in ein Siegel ältere Formen und Gedanken übertragen wurden; dies geschah bezeichnenderweise in dem Augenblick, als sich zum ersten Male eine – selbstbewußte – Stadt entschloß, dem Beispiele der weltlichen und geistlichen Herren folgend ein eigenes Siegel zu führen.[3]

Die Entwicklung des späteren Städtesiegelwesens wäre ohne die Existenz des anspruchsvollen ältesten Kölner Stadtsiegels nicht denkbar. Das zweitälteste Stadtsiegel, das der Stadt Mainz[4], ist dem Kölner Stück in Größe und Gesamtaufbau so verwandt, daß man wohl kaum zwei andere Städtesiegel von solcher Ähnlichkeit wird beibringen können. Der etwas reduzierte Architekturrahmen des Mainzer Stadtsiegels zeigt in der Mitte den hl. Martin, also den Patron der Stadt Mainz. Die vielleicht noch anspruchsvollere Umschrift des Mainzer Siegels ist in ihren Einzelteilen zwar aus der mainzischen Tradition zu erklären, in ihrem eigentümlichen Aufbau aber zweifellos von dem ältesten Kölner Stadtsiegel abhängig. Eine starke Anlehnung an das Mainzer Siegel verrät das wohl noch dem 12. Jahrhundert zuzurechnende große Siegel der Stadt Erfurt, während das ebenfalls vom Mainzer Siegel beeinflußte Siegel der Stadt Bingen sich im Siegelbild schon als freiere Abwandlung des ältesten Stadtsiegeltyps erweist. Auf die Anführung weiterer Varianten im Gebiet des Ober- und Mittelrheins wird hier verzichtet.

Ein von dem Kölner Stadtsiegel ausgehender Siegelstrang läßt sich auch für die Landschaften im Westen, Norden und Osten entwickeln. Die deutlichste Abhängigkeit zeigt das Siegel der Stadt Neuss, nicht zuletzt in der Umschrift. Aber auch das große Siegel der Stadt Lüttich lehnt sich in diesem Punkte an das älteste Kölner Stadtsiegel an. Die Ausstrahlung in den Osten erfolgte offensichtlich über die beiden ältesten Siegel der Stadt Soest, die ihrerseits wesentliche Elemente aus dem Kölner Siegel übernahmen. Es versteht sich, daß mit der rapiden Zunahme der Städtesiegel im 13. Jahrhundert der alte Siegeltyp weiterentwickelt und immer neu variiert wurde, so daß heute das Geflecht der Einflußnahmen und Abhängigkeiten nicht mehr ganz zu entwirren ist. Es besteht aber kein Zweifel, daß trotz vorhandener anderer Komponenten (Münzkunst, örtliche Tradition, Vorbild geistlicher Siegel usw.) die von dem ältesten Kölner Stadtsiegel ausgehenden Einflüsse kaum überschätzt werden können.

Anmerkungen

1 Vgl. hierzu besonders T. Diederich, Quellenwert und Bedeutungsgehalt, S. 279–284.

2 Dieser zeitliche Ansatz hat auch die Zustimmung von Heinrich Büttner gefunden; vgl. dessen kritische Besprechung meines Aufsatzes in der Festgabe Arnold Güttsches von 1969, in: BllDtLdG 106 (1970) S. 617.

3 Eine abweichende, spätere Datierung der ältesten rheinischen Städtesiegel findet sich bei H. Jakobs, Eugen III. und die Anfänge europäischer Stadtsiegel nebst Anmerkungen zum Bande IV der Germania Pon-

tificia, Köln–Wien 1980. Danach sollen die Siegel von „Trier und Mainz 1148", das von „Köln Ende 1149 bis Anfang 1151" (ebenda S. 29) entstanden sein. Ich kann dieser Spätdatierung ebensowenig zustimmen wie der Frühdatierung in die Zeit vor 1114–1119, für die Jakobs in einem Schreiben an den Verf. 1976 noch eingetreten ist. („Terminus a quo ist in Mainz die Amtszeit Ruthards.") Gegen die Spätdatierung ist einzuwenden, daß zwischen dem Kölner Siegel und dem zum Vergleich herangezogenen Barbarossasiegel stilistisch Welten liegen und daß weiterhin das Kölner Siegel auch gegenüber dem 1134 bezeugten Aachener Karlssiegel, das schon eine perspektivische Darstellung des Thrones zeigt und die starre v-förmige Haltung der Beine aufgegeben hat, viel älter wirkt. Es wird abzuwarten sein, wie die weitere Forschung zu der These von Jakobs und zu der meinigen Stellung nimmt; vorerst ist besonders auf die Besprechungen von Manfred Petry (DuisburgForsch 31, 1982, S. 311–314) und Clemens von Looz-Corswarem (AnnHistVNdRh 186, 1983, S. 192–194) hinzuweisen. Eine ausführliche Entgegnung auf die Untersuchung Jakobs' behalte ich mir für einen späteren Zeitpunkt vor.

4 Vgl. im einzelnen den Artikel über das älteste Mainzer Stadtsiegel.

Köln

Zweites (Gotisches) Stadtsiegel

Farbtafel 5 und Abbildung 61

Bild: Hinter einer mit fünf Mauertoren ausgestatteten gezinnten Stadtmauer thront, eingerahmt von einer gotischen Architektur, der hl. Petrus. Er hält in der Rechten zwei übereinander liegende Schlüssel mit rautenförmigen Griffen und mit der Linken ein auf dem Knie aufruhendes Buch. Über dem Heiligen erhebt sich ein zugespitzter Kleeblattbogen, der von einem Wimperg überhöht wird. Die Kreuzblume auf dem Scheitelpunkt des Wimpergs ragt in den Raum der Umschrift und leitet diese ein. Beiderseits des Wimpergs befindet sich eine von Fialen flankierte Balustrade mit der Aufschrift · S(ANCTVS) · PE – TRVS.

Umschrift: + · SANCTA · COLONIA · DEI · GRACIA · ROMANE · ECCLESIE · FIDELIS · FILIA:

Größe: 10,9 cm im Durchmesser.

Abbildung: Moderner Abdruck vom Originalstempel (heute im Kölnischen Stadtmuseum, S 6).

Literatur: R. Kahsnitz, Typare und Wachssiegel, S. 73–80; T. Diederich, Quellenwert und Bedeutungsgehalt, S. 276–279; R. Kahsnitz, Siegel und Goldbullen, S. 101 f.; T. Diederich, Die alten Siegel der Stadt Köln, S. 47–62.

Das zweite große Siegel der Stadt Köln, das wegen seines Stils als das „Gotische Siegel der Stadt Köln" bezeichnet zu werden pflegt, darf als das schönste Stadtsiegel im Rheinland, vielleicht sogar in ganz Deutschland gelten. Wegen seiner besonderen Qualität hat das Siegel immer schon eine stärkere Beachtung gefunden; in seiner Bedeutung gewürdigt wurde es aber erst im Jahre 1970 durch Rainer Kahsnitz. Als zwei Jahre später die große Kölner Ausstellung „Rhein und Maas" zu einer neuen Diskussion über die Kölner Plastik in der zweiten Hälfte des 13. Jahrhunderts führte, spielte das Gotische Siegel der

Stadt Köln, nicht zuletzt wegen seines künstlerischen Rangs und seiner festen Datierung, eine große Rolle. Den letzten Stand der Meinungen habe ich mitsamt den siegelkundlichen Fragen, die sich an das Gotische Stadtsiegel knüpfen, in dem Buch über die alten Siegel der Stadt Köln ausgeführt, so daß hier eine Zusammenfassung genügen kann.

Wie das älteste Siegel der Stadt Köln zeigt das Gotische Siegel den thronenden hl. Petrus mit zwei Schlüsseln und einem Buch inmitten einer reichen Architektur. Auch die anspruchsvolle Umschrift ist im neuen Siegel beibehalten worden. Trotz dieser starken motivischen Anlehnung an das älteste Kölner Stadtsiegel erweist sich das Gotische Siegel als ein Nachschnitt in freiester Form: Zwar wird das Bildprogramm mitsamt der zugehörigen Umschrift übernommen, in seiner Gestaltung löst sich das neue Siegel aber gänzlich von seinem Vorbild.

Eine Erklärung für die völlige Neugestaltung des Siegels liegt gewiß in den besonderen Umständen, die in Köln zu dem Siegelwechsel geführt haben. Hierüber sind wir außergewöhnlich gut unterrichtet. In seiner 1270/71 niedergeschriebenen Kölner Stadtgeschichte, die sich der deutschen Sprache bedient und wegen der angewandten Reimform gewöhnlich als „Reimchronik" bezeichnet wird, hat Gottfried Hagen geschildert, wie im Jahre 1267 wieder ein alter Streit zwischen den beiden Geschlechtern der Weisen (bzw. Mühlengassen) und der Overstolzen aufflackerte. Dabei wurde der damalige Bürgermeister Ludwig von der Mühlengasse aufgefordert, das von ihm verwahrte Typar des Stadtsiegels herauszugeben. Er aber weigerte sich; auch seine Gefangensetzung verschaffte dem Rat kein geeignetes Druckmittel, um die Auslieferung des Stadtsiegels, das inzwischen von den Weisen versteckt worden war, zu erreichen; dem Bürgermeister gelang es nämlich bald, aus der Gefangenschaft zu entfliehen. So sah sich der Rat der Stadt Köln gezwungen, einen neuen Stempel für das Stadtsiegel anfertigen zu lassen. Es versteht sich, daß nach Lage der Dinge der ausführende Kölner Goldschmied den Auftrag erhalten haben muß, einen nicht weniger anspruchsvollen Siegelstempel zu schaffen, der sich von dem alten deutlich unterscheiden sollte. Nur auf diese Weise ließ sich ein Mißbrauch des alten Siegelstempels verhindern, der offensichtlich bald außer Kraft gesetzt wurde. Mit Urkunde vom 16. April 1271 erklärte auch Erzbischof Engelbert II. von Köln, die seit der Entfremdung des alten Typars ausgestellten Urkunden, die mit dem früheren Siegel beglaubigt seien, nicht mehr anerkennen zu wollen.[1] Der ganze Vorgang zeigt, welche Bedeutung das Stadtsiegel als städtisches Hoheitszeichen besaß.

Der Kölner Siegelwechsel läßt sich quellenmäßig recht genau datieren. Die Auseinandersetzungen zwischen den Weisen und den Overstolzen erreichten Ende November des Jahres 1267 ihren Höhepunkt. Es ist unwahrscheinlich, daß schon in den letzten Wochen dieses Jahres, als immerhin noch die Hoffnung bestand, die Herausgabe des alten Siegelstempels zu erreichen, das neue Typar in Auftrag gegeben worden sein sollte. Andererseits ist eine am 23. Juni 1269 ausgestellte Urkunde schon mit dem Gotischen Siegel der Stadt Köln beglaubigt worden. Es spricht alles dafür, daß der neue Siegelstempel schon einige Zeit vor seiner ersten bekannten Verwendung entstanden ist. Man kann ihn also auf das Jahr 1268 oder allenfalls noch auf die ersten Monate des Jahres 1269 datieren. Dieser exakte zeitliche Ansatz des Gotischen Kölner Stadtsiegels ist außerordentlich wichtig. Bedenkt man, daß die Chorpfeilerfiguren des Kölner Domes von den Kunsthistorikern in der Vergangenheit zwischen den 1260er

und den 1320er Jahren hin- und her„geschoben“ worden sind, so kann man sich vorstellen, zu welchen abweichenden Datierungen das ungemein moderne Gotische Siegel der Stadt Köln Anlaß gegeben hätte.
Das Siegel stellt nicht nur in der rheinischen Siegelkunst eine Ausnahmeerscheinung dar, sondern hat auch als eines der bedeutendsten Werke der kölnischen Kunst im 13. Jahrhundert zu gelten. Seine einzigartige Stellung in der Siegelkunst wird deutlich, wenn man die gleichzeitigen Städtesiegel des Rheinlandes zum Vergleich heranzieht. Die in den 1260er und 1270er Jahren entstandenen Siegel, die wir z. B. dem „Meister der ältesten bergischen Städtesiegel“ verdanken[2], verharren noch ganz im romanischen Stil; spätere Städtesiegel wie die von Sinzig oder Lechenich zeigen zwar gewisse Einflüsse des Gotischen Kölner Stadtsiegels, stehen diesem an Qualität aber beträchtlich nach. Wenn Rainer Kahsnitz das Kölner Siegel in die Stuttgarter Ausstellung „Die Zeit der Staufer“ von 1977 aufnahm, so konnte er dies aus formalen Gründen rechtfertigen, da im Jahre 1268, als das Gotische Kölner Siegel entstand, der letzte männliche Stauferebe, König Konradin, enthauptet wurde, die Stauferzeit also bis zu diesem Jahre zu rechnen ist. Im Grunde gehört das hochgotische Kölner Siegel aber nicht mehr in den Rahmen der staufischen Kunst. Erstaunlich ist hierbei, daß das zweite Siegel der Stadt Köln nicht einen ersten, tastenden Versuch darstellt, den Stil der staufischen Zeit aufzugeben und neue – gotische – Elemente aufzunehmen, sondern ein vollendetes Kleinkunstwerk der Hochgotik darstellt. Kahsnitz hat besonders die Prägnanz und Straffheit der hochgotischen Formbildung betont, die uns in dem Siegel entgegentreten. Sie zeigen sich vor allem in den Faltenformationen und der klaren Bewegung, die von ihnen ausgeht. Dabei sind die ausgeprägten Falten des Mantels nicht Selbstzweck wie bei den spätgotischen Bildschnitzern, die sich nach einem Wort Wilhelm Vöges alle im Liniensystem der gotischen Falten wie in einem Netz verstrickten. Auch die Architektur erfüllt eine wichtige Funktion in dem harmonischen Aufbau des Siegelbildes, verliert sich aber nicht im Ornamentalen.
Die überragende Qualität des Siegels zeigt sich nicht zuletzt in der Gestaltung der Umschrift. Eingerahmt von zwei makellos ausgeführten Perlreihen, deren innere an neun Stellen von den Pfeilern und Kreuzblumen der gotischen Architektur unterbrochen wird, bietet sich dem Leser eine ausgewogene Legende von seltener Schönheit und Ausgewogenheit dar. Zu diesem Eindruck trägt die gleichmäßige Gestaltung der Buchstaben und der Wörter bei, die jeweils durch einen Punkt voneinander abgetrennt werden. Die einzelnen Buchstaben zeigen zwar leichte Zierelemente, doch treten diese nicht zu stark hervor, so daß die Schrift insgesamt klar und gut lesbar bleibt. Alle diese Eigenschaften verleihen dem Siegel eine selten anzutreffende stilistische Einheit. Siegelstecherarbeiten von gleichem Anspruch und gleicher Meisterschaft finden sich in der näheren räumlichen und zeitlichen Umgebung nicht. Allenfalls die Siegel der beiden Könige Wilhelm von Holland und Richard von Cornwall, die 1248 bzw. 1257 – möglicherweise beide am Niederrhein – entstanden, bieten sich zum Vergleich an.
Bis zum Beginn der 70er Jahre unseres Jahrhunderts stand das Gotische Siegel in der kölnischen Kunst zwischen 1250/60 und 1290 vereinzelt da. Wie Kahsnitz gezeigt hat, lassen sich zwar motivische Vorläufer und Nachfolger bei den thronenden Madonnen des Rhein-Maas-Gebietes ermitteln; da diese aber „stilistisch von ganz anderem Geist“

sind[3], kam er zu dem Schluß, daß der Meister des Gotischen Kölner Stadtsiegels sehr stark von der durch Belgien vermittelten nordfranzösischen Kunst beeinflußt gewesen sein muß. Diese an sich schon sehr wahrscheinliche Vermutung hat Kahsnitz mit dem Hinweis auf das Floreffe-Polyptychon im Louvre (nach 1254 entstanden) und den Gertrudenschrein in Nivelles (zwischen 1272 und 1298 entstanden) belegt. Im Anschluß an die 1972 in Köln gezeigte Ausstellung „Rhein und Maas" gelangten Herbert Rode und Anton Legner zu einer Vordatierung mehrerer Plastiken. Danach ist das Grabmal des Kölner Erzbischofs Konrad von Hochstaden im Kölner Dom bald nach dessen Tod im Jahre 1261 entstanden. Dieser Ansatz hat inzwischen breite Anerkennung gefunden, während entgegen Rode und Legner die Chorpfeilerfiguren jüngst wieder später, nämlich in die 90er Jahre des 13. Jahrhunderts, datiert wurden.[4] Wie ich an anderer Stelle dargelegt habe[5], kann man auch nicht so weit gehen, das Gotische Kölner Stadtsiegel dem ab 1271 urkundlich belegten Dombaumeister Arnold zuzuschreiben.[6] Daß der Kölner Goldschmied, dem wir das Gotische Siegel verdanken, aber von der gotischen Architektur des Kölner Domchorumgangs, den Chorkapellen und den dort tätigen Meistern inspiriert worden ist, dürfte als sicher anzunehmen sein.

Das Gotische Siegel der Stadt Köln blieb bis in die neunziger Jahre des 18. Jahrhunderts im Gebrauch. Es diente mehr als ein halbes Jahrtausend lang als repräsentatives Hauptsiegel der Stadt. Stets bestanden Vorschriften zu seiner sicheren Aufbewahrung. Nach einer Bestimmung des sog. Transfixbriefes vom 15. Dezember 1513, der bedeutendsten städtischen Verfassungsurkunde nach dem Verbundbrief von 1396, sollte das Siegel in einem Schrank mit 23 Schlössern aufbewahrt werden. Glücklicherweise blieb das kostbare Typar in der französischen Zeit und im 19. Jahrhundert in städtischem Gewahrsam, so daß wir es heute noch im Kölnischen Stadtmuseum bewundern können.

Anmerkungen

1 L. Ennen – G. Eckertz 3, Nr. 40; Th. J. Lacomblet 2 Nr. 607.

2 Vgl. die Artikel über die großen Stadtsiegel von Wipperfürth, Lennep, Ratingen, Dinslaken, Büderich, Orsoy und Rheinberg.

3 R. Kahsnitz, Typare und Wachssiegel, S. 75.

4 So Willibald Sauerländer und Robert Suckale in ihren Vorträgen anläßlich eines am 2. und 3. November 1978 in Köln veranstalteten Colloquiums über den Kölner Dom (vgl. KölnDombl 44/45, 1979/80, S. 203 ff., 223 ff. u. 476 f.).

5 T. Diederich, Die alten Siegel der Stadt Köln, S. 61.

6 So H. Rode, Plastik des Kölner Doms in der zweiten Hälfte des 13. Jahrhunderts. Das Hochstaden-Grabmal und die Chorpfeilerfiguren, in: Rhein und Maas – Kunst und Kultur 800–1400, Band 2, Köln 1973 S. 442.

Köln

Gegensiegel zum zweiten (gotischen) Stadtsiegel

Farbtafel 5 und Abbildung 62

Bild: Über einem Wolkenrand Halbfigur des hl. Petrus, der mit der Rechten auf das Buch in seiner Linken zeigt.

Umschrift: + · S(ANCTVS) · PETR(VS) · CONTRASIGILL(VM) · CIVITAT(IS) COL(ONIENSIS) ·

Größe: 4,4 cm im Durchmesser.

Abbildung: Moderner Abdruck vom Originalstempel (heute im Kölnischen Stadtmuseum, Stempel S 5).

Literatur: R. Kahsnitz, Typare und Wachssiegel, S. 78–80; R. Kahsnitz, Siegel und Goldbullen, S. 102; T. Diederich, Die alten Siegel der Stadt Köln, S. 66–68.

Schon der älteste bekannte Abdruck des gotischen Kölner Stadtsiegels an der Urkunde vom 23. Juni 1269 ist auf der Rückseite mit jenem Gegensiegel versehen, das wie das gotische Siegel selbst bis zum Ende der reichsstädtischen Zeit benutzt wurde. Allein die Tatsache, daß beide Siegel gleichzeitig an der genannten Urkunde auftauchen, läßt gewisse Rückschlüsse zu: Erstens wird es sich um Werke desselben Siegelstechers handeln, zweitens wird der Rat der Stadt Köln mit der Einführung eines Gegensiegels besondere Absichten verfolgt haben. An der Richtigkeit der ersten Vermutung kann angesichts der stilistischen Übereinstimmung zwischen Haupt- und Nebensiegel kein Zweifel sein. Dabei sollte nicht irritieren, daß das kleinere Rücksiegel sich in jeder Hinsicht als Reduktion gegenüber dem großen Stadtsiegel erweist. Diese erklärt sich schon hinreichend aus den vorgegebenen Größenverhältnissen, entspricht aber auch der unterschiedlichen Bedeutung beider Siegel. Der Verzicht auf jegliche Architektur und die Darstellung des hl. Petrus in Halbfigur (statt Ganzfigur wie im großen Siegel) haben zudem die künstlerische Wirkung, daß das Siegelbild nicht an Prägnanz und Übersichtlichkeit verliert. Infolgedessen gehört das Gegensiegel der Stadt Köln zu den schönsten städtischen Gegensiegeln überhaupt. Allerdings ist hierbei zu bedenken, daß dieser Siegeltyp bei Städten nicht allzu häufig ist und sich meist mit einer Wappendarstellung begnügt. Auch für die zweite oben geäußerte Vermutung gibt es einleuchtende Gründe. Wenn der Rat mit seinem Auftrag zur Schaffung eines neuen großen Stadtsiegels den zur Herstellung eines Gegensiegels verband, so folgte er gewiß nicht nur einer Mode der Zeit. Ursprünglich hatten im Rheinland seit Beginn des 13. Jahrhunderts die kleinen, zum Verschluß von Briefen bestimmten Sekretsiegel als Gegensiegel zum Hauptsiegel gedient. Soweit ersichtlich hat dann zuerst die Stadt Neuss im Jahre 1255 ihr Hauptsiegel mit einem kleinen Rücksiegel versehen, das eine zusätzliche Sicherung gegen Fälschungen darstellte.[1] Nach den Auseinandersetzungen des Jahres 1267 mag der Rat der Stadt Köln sich in besonderer Weise veranlaßt gesehen haben, Vorkehrungen gegen Fälschungen sowie gegen Mißbrauch und Usurpation des wichtigen Siegelstempels zu treffen. Die Zweckbestimmung läßt sich eindeutig aus dem Wortlaut der Umschrift ablesen, welcher das Siegel als „contrasigillum" (Gegensiegel) ausweist. So ist auch die Einführung des stadtkölnischen Gegensiegels den Streitigkeiten des Jahres 1267 zu verdanken. Das Typar wird heute ebenfalls im Kölnischen Stadtmuseum aufbewahrt.

Anmerkung

1 Vgl. W. Ewald, Rheinische Siegel III, S. 73.

Kranenburg

Großes Stadtsiegel

Abbildung 59

Bild: Von einem hohen, zinnenbekrönten Turmtor mit einem Spitzbogenportal in der Bildmitte erstreckt sich beiderseits diagonal zum rechten und linken Bildrand hin eine gezinnte Stadtmauer; darüber befindet sich jeweils ein dem Turmtor zugewendeter Kranich.

Umschrift: + S(IGILLVM) : CIVITATIS : DE : CRANENBORIG

Größe: 4,7 cm im Durchmesser.

Abbildung: Originalabdruck an Urkunde von 1423 Juli 24 (HauptstaatsarchDüsseldorf, Kleve-Mark, U. 1285).

Literatur: B. Endrulat, S. 13; E. Liesegang, S. 132.

Die Siedlung Kranenburg, im Anschluß an eine schon früher errichtete Burg der Grafen von Kleve entstanden, wird in den Quellen erstmals 1294 als Stadt bezeichnet.[1] Zwei urkundliche Erwähnungen aus den Jahren 1297 und 1298, in denen Kranenburg ebenfalls als „Stadt" erscheint, verleihen dem Erstbeleg von 1294 besonderes Gewicht. Da das Stadtrecht Kranenburgs erst aus einer Urkunde vom Jahre 1340 bekannt ist, ohne daß sich dort ein sicherer Anhaltspunkt für das Datum der Stadterhebung fände, war die Forschung gezwungen, aus den wenigen Kranenburg betreffenden Quellen des 13. Jahrhunderts eine zeitliche Eingrenzung zu versuchen. Erich Liesegang hat hierbei die Ansicht Genglers widerlegt, wonach die Gründung der Stadt Kranenburg in unmittelbarem Zusammenhang mit den klevischen Stadtgründungen der vierziger Jahre zu sehen sei; nach Liesegangs Schlußfolgerung kam als Gründer der Stadt Kranenburg nur Graf Dietrich VIII. von Kleve (1275–1305) in Frage.[2] Auch Dieter Kastner hat sich für einen solchen zeitlichen Ansatz ausgesprochen und zunächst festgestellt: „Zwischen 1270 und 1294 ist die Stadt gegründet worden."[3] Die Untersuchung der Rechtsverhältnisse um Kranenburg – Grund und Boden waren alter Besitz des Stiftes Zyfflich, als dessen Vögte die Grafen von Kleve sich immer mehr Besitz- und Hoheitsrechte aneigneten –

bestimmten Kastner zu dem Schluß, daß Graf Dietrich VIII. von Kleve die Stadt Kranenburg um 1290 gegründet haben müsse.[4]
Für die Datierung des ältesten Siegels der Stadt Kranenburg sind die Schlußfolgerungen Kastners von großer Bedeutung. Geht man jedoch zunächst von dem Siegel selbst aus, so gibt es drei Gründe, die gegen ein höheres Alter sprechen: 1. die gegenüber den ältesten klevischen Städtesiegeln (Wesel, Kleve, Kalkar, Grieth) aber auch von den Siegeln der Städte Büderich, Orsoy und Dinslaken deutlich verschiedenen, nämlich weiterentwikkelten Buchstaben der Umschrift (auffällige, mit Spaltung verbundene Verdickung der Schaftenden bei I, T, N und bis zu einem gewissen Grade auch beim A), 2. der geringe Durchmesser des Siegels, 3. der Spitzbogen des Portals. Von diesen Gründen ist zwar nur der erstgenannte zwingend, doch sind die anderen auch der Erwähnung wert. Es muß nämlich auffallen, daß gerade die Siegel der ältesten Städte der rheinischen Territorien von ansehnlicher Größe und beträchtlichem Anspruch sind; man vergleiche nur die in der Mitte des 13. Jahrhunderts entstandenen Siegel von Blankenberg und Grieth. Demgegenüber fallen die Städtesiegel der zweiten und dritten Phase regelmäßig kleiner und weniger anspruchsvoll aus; hier wären die Siegel von Bergneustadt, Düsseldorf, Radevormwald, Gerresheim, Euskirchen, Bernkastel, Wittlich und anderen rheinischen Städten zu nennen. Der Spitzbogen weicht gegenüber den Städtesiegeln von Emmerich und Grieth ab, die in erster Linie, zumindest hinsichtlich der Gestaltung der Stadtmauer, als Vorbilder des Kranenburger Siegels angeführt werden können. Daß die Dreiturmanlage der Städtesiegel von Emmerich und Grieth in dem Kranenburger Siegel zu einer einfachen Turmtoranlage reduziert ist, könnte von der deutlich geringeren Größe diktiert sein.
Eine Datierung des Stadtsiegels von Kranenburg nach rein siegelkundlichen Kriterien ist schwierig, weil es an geeignetem Vergleichsmaterial mangelt. Gewiß ist es nicht lange nach 1300 entstanden. Insofern kommt dem Siegelkundler sehr gelegen, daß Kastner die Gründung der Stadt Kranenburg auf die Zeit „um 1290" datiert hat. Man wird also folgern dürfen, daß auch das Stadtsiegel von Kranenburg bald nach der Stadterhebung in Auftrag gegeben worden ist.
Es liegt nahe, die Kraniche als „redende" Symbole anzusehen, die auf den Stadtnamen hindeuten sollen. Bernhard Endrulat und Erich Liesegang haben sich in ihrer diesbezüglichen Erklärung auf Egbert Hopps Beschreibung des Landes Kleve berufen, der seinerzeit erklärt hatte: „Cranenburg soll seinen Namen von den Kranichen, welche sich, als die Burg erbauet worden, in den feuchten und morastigen Gründen daselbst in großer Menge jederzeit aufgehalten haben, führen und deshalb der Kranenburg genannt worden seyn."[5] Tatsächlich machten die Kraniche das Stadtsiegel von Kranenburg zu einem unverwechselbaren Hoheitszeichen, das sich auf den ersten Blick von allen übrigen Städtesiegeln unterschied.

Anmerkungen

1 D. Kastner, S. 45 f., besonders Anm. 83.
2 E. Liesegang, S. 130.
3 D. Kastner, S. 46 Anm. 83.
4 D. Kastner, S. 80. In diesem Zusammenhang ist zu erwähnen, daß Kastner mit gewichtigen Argumenten ältere Anschauungen (etwa Liesegangs) zurückgewiesen hat, wonach das „Land Kranenburg" vor der

Stadtgründung zum Reichswald und damit zum Fiskus Nymwegen gehört habe. Die Tatsache, daß Dietrich VIII. von Kleve im Jahre 1298 Burg und Stadt Kranenburg dem deutschen Reiche zu Lehen auftrug, hat andere Gründe, die von Kastner überzeugend dargelegt worden sind. F. Gorissen, Stadtrecht und Bürgerbuch von Kranenburg, Kranenburg 1977 S. 10–12, hat versucht, die Stadtrechtsverleihung an Kranenburg auf den Zeitraum zwischen 1242 und 1255 einzuschränken. Die scharfsinnigen Überlegungen Gorissens scheinen indessen zu übersehen, daß die Aussteller der Urkunde von 1340 zwar auf die frühere Stadterhebung Kranenburgs und seine städtischen Freiheiten Bezug nehmen, im übrigen aber der Stadt neue Freiheiten verleihen, die wörtlich mit dem Privileg für Kleve aus dem Jahre 1242 übereinstimmen. Offensichtlich lag den Ausstellern der Urkunde im Jahre 1340 keine förmliche Stadterhebungsurkunde für Kranenburg vor. Falls dies der Fall gewesen wäre, hätte man diese Urkunde sicherlich, wie sonst üblich, in die eigene Urkunde von 1340 inseriert. Wegen des Fehlens einer entsprechenden älteren Urkunde für Kranenburg wichen die Aussteller der Urkunde von 1340 vermutlich auf das Formular der Klever Stadterhebungsurkunde aus.

5 E. Hopp, Kurtze Beschreibung deß Landes . . . Cleve, Kleve 1655 S. 43; Zitat nach der neueren Ausgabe (S. 46), die unter dem Titel „Kurze Beschreibung des Clevischen Landes . . .“ im Jahre 1781 zu Wesel und Eisenach erschienen ist.

Kreuznach

Großes Stadtsiegel

Farbtafel 6 und Abbildung 63

Bild: Im Vordergrund befindet sich ein gezinntes Mauertor, dessen Rundbogenportal zwei Flügel mit Eisenbeschlägen aufweist. Das Tor besitzt ein flaches Walmdach mit je einem runden Knauf an den Seiten und einem großen Kreuz in der Mitte. Von dem Tor erstreckt sich beiderseits zum Bildrand eine gezinnte Stadtmauer. Dahinter ragt eine romanische Kirche mit einem mächtigen, oktogonalen Vierungsturm empor, den zwei kleinere Türme flankieren. Alle drei Türme werden von Faltdächern mit aufgesetzten runden Knäufen bekrönt.

Umschrift: SIGILLVM · AMENE · CIVITATIS · IN · CRVCENACHO ·

Größe: 7,2 cm im Durchmesser.

Abbildung: Abguß von dem Originalstempel im Karl-Geib-Museum zu Bad Kreuznach.

Literatur: P. Engelmann, Über das Siegel und Wappen der Stadt Kreuznach, in: Bericht über die Verwaltung und den Stand der Gemeindeangelegenheiten, Kreuznach 1876, S. 19; R. Feld, S. 149 ff.

Kreuznach, schon in der jüngeren Steinzeit besiedelt, hat wegen seiner günstigen Lage am Schnittpunkt alter Verkehrswege stets eine überörtliche Bedeutung gehabt. Die Römer legten hier unter Kaiser Valentinian (364–374) ein Kastell an. Dieses ging später in den Besitz der fränkischen Könige über, die in seinem Bereich eine Pfalz errichteten. Schon früh muß in Kreuznach auch eine christliche Gemeinde bestanden haben; 742/746 ist eine dem hl. Martin geweihte Kirche bezeugt, die um 925 von den Ungarn zerstört, dann aber wieder aufgebaut wurde. Die spätere Stadt Kreuznach geht auf zwei Siedlungen zurück, welche die Grafen von Sponheim im Schutz ihrer Kauzenburg beiderseits der Nahe gründeten.[1]

Über die Stadterhebung Kreuznachs sind wir durch eine mehrfach interpretierte Urkunde unterrichtet[2], die leider einen Schönheitsfehler aufweist: Es fehlt das sog. Eschatokoll, d. h. der Schlußteil des Urkundentextes mit der Datierung. Nichtsdestoweniger ist die Urkunde besiegelt und zweifellos echt. Das für die Kreuznacher Stadtgeschichte so bedeutsame Datum der Urkunde muß also erschlossen werden. Während Werner Vogt zu dem Ergebnis gelangte, die Stadterhebungsurkunde müsse zwischen 1232 und 1237 ausgestellt worden sein, hat sich Günther Engelbert für die Zeit zwischen 1240 und 1248 ausgesprochen.[3] Da als Aussteller der Urkunde Simon von Sponheim und seine Frau Margarete erscheinen, kann sie nicht vor deren Eheschließung im Jahre 1240 niedergeschrieben worden sein. Insoweit ist die Argumentation Engelberts zwingend; schwieriger ist nach seinem eigenen Eingeständnis die Frage des spätestmöglichen Zeitpunktes. Daß bei der Stadterhebung der Anfall der Saynschen Erbschaft nach dem 29. August 1247[4] eine Rolle gespielt haben könnte, ist nicht mehr als eine Vermutung. Auch die Tatsache, daß der Text der Kreuznacher Urkunde in vielen Punkten mit einer Freiungsurkunde des Grafen Johann von Sponheim und seines Sohnes Gottfried vom Jahre 1248 für Enkirch übereinstimmt, erlaubt nicht den zwingenden Schluß, beide Urkunden seien gleichzeitig konzipiert worden. Niederrheinische Beispiele und die von Engelbert selbst angeführte Urkunde für Winterburg vom Jahre 1311, „die sich aufs engste an die Kreuznacher Urkunde anlehnt“[5], zeigen vielmehr, daß der Wortlaut älterer Stadterhebungsurkunden später gerne bei neuen Stadterhebungen verwandt wurde. Demnach könnte die Kreuznacher Urkunde sehr wohl der Enkircher Urkunde als Vorbild gedient haben und also früher ausgestellt worden sein. Immerhin war Kreuznach der bei weitem größte und bedeutendste Ort des Hunsrück-Nahe-Raumes; schon vor der hier betrachteten Urkunde hatte Kreuznach in mehrfacher Hinsicht einen städtischen Charakter angenommen. So erwähnt die Stadterhebungsurkunde bereits einen Markt und eine Befestigung. Auch der civitas-Beleg von 1247[6] hat in diesem Zusammenhang Gewicht. Demnach liegt die Vermutung nahe, daß Kreuznach als erster Ort des Hunsrück-Nahe-Gebietes Stadtrechte erhielt. Rudolf Feld hat die Kreuznacher Urkunde ohne nähere Begründung auf „ca. 1240“ datiert.[7] Weist Kreuznach aufgrund seiner früheren Entwicklung auch Züge einer gewachsenen Stadt auf, so bedeutet die Urkunde in rechtlicher Hinsicht doch einen bedeutsamen Einschnitt. Die Entwicklung städtischer Qualität ging im übrigen weiter; rechtlich fand sie ihren Abschluß mit einer Urkunde König Rudolfs von Habsburg, der Kreuznach im Jahre 1290 die Freiheiten der Stadt Oppenheim verlieh.

Der Auftrag zur Anfertigung eines Stadtsiegelstempels ist oft die erste Maßnahme einer Stadt gewesen, um ihren neuen Status zu manifestieren. Dies gilt, wie gleich zu zeigen sein wird, auch uneingeschränkt für Kreuznach. Hierbei offenbart sich zugleich, daß für Kreuznach die sponheimische, nicht die königliche Stadtrechtsverleihung entscheidend war. Das große Siegel der Stadt Kreuznach ist erstmals in einer Urkunde von 1261 angekündigt; der älteste erhaltene Originalabdruck stammt aus dem Jahre 1306.[8] Für die Entstehungszeit des Siegels besagen – hier wie in vielen anderen Fällen – diese Belege wenig. Man hätte als frühest denkbaren Zeitpunkt das Datum der Stadterhebung anzusehen, nach den letzten Forschungen also die Jahre zwischen 1240 und 1248. Im Falle Kreuznachs verdichtet sich dieser Ansatz zur Gewißheit, weil das Siegel einwandfrei als Arbeit jenes Siegelstechers identifiziert werden kann, dem wir auch das wunderschöne zweite Siegel der Stadt Boppard verdanken. Diese Tatsache ist bisher niemandem aufgefallen, was daran liegen dürfte, daß es eine vergleichende Stadtsiegelforschung bislang nicht gab und der beste Kenner rheinischer Siegel, Wilhelm Ewald, beide Stücke, weil sie verschiedenen Territorien zuzurechnen sind, weit auseinanderrückte.[9]

Legt man Abdrücke des Bopparder und des Kreuznacher Siegels nebeneinander, so sind die Übereinstimmungen zwischen beiden derartig evident, daß es eigentlich keines besonderen Hinweises darauf bedarf. Schon die Bildung der Stadtmauer, obwohl im Kreuznacher Siegel nicht zu einem Rund geschlossen, ist von frappierender Ähnlichkeit, weil an beiden Seiten jeweils zwei mit drei Zinnen bekrönte Partien plastisch und turmartig erhöht hervortreten. Auch das Tor im Vordergrund mit dem hohen Rundbogenportal und den vier kräftigen Zinnen ist gleich gebildet, das Mauerwerk jeweils sehr sorgfältig ausgeführt. Bei keinem anderen Stadtsiegel des Rheinlandes gibt es eine Stadtmauer mit diesen Eigentümlichkeiten. Auch die schöne Umschrift des Kreuznacher Siegels zeigt im Gesamtbild wie in den Einzelheiten so auffällige Parallelen zu dem Bopparder Stück, daß beide Typare von demselben Siegelstecher stammen müssen.

Lediglich die Kirchendarstellungen hinter der Stadtmauer sind verschieden. Da das Siegel der Stadt Boppard die dortige Severuskirche in außergewöhnlicher Naturtreue abbildet, stellt sich unausweichlich die Frage, ob der Siegelstecher, der zu den begabtesten Meistern seiner Zeit gehörte, nicht auch im Kreuznacher Siegel ein zutreffendes Bild der Pfarrkirche geben wollte. Leider läßt sich hierüber nichts Sicheres sagen, da nach Lage der Dinge nur die nach dem Ungarneinfall zu Ehren der hll. Kilian und Martin wiederaufgebaute Pfarrkirche gemeint sein kann, welche im alten Kastellbereich lag, 1590 aber wegen Baufälligkeit abgerissen wurde. Über ihr Aussehen ist nichts bekannt. Vielleicht können archäologische, baugeschichtliche und kirchengeschichtliche Untersuchungen, welche das Kreuznacher Stadtsiegel berücksichtigen, noch zu neuen Erkenntnissen führen.

Da der Siegelstecher in dem Bopparder wie in dem Kreuznacher Typar die Stadtmauer symmetrisch-stilisiert wiedergegeben hat, könnte er für den Fall, daß die alte, aus dem 10. Jahrhundert stammende Kreuznacher Pfarrkirche ganz unscheinbar war, auch bewußt ein Idealbild einer zeitgenössischen Kirche geliefert haben. Hierauf deuten zumindest die völlig symmetrische Anlage und die verhältnismäßig starke Durchfensterung hin, die in Einzelheiten – etwa in den Zwillingsfenstern mit Überfangbogen – an die Severuskirche des Bopparder Siegels erinnert.

Die stilistische Verwandtschaft zwischen den beiden Siegeln von Boppard und Kreuznach gibt also für die Geschichte Kreuznachs gewisse Rätsel auf. Dies gilt nicht nur für den „Wahrheitsgehalt" der Kirchendarstellung, sondern auch für die Datierung, auf die nach dem Vergleich beider Siegel noch einmal zurückzukommen ist. Das Bopparder Siegel muß wegen seines Erstbeleges bis zum Jahre 1236 angefertigt worden sein. Die engen Parallelen zu dem Kreuznacher Siegel zwingen dazu, dieses zeitlich so eng wie möglich an das Bopparder Siegel anzuschließen. Da aber die oben erörterte Urkunde wegen ihrer entsprechenden Bestimmungen Kreuznach erst zur Stadt im Rechtssinne gemacht hat, müßte das Siegel danach entstanden sein. Bei Annahme des frühest möglichen Zeitpunktes der Urkundenausstellung – Ende 1240 – ergäbe sich ein zeitlicher Abstand zwischen dem Bopparder und dem Kreuznacher Siegel von etwa einem halben Jahrzehnt. Er würde sich beträchtlich vergrößern, wenn man die Spätdatierung durch Engelbert – 1248 – als wahrscheinlich annehmen wollte.[10]

Als Kunstwerk hat das Siegel der Stadt Kreuznach eine stärkere Beachtung verdient, als ihm bisher zuteil geworden ist. Zwar beeindruckt das Siegel nicht in demselben Maße wie das zweite Siegel der Reichsstadt Boppard, doch bleibt es diesem in mehrfacher Hinsicht vergleichbar. Denn auch das Kreuznacher Siegel bietet eine perspektivische Darstellung, die wegen der symmetrischen Anlage der Baukörper sehr harmonisch wirkt. Die kalligraphische Siegellegende verrät ebenso wie die sorgfältige Gestaltung der Perllinien und architektonischen Details großes handwerkliches Können. Auch nach Bedeutungsgehalt und Aussage gehört das Kreuznacher Siegel zu den interessantesten Siegeln des Rheinlandes, findet sich hier doch wie in den Umschriften der Städtesiegel von Köln, Mainz, Trier, Bingen, Neuss, Boppard und Frankfurt ein schmückendes Beiwort zum Ortsnamen. Kreuznach bezeichnet sich in der Siegellegende als „am(o)ena civitas", also als „anmutige" oder „reizende Stadt". Ein solcher Anspruch ist in anderen Quellen jener Zeit für Kreuznach nicht belegt. Das mächtige Kreuz auf der Dachmitte des Mauertores ist an dieser Stelle ganz ungewöhnlich, hat aber seine besondere Bedeutung, indem es auf den Namen Kreuznach verweist. Da in „Crucenacho" auch das lateinische „crux, crucis" enthalten ist, gilt diese Anspielung ebenso für die lateinische Ortsnamensform. Nichtsdestoweniger handelt es sich dabei um eine volksetymologische Deutung, da der ursprüngliche Name „Crucinacum" eigentlich mit „einem Crucinus zugehörig" zu übersetzen ist.[11]

So erweist sich das älteste Siegel der Stadt Kreuznach als ein gelungenes Kleinkunstwerk, welches die junge sponheimische Stadt aus der Zahl anderer Städte herausheben und unverwechselbar in seinem Bilde festhalten will.

Anmerkungen

1 H. Büttner, Die Anfänge der Stadt Kreuznach und die Grafen von Sponheim, ZGORh 100 (1952) S. 433–444; HbHistStättenDeutschland 5, S. 24–27; E. Ennen, Rheinisches Städtewesen, S. 7.
2 Vgl. G. Engelbert, S. 220–273, mit Erörterung der älteren Literatur.
3 Ebenda S. 226–228.
4 Vgl. auch den Artikel über das große Stadtsiegel von Blankenberg.
5 G. Engelbert, S. 223 Anm. 15.
6 MRUB 3 S. 695 Nr. 925.
7 R. Feld, Tabelle S. 305 und passim.
8 Ebenda S. 149 und 305.
9 Bei W. Ewald, Rheinische Siegel III, erscheint das Bopparder Siegel unter dem „Kurfürstentum Trier" auf Tafel 41, das Kreuznacher hingegen unter der „Grafschaft Sponheim" auf Tafel 96.
10 Vgl. hierzu neuerdings E. Ennen, Rheinisches Städtewesen, S. 15, mit der Datierung „vor 1247".
11 F. Seuser, Rheinische Namen, Bonn o. J. (1941) S. 145; H. Kaufmann, S. 134–137.

Kyllburg

Stadtsiegel

Farbtafel 6 und Abbildungen 64/65

Bild: Eine einschiffige Kirche mit Dachreiter in der Mitte und einem hohen spitzbogigen Portal an der (West-)Seite; beiderseits des Dachreiters jeweils ein spitzer Wappenschild mit einem Balkenkreuz.

Umschrift: + SIGILLVM : OPIDI : – : KILBVRCH :

Größe: 4,8–4,9 cm im Durchmesser.

Abbildungen: Abdrücke von den Siegelstempeln S 111 und S 89 im Kölnischen Stadtmuseum.

Literatur: F. Bock, Kyllburg und seine kirchlichen Bauwerke des Mittelalters, Kyllburg o. J. S. 12.

Schon in einer Urkunde der Abtei Prüm vom Jahre 800 werden Grundstücke „prope Kilibergo" im Bitgau genannt. Der von der Kyll umflossene Bergkegel hat sicherlich wegen seiner geschützten Lage zum Ausbau der Siedlung, für die um 1215 ein Pastor und 1222 eine Kirche bezeugt sind, beigetragen. Bald danach (1239) begann Erzbischof Dietrich II. von Trier dort mit dem Bau einer Burg zum Schutz gegen die Herren von Malberg. Im Jahre 1256 trafen Erzbischof Arnold II. von Trier und Abt Joffrid von Prüm eine Vereinbarung, welche auch eine weitere Befestigung Kyllburgs einschloß. Die Burgmannen sollten sich nach der Urkunde von 1256 der vom Erzbischof beschworenen Freiheit erfreuen. Emil Schaus hat daraus geschlossen, daß Kyllburg in jener Zeit schon Freiheitsrechte besaß.[1] Hierauf könnten auch der Bau der Burg ab 1239, die daraus erkennbare territorialpolitische Absicht, die weitere Befestigung ab 1256 und schließlich die Tatsache hindeuten, daß in der Abmachung dieses Jahres neben den Burgmannen („burgenses" bzw. „castrenses") auch Bürger („cives") genannt sind. Die Mitherrschaft der Abtei Prüm wurde von den Trierer Erzbischöfen bald ausgeschaltet, so daß diese in der Folge alleinige Herren in Kyllburg waren. Im Jahre 1272 begann Erzbischof Heinrich II. von Vinstingen bei der Burg einen Neubau der Kirche, an der er 1276 ein Kanonikerstift errichtete. Gewiß war damit auch der Wille verbunden, die Bedeutung Kyllburgs zu steigern.

Ein Siegel der Freiheit Kyllburg wird in einer Urkunde vom 14. März 1347 angekündigt. Mit gutem Grund hat Schaus hierin die erste Erwähnung des gotischen Kyllburger „Stadt"-Siegels gesehen.[2] Ein Originalabdruck ließ sich indessen nicht ermitteln.[3] Um so merkwürdiger muß es berühren, wenn in der Siegelstempelsammlung des Kölnischen Stadtmuseums zwei Typare des Kyllburger Stadtsiegels vorhanden sind, die sich im Aussehen nur geringfügig unterscheiden. Es stellt sich daher die Frage, ob beide Siegelstempel echt sind oder nur einer von beiden; da bisher kein alter Abdruck an einer Urkunde bekannt ist, kann nicht einmal die Möglichkeit ausgeschlossen werden, daß beide Siegelstempel gefälscht sind. Ewald hat in seinem Siegelwerk einen Abdruck von dem

Typar S 111 im Kölnischen Stadtmuseum abgebildet, ohne auf die Existenz des zweiten Siegelstempels S 89 hinzuweisen; auch die Frage der Echtheit hat er nicht erörtert.[4] Offensichtlich schien ihm der Stempel S 111 das Originaltypar zu sein. Tatsächlich wirkt dieses „älter“ und ist in vielen Details weniger fein durchgearbeitet als das Typar S 89. Letzteres könnte also ein Nachschnitt sein, der im Abgußverfahren hergestellt und anschließend mit dem Grabstichel bearbeitet wurde. Hierauf deutet vor allem der dreiecksförmig verdickte erste Schaft des unzialen M hin, der in dem Typar S 111 sehr viel runder ist. Allerdings sind auch dort bei G, O, P, D, C und H ähnliche Verdickungen anzutreffen, die ein wenig manieristisch wirken und sonst in der Siegelepigraphik selten vorkommen. In dem Typar S 89 sind diese Eigenheiten jedoch bis ins Unglaubwürdige gesteigert. Man möchte annehmen, daß der Verfertiger des Nachschnitts, der gewiß etwas von seinem Fach verstand, diese ihm an der Vorlage auffallenden Eigenheiten in seinem Nachschnitt deutlich herausarbeiten wollte. Daß S 89 ein Nachschnitt ist, der möglicherweise sogar aus der Neuzeit stammt, wird besonders durch folgende Tatsache nahegelegt: Die Oberfläche der Buchstaben erscheint sehr flächig; diese verjüngen sich nicht wie sonst bei mittelalterlichen Siegeln zur Oberfläche hin, sondern erwecken den Eindruck, als seien sie gleichmäßig abgeschliffen worden. Dies kann in der Praxis nur bei einem festen Positivabguß, nicht aber bei der Nachbearbeitung eines (negativen) Bronzetypars geschehen sein.

Nun wäre allerdings auch mit der Möglichkeit zu rechnen, daß der Stempel S 111 nach einem nicht ganz scharfen Abdruck von Stempel S 89 angefertigt wurde. In diesem Falle ließe sich aber schwer erklären, warum die 69 dreieckigen Dachschindeln in exakter Anordnung wiedergegeben wurden, die drei Kreuze in ihren Spitzen jedoch verstümmelt sind. Auch fehlt im Stempel S 111 an der Westseite der Kirche die feine Linie, welche den inneren Perlkreis begleitet. Man kann vermuten, daß dieser Teil der Linie im Typar S 89 aus Symmetriegründen nachgezogen wurde. Ein Vergleich beider Siegelstempel ergibt also, daß S 111 der ältere ist. Bis zum Beweis des Gegenteils muß dieser auch als der alte Stempel gelten, der zur Besiegelung der oben erwähnten Urkunde von 1347 benutzt wurde. Eine Datierung ist nur nach stilistischen Merkmalen möglich. Sie deuten darauf hin, daß das Typar S 111 nicht lange vor 1347 entstanden ist. Am ehesten kommt hierfür das zweite Viertel des 14. Jahrhunderts in Betracht.

Das Kyllburger Stadtsiegel darf schon deshalb ein besonderes Interesse beanspruchen, weil seine Kirchendarstellung bemerkenswerte Ähnlichkeiten mit der örtlichen Stiftskirche enthält. Allerdings hat der Siegelstecher auf eine Wiedergabe der Chorpartie und des Westturmes verzichtet. Der Bau der Kirche begann mit dem verhältnismäßig niedrigen Chor, den das anschließend errichtete hohe Langhaus der einschiffigen Hallenkirche beträchtlich überragte. Das Schiff ist in der ersten Hälfte des 14. Jahrhunderts fertiggestellt worden.[5] Möglicherweise gibt das Siegel den Bauzustand nach der Vollendung der ersten drei Joche des Langhauses, also vor der Aufführung des Westturmes, wieder. Zu dieser Zeit könnte die Kirche auch einen Dachreiter besessen haben, wie er im Siegel zu sehen ist. Da für das ausgehende 13. Jahrhundert ein Zisterziensermönch Heinrich als Baumeister bezeugt ist, wäre ein Dachreiter bei dieser auch sonst vom Zisterzienserbaustil geprägten Stiftskirche nicht verwunderlich. Allerdings könnte der Siegelstecher auch bewußt eine Vereinfachung der Kirchendarstellung vorgenommen haben; wichtig war nur, daß die Kyllburger Stiftskirche für den Ortskundigen im Siegel leicht wiederzuerkennen war. Vor allem die hohen Langhausfenster, die mehrfach durch Traufgesimse abgestuften Strebepfeiler und der Kirchentyp als solcher ermöglichten eine Identifizierung. Insofern bewegt sich das gotische Kyllburger Stadtsiegel durchaus auf der Linie älterer Städtesiegel, die zwar den Grundtyp und gewisse Einzelheiten einer örtlichen Kirche zutreffend abbilden, sich aber dann stärkere Freiheiten nehmen, wenn es die Gesamtkomposition oder andere Umstände erfordern. Kompositorische Gründe könnten etwa für die Verwendung eines Dachreiters maßgebend gewesen sein. Gewiß waren solche im Spiele, als der Siegelstecher sich entschied, beiderseits des Dachreiters einen kurtrierischen Wappenschild anzubringen. Er konnte auf diese Weise auch zum Ausdruck bringen, daß der Erzbischof von Trier Stadtherr und Gründer von Kirche und Stift zugleich war. So bedauerlich das Fehlen von alten Abdrücken des Kyllburger Stadtsiegels ist, so erfreulich ist die Tatsache, daß sich der schöne Stempel erhalten hat, mag er zusammen mit dem Nachschnitt die Forschung auch weiterhin noch beschäftigen. Alle weiteren Überlegungen haben allerdings von den auffälligen Übereinstimmungen des Kyllburger Stadtsiegels mit denen von Saarburg und Welschbillig[6] auszugehen, die wohl alle von demselben Siegelstecher stammen dürften.

Anmerkungen

1 E. Schaus, Stadtrechtsorte III, S. 57 f.

2 Ebenda S. 59.

3 Die Angabe bei K. E. Becker, Das Kyllburger Land, Kyllburg 1977, S. 184, an der erwähnten Urkunde von 1347 hänge das erste Siegel der Stadt Kyllburg, ist unzutreffend. Die Urkunde ist nicht im Original, sondern nur abschriftlich überliefert.

4 W. Ewald, Rheinische Siegel III, Tafel 33 Nr. 6 und S. 82.

5 E. Wackenroder, Die Kunstdenkmäler des Kreises Bitburg (KunstdenkmRheinprov 12,1), Düsseldorf 1927 S. 136.

6 Vgl. unten die entsprechenden Artikel.

Lechenich

Großes Stadtsiegel

Abbildung 66

Bild: Auf einer mit gotischen Arkaden verzierten Bank thront der hl. Petrus. Er hält in der Rechten zwei Schlüssel, in der Linken ein Buch.

Umschrift: + SIGILLUM : OPIDANORVM : DE · LEGGENICH

Größe: 7,2 cm im Durchmesser.

Abbildung: Originalabdruck an Urkunde von 1365 Mai 7 (HistArchKöln, HUA 3/2434).

Die Geschichte Lechenichs läßt sich bis in die römische Zeit zurückverfolgen. Nach der älteren Forschung verfügte Lechenich nur über eine Benefiziarstation an der Römerstraße, die von Köln über Zülpich nach Trier führte. In jüngster Zeit aber wurde im Osten Lechenichs ein etwa 1,6 Hektar großer Komplex sichtbar, „den man zweifelsfrei als ein Römerlager ansprechen kann".[1] Für das 12. Jahrhundert ist Lechenich als Hof des Kölner Erzbischofs mit eigenen Schöffen bezeugt. Dieser Hof wurde vermutlich unter dem Kölner Erzbischof Philipp von Heinsberg (1167–1191) befestigt, woraus sich die Bezeichnung des Ortes als „castrum" im Jahre 1239 erklärt. Kurze Zeit vorher und nachher, 1224 und 1260, wird Lechenich auch „villa" genannt, so daß für das 13. Jahrhundert das Nebeneinander von Burg und Dorf Lechenich gesichert ist. Für eine gewisse Bedeutung des Ortes in dieser Zeit spricht die Tatsache, daß für das Jahr 1256 ein Markt in Lechenich erscheint. Dieser gehörte wohl schon zu der neuen Siedlung Lechenich im Bereich des späteren Stadtkerns; die Umsiedlung des ursprünglich südlich der alten Burg gelegenen Dorfes mit der Pfarrkirche, 1271 quellenmäßig belegt, dürfte nämlich Mitte des 13. Jahrhunderts begonnen worden sein. Am 15. September 1279 erhielt Lechenich von dem Kölner Erzbischof Siegfried von Westerburg die Stadtrechte; zu den besonderen Freiheiten, welche nach dem Willen des Erzbischofs das Wachstum der Stadt fördern sollten, gehörten u. a. die freie Wahl von sieben Schöffen auf Lebenszeit sowie ein Jahr- und ein Wochenmarkt.[2]

Das große Siegel der Stadt Lechenich ist zusammen mit dem kleinen Gegensiegel, welches ein Brustbild des hl. Petrus mit Schlüssel und Buch zeigt, schon an einer Urkunde vom 7. Dezember 1282 überliefert. Beide Siegel sind also offensichtlich bald nach der Stadterhebung Lechenichs gestochen worden. Im Siegel erscheint auffälligerweise kein Patron der örtlichen Pfarrkirche (Kilian und Katharina), sondern der hl. Petrus als Patron des Kölner Erzstiftes. Der kölnische Einfluß auf die Siegelgestaltung ist also deutlich zu spüren. Beispiele des Heiligensiegeltyps bei Städtesiegeln hatte es schon sehr viel früher in Andernach und Duisburg gegeben, doch sind für das Lechenicher Siegel wohl eher die Siegel von Köln, Zülpich und Rheinberg Vorbild gewesen. Allerdings ist dort jeweils der hl. Petrus als örtlicher Patron zusammen mit einer Stadtabbreviatur dargestellt. Daß auch der Heiligensiegeltyp ohne Stadtmauer im Erzbistum Köln beliebt war, zeigen u. a. das Stadtsiegel von Uerdingen und das Schöffensiegel von Erpel. Hier ist der thronende Apostelfürst jeweils mit Schlüssel(n) in der einen und einem Kirchenmodell bzw. einem Buch in der anderen Hand abgebildet. Stilistisch läßt sich das Lechenicher Siegel jedoch an keines der vorgenannten Siegel unmittelbar anschließen. Man wird davon ausgehen können, daß die Typare zu den Lechenicher Siegeln zwischen 1279 und 1282 von einem Kölner Goldschmied angefertigt wurden. Insbesondere das Rücksiegel scheint von dem Gegensiegel zu dem zweiten (gotischen) Siegel der Stadt Köln beeinflußt zu sein. Wenn die Lechenicher Siegel auch in keiner Weise die herausragende Qualität der stadtkölnischen Siegel von 1268/69 erreichen, so steht der Siegelstecher doch schon im Bann der Gotik, wie die tiefen Gewandfalten zwischen den Beinen des hl. Petrus und die Verzierung der Bank durch gotische Arkaden mit zwei lanzettförmigen Fenstern zeigen.

Anmerkungen

1 K. Stommel, Erftstadt. Die heutigen Stadtteile im Wandel der Zeiten, (Lechenich 1977) S. 6.

2 Einzelbelege zur Entwicklung Lechenichs bei K. Flink, Lechenich (Rheinischer Städteatlas I 1), Bonn

1972; K. Flink, Bemerkungen zur Entstehung und Topographie der Stadt Lechenich im Mittelalter, Festschrift Matthias Zender, Band 2, Bonn 1972 S. 1104–1116; K. Stommel in: Lechenich, 700 Jahre Stadtrechte 1279–1979, Festzeitschrift anläßlich der 700-Jahr-Feier der Stadtrechtsverleihung an die Stadt Lechenich am 15. September 1279, (Lechenich 1979) S. 11–31.

Lennep

Großes Stadtsiegel

Abbildung 67

Bild: Im Vordergrund eine zinnengekrönte Stadtmauer mit einem Turmtor in der Mitte; dahinter eine fensterreiche Kirche mit einem mächtigen Westturm und einem über dem Ostchor aufgesetzten Kreuz, das von einem Hahn bekrönt wird; oberhalb der Kirche ein spitzer Wappenschild, darin ein steigender, doppeltgeschwänzter und gekrönter Löwe, an der erhobenen Balkenstelle überzogen von einem fünflätzigen Turnierkragen.

Umschrift: + SIGILLVM · BVRGENSIVM · OPIDI · IN · LINNEPE ·

Größe: 6,9 cm im Durchmesser.

Abbildung: Originalabdruck an Urkunde von 1451 März 12 (HauptstaatsarchDüsseldorf, Jülich-Berg, U. 792).

Literatur: B. Endrulat, S. 6; E. E. Stursberg, Zur älteren Geschichte Lenneps (Beiträge zur Geschichte Remscheids 7), Remscheid 1956, S. 25; H. Peters, S. 61; J. Germes, S. 17.

Durch die Stadtbrände von 1325, 1563 und 1746 ist nicht nur der jeweiligen Bevölkerung Lenneps großes Unglück widerfahren; die Folgen sind zumindest für den Historiker auch heute noch spürbar. Wegen der weitgehenden Vernichtung des städtischen Archivs bei diesen Feuersbrünsten bleiben nämlich manche Fragen zur Lenneper Geschichte offen. So hat denn auch Daniel Christian Francke, Rektor der Lateinschule in Lennep, bereits in seinem Schulprogramm von 1731 bezüglich einer der wichtigsten Fragen festgestellt: „Wenn jemand aber das Jahr oder Jahrhundert der Gründung dieser Stadt genau zu wissen wünscht, der leidet mit mir an derselben Krankheit.“[1] Glücklicherweise hat die örtliche und regionale Forschung doch einige Erkenntnisse aus der Überlieferung anderer Städte gewinnen können. So ergibt sich aus der Stadterhebungsurkunde für Ratingen vom Jahre 1276, daß Lennep damals schon Stadt war. Wenn Lennep in der Ratinger Urkunde als „Stadt“ bezeichnet wird, so darf dieser Ausdruck, in einer Stadterhebungsurkunde des bergischen Landesherrn gebraucht, als zuverlässig und aussagekräftig gelten, zumal Lennep in dieser Urkunde zum Oberhof für das Ratinger Gericht bestimmt wurde. Aus einem für Lennep überlieferten Privileg von 1325 geht hervor, daß die Stadt schon früher von den bergischen Grafen Adolf V. (1259–1296) und Wilhelm I. (1296–1308) Privilegien erhalten hat, die ein Opfer des Stadtbrandes von 1325 wurden. Hierunter könnte sich eine förmliche Stadterhebungsurkunde oder ein in seiner Rechts-

qualität ähnliches Privileg befunden haben, das dann vor 1276 anzusetzen wäre und demnach von Adolf V. herrühren müßte. In jedem Falle aber wird die Stadtwerdung Lenneps in die Zeit zwischen 1259 und 1276 fallen. J. Hashagen glaubte, die Gründung der Stadt Lennep für die sechziger Jahre des 13. Jahrhunderts annehmen zu können.[2]
Das Alter des großen Lenneper Stadtsiegels läßt sich vor diesem Hintergrund einigermaßen bestimmen, zumal wir den Siegelstecher und den Zeitraum seiner Tätigkeit recht gut kennen. Wie in dem Artikel über das große Siegel von Wipperfürth, der ältesten bergischen Stadt, im einzelnen ausgeführt ist, kann man insgesamt zehn Siegelstecherarbeiten dem Meister der ältesten bergischen Städtesiegel zuweisen. Aus dem ersten in diesem Zusammenhang interessanten Beleg und dem Datum der Stadterhebung Ratingens ergibt sich mit Sicherheit, daß er zumindest zwischen 1262 und 1276 Siegelstecherarbeiten ausgeführt hat. Natürlich kann er schon einige Jahre vorher und ebenso auch einige Jahre nachher tätig gewesen sein. Wenn das erstmals 1267 bezeugte Wipperfürther Stadtsiegel auf die Zeit um 1260 datiert wurde, wobei viel dafür spricht, daß der in Frage stehende Meister noch nicht unter Adolf IV. (1246–1259) im Bergischen tätig war und erst sein Nachfolger Adolf V. frühestens 1259 bei ihm einen Siegelstempel in Auftrag gab, ist auch der Spielraum für den frühestmöglichen Zeitpunkt der Entstehung des Lenneper Stadtsiegels begrenzt. Der Versuch einer perspektivischen Darstellung des Turmtors, der Wechsel von Vierpässen und einfachen Rundbogenfenstern in der zweizonigen Langhauswand und auch der etwas geringere Durchmesser des Lenneper Siegels sind Anzeichen dafür, daß dieses etwas später als das Siegel von Wipperfürth, der ältesten bergischen Stadt, entstanden ist. Ich möchte daher die Schöpfung des großen Lenneper Stadtsiegels für die sechziger Jahre des 13. Jahrhunderts annehmen. Ein solcher Zeitpunkt rückt nahe an das Datum der Stadterhebung Lenneps heran; es spricht folglich auch nichts dagegen, daß das Siegel unmittelbar nach der Erhebung Lenneps zur zweiten bergischen Stadt geschaffen worden ist. Den Abschluß des Stadtwerdungsprozesses hat auch Walter Lorenz unter Einbeziehung des ältesten Stadtsiegels auf „etwa 1260/1270“ datiert. Er führte den Aufstieg des Lenneper Fronhofs zur Stadt nicht auf militärische Absichten des Landesherrn (Sicherung des Territoriums), sondern auf die Tatsache zurück, daß Lennep an der Fernstraße Köln – Dortmund – Lübeck lag und hier eine besondere Funktion als Etappenstation zu erfüllen hatte, worauf auch alte Orts- und Flurbezeichnungen hinweisen.[3]
Für die Ortsgeschichte Lenneps ermöglicht das Siegel ähnliche Aufschlüsse, wie sie im Falle Wipperfürths und Ratingens zu gewinnen sind. Das Lenneper Stadtsiegel gibt in stilisierter Form die Stadtmauer wieder, die wahrscheinlich der bergische Graf Heinrich von Limburg (1226–1246) im Isenburgischen Erbfolgekrieg (1230–1243) zur Sicherung seiner Grenzen hatte ausbauen lassen.[4] Von den vier Toren ist nach den Vermutungen Stursbergs die Schwelmer Pforte stilisiert dargestellt.[5] Inwieweit die Kirchendarstellung des Siegels der Wirklichkeit entspricht, läßt sich nicht klären. Lennep wird im 13. Jahrhundert wohl kaum ein mit der Pfarrkirche von Wipperfürth vergleichbares Kirchengebäude besessen haben, wie aus dem Siegel hervorzugehen scheint. Der Liber Valoris vom Beginn des 14. Jahrhunderts weist für Lennep lediglich eine Kapelle aus, die mit geringeren Abgaben belastet war als die Pfarrkirchen von Wipperfürth und Ratingen. So darf man annehmen, daß der Siegelstecher sich bei der Wiedergabe der Lenneper

Kirche noch mehr Freiheit als in den übrigen Fällen genommen hat. Insbesondere die Darstellung des Turmes mit seinen drei fensterreichen Geschossen sowie die zwei Zonen der Langseite, bei denen Vierpässe mit Doppelarkaden in strengem Rhythmus wechseln, dürften frei gestaltet sein. Immerhin aber scheint die Kapelle das hervorstechendste Gebäude Lenneps im 13. Jahrhundert gewesen zu sein. Denkbar ist allerdings auch, daß die Kirchendarstellung zusammen mit der Mauer als Symbol für die Stadt gewählt wurde. In diesem Falle könnte die Kapelle noch ganz klein und unbedeutend gewesen sein; bei dem Siegel, das der Meister in seiner bekannten Manier gestaltet hat, stünden dann mehr symbolische als porträthafte Züge im Vordergrund.

Der Wappenschild in dem Lenneper Stadtsiegel ist wie in ähnlichen Fällen Hoheitszeichen der bergischen Grafen. Die Anfertigung der drei großen Städtesiegel von Wipperfürth, Lennep und Ratingen durch denselben Siegelstecher geschah sicherlich im Auftrage des Grafen Adolf V. von Berg. Dieser läßt alleine schon dadurch, daß er die beiden letztgenannten Siedlungen zu Städten erhob, eine zielstrebige Territorialpolitik erkennen, die im einzelnen noch näherer Untersuchung bedarf. Die Siegel der drei ältesten bergischen Städte können als kleine Mosaiksteine zu einem klareren Bilde Adolfs V. dienen, das wir von der künftigen Forschung erwarten.

Anmerkungen

1 Zitiert nach P. Windgassen, Aus dem alten Lennep. Geschichtliche Mitteilungen über die 700jährige Stadtgeschichte, Remscheid-Lennep 1934 S. 7.

2 J. Hashagen, Politische und Religionsgeschichte des Bergischen Landes, in: Bergische Geschichte, hrsg. vom Bergischen Geschichtsverein, (Wuppertal) 1958 S. 77.

3 Vortrag von Stadtarchivar Dr. W. Lorenz auf dem 14. Rheinischen Archivtag am 24. April 1980 in Remscheid-Lennep zum Thema „Die Problematik der Stadtgeschichtsforschung am Beispiel Lennep“, gedruckt in: Beiträge aus bergischen Archiven, Archivberatungsstelle Rheinland, 14. Archivheft, Köln 1980 S. 55–72.

4 P. Windgassen (wie Anm. 1), S. 8; S. Eichholz, Entstehungsgeschichte der Städte des Bergischen Landes, masch. phil. Diss. Bonn 1948 S. 31. Daß mit der Befestigung auch die Erhebung Lenneps zur Stadt verbunden gewesen sein sollte, wie Eichholz annimmt, ist nicht zwingend zu schließen.

5 E. E. Stursberg, S. 25.

Linn

Großes Stadtsiegel von 1591

Abbildung 68

Bild: Im Vierpaß steht ein mit einer hohen Rundbogenöffnung versehener gezinnter Turm, der von zwei Wappenschilden, darin ein Balkenkreuz, beseitet wird. Über dem Turm befindet sich ein Schlüssel, dessen Bart in den Raum der Umschrift hineinragt; unter dem Turm ist ein weiterer Kreuzschild angebracht, der ebenfalls bis zur äußeren Begrenzungslinie des Siegels reicht.

Umschrift: · S(IGILLVM) · CIVITATIS · – LINENSIS · 91 · –

Größe: 5,2 cm im Durchmesser.

Abbildung: Moderner Abdruck von dem Messingstempel (heute im Stadtarchiv Krefeld, Best. 65 II Nr. 13).

Literatur: R. Horn und K. Rembert, Linner Siegel, Die Heimat. MittVHeimatkdeKrefeldUerdingen 7 (1928) S. 157–159.

Die dürftige Quellenlage ist schuld daran, daß die ältere Geschichte Linns weitgehend im Dunkel liegt. Um dieses zumindest etwas zu lüften, bedarf es der sorgfältigen historischen Interpretation der wenigen erhaltenen Quellen, denen aber nur wenige sichere Erkenntnisse abzugewinnen sind; in vielen Fragen muß sich die Geschichtsforschung mit Vermutungen begnügen. Dies gilt insbesondere auch für das ältere Siegelwesen der Stadt Linn.

Durch den Kauf des Allods Linn unter Philipp von Heinsberg (1167–1191) geriet die dortige Siedlung zunächst unter den Einfluß der Kölner Erzbischöfe. Sie gaben ihren Linner Besitz vermutlich in der zweiten Hälfte des 13. Jahrhunderts als Lehen an das Haus Kleve, unter dem sich der Ort zu einer Art Nebensitz des Landes Hülchrath entwickeln konnte. Für das Jahr 1299 ist erstmals die Burg Linn bezeugt; wann es indessen zur Stadterhebung gekommen ist, entzieht sich unserer Kenntnis. Man wird aber davon ausgehen können, daß Linn im Jahre 1314 Stadt war[1]; für 1318 ist es dann zum zweiten Male quellenmäßig als „Stadt" belegt.

Ob es in Analogie zu den Verhältnissen in anderen niederrheinischen Städten, die bis dahin Stadtrechte erworben hatten, auch in Linn alsbald zur Anschaffung eines Stadtsiegelstempels gekommen ist, läßt sich nicht entscheiden, da kein einziger Abdruck eines Stadtsiegels aus jener Zeit überliefert ist. Mit der Möglichkeit darf aber aus zwei Gründen gerechnet werden. Zum einen wird in einer Urkunde von 1359 ein Siegel der Stadt Linn angekündigt[2]; leider ist das Siegel selbst abgefallen, so daß immerhin auch die Möglichkeit einer Besiegelung der Urkunde mit dem Linner Schöffensiegel besteht.[3] Diskrepanzen zwischen Siegelankündigung und tatsächlicher Besiegelung sind im Mittelalter nämlich keineswegs ungewöhnlich.[4] Unter diesen Umständen gewinnt das zweite Argument an Bedeutung. Es liegt in der Tatsache, daß das von W. Ewald abgebildete Siegel der Stadt Linn, welches an einer Urkunde des Jahres 1476 fragmentarisch überliefert ist und im Siegelbild, soweit erkennbar, weitgehend mit dem hier zu behandelnden Siegel von 1591 übereinstimmt, eher in einer „klevischen" als in einer „kölnischen" Tradition steht. Bei den älteren klevischen Städten waren fast immer Stadtabbreviaturen, d. h. Stadtmauer, Türme, Burganlagen usw., im Siegel verwandt worden. Gerade die Massierung der kurkölnischen Bezüge – drei Wappenschilde mit dem kurkölnischen Kreuz und der Schlüssel als Hinweis auf den hl. Petrus, den Patron des Erzstiftes, – scheint zu zeigen, daß dieses Siegel ein älteres, „klevisches" Siegel abgelöst hat. Es wäre in diesem Falle davon auszugehen, daß das erste Siegel der Stadt Linn einen Turm, beseitet von zwei klevischen Wappenschilden, dargestellt hätte. Dieses Siegel wäre dann, nachdem Erzbischof Friedrich von Saarwerden 1388 Burg, Stadt und Land Linn dem Kölner Erzstift zurückgewonnen hatte, außer Kraft gesetzt und von einem neuen Stadtsiegel mit den kurkölnischen Hoheitszeichen abgelöst worden. Diese Hypothese kann zumindest nicht durch die Tatsache, daß ein älteres, „klevisches" Stadtsiegel von Linn nicht überliefert ist, erschüttert werden, da von dem unbedeutenden Städtchen überhaupt nur sehr wenige Stadtsiegelabdrücke und -ankündigungen überliefert sind.

Diese Feststellung gilt insbesondere auch von dem hier zu betrachtenden Siegel der Stadt Linn aus dem Jahre 1591. Der Stempel ist zwar erhalten, in den Quellen läßt sich aber kein einziger Abdruck davon nachweisen.[5] Diese Tatsache kann insofern nicht verwundern, als nach dem Ende des Urkunden- und dem Beginn des Aktenzeitalters um 1500 immer weniger Urkunden ausgestellt und dann auch nur selten mit dem großen Siegel beglaubigt zu werden pflegten. Indessen wäre zu prüfen, ob es sich bei dem Linner Typar nicht um eine Fälschung handelt, zumal neuzeitliche Fälschungen von Siegelstempeln, vor allem solche aus dem letzten Jahrhundert, nicht selten sind. Entsprechende Bedenken lassen sich beim Linner Siegel von 1591 allerdings zerstreuen.

Dieses Siegel erweist sich als ein Nachschnitt nach dem älteren, „kurkölnischen" Stadtsiegel von Linn. Obwohl dieses in sehr schlechtem Zustande erhalten ist, zeigt ein Vergleich doch, daß das Siegelbild – Turm, Wappenschilde und Schlüssel – in beiden Fällen gleich ist. Andererseits beweisen die Abweichungen beim Vierpaß, dessen Zwickel bei dem neuen Siegel viel spitzer sind und oben deutlich unter die Zinnenzone hinabreichen, daß man sich 1591 nicht einfach eines Nachgußverfahrens bedient hat (was bei den Fälschungen des 19. Jahrhunderts die Regel war). Vielmehr wollte der Siegelstecher bewußt einen „neuen" Stempel für das „alte" Siegel anfertigen, wobei es dann zu gewissen Abweichungen kam. Die Minderzahl 91 ist eindeutig als Abkürzung für 1591 zu verstehen. Die Gewohnheit, nur die Minderzahl bei Datierungen anzugeben, war in den Akten und Amtsbüchern des 16. Jahrhunderts so weit verbreitet, daß man zu Beginn des 17. Jahrhunderts, um Verwechslungen auszuschließen, zusätzlich die 6 vor die eigentliche Minderzahl setzte, so daß bei diesem Verfahren kurioserweise nur noch die 1 weggelassen wurde (z. B. schrieb man „anno 612" zur Bezeichnung des Jahres 1612). Die Möglichkeit, das Linner Typar im Jahre 1391 oder 1491 entstanden zu denken, verbietet sich aus stilistischen und epigraphischen Gründen. Der an seinen äußeren Rundungen unterbrochene Vierpaß ist offensichtlich historisch nachempfunden und kein Gebilde des ausgehenden 14. oder 15. Jahrhunderts, schwelgte man damals doch gerade in schönen, verzierten Vielpässen und spätgotischen Maßwerkformen. Die nüchterne Capitalis ist ebenfalls im Spätmittelalter nicht denkbar; für 1391 wäre allenfalls noch mit der dekorativen gotischen Majuskel, eher aber schon mit der gitterartigen, schwer lesbaren gotischen Minuskel zu rechnen, die in der Parlerzeit von den Siegelstechern erstmals aufgegriffen wird.[6] Für 1491 käme nur die gotische Minuskel in Frage, die im Rheinland erst zu Beginn der Neuzeit allmählich – zwischen 1500 und 1520, meist aber noch etwas später – von der klaren Kapitalschrift abgelöst wurde. Dieser Vorgang geht auf den Einfluß der Humanisten zurück, die sich auf die klassische, „lateinische" Schrift besannen und sich von den unmittelbar vorausgegangenen „gotischen Verwilderungen" abwandten. Der genannte Schriftwandel war nach 1550 allgemein vollzogen; das Linner Siegel, ohne Zweifel 1591 entstanden, weicht hiervon nicht ab. Schließlich wäre zu bemerken, daß Datierungen in Siegeln erst am Ende des Mittelalters aufkommen, aber erst im 17. und 18. Jahrhundert in größerer Häufigkeit begegnen. So spricht alles dafür, daß die Stadt Linn sich im Jahre 1591 einen neuen Siegelstempel nach dem Vorbilde des älteren Siegels anfertigen ließ. Beide Siegel dokumentieren überdeutlich die Hoheit der Kölner Kurfürsten über dieses Städtchen; der Turm jedoch erinnert, ohne daß man sich dessen vielleicht bewußt war, an Linns zeitweilige Zugehörigkeit zur Grafschaft Kleve.

Anmerkungen

1 G. Rotthoff, Die älteste Urkunde der Stadt Linn von 1314, Die Heimat. ZsNdrhKulturHeimatpfl 42 (1971) S. 41.

2 Bei der Urkunde von 1359 Jan. 25 (I. A. Nijhoff, Gedenkwaardigheden uit de geschiedenis van Gelderland 2, Arnhem 1833 Nr. 89) handelt es sich um einen Landfrieden zwischen den Herren, Rittern, Knappen und Städten der Lande Geldern und Kleve. Unter der großen Zahl der Aussteller befindet sich auch die „stede" Linn. Die Siegel aller Aussteller werden summarisch angekündigt; über das Fehlen eines Siegels der Stadt Linn ist in der Urkunde nichts gesagt.

3 Ein älteres, „klevisches" Siegel der Schöffen von Linn ist schon für 1322 (HistArchKöln, Dt. Orden, U. 243) belegt. Es zeigte einen gespaltenen Wappenschild, der rechts die klevische Lilienhaspel am Spalt, links einen steigenden Löwen aufweist.

4 Vgl. den Artikel über das älteste Stadtsiegel von Ahrweiler.

5 Dies ist das Ergebnis der Quellensichtung durch Herrn Dr. Guido Rotthoff im Zusammenhang mit der Bearbeitung des Heftes Linn für den Rheinischen Städteatals.

6 Vgl. T. Diederich, Siegelkunst, S. 152.

Linz

Großes Stadtsicgcl

Abbildung 69

Bild: Vor mit Blütenranken verziertem Hintergrund ein Schlüssel, darüber ein Balkenkreuz.

Umschrift: + SIGILLVM · OPIDANORVM · DE · LYNSE ·

Größe: 6,4 cm im Durchmesser.

Abbildung: Abguß von dem Originalabdruck an Urkunde von 1423 August 24 (HauptstaatsarchDüsseldorf, Kurköln, U. 1645). Dieser Abdruck ist inzwischen stärker beschädigt.

Erste Zeugnisse einer Siedlung bei Linz stammen schon aus frühgeschichtlicher Zeit. Die ältesten schriftlichen Quellen, die mit dem 9. Jahrhundert einsetzen, beziehen sich auf Besitzungen des Klosters Nivelles (Belgien) und des Stiftes Gerresheim in der Linzer Gegend. Spätestens bis zum 12. Jahrhundert entwickelte sich Linz zu einem ansehnlichen Dorf, das 1198 im Thronstreit zwischen Philipp von Schwaben und Otto IV. mitsamt seiner Kirche zerstört wurde, also ein ähnliches Schicksal wie Andernach erlitt. In der ersten Hälfte des 13. Jahrhunderts lag Linz im Machtbereich der Grafen von Sayn, fiel nach dem Tode des letzten Grafen, Heinrichs III., aber bald durch Vertrag seiner Witwe mit Erzbischof Konrad von Hochstaden (1250) an das Kölner Erzstift. Bis zum Ende des alten Reiches ist Linz dann kurkölnisch geblieben.

Wann das Dorf Linz Stadtrechte erlangt hat, muß erschlossen werden, da eine Stadterhebungsurkunde nicht überliefert ist. Die Quellenlage ist allerdings so günstig, daß man die Stadtwerdung recht eng eingrenzen kann. Während Linz bis zum Beginn des 14. Jahrhunderts regelmäßig noch „Dorf“ genannt wird, erscheinen 1320 erstmals Bürger („opidani“) in den Quellen; 1321 heißt der Ort selbst auch „oppidum“. Noch deutlicher ist eine Urkunde des Kölner Erzbischofs Heinrich von Virneburg vom 25. April 1325, welche den Schöffen und Bürgern von Linz auferlegt, zwei Fischer als Mitbürger aufzunehmen und ihnen die Rechte zu gewähren, welche der Bürgerschaft verliehen worden sind. Daraus läßt sich der Schluß ziehen, daß Linz eine förmliche Stadterhebungsurkunde erhalten hatte, in welcher die besonderen Rechte und Freiheiten beschrieben waren. Eine weitere Urkunde desselben Erzbischofs vom 12. November 1329 regelte die Abgabepflicht der Stadt und gewährte ihr eine Ratsverfassung wie in den anderen Städten des Erzstiftes. Spätestens zu diesem Zeitpunkt ist Linz also Stadt im vollen Rechtssinne gewesen.[1] Die Ballung der angeführten Nachrichten läßt aber vermuten, daß die Stadterhebung von Linz kurz vor 1320 oder in diesem Jahre selbst erfolgte.

Das Stadtsiegel ist für den 19. Mai 1328 bezeugt.[2] Dieser Beleg stützt demnach die obigen Schlußfolgerungen; er läßt zudem vermuten, daß das Siegel alsbald nach der Stadterhebung in Auftrag gegeben wurde, was in dieser Zeit als normaler Vorgang anzusehen ist. Das älteste Siegel der Stadt Linz läßt sich also ziemlich genau auf die Jahre „um 1320“ datieren.

Trotz des einfachen Motivs entbehrt das große Linzer Stadtsiegel nicht eines gewissen Reizes. Er liegt in der Spannung, welche durch die „archaischen“ Bestandteile – Schlüssel und Kreuz – einerseits und die gotische Ornamentierung des Hintergrundes durch Blütenranken andererseits hervorgerufen wird. Wäre der Schlüssel nicht mit einem hübschen Griff in Form einer Raute, in der innen ein Vierpaß ausgesondert ist, versehen, so könnte man ihn zusammen mit dem Kreuz als ein Gebilde des 13. Jahrhunderts ansehen, besonders auch deshalb, weil er so unglücklich neben der Mittelachse angeordnet ist. Die ausgewogenen Buchstaben in schöner gotischer Majuskel lassen ebenfalls keinen Zweifel daran, daß das Siegel stilistisch in die erste Hälfte des 14. Jahrhunderts gehört.

Das Siegel bringt die Hoheit des Kölner Erzbischofs über seine Stadt überdeutlich zum Ausdruck. Seit Konrad von Hochstaden hatte sich das Kreuz zum Wappensymbol der Erzbischöfe von Köln entwickelt und Eingang in die Siegel etlicher kurkölnischer Orte gefunden. Der Schlüssel verweist auf den hl. Petrus, den Patron des Kölner Erzstiftes. Beide Symbole gehörten zusammen mit den Petrusdarstellungen zu den Mitteln, um die Zugehörigkeit eines Ortes zu diesem Territorium zu veranschaulichen. Auffällig und ungewöhnlich an dem Linzer Siegel bleibt natürlich, daß in seinem Bild jeder individuelle Hinweis auf die Stadt Linz fehlt; ein solcher findet sich lediglich in der Umschrift. Nicht nur in dieser Hinsicht, sondern auch wegen der ganz ähnlichen Verwendung des Schlüssels im Siegelbild bietet sich das große Siegel von Xanten zum Vergleich an. Dieses ist allerdings fast ein Jahrhundert älter und steht am Anfang jener reichen Tradition, der sich der Meister des Linzer Siegels offenbar verpflichtet fühlte. Die von ihm gewählten Symbole leben im heutigen Linzer Stadtwappen fort.

Anmerkungen

1 E. Schaus, Stadtrechtsorte I, S. 492 f. mit Angabe der einzelnen Quellenbelege. Die zwischenzeitliche Vordatierung der Stadtrechte (vgl. J. Siebertz, Linz im Wandel der Zeit, in: 1100 Jahre Linz am Rhein 874–1974, Linz 1974 S. 30) hat sich wegen einer unrichtigen Urkundendatierung als Irrtum erwiesen.

2 Ebenda S. 492.

Mainz

Ältestes Stadtsiegel

Abbildung 70

Bild: Über zwei mächtigen, mehrgeschossigen Türmen, die außen jeweils von einem etwas niedrigeren Turm begleitet werden, erhebt sich ein mit mehreren Türmchen und Zinnen besetzter Architekturbogen. Unter ihm thront der hl. Martin mit segnend erhobener Rechten und dem Bischofsstab in der Linken. Beiderseits des Heiligen findet sich die Aufschrift S(AN)C(TV)S · MAR // TIN(VS).

Umschrift: + · AVREA · MAGONTIA · ROMANE · ECCL(ESI)E · SPECIALIS · FILIA ·

Größe: 10,4 cm im Durchmesser.

Abbildung: Bronzeabguß im Stadtarchiv Mainz nach einem dort aufbewahrten losen Originalabdruck aus der Sammlung Bodman.

Literatur: W. Diepenbach, S. 71–73; L. Falck, S. 149; W. Schöntag, Stadtherr und Stadtgemeinde im stauferzeitlichen Mainz, BllDtLdG 112 (1976) S. 87–105, insbes. S. 87–91; H. Jakobs, S. 1–34, insbes. S. 10–14 und S. 21–34.

Das älteste Siegel der Stadt Mainz ist erstmals an einer undatierten Urkunde nachgewiesen, die aus den Jahren 1143 bis 1153 stammt. Schon wegen dieses Beleges gehört das Mainzer Siegel zu den ältesten Städtesiegeln überhaupt. Seiner genauen Datierung kommt naturgemäß eine große Bedeutung zu. Bei der Erörterung der Datierungsfrage muß einleitend – zum wiederholten Male, hier aber mit besonderem Nachdruck – festgestellt werden, daß der älteste gesicherte Beleg nicht unbedingt auch etwas über das tatsächliche Alter eines Siegels besagt. Wenn etwa für die Zeit zwischen 1220 und 1254 kein einziges Mainzer Stadtsiegel überliefert ist[1], so drängt sich geradezu der Schluß auf, daß die Überlieferungsverhältnisse für das vorangehende Jahrhundert nicht besser, sondern eher noch schlechter sind. Demnach kann der älteste Beleg nur als mehr oder weniger zufällig angesehen werden.

Die ältesten Stadtsiegel von Köln und Mainz sind einander so ähnlich, daß man zusammen mit der Frage ihrer Entstehungszeit auch die ihrer Abhängigkeit untersuchen muß. In der Vergangenheit wurde allgemein dem Kölner Stadtsiegel die zeitliche Priorität zuerkannt. Am deutlichsten tat dies Gustav A. Seyler, welcher das älteste Siegel der Stadt Mainz als eine „fast sklavisch genaue Nachahmung des Kölner Siegels“ bezeichnete.[2]

Demgegenüber meinte Wilhelm Diepenbach, der Mainzer Siegelstempel müsse „mindestens gleichzeitig“ mit dem Kölner entstanden sein.[3] Er sah nämlich die rechtliche Entstehungsmöglichkeit für das Mainzer Stadtsiegel für die Zeit nach dem ersten Stadtprivileg (zwischen 1119 und 1122) gegeben und löste sich mit dieser Erwägung erstmals von dem gesicherten Erstbeleg. Nach Hans Horstmann, der in einer eingehenden Untersuchung zu einer überraschenden Frühdatierung des Stadtsiegels von Trier kam[4], habe ich selbst die Entstehungszeit des ältesten Kölner Stadtsiegels ebenfalls gegenüber dem äußerlichen Erstnachweis vorverlegen und hierfür die Jahre zwischen 1114 und 1119 wahrscheinlich machen können.[5] In jüngerer Zeit hat dann Hermann Jakobs zunächst die Meinung vertreten, terminus a quo für die Entstehung des Mainzer Stadtsiegels sei die Amtszeit des Mainzer Erzbischofs Ruthard (1089–1109).[6] In einem Vortrag hat Jakobs sich daraufhin für die Mitte des 12. Jahrhunderts ausgesprochen. Er nahm dabei eine besondere Rolle Wibalds von Stablo (1098–1158) an, der seiner Meinung nach das Siegel konzipiert und entworfen haben könne; das etwas jüngere Siegel der Stadt Köln sei erst entstanden, nachdem dort 1151 der Schrein der Schöffen eröffnet worden sei.[7]
Gegen eine solche Spätdatierung sowohl des Mainzer wie auch des Kölner Siegels sprechen indessen gewichtige Gründe. Selbst wenn man die engere Eingrenzung der Entstehungszeit des Kölner Siegels auf die Jahre zwischen 1114 und 1119 als nicht hinreichend gesichert ansieht, so kann doch kein Zweifel sein, daß dieses Siegel noch in die Zeit des Kölner Erzbischofs Friedrich I. (1100–1131) gehört.[8] Die Gründe für diese Schlußfolgerung brauchen hier nicht dargelegt zu werden. Lediglich die Argumente, die für ein höheres Alter des Kölner Stadtsiegels sprechen, seien an dieser Stelle kurz aufgezählt. Hierzu gehören verschiedene Eigenschaften der Umschrift, insbesondere die altertümliche Æ-Ligatur, die im Mainzer Siegel gar nicht vorkommt. Ebenso steht dem moderneren unzialen M in dem Mainzer Siegel ein kapitales M im Kölner Siegel gegenüber. Auch die durchgehende Kreislinie zur Begrenzung der Umschrift gehört zu den moderneren Elementen des Mainzer Stückes; das Kölner Siegel verharrt noch bei der ursprünglichen Einrahmung der Umschrift durch Perllinien. Zu diesen Abweichungen kommt schließlich die unterschiedliche Gestaltung der Buchstaben G und R, so daß man mit einiger Berechtigung davon ausgehen kann, daß beide Siegel nicht Werke desselben Siegelstechers sind (was bei der frappierenden Ähnlichkeit beider Siegel durchaus erwägenswert wäre).
Ein Vergleich der beiden Architekturdarstellungen ergibt in den Details kleine, aber derart bemerkenswerte Unterschiede, daß man das Mainzer Siegel generell als Reduktion des Kölner Siegels ansehen muß. Dies bedeutet, daß der Siegelstecher des Mainzer Siegels nicht alle Einzelheiten (etwa bei den Zinnen, Türmchen, feinen Schraffuren und Falten des niedrigen Turmes am oberen Bildrand) übernommen, sondern einiges vereinfacht hat, ein Verfahren, das auch bei der Handschriftenmalerei des 11./12. Jahrhunderts festzustellen ist.[9] Die Reduktion ist so beträchtlich, daß Ludwig Falck in der Architektur des Mainzer Siegels kein Bild der Stadt, sondern eine Kirche erblickte. Das Kölner Siegel ist in seiner Aussage, die an eine reiche Tradition anknüpft, viel eindeutiger. Danach kann kein Zweifel bestehen, daß die Architektur in beiden Fällen ein Bild der Stadt liefern sollte. Schließlich ist die Thronfigur des hl. Petrus, der wie in den ottonischen Handschriften mit Tunika und Pallium bekleidet ist, älter als der in liturgischer Kleidung dargestellte

hl. Martin des Mainzer Siegels. Diese mit Albe, Kasel und Pallium versehene Thronfigur erscheint nicht nur in den erzbischöflichen Siegeln, sondern auch in den Handschriften erst zu Beginn des 12. Jahrhunderts. Alle diese Einzelheiten deuten also darauf hin, daß das Kölner Stadtsiegel etwas früher als das Mainzer Siegel geschaffen worden ist.

Für eine genauere Datierung des Mainzer Stadtsiegels ist dies ein wichtiger Anhaltspunkt, doch soll zunächst der zeitliche Ansatz des Kölner Vorbildes unberücksichtigt bleiben. Aus seiner Kenntnis der Mainzer Quellen hat Wilfried Schöntag die Entstehungszeit des Mainzer Stadtsiegels eingegrenzt. Er ging aus von der Überlegung, daß die oben erwähnte, auf die Jahre 1143 bis 1153 datierte Urkunde aufgrund der genannten Zeugen „wahrscheinlich 1145 ausgestellt worden ist". Er fährt dann fort: „In der Regierungszeit Erzbischof Heinrichs gibt es jedoch kein stadtgeschichtliches Ereignis, das die Führung eines Siegels hätte begründen können. Die Entstehungszeit muß früher angesetzt werden. Rechtlich war es den Bewohnern der Stadt nach dem Gerichts- und Steuerprivileg von Erzbischof Adalbert I., das zwischen 1119 und 1122 . . . verliehen wurde, möglich, ein Siegel zu führen." Wie Schöntag weiter ausführt, steht das Privileg Adalberts I. ([1109] 1111–1137), mit dem die Stadt Mainz als Rechtsbezirk entstand, am Ende einer politischen und sozialen Entwicklung, welche durch die Parteinahme der obersten Schicht im Investiturstreit gekennzeichnet ist: „Wie in den anderen rheinischen Städten nahm die Oberschicht im Streit zwischen Papst und König Stellung und handelte als selbständige Gemeinschaft. Die Bürger von Mainz hatten sich zu einer Macht neben dem Erzbischof formiert. . ." Adalbert erkannte die Bedeutung dieser Entwicklung, führte nach 1120 eine Verwaltungsreform durch, baute die städtischen Zentren aus, band sie durch Bevorrechtungen an sich und machte sich zum Garanten der neuen Stadtfreiheit. „Die Bewohner der Stadt Mainz waren mit diesem Vorgehen einverstanden. Sie bezeichneten sich in den folgenden Jahrzehnten als Bürger der erzbischöflichen Stadt, als cives Mogontine metropolis." Mit gutem Grund nimmt Schöntag an, daß das Mainzer Stadtsiegel im Anschluß an das Adalbertsprivileg entstanden ist. Dieses „Freiheitsprivileg für die Stadtgemeinde" (Ludwig Falck)[10] hat Wolfgang Müller inzwischen genauer auf den Zeitraum zwischen 1118 und Herbst 1119 datiert.[11] Bald danach muß das Mainzer Stadtsiegel in Auftrag gegeben worden sein.

Wie oben festgestellt, habe ich früher schon – also unabhängig von den Untersuchungen Schöntags zum Mainzer Siegel – die Entstehung des ältesten Kölner Stadtsiegels auf die Jahre 1114 bis 1119 eingegrenzt. Es ergibt sich nun, daß beide Datierungen durchaus zueinander passen und auch das Abhängigkeitsverhältnis, wie es oben dargelegt und begründet worden ist, bestätigt wird. Das große Siegel der Stadt Mainz muß daher nach dem großen Siegel der Stadt Köln als das älteste Stadtsiegel in Deutschland und damit in Europa angesehen werden.

Aber nicht nur wegen dieser Tatsache, sondern auch wegen seiner inhaltlichen Aussage verdient das Mainzer Stadtsiegel ein besonderes Interesse. Wenn auch hinsichtlich seines Bedeutungsgehaltes einige wesentliche Dinge gelten, die bei dem Kölner Stadtsiegel angeführt sind[12], so erlauben die Anlehnung an das Kölner Vorbild ebenso wie die Abweichungen von diesem einige Rückschlüsse. Auszugehen ist bei dem ganzen Komplex[13] von der Feststellung, daß man das Mainzer Siegel nicht richtig verstehen und bewerten kann, wenn man in ihm eine bloße Nachahmung sieht, die keine „Originalität" besitzt. Wie Günter Bandmann am Beispiele der Architektur ausgeführt hat, kannte das Mittelalter unseren heutigen Originalitätsbegriff noch nicht; das Festhalten am Alten, die Übernahme vorgegebener Formen und Lösungen beruht nicht auf einem Unvermögen, sondern auf einer besonderen ethischen Haltung, welche den Heilsplan Gottes im Auge hat; in diesem Sinne gilt Neuerung als Makel.[14] Angewendet auf die Siegel der beiden rheinischen Metropolitanstädte bedeutet dies: In Mainz erkannte man den hohen Symbolgehalt des Kölner Stadtsiegels, das den Patron von Dom und Stadt inmitten der heiligen Stadt zeigte. Der Hinweis der türme- und zinnenreichen Architektur, die nur vordergründig ein Bild der Stadt Köln – des heiligen Köln allerdings – lieferte, auf das himmlische Jerusalem und die ewige Stadt Rom wurde auch in Mainz verstanden und in jeder Hinsicht als eine vorbildliche Aussage gewertet. In diesem theologischen Programm lag ein hoher Anspruch, dem man in Mainz einen nicht geringeren an die Seite stellen zu können glaubte. Statt des Apostelfürsten fand im Mainzer Siegel mit dem hl. Martin der örtliche Patron seinen Platz. Der Heilige wird in Mainz in bischöflicher Kleidung mit dem Bischofsstab in der Linken dargestellt. Er trägt dabei keine Mitra, sondern ist wie der hl. Petrus des Kölner Siegels mit dem Heiligenschein gekennzeichnet. Wichtig ist der Segensgestus des Mainzer Patrons, dessen Segen seiner Stadt gilt. Man fühlt sich an den Segenswunsch erinnert, den einige Zeit später das große Trierer Stadtsiegel in seiner Umschrift formulierte.

Hatte Mainz schon nicht wie Köln den Apostelfürsten als Patron mit der ewigen Stadt Rom gemeinsam, so fühlte es sich doch wie diese als eine goldene Stadt. Die Aurea Roma war ein fester Begriff, der auch in den Bullen der deutschen Herrscher seit Otto III. dargestellt worden war. Für Mainz gebrauchte der Geistliche Goswin um 1060 schon einen ähnlichen Ehrentitel: aureum regni caput (goldenes Haupt des Reiches).[15] Auf diese ehrenvolle Bezeichnung besann man sich nun, als es galt, den eigenen Anspruch herauszustellen. Köln hatte sich aufgrund seiner Haltung im Investiturstreit „treue Tochter der römischen Kirche" genannt; Mainz benutzte nun eine abweichende Aussage, welche die Kölner an Anspruch und Selbstbewußtsein noch übertraf: „besondere Tochter der römischen Kirche". Diese Formulierung erscheint zum ersten Male im Stadtsiegel. Sie knüpft indessen an eine ältere örtliche, auf die Mainzer Kirche bezogene Tradition an. Schon in einem Brief von 1074 an Papst Gregor VII. bezeichnete Erzbischof Siegfried I. die Mainzer Kirche als besondere Tochter der hl. Mutter, d. h. der römischen Kirche.[16] Dasselbe Bild benutzte Erzbischof Adalbert I. in einem Brief aus der zweiten Hälfte des Jahres 1118.[17] Gerade wegen dieses Beleges kann es nicht verwundern, wenn bei der Gestaltung des Mainzer Stadtsiegels das Bild von der besonderen Tochter aufgegriffen, verkürzt und auf die Stadt Mainz angewandt wurde.

Die überaus anspruchsvolle Umschrift des Mainzer Stadtsiegels ist also ohne Zweifel aus Mainzer Vorstellungen und bodenständigem Gedankengut erwachsen. Sie muß in ihrer besonderen Ausgestaltung aber als Reaktion auf die im Kölner Stadtsiegel vorgegebene Formulierung verstanden werden.[18] Das geistliche Programm des Mainzer Siegels läßt darauf schließen, daß wie in Köln auch in Mainz der geistliche Stadtherr Einfluß auf die Siegelgestaltung genommen hat. Daher hat Schöntag gewiß recht, wenn er erklärt: „Die politischen Vorstellungen dieses mächtigen Kirchenfürsten schlugen sich in der Legende, der Devise der neuen Rechtsgemeinschaft nieder. Erzbischof

Adalbert I. nahm alte Mainzer Traditionen auf, verband sie mit Formulierungen aus der Selbstdarstellung der Kaiser und Päpste und formte sie entsprechend seinem Herrschaftsanspruch zur Siegellegende Aurea Magontia, Romane ecclesie specialis filia um. Er schuf sich eine Metropole, die für das Reich nördlich der Alpen das darstellen sollte, was das goldene Rom für das damalige Universum war."

Welches Ansehen das Mainzer Stadtsiegel im 12. und 13. Jahrhundert genoß, ergibt sich aus der Tatsache, daß es einer Reihe von anderen Städtesiegeln als Vorlage gedient hat. Dies gilt in erster Linie für das Stadtsiegel von Erfurt, das wohl noch im 12. Jahrhundert entstanden ist, Architektur und thronenden St. Martin des Mainzer Siegels ziemlich genau wiederholt und die Umschrift trägt: „Erfordia fidelis est filia Mogontine sedis". Abhängig von dem Mainzer Siegel sind auch die Städtesiegel von Worms, Straßburg und Bingen, die sich allerdings von der Vorlage schon stärker gelöst haben. Insgesamt macht die Nachwirkung des großen Mainzer Stadtsiegels deutlich, welche herausragende Stellung Mainz auch noch im 12. und 13. Jahrhundert unter den Städten des Mittel- und Oberrheingebietes einnahm.

Anmerkungen

1 W. Diepenbach, S. 73.
2 G. A. Seyler, S. 303.
3 W. Diepenbach, S. 72.
4 Vgl. unten den Artikel über dieses Siegel.
5 T. Diederich, Das älteste Kölner Stadtsiegel, S. 51–80; vgl. auch oben den Artikel über dieses Siegel.
6 In persönlichem Gespräch und einem Schreiben an den Verfasser (Juli 1976).
7 Vortrag am 27. September 1977 im Kölnischen Stadtmuseum zum Thema „Die Siegel der rheinischen Metropolitanstädte als älteste Stadtsiegel Europas"; vgl. jetzt H. Jakobs, S. 28 ff.
8 Vgl. H. Büttner, BllDtLdG 106 (1970) S. 617.
9 Hinweis der Herren Prof. Dr. Anton von Euw und Dr. Joachim M. Plotzek, Schnütgen-Museum Köln, mit denen ich die Prioritätsfrage eingehend erörtert habe. Beide schließen aufgrund kunsthistorischer Erwägungen den umgekehrten Vorgang (reichere Ausgestaltung einer einfachen Vorlage) aus und sehen in dem Kölner Stadtsiegel den Archetyp.
10 L. Falck, S. 145.
11 W. Müller, Urkundeninschriften des deutschen Mittelalters (Münchner Historische Studien, Abt. Geschichtl. Hilfswissenschaften 13), Kallmünz 1975 S. 54.
12 Vgl. den Artikel über dieses Siegel.
13 Vgl. auch unten den Artikel über das älteste große Siegel von Neuss, das sich ebenfalls eng an das Kölner Stadtsiegel anlehnt.
14 G. Bandmann, S. 50 f.
15 W. Schöntag, S. 87.
16 Monumenta Bambergensia, ed. Ph. Jaffé (Bibliotheca rerum Germanicarum 5), Berlin 1869 (Neudruck Aalen 1964) S. 85.
17 Ebenda S. 325.
18 Mit dieser Feststellung dürften tiefere Gründe und äußerer Anlaß für die gewählte Formulierung der Mainzer Umschrift unterschieden sein, so daß sich nun keine Diskrepanz mehr zu den Erwägungen Büttners (wie Anm. 8) und Schöntags (S. 88 Anm. 9) ergibt, die verhaltene Kritik an einer früher von mir geäußerten Bemerkung geübt hatten.

Mainz

Zweites großes Stadtsiegel

Abbildung 71

Bild: Über zwei mehrgeschossigen Türmen, die außen jeweils von einem niedrigeren Turm begleitet werden, erhebt sich ein mit Zinnen und mehreren Türmen und Türmchen besetzter Architekturrahmen, der an der Unterseite einen Kleeblattbogen bildet. Darunter thront auf einem Faltstuhl der hl. Martin mit segnend erhobener Rechten und dem Bischofsstab in der Linken. Beiderseits des Heiligen findet sich die Aufschrift S(AN)C(TV)S · MAR // TINVS.

Umschrift: + AVREA · MAGVNCIA · ROMANE · ECCL(ES)IE · SPECIALIS · FILIA

Größe: 10,4 cm im Durchmesser.

Abbildung: Abguß von dem Originalabdruck an Urkunde von 1254 nach Juli 13 (HistArchKöln, HUA 2/196).

Literatur: W. Diepenbach, S. 73.

Das älteste Stadtsiegel von Mainz blieb nur ein gutes Jahrhundert lang im Gebrauch. Für das Jahr 1254 sind erstmals zwei Abdrücke eines neuen großen Stadtsiegels von Mainz überliefert, charakteristischerweise nicht in Mainz selbst, sondern in München und Köln. Das Kölner Exemplar ist nach derzeitigem Kenntnisstand das am besten erhaltene. Das zweite Mainzer Stadtsiegel gehört zu den vielen schönen Städtesiegeln der Stauferzeit. Es besticht durch die Harmonie der Bildkomposition, die feine Ausgestaltung der Einzelteile und die kräftig hervortretende, in sich aber ausgewogene, kalligraphische Umschrift. Für den Siegelkundler ist das Stück von besonderem Reiz. Er liegt in der Spannung zwischen älteren Stilformen, wie sie von der Vorlage des Siegels, dem ältesten Mainzer Stadtsiegel, übernommen sind, und moderneren Elementen der Siegelkunst, die in anderen mittel- und oberrheinischen Städtesiegeln seit etwa 1220/1230 deutlich in Erscheinung treten und hier vereinzelt aufgegriffen werden.

Eine genauere zeitliche Eingrenzung des zweiten Mainzer Stadtsiegels ist unter diesen Umständen schwierig. Da das erste Siegel noch für 1220 belegt ist[1], muß das zweite zwischen 1220 und 1254 entstanden sein. Leider gibt es keine gesicherten Anhaltspunkte dafür, warum es in Mainz in dieser Zeit zu einem Siegelwechsel kam. Einen Anlaß könnte das für die Weiterentwicklung der Stadtverfassung so wichtige Privileg Erzbischof Siegfrieds III. vom 13. November 1244 geboten haben. Allerdings ist hier wohl nicht daran zu denken, daß der Stadtrat sich in Mainz das Recht der Siegelführung gewaltsam angeeignet hätte, indem er einfach einen neuen Siegelstempel anfertigen ließ. Wie Ludwig Falck dargelegt hat, ging in Mainz die Ausformung der städtischen Führungsgruppe zu einem fest organisierten Stadtrat als ausgeprägter Selbstverwaltungskörperschaft sehr allmählich und unauffällig vonstatten.[2] Es kann aber kein Zweifel bestehen, daß der 1244 vom erzbischöflichen Stadtherrn ausdrücklich anerkannte Stadtrat damals auch das Recht

besessen hat, das Stadtsiegel zu führen. Die in ihrem Selbstbewußtsein gestärkte Bürgervertretung könnte ab 1244 die Anfertigung eines neuen Stempels für das Stadtsiegel beschlossen haben. Gewiß sind solche Überlegungen angesichts fehlender Hinweise in den Quellen spekulativ, aber berechtigt erscheinen sie doch; zumindest sollten in jedem konkreten Falle die Möglichkeiten erörtert werden. Verlust, Abnutzung und Beschädigung des alten Stempels können dabei stets Grund für die Einführung eines neuen Typars gewesen sein. Es ist aber gerade am Beispiel Mainz zu fragen, ob man mit der dortigen Entscheidung nicht einer Mode der Zeit folgte. Eine Reihe von anderen Städten hatte nämlich in spätstaufischer Zeit das erste Stadtsiegel durch ein neues ersetzt. Unter diesen neuen Siegeln befinden sich – man denke an die vor 1236 entstandenen zweiten Stadtsiegel von Speyer und Boppard – hervorragende Kleinkunstwerke, die sich durch modernste Stilformen und eine eindrucksvolle Plastizität auszeichnen. Im Vergleich zu solchen Siegeln mußte das alte Siegel der Stadt Mainz – ungeachtet seines in ihm formulierten Anspruchs – altertümlich wirken. Für die Anschaffung des zweiten Mainzer Typars könnte also durchaus der Wunsch maßgebend gewesen sein, den eigenen Rang und Anspruch in einem zeitgenössischen Kunstwerk effektvoller verwirklicht zu sehen.
Welches auch immer die Gründe für die Anfertigung des neuen Siegelstempels gewesen sein mögen, eines läßt sich mit Sicherheit feststellen: Der Künstler hatte den Auftrag, das Bildprogramm und die anspruchsvolle Umschrift des alten Stadtsiegels in seinem neuen Werk beizubehalten. Auch ihm wird man daher nicht mangelnde Originalität vorwerfen können. Wie schon in dem vorhergehenden Artikel angesichts der Nachahmung des ältesten Kölner Stadtsiegels durch das erste Mainzer Siegel festgestellt wurde, zeigt sich, welche Verbindlichkeit das Überkommene im Mittelalter besaß: „Nihil innovetur, nisi quod traditum“ (Nichts soll neu geschaffen werden als das, was überkommen ist).[3] Beweis für die hervorragenden Fähigkeiten des Künstlers, der kein einfacher Epigone gewesen ist, sind die oben geschilderten Vorzüge des zweiten Mainzer Stadtsiegels. Sie zeigen sich besonders in der Belebung der Thronfigur, der Ausgestaltung des Faltstuhls und in dem schönen Kleeblattbogen, welcher die archaische Lösung der Vorlage überwindet. Trotz einiger Verfeinerungen und Zutaten bei dem Architekturrahmen fühlt sich der Siegelstecher des zweiten Typars seinem Vorbild verpflichtet. Die Rhythmisierung der Architektur durch verschiedenartige Türme behält er ebenso bei wie deren Faltdächer bzw. knaufbekrönten Kuppeldächer. Eigene Zutaten sind hierbei die beiden äußeren Türme, die jeweils zwei Fenster aufweisen und oben mit drei Zinnen abschließen. Sie sind zusätzlicher Hinweis darauf, daß hier eine Stadtarchitektur gemeint ist, die ein symbolisches Bild der Stadt liefern soll. Wilhelm Diepenbach hat die Architektur als einen Baldachin angesprochen. Diese Interpretation dürfte sich aber wegen der eindeutigen Vorbilder des ältesten Kölner und des ältesten Mainzer Stadtsiegels, die ohne Zweifel als Stadtabbreviatur zu verstehen sind, erledigen, zumal es in der Romanik keine Baldachine gegeben hat.[4] Neu sind auch die beiden Köpfe, die in den Rundbogenfenstern der beiden Haupttürme erscheinen. Konsequenterweise hat Diepenbach sie als Engelsköpfchen angesehen. Für diese nähere Bestimmung bieten die Köpfe selbst keinen Anhaltspunkt. Bei unserer Deutung des Architekturrahmens als symbolisches Bild der Stadt ist anzunehmen, daß in den Fensternischen zwei Vertreter der Mainzer Bürgerschaft dargestellt werden sollten. Das Motiv ist nicht neu, sondern findet sich schon auf der Rückseite der

Goldbulle Kaiser Heinrichs VI. (1190–1197). Die Bulle zeigt ein Bild der Stadt Rom, aus deren Fenstern und Bögen mehrere Menschenköpfe blicken. Wie Josef Deér ausgeführt hat, sollen „die Köpfe nichts anderes als die Römer andeuten, die auf den Einzug ihres Kaisers in die Stadt warten".[5]

Dem zweiten Mainzer Stadtsiegel ist eine starke Plastizität eigen, welche auch andere Siegel aus dem zweiten Viertel des 13. Jahrhunderts auszeichnet. Zum Vergleich seien genannt die Stadtsiegel von Boppard, Kreuznach und Speyer. Obwohl diese vermutlich alle etwas älter sind, wirken sie insgesamt doch moderner als das zweite Mainzer Stadtsiegel. Dies zeigt sich etwa bei der Gestaltung der Faltdächer. Im Vergleich zu denen des Kreuznacher Siegels erscheinen die Faltdächer des zweiten Mainzer Siegels antiquiert. Der Siegelstecher hat sich in diesem Punkte eng an das Vorbild des ersten Mainzer Siegels angelehnt. So stehen sich in dem neuen Siegel der Stadt Mainz antikisierende und moderne Elemente gegenüber. Sie erlauben insgesamt den Schluß, daß das Siegel jüngeren Datums ist, als einzelne Bestandteile glauben lassen. Man wird daher nicht fehlgehen, wenn man sich das zweite Mainzer Stadtsiegel in der Mitte des 13. Jahrhunderts, also nicht lange vor 1254, entstanden denkt. Dieser zeitliche Ansatz ergibt sich zudem aus der Tatsache, daß auch die zweiten Siegel der Städte Bingen und Oberwesel aufgrund der auffälligen epigraphischen Gemeinsamkeiten demselben Siegelstecher oder zumindest derselben Werkstatt zuzuweisen sind. Das zweite Siegel der Stadt Mainz darf als einer der besonders gut gelungenen freien Nachschnitte rheinischer Siegelkunst gelten.

Anmerkungen

1 W. Diepenbach, S. 73.
2 L. Falck, S. 189.
3 Cyprian, Brief 73,21; zitiert nach G. Bandmann, S. 50.
4 Vgl. H. Sedlmayr, Die Entstehung der Kathedrale, Zürich 1950 S. 66.
5 J. Deér, S. 89.

Mayen

Großes Stadtsiegel

Abbildung 72

Bild: Eine Burg, die rechts zwei schlanke Türme mit hohem Kegeldach, links einen etwas niedrigeren, aber mächtigen, zinnenbekrönten Turm besitzt; in dem gezinnten Mittelteil befindet sich ein korbbogenförmiges Portal mit halb herabgelassenem Fallgitter; über der Burg sind zwei gekreuzte Schlüssel angebracht.

Umschrift: + SIGILLVM · OPPIDI · MEYGENENSIS

Größe: 5,8 cm im Durchmesser.

Abbildung: Originalabdruck an Urkunde von 1320 Febr. 3 (LandeshauptarchKoblenz, Best. 1A, U. 4527).

Zahlreiche Gegenstände des Eifeler Landschaftsmuseums belegen die überörtliche Bedeutung Mayens seit der jüngeren Steinzeit. Der poröse Basaltstein des Lavafeldes zwischen Mayen und Ettringen wurde schon sehr früh zur Herstellung von Reib- und Mühlsteinen genutzt, die man später weithin exportierte. Seit spätrömischer Zeit blühte in Mayen, und zwar über Jahrhunderte hinweg, die Töpferei. Sie beweist, daß es hier eine Siedlungskontinuität gegeben hat, die so beachtlich gewesen sein muß, daß Mayen auch in fränkischer Zeit Hauptort des nach ihm benannten Mayengaus wurde. Ausgrabungen unter der Clemenskirche deckten eine aus dem 6. Jahrhundert stammende Memorienkapelle über dem Grab eines Märtyrers auf. Neben diesem frühen Zeugnis des Christentums in Mayen fanden sich auch Gräber bei der St.-Veits-Kapelle, die vermutlich erste Pfarrkirche Mayens gewesen ist.
Der Mayengau lag später in dem Machtbereich der Pfalzgrafen, die bis 1197 die Vogtei über Mayen innehatten. Diese fiel anschließend an die Grafen von Virneburg. Seit der zweiten Hälfte des 13. Jahrhunderts stießen die Erzbischöfe von Trier im Maifeld vor. Erzbischof Heinrich von Vinstingen brachte 1280 Mayen endgültig in seinen Besitz und ließ zum Schutz des Ortes eine mächtige Burg errichten. Ihr Name „Genovevaburg" ist modernen Ursprungs.[1] Für die weitere Entwicklung Mayens wurde bedeutsam, daß der Trierer Erzbischof Boemund von Warsberg (1286–1299) für sechs Orte seines Landes, darunter auch Mayen, von König Rudolf von Habsburg Stadtrechte erwirkte. Die entsprechende Urkunde vom 29. Mai 1291 gestand Mayen dieselben Rechte und Gewohnheiten zu, welche die übrigen Städte des Reiches besaßen.[2] Dem Erzbischof wurde gleichzeitig die Strafgerichtsbarkeit vorbehalten. Damit war für Jahrhunderte der weitere Weg Mayens in enger Bindung an die Trierer Erzbischöfe vorgezeichnet.
Ein Stadtsiegel ist in Mayen offensichtlich erst etwas später in Auftrag gegeben worden. Eine Urkunde vom 2. Januar 1297 erwähnt zwar Mayener Schöffen in der Zeugenreihe, nicht aber ein Mayener Schöffen- oder Stadtsiegel, während andererseits die Städte Koblenz, Münstermaifeld und Andernach die Urkunde mitbesiegelten.[3] An einer Urkunde vom 10. Februar 1308 ist dann das Mayener Stadtsiegel erstmals belegt. Es muß also zwischen 1297 und 1308 entstanden sein.
Unverkennbar ist das Bestreben des Siegelstechers, in dem Mayener Stadtsiegel ein Bild von der Burganlage zu liefern. Diese muß zu seiner Zeit in weit stärkerem Maße als heute das Bild der Stadt bestimmt haben. Das Siegel zeigt ein seitenverkehrtes Bild der Burg, was aus der Herstellungstechnik des negativ gearbeiteten Siegelstempels erklärt werden könnte, finden sich doch seitenverkehrte Darstellungen in mittelalterlichen Siegeln nicht ganz selten; bei einzelnen Buchstaben, vor allem S und N, sind diese „Fehler" sogar recht häufig anzutreffen. Bei der Bewertung der Originaltreue ist auch zu bedenken, daß es für einen Siegelstecher schwer sein mußte, die unregelmäßige Anlage der Mayener Burg[4] in einem kleinen Typar einzufangen. Es besteht aber kein Zweifel, daß die Einwohner Mayens, die damals schon so selbstbewußt wie heute gewesen sein mögen, in dem Siegelbild trotz der starken Vereinfachungen „ihre" erzbischöfliche Burg erkannten. Die gekreuzten Schlüssel über der Burg sind Hinweis auf den hl. Petrus, den Patron des Trierer Erzstiftes. Sie symbolisieren die Zugehörigkeit Mayens zum Trierer Kurstaat und haben später in abgewandelter Kombination Eingang in den quadrierten Schild des Mayener Stadtwappens gefunden.[5]

Anmerkungen

1 HbHistStättenDeutschland 5, S. 229; O. v. Looz-Corswarem, Heimatchronik des Landkreises Mayen, Köln 1954 S. 9–34.
2 Druck und Übersetzung der Urkunde bei L. Brink und J. Hilger, Geschichte von Mayen, Mayen 1910 S. 123–125.
3 E. Schaus, Stadtrechtsorte II, S. 577.
4 Zur Burg vgl. E. Nick, Die kurfürstliche Burg und die Stadtbefestigung von Mayen, Sonderdruck aus der Zeitschrift für Wehrbau, Wohnbau und Städtebau, Der Burgwart, Jahrbuch der Vereinigung zur Erhaltung deutscher Burgen 42 (1941), mit bemerkenswerten Fotos des unvergessenen Heinrich Pieroth, Mayen, sowie F. Hörter, Die Kurfürstliche Burg und das Eifeler Landschaftsmuseum in Mayen (Rheinische Kunststätten 236), Köln 1980, mit Angabe der älteren Literatur.
5 Kurze Ausführungen zu Siegel und Wappen der Stadt Mayen von F. Hörter finden sich in der „Rhein-Zeitung" (Ausgabe Mayen) vom 17. Juli 1974.

Montabaur

Großes Stadtsiegel

Abbildung 73

Bild: Im Vordergrund eine gezinnte Stadtmauer, die sich von der Mitte aus schräg zum rechten und linken Bildrand erstreckt. Dahinter thront in einem von zwei mehrgeschossigen Türmen flankierten und von einem Wimperg bekrönten Spitzbogenportal der hl. Petrus mit einem Schlüssel in der Rechten und einem Kreuzstab in der Linken. Hinter dem Wimperg erhebt sich ein mächtiger gezinnter Mittelturm, aus dem eine Lilie in den Raum der Umschrift hineinragt. Von den beiden das Hauptportal flankierenden Türmen gehen außen zwei halbe, mit jeweils vier Zinnen und einem Gebäude besetzte flache Bögen aus, die kurz vor dem Bildrand abbrechen und so ohne Auflager in der Luft schweben. In dem freien Raum darunter befindet sich jeweils ein spitzer Wappenschild mit einem Balkenkreuz.

Umschrift: SIGILLVM · CONMVNE · OPIDANORVM · IN · MONTHABVR –

Größe: 7,6 cm im Durchmesser.

Abbildung: Moderner Abdruck vom Originalstempel (heute im Münzkabinett der Staatlichen Museen zu Berlin-Ost).

Literatur: O. Renkhoff, Die Siegel und Wappen der kurtrierischen Orte in Nassau, NassAnn 63 (1952) S. 280 f.; A. Suhle, S. 22 f.

Am Fuße des Montabaurer Schloßberges, der wohl in fränkischer Zeit als Straßenfestung diente, entwickelte sich schon früh eine Humbach genannte Siedlung, über die erste aufschlußreiche Einzelheiten aus dem 10. Jahrhundert bekannt sind. Auf dem Berge existierte damals eine Burg der heimischen Konradiner. Einer der bedeutendsten Angehörigen dieses hochadeligen Geschlechtes war Herzog Hermann I. von Schwaben (926–949). Er ließ zwischen 931 und 948 in der Siedlung vor seiner Burg („in Humbacensis castelli suburbio") eine Holzkirche bauen. Auf seine Bitte hat der Trierer Erzbischof Ruotbert

(931–956) diese Kirche zu Ehren des hl. Petrus und des hl. Georg geweiht und den zugehörigen Zehntbezirk beschrieben. Kirche und Zehnten übertrug Herzog Hermann seinem in Koblenz gegründeten Stift, das ursprünglich allein der Muttergottes, nach Übertragung von Reliquien des hl. Florin aber auch diesem rätischen Heiligen geweiht war. Die enge Verbindung der Montabaurer Mutterkirche zu dem Stift St. Florin in Koblenz datiert also aus der ersten Hälfte des 10. Jahrhunderts. Sie blieb bis zum Ende des alten Reiches bestehen. Der erste bekannte Propst des Stiftes, Williman, der in den Quellen als „provisor" (Sachwalter, Schatzmeister) bezeichnet wird, ließ anstelle der Holzkirche eine neue Kirche in Stein erbauen, die Erzbischof Heinrich von Trier (956–964) am 13. Februar 959 den Heiligen Petrus und Georg weihte.[1] Vor 1047 erwarb Erzbischof Poppo von Trier (1016–1047) den Haupthof des Humbacher Waldes. Im „Liber annalium iurium" von 1211/14 ist der beträchtliche Umfang des Trierer Besitzkomplexes in und um Humbach beschrieben.[2] Erzbischof Dietrich von Wied (1212–1242), der bald nach seiner Wahl von den Nassauer Grafen gefangengenommen worden war, ließ auf dem Schloßberg anstelle der ehemaligen konradinischen Burg eine neue Burganlage errichten, die er nach seiner Pilgerfahrt ins Heilige Land 1223/24 nach dem im Kreuzzug von 1217 umkämpften Berg Tabor benannte. Seit dieser Zeit bürgerte sich der neue Name „Mons Tabor" (Montabaur) für das alte Humbach ein. Die gegen Nassau gerichtete Grenzburg Montabaur besetzte der Erzbischof um 1235 mit einer starken Burgmannschaft. Seine Nachfolger, die häufiger in Montabaur residierten – 1247 wurde auch König Wilhelm hier empfangen –, verstärkten die Stellung des Trierer Erzstiftes auf dem Westerwald.[3] So war es nur konsequent, wenn Erzbischof Boemund von Warsberg (1286–1299) neben fünf anderen Orten des Erzstiftes auch für Montabaur Stadtrechte erwirkte. Eine entsprechende Urkunde hat König Rudolf I. (1273–1291) am 29. Mai 1291, also knapp zwei Monate vor seinem Tode, für Montabaur ausgestellt.[4]

Bald nach der Stadterhebung Montabaurs muß mit einer Befestigung der Stadt begonnen und auch die Anfertigung eines Stadtsiegels in Auftrag gegeben worden sein. Das Siegel ist für das Jahr 1300 erstmals belegt.[5] Gegenüber den ersten Siegeln jener fünf Städte, die gleichzeitig mit Montabaur Stadtrechte erhielten (Bernkastel, Mayen, Saarburg, Welschbillig und Wittlich) zeichnet sich das Montabaurer Siegel in mehrfacher Hinsicht aus: durch seine außergewöhnliche Größe und sein überaus anspruchsvolles Bildprogramm. Der Siegelstecher des Montabaurer Typars hat offensichtlich auf jeden Versuch, ein Stadtporträt zu liefern, verzichtet. Statt dessen entwickelte er ein Idealbild der Stadt mit dem in ihrer Mitte thronenden Stadtpatron. Er stellte sich damit in jene Tradition, die von dem ältesten Kölner Stadtsiegel begründet und über etliche Stadtsiegelschöpfungen des 12. und 13. Jahrhunderts, insbesondere das große Mainzer Stadtsiegel, aufgenommen und weiterentwickelt worden war. Das Stadtsiegel von Montabaur hebt sich insofern auch von vielen rheinischen Städtesiegeln ab, die sich entweder mit der Darstellung des Patrons oder aber mit der Architektur allein begnügt hatten. Im Vergleich zu älteren Siegeln des Kölner Siegeltyps, etwa den Stadtsiegeln von Sinzig, Oberwesel und Bingen, fällt das Montabaurer Siegel durch seine Detailfreude auf. Sucht man nach direkten Vorläufern oder Parallelen, so ist zunächst das Siegel der Stadt Koblenz zu nennen, das sich auf die Abbildung einer Architektur – Stadtmauer und dreiteilige Kirche – beschränkt. Insbesondere die im Vordergrund von der Mitte schräg zu den Rändern geführte Stadt-

mauer, die mit großem Hauptportal versehene dreiteilige Architektur und die Bekrönung der drei Türme mit Lilien finden sich im Siegel der Stadt Montabaur, allerdings in viel modernerer Formensprache, wieder. In seiner Liebe zum Detail und in dem Bestreben, das ganze Siegelfeld zu füllen, ist das Siegel dem zweiten Stadtsiegel von Andernach verwandt. Dieses, nur wenig später zwischen 1303 und 1308 entstanden, zeigt auch bemerkenswerte Ähnlichkeiten bei einzelnen Buchstaben der Umschrift (besonders bei R, unzialem M, unzialem N und unzialem T), so daß man durchaus an einen Werkstattzusammenhang denken kann. Allerdings ist eine stilistische Weiterentwicklung bei dem Andernacher Siegel nicht zu übersehen, die aus der Tatsache, daß beide Siegel mehr als ein Jahrzehnt auseinanderliegen, eine Erklärung finden würde. Beide Siegelstempel sind übrigens erhalten und werden heute an gleicher Stelle aufbewahrt.
Das große Siegel der Stadt Montabaur blieb bis zum Ende des alten Reiches in Gebrauch.[6] Die Petrusdarstellung erinnert an den schon im 10. Jahrhundert urkundlich genannten Kirchenpatron. Die Montabaurer Pfarrkirche trug später den besonderen Titel „St. Peter in Ketten". An diesem speziellen Petrusfest, dem 1. August, feierte auch das Stift St. Florin bis zum Jahre 1589 sein Kirchweihfest.[7] Alte Zusammenhänge, wie auch die Herkunft des Petruspatroziniums aus Trier, können nur vermutet werden. Wie bei den meisten anderen Siegeln der kurtrierischen Städte aus dem 13. und 14. Jahrhundert findet sich auch bei dem Siegel von Montabaur das Wappen mit dem Trierer Balkenkreuz, um die Herrschafts- und Hoheitsverhältnisse klarzustellen. Der Trierer Erzbischof dürfte als der eigentliche Auftraggeber des Montabaurer Stadtsiegels anzusehen sein. Größe und Anspruch dieses Siegels lassen erahnen, daß der Erzbischof seiner jungen Stadt eine herausragende Stellung im Gebiet rechts des Rheines zugedacht hatte.

Anmerkungen

1 H. Gensicke, Die Urkunde Erzbischof Heinrichs von Trier von 959, in: Die Pfarrkirche „St. Peter in Ketten" zu Montabaur, Montabaur 1959 S. 30–38; A. Diederich, Das Stift St. Florin zu Koblenz, S. 25 f.
2 H. Gensicke, Landesgeschichte des Westerwaldes (Veröff. d. Histor. Kommission f. Nassau XIII), Wiesbaden 1958 S. 67.
3 Ebenda S. 235 f.
4 Vgl. E. Schaus, Stadtrechtsverleihungen, S. 13 Anm. 49.
5 O. Renkhoff, S. 281.
6 Ebenda S. 280 mit Beleg von 1778.
7 A. Diederich (wie Anm. 1), S. 120.

Münstermaifeld

Großes Stadtsiegel

Abbildung 74

Bild: Im Vordergrund ein hohes Mauertor, unter dessen kreuzbekröntem Giebel ein spitzer Kleeblattbogen ausgesondert ist. Darunter befindet sich ein stehender Schlüssel mit rautenförmigem Griff. Von dem Tor führt beiderseits eine gezinnte Stadtmauer zum

Bildrand. Hinter der Stadtmauer, rechts und links von dem Tor, erheben sich zwei Kirchen, die jeweils zwei Türme mit Kegeldächern, Knäufen und aufgesetzten Kreuzen aufweisen.

Umschrift: + S(IGILLVM) : CIVITATIS · MONASTERIEN(SIS) · I(N) · MEYNEVELT

Größe: 6,6 cm im Durchmesser.

Abbildung: Originalabdruck an Urkunde von 1360 April 12 (LandeshauptarchKoblenz, Best. 144, U.348).

Literatur: P. J. Dünchem, Wappen und Siegel der Stadt Münstermaifeld, Die Eifel, Monatsschrift des Eifelvereins 1953 Nr. 9 S. 136.

Münstermaifeld, an zentraler Stelle des fruchtbaren Maifeldes gelegen, war vermutlich schon früh besiedelt. In fränkischer Zeit befanden sich hier ein Königshof und eine Pfarrkirche, die dem hl. Martin geweiht und mit mehreren Geistlichen besetzt war. Die Kirche hatte wohl von Anfang an eine Großpfarrei zu versorgen; ihre Bedeutung wurde noch gesteigert, als nach dem Erwerb von Reliquien des hl. Severus in der Mitte des 10. Jahrhunderts immer mehr Wallfahrer nach Münstermaifeld kamen. Die Klerikergemeinschaft entwickelte sich zu einem Kollegiatstift und ließ, nachdem schon in der ersten Hälfte des 12. Jahrhunderts ein eindrucksvolles Westwerk gebaut worden war, ab 1225 einen Neubau der Stiftskirche errichten.[1]

Neben der Stiftsfreiheit entwickelte sich ein Flecken, in dem die Erzbischöfe von Trier einen Hof sowie das Markt- und Münzrecht besaßen. Wie die Gesta Treverorum berichten, ließ Erzbischof Arnold II. (1242–1259) den Ort durch einen Wall, teilweise auch durch eine Mauer, befestigen. In einer Urkunde des Jahres 1259 wird Münstermaifeld erstmals als „Stadt" bezeichnet; für 1276 ist eine Währung der Stadt Münstermaifeld nachgewiesen.[2] Ob die Urkunde des Jahres 1277, mit welcher Erzbischof Heinrich von Vinstingen 14 Schöffen einsetzte, als förmliche Stadterhebungsurkunde[3] oder aber nur als ein Ergänzungsprivileg zu betrachten ist, läßt sich nicht entscheiden. Jedenfalls dürfte die städtische Verfassung damit einen gewissen Abschluß gefunden haben. Die Stadt selbst ist über das Maifeld hinaus nie zu einer besonderen Bedeutung gelangt.

Ein Münstermaifelder Stadtsiegel ist für den 28. März 1278 erstmals bezeugt. Es folgen weitere Belege aus den Jahren 1280, 1295, 1296, 1297 usw.[4] Wäre Münstermaifeld erst Ende 1277 zur Stadt erhoben worden, so läge zwischen diesem Datum und dem ersten Nachweis des Siegels ein ungewöhnlich knapper Zeitraum; in diesem Falle müßte man davon ausgehen, daß nach der Stadterhebung alsbald ein Siegel in Auftrag gegeben wurde, um städtische Urkunden beglaubigen zu können. Ein solches Vorgehen ist durchaus denkbar. Aber stilistisch spricht auch nichts dagegen, daß das Siegel etliche Jahre früher entstanden ist. Geht man von dieser Möglichkeit aus, so dürfte der oppidum-Beleg des Jahres 1259 von besonderem Gewicht sein, zumal er bald nach der Anlegung der Befestigung auftaucht. Dann wäre das Siegel der Stadt Münstermaifeld möglicherweise rund zwei Jahrzehnte vor dem ersten Nachweis angefertigt worden. Die Gestaltung des Siegelbildes legt eine solche Datierung nahe, doch ist andererseits zu bedenken, daß die etwas holprige und unausgewogene Umschrift auf einen Siegelstecher schließen läßt, der nicht zu den Spitzenkräften seines Metiers zählte. Ein solcher Mann, der sonst vielleicht mehr mit der Anfertigung von Münzstempeln beschäftigt war, könnte das Siegel durchaus auch in den Jahren 1277/78 in altertümlichen Formen geschnitten haben, weil ihm modernere Siegelstempel unbekannt waren.

In seiner bildlichen Aussage bereitet das Siegel keine Schwierigkeiten. Die Stadtmauer ist eine beliebte Abbreviatur zur Bezeichnung des Stadtcharakters eines Ortes. Wegen des Mauerbaus unter Erzbischof Heinrich von Vinstingen hat dieses Symbol einen realen Hintergrund. Die Kirche war ebenfalls seit längerer Zeit in Siegeln als Stadtabbreviatur sehr beliebt. In Münstermaifeld spielte die Kirche eine wichtige Rolle, weil mit ihr eine Pfarrei, eine Wallfahrtsstätte und ein Kollegiatstift verbunden waren. Die Doppelung der Kirche im Siegelbild hat wohl kompositorische Gründe. Die symmetrische Anlage zeigt, daß hier nicht wie etwa in den Stadtsiegeln von Bonn oder Boppard der Versuch unternommen worden ist, ein im wesentlichen getreues Bild der örtlichen Kirche wiederzugeben. Der Schlüssel verweist wie in vielen anderen Siegeln des Rheinlandes auf den hl. Petrus, in diesem Falle den Patron des Trierer Erzstiftes. Wie in den Siegeln von Bernkastel und Mayen drückt dieses Symbol die Hoheit der Trierer Erzbischöfe über ihre Stadt aus.

Anmerkungen

1 HbHistStättenDeutschland 5, S. 245 f.
2 E. Schaus, Stadtrechtsorte II, S. 578.
3 Münstermaifeld „feierte zwischen dem 1. und 4. Juli 1977 seine Stadterhebung vor 700 Jahren"; vgl. RheinHeimatpfl NF 14 (1977) S. 228.
4 E. Schaus, Stadtrechtsorte II, S. 579.

Neuss

Ältestes Stadtsiegel

Abbildung 75

Bild: Über zwei mächtigen, mehrgeschossigen Türmen, die außen jeweils von einem niedrigeren Bauwerk mit aufgesetzten Türmchen begleitet werden, erhebt sich ein mit zahlreichen, verschiedenartigen Türmchen besetzter Architekturrahmen, der unten durch eine flache Mauer mit zwei weiteren kleinen Türmen und einigen Zinnen zu einem Rund geschlossen ist. Unter dem Rundbogen des Architekturrahmens steht in der Mitte der hl. Quirin in ritterlicher Rüstung mit Kettenhemd und einer Fahnenlanze in der Rechten. Die Linke hält er aufgestützt auf einen spitzen Wappenschild, der einen steigenden Löwen zeigt. Unter den Füßen des Heiligen, der durch die Aufschrift S(AN)C(TV)S – QVIRINVS bezeichnet ist, windet sich ein Drache. An der äußersten rechten und linken Seite des Architekturrahmens sitzt auf einem Mauervorsprung jeweils ein Storch oder Reiher.

Umschrift: + NVSSIA · SANCTE · COLONIENSIS · ECCLESIE · FIDELIS FILIA ·

Größe: 9,5 cm im Durchmesser.

Abbildung: Abguß von Negativ 344 a der Silikonmatrizensammlung des HistArchKöln; Originalvorlage nicht feststellbar.

Literatur: B. Endrulat, S. 28; H. Horstmann, Das Neusser Stadtwappen, NeussJb 1959 S. 24–35; E. Kittel, Siegel, S. 299.

Das älteste große Siegel der Stadt Neuss gehört schon seiner Größe nach zu den bedeutendsten Städtesiegeln des Rheinlandes. Lediglich die Siegel der Städte Trier, Köln Mainz und Worms besitzen einen größeren Durchmesser. Die erstgenannten drei, mit hoher Wahrscheinlichkeit schon in der ersten Hälfte des 12. Jahrhunderts entstanden, bilden nach derzeitigem Kenntnisstand die älteste Schicht der Städtesiegel, und zwar nicht nur des Rheinlandes, sondern auch ganz Deutschlands und wahrscheinlich auch Europas. Gemeinsam ist diesen Siegeln abgesehen von ihrem hohen Alter und ihrer herausragenden Größe (welche selbst die der gleichzeitigen Königs- und Kaisersiegel übertrifft) auch die Verbindung eines symbolischen Stadtbildes mit dem Stadtpatron bzw. den Stadtpatronen im Siegelfeld. Da sich das älteste Siegel der Stadt Neuss ebenso wie das von Mainz motivisch aufs engste an das älteste Siegel der Stadt Köln anlehnt[1], könnte man geneigt sein, auch das Neusser Siegel der ältesten Schicht zuzurechnen. Daß erst für das Jahr 1245 ein Originalabdruck des Siegels an einer Urkunde belegt ist, muß wegen der zufälligen und lückenhaften Überlieferung nicht gegen eine solche Annahme sprechen.
Indessen gibt es andere Gründe, die einen so frühen zeitlichen Ansatz des Neusser Siegels – Entstehung noch vor 1150 – unwahrscheinlich machen. Schon der direkte Vergleich mit dem Kölner Vorbild zeigt sehr deutlich, daß die Buchstaben des Neusser Siegels auf einer jüngeren Stufe der Schriftentwicklung stehen. Insbesondere die ausgeprägten Serifen und Hasten wie auch das durch einen Zierstrich völlig geschlossene unziale E in dem Wort COLONIENSIS des Neusser Siegels belegen dies. Aber auch eine Reihe von Zutaten und Ausschmückungen im Bild des ältesten Neusser Stadtsiegels, die eher zur Verunklarung als zur Verbesserung gegenüber dem Kölner Vorbild beitragen, lassen auf einen gewissen zeitlichen Abstand zwischen beiden Stücken schließen. Hingewiesen sei in diesem Zusammenhang auf die am unteren Bildrand eingearbeitete niedrige Stadtmauer, die Störche oder Reiher und die vier auf den Architekturbogen bzw. dessen Türme aufgesteckten Kreuzstäbe, die sich allesamt in dem Kölner Siegel nicht finden. Der Versuch, die kleinen dort noch vorhandenen Freiflächen im Neusser Siegel mit solchen Einzelheiten zu füllen, legt den Schluß nahe, daß etwa die Vögel gar keine tiefere Bedeutung haben, sondern ausschließlich zur Belebung der Architektur dienen. Oder sollten hier gar keine Störche oder Reiher, sondern Adler gemeint sein, die im Hinblick auf den tieferen Bedeutungsgehalt der turmreichen Stadtabbreviatur – Bild des himmlischen Jerusalem – einen besonderen Sinn hätten?
Nimmt man als bewiesen an, daß das Neusser Siegel deutlich nach seinem Kölner Vorbild entstanden ist, so bereitet eine Abschätzung des zeitlichen Abstandes doch erhebliche Schwierigkeiten, weil im vorliegenden Falle kaum mit Stilvergleichen gearbeitet werden kann und die Eigenarten der Umschrift, die in einer mit unzialen Elementen durchsetzten Capitalis gehalten ist, längere Zeit vorkommen. Es liegt daher nahe, einen Blick

auf die Stadtwerdung von Neuss zu werfen, weil die Existenz des Siegels die der Stadt im mittelalterlichen Rechtssinne voraussetzt. Dieser Fragestellung kommt die Tatsache entgegen, daß die mittelalterliche Stadtgeschichte von Neuss in den letzten Jahren insbesondere durch Joseph Lange[2] und Erich Wisplinghoff[3] in hervorragender Weise untersucht, reflektiert und dargestellt worden ist. Die Quellen fließen für die in unserem Zusammenhang interessante Zeit alles andere als reichlich. Lange kam zu der Schlußfolgerung: „In Neuss regte sich, soviel wir auf Grund der Quellenlage wissen, steigendes Selbstbewußtsein erst im 13. Jahrhundert.“[4] Das älteste Neusser Stadtsiegel hat er zwar abgebildet[5] und seine Umschrift als Zeugnis für die besondere Bindung von Neuss zur Kölner Kirche herausgestellt[6], den Versuch einer Datierung oder gar Würdigung als Zeugnis für Selbstbewußtsein und Anspruch der Neusser Bürgerschaft aber nicht unternommen. Wisplinghoff hat das älteste Siegel der Stadt Neuss auffälligerweise völlig außer acht gelassen, obwohl er sonst alle zur Verfügung stehenden Quellen und Informationen heranzog und – zum Teil im Vergleich mit anderen Städten – behutsam interpretierte. Möglicherweise wurde das Neusser Stadtsiegel (das als bedeutsame Quelle der Stadtgeschichte gelten muß) gerade deshalb ausgeklammert, weil seine Datierung so schwerfällt. Um so gewichtiger sind für den zeitlichen Ansatz des Siegels die Überlegungen, die Wisplinghoff hinsichtlich der Stadtwerdung anstellt. Mit gutem Recht weist er den Versuch von Friedrich Lau zurück, den Gründungsvorgang der Stadt Neuss auf die Jahre um 1187 zu datieren, weil Neuss nicht als Gründungsstadt zu betrachten ist, sondern zu den „gewachsenen Städten (gehört), in der sich in mehr oder weniger langsamer Entwicklung die für die mittelalterliche Stadt entscheidenden Wesenszüge allmählich herausgebildet hatten“.[7] Im Endergebnis weicht Wisplinghoff allerdings nicht allzu weit von Lau ab, wenn er annimmt, daß Neuss um 1200 oder eher noch etwas früher Stadt im vollen Sinn des Mittelalters geworden sei.[8]

Ohne daß es im einzelnen beweisbar wäre, wird man sich das älteste Neusser Stadtsiegel am ehesten in der gleichen Zeit – die Möglichkeit von ein bis zwei Jahrzehnten nach oben oder unten eingerechnet – entstanden denken können. Hierfür spricht einmal die „ideelle“ Nähe zu den großen Stadtsiegeln von Köln und Mainz, welche das Neusser Siegel deutlich von den seit 1228 aufkommenden Städtesiegeln des Niederrheins (Rees, Xanten, Emmerich usw.) wegrückt, andererseits aber der oben angeführte bildliche und epigraphische Befund, der auf einen gemessenen Abstand zwischen dem Neusser Siegel und seinem Kölner Vorbild hindeutet.[9] Nach allen diesen Erwägungen ist einzugestehen, daß das älteste Siegel der Stadt Neuss zu denjenigen rheinischen Städtesiegeln gehört, die sich zeitlich am wenigsten genau eingrenzen lassen.

Eine Deutung des Siegelbildes kann an dieser Stelle kurz gefaßt werden, da hier im wesentlichen das gilt, was zu dem ältesten Kölner Stadtsiegel gesagt worden ist. Der hl. Quirin, Patron des Stiftes und der Stadt, hatte nach der Legende als römischer Tribun unter Kaiser Hadrian um 130 den Märtyrertod erlitten. Im Siegel ist er mit seinen Waffen[10] als triumphierender Heiliger dargestellt; zu seinen Füßen windet sich der Drache, welcher das Heidentum verkörpert. Umgeben ist der Heilige von einem symbolischen Bild der Stadt mit zahlreichen Zinnen, Türmchen und Türmen. Nur vordergründig ist hiermit die in der Umschrift genannte Stadt Neuss gemeint. Der eigenartige Aufbau des Stadtbildes verweist letztlich auf das von Johannes in der Apokalypse 21,2 ff.

beschriebene himmlische Jerusalem, wie dies schon in dem von Neuss nachgeahmten Vorbild, dem großen Siegel des „heiligen Köln“, geschehen war.
Man würde dem Neusser Siegel in keiner Weise gerecht, wenn man es nach dem heutigen Kriterium der „Originalität“ bewerten wollte. Günter Bandmann hat allgemein auf diese Tatsache hingewiesen, wenn er feststellte: „Das Festhalten am Alten ist kein unbewußtes und unvermögendes Weitertragen, sondern die Äußerung eines spezifischen Ethos, das auf Bestätigung des Heilsplanes ausgeht. Neuerung ist Makel. Das schließt nicht aus, daß man sich der eigenen Leistung freut, ja sein Werk für einzigartig ansieht, aber die Einzigartigkeit wird in der Stärke der Pracht, in der höchsten Rühmung des Heilsplanes, nicht in der Individualität und Originalität der Formen gesehen.“[11] Die enge Anlehnung des Neusser Stadtsiegels an das älteste Siegel der Stadt Köln zeigt, daß der ausführende Künstler – und vermutlich auch sein Auftraggeber – die Gestaltung des Kölner Siegels als so vollkommen und verbindlich ansahen, daß für sie nur ein Aufgreifen desselben Motivs in Frage kam. Das hohe Selbstverständnis der Kölner Bürgerschaft wird man demnach in Neuss als nachahmenswert in dem dargelegten Sinne empfunden haben. Nicht zuletzt der Wortlaut der Umschrift („Neuss, der heiligen kölnischen Kirche getreue Tochter“) beweist dies. Indem man die Aussage des ältesten Kölner Stadtsiegels in Neuss als verbindlich anerkannte, stellte man sich bewußt in die Reihe der Städte Köln, Mainz und Trier, die – jede auf ihre Weise – einen besonderen Rang und Anspruch in ihren Siegeln dokumentiert hatten. Den eigenen Rang hätten die Neusser in ihrem Siegel kaum besser herausstellen können als durch den offenkundigen Anschluß an die vorausgehenden großen Siegel der drei rheinischen Bischofsstädte, insbesondere Kölns. So erscheint das älteste Siegel der Stadt Neuss, das auf den ersten Blick wie eine simple Nachahmung eines älteren Vorbildes aussah, in ganz neuem Licht. Kein Zweifel, daß die geistige Regung, die sich in dem Aufgreifen des Kölner Siegelmotivs offenbart, in ihrer Bedeutung für die frühe Geschichte der Stadt Neuss kaum überschätzt werden kann.

Anmerkungen

1 Vgl. den Artikel über dieses Siegel.
2 J. Lange, Neuss in Mittelalter und Neuzeit, in: Neuss im Wandel der Zeiten, Neuss 1969 S. 49–355.
3 E. Wisplinghoff, Geschichte der Stadt Neuss von den mittelalterlichen Anfängen bis zum Jahre 1794, Neuss 1975.
4 J. Lange (wie Anm. 2), S. 66.
5 Ebenda Abb. 44.
6 Ebenda S. 77.
7 E. Wisplinghoff (wie Anm. 3), S. 49 f.
8 Ebenda S. 48 und 50; ebenso neuerdings E. Ennen, Rheinisches Städtewesen, S. 8: „um 1200 ist Neuss Stadt im vollen Sinn des Wortes“.
9 Hierzu paßt auch die von H. Horstmann (S. 24) vorgenommene Datierung des Neusser Siegels: „Dem Stil der Rüstung und der Form des Schildes nach zu urteilen, gehört es in das Ende des 12. Jahrhunderts. Wenn wir nun hören, daß Neuss im Jahre 1190 zum ersten Male als civitas bezeichnet wird und wahrscheinlich um 1187 durch den Kölner Erzbischof Philipp von Heinsberg mit dem Kölner Recht bewidmet wurde, so gewinnen wir von hier aus einen ziemlich sicheren Anhalt für den Zeitpunkt der Entstehung des Siegels.“
10 Ausführlicher hat H. Horstmann (S. 25) die Bedeutung des Löwen auf dem Wappenschild erörtert. Er hat gewiß recht, wenn er ihn weder als Stadtwappen noch als Phantasiewappen des hl. Quirin gelten läßt. Daß aber damals schon das Wappen des Stadtherrn – Erzbischof Philipps von Heinsberg (1167–1191) – in

das Siegel aufgenommen worden sein sollte, ist eine erwägenswerte, durchaus originelle Hypothese, die wegen des Fehlens gleichzeitiger anderer Beispiele leider nicht bewiesen werden kann. Das von Horstmann zum Vergleich herangezogene, mindestens ein halbes Jahrhundert später entstandene große Siegel der Stadt Bonn scheint als Beleg auszuscheiden (vgl. oben den Artikel über dieses Siegel).

11 G. Bandmann, S. 50 f.

Oberwesel

Zweites großes Stadtsiegel

Abbildung 76

Bild: Im Rund einer zinnenbekrönten Stadtmauer erhebt sich vorn in der Mitte ein hohes gezinntes Turmtor, an das sich im Hintergrund zwei kleine Türme anlehnen. Im unteren Teil des Turmtores ist ein großes Portal mit einem Kleeblattbogen ausgespart. Dort thront der König mit einem Lilienzepter in der Rechten und dem Reichsapfel auf der Linken. An den Seiten stehen zwei kleinere Türme, die den gleichen Aufbau mit vorkragenden Eckwarten im obersten Geschoß besitzen.

Umschrift: + SIGILLVM : BVRGENSIVM : IN : WESALIA

Größe: 8,2 cm im Durchmesser.

Abbildung: Originalabdruck an Urkunde von 1544 November 8 (LandeshauptarchKoblenz, Best. 4, U. 1439).

Die Stadt Oberwesel kann auf eine lange Geschichte zurückblicken. Vermutlich keltischen Ursprungs, ist Wesel (wie der Ort bis in die Neuzeit hinein hieß) in spätrömischer Zeit Herbergsstation an der den Rhein entlang verlaufenden römischen Heerstraße gewesen. Nach dem Abzug der Römer ergriffen die Franken von dem Gebiet um Wesel Besitz. Der Ort selbst wurde Mittelpunkt eines königlichen Fiskus, der allerdings im Jahre 820 durch Zuweisung größerer Waldgebiete an die Kirche des hl. Goar in seiner Ausdehnung geschmälert wurde. In der sächsischen Kaiserzeit verfügten die fränkischen Grafen Konrad und Eberhard über den Weseler Fiskus. Da nach der Erhebung und dem Tod Eberhards in der Schlacht bei Andernach (939) das Herzogtum Franken vom König eingezogen und nicht neu vergeben wurde, verblieb auch Wesel für einige Zeit in der Hand König Ottos des Großen. Im Jahre 966 schenkte dieser seinen Hof Wesel an das neu gegründete Erzbistum Magdeburg. 1112 gelangte er auf dem Tauschwege an die Erzbischöfe von Mainz, bis dann 1144 Wesel wieder im Besitz des Magdeburger Erzstifts erscheint. Von ihm erwarb es Kaiser Friedrich Barbarossa im Jahre 1166 zurück. Nach zwischenzeitlicher Verpfändung an das Magdeburger Erzstift hat dann Kaiser Friedrich II. Stadt, Burg, Land und Leute von Wesel spätestens 1224 wieder dem Reiche zurückgewonnen. Die Siedlung war lange Zeit als curia bzw. curtis (= Hof) oder als villa (= Dorf) bezeichnet worden. In die Jahre 1180, 1216 und 1220 fallen dann drei oppidum-Belege, vermutlich weil der Ort damals eine erste Befestigung erhielt, über die wir nichts Genaueres wissen.[1] Die schon früher erkennbare ständische Differenzierung (Vogt, Ministerialen, Freie und Knechte) für Burg und Gemeinde machen es wahrscheinlich, daß die erste Befestigung Ausdruck einer Entwicklung zur Stadt war. Von dem ersten Weseler Stadtsiegel, das für 1253 bezeugt ist (als „sigillum civitatis Wesalie" in einer Urkunde angekündigt[2]), gibt es leider nur noch ein größeres Bruchstück. Es zeigt eine gewisse Verwandtschaft mit dem schon 1216 belegten ersten Stadtsiegel von Boppard (großes Tor in der Mitte, schräg zum Bildrand führende Stadtmauer mit je einem Turm an der rechten und linken Seite). Es ist also durchaus möglich, daß das älteste Siegel der Stadt Oberwesel im zweiten Jahrzehnt des 13. Jahrhunderts entstanden ist.

Die oben skizzierte wechselvolle Geschichte Oberwesels macht verständlich, daß das erste Stadtsiegel noch keinen Hinweis auf das Reich enthält. Als durch die Entscheidungen Friedrichs II. aber die Bindung an das Reich bekräftigt worden war und 1257 in der Bestätigung der Reichsunmittelbarkeit durch König Richard von Cornwall Ausdruck gefunden hatte, war eine neue Lage eingetreten. Ob sie allein dafür verantwortlich war, das alte Siegel durch ein neues zu ersetzen, muß offen bleiben, da auch Verlust oder Beschädigung des Typars oder andere Gründe dafür maßgebend gewesen sein könnten. Jedenfalls stellt das zweite Siegel der Stadt Oberwesel den besonderen Bezug zum Reich durch die Aufnahme des im Portal thronenden Königs deutlich heraus. In diesem Punkte weicht es von dem ersten Stadtsiegel ab, dessen Motiv nachzuahmen dem Siegelstecher des zweiten Siegels wohl aufgetragen war. Er hat sich dabei einer anderen, zeitgenössischen Formensprache bedient, die in Einzelheiten so offensichtlich mit der des zweiten Stadtsiegels von Bingen übereinstimmt, daß beide Typare Werke desselben Meisters sein müssen. Hierfür spricht neben der charakteristischen Gestaltung der Seitentürme mit vorkragenden Eckwarten vor allem die eigenartige Form der zum Rund geschlossenen Stadtmauer mit der breiten Portalöffnung in der Bildmitte unten. Daß selbst die Zahl der Zinnen und die Bezeichnung der Mauerquader im Vordergrund in beiden Siegeln gleich sind, sei ebenso vermerkt wie das gemeinsame Motiv des Kleeblattbogens und die ganz identische Gestaltung der Buchstaben.

Das zweite Siegel der Stadt Bingen ist erstmals für das Jahr 1253 belegt und muß wie das wohl von demselben Siegelstecher stammende zweite Mainzer Stadtsiegel um die Mitte des 13. Jahrhunderts entstanden sein. Das zweite Oberweseler Stadtsiegel findet sich zum ersten Male an einer Urkunde des Jahres 1285. Man wird aber nicht fehlgehen, wenn man es auf die Zeit bald nach 1253 datiert. Im Vergleich zu dem Binger Siegel wirkt es etwas altertümlicher, da jenes in stärkerem Maße gotische Formen verwendet. Allerdings ist hierbei zu bedenken, daß das Binger Siegel ein geradezu „geistliches", das Oberweseler Siegel aber ein „profanes" Motiv enthält. Bei dem letztgenannten konnten naturgemäß gotische Architekturelemente nicht ganz so zahlreich angewandt werden. Insbesondere der mächtige Mittelturm des Oberweseler Siegels mit dem gezinnten, horizontalen Abschluß unterscheidet sich von dem krabbenbesetzten Wimperg des Binger Stadtsiegels. Es spricht für die Qualität des Künstlers, daß er der unterschiedlichen Stellung beider Städte im Siegel so sinnfälligen Ausdruck verlieh. Außerdem ist auf die sich im zweiten Siegel der Stadt Mainz offenbarende Meisterschaft des Siegelstechers hinzuweisen. Er beherrschte die ältere Formensprache ebenso wie die neue gotische. Seine Vielseitigkeit zeigt sich in ähnlicher Weise bei der Buchstabengestaltung der Umschriften, verfügt er doch über zwei verschiedene Formen des A und N und sogar über drei verschiedene Arten des M, die teilweise nebeneinander in einem Siegel benutzt werden und uns so erst den Beweis, daß alle drei Siegel von demselben Meister oder seiner Werkstatt stammen, ermöglichen.

Anmerkungen

1 P. Richter, Die Stadt Oberwesel im Mittelalter, in: Oberwesel, eine mittelalterliche Stadt (ZRheinVDenkmalpflegeHeimatschutz 16, 1922), S. 7–32; HbHistStättenDeutschland 5 S. 274 f.

2 E. Schaus, Stadtrechtsorte II S. 580.

Oppenheim

Ältestes Stadtsiegel

Abbildung 77

Bild: Über zwei am Rand des Siegelfeldes stehenden Säulen erhebt sich ein flacher Dreipaßbogen, der drei durch Dächer verbundene Türme trägt. Das Giebeldach des etwas niedrigeren, aber breiteren Mittelturmes ragt in den Raum der Umschrift, die mit einem auf den Giebel aufgesetzten Kreuz eingeleitet wird. Unter dem Dreipaßbogen befindet sich die Büste des Königs oder Kaisers. Er ist en face dargestellt und trägt eine Bügelkrone. Von ihr hängen lange Pendilien herab; der Bügel ist in der Mitte mit einem Kreuz versehen; die Zacken der Kronreifs enden in Lilien.

Umschrift: + SIGILLV(M) BVRIENSIVM I(N) OPPENHEIM

Größe: 7,7 cm im Durchmesser.

Abbildung: Originalabdruck im StaatsarchMarburg, Siegelsammlung Bodman-Habel, o. Nr.

Literatur: J. R. Dieterich, Das Porträt Kaiser Friedrich's II. von Hohenstaufen, ZBildendeKunst NF 14 (1903) S. 246–255; E. Jungkenn, Das älteste Siegel der Stadt Oppenheim, Volk und Scholle 4 (1926) S. 53–56; P. Krause, Die Stadt Oppenheim unter der Verwaltung des Reiches, Darmstadt 1927 S. 159 f.; K. E. Demandt und O. Renkhoff, S. 134; Chr. Klock, Das Oppenheimer Stadtsiegel, in: Oppenheim, Geschichte einer alten Reichsstadt, hrsg. v. H. Licht, Oppenheim 1975 S. 96–102; R. Kahsnitz, Siegel und Goldbullen S. 94 f.; C. A. Willemsen, Die Bildnisse der Staufer (Schriften zur staufischen Kunst 4), Göppingen 1977 S. 22.

Der Hof Oppenheim, Teil eines größeren fränkischen Königsgutes am Rhein, gelangte im Jahre 774 durch Schenkung Karls des Großen an das Kloster Lorsch. Unter ihm nahm die bei dem Hof gelegene bäuerliche Siedlung, begünstigt durch ihre Lage an der Verkehrsstraße des Rheintales, einen bemerkenswerten Aufschwung. Mit Urkunde vom 4. November 1008 verlieh Kaiser Heinrich II. dem Kloster das Recht, an jedem Samstag in Oppenheim einen Markt abzuhalten. In der zweiten Hälfte des 11. Jahrhunderts – neben dem Hof muß sich inzwischen ein ansehnliches Dorf entwickelt haben – diente Oppenheim Heinrich IV. als Aufenthaltsort. In einer Quelle, die über die Zerstörung von Burg und Dorf Oppenheim im Jahre 1118 berichtet, ist erstmals von einem „opidum" die Rede; fast zweitausend Menschen beiderlei Geschlechtes sollen damals den Tod gefunden haben. Von entscheidender Bedeutung für die weitere Geschichte Oppenheims wurde die Tatsache, daß König Konrad III. im Jahre 1147 neben den Höfen Giengen an der Geislinger Steige und Wieblingen am Neckar auch den Hof Oppenheim von dem Kloster Lorsch erwarb. Das Dorf entwickelte sich bald zu einem Marktflecken. Ob dieser schon im 12. Jahrhundert eine Befestigung erhielt, ist zweifelhaft; sie dürfte aber kurz vor der Stadterhebung bestanden haben. Mit Urkunde vom Juni 1226 bestätigte Kaiser Friedrich II. die Erhebung Oppenheims zur Stadt, die kurz zuvor, wahrscheinlich Ende August/Anfang September 1225, von seinem Sohn, König Heinrich (VII.), im Zusammenwirken mit Erzbischof Engelbert I. von Köln vorgenommen worden war. Engelbert, der von 1220 bis zu seiner Ermordung am 7. November 1225 Reichsverweser und Vormund Heinrichs (VII.) war, hatte die Bannmeile der neuen Stadt festgelegt.[1] Bald danach, spätestens im Jahre 1226, muß der Auftrag zur Anfertigung eines Stadtsiegels erteilt worden sein.

Das älteste Siegel der Stadt Oppenheim nimmt in der rheinischen Siegelkunst eine Sonderstellung ein, findet sich doch in keinem anderen Stadtsiegel eine vergleichbare Königsbüste. Lediglich das etwa gleichzeitig entstandene Stadtsiegel von Düren ist im Motiv verwandt. Allerdings ist dort unter dem Dreipaßbogen, der ebenfalls drei Türme trägt, der König hinter einer Stadtmauer und zudem in Halbfigur dargestellt. Stilistisch bestehen jedoch keine Beziehungen zu dem Oppenheimer Siegel, dessen große Königsbüste schon mehrmals Anlaß für kunsthistorische Überlegungen war. Ältere Anschauungen, das Siegel enthalte ein naturgetreues Bildnis Friedrichs II., weil der Stempel in Italien angefertigt und möglicherweise vom Kaiser zusammen mit seiner Bestätigungsurkunde der jungen Stadt Oppenheim verliehen worden sei, hat Rainer Kahsnitz zurückgewiesen. Er erinnerte daran, daß Werke von Hofkünstlern des Staufers aus dieser Zeit nicht bekannt sind und sich auch keine Übereinstimmungen mit italienischen Siegeln ergeben hätten. Da das Typar schon im Jahre 1226 zur Besiegelung einer Urkunde verwandt wurde, muß man damit rechnen, daß es alsbald nach der Stadterhebung von 1225 bei einem rheinischen Goldschmied in Auftrag gegeben wurde. Daß hier mehrere Zentren der Goldschmiedekunst während der Stauferzeit existiert haben, geht aus den von Kahsnitz in der Staufer-Ausstellung beigebrachten Siegeln hervor. Zu ihnen gehören auch mehrere Majestätssiegel und Goldbullen Friedrichs II. und Heinrichs (VII.), deren Entstehung Kahsnitz in Straßburg bzw. im Mittelrheingebiet vermutet.

Auch wenn die Büste des Oppenheimer Siegels nicht als Porträt Kaiser Friedrichs II. im modernen Sinne verstanden werden kann[2], so bleibt zu fragen, ob dieser Herrscher in dem Siegel dargestellt werden sollte. Kahsnitz hat die Büste zuletzt noch als die „Kaiser Friedrichs II. als des Gründers der Stadt" angesehen.[3] Die Möglichkeit ist trotz der sehr wahrscheinlichen Entstehung des Typars vor der Bestätigungsurkunde Friedrichs II. gegeben, wenn die (verlorene) Stadterhebungsurkunde König Heinrichs (VII.) und Erzbischof Engelberts I. von Köln Bezug auf die kaiserliche Autorität genommen oder das

Stadtrecht sogar ausdrücklich in Friedrichs Namen verliehen haben sollte. In diesem Falle hätte Friedrich II. tatsächlich von vornherein als derjenige erscheinen können, dem man die Stadterhebung verdankte. Im anderen Falle hätte Anlaß bestanden, den jungen König im Siegel der Stadt Oppenheim abzubilden. Nach den überlieferten Bildnissen beider Herrscher scheint eine klare Entscheidung in dieser Frage nicht möglich zu sein. Zwar ist die Büste bisher meist als die Kaiser Friedrichs II. angesehen worden, doch hat jüngst Carl Arnold Willemsen dargelegt, daß man den Kopf „mit nicht weniger Berechtigung auch für den Kaisersohn Heinrich (VII.) in Anspruch nehmen kann".

Unabhängig von der Beantwortung dieser Frage bleibt das erste Oppenheimer Stadtsiegel, das übrigens spätestens 1266 durch ein anderes Siegel mit dem Bild des thronenden Herrschers ersetzt wurde, ein hervorragendes Kleinkunstwerk. Die äußerst sparsame Stadtabbreviatur gab Raum für eine ungewöhnlich große Darstellung der Herrscherbüste. Sie zeugt von einem ausgeprägten reichsstädtischen Bewußtsein. Dem König hatten die Bürger die Erhebung ihres Fleckens zur Stadt zu verdanken; von ihm erhofften sie sich Schutz und weiteren Aufschwung. So ist das qualitätvolle älteste Siegel der Stadt Oppenheim nicht nur ein Symbol für deren reichsstädtischen Status, sondern auch Zeugnis für die tiefe Verbundenheit zwischen den Bürgern und ihrem Stadtherrn.

Anmerkungen

1 Zur ältesten Geschichte Oppenheims vgl. P. Krause, S. 5–17; H. Büttner, Die Anfänge der Stadt Oppenheim, ArchHessG 24 (1952/53) S. 17–36; HbHistStättenDeutschland 5 S. 279–282; Oppenheim, Geschichte einer alten Reichsstadt, hrsg. v. H. Licht, Oppenheim 1975.

2 Das Porträt wurde erst etwas später, und zwar zunächst in der Großplastik, entwickelt; vgl. H. Keller, S. 227–356.

3 R. Kahsnitz, S. 94; vgl. auch F. Battenberg, S. 82 Anm. 44.

Orsoy

Großes Stadtsiegel

Abbildung 78

Bild: Im Vordergrund eine zinnengekrönte Stadtmauer mit einem Turmtor in der Mitte; dahinter drei Pferdeköpfe in der Anordnung 2 : 1.

Umschrift: + SIGILL(VM) · BVRGENSIVM · OPIDI · IN · VRSSOGE : ·

Größe: 6,5 cm im Durchmesser.

Abbildung: Originalabdruck an Urkunde von 1285 Februar 27 (HauptstaatsarchDüsseldorf, Abtei Kamp, U. 217).

Literatur: B. Endrulat, S. 17; T. Diederich, Siegelforschung, S. 23–43; D. Kastner, Orsoy. Geschichte einer kleinen Stadt, Duisburg 1981 S. 41 und 49.

Das älteste Siegel der Stadt Orsoy hebt sich wegen seines eigenartigen Bildmotivs von allen rheinischen Städtesiegeln ab. Hinter der üblicherweise zur Kennzeichnung einer

Stadt verwandten Stadtmauer findet sich nicht wie sonst der Ortsheilige, ein charakteristisches Bauwerk der Stadt oder ein Hoheitssymbol des Landesherrn; vielmehr sind im Orsoyer Stadtsiegel – wie übrigens auch in dem späteren Geschäftssiegel der Stadt und in dem Schöffensiegel – drei Pferdeköpfe in der heraldischen Anordnung 2 : 1 dargestellt. Es obliegt keinem Zweifel, daß diese Pferdeköpfe einen besonderen Bezug zum Orte haben. Endrulat hat sich seinerzeit zur Erklärung der Pferdeköpfe auf die Ansicht älterer Geschichtsschreiber berufen. Danach „soll Orsoy = Orsau = Roß-Au sein, wobei an das englische horse zu denken wäre. Auf den Niederungen, welche die Stadt umgeben, wäre also Pferdezucht und Pferdeweide betrieben worden und daher die Aufnahme der drei Pferdeköpfe in das Siegel der Stadt erfolgt."[1] Von der jüngeren Namenforschung, welche die alten Namensformen (1139 Hersougen, 1173 Hersowin, 1197 Orsoie, 1209 Orssoge, 1242 Ursoye, 1285 Urssoge und Orsoye) untersucht hat, ist diese Deutung bestätigt worden.[2] H. Kaufmann wies außerdem darauf hin, daß in Orsoy jahrhundertelang die Treidelpferde für die Schleppschiffahrt auf dem Rheine ausgewechselt wurden.[3] Es mag dahingestellt bleiben, ob dies schon für die Zeit des ersten Ortsnamensbeleges von 1139 zutrifft, doch dürfte der später bezeugte Pferdewechsel der Treidelschiffahrt in Orsoy daraus zu erklären sein, daß es hier tatsächlich eine bodenständige Pferdezucht gab, welche bis in die Anfänge der Siedlung zurückreichte und dieser den Namen gab. Wie mehrere andere niederrheinische Städte (etwa Emmerich, Grieth, Kranenburg und Wesel) besitzt Orsoy also ein Siegel bzw. Wappen mit „redenden" Elementen. Über das Alter der Stadtrechte von Orsoy war sich die Forschung bisher nicht einig. Zur Verwirrung in dieser Frage hat wohl die Tatsache beigetragen, daß Kaiser Ludwig der Bayer mit Urkunde vom 1. September 1347 die „villa" Orsoy pauschal mit jenen Freiheiten und Rechten ausstattete, deren sich die übrigen Städte der Grafschaft Kleve erfreuten.[4] Während man im letzten Jahrhundert diese Urkunde von 1347 meist als das erste Stadtprivileg Orsoys angesehen hat, führte E. Liesegang den Nachweis, daß Orsoy schon früher städtische Privilegien verliehen worden sein müssen.[5] Hierbei berief sich Liesegang auf eine Urkunde vom 10. August 1351. Graf Johann I. (1347–1368) erklärt dort, die Stadt Orsoy habe ihn flehentlich um Erneuerung der alten Gnadenerweise, Freiheiten, Rechte und Privilegien gebeten, welche er selbst und seine Vorgänger aus dem klevischen Grafenhause der Stadt verliehen hatten; die betreffenden Urkunden seien nämlich bei einem allgemeinen Stadtbrand vernichtet worden. Die Feuersbrunst, welche Graf Johann I. bekannt gewesen sein muß, erklärt das Fehlen einer älteren Stadtrechtsverleihungsurkunde und möglicher anderer Urkunden, mit denen Orsoy in den Genuß weiterer Bevorrechtungen gelangt sein mag. Theodor Ilgen hat sich den Argumenten Liesegangs weitgehend angeschlossen und gefolgert, daß Orsoy in den Jahrzehnten nach 1263 einen größeren Aufschwung genommen haben muß, da uns in einer Urkunde vom 27. Februar 1285 bereits der Richter und die Schöffen von Orsoy entgegentreten, die ein Gemeinheitssiegel mit der oben angegebenen Umschrift führten.[6] Ausgehend von seiner territorialpolitischen Fragestellung hat Dieter Kastner in seiner Dissertation angenommen, die alten Zollorte Huissen und Orsoy seien unter der Regierung Graf Dietrichs VIII. (1275–1305) zu Städten ausgebaut worden.[7] Für Kastner spielte der Beleg des Orsoyer Stadtsiegels vom Jahre 1285 schon eine wichtige Rolle.[8] In meinem Beitrag zur Festschrift Rudolf Brandts habe ich selbst erstmals dargelegt, daß das große Siegel der Stadt Orsoy dem sog. Meister der ältesten bergischen Städtesiegel zugeschrieben werden

kann, dessen Tätigkeit in die Zeit zwischen 1260 und 1276/77 fällt. Die sich daraus ergebenden Schlußfolgerungen hinsichtlich der Stadtwerdung von Orsoy habe ich damals nur angedeutet[9], danach in Siegelvorträgen jedoch mehrfach kurz dargelegt. Sie wurden neuerdings bestätigt durch die Ausführungen von Dieter Kastner über die Stadterhebung, die ersten Jahrzehnte der Stadtgeschichte, die Bedeutung des Namens Orsoy sowie über Siegel und Wappen der Stadt Orsoy.[10] Dabei hat Kastner meinen zeitlichen Ansatz nicht nur bestätigt, sondern Argumente hinzugefügt, die sich aus einer neuen Sicht der klevischen Territorial- und Städtepolitik ergeben. Er bemerkte zu Graf Dietrich VII. von Kleve und zu Orsoy: „Bis Ende 1268 war der Graf meist in Fehden und politische Aktionen im Kölner Raum verwickelt, so daß Städtegründungen für jene Zeit weniger wahrscheinlich sind. Die Zeit von 1270 bis 1275, möglicherweise das Jahr 1273, in welchem Dinslaken zur Stadt erhoben wurde, dürften am ehesten der Zeitraum sein, in dem Orsoy zur Stadt erhoben und aufgebaut worden ist. Orsoy ist also Stadt geworden mit Sicherheit zwischen 1260 und 1275, vielleicht im Jahre 1273.“[11]
Die in dem Orsoyer Siegel dargestellte Stadtmauer legt die Vermutung nahe, daß schon bald nach der Stadterhebung des Ortes mit der Befestigung begonnen oder eine solche zumindest fest ins Auge gefaßt worden ist. Allerdings ist die weitere Stadtentwicklung nicht so erfolgreich verlaufen, wie sich dies der Landesherr gedacht haben mag. Hierbei könnte die Rücksichtnahme auf die benachbarten Territorialherren eine Rolle gespielt haben. Wir wissen, daß die Grafen von Geldern sich insbesondere gegen den Orsoyer Zoll wehrten und für ihre Leute zunächst im Jahre 1271 eine Zollbefreiung erwirkten, die sich auf alle Güter erstreckte.[12] Im Jahre 1279 mußte Graf Dietrich VIII. gleichfalls auf den Zoll zu Orsoy verzichten.[13] Wenn Graf Johann I. von Kleve sich 1347 vom Kaiser eigens noch einmal die Stadtrechte und den Zoll für Orsoy bestätigen ließ, so macht dies deutlich, wie unbefriedigend die bisherige Stadtentwicklung verlaufen war. Das originelle, mit anspruchsvoller Stadtmauer und eindeutiger Umschrift ausgestattete älteste Siegel von Orsoy darf heute als die bedeutendste Quelle zur Phase der Stadterhebung Orsoys gelten. Hier wie schon im Falle Büderichs bei Wesel zeigt sich, daß die Siegelforschung gelegentlich einen wesentlichen Beitrag zur Erhellung der Stadtgeschichte liefern kann.

Anmerkungen

1 B. Endrulat, S. 17.
2 H. Kaufmann, S. 47. Ausführlich diskutiert wird die Bedeutung des Namens Orsoy bei D. Kastner, Orsoy, S. 46–49, der überzeugend nachweist, daß Orsoy Roß-aue bedeutet, genauer: ein als Pferdewiese dienendes, auf einer Rheininsel gelegenes Grasland.
3 H. Kaufmann, S. 46 f.
4 Th. J. Lacomblet 3, Nr. 447 S. 360. Zur Interpretation dieses Sachverhaltes vgl. D. Kastner, Orsoy, S. 43 f.
5 E. Liesegang, S. 133 ff.
6 Th. Ilgen, Herzogtum Kleve, S. 178* ff.
7 D. Kastner, S. 97.
8 Ebenda S. 97 Anm. 331.
9 T. Diederich, Siegelforschung, S. 37 Anm. 26.
10 D. Kastner, Orsoy, S. 36–54.
11 Ebenda S. 42.
12 L. A. J. W. Sloet, Nr. 930.
13 Ebenda Nr. 1006.

Radevormwald

Großes Stadtsiegel

Abbildung 79

Bild: Im Siebzehnpaß ein steigender, doppeltgeschwänzter und gekrönter Löwe, der in der rechten Pranke einen Schlüssel hält.

Umschrift: + SIGILLVM : CIVITATIS : DE : RODE : IN : COMICIA : DE : MONTE

Größe: 6,5 cm im Durchmesser.

Abbildung: Originalabdruck an Urkunde von 1451 März 12 (HauptstaatsarchDüsseldorf, Jülich-Berg, U. 792).

Literatur: T. Diederich, Radevormwald, S. 248–272, insbes. S. 251–260.

Unter den Siegeln der bergischen Städte nimmt das große Stadtsiegel von Radevormwald eine Sonderstellung ein. Anders als sonst wurde in dem Radevormwalder Siegel auf jegliche Architektur zur Bezeichnung der Stadt verzichtet. Dargestellt ist lediglich ein Löwe in heraldischer Formensprache, der durch einige Merkmale – besonders den Schlüssel in seiner rechten Pranke – gekennzeichnet ist. Charakteristisch für diese heraldisierende Darstellung ist einmal die Tatsache, daß der Löwe das Siegelfeld voll ausfüllt, zum anderen seine unnatürliche Haltung, bei der nur eine Tatze die Erde berührt. Ohne Zweifel hat der Siegelstecher einen bestimmten Löwen, und zwar den bergischen Löwen, in das Siegel bringen wollen (und müssen). Der Leu als Wappentier der Grafen und späteren Herzöge von Berg unterscheidet sich bekanntlich von den Wappenlöwen anderer Geschlechter nicht allein durch seine steigende Haltung, sondern auch dadurch, daß er doppeltgeschwänzt und gekrönt ist. Nur der Schlüssel ist ein besonderes Beizeichen, das vermutlich einen engen Bezug zur Stadt Radevormwald besaß. Der Schlüssel, der in rheinischen Städtesiegeln häufiger begegnet, dürfte auch im Falle Radevormwalds eine hinweisende Bedeutung haben. Er könnte Symbol für das Stadttor, das Rathaus, sofern diese zum Zeitpunkt der Entstehung des Siegels schon vorhanden waren, oder die junge Stadt selbst gewesen sein. Außer Frage steht jedenfalls, daß der Schlüssel als Hinweis auf eine Schlüsselgewalt zu betrachten ist. Sie erhält im Hinblick auf den Symbolcharakter des Löwen einen tieferen Sinn: Der Löwe ist, wie erwähnt, dem Wappen des Grafen von Berg entlehnt; das Wappen seinerseits war aber im Mittelalter das Erkennungs-, Sicht-, Eigentums- und Hoheitszeichen schlechthin, womit also letztlich der Löwe in dem Siegel die Hoheit und Herrschaft des Grafen von Berg über Radevormwald verkörpert.

Wie ich an anderer Stelle[1] dargelegt habe, geht die Erhebung Radevormwalds zur Stadt wohl auf Graf Adolf VI. von Berg (1308–1348) zurück. Aus späteren Bestätigungsurkunden kann geschlossen werden, daß Radevormwald auch eine förmliche Stadterhebungsurkunde erhalten hat, die schon bei einem frühen Stadtbrand verlorenging. Eine abschriftlich überlieferte Urkunde vom Jahre 1316 ist das älteste Zeugnis für die Existenz der „Stadt“ Radevormwald. Das verlorene Original dieser Urkunde war mit dem Stadtsiegel beglaubigt. Das Siegel selbst ließ sich in einen engen stilistischen Zusammenhang mit dem nicht vor 1309 entstandenen großen Reitersiegel Adolfs VI. von Berg einordnen. Dieses Siegel weist ebenfalls einen Vielpaß auf, der neben epigraphischen Übereinstimmungen ein wichtiges Indiz für die Aufdeckung eines Werkstattzusammenhangs war, in den auch das nur in einem Abdruck von 1317 überlieferte, vermutlich nach 1312 entstandene dritte Siegel der Stadt Duisburg gehört. Das große Siegel der Stadt Radevormwald dürfte aufgrund seiner stilistischen Abhängigkeit von dem Reitersiegel Adolfs VI. zwischen 1309 und 1316, dem Jahr seines ersten Nachweises, geschaffen worden sein. Diese Datierung ist abgesichert durch eingehende epigraphische Untersuchungen. Die Buchstabenformen im einzelnen wie auch der Schriftduktus im ganzen weisen nämlich in diese Zeit und können auch durch entferntere Vergleichsstücke belegt werden.[2] Die Abhängigkeit des Radevormwalder Stadtsiegels von dem großen Reitersiegel Adolfs VI. von Berg legt vor allen Dingen der Vielpaß nahe, welcher das Siegelfeld umrahmt. Hier offenbart sich die am Ausgang des 13. Jahrhunderts und im ganzen folgenden Jahrhundert oft in Erscheinung tretende Neigung zu gotischen Schmuckformen. In rheinischen Städtesiegeln dieser Zeit kommt der Vielpaß jedoch nur zweimal vor, und zwar in den erwähnten Siegeln von Duisburg und Radevormwald. Bei allen diesen Siegeln ist die Umschrift durch zwei Perlreihen abgetrennt. In den Bogenzwickeln zwischen Vielpaß und innerer Perlreihe befinden sich besondere Verzierungen: in dem Reitersiegel kleine Ringe, in den beiden Stadtsiegeln jeweils Dreiblätter. Bei dem großen Siegel der Stadt Radevormwald sind diese Ornamente nicht sehr deutlich zu erkennen, wie überhaupt der Vielpaß nur leicht ausgebildet ist. Er steht damit im Gegensatz einerseits zu der kräftig hervortretenden, wohlproportionierten Umschrift, andererseits zu dem heraldisch stilisierten Löwen, der das ganze Siegelfeld beherrscht. Dieser Wechsel von gewichtigen und leichten Elementen des Siegels zeugt ebenso wie die Verteilung der einzelnen Glieder des Löwen im Siegelfelde von der Meisterschaft des Goldschmiedes, dem wir das geglückte große Siegel der Stadt Radevormwald und deren gleichgeartetes kleineres Sekretsiegel zu verdanken haben.

Anmerkungen

1 Vgl. den im Literaturverzeichnis angeführten Aufsatz über Radevormwald, auf den sich auch die übrigen hier zusammengefaßten Darlegungen stützen.

2 Ein gutes Beispiel hierfür ist das Siegel der Anna Walpode von Neuerburg aus dem Jahre 1313, das möglicherweise noch einige Jahre früher entstanden ist; vgl. T. Diederich, Rheinische Siegel (7): Das Siegel der Anna Walpode von Neuerburg, RheinHeimatpfl NF 13 (1976) S. 167 f.

Ratingen

Großes Stadtsiegel

Abbildung 80

Bild: Eine Kirche mit einem mächtigen, fensterreichen Westturm und zwei niedrigeren Osttürmen; oberhalb der Kirche ein spitzer Wappenschild, darin ein steigender, doppeltgeschwänzter und gekrönter Löwe, an der erhobenen Balkenstelle überzogen von einem fünflätzigen Turnierkragen.

Umschrift: + S(IGILLVM) : BVRGENSIVM [: OPIDI : I]N : RATINGIN

Größe: 7,4 cm im Durchmesser.

Abbildung: Originalabdruck an Urkunde von 1338 Juni 23 (HistArchKöln, St. Johann und Cordula, U. 1/49).

Literatur: H. Peters, S. 60–62; J. Germes, S. 16 f. Die dort auf S. 16 wiedergegebene Abbildung ist von dem Düsseldorfer Maler Carl Barth (vgl. ebenda S. 9) überarbeitet und vor allem in der Umschrift „geschönt" worden. Der Schriftcharakter erscheint gegenüber dem Original verändert. Insbesondere dem breiten kapitalen N hat Barth einen ganz anderen Charakter verliehen, indem er regelmäßig den die beiden Schäfte diagonal verbindenden Balken in der Mitte knotenartig verdickt hat.

Es gibt nur sehr wenige rheinische Städte, die eine so vorzügliche Veröffentlichung über die städtischen Siegel besitzen, wie sie Jakob Germes für Ratingen erarbeitet hat. Da mit der erhaltenen Stadterhebungsurkunde vom 11. Dezember 1276 der frühestmögliche Zeitpunkt für die Entstehung des großen Ratinger Stadtsiegels genau bezeichnet ist, andererseits aber feststeht, daß dieses Siegel von demselben Meister geschaffen wurde, der auch zuvor die Stempel zu den großen Siegeln von Wipperfürth und Lennep angefertigt hat, geht man wohl nicht fehl, wenn man mit Germes und der älteren Forschung annimmt, daß das große Siegel von Ratingen im Zusammenhang mit der Stadterhebung in Auftrag gegeben worden ist. Ende 1276 oder Anfang 1277 wird es wohl entstanden sein. Hierfür gibt es einige Anhaltspunkte.

Wie in dem Artikel über das große Siegel von Wipperfürth näher dargelegt ist, lassen sich, was man bisher nicht erkannt hat, dem Meister der ältesten bergischen Städtesiegel insgesamt zehn Siegelstecherarbeiten zuweisen, die vermutlich nicht vor das Jahr 1260 zurückreichen. Aus den überlieferten Abdrücken dieser zehn Siegel folgt, daß die meisten vor dem großen Stadtsiegel von Ratingen gestochen worden sind. In der Grafschaft Berg steht Ratingen sowohl der Stadtwerdung als auch der Stadtsiegelentstehung nach an dritter Stelle. Im Hinblick auf die übrigen einigermaßen datierten Werke des Meisters der ältesten bergischen Städtesiegel darf die Anfertigung des Ratinger Typars nicht allzu spät angesetzt werden. Dies ergibt sich auch aus einem anderen Umstand. Im Gegensatz zu den älteren Stadtsiegeln von Wipperfürth und Lennep zeigt das Ratinger Siegel keine Stadtmauer. In Anbetracht der von Germes herausgestellten großen Ähnlichkeit der drei ältesten bergischen Städtesiegel – diese Ähnlichkeit bezieht sich ebenso auf den Inhalt wie auf die Formgebung – darf man zwingend schließen, daß Ratingen zum Zeitpunkt der Siegelentstehung noch keine Stadtmauer besaß. Andererseits ist aber eine Urkunde vom Februar des Jahres 1278 überliefert, in der Graf Adolf V. von Berg (1259–1296) den Bürgern von Ratingen eine Akzise (städtische Verbrauchssteuer) gewährte, um damit den Bau der Stadtbefestigung zu finanzieren.[1] Offensichtlich war also die Stadtmauer 14 Monate nach der Erhebung Ratingens zur Stadt schon im Bau. Folglich kann die Entstehung des großen Stadtsiegels ziemlich genau auf Ende 1276/Anfang 1277 eingegrenzt werden. Das Beispiel zeigt, wie eilig es Stadtherr und Bevölkerung hatten, den neuen Status Ratingens mittels Stadtsiegel und Stadtmauer zu manifestieren.

Die Kirchendarstellung des Ratinger Siegels erhält wegen der fehlenden Stadtmauer ein noch größeres Gewicht als in den Stadtsiegeln von Wipperfürth und Lennep. Die Baugeschichte der Ratinger Pfarrkirche St. Peter und Paul ist recht kompliziert. Insbesondere hinsichtlich der beiden ältesten Bauphasen war vieles strittig, bis im Jahre 1957 Heinz Peters eine eingehende Untersuchung vorlegte, die auch für den romanischen Bau Klarheit brachte und die zuvor allgemein vertretene Ansicht widerlegte, daß die beiden erhaltenen kleineren Türme ursprünglich Westtürme einer romanischen Basilika gewesen seien. Von den interessanten Ergebnissen der Untersuchung, bei der Peters auch das älteste Ratinger Stadtsiegel mit in seine Überlegungen einbezog, sei hier nur das Wichtigste wiederholt: Die alte Siedlung Ratingen besaß schon sehr früh eine Kirche, die vor 1165 zur Pfarrkirche erhoben wurde. Von dem aus der Mitte des 12. Jahrhunderts stammenden Bau sind noch die beiden Osttürme erhalten. In der ersten Hälfte des 13. Jahrhunderts[2] wurde an die bestehende romanische Basilika ein neuer mächtiger Westturm angebaut, dessen Ausmaße auf die Planung eines insgesamt größeren Neubaus oder eines Erweiterungsbaus schließen lassen. Nach der Stadterhebung Ratingens wurde in den letzten Jahrzehnten des 13. Jahrhunderts am alten Bau im Osten eine zweijochige Halle angefügt; ein Chor im 5/8-Schluß und Nebenchöre mit plattem Schluß bildeten deren östliche Begrenzung. Danach legte man die alte Basilika nieder und baute zwei neue Joche im Anschluß an die drei Türme und den neuen Ostteil.

Wie Peters dargelegt hat, vermag das Stadtsiegel nicht zu beweisen, daß die beiden niedrigeren Türme auch ursprünglich Osttürme gewesen sind. Sieht man von dem gestreckten Langhaus ab, das der Meister der ältesten bergischen Städtesiegel in gewohnter Manier mit zahlreichen Rundbogenfenstern aufgelockert hat, wie dies ähnlich auch bei den Türmen zu beobachten ist, so darf die Kirchendarstellung als einigermaßen der Wirklichkeit entsprechend gelten. Aus der Baugeschichte ergibt sich, daß um 1276 die romanische Basilika zwei Osttürme und einen überproportionierten Westturm aufwies. Die Kirche ist im Grundtyp also richtig im Siegel wiedergegeben. Lediglich im Detail, insbesondere bei der reichen Verwendung von Rundbogenöffnungen in den zwei Obergeschossen der Türme, hat der Siegelstecher sich wie in den Siegeln von Wipperfürth und Lennep viel Freiheit genommen und sein Lieblingsmotiv verwirklicht. Die stattliche Ausdehnung der in Wirklichkeit um 1276 viel kürzeren Langseite könnte auf das Bestreben des Siegelstechers zurückzuführen sein, das Siegelfeld in heraldischem Sinne auszufüllen und über dem Kirchendach zwischen Westturm und Osttürmen Platz für die Wappendarstellung zu gewinnen. Insgesamt bestätigt sich also der Eindruck, den auch das Stadtsiegel von Wipperfürth macht: zutreffende Wiedergabe des Kichentyps, phantasievolle Ausgestaltung der Einzelteile.

Der Grundtyp der Kirche, wie er im ältesten Ratinger Stadtsiegel erscheint, wurde auch in den späteren Stadtsiegeln beibehalten, obwohl die Kirche durch die oben skizzierten Erweiterungen ein anderes Aussehen erhalten hatte. Bemerkenswert ist in diesem Zusammenhang, daß die Darstellung der Ratinger Pfarrkirche für den Magistrat am Ausgang des 18. Jahrhunderts offensichtlich noch kanonische Geltung besaß. Das Dach der Kirche war damals in einem so ruinösen Zustand, daß der Kölner Dompropst, der als Inhaber des großen Zehnten zu Ratingen auch für die Unterhaltung der Pfarrkirche zuständig war, die zwei mit dem Ratinger Stadtwappen versehenen kleinen Türme, um Kosten zu sparen, abreißen wollte. Hiergegen legte der Ratinger Magistrat schriftlich Protest ein und erklärte, „solches nicht zugeben zu können, indeme das uralte Stadtsiegel die drey Thürme nachführte, solche Thürngen auch zum größten Zierath der Kirchen und Stadt gereichten . . .“[3]
Wie in den Stadtsiegeln von Wipperfürth und Lennep ist der Wappenschild über der Kirche ein Symbol für die Hoheit der bergischen Grafen über die Stadt. Adolf V. hat Ratingen offensichtlich eine besondere strategische Bedeutung beigemessen. Gerade wegen der engen Bindung der Ratinger Pfarrkirche an das Domstift zu Köln mußte dem Landesherrn daran gelegen sein, seine Herrschaft über die von ihm erhobene Stadt zu bekunden, hatte doch der Kölner Erzbischof durch königliche Verfügung vom 29. Januar 1276 erreicht, daß ihm die Reichsburg Kaiserswerth geöffnet wurde. Von diesem Stützpunkt aus konnte der Erzbischof mit Nachdruck seine Interessen am Niederrhein verfolgen, die für das im Ausbau begriffene Territorium der Grafen von Berg eine beträchtliche Gefahr bedeuteten.

Anmerkungen

1 O. R. Redlich, Quellen zur Rechts- und Wirtschaftsgeschichte der rheinischen Städte, Bergische Städte III: Ratingen (PublGesRheinGKde 29), Bonn 1928 S. 3 u. 58.
2 R. Schmitz-Ehmke, in: G. Dehio, Handbuch der Deutschen Kunstdenkmäler, Nordrhein-Westfalen, 1. Band: Rheinland, o. O. 1967 S. 544, gibt „um 1230/40“ an.
3 HistArchKöln, Domstift, A. 98 fol. 51 v (Promemoria, dem Kapitel des Domstiftes am 21. Dezember 1785 vorgelegt).

Rees

Zweites großes Stadtsiegel

Farbtafel 7 und Abbildung 81

Bild: Im von zwei Türmen flankierten Portal einer gotischen Kirche steht der hl. Petrus mit einem Schlüssel in der Rechten und einem Kreuzstab in der Linken; darunter befinden sich, aus der inneren Randlinie der Umschrift herausragend, vier mit gotischem Maßwerk (Kleeblattbogen) verzierte Spitzbögen.

Umschrift: + S – IGILLVM : SIVITATIS : RESSENSI – S

Größe: 6,7–6,8 cm im Durchmesser.

Abbildung: Moderner Abdruck vom Originalstempel (heute im Stadtarchiv Rees).

Literatur: J. J. Sluyter, Das älteste Siegel der Stadt Rees, Der Niederrhein. Wochenblatt für niederrheinische Geschichte und Alterthumskunde 1878 S. 114 f.; B. Endrulat, S. 18; F. Rütten, Siegel und Wappen, in: Rees am Rhein. Die mittelalterliche Stadt und ihre Grundlagen. Festschrift zum 700jährigen Stadtjubiläum, Rees 1928, S. 139–141, insbes. S. 139 f.; T. Diederich, Rheinische Siegel und Siegelstempel, S. 55 f. mit Abb. 11; W. Kock, S. 56.

Am 14. Juli 1228 hat der Kölner Erzbischof Heinrich von Molenark Rees zur Stadt erhoben. Bald danach dürfte – ähnlich wie in Xanten, das einen Tag später Stadtrechte erhielt – das älteste große Siegel der Stadt Rees in Auftrag gegeben worden sein. Wilhelm Ewald konnte seinerzeit nur einen beschädigten Abdruck dieses Siegels an einer Urkunde von 1278 ermitteln, der immerhin soviel erkennen läßt, daß in dem Siegel der hl. Petrus mit einem Kreuzstab in der Rechten abgebildet war. Er wurde eingerahmt von zwei Türmen und einem breiten Giebel, der sich über dem Haupt des hl. Petrus zwischen beiden erhob. Dieses Siegelbild ist in zweierlei Hinsicht bedeutsam: Zum einen steht es eindeutig in der Tradition des ältesten Kölner Stadtsiegels, das mit seiner Verbindung von Figur und Architektur Vorbild so vieler späterer Städtesiegel wurde; zum anderen hat es seinerseits dem zweiten großen Siegel der Stadt Rees als motivische Vorlage gedient.

Die verhältnismäßig moderne Formensprache und der Erstbeleg vom Jahre 1288[1] machen es zur Gewißheit, daß das zweite große Siegel der Stadt Rees zwischen 1278 und 1288 entstanden ist.[2] Der Grund für die Einführung des neuen Siegels läßt sich nicht ermitteln. Bemerkenswert erscheint jedenfalls, daß der Siegelstecher sich nicht mit einem einfachen Nachschnitt nach dem ältesten Stadtsiegel begnügte, sondern die modernsten, d. h. gotischen Formen anwandte. Die schon früher geäußerte Vermutung, daß das Typar von einem Kölner Goldschmied gestochen worden sein könnte, gründet sich auf die Tatsache, daß mit ziemlicher Sicherheit auch die späteren Reeser Siegelstempel des ausgehenden Mittelalters in Köln angefertigt worden sind und die Handelsbeziehungen zwischen Rees und Köln während des ganzen Mittelalters sehr rege waren. Zudem wäre zu fragen, ob bereits einige Generationen nach der Stadterhebung in Rees ein Goldschmied von solch beachtlichem Können tätig war, wie es das zweite Reeser Siegel verrät. Nicht nur die Raumaufteilung des Siegelfeldes mit den symmetrisch in die Umschrift hineinragenden Türmen, sondern auch die Einarbeitung des hl. Petrus in das Portal erscheint durchaus gelungen. Den gotischen Formenapparat (Lanzettfenster, Kleeblattbogen, Wimperge, Krabben usw.) beherrscht der Siegelstecher souverän. Besonders eindrucksvoll ist die Plastizität des Siegels, die ebenso für die Architektur mit ihren weit hervortretenden Türmen wie auch für die Buchstaben der Umschrift gilt. Die an die dreigeschossigen Türme zum Bildrand hin angesetzten zweigeschossigen Bauteile sollen vermutlich das Langhaus perspektivisch wiedergeben, ein Versuch, der in dieser Form scheitern mußte, dem Gesamteindruck und dem symmetrischen Aufbau der Architektur aber zugute kam.

Da die Reeser Kirche – sie war zugleich Stifts- und Pfarrkirche – das Patrozinium der Muttergottes sowie der Heiligen Cyriacus und Dentlinus besaß, kann der hl. Petrus in den Reeser Stadtsiegeln nur als Hinweis auf den Stadtherrn, den Erzbischof von Köln, verstanden werden. Petrusdarstellungen kommen ebenso wie die Schlüssel, welche ebenfalls für den Patron des Kölner Erzstiftes stehen, in Ortssiegeln dieses Territoriums sehr häufig vor. Mit dem Siegeszug der Heraldik übernimmt das kurkölnische Kreuz in verstärktem Maße die Funktion, auf die Hoheit und Herrschaft der Kölner Erzbischöfe hinzuweisen.

Das schöne zweite Siegel der Stadt Rees hat offenbar schon früh Beachtung gefunden. In dem großen Geschäftssiegel von Alpen, das mehr als ein Jahrhundert später entstand, scheint sich ein gewisser Einfluß (Verschreibung SIVITATIS und Betonung der vertikalen Elemente in der gotischen Architektur) greifen zu lassen, was angesichts der geringen räumlichen Entfernung beider Orte nicht verwunderlich ist.

Anmerkungen

1 Stadtarchiv Rees, Urkunde von 1288 Mai 12. Ausweislich der Corroboratio dieser Urkunde lag die Siegelkompetenz damals bei den Schöffen.

2 Meine frühere Annahme (vgl. T. Diederich, Rheinische Siegel und Siegelstempel, S. 55 f.), das zweite Reeser Stadtsiegel sei Anfang des 14. Jahrhunderts entstanden, ging noch von dem angeblichen Erstbeleg des Jahres 1315 aus (so W. Ewald, Rheinische Siegel III, S. 183, und Dr. Klaus Flink in einem Schreiben vom 21. 12. 1978 an den Verfasser). Die Datierung wird hiermit also korrigiert. Die Entstehung des verhältnismäßig modernen Siegelstempels in den 80er Jahren des 13. Jahrhunderts braucht nicht zu verwundern, wenn man, wie gleich näher ausgeführt wird, diesen als Werk eines Kölner Goldschmiedes ansieht.

Remagen

Großes Stadtsiegel

Abbildungen 83/84

Bild: Über eine Doppelarkade, die in der Mitte auf einer Säule aufruht, legt sich ein geschwungenes, flaches Dach. Dieses ist mit Zinnen besetzt; dahinter erheben sich drei Türme. Die beiden äußeren sind übereck gestellt und schließen mit Zinnen ab, während der mächtige, von vier schmalen Rundbogenfenstern aufgelockerte Mittelturm rund ist und ein flaches Kegeldach mit einem Knauf trägt. Das über dem Knauf aufragende Kreuz leitet die Umschrift ein. Im Vordergrund, vor der Doppelarkade, ist ein nach links springender Wolf dargestellt, der eine Krone trägt.

Umschrift: + SIGILLV[M · LIBE]RE · CIVITNTIS ⁝ RIEMAGE

Größe: 6,8 cm im Durchmesser.

Abbildung: Originalabdruck an Urkunde von 1221 März 16 (HauptstaatsarchDüsseldorf, Abtei Siegburg, U. 74).

Literatur: B. Endrulat, S. 48 f. (Bei den dort erwähnten Ausführungen von St. Martinengo handelt es sich nach frdl. Auskunft von Herrn Dr. Klaus Flink nicht um einen Aufsatz, sondern um ein wohl in den 30er Jahren des 19. Jahrhunderts verfaßtes handschriftliches Gutachten, das sich in einem Aktenstück mit dem Titel „Stadtwappen" des Remagener Stadtarchivs befindet.); W. Ewald, Rheinische Siegel III, S. 145 f.

Eine angemessene Darstellung der Geschichte Remagens fehlt bislang. Immerhin aber hat Klaus Flink die Entwicklung vom Römerkastell bis zur Stadt im mittelalterlichen Rechtssinne in Grundzügen dargelegt: Nach Abzug der Römer ergriffen die fränkischen Könige von Remagen Besitz, das zunächst Zentrum eines größeren, wohl von Mehlem bis Bad Breisig reichenden Fiskalbezirks war. Für die weitere Entwicklung Remagens spielte die Errichtung der 762 erstmals bezeugten königlichen Pfalz im benachbarten Sinzig eine wichtige Rolle, weil dies vermutlich zu einer Teilung des Reichsgutbezirkes führte, Remagen seine Funktion als alleiniger Verwaltungsmittelpunkt desselben also verlor. Während die Verbindung Sinzigs mit dem Reich, bedingt durch die günstige Lage der Pfalz und die Präsenz eines königlichen Beamten, in der Folge recht eng war, scheint Remagen im Schatten Sinzigs eine größere Unabhängigkeit vom Reich erlangt zu haben. Lediglich ein Reichshof mit einem bis 1245 belegten königlichen Verwalter verblieb in Remagen, während – Ausdruck der geschmälerten Präsenz des Reiches – seit dem 11. Jahrhundert die Kölner Erzbischöfe Zoll, Münze und Zehnten zu Remagen innehatten. Dies bedeutet andererseits nicht, daß die Kölner Erzbischöfe Remagen ganz unter ihre Herrschaft gebracht hätten; dem standen ja die alten, wenn auch nur dürftig gewahrten Reichsrechte in Remagen entgegen. Unter Ausnutzung seiner lockeren Stellung zum Reich hat sich Remagen im Laufe des 12. Jahrhunderts zur „Reichslandstadt" entwickelt.[1]

Es kann angesichts dieses Stadtwerdungsprozesses nicht verwundern, wenn 1221 erstmals ein von der Stadtgemeinde geführtes „Siegel der freien Stadt Remagen" auftaucht. Im Vergleich zu den von den rheinischen Territorialherren gegründeten Städten ist dieser Siegelbeleg schon ungewöhnlich früh; wie gleich noch zu zeigen sein wird, ist der Siegelstempel vermutlich aber rund zwei Jahrzehnte vor dem ältesten Abdruck von 1221 entstanden. Der Abstand zu den Gründungsstädten der niederrheinischen Territorien wird damit noch größer und ist Beweis für die eigentümliche Stadtwerdung Remagens, das sich nicht zuletzt deshalb als „freie" Stadt bezeichnen konnte, weil es im Unterschied zu den allermeisten späteren Städten des Rheinlandes zunächst völlig unabhängig von jedem Territorialherrn war. Als gewachsene Stadt unterscheidet sich Remagen also von den späteren Gründungsstädten, und die von Klaus Flink angestellte Schlußfolgerung, „daß Remagen zwischen 1158 und 1189 zur Vollstadt im Sinne des hochmittelalterlichen Stadtbegriffs geworden ist", kann kaum in Zweifel gezogen werden.

Geht man nach verfassungsrechtlichen Gesichtspunkten, so wäre die Entstehung des großen Remagener Stadtsiegels spätestens ab 1189 möglich. Es ist aber fraglich, ob der Zusammenhang zwischen Stadterhebung und Stadtsiegelführung, der für das 13. Jahrhundert immer wieder beobachtet werden kann, in dieser frühen Zeit schon gegeben ist. Da aus der Geschichte Remagens keine Ereignisse bekannt sind, die eine genauere Datierung des ältesten Stadtsiegels ermöglichen, bleibt lediglich der Versuch, eine solche durch Stilvergleich zu erreichen. Vom Siegelbild her zeigt nur das älteste Siegel der Stadt Wesel gewisse Ähnlichkeiten (Doppelarkade mit darüber angeordneten Zinnen und Turm, nach links laufendes Wiesel im Vordergrund), doch ist dieses Siegel Jahrzehnte später entstanden, so daß es für die Datierung des Remagener Stadtsiegels nicht herangezogen werden kann. Dagegen weist das älteste Siegel der Stadt Andernach trotz des andersartigen Bildmotivs auffällige Übereinstimmungen mit dem ältesten Siegel der

Stadt Remagen auf. Beide Siegel sind gleich groß, die Umschriften jeweils von zwei durchgezogenen Kreislinien begrenzt. Entscheidend ist aber der epigraphische Befund. Die charakteristischen Buchstaben sind nämlich völlig gleichartig: unziales M, bei dem die beiden ersten Schäfte zu einem O zusammenfließen, während der dritte gleichfalls oben o-förmig anschließt, sich unten aber nicht mit dem zweiten Schaft verbindet, unziales E, fast o-förmig geschlossenes C, breit gedecktes kapitales A, kapitales N mit kräftigen Schäften und schmaler Diagonalverbindung, niedriges, aber ähnlich dem A breit gedecktes kapitales T. Diese übereinstimmende Gestaltung der Buchstaben legt den Schluß nahe, daß beide Siegel von demselben Siegelstecher stammen. Da das älteste Siegel der Stadt Andernach aufgrund eines Vergleichs mit anderen Siegeln in das ausgehende 12. Jahrhundert datiert wurde, das Bild des Remagener Siegels aber ein wenig moderner wirkt (was freilich nicht überbewertet werden sollte), könnte dieses um 1200 entstanden sein.

Die Deutung des Remagener Siegels ist nur zu einem Teil sicher. Während Zinnen und Türme zweifellos als Stadtabbreviatur zu verstehen sind, gibt der gekrönte Wolf vor der Doppelarkade Rätsel auf. Lediglich die Krone ist ein eindeutiges Symbol, das nur auf den König bzw. das Reich hinweisen kann. Ein solcher Bezug hat natürlich aufgrund der skizzierten Entwicklung Remagens seinen Sinn. Merkwürdig bleibt aber die heraldisch anmutende Verbindung der Krone mit dem springenden Wolf. Endrulat hat seinerzeit darauf hingewiesen, daß der hl. Remaclus, Patron der Abtei Stablo-Malmedy, mit einem zu seinen Füßen liegenden Wolf abgebildet zu werden pflegte und der Bezug zu Remagen dadurch gegeben sein könnte, daß die erwähnte Abtei in Remagen einen Hof besaß.[2] Doch sprach nach Endrulats Meinung „schon die Verwandlung des ruhenden Wolfes in einen rennenden allzu entschieden gegen die Wahrscheinlichkeit", einen Zusammenhang zwischen dem Stadtnamen Remagen und dem hl. Remaclus anzunehmen. Demgegenüber wäre einzuwenden, daß der Wolf, wenn man ihn nicht mit einem Hund verwechseln sollte, schlecht in Ruhestellung abgebildet werden konnte. Der Wolf hat ikonographisch verschiedene Bedeutungen besessen. Während die Wölfin in römischer Zeit mit Anspielung auf Romulus und Remus ein Symbol der Stadt und der römischen Weltherrschaft war – ein Gedanke, der trotz der römischen Epoche der Remagener Stadtgeschichte hier nicht weiter zu verfolgen ist –, verkörperte der Wolf im Alten und Neuen Testament, im heidnischen Rom und vor allem auch im christlichen Mittelalter vorwiegend negative Eigenschaften. So war der Wolf Symbol des Teufels oder des Bösen und ein Sinnbild für verschiedene Laster, insbesondere für die Raubgier.[3] Gewiß haben Auftraggeber und Siegelstecher mit der Darstellung des gekrönten Wolfes im Remagener Stadtsiegel eine solche Sinngebung nicht beabsichtigt. Nimmt man einmal an, daß man in Remagen um 1200 keine Kenntnis von dem keltischen Ursprung und der Bedeutung des Ortsnamens (Rigómagus = Königsfeld)[4] hatte, so lag eine Verbindung Remagen – Remaclus zur Erklärung nahe. Demnach würde sich hier – ähnlich wie bei Emmerich und Wesel – eine Volksetymologie im Sinne Förstemanns finden, also eine Zurechtlegung oder Umdeutung eines für das Sprachgefühl des Volkes nicht mehr direkt verständlichen Wortes, das man einem anderen, nur scheinbar verwandten Wort annäherte. Demnach wäre der Wolf als Symboltier des hl. Remaclus in das Remagener

Stadtsiegel gelangt und gekrönt worden, um die Verbindung der Stadt mit dem Reich deutlich zu machen, die auf andere Weise auch in der Siegelumschrift zum Ausdruck gebracht wird.
Der vermutlich um 1200 entstandene Stempel des großen Remagener Stadtsiegels ist in der folgenden Zeit zweimal umgearbeitet oder besser gesagt mit Beizeichen versehen worden. Die erhaltenen Quellen liefern keinen sicheren Hinweis darauf, warum dies geschehen ist. Ganz allgemein konnte die bewußte Abänderung eines seit längerem benutzten Siegelstempels den Sinn haben, alle Siegelabdrücke und damit Besiegelungsvorgänge ab einem bestimmten Zeitpunkt kenntlich zu machen. Eine solche Kennzeichnung konnte ihrerseits erwünscht sein, wenn der Siegelstempel in die Hand eines anderen Gremiums gelangte, das sich die Möglichkeit verschaffen wollte, die von dem alten und dem neuen Gremium ausgestellten Urkunden auseinanderzuhalten. Die erste Veränderung des Remagener Typars muß zwischen 1254[5] und 1269 erfolgt sein. Ein bisher unbekannter, aber unzweifelhaft echter Siegelabdruck, der mir bei der Verzeichnung der Allgemeinen Siegelsammlung des Stadtarchivs Köln auffiel und in das Jahr 1269 datiert ist[6], weist unter der rechten Arkade, also über dem Schwanz des Wolfes, ein R auf, das sich in den früheren Siegelabdrücken nicht findet. Der auf den Ortsnamen hinweisende Buchstabe R ist offensichtlich ein Beizeichen in dem oben beschriebenen Sinne. Seine Aufnahme könnte mit der Einführung des Bürgermeisteramtes zusammenhängen, denn 1269 ist auch erstmals ein Bürgermeister von Remagen bezeugt.[7] Die zweite, schon von Wilhelm Ewald beobachtete Veränderung des Typars findet sich erstmals bei einem Siegelabdruck aus dem Jahre 1361. Hier ist das R mit dem obersten Ast eines Baumes oder Rebstocks unter der rechten Arkade verbunden, während unter der linken Arkade zwei Rosen mit sechs Blütenblättern nachgraviert sind; es findet sich jeweils eine Rose über und unter den Vorderbeinen des Wolfes. Diese Ergänzungen des Siegelbildes sind wohl kaum aus einem neuen Stilwollen zu erklären. In diesem Falle hätte man vermutlich einen neuen Stempel in gotischen Formen nachschneiden lassen, wie dies für andere Städte, etwa Duisburg, bezeugt ist. So bleibt nur der Schluß, daß zwischen 1269 und 1361 noch einmal Anlaß gegeben war, ältere und neuere Besiegelungen kenntlich zu machen. Es ist immerhin denkbar, daß hiermit ein Statut zusammenhängt, von dem wir in einer 1291 ausgestellten Urkunde erfahren. Danach hatten die Remagener Bürger beschlossen und beschworen, die Erb- und Allodialkontrakte nicht mehr mit ihrem Stadtsiegel, sondern mit dem Siegel des Pastors von Remagen beglaubigen zu lassen.[8]
Das Bild des großen Stadtsiegels ist später auch in die Remagener Schöffensiegel übernommen worden. Es lebt in dem Remagener Stadtwappen fort, das somit in einer jahrhundertealten Tradition steht und heute noch an die glänzendste Epoche der Remagener Stadtgeschichte erinnert.

Anmerkungen

1 Vgl. zu dem ganzen Komplex K. Flink, Fiskus und civitas libera. Herrschaft und Gemeinde in Remagen vom 12.–14. Jahrhundert, AnnHistVNdRh 176 (1974) S. 20–40.
2 B. Endrulat, S. 49.
3 Lexikon der christlichen Ikonographie, 4. Band, Rom – Freiburg – Basel – Wien 1972 Sp. 536–539.
4 H. Kaufmann, S. 168 f.

5 Eine Urkunde von 1254 April 6 (HistArchKöln, St. Johann und Cordula, U. 2/3) ist noch mit dem unveränderten alten Stadtsiegel versehen.

6 HistArchKöln, Allg. Siegelsammlung 509. Ein auf der Rückseite aufgeklebtes, leicht beschädigtes Papierblättchen trägt folgende alte Beschriftung: „commune civitatis Remagensi(s) 1269“. Diese Angaben, die vermutlich zu dem Zeitpunkt angebracht wurden, als man die Siegel von den Urkunden abschnitt, haben sich in aller Regel als zuverlässig erwiesen, so daß auch im vorliegenden Falle an dem Datum nicht gezweifelt zu werden braucht.

7 K. Flink (wie Anm. 1), S. 36.

8 Vgl. ebenda S. 37.

Rheinberg

Ältestes Stadtsiegel

Abbildung 84

Bild: Vor einer zinnenbekrönten Stadtmauer thront der hl. Petrus; er hält in jeder Hand eine fünflätzige Fahne.

Umschrift: + SIGILLVM : BVRGENSIVM : OPIDI I(N) BERKE :

Größe: 7,5 cm im Durchmesser.

Abbildung: Originalabdruck an Urkunde von 1268 März (HauptstaatsarchDüsseldorf, Abtei Kamp, U. 161).

Literatur: R. Pick, Die Rheinberger Stadtsiegel, MittVGFrrRheinberg 1 (1880) S. 88–91; B. Endrulat, S. 29; A. Wittrup, Rechts- und Verfassungsgeschichte der kurkölnischen Stadt Rheinberg, Rheinberg 1914 S. 33; L. Küsters, Das Rathaus in Rheinberg, Rheinberg (1949) S. 36–43.

Mit Urkunde vom Februar 1233 hat der Kölner Erzbischof Heinrich von Molenark den 1227 noch als „villa“ (Dorf) bezeichneten Ort Rheinberg zur Stadt erhoben.[1] Die Bürger von Rheinberg erhielten in dieser Urkunde die gleichen Freiheiten und Rechte wie die Neusser Bürger; außerdem wurde ihnen, da Rheinberg häufiger unter feindlichen Überfällen gelitten hatte, erlaubt, ihre Stadt zu befestigen. Auffälligerweise ließ man in Rheinberg nicht sogleich ein Stadtsiegel anfertigen. Die Gründe hierfür dürften verfassungsrechtlicher Natur sein. Wie in Köln und Neuss wurde anfangs auch in Rheinberg die Gerichtsbarkeit von Vertretern des Erzbischofs ausgeübt, die zugleich auch kommunale Aufgaben wahrnahmen. Während die weit bedeutenderen Städte Köln und Neuss schon in der ersten bzw. zweiten Hälfte des 12. Jahrhunderts eigene Stadtsiegel in Auftrag gaben, werden die ersten Rheinberger Urkunden wohl von dem höchsten landesherrlichen Beamten, dem Amtmann, ausgestellt und besiegelt worden sein.

An einer im Mai des Jahres 1258 von „Richter, Schöffen und Gesamtheit der Bürger“ ausgestellten Urkunde ist erstmals ein großes Schöffensiegel von Rheinberg angehängt worden, das die Aussteller als Siegel ihrer „Gesamtheit“ (universitatis) ankündigen.[2] Das Siegel dürfte um 1250 entstanden sein. Ein eigenes Stadtsiegel von Rheinberg ist erstmals

an einer Urkunde von 1268 belegt. Da das ältere Schöffensiegel nach 1258 nicht mehr vorkommt, scheint es, aus welchen Gründen auch immer, von dem großen Stadtsiegel abgelöst worden zu sein. Letzteres ist mit hoher Wahrscheinlichkeit in den 60er Jahren des 13. Jahrhunderts geschaffen worden. Das Siegel läßt sich nämlich dem Meister der ältesten bergischen Städtesiegel zuweisen, der insgesamt sieben niederrheinische Städtesiegel in der Zeit von etwa 1260 bis 1276/77 gestochen hat (vgl. den Artikel über das Stadtsiegel von Wipperfürth). Obwohl sich in allen diesen Siegeln und auch den übrigen ihm zuzuschreibenden Werken[3] kein dem hl. Petrus vergleichbares Motiv findet, schließen doch die Besonderheiten der Umschrift (Formulierung, breites M und mehrere andere Buchstaben) sowie die Gestaltung der Stadtmauer, die mit anderen Schöpfungen desselben Siegelstechers verglichen werden können, jeden Zweifel aus. Insofern ist mit der Datierung des ersten Rheinberger Stadtsiegels in die 60er Jahre des 13. Jahrhunderts auch die ältere (im übrigen nicht näher begründete) Meinung von Pick, Wittrup und Küsters zu widerlegen, wonach dieses Siegel aus der Zeit der Stadtwerdung stammen soll.
Wie schon das 1258 bezeugte Schöffensiegel zeigt auch das erste Rheinberger Stadtsiegel den hl. Petrus, den Patron des Kölner Erzstiftes und der Rheinberger Pfarrkirche. Entgegen der sonst üblichen Darstellung ist der hl. Petrus im Rheinberger Stadtsiegel nicht mit Schlüssel und Buch, sondern mit zwei Fahnen ausgestattet. Kopftyp und Barttracht entsprechen jedoch der zeitgenössischen Darstellung des Apostelfürsten, wie insbesondere ein Blick auf das einige Jahre später entstandene gotische Siegel der Stadt Köln (s. diesen Artikel) beweist. Der Vergleich beider Siegel macht auch deutlich, daß der Meister des Rheinberger Siegels sich noch auf älterer Stilstufe bewegt: Zeigt das Gewand des hl. Petrus im zweiten Kölner Stadtsiegel schon hochgotische Formbildung mit tiefen, straffen Gewandfalten, so sind diese im Rheinberger Siegel nicht einmal andeutungsweise vorhanden; die wenigen parallelen Falten lassen den Oberkörper recht steif erscheinen, der in dieser Hinsicht dem Reiter des Stadtsiegels von Büderich ähnelt (s. diesen Artikel). Wenig geglückt ist auch die Haltung der viel zu kleinen Arme.
Das Siegel steht offensichtlich stärker in der „kölnischen" als in der „niederrheinischen" Tradition. Schon das älteste Kölner Stadtsiegel hatte figürliche und architektonische Elemente (Stadtpatron und symbolisches Stadtbild) im Siegelfeld vereint. Die gleiche Verbindung findet sich im Rheinberger Siegel wieder: Die Stadtmauer, zum Zeitpunkt der Siegelschöpfung sicherlich auch in Wirklichkeit vorhanden, betont den Stadtcharakter Rheinbergs, während der beherrschend ins Bild gesetzte hl. Petrus den Schutz des Apostelfürsten über seine Stadt zum Ausdruck bringt. Welch hohes Ansehen das Bild des ältesten Rheinberger Stadtsiegels auch später noch besaß, geht daraus hervor, daß das Siegel – vermutlich in der zweiten Hälfte des 16. Jahrhunderts – nachgestochen wurde und das Motiv auch Eingang in das Rheinberger Stadtwappen fand.

Anmerkungen

1 Die Urkunde ist nur abschriftlich überliefert; Druck bei A. Wittrup, Anhang (Quellen zur Rechts- und Verfassungsgeschichte der kurkölnischen Stadt Rheinberg) A Nr. 1 S. 3. Wegen des damals im Erzbistum Köln beobachteten Osterstils ist die Urkunde auf 1233 Februar zu datieren; vgl. R. Knipping, 3, 1 Nr. 769.

2 HistArchKöln, HUA 1/233 A; Abbildung des Siegels bei W. Ewald, Rheinische Siegel III, Tafel 28 Nr. 1.

3 Vgl. T. Diederich, Siegelforschung, S. 38 f.

Saarburg

Großes Stadtsiegel

Abbildung 85

Bild: Über einer felsigen Anhöhe erhebt sich eine Burg- und Stadtanlage mit einem durch einen Turm geschützten Portal an der linken und einem mächtigen Rundturm an der rechten Seite. Die Türme sind durch eine hohe gezinnte Mauer verbunden, die sich im hinteren Teil fortsetzt und das Rund der Anlage schließt. Darüber schwebt ein spitzer Wappenschild mit einem Balkenkreuz.

Umschrift: + SIGILLVM : OPIDI – SARBVR – CH

Größe: 4,8 cm im Durchmesser.

Abbildung: Originalabdruck an Urkunde von 1362 Dez. 20 (LandeshauptarchKoblenz, Best. 1 A, U. 3202).

Die Darstellung einer Burg, einer mauerumwehrten Stadtanlage oder beider zusammen kommt in den rheinischen Städtesiegeln nicht gerade selten vor. Aber in fast keinem anderen Falle erfolgte diese Motivwahl mit solcher Berechtigung wie beim Siegel der Stadt Saarburg, ist deren Entwicklung und Geschichte doch aufs engste mit der örtlichen Burg verknüpft. Schon für das Jahr 964 ist die im 10. Jahrhundert erbaute trierische Festung auf dem Hügel Churbelin, der in dieser Zeit Saarburg hieß („monticulum, qui antea vocabatur Churbelin nunc autem Sarburch"), erwähnt. Sie wurde damals dem Grafen Siegfried von Luxemburg überlassen, doch erscheint sie 1059 und 1159 wieder in der Hand der Trierer Erzbischöfe, welche die Burg ausbauten und sie zu einem ihrer Hauptstützpunkte an der Saar machten. Letzte Rechte der Grafen von Luxemburg konnte dann Erzbischof Balduin von Luxemburg (1307–1354) im Jahre 1313 für das Trierer Erzstift erwerben, das nun Saarburg unangefochten in seinem Besitz behauptete.

Im Schatten der Burg entwickelte sich eine Talsiedlung, die zu Beginn des 13. Jahrhunderts in dem „Liber annalium iurium" genannt wird. Dem Trierer Erzbischof stand damals die Gerichtsbarkeit sowie die Hälfte des Fluß- und Marktzolles zu. Ihre Erwähnung läßt auf eine gewisse Bedeutung Saarburgs schließen – zumindest in strategischer und administrativer Hinsicht –, auch wenn die Siedlung damals nur aus den in der Quelle erwähnten sechs Häusern bestanden haben sollte. Wie Bernkastel, Mayen, Montabaur, Welschbillig und Wittlich erhielt auch Saarburg auf Bitten Erzbischof Boemunds I. von Trier durch Urkunde König Rudolfs I. vom 29. Mai 1291 das Stadtrecht. Ob diese Urkunde sofort Anlaß zum Ausbau der Stadt im mittelalterlichen Rechtssinne gegeben hat oder ob erst die durch König Heinrich VII. erneuerte Stadtfreiung vom 14. Juli 1310 zu einer städtischen Entwicklung des Ortes geführt hat, wird sich insbesondere wegen der zeitlichen Nähe beider Rechtsakte kaum entscheiden lassen. Man möchte aber auch hier an eine Einwirkung des bedeutenden Trierer Erzbischofs Balduin von Luxemburg, des Bruders des eben genannten Königs Heinrich VII., denken. In den Quellen wird Saarburg jedenfalls erstmals 1313 und 1314 „Stadt“ (opidum) genannt.[1]

Die Existenz eines Saarburger Stadtsiegels ist vor dem Jahre 1346 nicht nachzuweisen. Auch wenn man diese Tatsache wegen des Fehlens älterer, von der Stadt ausgestellter Urkunden nicht überbewerten sollte, steht doch fest, daß das Siegel nicht bald nach dem ältesten Stadtrechtsprivileg von 1291 entstanden sein kann. Ein Vergleich mit den aus dieser Zeit stammenden Stadtsiegeln von Bernkastel, Mayen und Wittlich läßt für das Saarburger Siegel keine Frühdatierung zu. Andererseits ist der enge Zusammenhang zwischen den Stadtsiegeln von Kyllburg, Saarburg und Welschbillig so unübersehbar, daß, wenn nicht alles täuscht, diese drei Siegel Werk desselben Siegelstechers sein müssen. Hierfür spricht die Art, wie das Siegelbild unten in den Raum der Umschrift hineingreift, und diese auch – zumindest in den Siegeln von Saarburg und Welschbillig – von der Spitze des Hauptturmes oben rechts unterbrochen wird. Den Siegeln von Kyllburg und Welschbillig ist die Auflockerung der freien Flächen durch eine Art Rankendamast gemeinsam. Wichtigstes Argument für die Vermutung desselben Siegelstechers ist aber die im Vergleich zu anderen Siegeln so eigentümliche Art der Buchstabengestaltung, die alle drei Siegel kennzeichnet und bei der Gegenüberstellung der beiden erhaltenen Kyllburger Typare eingehender betrachtet worden ist.[2]

Der gewiß nicht unbegabte Siegelstecher dürfte nicht nur in der Zeit Erzbischof Balduins von Luxemburg gearbeitet haben, sondern auch in seiner Umgebung zu suchen sein. Es wäre jedenfalls völlig abwegig, den Meister in einer der genannten Städte zu vermuten. Gerade die allen drei Siegeln gemeinsame Aufnahme des kurtrierischen Wappenschildes als Hoheits- und Herrschaftszeichen des Erzbischofs deutet darauf hin, daß dieser auf die Gestaltung der Siegel Einfluß genommen und einen ihm bekannten Goldschmied mit der Anfertigung der Typare betraut hat. Es könnte der Siegelstecher gewesen sein, der – wohl schon etwas früher – das Sekretsiegel[3] Balduins angefertigt hatte, das reiche epigraphische Parallelen mit den hier in Frage stehenden Städtesiegeln aufweist, sich im übrigen aber diesbezüglich deutlich von dem großen Thronsiegel des Erzbischofs unterscheidet. Da der Meister des Kyllburger Stadtsiegels wesentliche Züge der dortigen Stiftskirche in seinem Werk dargestellt hat, könnte man ein ähnliches Verfahren auch bei der Gestaltung des Saarburger Stadtsiegels vermuten. Diesem Bestreben dienen jedenfalls die Andeutung der Höhenlage durch Felsen am unteren Bildrand und die leichte Neigung der Anlage von dem mächtigen Rundturm der Burg am rechten Rand zu dem Portal an der anderen Seite. Der Ortskundige mochte in dem Siegel, auch wenn möglicherweise nicht alle Einzelheiten realistisch wiedergegeben sein sollten, ein Bild von Burg und Stadt Saarburg erkennen und stolz auf das Siegel sein. In diesem Zusammenhang verdient die Meinung von J. J. Hewer, auch wenn sie sich heute sachlich nicht mehr begründen läßt, zitiert zu werden: „Kein städtisches Siegel (von allen des Provinzial-Archivs) ist älter und keines ist schöner als das von Saarburg: es zeigt eine Vielheit von Türmen und deutet auf starken Schutz, auf Gunst und Vorrang, worauf sich die Bürgerschaft wohl was zugute thun mochte . . .“[4]

Anmerkungen

1 Zur Geschichte von Burg und Stadt Saarburg vgl. E. Schaus, Stadtrechtsorte III S. 88–92 und HbHistStättenDeutschland 5 S. 322 f.
2 Vgl. den Artikel über das Stadtsiegel von Kyllburg.
3 W. Ewald, Rheinische Siegel II, Tafel 9 Nr. 3.
4 J. J. Hewer, Geschichte der Burg und der Stadt Saarburg, Trier 1862 S. 13.

Siegburg

Ältestes Stadtsiegel

Farbtafel 7 und Abbildung 86

Bild: Abteikirche auf dem Michaelsberg inmitten eines turmbewehrten Mauergürtels.

Umschrift: + · SIGILLVM · CIVITATIS · SIBERGENSIS ·

Größe: 8,4 cm im Durchmesser.

Abbildung: Originalabdruck an Urkunde von 1285 Febr. 14 (HistArchKöln, HUA 1/472).

Literatur: H. Horstmann, Siegel und Wappen der Stadt Siegburg, in: Heimatbuch der Stadt Siegburg I, Siegburg 1964 S. 415–445, insbes. S. 420–422 (mit Hinweisen auf die ältere Literatur).

Siegburg gehört zu jenen rheinischen Städten, für die eine förmliche Stadterhebungsurkunde nicht überliefert ist. Es ist auch sehr fraglich, ob jemals eine solche Urkunde vorhanden war, denn die Stadtwerdung Siegburgs vollzog sich über einen längeren Zeitraum hinweg. Die Voraussetzung für die Entstehung der Stadt Siegburg schuf Erzbischof Anno II. von Köln, als er auf dem ehemals in pfalzgräflicher Hand befindlichen und mit einer Burg ausgestatteten Siegberge eine Benediktinerabtei zu Ehren des hl. Michael gründete und dieser bereits im Jahre 1069 die Bestätigung des Marktes, des Zolles und der Münze durch König Heinrich IV. verschaffte. Das schnelle Wachstum der im Jahre 1125 noch als „villa“ (Dorf) bezeichneten Marktsiedlung am Fuße des Michaelsberges[1] ist ohne Zweifel dem Kloster und seinen Äbten zu verdanken, die an dem weiteren wirtschaftlichen Aufstieg um so interessierter sein mußten, als sie die grund- und landesherrlichen Rechte über „ihr“ Siegburg beanspruchten.[2] Gerade die enge Anbindung des Handelsplatzes an die Abtei hat aber andererseits dazu geführt, daß Siegburg sich erst spät zu einer Stadt im vollen Rechtssinne entwickelte, offensichtlich weil die Abtei in der Herausbildung der städtischen Selbstverwaltung eine Beeinträchtigung ihrer angestammten Herrschaftsrechte sah. In dem Neusser Vergleich von 1182 wird Siegburg erstmals als Stadt bezeichnet, in der eine bürgerliche Gerichtsgemeinde mit einem eigenen Stadtrecht besteht. Dies allein kann vielleicht noch nicht als Beweis dafür gewertet werden, daß Siegburg damals schon eine Stadt im mittelalterlichen Rechtssinne war.[3] In einer Urkunde vom Jahre 1283 ist erstmals neben den Schöffen ein Rat für Siegburg bezeugt.[4] Dieser Beleg wird ergänzt durch eine Urkunde vom 14. Februar 1285, welche den Kölner Bürgern besondere Rechte in Siegburg gewährt. Als Aussteller der Urkunde und als Vertreter der Siegburger Bürgerschaft erscheinen der Abt, die Schöffen und die „consules" (Ratleute) von Siegburg.[5] Besiegelt ist die Urkunde mit den Siegeln des Abtes und der Stadt. Der erste Abdruck des Siegburger Stadtsiegels ist zugleich auch der am besten erhaltene.[6]

Der Meister dieses kleinen Kunstwerkes hat offensichtlich versucht, ein Abbild der siegelführenden Stadt zu liefern, wobei er einerseits sich der überlieferten Stadtabbreviatur (Stadtmauer mit Zinnen und Türmen) bediente, andererseits aber auch das für seine Stadt Charakteristische (die Abtei auf dem Michaelsberge) porträthaft wiedergab. In völlig symmetrischem Aufbau schließt sich die Stadtmauer mitsamt ihrer Turmtore konzentrisch an die innere Perlenreihe an, welche die Umschrift vom Siegelfeld trennt. Stadtmauer und Tore werden nach außen wiederum durch eine konzentrische Kreislinie begrenzt. Im oberen Teil findet sich außerdem eine kreisförmige Abtrennung nach innen, so daß die Vielzahl der Kreise zum einen die ausgewogene Anordnung der Türme betont, zum anderen aber auch unwillkürlich auf den Mittelpunkt aller dieser Kreise hinweist: das große Portal an der Langseite der Abteikiche.

Daß hier ein Idealbild der Stadt gegeben werden sollte, geht aus der Vielzahl der Turmtore – Siegburg besaß bekanntlich nur vier Stadttore – und aus ihrer völlig symmetrischen Gruppierung hervor. Diese Stadtabbreviatur läßt sich letztlich auf die zinnen- und turmreiche Architektur des ältesten Kölner Stadtsiegels zurückführen, das auf fast alle verkürzten Stadtdarstellungen in späteren Städtesiegeln direkt oder indirekt eingewirkt haben dürfte. Auffällig an dem ersten Siegburger Stadtsiegel ist allerdings, daß der Siegelstecher bei dem Mauerring weitgehend auf eine perspektivische Darstellung verzichtet hat. Wo nämlich das ganze Rund der Stadtmauer wiedergegeben wird, erscheint in der Regel die Grundform des Kreises zum Oval hin abgeändert. Schöne Beispiele für eine auf diese Weise erreichte perspektivische Darstellung sind die früher entstandenen Siegel von Boppard, Deutz und Jülich sowie das auf etwa 1300 datierte Siegel der österreichischen Stadt Klosterneuburg, das im übrigen zeigt, wie beliebt an der Wende vom 13. zum 14. Jahrhundert eine Stadtdarstellung mit Mauer, Zinnen und regelmäßig angeordneten Türmen noch war.[7]

Die Abteikirche erscheint auf dem Siegel als eine hoch aufragende Basilika mit einem mächtigen Mittelturm und vier gleichförmigen schmalen Flankentürmen an den Ecken des Langhauses. Sicherlich liegt in dieser zur Symmetrie neigenden Darstellung eine gewisse Idealisierung, wie sie bei dem Mauerkranz zu beobachten war. Ansonsten ist aber gewiß, daß der Meister des Siegburger Stadtsiegels ein recht zutreffendes Porträt geliefert hat. Nicht erkennbar ist auf dem Siegel das Querhaus, das allerdings kaum über die Breite des Langhauses hervorragte.[8] Leider lassen die späteren schwerwiegenden baulichen Veränderungen (Errichtung des spätgotischen hohen Chors, vermutlich in der ersten Hälfte des 15. Jahrhunderts, und Neubau des Langhauses in gotisierendem Barock um 1660) kaum noch etwas von dem Bau des 13. Jahrhunderts erkennen. An Einzelheiten, welche das Siegel darstellt, sind immerhin die Grundform der als Basilika aufgeführten Abteikirche, die den Chor flankierenden Türme[9] und die Befestigung der Klosteranlage durch eine Mauer hinreichend gesichert. Schließlich ist die Lage der Kirche anschaulich wiedergegeben, wobei es offen bleiben kann, ob der Abhang des Michaelsberges durch Felsformationen oder durch einen Busch- oder Baumbestand kenntlich gemacht ist. Ein allzu detailliertes Porträt der Klosteranlage verbot sich für den Siegelstecher, weil ihm innerhalb der Mauer nur ein Kreis von etwa 4,5 cm im Durchmesser verblieb. So ist es auch zu erklären, daß der Meister des Siegburger Stadtsiegels außer Mauer und Kirche keine weiteren Gebäude der Abtei dargestellt hat. Hier liegt also eine sinnvolle Beschränkung vor, eine Konzentration auf das Wichtige und Charakteristische. Mit Recht hat Hans Horstmann hervorgehoben, daß der Siegburger Bürger in dem Siegel mühelos das Bild seiner Stadt erkennen konnte.[10]

Wie oben ausgeführt wurde, hat sich die Entwicklung Siegburgs zur Stadt über einen längeren Zeitraum erstreckt. War schon das Auftreten des Rates im Jahre 1283 ein Indiz für den städtischen Status Siegburgs, so beseitigt alleine die Existenz eines förmlichen Stadtsiegels, das in der Umschrift „Sigillum civitatis Sibergensis" genannt wird, letzte Zweifel. Ein weiteres Merkmal der Stadt, die Stadtmauer, ist durch das Siegel sicher belegt. Das Siegel müßte vor dem 14. Februar 1285 geschaffen worden sein. Eine genauere Eingrenzung der Entstehungszeit ist aufgrund Siegburger Quellen nicht möglich. Horstmann hat deshalb die Siegel von Deutz, Boppard, Wipperfürth und Ratingen zum Vergleich herangezogen. Wie schon kurz bemerkt, ist die Darstellung der Stadtmauer auf den Siegeln der beiden erstgenannten Städte eine ganz andere. Geht man nach epigraphischen Gesichtspunkten, so erweisen sich die Umschriften dieser beiden Siegel gegenüber denen von Wipperfürth und Ratingen als ausgesprochen modern, was insbesondere für das Bopparder Siegel gilt; im Vergleich zu allen diesen Siegeln besitzt das Siegburger Stück aber einen deutlich jüngeren „Duktus". Einzelne Buchstaben, z. B. E, G und S, zeigen geradezu Fett-Fein-Gegensätze, als seien diese Schwellzüge mit einer Stahlfeder ausgeführt worden. Die ausgeprägten, feinen Abschwünge beim C, E, M, N und R sind, wenn überhaupt, bei den hier verglichenen Siegeln nur andeutungsweise vorhanden. Mißt man der Beobachtung Horstmanns, wonach eine doppelte Randlinie zwischen Umschrift und Siegelbild zuerst bei den großen Stadtsiegeln von Wipperfürth und Ratingen auftaucht, überhaupt eine Bedeutung bei – der zweite Ring hat im Siegburger Siegel, wie gezeigt, eine besondere Funktion im Rahmen der Gesamtkomposition –, so wird man das Siegburger Stück zwar in die Nähe dieser beiden Siegel rücken wollen; die epigraphischen Besonderheiten sprechen aber dafür, daß das Siegburger Siegel etwas später entstanden ist. Vermutlich ist es um 1280 in Auftrag gegeben worden.

Mehrfach wurde auf den symmetrischen Aufbau des Siegels hingewiesen. Gleichzeitig hat der Siegelstecher aber eine besondere Gewichtung vorgenommen. Die im unteren Teil sorgfältig – Stein für Stein und Zinne für Zinne – ausgeführte Stadtmauer gibt dem Siegel einen natürlichen Schwerpunkt, der lediglich in dem Doppelturmtor[11] am oberen Rande einen kleinen Kontrapunkt erfährt. Der von dem Siegelstecher verwirklichte Kompromiß zwischen Abbreviatur und Porträt, die ausgewogene Gesamtkomposition, die bewußt vermiedene perspektivische Verkürzung und schließlich die mit Sorgfalt und Liebe gestaltete Umschrift machen das älteste Siegel der Stadt Siegburg zu einem Kleinod rheinischer Siegelstecherkunst, die im 12. und 13. Jahrhundert ihre schönsten Stücke hervorgebracht hat.

1 E. Wisplinghoff, Urkunden und Quellen zur Geschichte von Stadt und Abtei Siegburg 1, Siegburg 1964 S. 80.

2 F. Lau, Quellen zur Rechts- und Wirtschaftsgeschichte der rheinischen Städte, Bergische Städte I: Siegburg (PubllGesRheinGKde 29), Bonn 1907 S. 5*.

3 Vgl. den umfangreichen Beitrag von E. Sandmann, Die Entwicklung der Gerichts- und Stadtverfassung in Siegburg bis zum 15. Jahrhundert, in: Heimatbuch der Stadt Siegburg 1, Siegburg 1964 S. 301–414. Demgegenüber kommt K. Flink, Stand und Ansätze städtischer Entwicklung zwischen Rhein und Maas in salischer Zeit, in: Beiträge zum hochmittelalterlichen Städtewesen, hrsg. v. B. Diestelkamp, Köln–Wien 1982, S. 189, zu dem Ergebnis, daß Siegburg um 1180 bereits als Vollstadt zu werten ist.

4 A. Triller – J. Füchtner, Das Abschriftenbuch der Stadt Wipperfürth (Inventare nichtstaatlicher Archive 11, hrsg. von der Archivberatungsstelle), Essen 1969 Nr. 1 S. 4.

5 E. Wisplinghoff (wie Anm. 1), S. 293.

6 Der Hinweis von H. Horstmann, S. 420, das Siegel sei anscheinend schon in einer Urkunde von 1284 erwähnt, ist nicht stichhaltig, da diese Urkunde mit der von 1285 identisch ist. Th. J. Lacomblet, auf den sich Horstmann beruft, hat bei der Auflösung des Datums den bis 1310 im Erzbistum Köln geltenden Osterstil nicht beachtet und daher die Urkunde irrtümlich auf 1284 Februar 14 datiert.

7 Vgl. P. Kletler, Die Kunst im österreichischen Siegel, Wien 1927 S. 22 f. und Tafel XIX Nr. 49.

8 E. Wisplinghoff, Die Benediktinerabtei Siegburg (Germania Sacra NF 9, Erzbistum Köln 2), Berlin – New York 1975 S. 6.

9 Vgl. A. Verbeek, Der salische Gründungsbau der Siegburger Abteikirche und seine Nachfolge, Gedenkschrift Ernst Gall, o. O. 1965, S. 31–50.

10 H. Horstmann, S. 420.

11 Möglicherweise stellt das Doppelturmtor die vor 1283 vorhandene Burg des Siegburger Vogtes dar (frdl. Hinweis von Herrn Otto Treptow, Wahlscheid). Wegen der hervorragenden Qualitäten des Siegelstechers und der bei der Abteikirche – trotz aller Abweichungen im Detail – offensichtlich angestrebten Naturtreue wäre es durchaus denkbar, daß auch die Burg des Vogtes als das markanteste Bauwerk der eigentlichen Stadt Siegburg in das Siegel eingearbeitet wurde.

Sinzig

Großes Stadtsiegel

Abbildung 87

Bild: Am unteren Siegelrande, im Raum der Umschrift, lagert eine zinnenbekrönte Stadtmauer, deren ebenfalls gezinntes Mauertor ein Rundportal aufweist. Darüber erhebt sich ein von zwei Pfeilern getragener Tabernakel mit Wimperg und darunter ausgespartem spitzen Kleeblattbogen. Inmitten dieser Architektur thront der König, der in der Rechten ein Lilienzepter, in der Linken den Reichsapfel hält. Drei Kreuzblumen, welche die beiden seitlichen Fialen des Tabernakels und den Wimperg in der Mitte bekrönen, ragen in die Legende hinein; diese wird zugleich von der mittleren Kreuzblume eingeleitet.

Umschrift: + S(IGILLVM) · – BVRGENSIVN · – OPIDI · DE · SINZ – ECHE

Größe: 7,7 cm im Durchmsser.

Abbildung: Originalabdruck an Urkunde von 1451 März 12 (HauptstaatsarchDüsseldorf, Jülich-Berg, U. 792).

Literatur: B. Endrulat, S. 50f.

In einer Urkunde Pippins d. J. vom Jahre 762 ist erstmals die Königspfalz Sinzig erwähnt. Sie lag im Mündungsgebiet der Ahr und zugleich an der Stelle, wo die von Frankfurt nach Aachen führende Heerstraße das Rheintal verließ. Nicht zuletzt wegen seiner besonderen Lage entwickelte sich Sinzig neben Remagen zu einem Verwaltungsmittelpunkt des alten Reichsgutbezirks, der ursprünglich bis Mehlem reichte und wohl im Zusammenhang mit der Errichtung der Sinziger Königspfalz geteilt wurde. Seit den 40er Jahren des 13. Jahrhunderts treten Bedeutung und Aufstieg des Ortes deutlicher in Erscheinung; eine Urkunde von 1255, in der Sinzig den Beitritt zu dem 1254 gegründeten Rheinischen Bund erklärte, nennt bereits Richter, Ritter und Angehörige des Sinziger Reichsgutes.[1] Der Ort scheint damals also schon stadtähnlichen Charakter gehabt zu haben. Mit Urkunde vom 9. Oktober 1267 versprach dann Erzbischof Engelbert II. von Köln, die alten vom Reich herrührenden Rechte und Freiheiten der Sinziger zu wahren. Wichtig ist, daß in dieser Urkunde neben zwei Burggrafen von Hammerstein, zwei Brüdern von Landskron, den übrigen Rittern und den Dienstmannen auch sämtliche als „oppidani“ bezeichneten Bürger von Sinzig angesprochen werden. Dieser vom Erzbischof benutzte Terminus ist untrügliches Zeichen dafür, daß Sinzig im Jahre 1267 als Stadt zu gelten hat. Ein eigenes Stadtsiegel besaß Sinzig damals noch nicht, denn bis 1268 siegeln für sie die ritterlichen Vorsteher. Das zum 1. Dezember 1270 erstmals belegte große Siegel der Stadt Sinzig muß in den Jahren 1268 bis 1270 entstanden sein.

Mit sparsamen Mitteln traf der Siegelstecher die Aussagen, welche der Stadt Sinzig wichtig waren. So begnügt sich die Umschrift mit dem üblichen Wortlaut, welcher deutlich macht, daß es sich um das „Siegel der Bürger der Stadt von Sinzig“ handelt. Einen verbalen Hinweis auf das Reich hat der Siegelstecher möglicherweise aus Platzgründen unterlassen. Ganz auffällig ist in diesem Zusammenhang der fast monumentale Charakter der Buchstaben im ersten Teil der Umschrift, während die Buchstaben des letzten Wortes „SINZ – ECHE“ schon eng aneinandergerückt und im letzten Teil auch beträchtlich niedriger gehalten werden mußten, um sie in dem knappen übrigbleibenden Raum unterzubringen. Der Siegelstecher hat es also nicht verstanden, den in vier Abschnitte aufgeteilten Raum für die Siegellegende harmonisch mit Buchstaben auszufüllen. Demgegenüber drückt die gewichtige Darstellung des thronenden Königs im Zentrum des Siegelfeldes das Selbstverständnis der Sinziger Bürger aus, die sich keinem Landesherrn, sondern nur dem König unterstellt wußten. Allerdings blieb dieser Status nicht lange unangefochten, da sich neben den Kölner Erzbischöfen auch die Grafen von Jülich immer wieder bemühten, Sinzig in ihre Hände zu bekommen. Hierzu bot insbesondere der chronische Geldmangel der deutschen Könige günstige Voraussetzungen. Durch zahlreiche Verpfändungen, welche sich insbesondere die Grafen von Jülich viel Geld kosten ließen, verflüchtigte sich die Reichsunmittelbarkeit immer mehr. Sinzig wurde so jahrhundertelang zum Spielball der rheinischen Territorialherren, bis durch die große Union von Jülich, Berg, Ravensberg, Kleve und Mark im Jahre 1521 eine Beruhigung eintrat, Sinzig Hauptort des gleichnamigen jülichschen Amtes wurde und bis zum Ende des alten Reiches beim Herzogtum Jülich verblieb. Das große Stadtsiegel, zum Zeitpunkt der unangetasteten Reichsunmittelbarkeit entstanden, hat ebenso wie das spätere Schöffensiegel, das den einköpfigen Reichsadler zeigte, die Erinnerung an die Anfänge der Stadtwerdung Sinzigs festgehalten.

Stadtmauer und Tor des Sinziger Siegels können nicht wie in den meisten anderen Fällen als Indiz für deren wirkliches Vorhandensein genommen werden, da Sinzig noch im Jahre 1297 ohne Mauern, Gräben und andere Befestigungen war und erst danach faßbare Anstrengungen zum Bau derselben gemacht wurden. Vielleicht bestand zum Zeitpunkt, da man das Siegel, um den städtischen Status zu demonstrieren, in Auftrag gab, auch die Absicht zum Bau einer Stadtmauer, der dann wegen der wechselhaften politischen Verhältnisse aber nicht sofort zustande kam. Vergleicht man das Sinziger Siegel jedoch mit dem kurz zuvor gestochenen gotischen Siegel der Stadt Köln, so drängt sich eine andere Erklärung auf. In beiden Fällen wird die über einer Stadtmauer thronende Figur von einer gotischen Architektur eingerahmt, deren Mittelteil in hohem Maße übereinstimmt. Es ist daher zu vermuten, daß der Siegelstecher von dem Kölner Vorbild nicht nur die seitlichen Pfeiler mit Fialen und Kreuzblumen, den Dreiecksgiebel mit aufgesetztem, die Umschrift einleitenden Kreuz und den unter dem Giebel ausgesparten Kleeblattbogen, sondern auch den tragenden Grund dieser ganzen Architektur, die Stadtmauer, übernommen hat. Das Sinziger Siegel erweist sich so als Reduktion des gotischen Kölner Stadtsiegels, dessen außerordentliche künstlerische Qualität nicht erreicht wird. Dies gilt nicht zuletzt auch für die Darstellung des thronenden Königs. Sein Gewand ist viel weniger durchorganisiert als das des hl. Petrus. In diesem Punkt ist das Sinziger Siegel eher mit der Unkelbacher Madonna zu vergleichen, die Anton Legner auf die Zeit um 1270 datiert hat.[2] Wenn das Siegel der Stadt Sinzig im künstlerischen Vergleich mit dem gotischen Kölner Stadtsiegel etwas schlecht abschneidet, so ist zu bedenken, daß dieses Siegel die meisten rheinischen Städtesiegel weit in seinen Schatten stellt und daß der sonst nicht greifbare Goldschmied, der das Sinziger Siegel geschaffen hat, sich immerhin von dem neuen Stil der Gotik inspiriert zeigt, während der gleichzeitig tätige „Meister der ältesten bergischen Städtesiegel"[3] noch in den älteren Stilformen der Romanik verharrt. Gerade das Siegel der Stadt Sinzig beweist, wie sehr ein Künstler in den Bann jenes großartigen neuen Kunstwerkes, das kurz zuvor in Köln geschaffen worden war, geraten konnte. Da die Kenntnis des gotischen Kölner Stadtsiegels nicht ohne weiteres in Sinzig und näherer Umgebung vorausgesetzt werden kann, spricht einiges dafür, daß es ein Kölner Goldschmied war, der das Siegel der Stadt Sinzig gestochen hat.

Anmerkungen

1 Die Quellen, welche die Entwicklung Sinzigs im 13. Jahrhundert erkennen lassen, hat E. Schaus, Stadtrechtsorte I, S. 497 f. zusammengestellt; vgl. weiterhin K. Flink, Der Abschnitt Sinzig–Düren der Krönungsstraße von Frankfurt nach Aachen, BonnUnivBll 1973 S. 25–40.

2 Vgl. den Sammelband Rhein und Maas – Kunst und Kultur 800–1400, Band 2, Köln 1973 S. 445–456.

3 Vg. den Artikel über das große Siegel der Stadt Wipperfürth.

Traben-Trarbach

Zweites Gemeindesiegel

Abbildung 88

Bild: Vor gerautetem und mit Kreuzchen gefülltem Hintergrund befindet sich ein spitzer Wappenschild. Er zeigt über einem aus fünf Wellenleisten gebildeten Schildfuß ein zu 36 Plätzen geschachtes Feld, das in der Mitte mit einem Turm, rechts mit einem stehenden Schlüssel und links mit einer aus dem Schildbord herausragenden Hand belegt ist, welche einen Stab hält. Der Turm in der Mitte trägt ein Kegeldach, von dessen Spitze ein aufgestecktes Kreuz über den Schildrand hinausragt.

Umschrift: + S(IGILLVM) CONMVNITATIS DE TRAVENA ET DE TRAYNREBACH

Größe: 7,8 cm im Durchmesser.

Abbildung: Originalabdruck an Urkunde von 1398 Sept. 1 (LandeshauptarchKoblenz, Best. 33, U. 15319).

Literatur: E. W. Spies u. a., Stadt Traben-Trarbach an der Mosel. Werden und Wirken, Traben-Trarbach 1954 S. 22–25; R. Feld, S. 151 und 158 f.

Die seit dem 1. April 1904 zu einer Stadt vereinigten Orte Traben, links der Mosel gelegen, und Trarbach auf der anderen Moselseite bildeten schon im Mittelalter eine Gesamtgemeinde. Für eine kontinuierliche Besiedlung des älteren Traben, dessen Anfänge vielleicht sogar in keltische Zeit zurückreichen, sprechen Funde aus römischer und fränkischer Zeit. Die erste urkundliche Erwähnung des Ortes stammt aus dem Jahre 820. Ludwig der Fromme schenkte dem Aachener Marienstift während seiner Regierungszeit (814–840) die Einkünfte aus der Pfarrei Traben; sie muß damals also eine gewisse Bedeutung gehabt haben. Trarbach, das 1143 erstmals erwähnt wird, gehörte zur Trabener Mutterpfarrei. Die jüngere Siedlung auf der rechten Moselseite nahm dann einen bemerkenswerten Aufschwung und überflügelte am Ende das ältere Traben, vermutlich weil Trarbach von den Grafen von Sponheim begünstigt wurde, die vor 1183 in den Besitz der Trabener Vogtei gelangten.[1] Ein ansehnliches Siegel, leider nur als Bruchstück an einer Urkunde von 1285 erhalten, ist schon für 1255 bezeugt.[2] Da dieses Fragment nichts von der Umschrift erkennen läßt, muß offen bleiben, ob es sich um ein nur auf Trarbach bezogenes Siegel oder ein für Traben und Trarbach gebrauchtes Gemeindesiegel mit entsprechender Umschrift handelte. Für die erste Möglichkeit spricht die Tatsache, daß das Siegel an der Urkunde vom 22. Januar 1255 als sigillum „universitatis de Trauerenbach" und das an der Urkunde vom 24. August 1285 ebenso als „sigillum universitatis de Tranrebach" angekündigt ist.[3] Sollten diese Formulierungen dem Wortlaut der Siegelumschrift entsprochen haben, so ergäbe sich eine nicht überraschende Parallele zu dem Siegel des sponheimischen Nachbarortes Enkirch. Dieses Siegel dürfte bald nach 1248 entstanden sein.[4] Es ist wahrscheinlich, daß die Siegel beider Gemeinden[5] etwa gleichzeitig von dem Grafen von Sponheim in Auftrag gegeben wurden; dieser wird darauf geachtet

haben, daß der Siegelstecher das sponheimische Wappen als Hoheitszeichen in die Siegel aufnahm. Da ein älteres Siegel für Traben nicht bekannt ist, muß das Trarbacher Siegel auch zur Beglaubigung von Urkunden der Gemeinde Traben gedient haben.
Das zweite Trarbacher Gemeindesiegel, das laut Umschrift für die inzwischen gebildete Gesamtgemeinde Traben-Trarbach geschaffen wurde, erweist sich als Nachschnitt nach dem ersten Trarbacher Siegel. Abgesehen von der etwas veränderten Feldmusterung sind die elegantere neue Schildform, das gröbere Schachmuster des Schildgrundes und die weiteren „Zutaten" gegenüber der älteren Vorlage, nämlich Schlüssel und Hand mit Stab, auffällig. Vermutlich sind auch die Wellen im Schildfuß, welche als Hinweis auf die Mosel zu verstehen sind, in dem älteren Siegel noch nicht vorhanden gewesen. Das Schach des Wappenschildes ist Hoheits- und Herrschaftszeichen der Grafen von Sponheim. Schlüssel und Stab dürften als weitere Symbole für die Herrschaft der Grafen anzusehen sein. Die Bedeutung des mächtigen, kreuzbekrönten Turmes läßt sich nicht zweifelsfrei erklären. Jedenfalls wird es sich nicht um eine Anspielung auf die Grevenburg handeln, da diese erst ab 1350 von Graf Johann III. von Sponheim gebaut wurde, das Siegel aber ohne Zweifel älter ist.
Eine genaue Datierung des Siegels ist sehr schwierig, weil es keine vergleichbaren Stücke gibt. Schildform, Schräggitter mit eingefügten Kreuzchen und vor allem Eigenheiten der Umschrift lassen am ehesten an eine Entstehung des Siegels in den ersten Jahrzehnten des 14. Jahrhunderts denken. Auch die beträchtliche Größe des Siegels spricht für einen solchen zeitlichen Ansatz, weil die neugeschaffenen Siegel und i. a. auch die Nachschnitte spätestens seit der Mitte des Jahrhunderts wieder kleiner ausfielen. Das Siegel muß wegen seiner Umschrift – hier ist offensichtlich mit Bedacht der Terminus communitas (Gemeinde) gewählt worden – noch vor der Stadtentwicklung Trarbachs liegen. Diese begann erst, als Trarbach im Zusammenhang mit dem Bau der Grevenburg eine Stadtbefestigung erhielt. Anscheinend gab es für die Grafen von Sponheim, die 1437 ausstarben, ebensowenig wie für die Bürger von Traben-Trarbach im Mittelalter einen Grund, ihr ansehnliches und anspruchsvolles Gemeindesiegel durch ein förmliches „Stadt"siegel zu ersetzen.

Anmerkungen

1 Zur Geschichte der beiden Orte vgl. O. Th. Müller, Aus der Geschichte Traben-Trarbachs (Veröff. d. Arbeitsgemeinschaft f. Landesgesch. u. Volkskunde im Regierungsbez. Koblenz 3), Boppard (1962); HbHistStättenDeutschland 5 S. 371 f.

2 E. W. Spies u. a., S. 22 f.; R. Feld, S. 151.

3 Ebenda und E. Schaus, Stadtrechtsorte II, S. 582.

4 Vgl. oben den Artikel über das Gemeindesiegel von Enkirch.

5 Es handelt sich in beiden Fällen um Gemeindesiegel, nicht Stadtsiegel, wie R. Feld, S. 147 und 151 angibt; außerdem dürfte bei Feld, S. 151, der Durchmesser des Trarbacher Siegels mit „ca. 60 mm" zu gering angegeben sein, da allein schon die obere Spannweite des Wappenschildes rd. 4,8 cm beträgt; rechnet man den notwendigen Raum für die Umschrift an beiden Seiten hinzu, so dürfte das Siegel einen Durchmesser von mindestens 6,8 cm besessen haben und möglicherweise noch etwas größer als das von Enkirch gewesen sein.

Trier

Ältestes Stadtsiegel

Abbildung 89

Bild: Hinter einer dreiteiligen, gezinnten Stadtmauer, deren Mittelteil die Aufschrift SANCTA TREVERIS trägt, steht Christus auf der Weltkugel mit segnend erhobener Rechten und einem Schlüssel in der Linken. Der Heiland wird beseitet von zwei Heiligen, welche außen durch die Aufschriften S(ANCTVS) · PETRVS und S(ANCTVS) EVCHARIVS bezeichnet sind. Beide greifen nach dem Schlüssel; ebenso strecken vier hinter dem Mittelteil der Stadtmauer erkennbare Gestalten ihre Hände dem Schlüssel entgegen. Beiderseits des mit einem Kreuznimbus versehenen Hauptes Christi befinden sich die Buchstaben A und ω.

Umschrift: TREVERICAM PLEBEM · DOMI – NVS · BENEDICAT ET VRBEM –

Größe: 12,0 bis 12,4 cm im Durchmesser.

Abbildung: Originalabdruck an Urkunde von 1227 (LandeshauptarchKoblenz, Best. 209, U. 13).

Literatur: H. Horstmann, Das Trierer Stadtsiegel und die Anfänge der Trierer Selbstverwaltung, in: Trier. Ein Zentrum abendländischer Kultur, Rheinischer Verein für Denkmalpflege und Heimatschutz 1952 S. 79–92; H. Horstmann, Die Stempel des großen Trierer Stadtsiegels, KurtrierJb 10 (1970) S. 72–74; H. Horstmann, Köln, Trier oder Aachen? Zur Frage des ältesten deutschen Stadtsiegels, NassAnn 81 (1970) S. 237–241; T. Diederich, in: Rhein und Maas – Kunst und Kultur 800–1400, Ausstellungskatalog, Köln 1972 S. 50; H. Jakobs, S. 1–34, inbes. S. 3–5 und S. 14–21.

Das älteste Siegel der Stadt Trier nimmt in mehrfacher Hinsicht eine Sonderstellung ein. Mit maximal 12,4 cm Durchmesser ist es nicht nur das weitaus größte Siegel des Rheinlandes, sondern auch allen anderen Städtesiegeln an Größe deutlich überlegen. Welche Bedeutung dieser Tatsache im einzelnen zukommt, hat bisher noch niemand untersucht. Erste Aufschlüsse ergeben sich, wenn man ausgehend von den grundlegenden Erkenntnissen Günter Bandmanns zur mittelalterlichen Architektur als Bedeutungsträger[1] sich mit der symbolischen und geschichtlichen Bedeutung des mittelalterlichen Siegels beschäftigt.

Mit einer gewissen Berechtigung hat Harald Keller einmal die in ihren Dimensionen (Gesamtlänge 187 m!) mit der St. Peterskirche in Rom wetteifernde dritte Kirche des Klosters Cluny, deren Gewölbe 1125 einstürzten, als „den wahnsinnigsten Hochmutsbau des Mittelalters" bezeichnet. Ähnlich „wahnsinnig" war gewiß auch die Entscheidung der Trierer, sich ein Stadtsiegel von solch exorbitanter Größe zuzulegen. Es muß nämlich gesehen werden, daß die Majestätssiegel der deutschen Kaiser und Könige bis zum Ende des 12. Jahrhunderts einen Durchmesser von maximal 8,5 cm erreichten, also um etwa ein Drittel kleiner waren als das Trierer Stadtsiegel. Insofern war die hierarchische Ordnung, die sich im 12. und 13. Jahrhundert allenthalben – im übrigen

Siegelwesen wie in anderen Bereichen[2] – zeigt, nicht nur geringfügig, sondern erheblich gestört.

Es bedarf keiner Frage, daß die unerhörte Größe des Trierer Siegels nur aus dem Bestreben einer gesteigerten Selbstdarstellung zu erklären ist. Die Entscheidung der Trierer, ein in Größe, Siegelbild und Umschrift von höchstem Anspruch getragenes Stadtsiegel schaffen zu lassen, setzt letztlich den hohen Anspruch voraus, der in den Siegeln der konkurrierenden rheinischen Bischofsstädte Köln und Mainz formuliert worden war. Ergibt sich hieraus schon ein wichtiges Argument für den späteren zeitlichen Ansatz des Trierer Stadtsiegels, so ist dieses als Bedeutungsträger auch in seiner bildlichen und verbalen Aussage im Zusammenhang mit den ältesten Stadtsiegeln von Köln und Mainz zu sehen. Dies heißt zugleich, wie später dargelegt wird, seine Eigenständigkeit zu betonen.

In einem 1952 veröffentlichten Aufsatz hat sich Hans Horstmann eingehend mit dem Trierer Stadtsiegel beschäftigt. Seine überaus anregende, im Detail aber mit zu vielen Hypothesen belastete Studie kam zu dem überraschenden Ergebnis, daß das Trierer Stadtsiegel unter Erzbischof Bruno (1102–1124) wahrscheinlich vor dem Jahre 1113 entstanden und somit das älteste deutsche Stadtsiegel, „ja wahrscheinlich das älteste Stadtsiegel überhaupt" sei.[3] Gegen die wichtigsten Argumente Horstmanns habe ich 1969 im Rahmen meiner Untersuchung über das älteste Kölner Stadtsiegel Bedenken erhoben.[4] Auch Erich Kittel hat 1970 eingewandt, daß Horstmanns Datierung „eine außerordentlich früh vollzogene Gemeindebildung in Trier voraussetzen würde".[5] Ähnlich kritisch äußerte sich 1970 Heinrich Büttner.[6] Mit der im gleichen Jahre von Horstmann veröffentlichten Studie zur Frage des ältesten deutschen Stadtsiegels, die übrigens Mainz zu Unrecht außer Betracht läßt, wurden keine neuen Argumente für die Frühdatierung des Trierer Stadtsiegels in die wissenschaftliche Diskussion eingebracht. An Horstmanns Überlegungen zum Aachener Karlssiegel hat Erich Meuthen starke Zweifel angemeldet.[7] Sie gelten m. E. auch für den ungemein frühen Ansatz des Trierer Stadtsiegels. Da eine eingehende Erörterung aller strittigen Punkte hier nicht möglich ist, seien nur die Hauptargumente, die gegen die Schlußfolgerung Horstmanns sprechen, angeführt.

Typmäßig ist nicht das Kölner Stadtsiegel, wie Horstmann behauptet, sondern das Trierer Stadtsiegel als jünger zu betrachten. Sowohl für die Thronfigur des hl. Petrus als auch für deren Umrahmung durch eine Stadtarchitektur, wie sie im Kölner Siegel erscheint, gibt es ältere Vorbilder. Hingewiesen sei auf die Darstellung der Sapientia in der Lütticher Prudentiushandschrift, die nach Hanns Swarzenski in das zweite Viertel des 11. Jahrhunderts gehört, von Anton von Euw aber noch früher angesetzt wird.[8] Demgegenüber ist die Darstellung des Trierer Stadtsiegels ohne Vorbild, jedenfalls von der Rückseite der Bulle Heinrichs II. von 1014 – deren bisher unbewiesene Echtheit einmal vorausgesetzt – weit entfernt, weil im Trierer Siegel eine komplexe, hierarchisch abgestufte Gruppe, bestehend aus Christus, zwei Heiligen und vier Bürgern, erscheint. Dieses Siegelbild bedeutet im Umfeld aller bekannten Siegel aus den ersten Jahrzehnten des 12. Jahrhunderts eine so beträchtliche Fortentwicklung, daß es unmöglich demselben Siegelstecher zugeschrieben werden kann, dem wir das von 1110 bis 1112 belegte Siegel der Abtei Prüm verdanken. Dieses zeigt ein Salvator-Brustbild und fügt sich damit typmäßig in die Ikonographie der zeitgenössischen Siegel ein. Als einzige Gemeinsamkeit beider Siegel bleibt die Darstellung des mit A und ω bezeichneten Salvators, der im Trierer Siegel jedoch als Ganzfigur erscheint. Auch sollte die zu konstatierende Teilmotivgleichheit nicht von der unübersehbaren Stilverschiedenheit ablenken, die im übrigen auch von der Salvator-Darstellung des Liber-aureus-Deckels gilt. Schließlich ist darauf hinzuweisen, daß sich auch in der Epigraphik, nicht zuletzt in den griechischen Buchstaben A und ω, so deutliche Unterschiede zwischen dem Prümer und dem Trierer Siegel finden, daß man beide nicht derselben Werkstatt zuweisen kann. Zieht man die Siegel der Trierer Erzbischöfe zum epigraphischen Vergleich heran, so weist das erste, Anfang der dreißiger Jahre des 12. Jahrhunderts entstandene Siegel des Erzbischofs Albero (1131–1152) die stärksten Übereinstimmungen mit dem Trierer Stadtsiegel auf. Gemeinsam sind beiden Siegeln auch die gleichzeitige Verwendung von kapitalem und unzialem E sowie der mitten durch den Buchstaben gelegte, nach rechts abfallende und mit Hasten versehene Kürzungsstrich in den Wörtern S(ANCTVS) beim Stadt- und TREVIRORV(M) sowie EP(ISCOPV)S beim Erzbischofssiegel.

Nicht unerheblich für die Datierung des Trierer Stadtsiegels ist seine Einordnung in den Kontext der Trierer Verfassungsgeschichte. Nach den Untersuchungen von Knut Schulz über die Ausbildung der Stadtgemeinde in Trier[9] ist mit der Bildung der Schöffengemeinde (welche das Stadtsiegel führte) und einer städtischen Freiheit vor 1132 nicht zu rechnen. Da die Existenz der Stadtgemeinde zum Jahre 1143 aber vorausgesetzt werden kann[10], ergäbe sich von der Stadtverfassung her als terminus post quem ein Zeitraum von 1132 bis 1143. Gewiß bleiben, da einschlägige Quellen fehlen, Unsicherheiten. Eine erneute Untersuchung des Trierer Stadtsiegels im Hinblick auf die Stadtentwicklung könnte vielleicht zu neuen Erkenntnissen führen. Denkbar erschiene es auch, daß der erzbischöfliche Stadtherr in einem stärkeren Maße Einfluß auf die Schaffung des Trierer Stadtsiegels nahm, als man bisher glaubte. Sollte das Siegel schon vor 1132 entstanden sein, so ließe sich dies nur als schnelle Reaktion auf die Beispiele der beiden rheinischen Bischofsstädte Köln und Mainz erklären. Unter Einbeziehung aller Möglichkeiten ergäbe sich eine Datierung des Trierer Stadtsiegels in die Zeit von etwa 1120 bis 1150. Allerdings spricht am meisten für die Jahre ab 1143. Nicht maßgebend für diesen Ansatz ist die Tatsache, daß einige Forscher den ersten Abdruck des Trierer Stadtsiegels an einer Urkunde vom 18. November 1149 betr. einer Vereinbarung zwischen den Städten Trier und Köln vermuten, da an der in Köln ausgefertigten und für Trier bestimmten Urkunde eher das Kölner als das Trierer Siegel zu erwarten wäre.[11] Andererseits kann die Ersterwähnung des Trierer Stadtsiegels in der Corroboratio einer Urkunde von 1172 kein Argument gegen eine erheblich frühere Datierung sein.

Hatten sich Köln und Mainz in ihren ältesten Stadtsiegeln als „Heiliges Köln, von Gottes Gnade der römischen Kirche getreue Tochter“ bzw. als „Goldenes Mainz, der römischen Kirche besondere Tochter“ bezeichnet und ihren Patron inmitten der Stadt abgebildet, so wählt das Trierer Siegel eine völlig andere Aussage. Die Umschrift in Form eines leoninischen Hexameters lautet zu deutsch: „Der Herr segne Volk und Stadt von Trier!“ Ähnliche Segenswünsche fanden sich schon auf karolingischen Siegeln. So lautete die Umschrift im Siegel Karls des Großen: „Christe protege Carolum regem Francorum“ („Christus, schütze Karl, den König der Franken!“). Später kamen solche Umschriften in Form eines Gebetes außer Mode. Das Trierer Siegel ist das erste, das hierauf wieder zurückgreift. Man stellte sich also bewußt in eine alte Tradition und knüpfte an eine besondere geschichtliche Bedeutung – das Gebet des herausragenden Frankenherrschers um den Schutz Christi – an. Gerade weil hier ein historischer Rückgriff vorliegt, ist es nicht angängig, von der Form der Umschrift auf ein besonders hohes Alter des Siegels zu schließen.

Formuliert die Umschrift noch einen Segenswunsch, so stellt das Siegelbild die Erfüllung des Gebetes dar: Christus steht in seiner Stadt und segnet sie. Die dreiteilige Stadtmauer ist als symbolisches Bild dieser Stadt zu verstehen. Daß eine solche Abbreviatur in Siegelbildern stets in dem hier dargelegten Sinne aufzulösen ist, zeigt das Trierer Siegel in nicht zu übertreffender Deutlichkeit durch die Aufschrift „Sancta Treveris“. Aber auch das trierische Volk ist im Siegel in ähnlicher Verkürzung dargestellt, werden doch hinter der Stadtmauer vier Gestalten sichtbar, die ihre Hände emporstrecken. Sie wollen ebenso wie die beiden durch ihre Größe deutlich herausgehobenen Heiligen – St. Petrus und St. Eucharius – nach diesem Schlüssel greifen. Der Schlüssel versinnbildlicht die im Mittelalter auf unterschiedliche Weise verstandene Schlüsselgewalt des hl. Petrus. In der Verheißung der Schlüssel an Petrus hat man früher vor allem ein Versprechen der Primatialgewalt erblickt. Den Apostelfürsten, auf den Christus seine Kirche baute, haben Bistum und Stadt Trier mit Rom und Köln als Patron gemeinsam. Aber Trier hat noch einen zweiten Patron aufzuweisen, den hl. Eucharius. Dieser wurde nach der Überlieferung vom hl. Apostel Petrus in Rom zum Bischof geweiht und als Glaubensverkünder nach Gallien und Germanien gesandt. Eucharius war der erste Bischof von Trier; sein Grab fand man im Jahre 1053 wieder; in der ersten Hälfte des 12. Jahrhunderts, also der Zeit der Siegelentstehung, blühte sein Kult in Trier am stärksten. Das Siegel argumentiert historisch, indem von Christus über den hl. Petrus und den hl. Eucharius eine besondere Stellung der Stadt Trier abgeleitet wird. Das Trierer Siegel bringt also in seiner von den Siegeln der Städte Köln und Mainz abweichenden, völlig eigenständigen Darstellung die Vorzüge zum Ausdruck, welche die Trierer Erzbischöfe bei den Rangstreitigkeiten mit ihren Konkurrenten von Köln und Mainz stets betonten. Dieser Rangstreit hat sich selbstverständlich auch auf die rheinischen Bischofsstädte ausgedehnt. Der hohe Anspruch Triers, herausgefordert durch die Aussagen der älteren Städtesiegel von Köln und Mainz, gab Anlaß, die bevorzugte Stellung der alten Metropole zu betonen und ein Siegel in Auftrag zu geben, welches die ersten Städtesiegel an Größe noch weit übertraf, eine Tatsache, die nur aus dem historischen Kontext heraus zu verstehen ist. Es kann nicht verwundern, wenn das Selbstbewußtsein der Trierer etwa gleichzeitig auch in einer Großplastik Ausdruck fand, dem bemerkenswerten Sandsteinrelief am Trierer Neutor. Dort sind Christus mit dem Buch in der Linken und segnend erhobener Rechten sowie der hl. Petrus mit zwei Schlüsseln und der hl. Eucharius mit einem Stadtmodell dargestellt. Dieses auf 1147 datierte Relief[12] erlaubt zwar keinen stilistischen Vergleich mit dem Trierer Stadtsiegel, zeugt aber ebenso wie dieses von der Vorstellung der Trierer, daß der Segen Christi auf ihrer Stadt ruhe.

Im Trierer Stadtarchiv befindet sich ein Bleistempel des ältesten Stadtsiegels, der zuletzt als Originalstempel angesehen worden ist.[13] Wilhelm Ewald hatte ihn in seiner Qualität zwar gewürdigt, zugleich aber Zweifel geäußert: „Dieser Stempel darf wohl nicht als Original gewertet werden. Er stellt vielmehr einen späteren nach einem Originalabdruck hergestellten Abguß dar, bei dem trotz des beschnittenen Randes die Eigenart des Stempelschnittes vielleicht besser hervortritt als bei zahlreichen an Urkunden überlieferten Abdrücken des Originalstempels."[14] Wie der Vergleich eines Abdrukkes des Bleistempels im Trierer Stadtarchiv, abgebildet bei W. Ewald[15] und H. Horstmann[16], mit zwei Originalabdrücken an Urkunden des Landeshauptarchivs Koblenz[17] ergeben hat, ist dem Urteil Ewalds voll zuzustimmen. Die Koblenzer Originale weisen nicht den Schriftverlust am Rande auf, der infolge einer Beschneidung des Trierer Bleistempels für dessen Abdrücke charakteristisch ist. Außerdem lassen sich auch leichte Abweichungen feststellen, insbesondere bei der Weltkugel, die bei den alten Originalen unten konzentrisch zum Siegelrand gerundet ist, bei dem Bleistempel aber einen regelrechten Höcker zum Rand hin bildet. Man wird vermuten dürfen, daß der Bleistempel nach einem verhältnismäßig guten Originalabdruck angefertigt wurde. Wahrscheinlich wies dieser Abdruck im Bereich der Aufschrift SANCTA TREVERIS leichte Verunklarungen (Beschädigungen oder Verdrückungen) auf, welche sich auf den Bleistempel ausgewirkt haben. Ziemlich sicher ist, daß außer Teilen des Siegelbildes auch die Schrift in dem Bleistempel (oder in seiner als Zwischenform erstellten positiven Vorlage) nachgearbeitet wurde, was sich in einer übermäßigen Betonung der Hasten niedergeschlagen hat; man vergleiche etwa das T in der Aufschrift PETRVS oder das C in dem Wort EVCHARIVS. Alle Abweichungen zusammen genommen machen es zur Gewißheit, daß der heute noch vorhandene Bleistempel nicht als der ursprüngliche Stempel des Trierer Stadtsiegels anzusehen ist.

Andererseits gibt es, worauf mich dankenswerterweise Herr Prof. Dr. Richard Laufner aufmerksam gemacht hat, eine Reihe von Originalabdrücken, welche die charakteristischen Beschneidungen am Rand aufweisen und daher höchstwahrscheinlich von dem erwähnten Bleistempel stammen. Der älteste Abdruck dieser Art findet sich an einer Urkunde aus dem Jahre 1396.[18] Offenbar war der alte Stempel damals schon so abgenutzt, daß man, um das alte anspruchsvolle Siegel beizubehalten, im Abgußverfahren jenen heute noch erhaltenen Bleistempel herstellen ließ, dessen Material für einen alten Originalstempel mehr als ungewöhnlich wäre. Für eine Zwischenlösung mochte das verhältnismäßig weiche Blei als einigermaßen brauchbar erscheinen. Treffen diese Vermutungen zu, so können wir aus unserer heutigen Kenntnis feststellen, daß es recht lange bei dem Provisorium blieb, denn erst im Jahre 1534 ließ die Stadt einen neuen, ebenfalls erhaltenen Siegelstempel anfertigen, der sich als Nachschnitt nach dem Bild des alten Siegels erweist.[19] Ein zweites, gleich großes Typar, offenbar als Rücksiegel gedacht und ebenfalls erhalten, trägt die Aufschrift: · ANNIS · TRECENTIS · DETRITV(M) · REFORMABATVR · 1 · 5 · 3 4 · , zu deutsch: „Abgenutzt in 300 Jahren, wurde er (d. h. der Stempel) 1534 erneuert." Wohl um nicht in eine ähnliche Verlegenheit wie früher zu kommen, ließ die Stadt gleich drei Exemplare von dem neuen Siegelstempel herstellen.[20] Es ist dies ein einzigartiger Fall, hat man in der Regel doch nur ein Typar anfertigen lassen, um jede unkontrollierte,

d. h. mißbräuchliche Verwendung eines Siegelstempels von vornherein auszuschließen.
An das große Siegel der Stadt Trier, das nicht nur wegen seiner außergewöhnlichen Größe zu den bedeutendsten Städtesiegeln überhaupt zählt, knüpfen sich also eine Reihe von Fragen, die von allgemeinem Interesse für die Siegelkunde sind und über den örtlichen Bezug weit hinausreichen.

Anmerkungen

1 Vgl. den Artikel über das älteste Kölner Stadtsiegel, wo dieser Gesichtspunkt besonders verfolgt ist.
2 Vgl. etwa die in anderem Zusammenhang getroffene Feststellung bei H. Horstmann, Das Trierer Stadtsiegel, S. 88: „Der ‚Maßstab der Bedeutung' (Weigert), jener von der Antike übernommene Grundsatz, wonach die Hauptperson größer dargestellt wird als die Nebenperson, der Herr größer als der Diener, der zu Gott Erhöhte größer als der noch Lebende, dieser Grundsatz hatte für die Plastik des 12. und 13. Jahrhunderts absolute Gültigkeit."
3 H. Horstmann, Das Trierer Stadtsiegel, S. 87.
4 T. Diederich, Das älteste Kölner Stadtsiegel, S. 74–78.
5 E. Kittel, Siegel, S. 295.
6 H. Büttner, in: BllDtLdG 106 (1970) S. 617.
7 E. Meuthen, Aachener Urkunden 1101–1250 (PubllGesRheinGKde 58), Bonn 1972 S. 268: „Auch die übrigen Ausführungen Horstmanns a.a.O. sind verwirrend, irreführend und unbelegt."
8 Vgl. Rhein und Maas – Kunst und Kultur 800–1400, Ausstellungskatalog, Köln 1972 S. 225 mit Abbildung.
9 K. Schulz, Ministerialität und Bürgertum in Trier. Untersuchungen zur rechtlichen und sozialen Gliederung der Trierer Bürgerschaft vom ausgehenden 11. bis zum Ende des 14. Jahrhunderts (Rheinisches Archiv 66), Bonn 1968, Kap. I S. 26 ff.
10 Ebenda S. 27; wichtig ist auch der für 1143 bezeugte Trierer Mauerbau (ebenda S. 33).
11 Vgl. T. Diederich, Quellenwert und Bedeutungsgehalt, S. 273 Anm. 9.
12 Vgl. H. Horstmann, Das Trierer Stadtsiegel, S. 83 Anm. 20 und S. 87–90.
13 H. Horstmann, Die Stempel des großen Trierer Sadtsiegels, S. 73 Anm. 4.
14 W. Ewald, Rheinische Siegel III, S. 77.
15 Ebenda Tafel 30 Nr. 2.
16 H. Horstmann, Das Trierer Stadtsiegel, S. 81.
17 LandeshauptarchKoblenz, Best. 209, U. 13 von 1227 und Best. 55 A 4, U. 627 von 1326 Jan. 22.
18 StadtarchTrier, Best. St. Jakobshospital, U. 81.
19 Vgl. W. Ewald, Rheinische Siegel III, Tafel 31 Nr. 3 und 4 sowie S. 78; H. Horstmann, Die Stempel des großen Trierer Stadtsiegels, S. 73.
20 H. Horstmann (wie vorst. Anm.), S. 73 f.

Uedem

Großes Stadtsiegel

Abbildung 91

Bild: Innerhalb einer Raute, deren Spitzen bis zum Siegelrand reichen, befindet sich ein gotisches Maßwerk in Form eines Vierblatts. Sein Hintergrund ist durch ein Schräggitter verziert. Davor erhebt sich ein hohes, gezinntes Turmtor mit spitzbogigem Portal und halb herabgelassenem Fallgitter. Ein über dem Portal vorhandener Laufgang setzt sich beiderseits bis zum Rand des Siegelfeldes fort. Das Turmtor wird dort von zwei niedrigeren Türmen mit Zinnenkranz und haubenartigem Dach beseitet. Im Zentrum des Siegelfeldes, vor dem Obergeschoß des Turmtores, ist das klevische Vollwappen angebracht.

Umschrift: · SIGILL · – · VM : OPI · – DI DE · · – · VDEM ·

Größe: 4,7 cm im Durchmesser.

Abbildung: Originalabdruck an Urkunde von 1418 Jan. 1 (HauptstaatsarchDüsseldorf, Kleve-Mark, U. 1152).

Literatur: B. Endrulat, S. 20.

Im Anschluß an den schon 863 genannten, im Chattuariergau gelegenen Herrenhof Odeheim hat sich eine Siedlung entwickelt, deren Pfarrkirche dem Stift St. Viktor in Xanten unterstand[1]. Das Dorf selbst gelangte in den Besitz der Grafen von Kleve, die ihm schon am Ende des 13. Jahrhunderts ihre besondere Fürsorge zuteil werden ließen.[2] So erhielt der Ort bald eine größere Bedeutung, die sich auch in einer Befestigung ausdrückte. Ob Uedem, das in einem Urbar von 1319 bereits als „Stadt" bezeichnet ist[3], tatsächlich schon vor dem ersten bekannten Stadtprivileg Graf Johanns I. von Kleve vom 5. Januar 1359[4] zur Stadt erhoben wurde, ist in der Forschung umstritten. Jedenfalls bekam Uedem in der Urkunde von 1359 so umfangreiche Privilegien, daß erst von diesem Zeitpunkt an von einer Stadt im vollen mittelalterlichen Rechtssinne die Rede sein kann; es sei denn, man wollte die 1359 ausgesprochenen Bevorrechtungen lediglich als eine Wiederholung (und eventuell Ergänzung) schon früher verliehener Privilegien, deren Urkunde dann als verloren zu betrachten wäre, ansehen. Mit dieser Möglichkeit ist insofern zu rechnen, als auch Graf Adolf I. von Kleve-Mark 1368 den Uedemern dieselben Rechte wie sein Vorgänger zuerkannte, ohne die gleichartige Privilegierung von 1359 zu erwähnen.[5]

Der älteste Originalabdruck des Uedemer Stadtsiegels ist für das Jahr 1369 bezeugt[6], so daß dieses Jahr als terminus ante quem für die Entstehung des Typars zu gelten hat. Eine genaue Datierung nach epigraphischen, ikonographischen und stilistischen Merkmalen ist recht schwierig. Die gotische Majuskel herrscht nämlich in der gesamten ersten Hälfte des 14. Jahrhunderts vor und macht bis zu ihrer Ablösung durch die gotische Minuskel in der zweiten Jahrhunderthälfte keine besonders markante Entwicklung durch. Vierpaß- und Vierblattmotive kommen ebenso wie die anderen gotischen Maßwerkformen während des ganzen 14. Jahrhunderts in Siegeln vor. So liefert allenfalls die Art des klevischen Wappens, das im Uedemer Siegel aus dem Wappenschild mit einem von einer Lilienhaspel überzogenen Schildchen und einem Helm mit übergestülptem Ochsenkopf besteht, einen gewissen Anhaltspunkt. In dieser Form ist das klevische Wappen auch in einem Siegel Dietrichs IX.[7] (ab 1339 belegt) und in drei Siegeln Johanns I. von Kleve[8] (belegt ab 1346 bzw. 1351 bzw. 1363) anzutreffen. Die Siegel Adolfs I. von Kleve-Mark (1368–1394)[9] ab 1369 greifen das Motiv zwar ebenfalls auf, unterscheiden sich von dem Stadtsiegel aber schon wesentlich durch die Umschrift, die sich nun im Übergang zur reinen Minuskel befindet. So kommt für die Entstehung des Uedemer Stadtsiegels praktisch nur der Zeitraum zwischen ca. 1339 und 1369 in Frage. Leider läßt sich aufgrund dieses Befundes kein sicheres Indiz dafür gewinnen, wann Uedem die Stadtrechte erhalten hat. Eine gewisse Wahrscheinlichkeit spricht dafür, daß die neue, aus Schild und

Helm bestehende Form des klevischen Vollwappens zuerst in den persönlichen Siegeln der Grafen aufkam und von dort auf das Uedemer Stadtsiegel übertragen wurde.
Mit der Darstellung einer Dreiturm-Anlage steht das Uedemer Siegel ganz in der Tradition der älteren klevischen Städtesiegel. Es verzichtet aber auf deren Anspruch, begnügt sich mit einem geringen Durchmesser und zeigt in dem Vierblattmotiv starke von dem zeitgenössischen Wappensiegeln herrührende Einflüsse. Gegenüber den Meisterwerken der gotischen Siegelstecherkunst fällt das Uedemer Siegel beträchtlich ab. Es wird mit einer Reihe anderer Städtesiegel dieser Epoche zum Zeugnis für den beginnenden Niedergang der Siegelstecherkunst, die nur noch in einigen Spitzenleistungen den Anschluß an die übrigen Kunstgattungen wahrt.[10]

Anmerkungen

1 F. W. Oediger, Die Kirchen des Archidiakonates Xanten (PubllGesRheinGKde 12, 9, 2), Bonn 1969 S. 285 f.
2 Th. Ilgen, Herzogtum Kleve S. 89*.
3 Ebenda S. 88*.
4 Abdruck bei W. Teschenmacher, Annales Cliviae, Juliae, Montium, Marcae Westphalicae, Ravensbergae, Geldriae et Zutphaniae duabus partibus comprehensi, Frankfurt und Leipzig 1721, Anhang (Codex Diplomatum) Nr. 28 S. 20–22; F. Gorissen, Die Handfeste der Stadt Üdem vom 5. Januar 1359, Heimatkalender für das Klever Land, 1959, S. 25–27.
5 Abdruck bei W. Teschenmacher (wie Anm. 4), Nr. 29 S. 22 f.
6 W. Ewald, Rheinische Siegel III, S. 178.
7 W. Ewald, Rheinische Siegel VI, Tafel 15 Nr. 8.
8 Ebenda Tafel 16 Nr. 6, 8 und 9.
9 Ebenda Tafel 17 Nr. 1 und 5.
10 Vgl. T. Diederich, Siegelkunst.

Uerdingen

Großes Stadtsiegel

Abbildung 92

Bild: Vor schräg gegittertem Hintergrund thront der hl. Petrus; er hält auf der Rechten ein Kirchenmodell, in der Linken einen Schlüssel.

Umschrift: [+] S(IGILLVM) CIVITATIS [IN VRDINGE]N ·

Größe: ca. 6,4 cm im Durchmesser.

Abbildung: Originalabdruck an Urkunde von 1365 Mai 7 (HistArchKöln, HUA 3/2434).

Die Frühgeschichte der Stadt Uerdingen liegt weitgehend im dunkeln. Eine Stadterhebungsurkunde ist nicht überliefert; ebensowenig beleuchten andere zeitgenössische Quellen die Umstände der Stadtwerdung Uerdingens. Um so größere Bedeutung erhält eine Urkunde des Kölner Erzbischofs Heinrich von Virneburg vom 6. Mai 1324, in der anläßlich der Verleihung von näher genannten Freiheiten und Rechten die Vorgeschichte der Stadt kurz referiert wird. Danach habe Erzbischof Konrad von Hochstaden (1238–1261) das Dorf Uerdingen zur Stadt erhoben und befestigt, doch sei diese von Erzbischof Siegfried von Westerburg (1274–1297) an ihre jetzige Stelle verlegt worden, weil das Rheinhochwasser die alte Siedlung nach und nach weggespült habe. Da Erzbischof Konrad von Hochstaden am 11. Juni 1255 in Uerdingen eine Urkunde für Hohenbudberg ausstellte, hat die Forschung[1] angenommen, der Erzbischof sei anläßlich der Stadterhebung in Uerdingen gewesen, die somit auf das Jahr 1255 anzusetzen wäre. Gibt es für die Richtigkeit dieser Annahme bei der jetzigen Quellenlage auch nur eine gewisse Wahrscheinlichkeit, so kann an der Nachricht, daß Konrad von Hochstaden Uerdingen zur Stadt erhoben hat, kaum gezweifelt werden. Das große Stadtsiegel, das erstmals 1314 bezeugt ist, spricht eine so altertümliche Sprache, daß es auch noch vor 1255 entstanden sein könnte.

Die Belebung des Hintergrundes durch ein Schräggitter war in der Siegelkunst des 13. und 14. Jahrhunderts besonders beliebt. Während im 14. Jahrhundert dieses Gitter sehr regelmäßig ausgeführt und oft durch Röschen, Kleeblätter, Kreuzchen und dergleichen ausgefüllt zu werden pflegte, stehen am Anfang meist einfache Gitter, deren Einzellinien noch nicht schön parallel laufen. Von den Städtesiegeln ist am ehesten das um 1230 entstandene Siegel der Stadt Deutz zum Vergleich heranzuziehen. Auffällig sind die ganz ähnlich gebildeten Buchstaben C, I und A; man beachte die kräftigen, sporenartig auslaufenden Serifen der letztgenannten Buchstaben. Die unterschiedliche Gestaltung der Buchstaben N und T zeigt indessen, daß das Uerdinger Siegel von einem anderen Siegelstecher stammt. Beachtung verdient in diesem Zusammenhang auch das große Siegel der Stadt Essen, das epigraphisch eine Mittelstellung zwischen dem Deutzer und dem Uerdinger Siegel einnimmt. Das in dem Deutzer und dem Essener Siegel ausgeschriebene Wort SIGILLVM ist frappierend ähnlich gestaltet, andererseits kommen in dem Wort CIVITATIS des Essener Stückes zwei Formen des T vor, von denen jeweils eine derjenigen des Deutzer und des Uerdinger Siegels entspricht. Da das große Siegel der Stadt Essen um 1240 entstanden ist und das unziale T mit C-förmig gebogenem Schaft stärker in der ersten als in der zweiten Hälfte des 13. Jahrhunderts verbreitet war[2], verstärkt sich die Vermutung, daß das Uerdinger Stadtsiegel spätestens um 1255 gestochen wurde. Auch die Petrusdarstellung dieses Siegels stützt diese Annahme.

Wie an anderer Stelle gezeigt wurde[3], ist der Heiligensiegeltyp, welcher den thronenden Stadtpatron ohne Architekturrahmen abbildet, aus der älteren Praxis geistlicher Institutionen herzuleiten. Die Siegel von Andernach und Duisburg sind die ersten Beispiele dieses Typs bei rheinischen Städten. Die Petrusdarstellung des Uerdinger Siegels steht den Thronfiguren dieser beiden Siegel, insbesondere dem Duisburger Salvator näher als dem thronenden Apostelfürsten in den Stadtsiegeln von Lechenich und Zülpich, die bald nach 1279 gestochen wurden. Das recht grob gebliebene Gesicht des hl. Petrus im Uerdinger Siegel verweist wiederum auf die der Figuren im Essener Stadtsiegel. Beiden Siegeln ist auch die Verzierung des Suppedaneums durch ein Schräggitter gemeinsam. Alle Merkmale des Uerdinger Stadtsiegels sprechen also dafür, daß dieses spätestens um 1255, in jedem Falle aber unmittelbar nach der Stadterhebung geschaffen wurde.

Diese Tatsache erklärt auch, warum man sich in Uerdingen entschied, in Anlehnung an den Andernach–Duisburger Siegeltyp den Patron der örtlichen Pfarrkirche ohne Stadtmauer abzubilden, obwohl mit den Stadtsiegeln von Köln und Neuss – also in nächster Umgebung – eindrucksvolle Beispiele für die Umrahmung des Ortspatrons durch eine Architektur vorlagen. Man wird daraus schließen dürfen, daß Uerdingen zum Zeitpunkt der Stadterhebung noch keine Stadtmauer besaß. Herausragendes Bauwerk der Stadt war damals offensichtlich die dem hl. Petrus geweihte Pfarrkirche, deren Patrozinium gewiß auf die Kölner Domkirche zurückgeht. In dieser Hinsicht bieten sich vor allem die Siegel von Andernach und Zülpich zum Vergleich an. In dem ältesten Siegel der Stadt Andernach hält die Muttergottes ebenfalls ein einfaches Kirchenmodell auf der Rechten; der von einem Mauerring umgebene hl. Petrus des zweiten Zülpicher Siegels hält das Modell der Burg, die hier wohl markantestes Gebäude war, auf der Linken. Inwieweit das im Siegel erscheinende Modell dem tatsächlichen Aussehen der ältesten Uerdinger Kirche entspricht, wird sich wohl niemals klären lassen.

Belegt die Frühdatierung des Uerdinger Stadtsiegels einmal mehr den engen Zusammenhang zwischen Stadterhebung und Stadtsiegelführung, so wird am Beispiele Uerdingens eine weitere allgemeine Beobachtung bestätigt, daß es vielerorts nämlich die Schöffen waren, die zunächst das Stadtsiegel führten. Im Jahre 1314 urkundeten für Uerdingen noch „Richter, Schöffen und alle Bürger der Stadt", während 1317 erstmals eine differenzierte Stadtverfassung bezeugt ist, in der neben Schöffenkolleg und Bürgerschaft auch Ratleute und Bürgermeister von Uerdingen erscheinen.[4] Das große Siegel der Stadt Uerdingen, das leider in keinem unversehrten Exemplar überliefert ist, darf, wie die vorangehenden Erwägungen zeigen, nicht nur das Interesse der Orts- und Landesgeschichte, sondern auch das der allgemeinen Siegelkunde beanspruchen.

Anmerkungen

1 Vgl. zuletzt G. Rotthoff, Uerdingen (Rheinischer Städteatlas III 19), Köln 1976.
2 Vgl. den Artikel über das große Stadtsiegel von Geldern.
3 Vgl. den Artikel über das älteste Stadtsiegel von Andernach.
4 G. Rotthoff (wie Anm. 1); G. Rotthoff, Eine Uerdinger Urkunde von 1317, Die Heimat. ZNdrhKulturHeimatpfl 48 (1977) S. 174.

Wassenberg

Großes Stadtsiegel

Abbildung 93

Bild: In der Bildmitte befindet sich ein hohes Turmtor mit rundbogiger Durchfahrt, über der ein Wappenschild mit einem doppeltgeschwänzten steigenden Löwen angebracht ist. Den oberen Abschluß des Turmes bilden drei große Zinnen, von denen die beiden äußeren weit überkragen. Das Turmtor wird beseitet von zwei kleineren gezinnten Türmen.

Umschrift: + SIGGILLV(M) · CIVITATIS · WASSENBVRGE(N)SIS ·

Größe: 6,9 cm im Durchmesser.

Abbildung: W. Ewald, Rheinische Siegel III, Tafel 62 Nr. 4. (Der Originalstempel ist verschollen.)

Literatur: B. Endrulat, S. 53.

Zu den strategisch wichtigen Punkten des Wassenberger Hortes gehört jener Hügel, der möglicherweise schon von den Römern zur Sicherung ihrer Straße von Köln nach Roermond genutzt wurde, jedenfalls aber die Grafen von Wassenberg im 11. Jahrhundert veranlaßte, hier ihre Burg zu errichten.[1] Im Jahre 1118 erhöhte Graf Gerhard der Lange von Wassenberg die Bedeutung der Burg, indem er bei ihr ein der Muttergottes und dem hl. Georg geweihtes Stift gründete. Im Schatten von Burg und Stift entwickelte sich bald eine Siedlung, die sich gewiß der besonderen Förderung des Grafen erfreuen konnte. Spätestens nach dem Tode Gerhards (1134) fiel Wassenberg über seine Schwester Jutta, die mit Walram Paganus von Limburg verheiratet war, an das Haus Limburg. Während Wassenberg 1269 noch als „villa" bezeichnet wird[2], heißt es 1278 erstmals „Stadt"; weiterhin ist 1283 von „castrum et oppidum Wassenbergense" die Rede. Eine Stadterhebungsurkunde ist nicht erhalten, doch läßt sich die Stadtwerdung Wassenbergs verhältnismäßig eng eingrenzen, da vor den angeführten Belegen für den Stadtterminus schon das Stadtsiegel, und zwar an einer Urkunde des Jahres 1273, bezeugt ist. Nicht lange vorher wird Wassenberg die Stadtrechte erlangt haben.

Die verhältnismäßig primitive Art des Siegelbildes, in dem vor allem der Wappenlöwe ziemlich verunglückt ist, sollte ebenso wenig wie die Fehlerhaftigkeit der Umschrift (SIGGILLVM, Kürzungsstrich für ausgefallenes N über dem G statt über dem E) auf ein höheres Alter des Siegels schließen lassen. Die ausgesprochen modernen Formen des unzialen C und E mit durchgehenden, gebogenen und über das Zweilinienschema hinausreichenden Zierstrichen wirken ausgesprochen modern und weisen eigentlich schon in das ausgehende Jahrhundert. Diese modernen Elemente sind naturgemäß von größerem Gewicht für die Datierung als die altertümlichen Bestandteile. Das Wassenberger Siegel kann daher nicht lange vor 1273 entstanden sein. Es hat den Anschein, als sei hier ein wenig geübter Siegelstecher am Werk gewesen, der sich an dem verbreiteten Typ der älteren niederrheinischen Städtesiegel orientierte. Die Qualität dieser Vorbilder hat er mit seiner Arbeit jedoch nicht erreicht.

Der doppeltgeschwänzte Löwe des Wappenschildes ist ohne Zweifel als der limburgische Löwe anzusprechen. Er ist wie in anderen Fällen auch hier ein Hoheitszeichen, das auf den Stadtherrn und Stadtgründer verweist. Als Gründer der Stadt kommt nur Walram IV. von Limburg (1246–1279) in Frage. Bald danach wurde Wassenberg zum Streitobjekt der verschiedenen Territorialherren am Niederrhein. Die Bedeutung des Ortes war aber offensichtlich nicht groß; jedenfalls hat keiner der späteren Stadtherren einen Anlaß gesehen, das alte Wassenberger Siegel durch ein neues mit dem eigenen Hoheitszeichen zu ersetzen. So hat das große Siegel jahrhundertlang die Erinnerung an die von den Limburgern bestimmte Frühzeit der Stadt Wassenberg wachgehalten.

Anmerkungen

1 H. Heinrichs–J. Broich, Kirchengeschichte des Wassenberger Raumes, Geilenkirchen 1958 S. 17 f.; S. Corsten, Die Herrschaft Wassenberg im Mittelalter, in: Sieben Jahrhunderte Myhl, Geilenkirchen 1971 S. 11–25.

2 B. Endrulat, S. 53.

Welschbillig

Stadtsiegel

Abbildung 94

Bild: Befestigte Stadt mit einem Turmtor an der linken und einer Burganlage mit mächtigem Donjon und Doppelturmtor an der anderen Seite; links oben schwebt ein spitzer Wappenschild mit einem Balkenkreuz.

Umschrift: + S(IGILLVM) . OPIDI . WELSCH – PILC – H

Größe: 4,8 cm im Durchmesser.

Abbildung: Originalabdruck an Urkunde von 1364 Jan. 3 (LandeshauptarchKoblenz, Best. 96, U. 942).

Die Geschichte Welschbilligs ist stets in starkem Maße von dem benachbarten Trier mitbestimmt worden. In römischer Zeit befand sich in Welschbillig das Landhaus eines wohlhabenden Herrn, wie bedeutsame Ausgrabungen und Funde vermuten lassen. Nach einer späten, aber durchaus glaubhaften Quelle hat König Dagobert I. († 639) Welschbillig an das Trierer Stift St. Paulin geschenkt, bis es schließlich an die Erzbischöfe von Trier gelangte. Diese ließen – möglicherweise schon im 12. Jahrhundert – dort eine Wasserburg errichten. Einzelheiten über die Zahl der Hufen, die Abgaben und die Verwaltung des Dorfes „Pillike" sind aus dem folgenden Jahrhundert bekannt. Gleichzeitig mit Bernkastel, Mayen, Montabaur, Saarburg und Wittlich hat dann Welschbillig auf Bitten des Trierer Erzbischofs Boemund I. am 29. Mai 1291 von König Rudolf I. das Stadtrecht erhalten. Wie im Falle Saarburgs ist auch bei Welschbillig zweifelhaft, ob die Urkunde von 1291 sofort eine städtische Entwicklung ausgelöst hat. Der Ort wurde im Jahre 1309 noch als Dorf bezeichnet. Vielleicht gab auch hier die Bestätigung des Stadtrechts durch König Heinrich VII. vom 14. Juli 1310 einen neuen Anstoß. Jedenfalls erscheint Welschbillig 1313 und 1314 als „Stadt". Konnte dieses, da im Schatten Triers gelegen, sich auch nie zu größerer Bedeutung entwickeln, so wurde es doch schon im 14. Jahrhundert Verwaltungssitz eines nach ihm benannten Amtes.[1]

Ein Stadtsiegel ist für Welschbillig erstmals zum Jahre 1364 bezeugt; es blieb bis zum Ende des alten Reiches in Gebrauch.[2] Die Entstehung dieses Siegels läßt sich insofern näher eingrenzen, als es höchstwahrscheinlich ein Werk jenes Siegelstechers ist, der auch die Siegel der Städte Kyllburg und Saarburg geschaffen hat. Wie in dem Artikel über das Saarburger Stadtsiegel näher ausgeführt ist, war der Siegelstecher zur Zeit des Trierer

Erzbischofs Balduin von Luxemburg (1307–1354) tätig. Vieles spricht dafür, daß die drei hier in Frage stehenden Städtesiegel in den ersten Jahrzehnten nach 1310 gestochen worden sind. Die Siegel von Welschbillig und Saarburg sind vom Motiv her eng verwandt. Mit dem Kyllburger Siegel hat das Welschbilliger die Auflockerung der Freiflächen durch eine Art Rankendamast gemeinsam. In allen Fällen ist der kurtrierische Wappenschild Hoheitszeichen des Stadtherrn. Auch wenn die ganz ähnlich gestalteten vierekkigen Türme mit Walmdächern und zwei aufgesetzten Knäufen in den Siegeln von Saarburg und Welschbillig als eine Vereinfachung und vielleicht unberechtigte Vereinheitlichung erscheinen mögen, ist andererseits die überaus individuelle Wiedergabe der beiden Städte sehr auffällig. Man darf daher wohl auch bei dem Welschbilliger Siegel damit rechnen, daß die herausragenden Bauwerke – Türme und Tore – zwar vereinfacht, aber doch in Anlehnung an die Wirklichkeit gestaltet worden sind. Für den Doppeltortum der erzbischöflichen Burg ist dies jedenfalls zweifelsfrei gesichert.[3] Kaum ein anderes Stadtsiegel jener Zeit liefert auf ähnlich engem Raume ein so anschauliches und differenziertes Stadtbild wie das Siegel von Welschbillig.

Anmerkungen

1 Zur Geschichte von Welschbillig vgl. E. Schaus, Stadtrechtsorte III. S. 109–112; HbHistStättenDeutschland 5 S. 400 und F. Pauly, Siedlung und Pfarrorganisation im alten Erzbistum Trier, Das Landkapitel Kyllburg-Bitburg (VeröffBistumsarchTrier 8), Trier 1963 S. 208 f.; F.-J. Heyen, Das Erzbistum Trier 1: Das Stift St. Paulin vor Trier (Germania Sacra NF 6), Berlin – New York 1972 S. 537; E. Lichter, Welschbillig und Umgebung, Trier 1977, passim.

2 E. Schaus (wie Anm. 1), S. 110; E. Lichter (wie Anm. 1), S. 59 und 265.

3 Vgl. E. Wackenroder und H. Neu, Die Kunstdenkmäler des Landkreises Trier (KunstdenkmRheinprov 15,2), Düsseldorf 1936 S. 388–399. Der Beitrag über Welschbillig schließt dort S. 399 mit dem Satz: „Das Siegelbild entspricht also sehr gut der Wirklichkeit."

Wesel

Drittes großes Stadtsiegel

Farbtafel 8 und Abbildung 95

Bild: Dargestellt ist die Übertragung Wesels an den Grafen von Kleve: Links thront der König in vollem Ornat; rechts kniet der Graf; zwischen beiden ist ein Adlerschild angebracht. Über den Gestalten erhebt sich eine Doppelarkade, die außen jeweils auf dem Kapitell einer Säule ruht. Die beiden Arkaden tragen Inschriften, welche die Personen bezeichnen; sie lauten: + COMES : CLIVEN(SIS) und · ROMANORVM : REX . Zu Füßen der beiden Gestalten befindet sich ein flacher Segmentbogen, unter dem ein nach links springendes Wiesel dargestellt ist. Der flache Bogen trägt die Aufschrift: + MVSTELA . Über der Doppelarkade erscheint ein Stadtmodell; von dem Gebäude in der Mitte ragt ein Kreuz in den Raum der Umschrift hinein.

Umschrift: + SIGILLVM · BVRGENSIVM · WESELENSIS · CIVITATIS ·

Größe: 7 cm im Durchmesser.

Abbildung: Originalabdruck an Urkunde von 1448 Juni 5 (HauptstaatsarchDüsseldorf, Kleve-Mark, U. 1883).

Literatur: B. Endrulat, S. 20 f.

Wesel ist die älteste Stadt der Grafschaft Kleve. Mit Urkunde vom September 1241 hat Dietrich, erstgeborener Sohn des Grafen Dietrich VI. von Kleve, dem Ort – es war der einzige seines Territoriums, in dem sich schon ein stadtähnliches Leben entwickelt hatte – die förmlichen Stadtrechte verliehen. Vorausgegangen waren am Niederrhein Städtegründungen der Grafen von Geldern und des Erzbischofs von Köln. Wesel fiel die Aufgabe zu, den rechtsrheinischen Besitz Kleves an der unteren Lippe zu sichern.[1] Die älteste klevische Stadt hat ihre bedeutsame Stellung auch in der folgenden Zeit gewahrt.

Schon bald nach der Stadterhebung legte sich Wesel ein Stadtsiegel zu, das nicht nur mit einem Durchmesser von rund 8 cm alle Siegel der damals bereits bestehenden Städte in der näheren Umgebung an Größe übertrifft, sondern auch durch das im Siegelfeld dargestellte Motiv eine Sonderstellung einnimmt. Während die früher (und auch später) entstandenen niederrheinischen Städtesiegel meist eine mehrtürmige Festungsanlage hinter einer Stadtmauer zeigen und auf diese Weise den Stadtcharakter des Ortes hervorkehren, enthält das älteste Weseler Stadtsiegel eine bewegte Szene, bei der die Stadtabbreviatur (Turm und Mauerzinnen) über der Doppelarkade an den oberen Rand gerückt ist und daher nur eine untergeordnete Rolle in der Gesamtkomposition spielt.

Leider ist das älteste Siegel der Stadt Wesel, das ohnehin schon in der ersten Hälfte des 14. Jahrhunderts von einem merklich kleineren, aber das alte Motiv wiederholenden zweiten Stadtsiegel abgelöst wurde, nur in beschädigtem Zustand überliefert. Insbesondere die beiden Gestalten sind auf dem noch am besten erhaltenen Exemplar des ältesten Siegels verdrückt. Da auch das zweite Stadtsiegel verschiedene Einzelheiten schlecht erkennen läßt, wurde hier das dritte große Siegel ausgewählt, das sich als Nachschnitt der beiden älteren Weseler Stadtsiegel erweist. In dem dritten Siegel ist lediglich der Adlerschild hinzugefügt worden; außerdem hat der Siegelstecher das Stadtmodell, das nun keine Zinnen mehr zeigt, näher ausgestaltet. Ansonsten lassen sich nur stilistische Veränderungen feststellen; der Bedeutungsgehalt ist bei allen drei Siegeln gleich.

Das dritte große Siegel der Stadt Wesel dürfte in der ersten Hälfte des 15. Jahrhunderts entstanden sein. Leider läßt es sich vom Bild und auch von der Epigraphik her nicht genauer datieren. Die Schrift wirkt mit ihren übertriebenen Spaltungen der Schäfte und Balken etwas manieristisch und stellt, da schon in der zweiten Hälfte des 14. Jahrhunderts die gotische Minuskel in Siegelumschriften eindrang, eine Spätstufe der gotischen Majuskel in Siegeln dar. Geht man wie Ewald von der Annahme aus, daß das dritte Siegel das ältere zweite Siegel der Stadt Wesel abgelöst hat, so läßt sich die Entstehung des letzteren auf die Zeit zwischen 1423 und 1448 eingrenzen.

Aus dem Vergleich mit anderen, insbesondere niederrheinischen Städtesiegeln ergibt sich, daß die Szene, in der die Übertragung Wesels an den Grafen von Kleve dargestellt ist, eine besondere Bedeutung gehabt hat. Wie aus der bisherigen Forschung hervorgeht, besaßen die Grafen von Kleve in Wesel bis zum Jahre 1241 nur eingeschränkte Rechte.[2]

Für Dietrich von Kleve war es daher wichtig, das Einverständnis des Königs bei der Stadterhebung Wesels zu besitzen. Die Stadtrechtsverleihungsurkunde von 1241 schafft in diesem Punkte Klarheit, denn es wird gleich zu Beginn schon gesagt, Dietrich habe der Stadt Wesel alle Freiheit verliehen, wie es ihm die königliche Hoheit erlaubt habe.[3] Eine entsprechende königliche Urkunde ist zwar nicht erhalten, doch wird es mit der Behauptung seine Richtigkeit haben; es wäre sonst ein zu gewagter Anspruch, der sich in der Stadterhebungsurkunde und im Bilde des Weseler Stadtsiegels offenbarte. In jedem Falle ist die dargestellte Szene, in welcher der Graf von Kleve dem König beide Hände bittend bzw. empfangend entgegenstreckt, mit der erwähnten Aussage der Stadterhebungsurkunde in Verbindung zu bringen. Objekt der Handlung kann nur die im Modell am oberen Bildrand dargestellte Stadt Wesel gewesen sein. Der Adlerschild ist Hoheitszeichen des Reiches. Er erscheint in dieser Funktion häufig in den spätmittelalterlichen Siegeln der Reichsstädte.

Eine Besonderheit niederrheinischer Städtesiegel ist die Verwendung „redender" Wappen oder anderer Symbole, welche auf den Ortsnamen anspielen, etwa in den Stadtsiegeln von Emmerich, Grieth, Kranenburg und Orsoy. Im Weseler Stadtsiegel weist das Wiesel am unteren Bildrand auf den Namen der Stadt hin. Damit hinsichtlich der Deutung keine Zweifel aufkommen konnten, hat der Siegelstecher entsprechend mittelalterlicher Gewohnheit das Tier mit seinem lateinischen Namen „MVSTELA" (= Wiesel) bezeichnet. Es handelt sich auch hier um eine volksetymologische Interpretation des Ortsnamens, der eigentlich „an der sumpfigen Flußwiese" bedeutet.[4] Die Volksetymologie hat sich vielfach in der alten Heraldik niedergeschlagen. Auch wenn wir es heute besser wissen, haben solche alten Traditionen, die von dem früheren Selbstverständnis künden, ihren Reiz und ihren Sinn. Mit gutem Grund hat die Stadt Wesel das Wiesel als „redende" Figur in ihr Wappen aufgenommen und bis heute daran festgehalten.

Anmerkungen

1 D. Kastner, S. 32.
2 F. Reinhold, Verfassungs-Geschichte Wesels im Mittelalter (Unters. z. Dt. Staats- u. Rechtsgesch., hrsg. v. O. Gierke 23), Breslau 1888 S. 12–21; D. Kastner, S. 91.
3 Th. J. Lacomblet 2 Nr. 258: „. . . civitati Wiselensi, sicut excellentia regalis concessit, omnem libertatem . . . contulimus . . ."
4 H. Kaufmann, S. 66 f.

Wipperfürth

Großes Stadtsiegel

Farbtafel 8 und Abbildung 96

Bild: Im Vordergund eine zinnengekrönte Stadtmauer mit einem Turmtor in der Mitte; dahinter eine langgestreckte Kirche mit einem mächtigen Turm im Westen und zwei niedrigeren Türmen im Osten; über der Kirche ein spitzer Wappenschild, darin ein steigender, doppeltgeschwänzter und gekrönter Löwe, an der erhobenen Balkenstelle überzogen von einem fünflätzigen Turnierkragen.

Umschrift: + · S(IGILLVM) : BVRGENSIVM : OPIDI : IN : WIPPERVURDE :

Größe: 7,3 cm im Durchmesser.

Abbildung: Originalabdruck an Urkunde von 1267 November 22 (HistArchKöln, St. Aposteln, U. 2/62).

Literatur: B. Endrulat, S. 10; H. Peters, S. 61 f.; J. Germes, S. 17; T. Diederich, Siegelforschung, S. 23–43, insbes. S. 33 f.

Schon in dem zwischen 1183 und 1187 niedergeschriebenen Siegburger Mirakelbuch wird Wipperfürth als Stadt bezeichnet.[1] Die in dieser Quelle vorkommenden Formulierungen sind aber noch kein ausreichender Beweis dafür, daß Wipperfürth schon am Ende des 12. Jahrhunderts eine Stadt im mittelalterlichen Rechtssinne war. Bis vor kurzem hat die Forschung geglaubt, aus einer Urkunde von 1222 ableiten zu können, daß die Stadterhebung Wipperfürths in die Zeit zwischen 1215 und 1217 falle.[2] Die Überlegung hierbei war folgende: Die Abgabenbefreiung der Wipperfürther Bürger, welche der Kölner Erzbischof Engelbert I. von Berg in der Urkunde von 1222 bestätigte, war von ihm selbst und seinem Bruder, dem Grafen Adolf III. von Berg, erstmals – wohl zwischen 1215 und 1217 – ausgesprochen worden; in dieser Bevorrechtung sah man einen Akt, der einer Stadterhebung gleichkomme.

Gegenüber diesen Schlußfolgerungen sind inzwischen Zweifel angemeldet worden.[3] Sie gründen sich darauf, daß eine Befreiung von Abgaben an den Landesherrn noch nicht ohne weiteres als Stadtrechtsverleihung anzusehen ist. Außerdem heißt es in der abschriftlich überlieferten großen Stadtrechtsbestätigung und -erläuterung vom Jahre 1283, Heinrich von Limburg habe als Graf von Berg (1226–1246) zu seiner Zeit Wipperfürth mit der Freiheit des Stadtrechts ausgestattet. Die eigentliche Stadterhebung fällt demnach in die zwei Jahrzehnte, in denen Heinrich von Limburg bergischer Landesherr war; eine nähere zeitliche Bestimmung bleibt Aufgabe der Forschung.

Daß das große Siegel der Stadt Wipperfürth nicht vor 1246 entstanden sein kann, ergibt sich zwingend aus dem Wappenschild, der in das Siegel eingearbeitet ist. Die Grafen von Berg führten ursprünglich im Schild zwei Wechselzinnenbalken. Der erwähnte Heinrich von Limburg, der durch seine Heirat mit der bergischen Erbtochter Irmgard in den Besitz der Grafschaft gelangte, behielt den blauen, doppeltgeschwänzten und gekrönten limburgischen Löwen auf goldenem Grund bei, während sein ältester Sohn und Nachfolger, Graf Adolf IV. von Berg (1246–1259), erstmals den gleichen Wappenschild, vermehrt durch einen fünflätzigen Turnierkragen an der erhobenen Balkenstelle, führte. Dieses bedeutsame Beizeichen, das gerne von dem ältesten Sohn angenommen wurde, findet sich auch in dem Wappenschild des Wipperfürther Stadtsiegels. Den Turnierkragen haben die nachfolgenden bergischen Grafen dann bis zum Jahre 1308 beibehalten. Adolf VI. (1308–1348) war der erste bergische Landesherr, der das bekannte bergische Wappen der späteren Zeit, hergeleitet von seinem Vater Heinrich, Herrn zu Windeck, führte: den roten, blaubewehrten, blaugekrönten und doppeltgeschwänzten Löwen (ohne Turnierkragen).[4]

Eine genauere Datierung des großen Wipperfürther Stadtsiegels wird ermöglicht durch den ersten Beleg (Urkunde von 1267) und den stilistischen Zusammenhang mit den Stadtsiegeln von Lennep und Ratingen. Die Siegel dieser drei ältesten bergischen Städte sind einander so ähnlich, daß Wilhelm Ewald und ihm nachfolgend Jakob Germes sie mit Recht demselben Siegelstecher zugeschrieben haben.[5] Sieht man einmal von den mit gleichen Mitteln gestalteten Kirchendarstellungen ab, so ist besonders das ungewöhnlich breit angelegte M, dessen dünner ausgeführten Diagonalverbindungen über ihren Schnittpunkt hinaus bis zur Grundlinie hinabreichen, für den Siegelstecher charakteristisch. Man könnte ihn, da namentlich nicht bekannt, nach Gepflogenheit der Kunsthistoriker als „Meister des breiten M" bezeichnen, hebt sich dieser Buchstabe in seiner eigenwilligen Ausführung doch klar von anderen in mittelalterlichen Siegeln üblichen Formen ab. Das eigenartige M findet sich noch in einigen anderen Siegeln, so in dem großen Wappensiegel des Grafen Adolf V. von Berg (1259–1296). Dieses erstmals für das Jahr 1264 nachgewiesene Siegel[6], das den gleichen Wappenschild wie die Städtesiegel von Wipperfürth, Lennep und Ratingen zeigt, ist mit Sicherheit ein Werk desselben Meisters. Dem steht nicht entgegen die leicht erklärbare Tatsache, daß der Siegelstecher in diesen vier Siegeln zwei verschiedene Normen des N (die zwei Schriften – in dem einen Falle der Capitalis, im andern Falle der Unzialis – entnommen sind) verwandt hat. Gerade im 13. Jahrhundert verfügten die Siegelstecher oft über mehrere Buchstabenformen, insbesondere bei E, H, M und N, die gelegentlich sogar in ein und demselben Siegel in unterschiedlicher Gestaltung auftreten. Für den „Meister der ältesten bergischen Städtesiegel", wie wir den Siegelstecher in der Folge nennen wollen, läßt sich dies hinsichtlich des N nachweisen.

Der Siegelstecher muß am Niederrhein hohes Ansehen genossen haben, denn es lassen sich ihm mit Gewißheit auch die großen Stadtsiegel von Büderich, Dinslaken, Orsoy und Rheinberg zuschreiben.[7] Ebenso darf das für 1265 bis 1267 belegte Falknerinnensiegel Adelheids von Sponheim[8], der Gemahlin des Grafen Dietrich VII. von Kleve (1260–1275), als ein Werk desselben Meisters gelten, wodurch sich vom Motiv her ein enger Zusammenhang mit dem Siegel der klevischen Stadt Büderich ergibt, das ebenfalls einen Falkner im Siegelfelde und außerdem in der Umschrift die zwei oben erwähnten Formen des N aufweist. Der Meister der ältesten bergischen Städtesiegel hat insgesamt mindestens zehn Siegelstempel für Adlige und Städte am Niederrhein ausgeführt.[9] Dieser Zusammenhang – bisher war er nur für die drei ältesten bergischen Städtesiegel bekannt – macht den unbekannten Goldschmied, der nach den gesicherten Erstbelegen zwischen 1264 und 1276 tätig war, vielleicht aber auch schon etwas früher und noch etwas später Siegelstempel anfertigte, zu einem der interessantesten Siegelstecher im Rheinland. Die von ihm stammenden Städtesiegel sind in diesem Buche am entsprechenden Ort gewürdigt; der Gesamtzusammenhang wurde beim großen Siegel der Stadt Wipperfürth ausgebreitet, weil diese Stadt trotz der jetzt später anzusetzenden Stadtrechtsverleihung als älteste bergische Stadt zu gelten hat und das Siegel bereits 1267 vorkommt. Vermutlich ist es das älteste bergische Stadtsiegel überhaupt; um 1260 dürfte es entstanden sein.

Setzt man diese Datierung in Bezug zu der Stadtrechtsverleihung zwischen 1226 und 1246, so ergibt sich, daß die junge Stadt Wipperfürth offenbar einige Zeit lang kein

eigenes Siegel besaß, es sei denn, es hätte ein älteres Stadtsiegel existiert, von dem wir keine Kenntnis haben. Eine solche Möglichkeit ist zwar nicht völlig auszuschließen, aber doch unwahrscheinlich. Es spricht einiges dafür, daß zunächst noch keine dringende Notwendigkeit zur Anschaffung eines Siegels in der einzigen bergischen Stadt bestand, zumal sich in jener Zeit auch erst die enge Verquickung von freiheitlicher Stadtverfassung und Stadtsiegelführung als Ausdruck städtischer Selbstverwaltung zu entwickeln begann.
Für die örtliche Geschichte Wipperfürths trifft das Siegel einige bedeutsame Aussagen. Die Stadt war um 1260, wie die Stadtmauer in dem unteren Teil des Siegelfeldes zeigt, befestigt. Hier wird der Unterschied zu Ratingen deutlich, das alsbald nach der Stadterhebung ein Siegel in Auftrag gab, zu diesem Zeitpunkt aber noch ohne Stadtmauer war. In Wipperfürth muß wie in den beiden nächst ältesten bergischen Städten die Kirche das herausragende örtliche Bauwerk gewesen sein. Die Wipperfürther Kirche wurde in der zweiten Hälfte des 12. Jahrhundert als dreischiffige Basilika errichtet und um 1220/1230 im Mittelschiff eingewölbt. Damals hat man auch den Westturm ausgebaut. Die Darstellung der Kirche im Siegel trifft in den Grundzügen den zeitgenössischen Bau mit seinem mächtigen Westturm und den beiden kleineren, den Chor flankierenden Türmen im Osten. Im Detail hat der Siegelstecher sich indessen viel Freiheit gelassen und nicht nur die im wesentlichen ungegliederten Türme, sondern auch die Langseite mit zahlreichen Rundbogenfenstern versehen, die in Wirklichkeit nur spärlich vorhanden waren. Auch ist der viereckige Westturm der Kirche in der Darstellung des Siegels zu einem runden Turm geworden. Der Meister der ältesten bergischen Städtesiegel hat unverkennbar eine Vorliebe dafür besessen, die Wände von Langhäusern und Türmen durch zahlreiche schmale Rundbogenöffnungen in einer oder in mehreren Reihen übereinander zu durchfenstern, denn dieses Motiv findet sich in allen ihm zugewiesenen Werken, bei denen Gebäude im Mittelpunkt des Siegelfeldes stehen. Woher der Meister dieses ihm liebgewordene Motiv bezogen hat, wird ungeklärt bleiben. Daß es tatsächlich solche Türme gab, deren Wände durch eine Vielzahl von Rundbogenfenstern in mehreren Zonen übereinander aufgelöst wurden, zeigt ein heute noch erhaltener Turm dieser Art in Uzès (Dep. Gard, Südfrankreich). Es handelt sich dabei um einen romanischen Glockenturm aus dem 12. Jahrhundert, der in der französischen Kuntgeschichte als »tour fénestrelle« (Fensterturm) bezeichnet wird. Man kann sich aber kaum vorstellen, daß der Schöpfer des Wipperfürther Stadtsiegels von diesem entfernten und zudem vereinzelt dastehenden romanischen Fensterturm direkt beeinflußt worden sein sollte.
Mauer und Kirche als Symbole der Stadt werden in dem Siegel überragt von dem bergischen Wappenschild, der in verkürzter, aber eindeutiger und sinnfälliger Weise die Hoheit und Herrschaft der Grafen von Berg über die Stadt Wipperfürth zum Ausdruck bringt. Es liegt nahe anzunehmen, daß Graf Adolf V. von Berg, der für sich selbst ein großes Siegel von dem Meister der ältesten bergischen Städtesiegel anfertigen ließ, auch ein Wort mitredete, als Wipperfürth, Lennep und Ratingen ihre Stadtsiegel in Auftrag gaben. Hierbei wird Adolf V. Anweisung erteilt haben, sein Wappen in diese drei Städtesiegel aufzunehmen.

Anmerkungen

1 Libellus de translatione sancti Annonis archiepiscopi et miracula sancti Annonis, hrsg. von M. Mittler OSB (Siegburger Studien 3–5), 1966–1968, II 17: „Wippervurde... eo oppido..." und III 46: „Wiperfurdense oppidum".

2 P. Engel, Geschichte der alten bergischen Stadt Wipperfürth, Wipperfürth 1949 S. 27 f.; P. Opladen, Das Dekanat Wipperfürth, Siegburg 1955 S. 413.

3 K. Flink, AnnHistVNdRh 174 (1972) S. 242 Anm. 1; T. Diederich, Radevormwald, S. 249 Anm. 4.

4 Vgl. die Übersicht über die Entwicklung des Wappens und des Helmkleinodes der Grafen und Herzöge von Berg, in: W. Ewald, Rheinische Heraldik, S. 143, im Auszug wiedergegeben bei T. Diederich, Radevormwald, Abb. 8 und Text S. 258, wo die angeführten Merkmale zur Datierung des Siegels der Stadt Radevormwald herangezogen wurden.

5 W. Ewald, Rheinische Siegel III, S. 155 f. und 163; J. Germes, S. 17.

6 W. Ewald, Rheinische Siegel VI, Tafel 8 Nr. 6; E. Meyer-Wurmbach, Textband hierzu, S. 23.

7 Alle sieben Städtesiegel weisen dieselbe Formulierung in der Umschrift auf: S(IGILLVM) BVRGENSIVM OPIDI IN...

8 E. Ewald, Rheinische Siegel VI, Tafel 14 Nr. 2.

9 Vgl. T. Diederich, Siegelforschung, S. 23–43.

Wittlich

Großes Stadtsiegel

Abbildung 97

Bild: Im Vordergrund stehen zwei gezinnte Türme, welche durch eine ebenfalls gezinnte Mauer verbunden werden. In ihrer Mitte befindet sich ein spitzbogiges Portal mit einem halb herabgelassenen Fallgitter. Ein mächtiger gezinnter Turm dahinter überragt die ganze Toranlage.

Umschrift: + S(IGILLVM) : CIVITATIS · DE : WITTELICH :

Größe: 4,7 cm im Durchmesser.

Abbildung: Abguß von Originalabdruck an Urkunde von 1333 Dez. 30 (LandeshauptarchKoblenz, Best. 1 A, U. 4789). Dieser Originalabdruck wies am 20. März 1979 eine neuere Beschädigung am linken Rand auf. Eine ältere Aufnahme von dem unverletzten Original gibt es nicht.

Die erste urkundliche Erwähnung Wittlichs stammt aus dem Jahre 1065. Die Erzbischöfe von Trier müssen hier schon früh Güter und Rechte besessen haben, da der Ort im Jahre 1142 bereits als „villa episcopi" bezeichnet wird. Im 13. Jahrhundert treten die Rechte der Trierer Erzbischöfe näher in Erscheinung; diese besitzen in Wittlich einen Hof mit Salland, einer Kelter und verschiedenen Zinseinkünften sowie zwei Drittel des Marktes und des Zolls. Gerade die letztgenannten Einrichtungen zeigen, daß Wittlich in jener Zeit schon eine überörtliche Bedeutung gehabt hat. Es kann daher auch nicht verwundern, wenn die Trierer Erzbischöfe sich bemühten, Wittlich ganz in ihre Hand zu bekommen. Das gelang Erzbischof Heinrich von Vinstingen mit dem Erwerb der Vogtei im Jahre 1280. Elf Jahre später – mit Urkunde vom 29. Mai 1291 – erhielt Wittlich wie fünf weitere Orte auf Bitten Erzbischof Boemunds von Warsberg das Stadtrecht: König Rudolf von Habsburg stattete damals „seine Stadt Wittlich“ mit denselben Rechten und Gewohnheiten aus, deren sich die übrigen Städte im Reich erfreuten; nur die Hochgerichtsbarkeit sollte den Trierer Erzbischöfen vorbehalten sein. Diese Bestimmung macht deutlich, daß der König Wittlich keineswegs zu einer „Reichsstadt“ machen wollte. Vielmehr war von vornherein wie bei den anderen fünf Städten daran gedacht, eine landesherrliche Stadterhebung mit der königlichen Autorität zu bekräftigen. Wie Montabaur hat Wittlich damals nachweislich eine Ausfertigung der Stadterhebungsurkunde erhalten. Ob sie allerdings viel bewirkt hat, ist fraglich, denn in einer Urkunde Boemunds vom 5. Januar 1293 wird Wittlich noch „Dorf“ genannt.

Unter diesen Umständen erhält das Ergänzungsprivileg des Trierer Erzbischofs Dieter von Nassau vom 8. November 1300 ein verstärktes Gewicht. Der Erzbischof verlieh der Stadt Wittlich damals Abgabenfreiheit und das Recht zur Befestigung mit Mauer, Gräben, Toren und Riegeln; überhaupt sollte Wittlich dieselben Freiheiten besitzen wie die übrigen Städte der Trierer Diözese.[1] Auffälligerweise nahm Dieter von Nassau dabei keinen Bezug auf die Stadterhebungsurkunde Rudolfs von Habsburg aus dem Jahre 1291. Statt dessen betonte er, sein Bruder, König Adolf von Nassau, habe seinerzeit seinen Vorgänger Boemund urkundlich ermächtigt, Wittlich zu freien und zu befestigen. Demnach sind also zwei Könige und zwei Erzbischöfe für die Stadtwerdung Wittlichs verantwortlich.

Der älteste Beleg für die Existenz eines Wittlicher Stadtsiegels stammt vom 4. Februar 1304. Weiterhin wurde eine vom 3. November desselben Jahres datierende Urkunde mit diesem Siegel beglaubigt.[2] Es muß zwischen 1291 und 1304 entstanden sein. Da die Stadterhebungsurkunde Rudolfs von Habsburg keine greifbaren Wirkungen gezeigt hat und offensichtlich erst die Freiungsurkunde Dieters von Nassau Wittlich zur Stadt im mittelalterlichen Rechtssinne hat werden lassen, könnte das Siegel auch erst nach dem Jahre 1300 angefertigt worden sein. Eine sichere Entscheidung läßt sich weder von der Überlieferung noch vom Stilistischen her fällen, doch sollten wir froh darüber sein, daß das Siegel, auch wenn man die weiteren Daten ansetzt, sich auf einen Zeitraum von nur 13 Jahren eingrenzen läßt.

Auffällig an dem Wittlicher Siegel ist die imposante Tor- oder Burganlage, die gewiß den Stadtcharakter Wittlichs zum Ausdruck bringen sollte, aber keine Entsprechung in der damaligen Wirklichkeit hatte. Erst 1317 nämlich ließ Erzbischof Balduin von Luxemburg die Stadtmauer erbauen, während die Türme bzw. Tore noch jüngeren Datums sind.[3] Man wird daraus vorsichtig schließen dürfen, daß Wittlich zum Zeitpunkt der Stadterhebung – und Siegelentstehung – noch keine herausragenden örtlichen Bauwerke besaß, und die damalige Absicht, eine Stadtbefestigung zu errichten, einen „voreiligen“ Niederschlag im Stadtsiegel gefunden hat. Eine solche Absicht wird sicherlich von Anfang an bestanden haben, zumal das Ergänzungsprivileg vom Jahre 1300 das Befestigungsrecht ausdrücklich verbriefte; zudem war die Befestigung eines der wichtigsten Merkmale einer jeden Stadt.

Das ebenfalls auffällige Fehlen eines auf den Stadtherrn verweisenden Symbols findet eine andere Erklärung. Kreuz oder Schlüssel, die in den Siegeln des Erzstiftes Trier besonders beliebt waren, konnte man im großen Wittlicher Siegel entbehren, weil letztere –

Hinweis auf den erzstiftischen Patron, den hl. Petrus – in dem kleineren Sekretsiegel enthalten waren[4], das offenbar gleichzeitig mit dem Hauptsiegel gestochen wurde und wohl als Rücksiegel zu diesem gedacht war. Nimmt man beide Siegel zusammen, so ergibt sich eine starke motivische Nähe zu den Siegeln jener kurtrierischen Orte, die 1291 mit zu Städten erhoben wurden. Alle diese Siegel zeigen das kurtrierische Kreuz oder die Schlüssel des hl. Petrus und darüber hinaus eine Stadtabbreviatur (so Mayen, Montabaur, Saarburg und Welschbillig) bzw. in einem Falle (Bernkastel) ein spezielles Symbol, das auf den Ortsnamen anspielt. Das in seiner sachlichen Aussage beschränkte große Siegel der Stadt Wittlich wird also nur verständlich, wenn man das Sekretsiegel in die Betrachtung einbezieht. Mag das Hauptsiegel von Wittlich auch von geringer Größe sein und lediglich eine allgemeine Stadtabbreviatur enthalten, so offenbart sich in ihm doch wegen des anfänglichen Fehlens einer Burganlage bzw. einer Befestigung in der Stadt selbst ein erheblicher Anspruch. Wittlich wollte in seinem Siegel zum Ausdruck bringen, daß ihm der gleiche Rang wie den übrigen neuen Städten des Trierer Erzstiftes zustand.

Anmerkungen

1 E. Schaus, Stadtrechtsorte III, S. 114 f., mit näheren Angaben zu dieser Freiungsurkunde und zur älteren Geschichte Wittlichs.
2 Ebenda S. 115 f.
3 Ebenda S. 116.
4 Vgl. W. Ewald, Rheinische Siegel III, Tafel 36 Nr. 4.

Worms

Ältestes großes Stadtsiegel

Abbildung 98

Bild: Unter einem auf zwei Säulen aufruhenden Kleeblattbogen thront in der Bildmitte der hl. Petrus mit einem Schlüssel in der Rechten und einem geöffneten Buch in der Linken. Über dem Bogen erhebt sich ein von zwei schlanken Rundtürmen flankierter breiter Turm mit einem flachen Pyramidendach, von dessen Spitze ein Kreuz in die Umschrift ragt. Am rechten und linken Bildrand stehen jeweils hintereinander zwei gezinnte Türme. Die beiden vorderen besitzen zwei hohe Rundbogenportale, die beiden hinteren zwei schmale, schießschartenartige Fenster.

Umschrift: + TE · SIT · TVTA · BONO · WORMACIA · PETRE · PATRONO ·

Aufschrift auf dem Kleeblattbogen: SE(M)P(ER) . ERIS . CLIPEO . GE(N)S . MEA . TVTA . MEO

Größe: 9,4 cm im Durchmesser.

Abbildung: Originalabdruck an Urkunde von 1486 Juli 24 (StadtarchWorms, Urk. I / 568).

Literatur: J. F. Schannat, Historia Episcopatus Wormatiensis, Band 1, Frankfurt a. M.

1734 S. 220 f. nebst Abb. (Zeichnung) auf Tafel VI; J. F. Moritz, Historisch-Diplomatische Abhandlung vom Ursprung derer Reichs-Stätte, Frankfurt und Leipzig 1756 S. 126 ff. (zum hl. Petrus im Siegel, sonst nur Ausführungen zum Wormser Stadtwappen); W. Arnold, Verfassungsgeschichte der deutschen Freistädte, Hamburg und Gotha 1854 S. 305–307; H. Boos, Quellen zur Geschichte der Stadt Worms, Band 1, Berlin 1886 S. XLV f.; F. M. Illert, Worms, in: E. Keyser, Deutsches Städtebuch, Band Rheinland/Pfalz, Saarland, Stuttgart 1964 S. 457.

Wie die anderen rheinischen Bischofsstädte Straßburg, Speyer, Mainz, Trier und Köln verfügt auch Worms über ein bedeutendes altes Stadtsiegel. Da das älteste Wormser Stadtsiegel bereits in einer Urkunde des Jahres 1198 erwähnt ist[1], gehört es zu den ältesten Städtesiegeln überhaupt. Dasselbe gilt auch für das 1201 erstmals belegte große Siegel der Stadt Straßburg[2], das mit dem Wormser Siegel in weiten Teilen übereinstimmt, so daß notwendigerweise die Frage des Abhängigkeitsverhältnisses aufgeworfen wird. Der in beiden Siegeln völlig identische Architekturaufbau hat allerdings im einzelnen eine unterschiedliche Ausgestaltung erfahren. Das Straßburger Siegel verwendet in sehr viel reicherem Maße Zierelemente, insbesondere bei den Schraffuren der Mauern. Das weniger fein durchgearbeitete Wormser Stadtsiegel muß nach dem ganzen Befund, zu dem auch die Form der Umschrift zu rechnen ist, als das ältere Siegel angesehen werden. Für seine Datierung ergibt sich zunächst aber nur ein terminus ante quem, nämlich das erwähnte Jahr 1198.
Eine nähere Eingrenzung der Entstehungszeit gestattet ein Motiv- und Stilvergleich mit den ältesten rheinischen Städtesiegeln und anderen Werken der rheinischen Goldschmiedekunst. Zu den altertümlichen Elementen des Wormser Siegels gehört das durch mehrere „Sparren“ gegliederte flache Pyramidendach in der Mitte, eine Form, die in der älteren Münzkunst sehr verbreitet war. Ausgesprochen modern wirkt im Vergleich zu den Siegeln der Städte Köln und Mainz aber der Kleeblattbogen, der auf zwei mit Basen und Kapitellen versehenen kannelierten Säulen aufruht. Die architektonische Härte der beiden ältesten Städtesiegel, die noch in dem Erfurter Siegel beibehalten wurde, ist im Wormser Siegel also elegant überwunden. Daraus ergibt sich zwingend, daß das letztgenannte Siegel merklich später geschaffen worden sein muß. Zu derselben Schlußfolgerung gelangt man, wenn man die Faltenführung im Gewand der jeweiligen Heiligenfigur vergleicht. Schon die Haltung des Wormser Petrus mit dem leicht angehobenen linken Knie unterscheidet sich von den Heiligen des Kölner und Mainzer Siegels; hinzu kommen die zahlreichen, auch an den Ärmeln verwendeten Falten, die zwischen den Beinen des hl. Petrus im Wormser Siegel recht tief ausgebildet sind. Der Vergleich mit der herausragenden Goldschmiedekunst des Nikolaus von Verdun und seiner Nachfolger, die sich in den großen Schreinen seit 1181 greifen läßt[3], drängt sich als zeitgenössische Parallele auf, nicht zuletzt auch wegen des dort anzutreffenden Kleeblattbogens. Die Schreine der Heiligen Drei Könige (ab 1181), des hl. Anno (um 1183) und des hl. Albinus (um 1186) benutzen den ebenfalls auf Säulen aufruhenden und mit Aufschriften versehenen Dreipaßbogen in ganz ähnlicher Weise zur Umrahmung der dort dargestellten Figuren. Auffälligerweise ist der mittlere Bogen des Marienschreins von Tournai, des letzten, um 1205 geschaffenen Werkes des Nikolaus von Verdun, zugespitzt. Das Wormser Siegel

verharrt bei dem runden Kleeblattbogen der früheren Zeit und dürfte nach dem Gesamtbefund in die 80er (oder allenfalls noch 90er) Jahre des 12. Jahrhunderts gehören. Wenn die oben geäußerte Vermutung, daß das Straßburger Stadtsiegel etwas jüngeren Datums ist, zutrifft, müßte dieses im ausgehenden 12. Jahrhundert, genauer gesagt kurz vor 1201, entstanden sein.

Für die Aufschlüsselung des Bedeutungsgehaltes des Wormser Stadtsiegels ist von Interesse, was Günter Bandmann zu dem Straßburger Siegel ausgeführt hat: „Im offenen Tore thront die Madonna, umgeben von Architekturformen, die baldachinartig über ihr angeordnet sind. Während die äußeren, flankierenden Türme festungsmäßig gestaltet sind und zulassen, die Öffnung als Stadttor aufzufassen, ist die über dem Hauptbogen erscheinende Dreiturmgruppe offensichtlich vom zeitgenössischen Kirchenbau abgesehen. Der Umstand, daß die Kathedrale von Straßburg der Gottesmutter geweiht ist, schien die Annahme zu begründen, daß hier porträthafte Züge des romanischen Straßburger Münsters eingetragen sind. Aber trotzdem haben wir das Recht, wegen der hier zu beobachtenden Vermischung von Stadt- und Kirchenbauformen die Kirche, die Stadt Straßburg und die Himmelsstadt in der Bedeutung gleichzusetzen."[4] Wie in den Artikeln über die ältesten Siegel der Städte Köln, Mainz und Trier gezeigt wird, gilt die gleiche Interpretation für die dort abbreviaturhaft dargestellten „heiligen" Städte, die Sancta Colonia, die Aurea Magontia und die Sancta Treveris. An die Siegel von Köln und Mainz – wegen der räumlichen Nähe ist besonders ein Einfluß von Mainz wahrscheinlich – schließen sich die Siegelbilder des Wormser und des Straßburger Stadtsiegels eng an, bedienen sie sich doch desselben Motivs: thronender Patron, umrahmt von einer baldachinartigen, mit mehreren Türmen ausgestatteten Architektur. Offenkundig wirkte aber auch das im Siegelbild etwas abweichende Trierer Stadtsiegel auf das Wormser Siegel ein, denn ohne den leoninischen Hexameter des Trierer Siegels wäre die ebenfalls als leoninischer Hexameter gestaltete Umschrift des Wormser Stückes nicht denkbar. Sie lautet in der Übersetzung: „Unter dir, Petrus, seinem guten Patron, möge Worms sicher sein!" Während im Trierer Siegel der Segenswunsch der Umschrift im Siegelbild erfüllt wird, hält das Wormser Siegel eine verbale Antwort auf dem Dreipaßbogen bereit. Die von dem Patron stammenden Worte der dortigen Aufschrift – eines Pentameters, der zusammen mit dem Hexameter der Umschrift ein elegisches Distichon bildet – lauten nämlich: „Stets wirst du, mein Volk, unter meinem Schild sicher sein!" Die Eigenart des höchst anspruchsvollen Stadtsiegels von Worms wird in ihren Voraussetzungen wie in dem Grad ihrer Fortentwicklung also erst verständlich, wenn man es zu den älteren Siegeln der rheinischen Bischofsstädte in Beziehung setzt.

Das Straßburger Siegel enthält eine vergleichbare Aufschrift auf dem Dreipaßbogen; sie lautet mit aufgelösten Abkürzungen: „Virgo roga prolem, quod plebem servet et urbem!" („Jungfrau, bitte deinen Sohn, daß er das Volk und die Stadt bewahren möge!") Hier ist der unmittelbare Einfluß des Trierer Stadtsiegels offenkundig. Spräche nicht der stilistische Befund dagegen, so könnte man gar vermuten, daß das Straßburger Siegel älter als das Wormser ist. Doch die Umschrift des Straßburger Siegels wirkt gegenüber dem Wortlaut des Wormser Siegels ausgesprochen sachlich, nüchtern und anspruchslos: + Sigillum burgensium Argentinensis civitatis. Es obliegt keinem Zweifel, daß hier im Vergleich zu dem Trierer und insbesondere dem Wormser Siegel ein Stilbruch vorliegt:

Der poetischen Form des Hexameters in der Aufschrift entspricht keine gleichwertige Umschrift – ein wichtiges Argument dafür, daß das Straßburger Siegel tatsächlich jünger als das der Stadt Worms ist.

Wenn dem Wormser Siegel schon das höhere Alter zuzukommen scheint und demgemäß die Gestaltung des Straßburger Siegelbildes keine Originalität im modernen Sinne beanspruchen kann, so ist zu prüfen, ob nicht auch dem Wormser als dem älteren Siegel in noch höherem Maße „Porträtähnlichkeit" zukommt als dem Straßburger Siegel. Eine solche Prüfung beschränkt sich naturgemäß auf die Dreiturmgruppe über dem Kleeblattbogen. Wir wissen, daß kurz nach 1170 mit einem Neubau des Wormser Domes an der Stelle einer früheren Anlage begonnen wurde und daß ein für 1181 bezeugtes Weihedatum sich nur auf die Ostteile beziehen kann. Der von dem alten Burchard-Dom der Ottonenzeit übernommene platte Schluß des Ostchores mit einer Zwerggalerie und einem Dreiecksgiebel entspricht zusammen mit den beiden schmalen Flankentürmen der Darstellung des Siegels in einem solchen Maße, daß sie kaum zufällig sein kann. Wenn man bei der Architektur des Straßburger Siegels einen Einfluß des Kirchenbaus vermutet hat, so läßt sich dieser in dem Wormser Siegel mit Händen greifen. Geht man von den Einzelheiten des heutigen Wormser Domes aus, so sind im Siegel korrekt wiedergegeben die beiden Kegeldächer der Osttürme, die beiden durchfensterten Obergeschosse derselben (im Siegel allerdings mit mehr Fenstern als in der Wirklichkeit ausgestattet), das Giebeldach des Ostchores, die Zwerggalerie und der Rundbogenfries darunter. Nicht wirklichkeitsgetreu im Siegel ist der kleine Zwischenraum zwischen Ostchor und Osttürmen. Insgesamt ist der Oberteil des Ostchores aber über dem Dreipaß so trefflich abgebildet, daß der Wormser Bürger im Siegel unschwer den Dom erkennen konnte. Es ist andererseits zu vermuten, daß die Zinnentürme am Bildrand nur als allgemeine Stadtabbreviatur gedacht sind. Trifft diese Einschätzung zu, so dürfen wir im Siegel der Stadt Worms immerhin den ältesten, noch tastenden Versuch sehen, im Siegel ein Stadtporträt zu liefern. Verwunderlich ist dies nicht, weil der große Neubau des Domes gewiß auch den Siegelstecher beeindruckt hat, der in den 1180er oder 1190er Jahren das Wormser Siegel schuf. Zum anderen sei daran erinnert, daß nur gut eine Generation später in den zweiten Siegeln von Speyer und Boppard Stadtporträts von größter Vollendung entstanden.

Heinrich Büttner hat seinerzeit dargelegt, wie wichtig die letzten Jahrzehnte des 12. Jahrhunderts für die Wormser Stadtentwicklung, insbesondere für die beginnende Mitsprache der Bevölkerung und die Bildung des Rates, waren.[5] Das von ihm nicht berücksichtigte Stadtsiegel, das in diese Zeit gehört, verdient auch unter verfassungsrechtlichem Aspekt Beachtung. Ob das Wormser Stadtsiegel „als Folge des Freiheitsprivilegs Kaiser Friedrichs I. vom Jahre 1184" anzusehen ist, wie Illert annimmt, muß offen bleiben, da uns nähere Einzelheiten nicht überliefert sind. Gewiß wird man aber die Siegelentstehung in den Gesamtrahmen einordnen müssen, den die Forschung für die Entwicklung der Stadt Worms im ausgehenden 12. Jahrhundert erarbeitet hat. Zu verweisen ist besonders auf eine ehemals am Nordportal des Wormser Domes angebrachte, heute noch in Resten erkennbare Inschrift. Diese endet mit jenem Hexameter, der auch in der Umschrift des Wormser Stadtsiegels erscheint: „TE SIT TVTA BONO WORMACIA PETRE PATRONO". Knut Schulz hat zuletzt noch einmal darauf hingewiesen, daß der von der früheren Forschung vorgenommene sachliche und zeitliche Anschluß dieser Inschrift an das Diplom Friedrich Barbarossas von 1184 „den Vorteil der inneren Logik aufweist".[6] Der ganze Komplex bedarf noch der näheren Untersuchung, doch wird man vorerst mit guten Gründen eine Entstehung des Wormser Stadtsiegels in den 1180er oder 1190er Jahren annehmen können.

Anmerkungen

1 H. Boos, Nr. 103.
2 A. Schulte, Urkundenbuch der Stadt Straßburg, Band 3, Straßburg 1884 S. XIV.
3 Vgl. Rhein und Maas – Kunst und Kultur 800–1400, Ausstellungskatalog, Köln 1972 S. 314–325.
4 G. Bandmann, S. 99; vgl. auch ebenda S. 101.
5 H. Büttner, Zur Stadtentwicklung von Worms im Früh- und Hochmittelalter, in: Aus Geschichte und Landeskunde, Festschrift Franz Steinbach, Bonn 1960, besonders S. 404–407.
6 K. Schulz, Zensualität und Stadtentwicklung im 11./12. Jahrhundert, in: Beiträge zum hochmittelalterlichen Städtewesen, hrsg. v. B. Diestelkamp, Köln–Wien 1982 S. 86. Zur Inschrift vgl. auch W. Müller, Urkundeninschriften des deutschen Mittelalters (Münchner Historische Studien, Abt. Geschichtl. Hilfswissenschaften 13), Kallmünz 1975 S. 69 f.

Xanten

Ältestes Stadtsiegel

Abbildungen 99 und 100

Bild: Vor einer mit kleinen Kugeln besäten runden Scheibe in der Bildmitte steht ein senkrechter Schlüssel, dessen rautenförmiger, innen mit einem Vierblatt verzierter Griff nach unten und dessen doppelter Bart nach oben weist; das Feld beiderseits der Scheibe und des Schlüssels ist konzentrisch in drei Reihen mit Kleeblättern bestreut.

Umschrift: + SIGILLVM · VNIVERSITATIS OPIDI XANCTENSIS

Größe: 7,2 cm im Durchmesser.

Abbildung: Originalabdruck an Urkunde von 1281 April 1 (Xanten, Stiftsarchiv, U. 117, früher I. 127) und Abguß von Silikonnegativ im Stadtarchiv Köln nach unbekannter Vorlage.

Literatur: B. Vollmer, Die Siegel der Stadt Xanten, in: 700 Jahre Stadt Xanten. Ein Heimatbuch zur Erinnerung an das 700jährige Bestehen der Stadt, Xanten (1928) S. 81–84; D. Kastner, Stadterhebung, Stadtwerdung und das Privileg für Xanten vom 15. Juli 1228, in: Studien zur Geschichte der Stadt Xanten 1228–1978, Festschrift zum 750jährigen Jubiläum, Köln 1978 S. 38–40.

Der enge Werkstattzusammenhang mit den Siegeln des Leprosenhauses Melaten vor Köln sowie der Stadtsiegel von Geldern (vgl. diesen Artikel) und Doetinchem (Niederlande) läßt es unzweifelhaft erscheinen, daß das älteste Xantener Siegel unmittelbar nach der Erhebung Xantens zur Stadt, die der Kölner Erzbischof Heinrich von Molenark im Jahre 1228 vornahm, entstanden ist. Über diese vermutlich von gleicher Hand stammenden Siegel hinaus lassen sich einige andere rheinische Siegel beibringen, welche die Datierung von den besonderen Merkmalen der Umschrift her stützen. So wird man die erwähnten Siegel zwischen dem um 1220 entstandenen Siegel der Benediktinerabtei St. Matthias in Trier[1] einerseits sowie den epigraphisch schon etwas moderner wirkenden Städtesiegeln von Deutz, Jülich, Boppard (zweites Siegel) und Kreuznach andererseits einordnen. Ebenso steht das große Stadtsiegel von Essen dem ältesten Xantener Siegel nahe, während das erstmals für 1232 nachgewiesene zweite Siegel des Stiftes St. Andreas zu Köln[2] in seiner Schrift kalligraphischer, stärker reglementiert und damit auch moderner wirkt. Es ist deshalb davon auszugehen, daß das älteste Siegel der Stadt Xanten in den Jahren 1228/29 gestochen worden ist, auch wenn Ewald den ersten Originalabdruck dieses Siegels erst für 1275 nachweisen konnte.

Der Schlüssel füllt die mittlere Achse des Siegels geradezu in heraldischer Weise, reichen Bärte und Griff doch bis zum oberen und unteren Rand des Siegelfeldes. Wie Ewald schon festgestellt hat, war das Motiv des Schlüssels in den beiden Erzstiften Köln und Trier sehr beliebt.[3] Der Schlüssel als Attribut des hl. Petrus hat hier wie anderenorts die Aufgabe, die Zugehörigkeit des Ortes zu dem jeweiligen geistlichen Territorium vor Augen zu führen. Später wird das kurkölnische Kreuz diese Aufgabe übernehmen. In diesem Zusammenhang ist zu erwähnen, daß erst der Nachfolger Heinrichs von Molenark, Erzbischof Konrad von Hochstaden (1238–1261), das Kreuz in einem Sekretsiegel führte; Erzbischof Wikbold von Holte (1297–1304) ist dann der erste Kölner Metropolit gewesen, der in ein Siegel einen Wappenschild mit dem kurkölnischen Kreuz aufnahm.[4] Zum Zeitpunkt der frühen Städtegründungen durch die Kölner Erzbischöfe scheint das Kreuz als charakteristisches Zeichen für das Erzstift Köln noch nicht zur Verfügung gestanden zu haben. Die Kleeblätter hatten vermutlich keine besondere symbolische Bedeutung.

Das „Schlüssel-Motiv" wurde auch in allen folgenden Xantener Siegeln bis zum Ende des alten Reiches beibehalten. Das zweite große Stadtsiegel zeigt zwei gekreuzte Schlüssel, die auch auf Xantener Schöffensiegeln und Gegensiegeln wiederkehren. Das heutige Stadtwappen von Xanten knüpft an diese alte Tradition an.

Die Ortsnamensform XANCTENSIS in dem ältesten Stadtsiegel – sie wird auch bei den späteren Siegeln noch benutzt – erinnert an die Herkunft des Stadtnamens von dem lateinischen „ad sanctos"; dieser Name trug der Tatsache Rechnung, daß man im Bereich der Kirche zahlreiche Gebeine auffand, die man mit den Märtyrern der Thebäischen Legion (vgl. auch den Artikel über das große Stadtsiegel von Bonn) in Verbindung brachte.

Anmerkungen

1 W. Ewald, Rheinische Siegel IV, Tafel 26 Nr. 5; T. Diederich, Rheinische Siegel (3): Die großen Siegel der Benediktinerabteien Mettlach und St. Matthias in Trier, RheinHeimatpfl NF 12 (1975) S. 196 f.

2 W. Ewald (wie Anm. 1), Tafel 9 Nr. 11.

3 W. Ewald, Rheinische Siegel V, S. 11; W. Ewald, Beiträge zur rheinischen Siegel- und Wappenkunde, S. 22.

4 T. Diederich, Wappen der Stadt Bonn, S. 10.

Zons

Schöffensiegel

Abbildung 101

Bild: Auf einem nach rechts trabenden Pferd sitzt der hl. Martin, mit dem Schwert seinen Mantel teilend; der am linken Bildrand stehende Bettler greift nach der Mantelhälfte. Rechts oben befindet sich ein Wappenschild mit dem kurkölnischen Kreuz, der in den Raum der Umschrift hineinragt.

Umschrift: S(IGILLVM) · SCABINORVM · DE · ZVNZE –

Größe: 3,7 cm im Durchmesser.

Abbildung: Originalabdruck an Urkunde von 1386 März 13 (HauptstaatsarchDüsseldorf, Kurköln, U. 1101).

Es gibt im Rheinland eine Reihe von Städten, die niemals oder erst sehr spät ein eigenes Stadtsiegel geführt haben. Zu ihnen gehört auch Zons. Bis zu einem gewissen Grade sind die dortigen Verhältnisse für die ganze Gruppe der Städte ohne Stadtsiegel charakteristisch. Deshalb sollen am Beispiel von Zons die wichtigsten Gründe dargelegt werden, die eine Stadtsiegelführung verhinderten bzw. überflüssig erscheinen ließen.
Die auf einen älteren Fronhof zurückgehende dörfliche Siedlung Zons wurde erst am 20. Dezember 1373 von dem Kölner Erzbischof Friedrich von Saarwerden zur Stadt erhoben. Maßgebend hierfür war keineswegs ein ungewöhnliches Wachstum der Siedlung, das eine Stadterhebung nahegelegt oder gar herausgefordert hätte; vielmehr verfolgte der Landesherr mit diesem Akt – wie meist in diesen Fällen – ein anderes Ziel. Im Falle Zons ging es dem Kölner Kurfürsten darum, seiner Zollstätte einen besonderen Schutz zu verleihen. Im August des Jahres 1372 hatte er nämlich den ihm zustehenden Zoll von Neuss nach Zons verlegt. Hierbei hatte, wie Friedrich von Saarwerden ausdrücklich hervorhob, auch die mangelnde Sicherheit seines Zolles in Neuss eine Rolle gespielt. Da war es nur konsequent, wenn er der neuen Zollstätte dadurch besonderen Rückhalt und Schutz verlieh, daß er das Dorf Zons zur Stadt erhob und mit Mauern versah.[1]
Die kurfürstliche Burg, die innerhalb der Stadt lag, erhielt eine klug ersonnene Befestigung. Sie verschaffte den Burgbewohnern dadurch größte Sicherheit, daß sie mit der außen vorgelagerten Stadtmauer einen Zwinger bildete. Die alte Stadtmauer ist in einer sonst kaum noch anzutreffenden Geschlossenheit erhalten und macht heute den besonderen Reiz des Ortes aus. Der innerstädtische Ausbau der folgenden Zeit entsprach keineswegs dem fabelhaften Befestigungswerk. Zons konnte sich weder zu einer Handels- noch zu einer Gewerbestadt entwickeln, sondern ist bis zum Ende des alten Reiches ein unbedeutendes Ackerbürgerstädtchen geblieben.
Vor der Stadterhebung besaß Zons schon ein Schöffenkolleg, das nicht nur für die Rechtsprechung zuständig war, sondern auch administrative Aufgaben in der Gemeinde wahrnahm. Daran änderte sich auch nach 1373 nichts, stellten die Schöffen doch, soweit erkennbar, regelmäßig den Bürgermeister; zusammen mit den Ratsverwandten bildeten sie den Stadtrat.[2]

Unter diesen Umständen konnte das schon 1347 bezeugte Siegel der Schöffen über die Fälle der freien Gerichtsbarkeit hinaus auch ohne weiteres benutzt werden, um Urkunden im Namen der Gemeinde bzw. der Stadt zu beglaubigen. Eine zwingende Notwendigkeit zur Anschaffung eines besonderen „Stadt"-Siegels bestand nach 1373 in Zons also nicht. Lediglich ein stärkeres wirtschaftliches Wachstum oder eine zunehmende politische Bedeutung der Bürgerschaft hätte den Wunsch zur Anschaffung eines anspruchsvolleren Siegels wecken können. Wie die Verhältnisse in Zons nun einmal lagen, gab es hierfür keinen besonderen Grund. Im Gegenteil war die städtische Selbstverwaltung durch den erzbischöflichen Amtmann und nach der Verpfändung von Zons im Spätmittelalter durch das Kölner Domkapitel sehr begrenzt. Daher wird es erklärlich, daß das angeführte Schöffensiegel in Zons weiterverwandt wurde. Schon 1347 sicherte man es durch ein kleines Gegensiegel, das den kurkölnischen Wappenschild zeigte und ohne Umschrift war. In dem Hauptsiegel ist der Patron der Zonser Pfarrkirche, der hl. Martin, in der bekannten und beliebten Mantelteilungsszene[3] dargestellt. Der Wappenschild bezeichnet die Hoheit des Kölner Erzbischofs über den Ort.
Betrachtet man die älteren Schöffensiegel des kurkölnischen Territoriums, so fallen etliche Gemeinsamkeiten auf, insbesondere die konsequente Einarbeitung des kurkölnischen Wappenschildes in das Siegelfeld. Aber auch stilistische und epigraphische Merkmale geben einen Anhaltspunkt dafür, daß die Siegel etwa gleichzeitig entstanden sind.[4] Daran knüpft sich die Vermutung, daß die Anschaffung von Schöffensiegeln und die Verwendung des kurkölnischen Kreuzes von oben her „verordnet" worden sein könnten.[5] In diesem Falle käme nur der Kölner Erzbischof Walram von Jülich (1332–1349) in Frage, der sich besonders um den inneren Verwaltungsausbau seines Territoriums gekümmert hat.[6] Da das Zonser Siegel zu der hier in Rede stehenden Gruppe älterer kurkölnischer Schöffensiegel gehört, dürfte es zwischen 1332 und 1347 gestochen worden sein. Beziehungen Walrams zu Zons sind verbürgt, fällte er doch am 17. Juli 1336 in der Kirche des Dorfes Zons einen Schiedsspruch, der an gleicher Stelle auch beurkundet wurde.[7]

Aus den Verhältnissen der Stadt Zons lassen sich abschließend diejenigen Gründe ableiten, welche das Fehlen eines Stadtsiegels erklären; es sind dies: 1. die verhältnismäßig späte Stadterhebung, 2. die geringe wirtschaftliche und politische Bedeutung der Stadt, 3. die Existenz eines älteren Schöffensiegels, 4. die Teilhabe der Schöffen an der Stadtverwaltung, 5. die Beschneidung der städtischen Selbstverwaltung durch den Stadtherrn oder seine Beauftragten. Diese Gründe – zumindest einige davon – dürften auch bei den anderen rheinischen Stadtrechtsorten vorliegen, die es nie oder erst spät in der Neuzeit zu einem eigenen Stadtsiegel gebracht haben. Der ganze Komplex bedarf noch einer genaueren Untersuchung.

Anmerkungen

1 Vgl. A. Hansmann, Geschichte von Stadt und Amt Zons, Düsseldorf 1973 S. 35–37.

2 Ebenda S. 107.

3 Vgl. oben S. 111 f.

4 Vgl. den Artikel über das älteste Stadtsiegel von Ahrweiler.

5 Eine solche generelle Verordnung gab es 1335 beim Zisterzienserorden, dessen Statuten damals bestimmten, daß künftig jeder Konvent ein eigenes Siegel führen müsse; vgl. E. Meyer-Wurmbach, Textband zu W. Ewald, Rheinische Siegel IV, 1. Halbband (PubllGesRheinGKde 27), Bonn 1972 S. 81.

6 Vgl. W. Janssen, Zur Verwaltung des Kölner Erzstifts unter Erzbischof Walram von Jülich (1332–1349), in: Aus kölnischer und rheinischer Geschichte, Festgabe Arnold Güttsches (VeröffKölnGV 29), Köln 1969 S. 1–40.

7 W. Janssen, Regesten 5 Nr. 405.

Zülpich

Zweites großes Stadtsiegel

Abbildung 102

Bild: Inmitten einer durch Zinnen dargestellten Stadtmauer thront auf einer Bank der hl. Petrus mit zwei Schlüsseln in der Rechten und dem Modell einer Burg auf der Linken. Seitlich der Bank befinden sich zwei aus dem Bildrand herauswachsende Türme.

Umschrift: + SIGILLV[M : NO]BILIS : TVL[P]ETI :

Größe: 8,7 cm im Durchmesser.

Abbildung: Originalabdruck an Urkunde von 1288 Aug. 1 (HauptstaatsarchDüsseldorf, Jülich, U. 16).

Literatur: B. Endrulat, S. 30.

Die Siedlung Zülpich, schon bei Tacitus unter dem Namen Tolbiacum erwähnt, wurde spätestens in der zweiten Hälfte des 2. Jahrhunderts Benefiziarstation des römischen Militärs. In fränkischer Zeit besaß Zülpich einen befestigten Königshof, der zugleich Mittelpunkt des nach Zülpich benannten Gaues war. P. Heusgen hat vermutet, daß die außerhalb der Römermauer gelegene Marienkirche älteste Kultstätte einer frühen, wenn auch kleinen Christengemeinde gewesen und erst später von der St. Peterskirche überflügelt worden ist. Diese sei vom Kölner Bischof als unmittelbar von ihm abhängige Urpfarreikirche neben der fränkischen Königspfalz gegründet worden.[1] Gewiß geht das Patrozinium der Pfarrkirche St. Peter auf die Kölner Domkirche zurück. Größe, Lage und Funktion der Kirche St. Peter machen verständlich, daß die spätere Stadtgemeinde den Patron ihrer Pfarrei (die sich nicht mit dem eigentlichen Zülpich deckte) in ihrem Stadtsiegel abbilden ließ.

Im Gegensatz zu anderen alten Pfalzorten, die kontinuierlich in königlichem Besitz blieben und sich später zu Reichsstädten entwickelten, wurde Zülpich von den Königen schon bald aufgegeben. Die Vermutung H. van der Broecks, König Otto der Große habe seinem Bruder Bruno, der von 953 bis 965 Erzbischof von Köln war, das Kastell und damit den eigentlichen Kern Zülpichs übertragen[2], hat viel für sich, denn im 11. Jahrhundert besaßen die Kölner Erzbischöfe nicht nur die Pfarrkirche St. Peter, sondern auch eine Burg und ein Haus; vor 1034 müssen sie auch in den Besitz des Zolles in Zülpich, also eines alten königlichen Vorrechtes, gelangt sein. Seit dem 12. Jahrhundert lassen sich die Grafen von Jülich als Inhaber der Vogtei und der hohen Gerichtsbarkeit in Zülpich nachweisen, während das schon 973 bezeugte Dorf Mersburden in der

Nähe des heutigen Friedhofs den Grafen von Hochstaden gehörte. Im Jahre 1246 gelangte Mersburden mit der Hochstadenschen Erbschaft an den Kölner Erzbischof Konrad von Hochstaden (1238–1261). Dieser verstärkte seine Position durch den Schiedsspruch des Jahres 1255, der ihm im Streit mit dem Grafen von Jülich bestätigte, daß das „oppidum Tulpense" und die Burg mit Zubehör ein Allod der Kölner Kirche seien, während der Graf von Jülich sich mit dem begnügen solle, was ihm die Schöffen zugestanden hätten.

Denkt man an die vorangegangenen Auseinandersetzungen zwischen dem Erzbischof von Köln und dem Grafen von Jülich – sie kamen übrigens mit dem Schiedsspruch von 1255 noch keineswegs zum Abschluß –, so gewinnt die Bezeichnung Zülpichs als „Stadt" doch eine größere Bedeutung, als H. van der Broeck ihr zubilligen wollte.[3] Gerade der Vergleich mit Jülich, das in demselben Schiedsspruch als „villa" (Dorf) tituliert wird, legt die Vermutung nahe, daß die Verhältnisse in Zülpich genau umgekehrt wie in Jülich lagen. Danach hätte Konrad von Hochstaden versucht, seine Machtstellung gegenüber dem Jülicher Konkurrenten durch die Erhebung Zülpichs zur Stadt auszubauen. Nicht nur die vorhandenen Rechte des Kölner Erzbischofs in Zülpich sprechen für einen solchen Akt, sondern auch die Tatsache, daß für Zülpich bereits im Jahre 1270 ein erstes Stadtsiegel bezeugt ist.[4] Die Stadterhebung läge also in jedem Falle vor dem Pingsheimer Frieden von 1279, dessen Bedeutung für den rechtlichen Ausbau der Stadt andererseits nicht bestritten werden soll.[5] Für eine Stadterhebung Zülpichs durch Konrad von Hochstaden spricht auch der Typ des ersten Stadtsiegels. Dieses ist zwar nur als Fragment überliefert, läßt aber den hl. Petrus mit einem Schlüssel inmitten einer aus Zinnen bestehenden Stadtmauer erkennen, die vermutlich an den Seiten jeweils einen mehrgeschossigen Turm aufwies. Dieses Siegelbild, das gewiß als Vorlage für das zweite große Stadtsiegel gedient hat, steht eindeutig in einer „kölnischen" Tradition, die über den gemeinsamen Patron hinaus auch inkonographisch in den Städtesiegeln von Köln, Soest, Neuss, Bonn usw. zu fassen ist. Zwar ist von der Umschrift des ältesten Zülpicher Stadtsiegels kein einziger Buchstabe überliefert, doch spricht eine gewisse Wahrscheinlichkeit dafür, daß sie gleichlautend mit derjenigen des zweiten Stadtsiegels war. Der Wortlaut der Umschrift mit dem anspruchsvollen Attribut NOBILIS lehnt sich an ein schon früher bei rheinischen Städten beliebtes Verfahren an, sich selbst einen Ehrentitel oder einen schmückenden Beinamen zu verleihen. Diesen setzte man gerne in die Umschrift des Siegels, wie die Städtesiegel von Köln, Mainz, Trier, Bingen, Boppard, Kreuznach und Neuss zeigen.

Wenn auf der Rückseite des ersten und einzigen Abdrucks des ältesten Zülpicher Siegels vom Juli 1270 ein städtisches Gegensiegel mit dem Jülicher Löwen als landesherrlichem Hoheitszeichen begegnet[6], so spricht dies nicht gegen eine Stadterhebung durch den Kölner Erzbischof. Das Rücksiegel spiegelt lediglich die damaligen Machtverhältnisse wider: Der Kölner Erzbischof Engelbert II. von Falkenburg (1261–1274) war, als er nach der Einnahme Sinzigs verheerend durch das Jülicher Land zog, am 18. Oktober 1267 bei Marienholz unweit Zülpich in die Hände des Grafen Wilhelm IV. von Jülich gefallen. Dieser sperrte den Erzbischof dreieinhalb Jahre lang auf der Burg Nideggen ein; erst nach dem 16. April, vielleicht am 19. April, 1271 erhielt Engelbert seine Freiheit wieder.[7] Der Graf von Jülich nutzte, wie das Zülpicher Gegensiegel beweist, die Gelegenheit, die Stadt unter seine Hoheit zu bringen. Mit seinem Tode im Jahre 1278 änderten sich die Machtverhältnisse erneut. Wilhelms Witwe Richarda mußte im Pingsheimer Frieden von 1279 zusammen mit ihren Söhnen auf fast alle Rechte an und über Zülpich verzichten. Der nachfolgende Kölner Erzbischof Siegfried von Westerburg (1274–1297) besaß vorerst die unangefochtene Stadtherrschaft. Es war ein selbstverständlicher Akt, wenn er den Bürgern von Zülpich verbot, weiterhin das Gegensiegel mit dem Jülicher Löwen zu verwenden. Gewiß hat er bald nach dem Pingsheimer Frieden ein neues Gegensiegel stechen lassen, das nunmehr sein eigenes Hoheitszeichen, das kurkölnische Kreuz, zeigte.

Das neue Gegensiegel ist gleichzeitig mit dem zweiten großen Siegel an einer Urkunde vom 1. August 1288 belegt. Beide stammen offenkundig von demselben Siegelstecher, so daß auch das neue große Stadtsiegel mit Sicherheit zwischen 1279 und 1288 entstanden ist. Die vier ältesten Siegel der Stadt Zülpich sind also aufs engste mit der politischen Geschichte verknüpft. Deshalb war es notwendig, ausführlicher auf die Stadtwerdung und die ersten Jahrzehnte der Zülpicher Stadtgeschichte einzugehen, die im übrigen weiterhin von den Auseinandersetzungen zwischen Kurköln und Jülich bestimmt wurde.

Das zweite Siegel der Stadt Zülpich gehört nach den Siegeln der Bischofsstädte Trier, Köln und Mainz zu den größten Städtesiegeln des Rheinlandes. Man ahnt förmlich, daß der Kölner Erzbischof Siegfried von Westerburg der Stadt Zülpich eine besondere Rolle im Kampf mit den Grafen von Jülich zugedacht hatte. Einen besonderen Anspruch verrät auch, wie erwähnt, die Umschrift. Gegenüber den kurz zuvor und kurz danach angefertigten Siegeln der Städte Sinzig und Siegburg wirkt das Zülpicher Siegel recht altertümlich. Der Siegelstecher hat weder versucht, bei der Gestaltung des hl. Petrus den Faltenwurf hochgotischer Großplastiken zu übernehmen noch ein Stadtporträt zu liefern. Andererseits ist das Siegel von einer starken Symbolkraft. Sie wird bestimmt von der Stadtabbreviatur, d. h. dem geschlossenen Zinnenrund mit den beiden Türmen und der Burg auf der Linken des hl. Petrus. Die Burg scheint nicht nur besonderes Merkmal der Stadt, sondern auch ein Symbol für die rechtmäßige Herrschaft des Kölner Erzbischofs in Zülpich zu sein. Der ganze Bedeutungsgehalt des Siegels legt nahe anzunehmen, daß Siegfried von Westerburg starken Einfluß auf seine Gestaltung genommen hat.

Anmerkungen

1 P. Heusgen, Das Dekanat Zülpich (Geschichte der Pfarreien der Erzdiözese Köln, 2. Folge, Band 3), Siegburg 1958 S. 87.

2 H. van der Broeck, 2000 Jahre Zülpich, Zülpich 1968 S. 85.

3 Ebenda S. 92.

4 W. Ewald, Rheinische Siegel III, S. 58. Angekündigt wird das (verlorene) sigillum oppidi Tulpetensis schon in einer Urkunde von 1259 (HauptstaatsarchDüsseldorf, Füssenich, U. 13).

5 Vgl. hierzu die Ausführungen bei H. van der Broeck (wie Anm. 2), S. 90–93.

6 Es handelt sich um das bei W. Ewald, Rheinische Siegel III, Tafel 19 Nr. 4 veröffentlichte und dort S. 58 beschriebene Siegel, das demgemäß schon vor dem ebenda unter Nr. 3 abgebildeten „älteren" Gegensiegel existierte.

7 R. Knipping, Regesten 3 Nr. 2436.

Verzeichnis der Abkürzungen

A.	Akten
AachenKunstbll	Aachener Kunstblätter
AnnHistVNdRh	Annalen des Historischen Vereins für den Niederrhein
ArchDipl	Archiv für Diplomatik, Schriftgeschichte, Siegel- und Wappenkunde
ArchHessG	Archiv für Hessische Geschichte und Altertumskunde
ArchivalZ	Archivalische Zeitschrift
ArchMittelrhKG	Archiv für mittelrheinische Kirchengeschichte
BeitrrGEssen	Beiträge zur Geschichte von Stadt und Stift Essen
BeitrrJülichG	Beiträge zur Jülicher Geschichte
BllDtLdG	Blätter für Deutsche Landesgeschichte
BllHeimatKdeGeneralAnzBonn	Blätter für Heimatkunde des Generalanzeigers für Bonn und Umgegend
BonnArch	Bonner Archiv
BonnGBll	Bonner Geschichtsblätter
BonnUnivBll	Bonner Universitätsblätter
BullSocBibliophilesLiège	Bulletin de la Société des Bibliophiles Liégeois
CoblenzHeimatbl	Coblenzer Heimatblatt. Wöchentliche Sonder-Beilage des Coblenzer General-Anzeigers
DtVjschr	Deutsche Vierteljahrsschrift für Literaturwissenschaft und Geistesgeschichte
DüsseldorfJb	Düsseldorfer Jahrbuch
DuisburgForsch	Duisburger Forschungen
HambBeitrrNumismat	Hamburger Beiträge zur Numismatik
HannGBll	Hannoversche Geschichtsblätter
Hauptstaatsarch	Hauptstaatsarchiv
HbHistStättenDeutschland	Handbuch der Historischen Stätten Deutschlands
HistArchErzbKöln	Historisches Archiv des Erzbistums Köln
HistArchKöln	Historisches Archiv der Stadt Köln
HJb	Historisches Jahrbuch
HUA	Haupturkundenarchiv (im Historischen Archiv der Stadt Köln)
JbbVAltFrrRheinl	Jahrbücher des Vereins von Altertumsfreunden im Rheinland
JbGKunstMittelrh	Jahrbuch für Geschichte und Kunst des Mittelrheins und seiner Nachbargebiete
JbKölnGV	Jahrbuch des Kölnischen Geschichtsvereins
KölnDombl	Kölner Domblatt. Jahrbuch des Zentral-Dombauvereins

KunstdenkmRheinprov	Die Kunstdenkmäler der Rheinprovinz
KurtrierJb	Kurtrierisches Jahrbuch
Landeshauptarch	Landeshauptarchiv
LThK	Lexikon für Theologie und Kirche
MainzZ	Mainzer Zeitschrift
MGH LL	Monumenta Germaniae Historica, Leges
MIÖG	Mitteilungen des Instituts für Österreichische Geschichtsforschung
MittArchpflBayern	Mitteilungen für die Archivpflege in Bayern
MittBergGV	Mitteilungen des Bergischen Geschichtsvereins
MittblVErhaltungEssenMünster	Mitteilungsblatt des Vereins für die Erhaltung des Essener Münsters (Münsterbauverein e.V.)
MittStadtarchKöln	Mitteilungen aus dem Stadtarchiv von Köln
MittVGFrrRheinberg	Mitteilungen des Vereins von Geschichtsfreunden zu Rheinberg
MittVHeimatkdeKrefeldUerdingen	Mitteilungen des Vereins für Heimatkunde in Krefeld und Uerdingen
MittWetzlarGV	Mitteilungen des Wetzlarer Geschichtsvereins
MRR	A. Goerz, Mittelrheinische Regesten, Koblenz 1876–1886
MRUB	H. Beyer, L. Eltester, A. Goerz, Urkundenbuch zur Geschichte der jetzt die preußischen Regierungsbezirke Coblenz und Trier bildenden mittelrheinischen Territorien, Koblenz 1860–1874
NassAnn	Nassauische Annalen
NeussJb	Neusser Jahrbuch für Kunst, Kulturgeschichte und Heimatkunde
NF	Neue Folge
PubllGesRheinGKde	Publikationen der Gesellschaft für Rheinische Geschichtskunde
RheinHeimatpfl	Rheinische Heimatpflege
RheinVjbll	Rheinische Vierteljahrsblätter
RömJbKunstg	Römisches Jahrbuch für Kunstgeschichte
SoestZ	Soester Zeitschrift
Staatsarch	Staatsarchiv
Stadtarch	Stadtarchiv
TrierZGKunst	Trierer Zeitschrift für Geschichte und Kunst des Trierer Landes und seiner Nachbargebiete
U., Urk.	Urkunde
VeröffBistumsarchTrier	Veröffentlichungen des Bistumsarchivs Trier
VeröffHistSemUnivGraz	Veröffentlichungen des Historischen Seminars der Universität Graz
VeröffKölnGV	Veröffentlichungen des Kölnischen Geschichtsvereins

VeröffMaxPlanckInstG	Veröffentlichungen des Max-Planck-Instituts für Geschichte
VjschrSozialWirtschG	Vierteljahrsschrift für Sozial- und Wirtschaftsgeschichte
WallrafRichartzJb	Wallraf-Richartz-Jahrbuch
WestdtZGKunst	Westdeutsche Zeitschrift für Geschichte und Kunst
WestfForsch	Westfälische Forschungen
ZAachenGV	Zeitschrift des Aachener Geschichtsvereins
ZArchäolMA	Zeitschrift für Archäologie des Mittelalters
ZBergGV	Zeitschrift des Bergischen Geschichtsvereins
ZBildendeKunst	Zeitschrift für Bildende Kunst
ZGORh	Zeitschrift für die Geschichte des Oberrheins
ZKunstg	Zeitschrift für Kunstgeschichte
ZNdrhKulturHeimatpfl	Zeitschrift für niederrheinische Kultur- und Heimatpflege
ZRheinVDenkmalpflegeHeimatschutz	Zeitschrift des Rheinischen Vereins für Denkmalpflege und Heimatschutz
ZSRG. Germ	Zeitschrift der Savigny-Stiftung für Rechtsgeschichte. Germanistische Abteilung

Quellen und Literatur

Die folgende Zusammenstellung enthält nur Werke von grundsätzlicher Bedeutung und mehrfach zitierte Arbeiten.

G. Bandmann, Mittelalterliche Architektur als Bedeutungsträger, Berlin 1951.

F. Battenberg, Das Hofgerichtssiegel der deutschen Kaiser und Könige 1235–1451 (Quellen und Forschungen zur höchsten Gerichtsbarkeit im Alten Reich 6), Köln–Wien 1979.

B. Bedos, Les sceaux des villes (Corpus des sceaux français du moyen âge, Tom. 1), Paris 1980.

E. Frhr. von Berchem, Siegel (Bibliothek für Kunst- und Antiquitäten-Sammler 11), Berlin 1923.

H. Beyer, L. Eltester u. A. Goerz, Urkundenbuch zur Geschichte der mittelrheinischen Territorien, Bände 2 u. 3, Koblenz 1865 u. 1874, Neudr. Aalen 1974 (zitiert als MRUB).

A. v. Brandt, Werkzeug des Historikers (Urban-Bücher 33), 7. veränd. u. erw. Aufl., Stuttgart 1973.

H. Breßlau, Handbuch der Urkundenlehre für Deutschland und Italien, 2 Bde., 2. Aufl. Berlin–Leipzig 1912–1931.

Corpus Sigillorum Neerlandicorum. De Nederlandsche zegels tot 1300, 3 Bde., 's-Gravenhage 1937–1940.

J. Deér, Die Siegel Kaiser Friedrichs I. Barbarossa und Heinrichs VI. in der Kunst und Politik ihrer Zeit, Festschrift Hans R. Hahnloser, Basel u. Stuttgart 1961, S. 47–102.

K. E. Demandt u. O. Renkhoff, Hessisches Ortswappenbuch, Glücksburg 1956.

A. Diederich, Das Stift St. Florin zu Koblenz (VeröffMaxPlanckInstG 16, Studien zur Germania Sacra 6), Göttingen 1967.

T. Diederich, Das älteste Kölner Stadtsiegel, in: Aus kölnischer und rheinischer Geschichte, Festgabe Arnold Güttsches (VeröffKölnGV 29), Köln 1969, S. 51–80.

T. Diederich, Die alten Siegel der Stadt Köln (Aus der Kölner Stadtgeschichte), Köln 1980.

T. Diederich, Die Erhaltung von Siegeln. Eine vordringliche Aufgabe des Denkmalschutzes für die Archive, Der Archivar 34 (1981), Sp. 379–388.

T. Diederich, Die Gründung des Klosters Seligenthal im Lichte eines neuzeitlichen Guardianssiegels, in: Seligenthal 1231–1981. Beiträge zum 750jährigen Jubiläum, hrsg. v. P. Dr. Gabriel Busch O.S.B., Siegburg 1981, S. 404–413.

T. Diederich, Prolegomena zu einer neuen Siegel-Typologie, ArchDipl 30 (im Satz).

T. Diederich, Zum Quellenwert und Bedeutungsgehalt mittelalterlicher Städtesiegel, ArchDipl 23 (1977), S. 269–285, zugleich erschienen in: Aus Geschichte und ihren Hilfswissenschaften, Festschr. für Walter Heinemeyer zum 65. Geburtstag (Veröff. d. Histor. Kommission für Hessen 40), Marburg 1979, S. 269–285.

T. Diederich, Zum Alter der Stadtrechte von Radevormwald. Ein zeitlicher Ansatz nach den Stadtsiegeln und zwei abschriftlich überlieferten Urkunden von 1316 und 1327, RheinVjbll 38 (1974), S. 248–272.

T. Diederich, Rheinische Siegel und Siegelstempel, in: Kostbarkeiten aus rheinischen Archiven, Ausstellungskatalog (Archivberatungsstelle Rheinland, 12. Archivheft), Köln 1979, S. 45–67.

T. Diederich, Siegelforschung im Dienste der Stadtgeschichte. Überlegungen zum Alter des ersten Stadtsiegels und zur Stadtwerdung von Büderich bei Wesel, in: Archiv und Geschichte, Festschrift Rudolf Brandts (Archivberatungsstelle Rheinland, 11. Archivheft), Köln 1978, S. 23–43 (zitiert: T. Diederich, Siegelforschung).

T. Diederich, Siegelforschung, Siegelerfassung und Siegelkonservierung. Bericht über ein von der Archivberatungsstelle Rheinland und dem Historischen Archiv des Erzbistums Köln veranstaltetes Fachgespräch, Geschichte in Köln. Studentische Zeitschrift am Historischen Seminar 13 (1983), S. 5–39.

T. Diederich, Siegelkunst, in: Die Parler und der Schöne Stil 1350–1400. Europäische Kunst unter den Luxemburgern, Handb. z. Ausstellung 3, Köln 1978, S. 151–163.

T. Diederich, Das Wappen der Stadt Bonn in Vergangenheit und Gegenwart, BonnGBll 25 (1973), S. 7–39.

W. Diepenbach, Die Siegel der „freien" Stadt Mainz, MainzZ 36 (1941), S. 71–80.

L. Douët d' Arcq, Inventaires et documents publiés par ordre de l'Empereur sous la direction de M. le Comte de Laborde. Collection des sceaux, 3 Bde., Paris 1863–1868.

B. Endrulat, Niederrheinische Städtesiegel des 12ten bis 16ten Jahrhunderts, Düsseldorf 1882.

G. Engelbert, Die sponheimischen Freiheitsurkunden vom 13.–15. Jahrhundert, RheinVjbll 32 (1968), S. 220–273.

E. Ennen, Die europäische Stadt des Mittelalters, 3. überarb. u. erw. Aufl., Göttingen 1979.

E. Ennen, Rheinisches Städtewesen bis 1250 (Beiheft VI/1 zum Geschichtl. Atlas der Rheinlande, PubllGesRheinGKde 12, 1 b NF), Köln 1982.

L. Ennen – G. Eckertz, Quellen zur Geschichte der Stadt Köln, 6 Bde., Köln 1860–1879.

W. Ewald, Rheinische Heraldik (Rhein. Verein für Denkmalpflege und Heimatschutz 27, H. 2), Düsseldorf 1934.

W. Ewald, Rheinische Siegel I–VI (PubllGesRheinGKde 27), Bonn–Köln 1906–1975.

W. Ewald, Siegelkunde (Handbuch der mittelalterl. u. neueren Geschichte, hrsg. v. G. v. Below u. F. Meinecke, Abt. 4), München–Berlin 1914, unveränd. reprogr. Nachdr. München–Wien 1975.

L. Falck, Geschichte der Stadt Mainz 2, Düsseldorf 1972.

R. Feld, Das Städtewesen des Hunsrück-Nahe-Raumes im Spätmittelalter und in der Frühneuzeit, Trier 1972.

J. Germes, Ratinger Siegel, Wappen und Zeichen (Beiträge zur Geschichte Ratingens 2), Ratingen–Düsseldorf 1961.

Geschichte des Landes Rheinland-Pfalz (Geschichte der deutschen Länder, Territorien-Ploetz: Sonderausgaben), hrsg. v. F.-J. Heyen, Freiburg–Würzburg 1981 (insbes. das Kapitel „Städte" von D. Flach).

A. Goerz, Mittelrheinische Regesten oder kurze Zusammenstellung des Quellenmaterials für die Geschichte der Territorien der beiden Regierungsbezirke Koblenz und Trier in kurzen Auszügen (509–1300), 4 Bde., Koblenz 1876–1886 (zitiert als: MRR).

H. Grotefend, Über Sphragistik. Beiträge zum Aufbau der Urkundenwissenschaft, Breslau 1875.

W. Günther, Codex diplomaticus Rheno-Mosellanus, Bd. 2, Koblenz 1823.

M. Gumowski, Handbuch der polnischen Siegelkunde, Graz 1966.

L. Halkin, Les origines du grand sceau de la cité de Liège, Bulletin de la Société d'Art et d'Histoire du Diocèse de Liège 33 (1947), S. 1–18.

Handbuch der Historischen Stätten Deutschlands, 3. Bd.: Nordrhein-Westfalen, Landesteil Nordrhein, 2., neubearb. Aufl., Stuttgart 1970; 4. Bd.: Hessen, Stuttgart 1960; 5. Bd.: Rheinland-Pfalz und Saarland, 2. Aufl., Stuttgart 1965.

E. Hauviller, Die Erhaltung der Siegel, ihre Bedeutung für die historischen Hilfswissenschaften, ihr kunst- und kulturgeschichtlicher Wert, Metz 1910.

F.-K. Fürst zu Hohenlohe-Waldenburg, Sphragistische Aphorismen. 300 mittelalterliche Siegel systematisch classificirt und erläutert, Heilbronn 1882.

M. Huiskes, Andernach im Mittelalter. Von den Anfängen bis zum Ende des 14. Jahrhunderts (Rheinisches Archiv 111), Bonn 1980.

A. Huyskens, Siegel, Wappen und Fahnen der Stadt Aachen, ZAachenGV 63 (1950), S. 5–25.

Th. Ilgen, Quellen zur inneren Geschichte der Rheinischen Territorien, Herzogtum Kleve 1 (PubllGesRheinGKde 38), Bonn 1921.

Th. Ilgen, Sphragistik (Grundriß der Geschichtswissenschaft 1, 4, hrsg. v. A. Meister), 2. Aufl., Leipzig–Berlin 1912.

H. Jakobs, Eugen III. und die Anfänge europäischer Städtesiegel nebst Anmerkungen zum Bande IV der Germania Pontificia (Studien und Vorarbeiten zur Germania Pontificia 7), Köln–Wien 1980.

W. Janssen, Die Regesten der Erzbischöfe von Köln im Mittelalter 5 (PubllGesRheinGKde 21), Köln–Bonn 1973.

P. Johanek, Zur rechtlichen Funktion von Traditionsnotiz, Traditionsbuch und früher Siegelurkunde, in: Recht und Schrift im Mittelalter, hrsg. v. P. Classen (Vorträge u. Forschungen, hrsg. v. Konstanzer Arbeitskreis für mittelalterl. Geschichte 23), Sigmaringen 1977, S. 131–162.

R. Kahsnitz, Das große Essener Stadtsiegel im Germanischen National-Museum zu Nürnberg, Das Münster am Hellweg. MittblVErhaltungEssenMünster 23 (1970), S. 25–42.

R. Kahsnitz, Siegel und Goldbullen, in: Die Zeit der Staufer. Geschichte – Kunst – Kultur (Ausstellungskatalog) 1, Stuttgart 1977, S. 17–107.

R. Kahsnitz, Spätgotische Siegel am Nieder- und Oberrhein. Zu den Ausstellungen in Köln und Karlsruhe im Sommer 1970, ArchivalZ 67 (1971), S. 134–150.

R. Kahsnitz, Typare und Wachssiegel im Rheinischen Landesmuseum Bonn (Kunst und Altertum am Rhein, Führer d. Rhein. Landesmuseums in Bonn 26), Düsseldorf 1970.

D. Kastner, Die Territorialpolitik der Grafen von Kleve (Veröff. d. Histor. Vereins für d. Niederrhein 11), Düsseldorf 1972.

H. Kaufmann, Die Namen der rheinischen Städte, München 1973.

H. Keller, Die Entstehung des Bildnisses am Ende des Hochmittelalters, RömJb-Kunstg 3 (1939), S. 227–356.

E. Keyser, Rheinisches Städtebuch (Deutsches Städtebuch 3), Stuttgart 1956.

E. Kittel, Siegel (Bibliothek für Kunst- und Antiquitätenfreunde 11), Braunschweig 1970.

E. Kittel, Die Siegelsammlungen in den westdeutschen Archiven, Der Archivar 17 (1964), Sp. 225–238.

R. Knipping, Die Regesten der Erzbischöfe von Köln im Mittelalter 3 (PubllGes-RheinGKde 21), Bonn 1913.

W. Kock, Siegel und Typare im Historischen Archiv Kalkar, Kalkar 1980.

H. Kownatzki, Sigillum burgensium – Sigillum civitatis. Ein Beitrag zur Entwicklung der Staatsauffassung im Mittelalter, Köln 1979.

Th. J. Lacomblet, Urkundenbuch für die Geschichte des Niederrheins oder des Erzstifts Cöln, der Fürstentümer Jülich und Berg, Geldern, Meurs, Cleve und Mark und der Reichsstifte Elten, Essen und Werden, 4 Bde., Düsseldorf 1840–1858 (2. Neudr. Aalen 1966).

A. Lecoy de la Marche, Les sceaux, Paris 1890.

E. Liesegang, Niederrheinisches Städtewesen vornehmlich im Mittelalter. Untersuchungen zur Verfassungsgeschichte der clevischen Städte (Untersuchungen zur Deutschen Staats- und Rechtsgeschichte, hrsg. v. O. Gierke), Breslau 1897.

E. Melly, Beiträge zur Siegelkunde des Mittelalters, 1. Teil, Wien 1846 (Nachdr. Graz 1972).

W. Mummenhoff, Regesten der Reichsstadt Aachen 1 (PubllGesRheinGKde 47), Bonn 1961.

F. W. Oediger, Die Regesten der Erzbischöfe von Köln im Mittelalter 1 (PubllGes-RheinGKde 21), Bonn 1954–1961.

M. Pastoureau, Les Sceaux (Typologie des Sources du Moyen Âge Occidental 36), Turnhout 1981.

H. Peters, St. Peter und Paul Ratingen. Eine frühe Hallenkirche (Beiträge zur Geschichte Ratingens 1), Ratingen 1957.

M. Petry, Die niederrheinische Stadt als Festung im Mittelalter, RheinVjbll 45 (1981), S. 44–74.

F. Philippi, G. Tumbült u. Th. Ilgen, Die westfälischen Siegel des Mittelalters, 4 Bde., Münster 1882–1900.

H. Planitz, Die deutsche Stadt im Mittelalter, 2. Aufl., Graz–Köln 1965.

O. Posse, Die Lehre von den Privaturkunden, Leipzig 1887 (Nachdr. Berlin–New York 1974).

O. Posse, Die Siegel der deutschen Kaiser und Könige von 751–1806, Band 1: 751–1347, Dresden 1909.

J. Th. de Raadt, Sceaux armoriés des Pays-Bas et des pays avoisinants, 4 Bde., Brüssel 1898–1903.

O. Redlich, Die Privaturkunden des Mittelalters, München und Berlin 1911.

O. Renkhoff, Stadtwappen und Stadtsiegel, Festschr. E. E. Stengel, Wiesbaden 1952, S. 56–80.

Rheinische Geschichte, hrsg. v. F. Petri u. G. Droege, Band 1,1, 2. Aufl., Düsseldorf 1980; Band 1,2, Düsseldorf 1980; Band 2, 3. Aufl., Düsseldorf 1980.

J. Roman, Manuel de sigillographie française, Paris 1912.

E. Schaus, Stadtrechtsorte und Flecken im Regierungsbezirk Koblenz. I. Die Kreise Ahrweiler, Altenkirchen und Neuwied, RheinHeimatpfl 7 (1935), S. 484–498.

E. Schaus, Stadtrechtsorte und Flecken im Regierungsbezirk Koblenz, II. Die Kreise Koblenz, Kochem, Mayen, St. Goar und Zell, RheinHeimatpfl 8 (1936), S. 561–590.

E. Schaus, Stadtrechtsorte und Flecken im Regierungsbezirk Trier und im Landkreis Birkenfeld (Schriftenreihe zur Trierer Landesgeschichte und Volkskunde 3), Trier 1958 (zitiert als: Stadtrechtsorte III).

E. Schaus, Die Stadtrechtsverleihungen im Sammelprivileg für das Erzstift Trier von 1332, TrierZGKunst 6 (1931), S. 8–18.

J. Schultze, Die brandenburgischen Städtesiegel, in: J. Schultze, Forschungen zur brandenburgischen und preußischen Geschichte (Veröff. d. Histor. Kommission zu Berlin beim Friedrich-Meinecke-Institut d. Freien Univ. Berlin 13), Berlin 1964, S. 177–195.

G. A. Seyler, Geschichte der Siegel (Illustrierte Bibliothek der Kunst- und Kulturgeschichte), Leipzig (1894).

L. A. J. W. Sloet, Oorkondenboek der graafschappen Gelre en Zutfen, 3 Bde., 's-Gravenhage 1872–1877.

A. Suhle, Petschafte des Münzkabinetts aus dem 13.–16. Jahrhundert, Berlin 1964.

[G.] Terwelp, Fünf Andernacher Siegel, JbbVAltFrrRheinl 75 (1883), S. 197–200.

F. v. Weech u. andere, Siegel der badischen Städte in chronologischer Reihenfolge, hrsg. v. der Badischen Historischen Kommission, Heidelberg 1899–1909.

Siegelkundliches Glossar

Das nachfolgende Glossar erhebt keinen Anspruch auf Vollständigkeit. Nicht berücksichtigt wurden z. B. siegelkundliche Begriffe wie Siegelführer, Siegelring, Siegelwachs usw., die dem allgemeinen Sprachgebrauch entsprechen und daher ohne weiteres verständlich sind.

Ad-causas-Siegel	→ Geschäftssiegel.
Authentisches Siegel	Siegel mit unbestrittener Rechtskraft, das auch an Urkunden fremder Aussteller öffentlichen Glauben genoß.
Bulle	Metallsiegel, vorwiegend aus (massivem) Blei hergestellt. Bei Herrschern und anderen herausragenden Siegelführern gab es auch Goldbullen, deren Vorder- und Rückseite aus Goldplättchen unterschiedlicher Prägung bestehen. Das Innere der Goldbullen ist hohl oder weist einen besonderen Mechanismus zur Befestigung der Bulle an einer Siegelschnur auf.
Capitalis	Lateinische Großbuchstabenschrift, vorwiegend der republikanischen Zeit. Ihre vollendete Form erhielt die Capitalis in der augusteisch-tiberianischen Zeit.
Chrismon	Zeichen für Christus (+, C oder ☧) am Anfang einer Urkunde oder einer Siegelumschrift. Das Chrismon ist zu verstehen als eine Anrufung Gottes; vgl. Invokation.
Contrasigillum	→ Rücksiegel.
Corroboratio	Teil der Urkunde, in welchem die Beglaubigungsmittel angegeben sind. Bei den meisten Privaturkunden beschränkt sich die Corroboratio auf die Siegelankündigung.
Epigraphik	Wissenschaftliche Disziplin, die sich mit der Entwicklung der Schrift, insbesondere dem Inschriftenwesen, beschäftigt; → auch Siegelepigraphik.
Eschatokoll	Schlußteil der Urkunde nach Protokoll (Einleitungsteil) und Kontext (Hauptteil). Im Eschatokoll erscheinen gegebenenfalls Unterschrift(en), Monogramm, Datierung und Segenswunsch.
Gegensiegel	→ Rücksiegel.
Gemmensiegel	Abdruck eines Siegelstempels bzw. der Siegelstempel selbst, bei dem zur Prägung ein vertieft geschnittener Stein, meist Halbedelstein, verwandt wird.

Geschäftssiegel	Nebensiegel für die Masse der alltäglichen Geschäftsurkunden. Das Hauptsiegel oder sog. Große Siegel blieb danach den wichtigeren Beurkundungsfällen vorbehalten.
Ikonographie	Beschreibung, Erforschung und Erklärung von Bildwerken, insbesondere von Attributen, Emblemen und Symbolen, die dort erscheinen.
Inschriften	→ Siegelinschriften.
Intaglio	Vertieft geschnittener Stein, der als Siegelstempel dienen kann; vgl. auch Gemmensiegel.
Invokation	Anrufung Gottes am Anfang einer Urkunde bzw. eines Siegels. Die Anrufung kann in Worte gekleidet sein (z. B. „In nomine Domini amen“) oder durch ein Chrismon, d. h. ein Zeichen für Christus, ausgedrückt werden; vgl. Chrismon.
Ius archivi	Besondere Rechtskraft oder Glaubwürdigkeit, welche den an öffentlicher Stelle aufbewahrten Schriftstücken oder Amtsbüchern zukommt.
Kapitalis	→ Capitalis.
Legende	Umschrift.
Majuskel	Großbuchstabenschrift (Schrift in Versalien).
Minuskel	Kleinbuchstabenschrift.
Missivensiegel	Verschlußsiegel für die zu verschickenden Briefe.
Münzsiegel	Wachssiegel, das auf der Rückseite einen Abdruck von gleicher Größe wie auf der Vorderseite trägt, insofern also einer doppelseitig geprägten Münze entspricht.
Notariatsinstrument	Urkunde eines Notars, die ihre Rechtskraft von der eigenhändigen Unterschrift und dem aufgemalten Beglaubigungszeichen des öffentlich bestellten Notars erhält.
Oblate	Dünnes, aus ungesäuertem Weizenmehl gebackenes, oft auch eingefärbtes Scheibchen zur Aufnahme einer Siegelprägung bzw. Befestigung eines Papiersiegels.
Pergamentpressel	Schmaler Pergamentstreifen zur Befestigung eines Siegels an der Urkunde.
Petschaft	Das dem Slawischen entstammende Wort bezeichnet allgemein einen Siegelstempel, insbesondere aber den kleineren persönlichen Siegelstempel, den man zum Verschluß von Briefen benutzte; vgl. auch Signet.
Plica	Umbug am Rand der Urkunde. Das Umbiegen des Pergamentes hatte den Sinn, den Rand zu verstärken und ein Ausreißen der daran befestigten Siegel zu verhindern.

Pressel — → Pergamentpressel.

Queue bretonne — Wörtlich: bretonischer Schwanz. Es handelt sich um eine in der Bretagne beliebte Form der Befestigung des abhangenden Siegels an einer Urkunde. Der abhangende Pergamentstreifen, der das Siegel später tragen soll, wird hierbei knotenartig durch einen kleinen Schnitt am unteren Rand der Urkunde geführt, um die Gefahr des Ausreißens zu vermindern.

Rücksiegel — Kleineres Siegel auf der Rückseite eines größeren Siegels. Die Anbringung eines Rücksiegels (Gegensiegel, contrasigillum) bot einen vorzüglichen Schutz gegen die Ablösung und mißbräuchliche Verwendung des größeren Siegels an einer anderen (gefälschten) Urkunde.

Sekret, Sekretsiegel — „Geheim"-Siegel, das man ursprünglich zum Verschluß von Briefen, später auch selbständig als Nebensiegel neben dem Großen Siegel benutzte.

Siegelankündigung — Nennung des Sieglers bzw. Ankündigung der Besiegelung in der Corroboratio einer Urkunde.

Siegelepigraphik — Eigentümlichkeiten der in Siegeln vorkommenden Schriften und Disziplin, die sich deren Erforschung widmet; vgl. auch Siegelinschriften.

Siegelinschriften — Sammelbegriff für alle Schriften, die bei einem Siegelstempel oder Siegelabdruck vorkommen. Man unterscheidet die im Siegelfeld stehenden Aufschriften, die meist der Bezeichnung von dargestellten Personen oder Gegenständen dienen, von der sich um das Siegelfeld legenden Umschrift, welche in erster Linie den Siegelführer oder die besondere Funktion des Siegels bezeichnen soll. Randschriften, d. h. Inschriften auf dem vertikalen Siegelrand, finden sich nur vereinzelt bei den in England beliebten Münzsiegeln.

Siegelkapsel — Vornehmlich aus Holz oder Metall gefertigte Kapsel, in welcher das Siegel zu seinem Schutz eingelassen ist; vgl. auch Siegelschüssel und Siegelwulst.

Siegelkarenz — Fehlen eines Siegels. Ein Urkundenaussteller oder ein am Rechtsgeschäft der Urkunde Beteiligter, der kein eigenes Siegel besaß, konnte einen Dritten um Besiegelung der Urkunde bitten; vgl. „Siegelung in fremder Sache".

Siegelschüssel	Schüsselartige Wachsmasse, in welche das kleinere Siegel zu seinem Schutz eingelassen wurde; vgl. auch Siegelkapsel und Siegelwulst.
„Siegelung in fremder Sache“	Besiegelung einer Urkunde durch einen am Rechtsgeschäft nicht unmittelbar beteiligten Siegelführer. Meist erfolgte die „Siegelung in fremder Sache“ wegen Siegelkarenz des Urkundenausstellers bzw. Siegelkarenz eines oder mehrerer am Rechtsakt Beteiligten.
Siegelverrufung	Erklärung eines Siegelführers, wonach ein bestimmtes, bisher geführtes Siegel künftig nicht mehr verwandt werden und eventuell später mit diesem Siegel versehene Urkunden keine Rechtskraft besitzen sollen.
Siegelwulst	Überquellende Teile eines Wachsklumpens, in den der Siegelstempel eingedrückt worden ist. Die eigentliche Prägung, der Siegelabdruck, erhält durch den am Rand überstehenden Wulst einen stärkeren Schutz; vgl. auch Siegelkapsel und Siegelschüssel.
Sigillographie	Im Deutschen selten gebrauchtes Wort für Siegelkunde; in der deutschsprachigen wissenschaftlichen Literatur findet sich häufiger das Wort Sphragistik.
Sigillum authenticum	→ Authentisches Siegel.
Signet	1. Kleines, persönliches und meist schriftloses Siegel zum Verschließen von Briefen. 2. Einmal gewähltes oder verliehenes und dann i.a. unverändert beibehaltenes Beglaubigungszeichen des Notars auf den von ihm ausgestellten Notariatsinstrumenten.
Sphragistik	Siegelkunde.
Typar	Siegelstempel.
Umbug	→ Plica.
Unzialis	In der Spätantike durch Abrundung der Buchstaben der römischen Capitalis entstandene Schriftart.
Verbalinvokation	Anrufung Gottes mit Worten am Anfang einer Urkunde und (selten) einer Siegelumschrift. In Siegeln war die symbolische Invokation sehr verbreitet; vgl. Chrismon und Invokation.
Versalien	→ Majuskel.

Orts-, Personen- und Sachweiser

Vorbemerkungen

Ausgeworfen sind alle Begriffe von grundsätzlicher Bedeutung. Für den I. Teil wurden auch beiläufige Erwähnungen erfaßt. Vorkommen dieser Begriffe in den Artikeln über die im II. Teil behandelten Siegel sind, um überlange Ziffernreihen zu vermeiden, nur teilweise berücksichtigt worden. So wären etwa Ausführungen über die Umschriften oder die Epigraphik einzelner Siegel jeweils in den betreffenden Siegelartikeln zu suchen. Halbfette Ziffern verweisen jeweils auf den einschlägigen Siegelartikel. Vorkommen von Orts-, Personen- und Sachbetreffen in Anmerkungen sind mit A und folgender Ziffer bezeichnet.

Aachen 66, 76, 114, 153ff., 224
— Dom (Pfalzkapelle) 154, 156ff.
— Goldschmiedezunft 73
— Karlsschrein 157f., Abb. 5
— Marienstift 331
— — Dechant 154
— Stadtarchiv 134
— Stadtsiegel 64, 67f., 76, 87, 89, 123
— — 1. Siegel (Karlssiegel) 26, 41, 43, 67f., 84, 87, 90, 115f., 123, 125, 128, 138, 142 A 7, **153ff.,** 157, 334, Abb. 3
— — Geschäftssiegel (Jüngeres Karlssiegel) 60, 68, 90, 112, 123f., 128f., 138, **156ff.,** 165, 197, Farbtafel 1, Abb. 4
— — Kanzleisiegel 64, 117
— — Sekretsiegel 64, 67f., 83, 114, 123, 133f., 138, **159f.,** Abb. 7
— Turnosgroschen Abb. 6
Adalbert I., Erzb. von Mainz 43, 289ff.
Adalbert II., Erzb. von Mainz 182
Adelheid, Pfalzgräfin 34f., 91 A 3
Adenau (Eifel) 161
Adenauer, Konrad 65
Adolf von Nassau, König 158, 207, 352
Agaunum (bei Saint-Maurice in der Schweiz) 191
Ahrweiler 161ff., 164
— Schöffensiegel 162
— Stadtsiegel 70, 117, **161ff.,** 193, 285 A 4, Abb. 8
— Vogt Arnold 162
Aire (Frankr.) 40
Albin, Hl. 111
→ auch Köln, Albinusschrein
Albertus Magnus 30 A 2
Albrecht I., König 207
Aldegrever, Heinrich (Siegelstecher) 74
Albero, Erzb. von Trier 335
Alemannen 31, 224
Alpen (Niederrhein) 164ff.
— Geschäftssiegel 60, 87, 103, 110, 125, 129, 138, **164ff.,** 317, Farbtafel 1, Abb. 9 und 10
Alpen, Herren von 110, 165f.
— Alveradis 165
— Gumpert I. 164ff.
— Gumpert II. 166
Altena, Rutger von (Amtmann) 177
Altenberg, Zisterzienserkloster 247
Amiens (Frankr.) 40
Amman, Jost 65
Andernach 168ff., 218, 285, 295, 304
— Burg 169f., 172f.
— Liebfrauenkirche 169f., 172f.
— Stadtrat 172f.
— — Ratsherr Heinrich Randerath 173 A 5
— Stadtsiegel
— — 1. Siegel 49, 51, 86, 98, 129, 137, **168ff.,** 191, 230, 259, 279, 318, 341f., Abb. 11
— — 2. Siegel 68, 72, 87f., 96f., 125, 137, **171ff.,** 298, Abb. 12
— — Geschäftssekretsiegel 60, 173, 196
— — Sekretsiegel von 1596 117
Anhalt, Graf Adelbert von 35
Anjou 34
Anno II., Erzb. von Köln 39, 42, 325, 354
Archetyp der Städtesiegel 92ff., 99, 104, 106, 191, 262, 322, 355, 362
Are, Grafen von 161, 168 A 8, 193
— Gerhard (Propst von St. Cassius in Bonn) 193
Arezzo 40
Arles (Frankr.) 45 A 18, 81 A 9
Arnheim (Arnhem, Niederlande) 128
— Stadtsiegel 227, 250, Abb. 42
Arnold, Dombaumeister zu Köln 268
Arnold II., Erzb. von Trier 259, 276, 299
Arnulf, Hzg. von Bayern 34
Arras (Frankr.) 40, 45 A 18
Artois, Graf Robert von 149 A 21
Asti 40
Autun (Frankr.) 113
Avignon 45 A 18, 81 A 9

Bacharach, Viertälergemeinde 174ff.
— Siegel 90, 110, 123, **174ff.,** Abb. 13
Basel, Staatsarchiv 136f.
Bassenheim (bei Koblenz), Reiter 112
Bautier, Robert-Henri 45 A 15
Bayern, Wappen 176
Bayern, Herzöge von
— Anna 241
— Arnulf 34

— Heinrich VII. 34
Becket, Thomas (Erzb. von Canterbury) 111
Bedburg (Erft) 55
Beierin, Margarete (Siegelfälscherin) 148 A 9, 149 A 21
Benedikt VII., Papst 42
Berg, Engelbert von (Erzb. von Köln) 175, 307, 348
Berg, Grafen (Gräfinnen) und Herzöge von 52, 178, 209, 215f., 240, 282, 311, 315, 348, 350
— Adolf III. 209, 348
— Adolf IV. 348
— Adolf V. 215f., 280ff., 314f., 349f.
— Adolf VI. 221, 311f., 348
— Elisabeth 215
— Gerhard II. 187
— Heinrich (von Limburg) 281, 348
— Irmgard 348
— Wilhelm I. 206 A 14, 280
— Wilhelm II. 241
Berg, Wappen 103, 178, 282, 348, 351 A 4
Bergheim (Erft) 55
Bergneustadt 177f.
— Stadtsiegel 70, 117, 123, **177f.,** 253, 271, Abb. 14
Bergues (Frankr.) 40, 45 A 18
Berlin, Bundesanstalt für Materialprüfung 145
Berlin-Ost, Staatl. Museen, Siegelstempelsammlung 137, 146, 173
Berlioz, Hector 74
Bern, Siegel und Wappen 180
Bernkastel 53, 179f., 297, 323, 344
— Stadtsiegel 53, 109, 124, **179f.,** 271, 300, 324, 353, Abb. 15
Beschädigung von Siegeln
→ Siegel, Schäden
Beuthen (Oberschlesien), Stadtsiegel 114
Beweisurkunde 29, 31
Biarritz (Frankr.) 113
Bildnissiegel 35
Bingen 50f., 180ff.
— Stadtsiegel 51, 87, 95, 123, 202, 275
— — 1. Siegel 95, 181f., 264, 291
— — 2. Siegel 68, 92 A 17, **180ff.,** 294, 297, 305, 362, Abb. 16
Birkenfeld (Nahe) 55
Bitburg 184ff.
— Propst- und Stadtsiegel 102, 128, **184ff.,** Abb. 17
Blankenberg 52, 186ff., 216
— Stadtsiegel
— — Gegensiegel 59, 97, 187f.
— — Großes Siegel 52, 97, 122f., **186ff.,** 196 A 20, 213, 246, 271, Abb. 21
— Weistum des Landes 189 A 12
Blankenheim (Ahr) 55
Bleibullen 40, 45 A 18, 58, 71, 78
→ auch Papstbullen
Blücher, Fort (bei Büderich) 205
Bodman-Habel (Siegelsammlung) 137 A 10
Bogen, Grafen von 176
Bonn 52, 76, 110, 133, 159, 161, 163, 190ff.
— Landesmuseum, Rheinisches 27, 136, 138
— Münster 105, 119, 124, 160, 191ff.
— Rathaus, Löwenplastik Abb. 27
— Schöffensiegel 89, 163
— Stadtname (Verona) 190, 195
— Stadtsiegel 64, 67, 76, 109, 128
— — Geschäftssekretsiegel 60, 68, 90, 123, **196ff.,** Abb. 26
— — Großes Siegel 52, 87, 92 A 17, 96, 105, 119, 123f., 147, 158 A 10, **190ff.,** 250, 300, 303 A 10, 358, 362, Abb. 22
— — Missivensiegel 61
— — Sekretsiegel 109f., 197f.
— Stadtwappen 198
— Stift St. Cassius 193
— — Propst Gerhard von Are 193
— — Siegel (1690) 193, Abb. 24
— Universitätsbibliothek 136
— Verona-Großpfennig Abb. 25
Boppard 50f., 198ff.
— Margarete Beierin (Siegelfälscherin) 148 A 9, 149 A 21
— Severuskirche 105, 124, 198, 200ff., 274
— Stadtsiegel 87, 109, 123, 259
— — 1. Siegel 51, 101, 181, 199f., 305
— — 2. Siegel 68, 92 A 17, 105, 119, 124, 128f., 137, 140, **198ff.,** 210, 220, 255, 260, 274f., 293f., 300, 326f., 356, 358, 362, Farbtafel 2, Abb. 28
Brandenburg, Altstadt, Stadtsiegel 50, 101
Breisig, Bad 318
Briefverschlußsiegel 58f., 61
→ auch Sekretsiegel
Brignoles (Frankr.) 81 A 9
Brügge 40
Brüggen 55
Brühl 55
Brüssel, Generalarchiv 135, 139, 143
Brun(o), Erzb. von Köln 33, 38, 143, 209, 361
Bruno, Erzb. von Trier 334
Büderich (bei Wesel) 52, 133, 203ff., 310
— Rheinzoll 206
— Stadtsiegel 52, 64, 75, 115, 122, 128, **203ff.,** 257, 271, 349, Abb. 29
Buk (Polen) 94
Bullen 78, 290
→ auch Bleibullen, Goldbullen, Papstbullen und Silberbullen
Burtscheid, angebliches Stadtsiegel 142 A 7

Caderousse (Frankr.) 81 A 9
Cambrai (Frankr.)
— Stadtsiegel 40, 48, 101
— Älteres Rücksiegel 250

Canterbury, Stadtsiegel 111
Cassius, Hl. 105, 119, 124, 190ff., 253
Cellini, Benvenuto 74
Charvet, Sammlung 72
Châteauneuf-de-Randon (Frankr.) 81 A 9
Christus 44, 51, 88, 99, 112, 192, 217ff., 242, 333ff., 341
Churbellin (Saarburg) 323
Clemens, Hl. 99
Clermont-Ferrand (Frankr.) 113
Cluny (Frankr.), Bau III der Klosterkirche 333
Cochem 207f.
— Burg 207
— Stadtsiegel 70, 87, 90, 117, 134, **207f.**, Abb. 30
— Zoll 207
Como 40
Cornwall, Richard von (König) 267, 305
Cosmas, Hl. 97, 99, 229ff.
Courtrai (Belgien) 40
Cranach der Ältere, Lukas 65
Cyriacus, Hl. 316

Dagobert, König 344
Damensiegel 34f.
Damian, Hl. 99, 229ff.
Darmstadt, Staatsarchiv 136
Dentlinus, Hl. 316
Deutz 52, 208ff.
— Stadtsiegel 52, 101, 123, 128, 137, 140, 147, **208ff.**, 233, 247f., 250, 326f., 341, 358, Abb. 31
Diebach → Bacharach
Dienstsiegel, moderne 28
Dill (Hunsrück) 55
Dinslaken 52, 211f., 252
— Stadtsiegel 52, 75, 101, 128, 204, **211f.**, 271, 349, Abb. 32
Dinßlachen, Alheit und Conrad (Siegelfälscher) 149 A 21
Diplom → Königsurkunde
Dispositive Urkunde 29, 31
Doetinchem (Niederlande) 52
— Stadtsiegel 52, 71, 236ff., 357, Abb. 47
Doullens (Frankr.) 45 A 18
Drachenfels, Burg 193
Drei Könige, Hll. 65 A 2, 192
Dülken 55
Düren 52, 76, 212ff.
— Stadtsiegel 67, 76, 87, 123, 138
— — Geschäftssiegel 60, 63, 65, 68, 72, 90, 123, **214f.**, Abb. 34
— — Großes Siegel 52, 54f., 103, 109, 115, **212f.**, 250, 307, Abb. 33
— Zollfreiheit 213
Dürer, Albrecht 65
Düsseldorf 52, 133, 215ff., 254
— Hauptstaatsarchiv 134, 136, 138, 142 A 7
— Stadtsiegel 52, 101, 106, 147, 158 A 10, **215ff.**, 254f., 271, Abb. 35
— Stift St. Lambertus 216
Duisburg 50, 66, 76, 168f., 185, 217ff.
— Stadtsiegel 51, 55, 76, 87, 109, 123, 129, 217ff., 230, 250, 259, 279, 320
— — 1. Siegel 99, **217ff.**, 341, Abb. 36
— — 2. Siegel 68, 99, **219f.**, Abb. 37
— — 3. Siegel 46, 68, 90, 99, **221f.**, Abb. 38
— — 4. Siegel 68, 90, 99, **222ff.**, Abb. 39
— — Rücksiegel 117
— — Sekretsiegel 99, 222f.
— Universitätssiegel 66 A 3
Dunwich (England), Stadtsiegel 50
Dupont-Ferrier, Gustave 92

Eberbach (Baden) 94
Echternach 184
— Johann von der Pforte (1347) 184
Elberfeld, Stadtsiegel 109f.
Eltville 224f.
— Burg 225
— Stadtsiegel 110, 123, 134, **224f.**, Abb. 40
Emmerich 52, 226f., 245f., 319
— Stadtsiegel 64
— — Geschäftssiegel 60, 117
— — Großes Siegel 52, 72, 103, 124, 128, **226f.**, 250, 271, 302, 309, 347, Abb. 41
— — Sekretsiegel 117
Enkirch 227ff., 273
— Gemeindesiegel 54f., 109, 124, **227ff.**, 331, 332 A 5, Abb. 43
Epigraphik 124f.
Erfurt, Stadtsiegel 49, 87, 95, 264, 291, 354
Erkelenz 55
— Stadtsiegel 117
Erpel 55
— Schöffensiegel 279
Erzählsiegel 93, 96, 98, 111ff.
Essen 66, 229ff.
— Äbtissin 231, 233
— Stadtsiegel 87
— — Geschäftssiegel 60, 97
— — Großes Siegel 67, 73f., 99, 123, 137, **229ff.**, 341, 358, Farbtafel 2, Abb. 44
— — Missivensiegel 61, 97
Eucharius, Hl. 44, 333ff.
Euskirchen 233ff.
— Stadtsiegel 103, 134, **233ff.**, 271, Abb. 45
Ezechiel 110

Falkenburg, Engelbert von (Erzb. von Köln) 161f., 266, 329, 362
Falkenburg, Herren von 234
— Dietrich 234
— Reinald 234
— Walram der Rote 234
Falkenjagdsiegel 115, 204, 206, 349

Flandern 38, 40
Flandern, Markgraf Arnulf (941) 143
Floreffe-Polyptychon (im Louvre) 268
Florentius, Hl. 191
Florin, Hl. 297
Forgeais, Arthur (Gründungsmitglied der Sphragistischen Gesellschaft in Paris) 145
Franken, Volksstamm 31, 209, 224, 258, 304
Franken
— Grafen Eberhard und Konrad 304
— Herzogtum 304
Frankfurt (Main) 225
— Hoftag (1220) 154
— Stadtsiegel 202, 275
Franz I., König von Frankr. 143
Frauenberg (Nahe) 55
Frechen (bei Köln), Gerichtssiegel 94
Freiburg (Breisgau), Goldschmiedezunft 73
Friedrich I. Barbarossa, Kaiser 181, 249f., 304, 356f.
Friedrich II., Kaiser 175, 183, 213, 250, 304f., 307f.
Friedrich III., Kaiser 79
Friedrich der Schöne von Österreich, König 159
Friedrich I., Erzb. von Köln 37 A 28, 42, 261ff., 288
Fürstenberg, Burg (bei Rheindiebach) 175
Fulda, Abtei 181

Gangelt 55
— Schöffensiegel 70 A 2
Garsdorf, Herren von
→ Alpen, Herren von
de Gaulle, Charles 65
Gegensiegel → Rücksiegel
Geilenkirchen, Schöffensiegel 70 A 2
Geldern 133, 235ff.
— Stadtsiegel 64, 102, 117, 122, 226, **235ff.**, 342 A 2, 357, Abb. 46
Geldern, Grafen und Herzöge von 52, 122, 239, 243, 245, 247, 257, 346
— Arnold 239 A 1
— Gerhard III. 239
— Karl 239 A 1, 243
— Otto II. 226, 236, 239 A 1, 243
— Wappen 238, 243
Geleitszeichen 30 A 2
Gellep → Krefeld-Gellep
Gelnhausen, Stadtsiegel 104 A 3
Gemerkesiegel 94, 120
Gemmen, Gemmensiegel 32, 61, 71, 76 A 3, 85f., 108, 132 A 2
Gent 40
— Rotwachsprivileg (1431) 79
Genua 40
Georg, Hl. 297, 343
Gereon, Hl. 191, 195
— Passio Gereonis 195
Germanen 31, 33, 37
— Rechtsvorstellungen 31f.
Gero, Markgraf (964) 143
Gerresheim 240ff.
— Stadtsiegel 87, 90, 106, **240ff.**, 271, Abb. 49
— Stift St. Hippolytus 240f., 285
Gerrich, Gründer des Stiftes in Gerresheim 240, 242
Geschäftssiegel 59f., 89, 156ff., 159, 164ff., 196ff., 214f.
Giengen (an der Geislinger Steige) 307
Gießen, Stadtsiegel 115
Glinde, Heinrich von 58
Glogau, Heinrich III. von 89
Glyptik 30 A 2
Goar, Hl. 304
Goch 52, 242ff.
— Stadtsiegel 52, 72, 90, 117, 129, 137, 146, **242ff.**, Farbtafel 3, Abb. 50 und 51
Goldbullen 34, 58, 71, 78, 100, 105f., 148 A 2, 294
Goswin, Geistlicher zu Mainz (um 1060) 290
Gregor VII., Papst 290
Gregor IX., Papst 147
Grevenbroich 55
Grevenburg (Burg der Grafen von Sponheim zu Traben-Trarbach) 228, 332
Griechen 28f.
Grieth 52, 216, 245f., 252
— Stadtsiegel 52, 103f., 122, 124, 158 A 10, **245f.**, 250, 271, 309, 347, Abb. 52
Griethausen, Stadtsiegel 101
Grumbach (Glan) 55
Gunthar, Erzb. von Köln 33

Habsburg, Rudolf I. von (König) → Rudolf
Hadrian, röm. Kaiser 302
Hagek, Wenzel 147
Hagen, Gottfried (Reimchronik) 266
Halberstadt, Bischof 33
— Herrand 37 A 28
Haldern, Stadtsiegel 99
Hallein (Österr.) 114
Hamburg, Staatsarchiv 136
Hammerstein, Burggrafen von 329
Handlungssiegel 93, 113f.
Heberle, J. M. (Auktionator in Köln) 230
Heidelberg 176
Heiligensiegel 35, 93, 98ff., 168ff., 217ff., 230, 279, 341
Heimbach (Eifel) 55
Heinrich II., Kaiser 249, 258, 306
— Bulle 42, 334
Heinrich IV., Kaiser 39, 154, 199, 262, 307, 325
Heinrich V., Kaiser 39, 154, 262f.
Heinrich VI., Kaiser 294
Heinrich (VII.), König 181, 213, 307f., 323, 344
Heinrich VII., Hzg. von Bayern 34

Heinrich, Erzb. von Mainz 289
Heinrich, Bischof von Paderborn 37 A 28
Heinrich, Erzb. von Trier 33, 297
Heinrich, Zisterziensermönch (Baumeister der Kyllburger Kirche) 277
Heinsberg 55
Heinsberg, Herren von 234
— Dietrich I. 59, 187
Heinsberg, Philipp von (Erzb. von Köln) 175, 279, 283, 303 A 9
Heisterbach, Caesarius von 170
Helfenstein, Johann von 148 A 9, 149 A 21
Heraldik 21, 26, 64f., 108f., 118, 124, 161, 208, 226, 244, 317
→ auch Wappensiegel
Heribert, Hl. (Erzb. von Köln) 209f., 254
Herkunftszeichen (im Handel) 30 A 2
Hermann II., Erzb. von Köln 42
Hermann III., Erzb. von Köln 174
Herrand, Bischof von Halberstadt 37 A 28
Herrstein (Hunsrück) 55
Herzogenrath 55
Hessen, Landgrafen von 115
Hiesfeld, Pfarrei 212
Hildesheim, Domstift (Siegel) 232
Hippolytus, Hl. 240ff.
Hochstaden, Grafen und Grafschaft 161, 193, 362
Hochstaden, Konrad von (Erzb. von Köln) 161, 192ff., 205, 247, 268, 285, 341, 358, 362
Hohenbudberg 341
Holbein der Jüngere, Hans 65
Holland, Wilhelm von (König) 267, 297
Holte, Wikbold von (Erzb. von Köln) 358
Holten, Stadtsiegel 117
Honorius II., Papst 263
Hülchrath 55
Hülchrath, Grafschaft 205, 283
Huissen (Niederlande) 309
Humbach (= Montabaur) 296f.
Huy (Belgien) 14, 128
— Stadtsiegel 158
Hyères (Frankr.) 81 A 9

Innozenz III., Papst 147
Intaglio 76 A 3
L'Isle-sur-la-Sorgue (Frankr.) 81 A 9
Isselburg 55
Issoire (Frankr.) 113

Jakob, Hl. 166
Jerusalem
— Himmlisches 182, 263f., 290, 303, 355
— Tempel 182
Johannes, Hl. 111, 201, 263, 302
Jülich 52, 246ff., 362
— Stadtsiegel
— — Geschäftssiegel 60
— — Großes Siegel 52, 103, 117, 122, 128, 137, 140, 210, 233, **246ff.**, 326, 358, Abb. 53
Jülich, Grafen (Gräfinnen), Markgrafen und Herzöge von 103, 122, 162, 213f., 234, 247f., 329, 361ff.
— Richarda 363
— Wilhelm III. 59
— Wilhelm IV. 213, 248, 362
— Wilhelm V. 214, 234
Jülich, Walram von (Erzb. von Köln) 360

Kaisersiegel 34f.
→ auch Königssiegel
Kaiserswerth 51, 54, 216, 249ff., 315
— Stadtsiegel 51f., 109, 124, **249ff.**, Abb. 54
— Stift St. Suitbert 249f.
Kalkar 52, 211, 245, 251ff.
— Stadtarchiv 136
— Stadtsiegel 52, 64, 102ff., 117, 123, 138, 211, 246, 250, **251ff.**, 271, Farbtafel 3, Abb. 55
Karl der Große, Kaiser 32, 112, 115, 123, 147, 153ff., 306, 336
Karl IV., Kaiser 148 A 2, 160
Karl V., Kaiser 123, 214
Karl der Kühne, Herzog von Burgund 98
Karlsruhe 127
Karolinger 32
Kasimir (Polen) 94
Kaster 55
Katharina, Hl. 71 A 3, 237, 279
Kempen 253ff.
— Stadtsiegel 52
— — 1. Siegel 106, **253ff.**, Abb. 56
— — 2. Siegel von 1648 99
— — 3. Siegel 117
— — Geschäftssiegel 60, 99
Kerpen (Erft)
— Schöffensiegel 71 A 2
— Stift St. Martin, Siegel 112
Kilian, Hl. 274, 279
Kirchberg (Hunsrück), Stadtsiegel 117
Kirchberg (Taunus), Stadtsiegel 94
Kirn, Stadtsiegel 117
Kleve 52, 245, 252, 256ff., 272
— Kreisarchiv 136
— Stadtsiegel 52, 103, 117, 123, 246, **256ff.**, 271, Abb. 57
Kleve, Grafen (Gräfinnen) von 52, 112, 115, 119, 205, 211, 246, 252f., 256f., 270, 283, 309, 339f., 345ff.
— Adolf I. 339
— Adolf II. 212
— Agnes 221
— Dietrich VI. 205, 245, 246 A 3, 252, 256f., 346
— Dietrich VII. 204ff., 211, 245, 310, 349
— Dietrich VIII. 206, 270f., 271 A 4, 309f.
— Dietrich IX. 203, 339

— Dietrich Luf 205, 245
— Irmgard 206 A 14
— Johann I. 309f., 339
— Wappen 103, 246, 252, 257, 339f.
Klosterneuburg (Österr.)
— Retabel 218
— Stadtsiegel 326
Kobern, Gemeindesiegel 54, 106
Koblenz 51, 66, 76, 258ff., 295
— Kirchen
— — Stift St. Florin 33, 258, 297f.
— — Stift St. Kastor 258
— Landeshauptarchiv 134, 138, 146
— Stadtsiegel 68, 76, 87, 96, 123, 297
— — 1. Siegel 49, 51, 101, 132, 259
— — 2. Siegel 101, 259
— — 3. Siegel 101, 146, **258ff.**, Abb. 58
— — Sekretsiegel 117
Köln 51, 66f., 76, 79, 96, 127f., 173, 182, 195, 220, 224, 259, 261ff., 290, 292, 303, 316, 321, 326, 335f., 354
— Albinusschrein 354
— Aufruhr (1525) 65 A 2
— Bischöfe und Erzbischöfe 33, 41, 52, 59, 103, 108f., 122, 159f., 162, 170, 174ff., 187, 205, 209ff., 215f., 237, 245, 247f., 255, 257, 279, 283ff., 286, 316ff., 329, 346, 358ff., 361ff.
— — Anno II. 39, 42, 325, 354
— — Brun(o) I. 33, 38, 143, 209, 361
— — Engelbert I. von Berg 175, 307, 348
— — Engelbert II. von Falkenburg 161f., 266, 329, 362
— — Friedrich I. 37 A 28, 42, 261ff., 288
— — Friedrich III. von Saarwerden 283, 359
— — Gunthar 33
— — Heinrich I. von Molenark 209, 252, 316, 321, 357
— — Heinrich II. von Virneburg 159, 193, 286, 340
— — Heribert 209, 254
— — Hermann II. 42
— — Hermann III. 174
— — Konrad von Hochstaden 161, 192ff., 205, 247, 268, 285, 341, 358, 362
— — Kunibert 174
— — Philipp von Heinsberg 175, 279, 283, 303 A 9
— — Siegfried von Westerburg 193f., 216, 247, 254, 279, 341, 363
— — Sigewin 39
— — Walram von Jülich 360
— — Wikbold von Holte 358
— Bürgermeister Ludwig von der Mühlengasse 266
— Dreikönigenschrein 218, 354
— Erbvögte 165
— — Vogt Gumpert I. 164
— Erzbischöfe s. Bischöfe
— Gaffeln 244
— — Eisenmarkt (Siegel) 91 A 4
— Geschlechter
— — Overstolz 266
— — Weise (von der Mühlengasse) 266
— Haus „Zur Stessen" 67
— „Heiliges Köln" 111, 182, 262f., 355
— Hohes Weltliches Gericht, Siegel 164ff.
— Kirchen 174
— — St. Andreas 174
— — — Siegel 358
— — St. Aposteln 59
— — — Kanoniker Gottfried von Lechenich 62 A 9
— — — Siegel 170
— — St. Caecilien 33
— — Dom, Domstift 266, 268, 315, 342, 360
— — — Geschäftssiegel 196 A 18
— — — Kapitelssiegel 42, 87, 155, 168, 261f., Abb. 2
— — — Propst 315
— — Dominikaner 66 A 3, 114
— — St. Gereon, Geschäftssiegel 191, Abb. 23
— — St. Maria im Kapitol, Geschäftssiegel 76 A 5
— Kurfürstentum 108f., 251, 283, 363
→ auch Köln, Bischöfe und Erzbischöfe
— Leprosenhaus Melaten, Siegel 236ff., 357, Abb. 48
— Schöffen 164, 194, 263, 288
— Schöffenkrieg 66
— Stadtarchiv 62, 134ff., 145
— Stadtentwicklung 39
— Stadtmuseum 135, 138, 141 A 5, 145, 147
— Stadtsiegel 64, 117, 138, 275, 301
— — Ältestes Siegel 41ff., 67, 87, 89, 92 A 17, 92, 95, 123, 129, 134, 155, 158 A 10, 191, 230, **261ff.**, 287ff., 293, 297, 301ff., 316, 322, 326, 334, 336, 342, 354f., 362, Farbtafel 4, Abb. 60
— — — Entstehung 39
— — — Gefälschtes Typar 145f.
— — — Typ → Archetyp der Städtesiegel
— — Gegensiegel zum gotischen Siegel 59, 99, 129, 188, **269f.**, 279, Farbtafel 5, Abb. 62
— — Geschäftssiegel 59f., 96f., 157
— — Gotisches Stadtsiegel 59, 65 A 2, 67f., 76, 87, 90, 92 A 17, 96, 123, 129, 148, 149 A 21, 165, 182, 199, 220 A 4, **265ff.**, 279, 330, Farbtafel 5, Abb. 61
— — Sekretsiegel 63
— Universität
— — Siegel 90
— — Fakultätssiegel 114
— Transfixbrief (1513) 75, 148, 268
— Urkundenwesen 62f.
— Verbundbrief (1396) 268
Königsfeld (Kr. Ahrweiler) 55

Königssiegel 32, 34f., 58, 126, 154f., 223, 301
Königsurkunde 31ff., 37, 88
Konrad III., König 207, 307
Konrad, Bischof von Metz und Speyer (1220) 154
Konradin, König 267
Konradiner 296
Kontinuitätsfrage 31
Koppenstein bei Gemünden (Hunsrück) 55
— Stadtsiegel von 1572 117
Kranenburg 52, 270ff.
— Stadtsiegel 52, 64, 102, 117, 124, **270ff.**, 309, 347, Abb. 59
Krefeld 55, 138
— Stadtsiegel 100
Krefeld-Gellep, Fürstengrab (Siegelring) Abb. 1
Kreta, Gräber 110
Kreuznach 53, 138, 228, 272ff.
— Stadtsiegel 53, 87, 101, 109, 123f., 128, 138, 140, 202, **272ff.**, 294, 358, 362, Farbtafel 6 Abb. 63
Krickenbeck 55
Kruszwica (Polen) 94
Küch, Friedrich 132
Kulm (Westpreußen), Stadtsiegel 104 A 3
Kunibert, Bischof von Köln 174
Kunstgeschichte 26, 74, 126ff., 130
Kurpfalz, Wappen 110
Kyllburg 276ff.
— Stadtsiegel 55, 68, 75f., 87, 90, 106, 124f., 128, 145, **276ff.**, 324, 344f., Farbtafel 6, Abb. 64 und 65

Ladenburg (Baden) 106 A 11
Ladesiegel 30 A 2
Lambertus, Hl. 47, 166, 216
Lameth, General (Präfekt des Rhein- und Moseldepartements) 173
Landsberg, Mechtild von 187
Landskron, Herren von 329
La Rochelle (Frankr.), Stadtsiegel 50
Laubach (Hunsrück) 55
Laurentius, Hl. 103, 109
Lazarus 237
Lechenich 52, 278ff.
— Schöffensiegel 255
— Stadtsiegel 52, 59, 99, 128, 230, 255, 267, 278ff., 341, Abb. 66
Lechenich, Gottfried von (Kanoniker zu St. Aposteln in Köln) 62 A 9
Le Mans (Frankr.) 40
Lennep 52, 133, 280ff.
— Stadtsiegel 52, 103, 128, 204, 211, **280ff.**, 313ff., 349f., Abb. 67
Leo X., Papst 143
Lille (Frankr.) 40
Limburg (Lahn), Stadtsiegel 137
Limburg, Herzöge von 234
— Walram Paganus 343
— Walram IV. 343
Linn 282ff.
— Schöffensiegel 138, 283, 285 A 3
— Stadtsiegel 14, 63, 65, 72, 90, 103, 123, 138, **282ff.**, Abb. 68
Linnich 55
Linz (Rhein) 66, 285ff.
— Stadtsiegel 108ff., **285ff.**, Abb. 69
Liutbert, Erzb. von Mainz 33
Lochem (Niederlande), Stadtsiegel 238, 243
Logogramme (unter Verwendung von Buchstaben gebildete Firmenzeichen) 149 A 19
Logotypen (auf Buchstaben verzichtende Firmenzeichen) 149 A 19
Lombardei 45 A 22
London
— Britisches Museum 137, 147
— Stadtsiegel 67
Lorsch, Abtei 181, 306f.
Lothar III., Kaiser 154
Lucca, Stadtsiegel 40
Ludelmus, Bischof von Toul 33
Ludger, Hl. 99
Ludwig der Bayer, Kaiser 105, 207, 225, 309
Ludwig der Deutsche, König 88
Ludwig der Fromme, Kaiser 331
Ludwig das Kind, König 331
Lübeck, Stadtsiegel 50, 67
Lüttich 48
— Bischof 33
— Offizial des Archidiakons 84
— Stadtsiegel
— — 1. Siegel 40, 47ff., 51, 87, 98, 264
— — 2. Siegel 166f.
Luxemburg 14, 34, 185
— Propstsiegel Abb. 20
— Stadtsiegel 128, 185, Abb. 18
— — Rücksiegel Abb. 19
Luxemburg, Balduin von (Erzb. von Trier), 53, 55, 76, 145, 207, 225, 323f., 345, 352
Luxemburg, Grafen von 184ff., 323
— Heinrich 184
— Siegfried 323

Maastricht
— Dechant der Christianität 84
— Stift St. Servatius 183
Magdeburg, Erzbistum 304
Mailand 40
— Stadtsiegel 40
Mainz 43, 51, 66, 76, 182, 224, 263, 287ff., 303, 335f., 354
— Erzbischöfe, Erzstift 33, 49f., 160, 181ff., 224f., 304
— — Adalbert I. 43, 289ff.
— — Adalbert II. 182
— — Heinrich 289

— — Heinrich von Virneburg 225
→ auch Köln, Bischöfe und Erzbischöfe
— — Liutbert 33
— — Ruthard 37 A 28, 182, 288
— — Siegfried I. 290
— — Siegfried III. 292
— — Willigis 181
— Gemeindesiegel 112
— Stadtsiegel 275, 301, 362
— — 1. Siegel 43, 49, 87, 90, 92 A 17, 92, 95, 123, 134, 158 A 10, 182, 191, 202, 264, **287 ff.**, 301 f., 334, 336, 354 f., Abb. 70
— — 2. Siegel 68, 87, 90, 92 A 17, 123, 129, 134, 183, **292 ff.**, 305, Abb. 71
— — Sekretsiegel 112
Majestätssiegel → Thronsiegel
Malberg, Herren von 276
Mallusius, Hl. 191
Mandeville, Johann von 30 A 2
Manubach → Bacharach
Marburg
— Staatsarchiv 134, 136
— Stadtsiegel 115
Maria, Hl. 49, 51, 96, 99, 105, 112, 156 ff., 168 ff., 229 ff., 242, 255, 260, 297, 316, 342 f., 355
Marienholz (bei Zülpich) 362
Mark, Grafen von der 178
— Adolf von Kleve-Mark → Kleve
— Engelbert II. 221
— Wappen 178
Marseille 81 A 9
Martin, Hl. 43, 99, 111, 180 ff., 264, 272, 274, 287 ff., 299, 359 f.
Martin V., Papst 79
Matrize (Wort) 71
→ Siegelstempel
Mauritius, Hl. 191
Maximian, römischer Kaiser 191
Maximilian I., Kaiser 74
Mayen 53, 179, 294 ff., 297, 323, 344
— Geschäftssiegel 60
— Großes Stadtsiegel 53, 64, 106, **294 ff.**, 300, 324, 353, Abb. 72
Mehlem (heute: Bonn) 318
— Schöffensiegel 163
Merowinger, Diplome 31 f.
Mersburden (heute: Zülpich) 361 ff.
Mettlach, Benediktinerabtei (Siegel) 195 A 15
Metz 47
— Bischof Konrad (1220) 154
— Stadtsiegel 47 ff., 51, 87, 96, 98, 111
Meulan (Frankr.) 45 A 18
Mewe (Westpreußen) 94
Michael, Hl. 35, 325
Minuskel, karolingische und merowingische 32
Mischtypen → Siegel, Mischtypen
Missivensiegel 61, 97, 159
Mönchengladbach 55
— Stadtsiegel 100
Moers 55
— Stadtsiegel 117
Moissac (Frankr.) 113
Molenark, Heinrich von (Erzb. von Köln) 209, 252, 316, 321, 357
Monschau 55
Monschau, Herren von 234
— Dietrich 234
— Reinald 234
— Walram der Rote 234
Montabaur 53, 179, 296 ff., 323, 344, 352
— Stadtsiegel 53, 87, 97, 123, 137, 172, 260, **296 ff.**, 353, Abb. 73
Montpellier (Frankr.) 81 A 9
Monzingen (Nahe), Stadtsiegel 117
Moschel (Pfalz), Stadtsiegel 117
Mozac (Frankr.) 113
von der Mühlengasse, Geschlecht in Köln 266
— Ludwig (Bürgermeister von Köln) 69 A 3
Mühlhausen (Thüringen) 104 A 3
Mülheim (Rhein) 55 f.
München 292
Münster (Westfalen)
— Bistumswappen 69
— Staatsarchiv 136
— Stadtsiegel 69
Münstereifel 55
— Stadtsiegel von 1632 117
Münstermaifeld 295, 298 ff.
— Sekretsiegel 146
— Großes Siegel 102, 117, 146, **298 ff.**, Abb. 74
— Stift St. Martin und Severus 114
Münzen 75, 97, 100, 127, 195, 218
— Adolfs von Nassau 158
— von Alpen 166
— kölnische 30 A 2, 262
— Propagandaträger 30
— Sancta-Colonia-Pfennig 42
— spätantike 30
— Verona-Pfennige 193
Münzkunst 50, 95, 260, 264, 354
Münzstempel 75, 300

Nassau, Adolf von (König) 158, 207, 352
Nassau, Dieter von (Erzb. von Trier) 352
Nassau, Grafen von 259, 297
Naumburg, Bischof Walram von 37 A 28
Nebensiegel 58 ff., 63 f., 68, 86, 96, 99, 109, 112, 196, 214, 269
Nettesheim, Siegelsammlung 137 A 7
Neuenahr, Grafen von 110, 162, 165 f.
— Johann 165
Neuerburg (Eifel), Stadtsiegel 117
Neuerburg, Anna Walpode von 312
Neuss 64, 96, 98, 300 ff., 321
— Rotwachsprivileg 79

— Stadtsiegel 67f.
— — 1. Siegel 47, 49, 87, 92 A 17, 95f., 122, 124, 158 A 10, 191, 250, 264, 275, **300ff.**, 342, 362, Abb. 75
— — Gegensiegel 59, 117, 163 A 1, 188, 269
— — Geschäftssiegel 60, 96
— — Sekretsiegel 99
Neuwied, Stadtsiegel 117
Nideggen 55
— Burg 362
Nîmes (Frankr.), Stadtsiegel 106
Nivelles (Belgien)
— Gertrudenschrein 268
— Kloster 285
Nordhausen (Thüringen) 104 A 3
Normandie 34
Notariat 37
Notariatsinstrument 37, 63
Nürnberg
— Germanisches Nationalmuseum 74, 137, 230
— Goldschmiedezunft 73
Nürburg, Herren von 161
Nymwegen, Reichswald 272 A 4

Oberlahnstein
— Schöffensiegel 77 A 6
— Stadtsiegel 118
Oberwesel 50f., 304ff.
— Stadtsiegel 109
— — 1. Siegel 101, 181, 305
— — 2. Siegel 103, 115, 294, 297, **304ff.**, Abb. 76
Oblatensiegel 73
Odenkirchen 55
Oettingen, Graf Conrad II. von 88
Offenbach (Glan) 55
Offenburg (Baden) 94
Oppenheim 273, 306ff.
— Stadtsiegel 14, 52, 68, 88, 103, 115, 123, 129, 134, **306ff.**, Abb. 77
Orlamünde, Adelheid von 34f.
Orsoy 52, 308ff.
— Rheinzoll 310
— Stadtsiegel
— — Geschäftssiegel 60
— — Großes Siegel 52, 75, 102, 109, 122, 124, 128, 204, 271, **308ff.**, 347, 349, Abb. 78
Ortsnamenforschung 124, 195, 227, 309, 319
Otto der Große, Kaiser 33, 209, 304, 361
Otto II. Kaiser 50, 181
Otto III., Kaiser 195, 290
Otto IV., König 285
Oudewater (Niederlande), Stadtsiegel 253
Overstolz, Geschlecht in Köln 266

Paderborn
— Bischöfe (Siegel) 46
— — Heinrich 37 A 28
Padua, Stadtsiegel 40
Pagenstecher, Wolfgang 132, 133 A 8
Papiersiegel 83
Papstbullen 34f., 78
Paris 173
— Münze 77 A 19, 143
— Nationalarchiv 137, 139
— Nationalbibliothek 137, 143
— Sphragistische Gesellschaft 145
Passau, Bistum 59
Paulus, Hl. 34
Pavia 40
Péronne (Frankr.), Frieden von (1199) 40
Petrus, Hl. 34, 42, 44, 46ff., 95f., 98f., 102, 108f., 155, 165ff., 168, 179, 191, 201, 208, 225, 255, 261ff., 278f., 283, 286, 288, 295ff., 315ff., 321f., 330, 333ff., 340ff., 353f., 358, 361ff.
Petschaft 71
Pfalzgrafen 175f., 207, 295, 325
— Ruprecht der Ältere 175
— Ruprecht der Jüngere 175
— Wilhelm 207
Pforte, Johann von der (Einwohner von Echternach) 184
Philipp von Schwaben, König 169, 285
Pieroth, Heinrich (Fotograf) 296 A 4
Pingsheim, Frieden von 362f.
Pippin der Jüngere, König 329
Pisa 40
— Stadtsiegel 40
Plinius der Ältere 29
Poix-de-Picardie (Frankr.), Stadtsiegel 104 A 3
Polani, Pietro (Doge von Venedig) 40
Pontoise (Frankr.) 45 A 18
Poppo, Erzb. von Trier 258, 297
Porträtsiegel 86
Prag, Bürgermeister Georg Schwerhammer 147
Prüm, Abtei 181, 207, 276
— Abt Joffrid 276
— Siegel 334

Qualitätszeichen (im Handel) 30 A 2
Quirin, Hl. 47, 59, 98, 124, 192, 300, 302, 303 A 10

Raderschatt, Siegelsammlung 230
Radevormwald 133, 311f.
— Großes Siegel 90, 109f., 122, 221, 271, **311f.**, 351 A 4, Abb. 79
— Sekretsiegel 109f., 312
Radomsko (Polen) 94
Randerath, Heinrich (Ratsherr zu Andernach) 173 A 5
Rapperswil (Schweiz), Stadtsiegel 106
Ratingen 52, 215, 280f., 313ff.
— Stadtsiegel 52, 103f., 106, 124, 128, 204, 211f., 282, **313ff.**, 326, 349f., Abb. 80

Ravenna, Geograph von 179f.
Redendes Siegel (redende Figur) 93f., 102, 109, 112f., 120
Rees 52, 66, 75f., 96, 138, 209, 245, 315ff.
— Schöffensiegel 76
— Stadtsiegel 73, 100, 128
— — 1. Siegel 52, 96, 302
— — 2. Siegel 68, 73, 88, 96, 166, **315ff.**, Farbtafel 7, Abb. 81
— — Sekretsiegel 100
— Stift St. Maria, Siegel 170
Regensburg, Stadtsiegel 50, 98
Reichenstein, Praemonstratenserinnenkloster (Siegel) 170
Reifferscheid (Eifel) 55
Reitersiegel 35, 115
Remaclus, Hl. 49, 124, 319
Remagen 49, 66, 317ff., 329
— Schöffensiegel 320
— Stadtsiegel 49f., 88, 102, 123f., 158 A 10, 210, 220, 259, **317ff.**, Abb. 82 und 83
Remus 319
Reutlingen, Hans von (Siegelstecher) 74
Rheinbach 55
Rheinberg 52, 66, 96, 321f.
— Schöffensiegel 52, 164, 321f.
— Stadtsiegel 63, 67f., 75, 123, 128, 138, 255, 279
— — 1. Siegel 96, 204, **321ff.**, 349, Abb. 84
— — 2. Siegel 90, 96
— — Geschäftssiegel 60
— — Rücksiegel (Gegensiegel) 99
— — Sekretsiegel 96
Rheindahlen 55
Rheindiebach 175
Ringsiegel → Siegelringe
Rinkenberg, Engel von (Bürgermeister von Speyer) 67, 224 A 3
Römer 28f., 31, 89, 181, 184, 191, 258, 272, 279, 304, 318, 343, 361
Rollsiegel, mesopotamische 28
Rom 263f., 290, 294, 319, 336
— Peterskirche 333
— Stadtsiegel 40
— symbolisches Bild 34, 106f.
Rommersdorf, Praemonstratenserabtei 162
Romulus 319
Rosenkrantz, Eduard (Sammlung) 135
Rothari, Edictus 147
Rouen (Frankr.) 45 A 18
Rudolf I., König 179, 216, 273, 295, 297, 323, 344, 352
Rücksiegel 58f., 80, 86, 89, 163 A 1, 188, 269f., 358
Ruhrort (heute: Duisburg) 55
Ruotbert, Erzb. von Trier 296f.
Ruthard, Erzb. von Mainz 37 A 28, 182, 288
Saarburg 53, 179, 297, 323ff., 344
— Stadtsiegel 53, 55, 76, 106, 128, 278, **323ff.**, 344f., 353, Abb. 85
Saarwerden, Friedrich von (Erzb. von Köln) 283, 359
Sachsenspiegel 205
Saffenberg, Grafen von 205
Saint-Aubin-Château-Neuf (Frankr.) 111
Saint-Benoît-sur-Loire (Frankr.) 113
Saint-Jean d'Angély (Frankr.) 111
Saint-Nectaire (Frankr.) 113
Saint-Omer (Frankr.) 40, 45 A 18
— Lambert von 264
Salzburg, Erzbischof von 33
Sayn, Grafen von 97, 285
— Eberhard II. 187, 189
— Heinrich II. 187, 189
— Heinrich III. 52, 187f., 285
Schavart, Gottfried gen. (Kleriker) 112
Schellendorf, Johann von (Siegelfälscher) 148 A 10
Schermbeck, Stadtsiegel 118
Schiffssiegel 50, 86, 94, 113, 120, 129
Schöffensiegel 56, 70, 100, 109, 112, 118, 121, 161, 164, 225, 230, 234, 242, 279, 283, 358, 359ff.
Schwaben, Hermann I. von (Herzog) 296f.
Schwaben, Philipp von (König) 169, 285
Schwabenspiegel 57 A 21
Schweinfurt, Stadtsiegel 54
Schwerhammer, Georg (Bürgermeister von Prag) 147
Sekretsiegel 58ff., 89, 159f., 196f., 269, 324
Severus, Hl. 105, 198, 201, 299
Siegburg 105, 325ff.
— Äbte 187, 325f.
— Annoschrein 218, 354
— Stadtsiegel
— — 1. Siegel 76, 105f., 128f., **325ff.**, 363, Farbtafel 7, Abb. 86
— — 2. Siegel 88f.
— — Geschäftssiegel 60, 70, 100
Siegel
— Aufbewahrung 67
— Bedeutungsträger 63, 107, 120ff., 128f., 150 → auch Repräsentationsmittel
— Beschädigungen → Siegel, Schäden
— Definition 28
— Form 69f.
— Funktionen 28ff.
— — Amulett 29
— — Beglaubigungsmittel 29, 31f., 54, 121, 126
— — Erkennungszeichen 28, 32, 126
— — Schmuck 29, 61
— — Verschlußmittel 28, 31, 33, 58, 81ff., 126
— Gebrauch 66ff.
— Gefährdung → Siegel, Schäden
— Geschichtsquelle 120ff.

— Größe 22, 70, 123, 126
— Mischtypen 92ff., 96f., 99ff., 106, 112, 114ff., 118ff., 124
— Rechtscharakter 28f., 84, 121, 148, 150
— Repräsentationsmittel 29, 39, 53f., 56, 91, 120, 126, 150
— Reproduktion 131, 136, 139ff.
— Schäden 13, 80, 131, 138, 141
— Selbstdarstellung (Mittel zur) → Siegel, Bedeutungsträger und Repräsentationsmittel
— Symbolik 29
— Verständnis der Aussage 92, 107
— Wort (in germanischen Sprachen) 31
Siegelabbildungen 22
Siegelabdruck 71, 77ff., 130ff.
Siegelabguß 71, 80, 131, 133ff., 139f.
Siegelanbringung 61, 81ff.
Siegelankündigung, Diskrepanz zur tatsächlichen Besiegelung 162
Siegelanmaßung 142
→ auch Siegelfälschungen
Siegelausschuß, Internationaler 21, 45 A 23, 149 A 19
Siegelbefestigung → Siegelanbringung
Siegelbelege, Diskrepanz zur Entstehungszeit 46, 122, 224, 230, 273
Siegelbeschreibung 21f.
Siegelbild 84ff., 91
Siegelfälscher 142ff.
Siegelfälschungen 75, 117, 125, 130, 142ff.
Siegelfarben 79
Siegelforschung 120ff.
— Desiderate 89, 124, 126ff., 138, 142
— Forschungsstand 25ff., 91
— — im Rheinland 26f.
— Schwierigkeiten 140
Siegelfotos 131f., 139ff.
Siegelführung (siegelführendes Gremium) 66f., 123
Siegelgebühren 55
Siegelkarenz 55f.
Siegelklassifikation 84, 92f.
Siegelkompetenz 66f., 75, 317
→ auch Siegelführung
Siegelkunst 50, 63ff., 95, 103, 106f., 126ff., 199, 201, 267, 340
Siegellack 83, 135
Siegelmarken 83
Siegelmißbrauch 142
→ auch Siegelfälschungen
Siegelnachschnitte und -neuschnitte 51, 63ff., 123, 185, 220, 266, 284, 294, 316, 320, 332, 346
Siegelrestaurierung 80
→ auch Siegel, Reproduktion
Siegelringe 31, 61, 76 A 3, Abb. 1
Siegelsammlungen 84, 134ff.
Siegelschwund → Siegel, Schäden
Siegelstechernamen 73f.
Siegelstempel 66ff., 71ff., 78, 125ff., 130f., 133f., 150
— Fälschungen 142ff.
— Sammlungen 137f., 146, 276
— Unbrauchbarmachung 68f.
— Zahl 78
Siegelstoffe 78f.
Siegeltypen 35, 85f.
Siegeltypologie 84, 92ff.
Siegelüberlieferung 130ff.
Siegelumarbeitungen 66
Siegelumschrift 22, 84ff., 123, 125, 131
— Kreuz in Umschrift 87f.
Siegelverleihungsrecht 54
Siegelwechsel 66ff., 123, 266, 292
Siegelwulst 22, 79
Siegelzeichnungen 131f.
Siegfried I., Erzb. von Mainz 290
Siegfried III., Erzb. von Mainz 292
Siena, Stadtsiegel 40
Sigillum minus (kleineres Siegel) 60
Sigismund, König 250
Signet 37, 63
Silberbullen 71
Simmern (Hunsrück), Stadtsiegel 110
Sindorf (bei Köln) 94
Sinzig 103, 318, 328ff.
— Stadtsiegel 88, 102f., 115, 123, 158 A 10, 267, 297, **328ff.**, 363, Abb. 87
Sobernheim, Stadtsiegel 118
Soest 48
— Stadtsiegel 46f., 49, 87, 95, 264, 362
Soissons (Frankr.) 40
Solingen, Stadtsiegel 99
Sonsbeck, Stadtsiegel 64, 94
Speyer 50f., 224 A 3, 354
— Bischof Konrad (1220) 154
— Bürgermeister Engel von Rinkenberg 67, 224 A 3
— Dom 105
— Stadtsiegel
— — 1. Siegel 51, 104, 181
— — 2. Siegel 14, 104, 129, 255, 260, 293f., 356
— — Sekretsiegel 67, 224 A 3
Spezialsiegel → Nebensiegel
Sponheim, Grafen (Gräfinnen) von 228f., 273, 331f.
— Adelheid 204f., 349
— Gottfried 228, 283
— Heinrich 187, 205
— Johann I. 228, 283
— Johann III. 332
— Margarete 228, 283
— Simon 187, 228, 273
Stablo-Malmedy, Abtei 49, 319
— Abt Wibald 288

Stadt
— Begriff 37, 121f.
— Entstehung 37ff.
Stadtabbreviatursiegel 48f., 93, 96, 100ff., 108, 115
Stadtgründer- und Stadtherrensiegel 93, 114ff.
Stadtporträtsiegel 48, 51, 93, 96, 104ff.
Stadtterminus 87, 89
Stahleck, Burg 174f.
Starkenburg (bei Enkirch) 228
Staufer-Ausstellung (Stuttgart 1977) 27, 50, 126f., 129, 199, 267
Steeg → Bacharach
Steele, Stadtsiegel 118
Stephanus, Hl. 47, 96, 111
Stessen, Haus zur (Köln) 67
Stettin, Stadtsiegel 104 A 3
Straelen 55
— Stadtsiegel 100
Straßburg (Elsaß) 66, 307, 354f.
— Goldschmiedezunft 73
— Stadtsiegel 48, 66, 87, 95, 129, 291, 354ff.
Stuttgart, Staufer-Ausstellung (1977) 27, 50, 126f., 129, 199, 267
Stutz, Ulrich (Siegelsammler) 137 A 1
Süchteln, Stadtsiegel 99
Suitbert, Hl. 249, 251
Sulzburg (Baden), Stadtsiegel 114
Symbolsiegel 93, 101, 107ff., 113, 119

Tabellio (öffentlich bestellter Notar) 37
Tabor, Berg 297
Tarascon (Frankr.) 81 A 9
Theuderich III., Frankenkönig 31
Thorn (Weichsel), Stadtsiegel 97 A 2
Thronsiegel 34f., 41, 58, 115, 153ff., 157, 223, 261, 324, 333
Thüringen, Landgrafen von 115
Toul (Frankr.)
— Bischof Ludelmus 33
— Stadtsiegel 111
Toulouse 113
Tournai (Belgien), Kathedrale, Marienschrein 218, 354
Traben-Trarbach 331f.
— Gemeindesiegel 64
— — 1. Siegel 54f., 117, 331
— — 2. Siegel 117, **331f.,** Abb. 88
Traditionsbuch (-notiz) 36 A 16
Trarbach → Traben-Trarbach
Trier 66, 76, 95, 128, 182, 185, 224, 263, 303, 333ff., 344, 354
— Erzbischöfe 33, 53, 102, 109, 169f., 207f., 276, 278, 295, 298ff., 323, 335, 344, 351f.
— — Albero 335
— — Arnold II. 259, 276, 299
— — Balduin von Luxemburg 53, 55, 76, 145, 207, 225, 323f., 345, 352
— — Boemund von Warsberg 53, 179, 207, 295, 297, 323, 344, 352
— — Bruno 334
— — Dieter von Nassau 352
— — Dietrich II. von Wied 276, 297
— — Heinrich I. 33, 297
— — Heinrich II. von Vinstingen 179, 276, 295, 299f., 351
— — Poppo 258, 297
— — Ruotbert 296f.
— Kirchen
— — Dom(kapitel) 72
— — — Siegel 72
— — St. Matthias 259
— — — Siegel 195 A 15, 358
— — St. Paulin 344
— Kurfürstentum (Kurtrier) 108f., 179, 185, 258, 295
— Stadtbibliothek 136
— Stadtsiegel
— — 1. Siegel 44, 46, 48, 64, 67f., 70, 73, 75, 87, 89f., 92 A 17, 92, 95, 123, 132, 145, 275, 288, 290, 301, **333ff.,** 355, 362, Abb. 89 und 90
— — Geschäftssiegel 60, 99
— — Sekretsiegel 99
Trummer, Siegelsammlung in Hamburg 136
Tübingen, Pfalzgrafen von 115
Tulln (Österr.) 94
Typare → Siegelstempel

Uedem 338ff.
— Stadtsiegel 103, **338ff.,** Abb. 91
Uerdingen 52, 340ff.
— Stadtsiegel 52, 99f., 230, 255, 279, **340ff.,** Abb. 92
Ulrich, Hl. 164ff.
Umschrift → Siegelumschrift
Universitätssiegel 66 A 3
Unkel 55, 161
Unkelbacher Madonna 330
Urkunden 29
— Abschneiden von Siegeln 29, 131, 133ff.
— Bedeutung (abnehmende) 62
— Inzision 29
Urkundenfälschungen 33, 76, 142ff.
Utrecht (Niederlande)
— Altmünster (St. Salvator) 219 A 5
— Bischof 33
— Stadtsiegel 48f., 87, 101
Uzès (Dep. Gard, Frankr.) 350

Vaison-la-Romaine (Frankr.) 81 A 9
Valenciennes (Frankr.) 40, 45 A 18, 48, 101
Valentinian, römischer Kaiser 272
Valkenburg (Niederlande), Jesuitenkolleg 136
Vallendar
— Augustinerinnenkloster, Siegel 170

— Schöffensiegel 149 A 14
Venedig 40
— Doge Pietro Polani 40
Verdun, Nikolaus von 218, 223, 354
Verona, Stadtsiegel 40
Vézelay (Frankr.) 113
Viktor, Hl. 191, 195
Vinstingen, Heinrich von (Erzb. von Trier) 179, 276, 295, 299f., 351
Virneburg, Grafen von 295
Virneburg, Heinrich von (Erzbischöfe von Köln und Mainz) 159, 193, 225, 286, 340
Vitus, Hl. 100

Wachtendonk, Stadtsiegel 102
Wadenheim (heute: Neuenahr) 162
Waffenkunde 124
Walberberg, Dominikanerkloster 136
Walpode, Anna (von Neuerburg) 312
Walram, Bischof von Naumburg 37 A 28
Wappensiegel 161ff., 176ff., 207f., 233ff., 242ff.
— Beschreibung 21
— Gemerke 94
— Typ 22, 54, 64f., 70, 86, 93, 101, 105, 109f., 116ff., 124
Warnecke, Friedrich (Siegelsammler) 230
Warsberg, Boemund von (Erzb. von Trier) 53, 179, 207, 295, 323, 344, 352
Wassenberg, 52, 342ff.
— Stadtsiegel 72, 101, **342ff.**, Abb. 93
Wassenberg, Grafen (Gräfinnen) von 343
— Gerhard der Lange 343
— Jutta 343
Welschbillig 53, 76, 179, 297, 323, 344f.
— Stadtsiegel 53, 55, 106, 128, 278, 324, **344f.**, 353, Abb. 94
Werden, Stadtsiegel 99f.
Wesel 52, 76, 205, 252, 256, 319, 345ff.
— Fraterherren, Siegel 114
— Stadtsiegel
— — Großes Siegel 52, 76, 90, 92 A 17, 109, 112, 115, 119, 123f., 158 A 10, 246, 257, 271, 309, 318, **345ff.**, Farbtafel 8, Abb. 95
— — Rücksiegel 59
— — Sekretsiegel 118
Wesseling, Schöffensiegel 71 A 2
Westerburg, Siegfried von (Erzb. von Köln) 193f., 216, 247, 254, 279, 341, 363
Westfalen 46, 230, 233
Westgoten 31
Wieblingen (Neckar) 307
Wied, Dietrich II. von (Erzb. von Trier) 276, 297
Wiedenau 177f.
Wiedenest 177
Wien
— Haus-, Hof- und Staatsarchiv 135
— Stift Allerheiligen, Siegel 91 A 4
Wiesbaden, Hauptstaatsarchiv 134, 136, 138
Willigis, Erzb. von Mainz 181
Williman, Provisor zu St. Florin in Koblenz 297
Windeck, Heinrich von 348
Winterburg (Soonwald/Nahe) 273
— Stadtsiegel 101
Wipperfürth 52, 281, 347ff.
— Stadtsiegel
— — Geschäftssiegel 60
— — Großes Siegel 52, 103, 128, 204, 211, 216, 281f., 313ff., 326, 330 A 3, **347ff.**, Farbtafel 8, Abb. 96
Wittelsbach 175f.
— Ludwig von 175
— Otto von 175
Wittlich 53, 179, 297, 323, 344, 351ff.
— Schöffen 148 A 9
— Stadtsiegel
— — Großes Siegel 53, 101, 123, 271, 324, **351ff.**, Abb. 97
— — Sekretsiegel 353
Worms 76, 182, 353ff.
— Dom 48, 104
— Stadtsiegel 48, 51, 76, 87f., 92 A 17, 95, 104, 123, 134, 291, 301, **353ff.**, Abb. 98
Worringen, Schlacht von (1288) 216, 247, 254
Würzburg, Stadtsiegel 48, 68

Xanten 52, 96, 134, 195, 209, 316, 357f.
— Schöffensiegel 358
— Stadtsiegel 257
— — 1. Siegel 52, 108, 134, 210, 236ff., 250, 286, 302, **357f.**, Abb. 99 und 100
— — 2. Siegel 68, 358
— — Rücksiegel (Gegensiegel) 358
— Stift St. Viktor 339

Ypern (Belgien) 40

Zeyring (Österr.) 114
Zisterzienserorden, Siegelführung 360 A 5
Zollfreiheitszeichen 30 A 2
Zons 55, 359ff.
— Rheinzoll 359
— Schöffensiegel 70, 99, 112, **359ff.**, Abb. 101
— — Rücksiegel (Gegensiegel) 360
Zülpich 361ff.
— Stadtsiegel 123, 279
— — 1. Siegel 362
— — 2. Siegel 123, 255, 341f., **361ff.**, Abb. 102
— — Rücksiegel (Gegensiegel) 59, 117, 123, 163 A 1, 362f.
— — Sekretsiegel 64, 96
Zürich, Schweizerisches Landesmuseum 137
Zutphen (Niederlande) 52, 239
— Stadtsiegel 52, 226, 238, 246
Zyfflich, Stift St. Martin 270

Bildnachweis

Schwarz/Weiß-Abbildungen

Museum der Burg Linn (Krefeld); Abzug freundlicherweise zur Verfügung gestellt vom Stadtarchiv Krefeld: 1
Rolf Zimmermann (Köln): 2–4, 8, 10, 13, 14, 17, 21, 22, 26, 28, 29, 31–36, 44, 48–50, 52–55, 57–68, 70, 71, 75, 78, 80–84, 86, 87, 91, 92, 95, 96, 100–102
Repro aus: K. Faymonville, Der Dom zu Aachen und seine liturgische Ausstattung vom 9. bis zum 20. Jahrhundert (München 1909) Seite 149 (Fotograf unbekannt): 5
Repro aus Begleitheft zur Ausstellung „Religiöse Kunst auf Münzen" (Köln 1956): 6
Stadtbildstelle/Stadtarchiv Aachen: 7, 45
Toni Diederich: 9, 16, 23, 24, 30, 46, 69, 97
Landeshauptarchiv Koblenz: 11, 15, 18–20, 43, 72, 74, 76, 85, 88, 89, 94
Staatliche Museen zu Berlin-Ost: 12, 73
Rheinisches Bildarchiv Köln: 25 (L 2365/17), 38 (L 2427/11), 41 (Pl. 441), 51 (Pl. S 581)
Peter Riehm (Mayen): 27
Hauptstaatsarchiv Düsseldorf: 37, 39, 56, 79
Hauptstaatsarchiv Wiesbaden: 40
Gemeentearchief Arnhem (Niederlande): 42, 47
Staatsarchiv Marburg: 77
Stadtarchiv Trier: 90
Repro aus W. Ewald, Rheinische Siegel III, Tafel 62 Nr. 4: 93
Kulturinstitute Worms: 98
Ludger Ströter (Köln): 99

Farbtafeln (nach Seite 160)

Die Farbaufnahmen der Stadtsiegel von Kalkar, Kreuznach und Kyllburg fertigte der Autor an; alle anderen Farbaufnahmen stammen von Rolf Zimmermann (Köln).

III.

Abbildungsteil

Abb. 1 Goldener Siegelring mit antiker Chalcedon-Gemme aus dem fränkischen Fürstengrab von Krefeld Gellcp

Abb. 2 Siegel des Domstiftes zu Köln

Abb. 3 Großes Stadtsiegel (Karlssiegel) von Aachen

Abb. 4 Geschäftssiegel (Jüngeres Karlssiegel) von Aachen

Abb. 5 Ausschnitt aus dem Aachener Karlsschrein

Abb. 6 Aachener Turnosgroschen (1361–1393)

Abb. 7 Kleines Siegel (Sekretsiegel) von Aachen

Abb. 8 Ältestes Stadtsiegel von Ahrweiler

Abb. 9 Kleines Geschäftssiegel von Alpen

Abb. 10 Großes Geschäftssiegel von Alpen

Abb. 11 Ältestes Stadtsiegel von Andernach

Abb. 12 Zweites Stadtsiegel von Andernach

Abb. 13 Großes Siegel der Viertälergemeinde Bacharach, Diebach, Steeg und Manubach

Abb. 14 Zweites Stadtsiegel von Bergneustadt

Abb. 15 Stadtsiegel von Bernkastel

Abb. 16 Zweites großes Stadtsiegel von Bingen

Abb. 17 Drittes Propstsiegel von Bitburg

Abb. 18 Großes Siegel der Stadt Luxemburg

Abb. 19 Rücksiegel der Stadt Luxemburg

Abb. 20 Siegel des Propstes von Luxemburg

Abb. 21 Großes Stadtsiegel von Blankenberg

Abb. 22 Großes Stadtsiegel von Bonn

Abb. 23 1. Geschäftssiegel des Stiftes St. Gereon zu Köln

Abb. 24 Kapitelssiegel des Stiftes St. Cassius zu Bonn von 1690

Abb. 25 Verona-Großpfennig aus der Münzstätte Bonn, nach 1314

Abb. 26 Geschäftssekretsiegel der Stadt Bonn

Abb. 27 Löwenplastik im Vestibül des Bonner Rathauses

Abb. 28 Zweites großes Stadtsiegel von Boppard

Abb. 29 Großes Stadtsiegel von Büderich

Abb. 30 Stadtsiegel von Cochem

Abb. 31 Großes Stadtsiegel von Deutz

Abb. 32 Großes Stadtsiegel von Dinslaken

Abb. 33 Ältestes großes Stadtsiegel von Düren

Abb. 34 Zweites Geschäftssiegel von Düren

Abb. 35 Großes Stadtsiegel von Düsseldorf

Abb. 36 Erstes großes Stadtsiegel von Duisburg

Abb. 37 Zweites großes Stadtsiegel von Duisburg

Abb. 38 Drittes großes Stadtsiegel von Duisburg

Abb. 39 Viertes großes Stadtsiegel von Duisburg

Abb. 40 Erstes Stadtsiegel von Eltville

Abb. 41 Großes Stadtsiegel von Emmerich

Abb. 42 Großes Stadtsiegel von Arnhem (NL)

Abb. 43 Gemeindesiegel von Enkirch

Abb. 44 Großes Stadtsiegel von Essen

Abb. 45 Ältestes Stadtsiegel von Euskirchen

Abb. 46 Großes Stadtsiegel von Geldern

Abb. 47 Großes Stadtsiegel von Doetinchem (NL)

Abb. 48 Großes Siegel des Leprosenhauses Melaten in Köln

Abb. 49 Stadtsiegel von Gerresheim

Abb. 50 Zweites großes Stadtsiegel von Goch

Abb. 51 Zweites großes Stadtsiegel von Goch (Fälschung)

Abb. 52 Großes Stadtsiegel von Grieth

Abb. 53 Großes Stadtsiegel von Jülich

Abb. 54 Großes Stadtsiegel von Kaiserswerth

Abb. 55 Großes Stadtsiegel von Kalkar

Abb. 56 Großes Stadtsiegel von Kempen

Abb. 57 Großes Stadtsiegel von Kleve

Abb. 58 Drittes großes Stadtsiegel von Koblenz

Abb. 59 Großes Stadtsiegel von Kranenburg

Abb. 60 Ältestes Stadtsiegel von Köln

Abb. 61 Zweites (Gotisches) Stadtsiegel von Köln

Abb. 62 Gegensiegel zum zweiten Stadtsiegel von Köln

Abb. 63 Großes Stadtsiegel von Kreuznach

Abb. 64 Stadtsiegel von Kyllburg (S 111)

Abb. 65 Stadtsiegel von Kyllburg (S 89)

Abb. 66 Großes Stadtsiegel von Lechenich

Abb. 67 Großes Stadtsiegel von Lennep

Abb. 68 Großes Stadtsiegel von Linn von 1591

Abb. 69 Großes Stadtsiegel von Linz

Abb. 70 Ältestes Stadtsiegel von Mainz

Abb. 71 Zweites großes Stadtsiegel von Mainz

Abb. 72 Großes Stadtsiegel von Mayen

Abb. 73 Großes Stadtsiegel von Montabaur

Abb. 74 Großes Stadtsiegel von Münstermaifeld

Abb. 75 Ältestes Stadtsiegel von Neuss

Abb. 76 Zweites großes Stadtsiegel von Oberwesel

Abb. 77 Ältestes Stadtsiegel von Oppenheim

Abb. 78 Großes Stadtsiegel von Orsoy

Abb. 79 Großes Stadtsiegel von Radevormwald

Abb. 80 Großes Stadtsiegel von Ratingen

Abb. 81 Zweites großes Stadtsiegel von Rees

Abb. 82 Großes Stadtsiegel von Remagen

Abb. 83 Großes Stadtsiegel von Remagen mit Gravur „R“

Abb. 84 Ältestes Stadtsiegel von Rheinberg

Abb. 85 Großes Stadtsiegel von Saarburg

Abb. 86 Ältestes Stadtsiegel von Siegburg

Abb. 87 Großes Stadtsiegel von Sinzig

Abb. 88 Zweites Gemeindesiegel von Traben-Trarbach

Abb. 89 Ältestes Stadtsiegel von Trier

Abb. 90 Großes Stadtsiegel von Trier, späteres Bleitypar
(durch Wenden des Negativs positiv erscheinend)

Abb. 91 Großes Stadtsiegel von Uedem

Abb. 92 Großes Stadtsiegel von Uerdingen

Abb. 93 Großes Stadtsiegel von Wassenberg

Abb. 94 Stadtsiegel von Welschbillig

Abb. 95 Drittes großes Stadtsiegel von Wesel

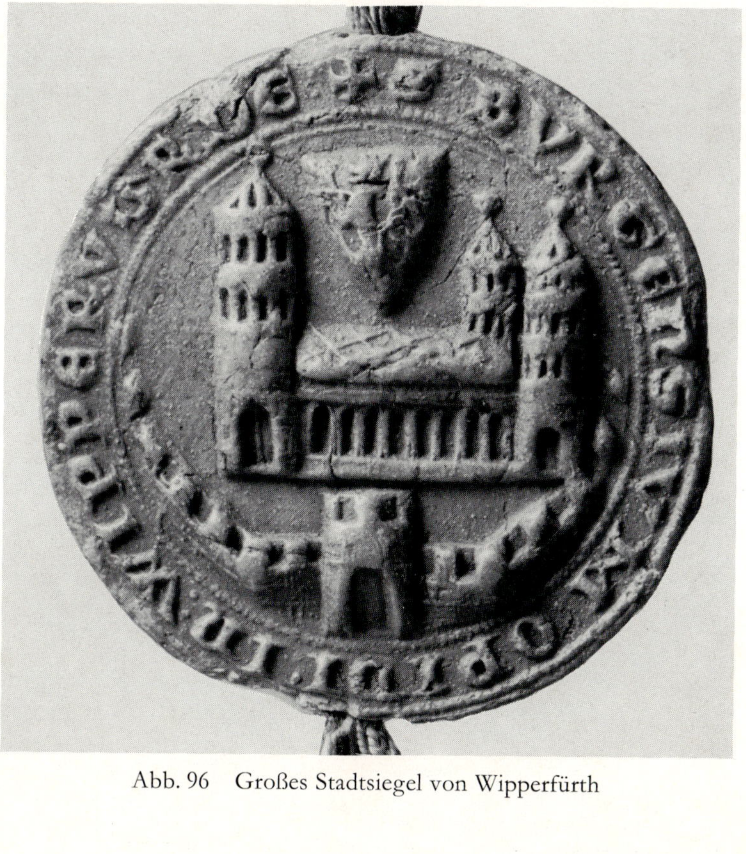

Abb. 96 Großes Stadtsiegel von Wipperfürth

Abb. 97 Großes Stadtsiegel von Wittlich

Abb. 98 Ältestes großes Stadtsiegel von Worms

Abb. 99 Ältestes Stadtsiegel von Xanten (Original)

Abb. 100 Ältestes Stadtsiegel von Xanten (Abguß)

Abb. 101 Schöffensiegel von Zons

Abb. 102 Zweites großes Stadtsiegel von Zülpich